MICHAEL FRITSCH (Hrsg.)

Marktdynamik und Innovation

D1935403

Volkswirtschaftliche Schriften

Begründet von Prof. Dr. Dr. h. c. J. Broermann †

Heft 535

Hans-Jürgen Ewers

* 19. 05. 1942 † 24. 04. 2002

Marktdynamik und Innovation

Gedächtnisschrift für Hans-Jürgen Ewers

Herausgegeben von

Michael Fritsch

Duncker & Humblot · Berlin

Gedruckt mit finanzieller Unterstützung der GIB
Gesellschaft für Innovationsforschung und Beratung Berlin.

Bibliografische Information Der Deutschen Bibliothek

Die Deutsche Bibliothek verzeichnet diese Publikation in
der Deutschen Nationalbibliografie; detaillierte bibliografische
Daten sind im Internet über <http://dnb.ddb.de> abrufbar.

BIBLIOTHEK
der Industrie- und Handelskammer
für München und Oberbayern

NZ 886/275

Alle Rechte, auch die des auszugsweisen Nachdrucks, der fotomechanischen
Wiedergabe und der Übersetzung, für sämtliche Beiträge vorbehalten.
© 2004 Duncker & Humblot GmbH, Berlin
Fotoprint: Berliner Buchdruckerei Union GmbH, Berlin
Printed in Germany

ISSN 0505-9372
ISBN 3-428-11375-6

Gedruckt auf alterungsbeständigem (säurefreiem) Papier
entsprechend ISO 9706 ♾

Internet: http://www.duncker-humblot.de

Vorwort

Nach dem Tod von Hans-Jürgen Ewers im April 2001 habe ich den vielfach geäußerten Wunsch nach einer Gedenkschrift spontan aufgegriffen. Meine Anfragen nach einem Beitrag zu dem Buch stießen bei den Schülern und Weggefährten auf lebhafte Resonanz. Das Problem für mich als Herausgeber bestand also nicht im Einwerben von Aufsätzen, sondern eher darin, den Seitenumfang in plausiblen Grenzen zu halten, ohne dabei jemanden zu verprellen. Zur Qualitätssicherung wurde jeder der Beiträge von mindestens zwei Gutachtern anonym referiert und dann entsprechend überarbeitet. Bei den Gutachtern handelte es sich häufig um andere in dem Band vertretene Autoren. Daneben halfen Andreas Brenck, Helmut Karl, Jörn Mallok, Christian Schwirten und Klaus Semlinger sowie meine Freiberger Kollegen Jan Bongaerts, Horst Brezinski, Franz Pleschak und Rainer Wolff mit hilfreichen Stellungnahmen. Ich danke den Autoren und Gutachtern ganz herzlich für ihre konstruktive Zusammenarbeit bei der Erstellung des Bandes. Der Verlag Duncker & Humblot erklärte sich sofort bereit, die Gedenkschrift in sein Programm aufzunehmen. Meinem langjährigen Lehrstuhl-Kollegen und Freund Carsten Becker danke ich dafür, dass seine, einmal gemeinsam mit Hans-Jürgen Ewers gegründete Firma, die GIB Gesellschaft für Innovationsforschung und Beratung (Berlin), den erforderlichen Druckkostenzuschuss aufgebracht hat. Dank gebührt schließlich auch Sandra Müller, die das Editieren der Texte für die Druckvorlage mit großem Können und Engagement bewerkstelligt hat.

Die in diesem Band zusammengestellten Aufsätze behandeln das breite Themenspektrum, zu dem Hans-Jürgen Ewers Beiträge geleistet hat. Mehr noch, er hat viele Menschen angeregt, sich mit diesen Themen zu beschäftigen.

Freiberg, im November 2003 *Michael Fritsch*

Inhaltsverzeichnis

Teil C

Verkehr

Teil D

Umweltpolitik

Teil E

Organisation der Hochschulen

Über Hans-Jürgen Ewers

Von *Michael Fritsch*, Freiberg

Ein Buch im Gedenken an Hans-Jürgen Ewers muss auch versuchen, etwas über die Person, der gedacht wird, zu vermitteln. Lebenslauf und Schriftenverzeichnis können da nur eine erste Annäherung darstellen. Dabei können einige Seiten Text natürlich keine Biografie sein. Ein Bild von Hans-Jürgen Ewers zu zeichnen fällt nicht zuletzt deshalb nicht leicht, weil ihn viele, die ihn persönlich kannten, durchaus unterschiedlich erlebt haben. Das lag zu einem wesentlichen Teil daran, dass sie in verschiedenen Rollen mit ihm zu tun hatten. Sie begegneten ihm als Kollege, als Forscher und akademischem Lehrer, als Chef, als Hochschulpolitiker und Universitätspräsident sowie als Privatperson. Hans-Jürgen Ewers (das „Hans" ließ er gewöhnlich weg, wenn er seinen Namen nannte) hat sich aber auch über die Zeit gewandelt, was mit neuen Interessen und Veränderungen etwa im Umgang mit Mitarbeitern einherging.

Was ich über Hans-Jürgen Ewers berichte ist also zwangsläufig subjektiv. Andere haben ihn anders gekannt. Das ist eben so. Ich bin ein Zeuge seiner ersten Berliner Zeit, also vom Beginn seiner Tätigkeit am Wissenschaftszentrum Berlin im Sommer 1977 bis zu seinem Weggang an die Universität Münster im Frühjahr 1990. Ich war der erste Assistent in seiner Professoren-Karriere. Er hat mich promoviert. Und er trägt wesentliche „Mitschuld" an meiner Habilitation – der ersten „selbst erzeugten" Habilitation, wie er beim Anblick meines Werkes einmal andachtsvoll formuliert hat. Hans-Jürgen Ewers hat auch meine Forschungsinteressen wesentlich geprägt. Seit der Zusammenarbeit mit ihm sind meine Arbeiten auf die Gebiete Marktdynamik und Innovation konzentriert, das „Schumpeter-Thema" also. Ich bin bei dem Thema geblieben, zu dem er mich angeregt hat. Hans-Jürgen Ewers und ich haben mehr als zehn Jahre lang intensiv und außerordentlich produktiv zusammen gearbeitet. Nach seinem Weggang nach Münster hatten wir allerdings nur noch wenig direkten Kontakt. Wir haben dann 1998 noch einen meiner Assistenten, der bei ihm studiert hatte, gemeinsam an der Technischen Universität (TU) Bergakademie Freiberg promoviert. Neben der Erinnerung an alte Zeiten verbanden uns da aber eigentlich nur noch die Überarbeitungen unseres gemeinsamen Lehrbuches, die bei Neuauflagen erforderlich wurden.

Trotz der Unterschiedlichkeit, wie die Menschen Hans-Jürgen Ewers in den verschiedenen Rollen und über die Zeit erlebt haben, gibt es doch eine ganze Reihe von Konstanten; Eigenschaften, die in Gesprächen über ihn immer wieder hervorgehoben werden. Da war zunächst seine starke charismatische Ausstrahlung, mit der er jemanden für sich einnehmen konnte. Über diese Ausstrahlung hinaus hatte er insbesondere die Gabe, Menschen für etwas zu interessieren, zu motivieren, ja häufig regelrecht zu begeistern. Besonders bemerkenswert war auch seine oftmals mit schlagendem Humor gewürzte sehr deutliche Sprache.[1] Hans-Jürgen Ewers redete nicht um den „heißen Brei“ herum, sondern er sprach die Dinge, die ihm auf dem Herzen lagen, direkt an. Das ließ Verkrampfung in der Regel gar nicht erst aufkommen und konnte Blockaden überwinden helfen. Die Rolle des „Eisbrechers“ beherrschte er gut.

Besonders bemerkenswert waren auch seine immense Begeisterungsfähigkeit und seine Kreativität. Wie er ständig vor Ideen sprühte! Hans-Jürgen Ewers konnte motivieren und mitreißen. Er war ein brillianter Ideengeber, der viele Menschen inspirierte. Einige davon hat er auf wissenschaftliche Entdeckungsreisen geschickt. Da er selbst bei all seinem immensen Arbeitseinsatz allenfalls einen Bruchteil seiner Ideen hätte verarbeiten können, lag es nahe, mit anderen zusammen zu arbeiten. Er hat viel und erfolgreich mit anderen kooperiert. Hans-Jürgen Ewers war ein Teamworker; niemand, der gerne den ganzen Tag allein am Schreibtisch verbringt. Zuweilen hatte man das Gefühl, dass er vor dem Alleinsein am Schreibtisch regelrecht flüchtete. Er suchte das Gespräch, den Austausch, die Auseinandersetzung. Er war ja auch streitbar.

Ich habe Hans-Jürgen Ewers am intensivsten aus der Position des Mitarbeiters kennen gelernt. Unsere Bekanntschaft begann im Sommer 1977. Er kam damals als frischgebackener Privatdozent von der Universität Münster an das Wissenschaftszentrum Berlin. Zu dieser Zeit war ich direkt im Anschluss an mein Studium dort als Hilfskraft tätig. Ich erinnere mich, wie er damals gerne lästerliche Bemerkungen über Merkwürdigkeiten des Universitätsbetrieb und Ordinarienherrlichkeit machte. Zwei Jahre später wurde er dann selber Ordinarius. Er übernahm einen Lehrstuhl für „Wirtschaftspolitik, insbesondere Ordnungs- und Strukturpolitik“ an der TU Berlin und ich wurde sein Assistent. Als Chef pflegte Jürgen Ewers durchaus kollegiale Umgangsformen. Insbesondere zu Beginn seiner Professoren-Karriere war unser Verhältnis geradezu kumpelhaft. Wir duzten uns von Anfang an, weil sich im Wissenschaftszentrum Berlin, woher wir uns ja kannten, zu der Zeit alle duzten. Wir spielten in Arbeitspausen

[1] Ein schillerndes Beispiel hierfür ist seine Reaktion auf die Attacke des Vorstandsvorsitzenden eines großen deutschen Unternehmens, der ihm vorwarf, dass er „ja keine Ahnung habe, worüber er rede“, da „er ja noch nie einen Schraubenschlüssel in der Hand gehabt“ habe. Hans-Jürgen Ewers konterte mit einem Verweis auf die Tierwelt: „Ich muss ja keine Eier legen können, um ein faules Ei zu erkennen“.

gelegentlich Tischtennis und gingen zum Feierabend auch mal ein Bier trinken. Die Umgangsformen wurden dann mit der Zeit professoraler. Geblieben ist als eine weitere Konstante seiner Persönlichkeit die große Sensibilität für die Personen, mit denen er zusammen gearbeitet hat. Hans-Jürgen Ewers hatte immer auch den Menschen im Blick, mit dem er es zu tun hatte. Dabei verfügte er über ein hervorragendes Gespür für das Atmosphärische.

Der Führungsstil von Hans-Jürgen Ewers war nie autoritär, er ist mit seinen Mitarbeitern kollegial und „auf gleicher Augenhöhe" umgegangen. Er versuchte stets Interessenharmonie herzustellen, Win-Win-Konstellationen zu schaffen. Und so bestanden seine Mittel der Mitarbeiterführung in Überzeugung und Motivation. Anders war für ihn eine kreative und produktive Zusammenarbeit gar nicht denkbar. Bei der Arbeit ließ er uns große Freiräume und: Wir durften Fehler machen! Für ihn war vor allem wichtig, dass wir unsere Fehler erkannten und korrigierten. Seine Gabe der Mitarbeitermotivation hat auch bei mir starke Wirkung erzielt: Ich hatte während unserer Zeit eigentlich stets das Gefühl, vor allem für mich selbst zu arbeiten, nicht in abhängiger Beschäftigung, ein Angestellter von Hans-Jürgen Ewers zu sein.

Insbesondere zu Beginn unserer Kooperation haben Hans-Jürgen Ewers und ich endlos diskutiert und unsere Texte so intensiv gegenseitig bearbeitet, dass sich am Ende kaum noch sagen ließ, wer was genau beigetragen hatte. Auf diese Weise habe ich überaus viel von ihm gelernt. Hans-Jürgen Ewers konnte enorm gut mit Sprache umgehen und dabei Dinge auf den Punkt bringen. Das hatte er schon als Volontär bei einer Zeitung und während einer kurzen Tätigkeit als Redakteur zwischen Studium und Assistententätigkeit unter Beweis gestellt. Hans-Jürgen Ewers verfügte über die Gabe, langweilige Vorlagen in überaus spannend zu lesende Texte zu verwandeln. Wenn es um die Forschung ging, ließ er sich nichts vormachen. Er war überaus schnell dabei, die entscheidenden Punkte zu erkennen und wenn etwas schief lief, dann sah er das sofort. Bei Problemen war es also ratsam von vornherein Farbe zu bekennen. Er konnte dann häufig mit knappen Hinweisen die Arbeit in eine produktive Richtung lenken.

Zu Beginn unserer Zusammenarbeit brachte ich mein Interesse für ökonomische Verfassungstheorie und die Legitimation staatlichen Handelns mit ein. Damit war er schon in Münster in Berührung gekommen. Er hat meine Beschäftigung mit dem Thema auf vielfache Weise gefördert und mich mit einer Arbeit hierzu promoviert. Damals bin ich hinsichtlich meiner Grundhaltung endgültig ein Liberaler geworden. Im Original-Ton Hans-Jürgen Ewers lautete die Beschreibung meiner Entwicklung, ich wäre zu Anfang ein „Linker" gewesen und hätte dann ständig versucht, ihn „rechts zu überholen". Unsere Diskussionen zur Begründung von Staatseingriffen führten sehr schnell zu einem kleinen Skriptum, aus dem sich dann nach langen Jahren unter der Mitwirkung von Thomas

Wein das Lehrbuch „Marktversagen und Wirtschaftspolitik" entwickelt hat. Inzwischen ein Standard-Werk, das bereits in der fünften Auflage erschienen ist.

Die Hauptgebiete unserer Zusammenarbeit waren allerdings Marktdynamik und Innovation. Dieses Thema hat es für mich dann auch nahe gelegt, nach der eher staatsphilosophisch geprägten Promotion sehr viel stärker empirisch zu arbeiten. Jürgen Ewers hat dies gefördert. Er fand empirisches Arbeiten immer sehr wichtig. Ohne den Blick auf die Realität geht Sozialwissenschaft eben kaum, jedenfalls dann, wenn sie relevant sein will. Die Begeisterungsfähigkeit von Jürgen Ewers und sein großer Ideenreichtum führten dazu, dass die Zusammenarbeit mit ihm außerordentlich befruchtend und anregend war. Es konnte aber auch ziemlich anstrengend sein, denn sein Engagement war ansteckend. An seinem Lehrstuhl herrschte damals eine sehr offene und kreative Atmosphäre, gelegentlich fast schon ans quirlige grenzenden Atmosphäre. Wir haben enorm viel gearbeitet und es ist eine Fülle von wissenschaftlichen Publikationen entstanden, auf die wir heute noch mit Recht Stolz sein können. Ich denke dabei etwa – um nur einige Beispiele zu nennen – an die empirischen Analysen zu den Determinanten des Investitions- und Innovationsverhaltens, insbesondere von Innovationen im Umweltbereich (Maas, 1990), an die Arbeiten zur räumlichen Diffusion von neuen Informations- und Kommunikationstechniken (Fritsch, 1987; Ewers/Fritsch, 1989), zu den Wirkungen computergestützter Techniken (Ewers/Becker/Fritsch, 1990), zur regionalen Arbeitsplatzdynamik (Fritsch, 1990) oder an die groß angelegte Studie von Werner Schulz (1985) über den monetären Wert besserer Luft.

Als eine besonders bemerkenswerte Eigenschaft von Hans-Jürgen Ewers erscheint mir auch seine überaus große Bereitschaft zum Wandel. Eine Ursache hierfür war seine Neigung, nach vorne zu schauen. Der „Schnee von Gestern" – wie er sich auszudrücken pflegte – hat ihn nicht interessiert; das „Weinen um vergossene Milch" – eine andere seiner beliebten Redewendungen – war nicht seine Sache. Er klebte nicht am einmal Erreichten. Im Gegenteil, es schien ihm leicht langweilig zu werden. Bisweilen nahm seine Fähigkeit und Neigung, Erreichtes radikal in Frage zu stellen, für seine Mitarbeiter geradezu Furcht erregende Formen an. Ich habe des Öfteren miterlebt, wie Hans-Jürgen Ewers in Projektbesprechungen darauf insistierte, dass wir – er selbst eingeschlossen – bisher eigentlich alles falsch gemacht hätten. Er ließ dann uns Mitarbeiter, die wir Monate oder sogar Jahre unserer Zeit in den angeblichen Unsinn investiert hatten, gegen diese grundlegenden Zweifel anrennen. Hans-Jürgen Ewers schlüpfte gelegentlich gerne in die Rolle des Advocatus Diaboli. Indem er die eigene Position hartnäckig attackierte, versuchte er sie hieb- und stichfest zu machen.

Die Wandlungsfähigkeit von Hans-Jürgen Ewers brachte auch erhebliche Veränderungen seiner Forschungsthemen mit sich. Während seiner Mitarbeitertätigkeit in Münster bei seinem akademischen Lehrer Hellmuth Stefan

Seidenfus waren seine Hauptarbeitsgebiete Wettbewerb und Verkehrswirtschaft, wobei die Befassung mit dem Verkehrsbereich die Regionalwissenschaft einschloss. Bei seiner daran anschließenden Tätigkeit am Wissenschaftszentrum Berlin stand die regionale Entwicklung im Zentrum seines Interesses. Hier brachte er das Konzept und Forschungsprogramm einer innovationsorientierten Regionalpolitik auf den Weg. Sehr bald nach seinem dann folgenden Wechsel auf den Lehrstuhl an der TU-Berlin entdeckte Hans-Jürgen Ewers das Umweltthema für sich. Besonders interessiert hat ihn damals die monetäre Bewertung von Umweltzuständen. Das Interesse für Hochschulpolitik, dass sich bereits während seiner Münsteraner Assistententätigkeit deutlich gezeigt hatte, kam an der TU-Berlin dann in der zweiten Hälfte der 80er Jahre zum Tragen, als er als engagiertes Mitglied und als Vorsitzender der „Kommission zur Förderung des wissenschaftlichen Nachwuchses" tätig war.

Ende der 80er Jahre erfolgte eine deutliche Zäsur. Zu dieser Zeit erhielt Hans-Jürgen Ewers zwei Rufe und er hat sich die Entscheidung nicht leicht gemacht. Es rief zum einen die TU-Karlsruhe auf einen Lehrstuhl, der mit der Leitung des Fraunhofer Instituts für Systemtechnik und Innovationsforschung (ISI) verbunden war. Das Institut ist ein großer Think-Tank auf dem Gebiet der angewandten Innovationsforschung und die Annahme des Rufes hätte wohl die Festlegung auf das Thema Innovation bedeutet. Der andere Ruf kam von der Universität Münster und betraf die Nachfolge seines ehemaligen Chefs Hellmuth Stefan Seidenfus. Und natürlich bot auch die TU-Berlin Bleibeverhandlungen an. Der Entscheidungsprozess hatte wohl für alle die ihn miterlebt haben, am meisten wohl für Hans-Jürgen Ewers selbst, geradezu quälenden Charakter. Zuerst, Ende Oktober 1989, lehnte er den Ruf nach Karlsruhe ab. Der wesentliche Grund hierfür bestand wohl darin, dass er sich nicht an das Thema Innovation binden wollte und durch die Verpflichtung zur Leitung des Instituts eine zu starke Einengung seiner Freiheitsgrade befürchtete. Einige Wochen darauf – gerade war die Berliner Mauer gefallen – hat er sich dann für Münster entschieden ... und blieb in Berlin wohnen.

Die Entscheidung, in Münster die Nachfolge Seidenfus anzutreten, war auch die Entscheidung für das Thema Verkehr und Infrastruktur. Dieses Thema, dass während der ersten Berliner Zeit kaum eine Rolle für ihn spielte, hat dann seine weitere wissenschaftliche Karriere dominiert. Das Schumpeter-Thema ließ er auslaufen. Auch in Bezug auf seine Mitarbeiter stellte der Weggang nach Münster einen Bruch dar. Er hat sich vollständig mit neuen Gesichtern umgeben und keinen seiner damaligen Berliner Mitarbeiter nach Münster „mitgenommen". Für mich selbst ging die Sache damals recht gut aus. Hans-Jürgen Ewers hat mir damals eine Stelle als Oberassistent an der TU-Berlin verschafft. Dies hat es mir ermöglicht, ohne finanzielle Zwänge wissenschaftlich zu arbeiten und mich weiter zu bewerben. Ich habe gewissermaßen vorübergehend seine Nachfolge angetreten: bin in sein altes Büro gezogen, habe seine Lehrveranstaltungen übernommen und meine Mitarbeiterkollegen wurden meine Assistenten. Nachdem ich Ende 1992 einen Ruf an die TU Bergakademie Freiberg angenommen hatte, wurde an der TU-Berlin die Ausschreibung der Nachfolge von Hans-Jürgen Ewers in die Wege geleitet. Im Ergebnis war der neue Stelleninhaber der alte, aber die Widmung hatte sich geändert. Nicht mehr „Ordnungs- und Strukturpolitik" sondern „Wirtschafts- und Infrastrukturpolitik"; er hatte ja sein Thema gewechselt.

Bemerkenswert im Zusammenhang mit dem Weggang von Hans-Jürgen Ewers nach Münster ist auch, dass seine Abschiedsvorlesung, die er im Februar 1990 an der TU-Berlin hielt, große thematische Überschneidungen mit dem Vortrag aufwies, den er sechs Jahre später als Antrittsvorlesung ebenfalls an der TU-Berlin gehalten hat. Zumindest in dieser Hinsicht hat er an die alten Zeiten angeknüpft. Es ging um Wege und Mittel, die Hochschulen effizienter zu machen. Spätestens zu dieser Zeit begann er, sich intensiv mit diesem Thema zu beschäftigen. Bei seinem Weggang kursierte in Berlin bereits der Vorschlag, Hans-Jürgen Ewers könne sich ja nach einigen Jahren auf seine eigene Nachfolge an der TU-Berlin bewerben. Dies wurde allgemein als ein schmeichelhafter Scherz aufgefasst, der die Wertschätzung für ihn ausdrückte und vielleicht auch dazu diente, uns den Abschied zu erleichtern. Dass er Ende 1995 tatsächlich wieder in das gleiche Büro einziehen würde, hat damals wohl niemand ernsthaft für möglich gehalten. Als es dann so kam, hat er dieses Büro aber nur relativ selten genutzt, denn er wurde sehr schnell Präsident seiner neuen / alten Universität.

Als Ökonom war Hans-Jürgen Ewers durch und durch ein Marktwirtschaftler, und zwar einer, der Schumpeter kannte und viel Hayek gelesen hatte. Und dies schlug sich bei allen Themen nieder, mit denen er sich beschäftigte. Er war felsenfest von der grundsätzlichen Überlegenheit marktlicher Koordination überzeugt und suchte bei Fehlfunktionen des Marktes stets eine möglichst marktnahe Therapie. Wie die meisten Ökonomen, hegte er tiefes Misstrauen gegenüber staatlichen Eingriffen und der Bürokratie. Dies schlug sich etwa in seinen Bewertungen staatlicher Technologie- und Strukturpolitik nieder. Er propagierte dezentrale Lösungen mit klar abgegrenzten Zuständigkeiten, mit Eigenverantwortlichkeit der Akteure und effizienzfördernden Verhaltensanreizen. So forderte er für die Regionalpolitik die Stärkung des regionsendogenen Potenzials vorwiegend „vor Ort", also auf der regionalen Ebene. Im Bereich der Umweltpolitik favorisierte er selbstverständlich anreizorientierte, marktliche Lösungen, die einen Preis für die Nutzung des knappen Gutes Umwelt implizieren. In der Infrastrukturpolitik lag ihm die Privatisierung und die Schaffung von Wettbewerb besonders am Herzen. Mit seiner marktwirtschaftlichen Grundeinstellung fand er dann als Universitätspräsident ein überaus reiches Betätigungsfeld. Dabei scheute er nicht davor zurück, mit seinen Initiativen zur Reorganisation der Universität etablierte Besitzstände vehement und teilweise frontal zu attackieren.

Hans-Jürgen Ewers war nicht der Typ des weltfernen Wissenschaftlers im Elfenbeinturm. Er wollte sich einmischen, etwas bewirken und war daher vor allem an der Anwendung von Theorie interessiert. Rein akademische Diskussionen haben ihn mit der Zeit immer schneller gelangweilt. Das „l'art pour l'art" war nicht sein Fall. Weil Hans-Jürgen Ewers letztlich auf die Anwendung wissenschaftlicher Erkenntnisse abzielte und hier den eigentlichen Sinn der Wissenschaft sah, hat er wohl auch seine Berufung in Beratungsgremien wie in die Deregulierungskommission und in den Rat von Sachverständigen für Umweltfragen in besonderem Maße als Auszeichnung empfunden. Hier sah er seinen Platz und hat sich wohl gefühlt. Und als Universitätspräsident konnte er dann viele seiner Vorstellungen direkt in die Tat umsetzen. Ihn als Praktiker oder Pragmatiker zu bezeichnen wird ihm nicht gerecht. Hans-Jürgen Ewers war ein an Gestaltung interessierter „Macher" mit sehr festen liberal-marktwirtschaftlichen Grundsätzen.

Ich denke, Hans-Jürgen Ewers wäre wirklich hoch erfreut und sehr stolz, wenn er diese Gedenkschrift sehen könnte. Allerdings würde er sich wohl nicht allzu lange Zeit mit dieser Freude aufhalten und würde bald schon zum Tagesgeschäft übergehen: Darüber nachdenken, welche neuen Projekte er auf den Weg bringen könnte. So war er!

Literatur

Ewers, Hans-Jürgen / *Fritsch*, Michael (1989), Die räumliche Verbreitung von computergestützten Techniken in der Bundesrepublik Deutschland, in: Edwin von Böventer (Hrsg.), Regionale Beschäftigung und Technologieentwicklung, Berlin: Duncker & Humblot (Schriften des Vereins für Socialpolitik, Bd. 189), 81-114.

Ewers, Hans-Jürgen / *Becker*, Carsten / *Fritsch*, Michael (1989), Wirkungen des Einsatzes computergestützter Techniken in Industriebetrieben, Berlin: de Gruyter.

Fritsch, Michael (1987), Räumliche Unterschiede der Telematik-Adoption in Industriebetrieben der Bundesrepublik Deutschland, in: Akademie für Raumforschung und Landesplanung (Hrsg.), Räumliche Wirkungen der Telematik, Hannover: Vinzentz (Forschungs- und Sitzungsberichte, Bd. 169), 301-335.

– (1990), Arbeitsplatzentwicklung in Industriebetrieben – Entwurf einer Theorie der Arbeitsplatzdynamik und empirische Analysen auf einzelwirtschaftlicher Ebene, Berlin: Duncker & Humblot.

Maas, Christof (1990), Determinanten betrieblichen Innovationsverhaltens – Theorie und Empirie, Berlin: Duncker & Humblot.

Schulz, Werner (1985), Der monetäre Wert besserer Luft, Frankfurt a. Main: Lang.

Teil A

Innovation und wirtschaftliche Entwicklung

Innovationskultur in Deutschland: Wie es zur heutigen technologischen Wettbewerbsposition gekommen ist

Von *Hariolf Grupp*, Karlsruhe*

I. Entstehung des Innovations- und des FuE-Begriffs

Zweck dieses Beitrags ist es, die heutige technologische Wettbewerbsposition Deutschlands vor dem Hintergrund der jahrzehntelang gewachsenen „typisch deutschen" Innovationskultur zu betrachten und zu verstehen. Während kurze historische Ereignisse meistens klar begrenzt werden können, ist die Aufstellung von langen Zeitreihen schwierig, da für die Bemessung der Systemvariablen in der Vergangenheit die Begriffe nicht eindeutig definiert sind. In diesem Kapitel wird daher mit heutigen Begriffen und Definitionen versucht, eine Retrospektive auf das Entstehen des deutschen Innovationssystems seit der Reichsgründung von 1871 zu bieten.

Im Standardlehrbuch für „Geschäftsmänner und Studierende" von Roscher (1886), das bis zur zweiten Hälfte der 1880er Jahre etwa 20 Auflagen erlebte und auch Schumpeters Theorie der wirtschaftlichen Entwicklung (1911) prägte, werden sechs verschiedene Wirtschaftstätigkeiten unterschieden, deren erste (sic!) das *Erfinden* und *Entdecken* ist (vor Bergbau, Landwirtschaft, Verarbeitendem Gewerbe und Warendistribution) und deren letzte die Dienstleitung (ohne Großhandel). Tragisch muss es aus heutiger Sicht erscheinen, dass dieser Sechs-Sektoren-Ansatz im 20. Jahrhundert zum Drei-Sektoren-Modell ver-

* Der historische Teil dieses Beitrags beruht weitgehend auf einer Veröffentlichung, die unter dem Titel „Deutsche Innovationsgeschichte seit der Reichsgründung – eine kliometrische Perspektive" in Band VII der Schriftenreihe „Studien zur Evolutorischen Ökonomik" (Berlin, Duncker & Humblot, 2003) erschienen sowie in den „Bericht zur Technologischen Leistungsfähigkeit Deutschlands 2001" des Bundesministeriums für Bildung und Forschung (BMBF, 2002) als Kapitel 10 eingegangen ist, aus dem auch die Daten der aktuellen Wettbewerbsposition stammen. Die zu Grunde liegenden Forschungsarbeiten wurden dankenswerterweise im Rahmen des Verbundvorhabens „Historische Innovationsforschung" bzw. im Rahmen der Berichterstattung zur technologischen Leistungsfähigkeit vom BMBF gefördert.

kommen ist, innerhalb dessen die Neue Wachstumstheorie erst in den 1990er Jahren einen FuE-Sektor wiedererfinden musste.

Auf Roscher aufbauend setzt die am Ergebnis orientierte Begriffsbildung durch Schumpeter (1942, 136 f.) Maßstäbe, nach der alles Innovation ist, was einem Unternehmer Gewinne (so genannte *Quasi-Renten* oder *Innovationsrenten*) aus Vorsprüngen bringt. Quasi-Renten der Innovation sind Faktorrenten, welche die Tendenz haben, sich im Zeitablauf auf Grund des Wirkens von Konkurrenzprozessen wieder aufzuheben (Grupp 1997). Innovationen können in der Form neuer Konsumgüter, neuer Produktions- oder Transportmethoden, neuer Märkte oder neuer Organisationsformen auftreten.

Identisch zum Innovationsbegriff ist der Begriff der *Neuerung*. Dieser Begriff war in Deutschland verbreitet. Das Wort „Innovation" war lange Zeit unbekannt und ist im deutschen Sprachraum erst angekommen, als Schumpeter nach Amerika ausgewandert war und englischsprachige Publikationen hervorbrachte, bei denen das englische „innovation" nicht mehr in Schumpeters ursprünglichen Terminus „Neuerung" rückübersetzt, sondern als „Innovation" eingedeutscht wurde. Diese Übernahme des Innovationsbegriffs aus dem Englischen ist vermutlich in den 1960er Jahren geschehen. Damit ist klar, dass der heute verwendete Innovationsbegriff nicht als Ankerpunkt für den gesamten betrachteten Zeitraum seit 1871 in Frage kommt. Vor den 1960er Jahren wurden Innovationsphänomene mit anderen Begriffen belegt. In Archiven und Bibliotheken wie auch in Forschungseinrichtungen sowie in den Unterlagen von Geschäftsführungen, Personalabteilungen und Produktionsstätten wurden vom heutigen Standard abweichende Termini verwendet (wie z. B. Werkslaboratorium, Fabriklabor oder Probieranstalt).

Die Vorstellung eines spezifischen Forschungsprozesses, der zu Innovation führt, den man messen kann und für den finanzielle und personelle Aufwendungen notwendig sind, geht nach heutiger Auffassung auf Bernals (1939) weitsichtige und klar analysierende Arbeiten zurück. Bernal unterschied die Rolle der *öffentlichen Forschungsaufwendungen* von denen in der zivilen und – aus gegebenem Anlass – der Kriegswirtschaft. In den Anhängen von Bernal finden sich erste Statistiken zu den Aufwendungen britischer Unternehmen für „industrial research". Freeman (1992) berichtet, dass die durch Bernals Vorlesung an der London School of Economics geprägten Begriffe von ihm selbst und von anderen unmittelbar in internationale Gremien eingebracht wurden, die sich in den 1960er Jahren mit einer weiteren Standardisierung der Begriffe beschäftigten. Dies schlug sich schließlich in einem ersten Papier über die Messung des Outputs von *Forschung und Entwicklung (FuE)* nieder (Freeman 1969). Also ist auch der FuE-Begriff vor dem Zweiten Weltkrieg statistisch nicht definiert gewesen.

In diesem Beitrag ist die deskriptive Darstellung von Innovationsindikatoren kein Selbstzweck, obwohl sie für den an der *Wirtschaftsgeschichte Deutschlands* Interessierten von bedeutendem Interesse sein werden. Vielmehr geht es darum, die Datenbasis zu schaffen, vor der *strukturelle Veränderungen* im deutschen Innovationssystem über mehrere politische Systemwechsel und territoriale Änderungen hinweg beurteilt werden können. Das Verständnis dessen, wie historische Gegebenheiten das heutige Innovationssystem in seinen Strukturen und Leistungsmöglichkeiten beeinflussen, ist von erheblichem Interesse für seine weitere Ausgestaltung und somit auch für die *langfristige Unternehmensplanung* und die *Technologie- und Innovationspolitik.*

In den Abschnitten 2-5 wird die Datenbasis dargelegt: Die staatlichen Ausgaben für Wissenschaft und Technik (Abschnitt 2), das Ausmaß der wissenschaftlichen Publikationstätigkeit (Abschnitt 3), Eckwerte zur industriellen Forschung und Entwicklung in Deutschland (Abschnitt 4) und die Entwicklung der Erfindungstätigkeit (Abschnitt 5). Neben der Beschreibung dieser vier für das Innovationsgeschehen wichtigen Faktoren müssten das Bildungssystem und kulturelle Merkmale (wie etwas das Selbstverständnis der Forscher etc.) ebenso ausführlich – wenn auch vielleicht nicht quantitativ – dargestellt werden. Dies kann im Rahmen des vorliegenden Beitrags nicht geleistet werden, wird aber im Rahmen eines Verbundvorhabens bearbeitet (siehe Fußnote 2). Auch muss aus Platzgründen eine ausführliche Darstellung der Wissenschafts- und Förderorganisationen in Deutschland unterbleiben.[1] Ebenso wenig kann hier die frühe Einführung von technischen Hochschulen und das hohe Ansehen der Ingenieure innerhalb der Innovationskultur in Deutschland im Detail dargestellt werden.[2]

In Abschnitt 6 wird die heutige technologische Wettbewerbsposition Deutschlands in sehr groben Zügen erläutert und in Abschnitt 7 die Prägung des internationalen Technologiewettbewerbs durch das nationale Innovationssystem erläutert. Eine zusammenfassende Diskussion der historischen Persistenz des deutschen Innovationssystems wird im abschließenden Abschnitt 8 versucht.

II. Staatliche Ausgaben für nationale Wissenschaft und Technik

Einen traditionellen Zugang zur empirischen Bestimmung der Größe eines Innovationssystems stellen die Wissenschaftsausgaben dar (die Summe aus den FuE-Mitteln und den Mitteln für Ausbildung, Lehre, Pflege und Diffusion des

[1] Zu solchen Fragen ist die vorliegende Literatur allerdings expliziter als zu den in diesem Beitrag dargelegten Innovationsindikatoren, was wesentlich dem Bedürfnis nach Festschriften dieser Organisationen geschuldet ist (vgl. etwa *Trischler / vom Bruch*, 1999, zur Fraunhofer-Gesellschaft und weitere Quellen darin zu anderen Forschungs- und Fördergesellschaften).

[2] Hierzu siehe etwa Abschnitt 3.2 in *Grupp* et al. (2002), in dem die Humankapitalbildung am Beispiel der Technischen Hochschule Karlsruhe zusammengefasst wird sowie ausführlich andere Untersuchungen im erwähnten Forschungsverbund (vgl. Fußnote 2).

Wissens). Während für reine Bildungs- und reine FuE-Einrichtungen die entsprechenden Ausgaben relativ leicht bestimmt werden können, fällt dies für Institutionen, die Forschung und Lehre betreiben, schwerer. Es haben sich Quoten eingebürgert, die den einzelnen Fachrichtungen und den einzelnen Hochschultypen gerecht werden sollen. Ob sie zu jedem historischen Zeitpunkt die wirklichen Verhältnisse zwischen Forschungs- und Lehranteilen ausdrücken, darf bezweifelt werden; allerdings ist nicht nur die historische Betrachtung problematisch, sondern auch die der Jetztzeit. Das Arbeiten mit solchen Quoten ist dennoch geübte statistische Praxis in allen OECD-Ländern (Hetmeier, 1990).

Pfetsch (1982) hat sich die Mühe gemacht, die jährlichen Wissenschaftsausgaben zwischen 1850 und 1945 zusammen zu stellen. Daraus kann man grobe Schätzungen zum Umfang der FuE-Finanzierung ableiten; die Datensätze enthalten aber nur die öffentlichen Ausgaben, nicht die privatwirtschaftlichen. Daher muss die Industrieforschung gesondert betrachtet werden (siehe Abschnitt 4).

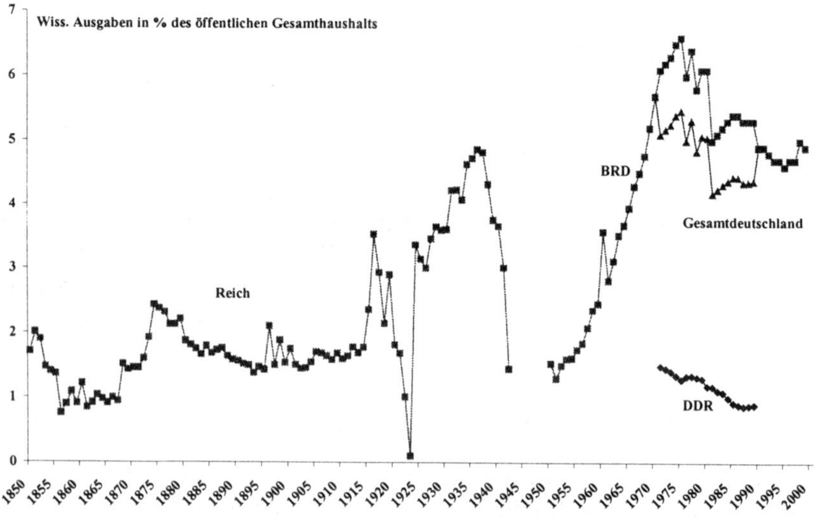

Quelle: Pfetsch (1982), BMBF, Recherchen und Schätzungen von Fraunhofer ISI und IWW

Abbildung 1: Entwicklung der Wissenschaftsausgaben bezogen auf die Gesamtausgaben der öffentlichen Haushalte

Um den diffizilen Fragen der Umrechnung verschiedener Währungen aus dem Weg zu gehen, kann die Entwicklung der Wissenschaftsausgaben am besten auf die Gesamtausgaben der öffentlichen Haushalte (ohne Sozialversicherung) bezogen werden. Danach betrugen die Wissenschaftsausgaben der Deutschen Länder vor der Reichsgründung etwa 1 % (Abbildung 1). Die Reichsgründung führte zu einer zeitweisen Erhöhung auf bis zu 1,7 %, die jedoch ab den 1880er Jahren bis zum Ersten Weltkrieg wieder bis auf fast 1 %

absank. Man hüte sich, diesen Rückgang falsch zu interpretieren. Denn der zurückgehende Prozentanteil besagt lediglich, dass sich relativ zu den gestiegenen Wissensausgaben der Staatshaushalt noch stärker aufblähte. Dies ist in Zeiten hoher Staatseinnahmen in einer „einzigartig" boomenden Wirtschaft (Ziegler 2000) und bei beginnenden erheblichen Rüstungsausgaben nicht erstaunlich.

Die Weimarer Republik erreichte eine verdoppelte Finanzierungsquote der Wissenschaft, die sich im Verlauf der Weltwirtschaftskrisen verliert. Dies geht einher mit der „ungeheuren Kreativität und Experimentierfreude" der 1920er Jahre als Reflex auf die ökonomischen Turbulenzen (Ambrosius, 2000).[3] Die anlaufende Rüstungsforschung ab ca. 1935 wurde mit Finanztricks und Ausweitung der Staatsausgaben finanziert.

In Nachkriegs-Westdeutschland wird die Wissenschaftsförderung dramatisch auf bis zu einem Anteil von 5 % an allen öffentlichen Haushalten erhöht, allerdings nur bis in die 1970er Jahre (Hochschulexpansion), danach gehen die Aufwendungen bis zur Vereinigung um fast einen Prozentpunkt zurück.[4] Die Vereinigung schließlich hat das Niveau weiter abgesenkt. Die Angaben beziehen sich auf die Summe von Reichsstellen bzw. Bundeseinrichtungen und der jeweiligen Länder.

Neben dem erwähnten Datensatz hat Pfetsch (1974) eine umfangreiche Analyse der Wissenschaftspolitik in Deutschland von 1850 bis 1914 vorgelegt, indem er den älteren Teil seines Datensatzes auswertete. Beispielsweise findet Pfetsch keine Bestätigung für die These, dass der Staat zyklisch bei zunehmendem ökonomischen Wohlstand auch mehr für Wissenschaft und Technik ausgibt. Trotz einiger Hinweise für eine antizyklische Forschungspolitik zeigt die staatliche *Politik* ein *uneinheitliches Konjunkturverhalten*. Dies ist ein erster Hinweis darauf, dass sich durch Reichsgründung und Wirtschaftsboom eine Innovationskultur in Deutschland gebildet hat, die aufgeprägten Zyklen nicht immer folgt.

Die staatliche Alimentierung von *Forschung* und *Entwicklung* ist eine typische Angelegenheit von Nachkriegsdeutschland. Bis 1945 spielte der Finanzierungsanteil für FuE unter allen Wissenschaftsausgaben nur eine nachgeordnete Rolle. Zwar betrug in den ersten Jahren der Reichsgründung der Forschungsanteil[5] 20 bis 30 %, er ist dann jedoch bis zum Ersten Weltkrieg bis auf unter 20 % zurückgegangen. Hierzu muss man wissen, dass ein Großteil der Wissen-

---

[3] Unter den Bedingungen der raschen Hervorbringung kriegsrelevanter Technik hatte sich die Umsetzung von Grundlagenforschung in angewandte, die Industrie einbindende Technik drastisch verkürzt; diese elementare Umformung der Wissenschaftsorganisation dauerte im Versailler Frieden fort.

[4] Zum Elend der Hochschulen vgl. *Ewers* (1996).

[5] Mit „Forschungsanteil" meinen wir genauer den „FuE-Anteil" an allen Ausgaben für Wissenschaft und Technik.

schaftsausgaben des Reichs direkt nach seiner Gründung für Rüstungsaufgaben verwendet wurde. In der Weimarer Republik und im Dritten Reich fluktuierte der FuE-Anteil unter allen Wissenschaftsaufgaben ebenfalls um 20 % (Industrieforschung jeweils ausgenommen).

Nachdem mit der Unterzeichnung der Pariser Verträge 1955 die Forschung auf gewissen Gebieten für die junge Bundesrepublik wieder zulässig wurde, schnellte der FuE-Anteil an den Wissenschaftsaufwendungen rasch an, erreichte zeitweise 70 % und ist erst im Gefolge der neuerlichen Vereinigung wieder zurückgegangen.

Die relativ geringe Bedeutung von FuE im Wissenschaftsbetrieb vor dem Zweiten Weltkrieg wird auch bei der *institutionellen Aufteilung* der Mittel deutlich. Der Löwenanteil fällt auf die Hochschulen aller Art und betrug in den Jahrzehnten vor und nach der Reichsgründung ungefähr 70 % aller staatlichen Wissenschaftsausgaben. Langsam wurden Reichsämter und sonstige Institutionen aufgebaut, so dass der Hochschulanteil an den Wissenschaftsausgaben im beginnenden 20. Jahrhundert auf etwa die Hälfte zurückging. Gut 20 bis 30 % fielen jetzt auf diese Institutionen mit gemischten Aufgaben und knapp 10 % auf Einrichtungen, die ausschließlich FuE betrieben.

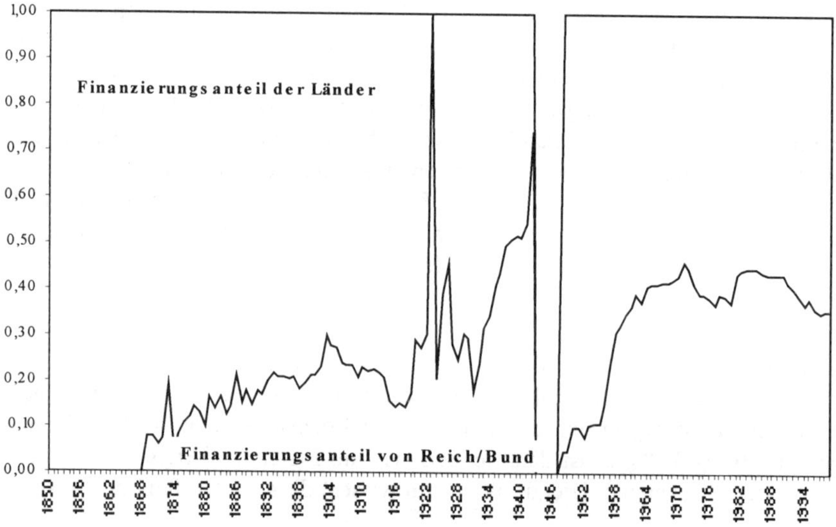

Quelle: Pfetsch (1982), BMBF, Recherchen und Schätzungen von Fraunhofer ISI und IWW.

Abbildung 2: Entwicklung der Finanzierung der Wissenschaftsausgaben: das Bund-Länder-Verhältnis

Insgesamt kann bis zum Ersten Weltkrieg eine Hinwendung der Wissenschaftsförderung auf industrierelevante, angewandte Arbeiten diagnostiziert werden (Pfetsch 1974); daraus zu schließen, dass ein Großteil dieser Mittel privaten Unternehmen zur Verfügung gestellt wurde, wie nach dem Zweiten

Weltkrieg, ist jedoch nicht richtig. Die Interessen der Wirtschaft zielten weniger auf die Subvention ihrer eigenen FuE, sondern vielmehr auf eine relative Zunahme der staatlichen Förderung produktionsnaher Wissenschaften (also auf die Erzeugung externer Effekte in wissenschaftsgebundenen Industrien).

Selbstredend wurden die Wissenschaftsausgaben bis zur Reichsgründung ausschließlich von den Ländern finanziert. Nach der Reichsgründung wird die Zentralgewalt ein mäßiger Förderer mit etwa 20 % aller staatlichen Wissenschaftsaufwendungen; erst in der Weimarer Republik erhöhen sich die Anteile deutlicher (Abbildung 2). Nach der Besetzung Deutschlands am Ende des Zweiten Weltkriegs tat sich naturgemäß die Bundesregierung schwer, die alte Rolle wieder anzunehmen, zumal einige Forschungsbereiche nicht erlaubt waren (Rüstungs-, Nuklear-, Chemie-, Luftfahrtforschung, etc.). Bundesstellen vergrößerten allerdings systematisch ihren finanziellen Einfluss auf die Wissenschaft bis etwa zu dem Niveau, das im Dritten Reich geherrscht hatte. Seit der neuerlichen Vereinigung zieht sich der Bund in leichtem Ausmaß, aber kontinuierlich aus der anteiligen Wissenschaftsförderung zurück.

Es kann also festgestellt werden, dass nach allen kritischen Umbrüchen (Reichsgründung, Erster Weltkrieg, Zweiter Weltkrieg) jeweils zuerst die *Länder* wichtige Aufgaben in der Wissenschaftsförderung übernahmen, bevor die jeweilige *Zentralgewalt* ihre Rolle finden konnte. Pfetsch (1974) nennt diesen Vorgang nach der Reichsgründung die „*Verreichlichung*", die auf wissenschaftspolitischem Gebiet vielschichtig und zaghaft einsetzt. Als Folge davon bilden sich vielgestaltige Kooperationsformen zwischen privaten, gemischten, einzelstaatlichen Gebietskörperschaften und Reichsorganen. Das Entgegengesetzte beobachtet man nach dem letzten großen Strukturbruch von 1990: Während der Vereinigung der beiden Wissenschaftssysteme war die Bundesregierung als zentraler Förderer und Organisator dominant, während sich ihre absoluten und relativen Aufwendungen für Wissenschaft danach verringerten (vgl. Abbildung 2).

III. Entwicklung der wissenschaftlichen Tätigkeit

Analysen zum Ausmaß der *Publikationstätigkeit* reichen Jahrhunderte zurück, elektronische Datenbanken zur Publikationstätigkeit bis 1900. Eine genaue statistische Analyse ergibt ein nahezu konstantes Wachstum des *weltweiten* Zeitschriftenbestands zwischen 1900 und 1944 von 3,2 % pro Jahr, eine Expansionsphase mit einer wiederum fast konstanten Wachstumsrate von 4,8 % pro Jahr bis 1974 und eine abgeschwächte Wachstumsphase von 3,7 % pro Jahr fast wie in der ersten Hälfte des Jahrhunderts („Jahrhundertstandard").

Dies hängt offensichtlich mit weltweiten, historischen Strukturbrüchen zusammen. Die Wissenschaft dehnte sich im 19. Jahrhundert bis zum Zweiten Weltkrieg stetig aus. Dies können wir die *Normalentwicklung* nennen. Nach dem Zweiten Weltkrieg, verursacht durch Wirtschaftswunder, Rüstungswettlauf, verstärkte industrielle FuE-Tätigkeit und eine Expansion des Wissenschaftsbetriebs erhöhte sich die Wachstumsrate des wissenschaftlichen Outputs für drei Jahrzehnte auf fast 5 %, die *Boomphase.* Danach stellte sich wieder die normale Expansionsphase der Vorkriegszeit ein. Diese letzte Phase kann durch das Auslaufen der Hochschulexpansion, die Folgen der schweren Rezession aufgrund der Ölpreiskrise und generell rückgehende wirtschaftliche Zuwachsraten („Limits to Growth") in Verbindung gebracht werden.

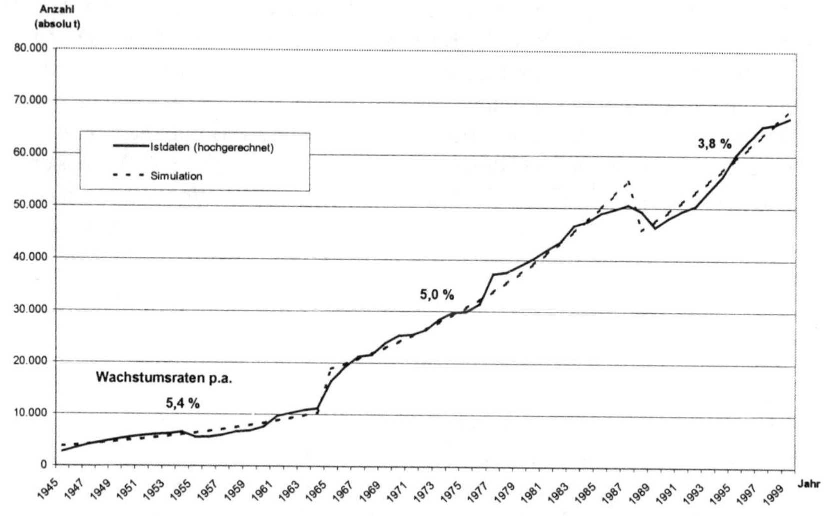

Quelle: SCI. Berechnungen und Hochrechnungen von Fraunhofer ISI und IWW.

Abbildung 3: Phasen in der Entwicklung der Publikationstätigkeit in Deutschland seit 1945

Das stärkste Anwachsen der deutschen Publikationszahlen (BRD und DDR) wird ab der Mitte der 1960er und in den 1970er Jahren beobachtet (Abbildung 3). Dies ist in guter Übereinstimmung mit der Beobachtung einer weltweiten Expansion des Wissenschaftssystems, allerdings hat die deutsche Wissenschaft hier einen *Verzug* von fast 20 Jahren, der sich aus der besonderen Situation des Wiederaufbaus und der alliierten Vorbehalte bezüglich gewisser Forschungsgebiete erklärt.

Ende der 1980er Jahre flacht die Wachstumsrate in Deutschland wie auch weltweit ab; nach 1989 kommt es zu einem dramatischen Einbruch in der absoluten Zahl deutscher Artikel. Hier ist zu beachten, dass die Recherchen gemeinsam für West- und Ostdeutschland durchgeführt wurden und hinter diesem Rückgang der Publikationstätigkeit im Wesentlichen der Zerfall bzw. die „Abwicklung" des ostdeutschen Wissenschaftssystems vermutet werden darf. Eine Rückkehr auf das Publikationsniveau von 1987 ist erst wieder im Publikationsjahr 1993 erreicht worden, wobei ein heftiges Wachstum einsetzt, das antizyklisch zum weltweiten Slowdown verläuft. Eine Simulation des Verlaufs mit drei konstanten Wachstumsraten ist ebenfalls in Abbildung 3 enthalten; sie verdeutlichen das exponentielle Wachstum.

Zwischen 1974 und 1990 lassen sich die Publikationen aus West- und Ostdeutschland im SCI maschinell vergleichen.[6] Dieser Zeitraum ist von mäßigem Wachstum der Publikationstätigkeit („Jahrhundertstandard") gekennzeichnet. In den 1970er Jahren betrug der Anteil der Publikationen aus *Ostdeutschland* etwa 16 bis 17 %. Die relativen Bevölkerungsanteile wie auch das Verhältnis des FuE-Personals von Ost- zu Westdeutschland liegt aber bei knapp 30 %, so dass eine schlechtere Repräsentation der wissenschaftlichen Publikationen aus der DDR in der US-basierten Datenbank SCI zu konstatieren ist. Zum Ende der 1980er Jahre ist das Verhältnis der Publikationen aus Ostdeutschland kontinuierlich auf 13 % abgesunken; ob dies auf eine noch schlechter gewordene *Repräsentation* in der Datenbank oder eine absinkende Outputeffizienz der ostdeutschen Forschungstätigkeit zurückzuführen ist, muss dabei offen bleiben.

Das *Profil* der DDR-Forschung gemessen an ihrem Publikationsoutput ähnelt dem der alten Bundesrepublik. Gemessen an den weltdurchschnittlichen Anteilen wurde in beiden Teilen Deutschlands überproportional viel in der Energie- und Nuklearforschung, in der Chemie, der Festkörperphysik und der Mikrobiologie publiziert. Es ist dieser *Strukturähnlichkeit* zuzuschreiben, dass der Rückgang der gesamtdeutschen Publikationstätigkeit nach der Vereinigung so stark ausfiel. Hier waren nicht unterschiedlich spezialisierte Forschungssysteme aus Ost und West zu integrieren, sondern grundsätzlich gleich spezialisierte, was zu der von vielen beklagten „Flurbereinigung" in Ostdeutschland führte. Unabhängig von einer politischen Bewertung der Abwicklung von DDR-Forschungseinrichtungen muss auf diese Strukturgleichheit hingewiesen werden; offenbar haben 40 Jahre der Teilung nicht ausgereicht, die grundsätzlichen Spezialisierungsmuster der deutschen Forschung in beiden Staaten differenziert zu entwickeln. Im Sinne der *Pfadabhängigkeit* beruhen die Forschungsschwerpunkte weitgehend noch auf den (gemeinsamen) Präferenzen vor der Teilung. Diese einzigartige historische Situation kann als ungewolltes Experiment verstanden werden: die Grundmuster der wissenschaftlichen Spezialisierung verändern sich auch bei großen politischen Systemänderungen nur sehr langsam (Hinze/Grupp, 1995, 65), weil sie durch andere Werte geprägt werden: das Selbstverständnis der Forscher, Bildungsideale etc.; ein weiteres Anzeichen für eine „typisch deutsche" Innovationskultur.

Anders als den Strukturvergleich muss man die Effizienzfragen in den *beiden Wissenschaftssystemen* beantworten (durch Betrachtung der Zitierungsfre-

---

[6] Vgl. *Grupp* et al. (2002, Kapitel 1.6). Wegen des Erscheinungsverzugs wissenschaftlicher Publikationen nach dem Einreichen lässt sich bis zum Jahresende 1990 kein Abnehmen in der Quantität der Literaturproduktion durch die Forscher an DDR-Institutionen wahrnehmen (*Weingart* et al., 1991, 4).

quenz). Wissenschaftliche Arbeiten, die häufiger zitiert werden, gelten als bedeutender (in irgendeiner Hinsicht), zum Beispiel, weil sie wichtige Methoden enthalten, auf die viele nachfolgende Autoren zurückgreifen, oder besonders wichtige Ergebnisse (oder Irrtümer, die später zurückgewiesen werden).

Der publizierten DDR-Forschung *fehlt* es fast durchgängig an *weltweiter Ausrichtung* ihrer Ergebnisse (vor allem im angelsächsischen Sprachgebiet). Daher sind die Zitatraten niedrig. Bezieht man die Zitierungsfrequenzen allerdings auf die von den DDR-Autoren ausgewählten Publikationsorgane (die typisch im englischen Sprachraum wenig gelesen werden), dann ergeben sich recht günstige Zitierungsraten im Vergleich zu Artikeln aus anderen Ländern als der DDR, die ebenfalls in diesen Zeitschriften publiziert werden. Stärker beachtet wurden signifikant die *nicht* international ausgerichteten Forschungsbereiche, während die, welche stärkeren Eingang in die internatonale Literatur gefunden haben, in der Fachwelt weniger Beachtung fanden. Ein solcher Zusammenhang besteht für die westdeutsche Forschung in keiner Weise. Hier spielen möglicherweise Kaderfragen und Selektionsmechanismen beim Zugang zu westlichen Zeitschriften eine Rolle.

IV. Industrielle Forschung und Entwicklung in Deutschland

Das wirtschaftliche Wachstum der Industrieländer, insbesondere in Europa, beruht seit der Reichsgründung zunehmend auf der Innovationskraft, die von der *wissenschaftsbasierten Industrie* ausgeht.[7] Es fällt jedoch schwer, den Nachweis steigender FuE-Aufwendungen der Unternehmen für diese unbestrittenen Erfolge zu erbringen. Die heute bekannten Statistiken über FuE-Aufwendungen und -Personal beginnen in einheitlicher Systematik mit dem Jahr 1962 für die alte Bundesrepublik; unter gewissen Annahmen lassen sich die entsprechenden Indikatoren ab 1948/49 rekonstruieren (Abbildung 4). Demnach hat die Wirtschaft ihr FuE-Budget seit 1948 fast kontinuierlich stärker ausgeweitet als der Staat, dessen Anteil zurzeit bei 40 % liegt.

Die deutsche Industrieforschung gehörte am Ende des 19. und am Beginn des 20. Jahrhunderts zum *Besten*, was in der Industrieforschung weltweit zu finden war. Die Organisation der Industrieforschung hat Modell für viele andere Länder, vor allem die USA, gestanden. Maßgebliche Industrieführer haben den unwilligen Staat zu einem reichseinheitlichen Patentgesetz gedrängt und damit den Monopolschutz privater FuE-Investitionen ermöglicht. Unter Mitwirkung der forschenden Industrie ist 1917 der deutsche Normenausschuss gegründet

---

[7] Zu den Details und Belegen zur Bedeutung der wissenschaftsbasierten Wirtschaft und der Stellung Deutschlands im weltweiten Vergleich siehe *Grupp* und *Schmoch* (1992) sowie *Grupp* (1997, Kapitel 8).

worden. Bei dieser Vorbildrolle ist es kein Wunder, dass die deutsche Industrieforschung auch viele Ausländer beschäftigte: Deutschland war als das führende Innovationsland bei jungen ausländischen Wissenschaftlern sehr populär. Insbesondere Amerikaner kamen nach einer praxisorientierten Ausbildung für ihre Promotion und eventuell einige Arbeitsjahre in der Industrieforschung ins Deutsche Reich. Von 1831 bis 1913 war auch der Anteil der ausländischen Patenterteilungen mit einem Durchschnittswert von 35 % sehr hoch. Nach dem Ersten Weltkrieg und den Autarkiebestrebungen der 1930er Jahre sank der Ausländeranteil um bis zu 10 % ab, blieb aber entgegen allen Spekulationen eine bedeutende Größe. Die Industrieforschung wurde zunehmend der Kriegswirtschaft der Nationalsozialisten untergeordnet. Zu diesem Zeitpunkt waren aber viele maßgebliche Wissenschafts- und Förderorganisationen der Industrie bereits gegründet worden; ihre Rechtsnachfolger existieren z. T. noch heute.

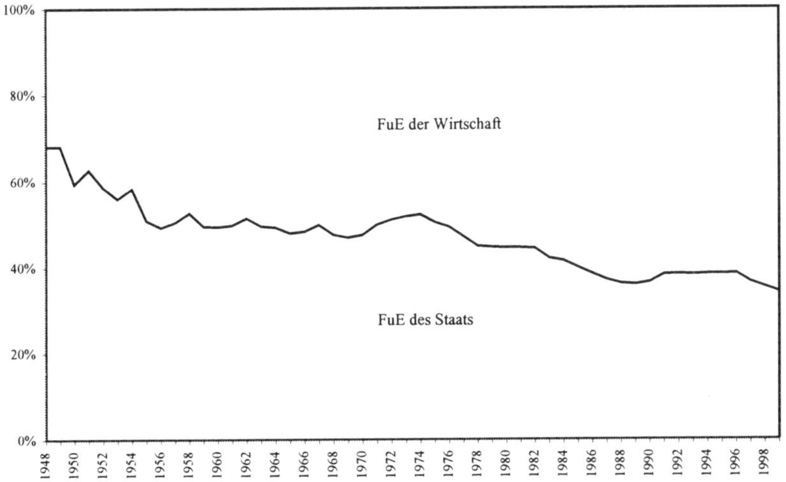

Quelle: BMBF. Berechnungen und Schätzungen von Fraunhofer ISI und IWW.

Abbildung 4: Entwicklung der FuE-Aufwendungen des Staates und der Wirtschaft im Verhältnis zueinander 1948 – 2000

V. Entwicklung der Erfindungstätigkeit in Deutschland

Der hier betrachtete Zeitraum ist in der Patentstatistik lückenlos enthalten. In einzelnen deutschen Ländern wurden ab etwa 1820 Patente angemeldet, und zwar unter dem Einfluss der napoleonischen Gesetzgebung ausgehend von der Südschiene. Am 1. Juli 1877 vereinheitlichte ein im Deutschen Reich allgemein erlassenes und gültiges *Patentgesetz* die Verfahren. Das Entstehen von Patentgesetzen in Deutschland folgt somit dem wissenschaftlich-technischen Innovationsschub im 19. Jahrhundert, an dessen Ende Deutschland zu einer der führenden Industrienationen wurde. Etwa um die Jahrhundertmitte waren die lokalen, weitgehend abgeschotteten Märkte aufgelöst und die deutsche Wirtschaft in die rasch expandierende Weltwirtschaft integriert (Ziegler, 2000, und North, 2000).

Die Patentstatistik in Deutschland kann seit 1879 *maschinenlesbar* erschlossen werden. Nimmt man zunächst die gesamte Patenttätigkeit in Deutschland in den Blick (Abbildung 5), so muss man feststellen, dass die zeitliche Entwicklung in ihrer Dynamik von der der wissenschaftlichen Tätigkeit (Publikationsstatistik) stark abweicht. Das *stärkste Wachstum* auf niedrigem Niveau findet seit 1820 bis zur Gründung des Deutschen Reiches statt; die Wachstumsrate der deutschen Länder insgesamt ist etwa konstant mit einem kriegsbedingten Einbruch 1870/71. Nach Einführung des reichsweiten Patentgesetzes schnellt die Zahl von Anmeldungen und Erteilungen innerhalb von wenigen Jahren nach oben und wächst weiterhin mit einer konstanten Rate an, die nun aber – auf wesentlich höherem Niveau – nicht mehr so groß ist wie vor 1870. Der Erste Weltkrieg bringt dieses fast ein Jahrhundert währende Wachstum zu Ende; die Jahresproduktion an Patenten halbiert sich. Ab etwa 1920 ist eine wechselvolle Entwicklung zu diagnostizieren, die jedoch im Ganzen *bis zum Jahr 2000 nicht mehr zu Wachstum* führt. Fast für dieses ganze Jahrhundert beträgt die Zahl der jährlichen Patentanmeldungen in Deutschland etwa 50.000 bis 60.000. Im Bereich der „Triadeländer“ (USA, Japan, Europäische Union) hat Deutschland damit eine der höchsten Patentproduktivitäten pro Beschäftigtem.

Von dieser Faustregel abweichend ist ein Wachstum in der *Weimarer Republik* bis zum Beginn des Dritten Reichs zu beobachten, ein sehr *tiefer Einbruch* im Zweiten Weltkrieg, der wesentlich tiefer als der Einbruch im Ersten Weltkrieg ausfällt, und eine Rückkehr zum säkularen Wert bis etwa 1960. Ein weiterer Boom folgt bis 1975 und eine tiefe Rezession setzt für die Jahre danach ein, die erst in der Mitte der 1990er Jahre überwunden ist.

Die Frage ist naheliegend, ob sich diese Wachstumszyklen *allein* aus ökonomischen Gründen erklären lassen. Der wirtschaftliche Boom nach der Reichsgründung ist sattsam bekannt (Ziegler, 2000); ebenso die große Rezession nach der Ölpreiskrise 1973, die dem Wirtschaftswunder folgte. Ob aber das Abebben der Erfindungstätigkeit am Beginn des Dritten Reiches allein ökonomisch erklärt werden kann, oder ob hier eine andere Patentierungspraxis (zum Beispiel durch höhere Geheimhaltung in der beginnenden Kriegswirtschaft, durch Vertreibung oder Abwanderung jüdischer Wissenschaftler) ursächlich ist, muss derzeit in quantitativer Hinsicht offen bleiben. Die Zusammenhänge im deutschen Innovationssystem, zum Beispiel die Frage, warum die anwachsenden FuE-Budgets nach dem Zweiten Weltkrieg nicht zu steigenden Patentaktivitäten geführt haben, sind komplex (Grupp et al., 2003). Bei diesem Rückgang der Patentintensität ist ein ökonomisches Kalkül am Wirken, das

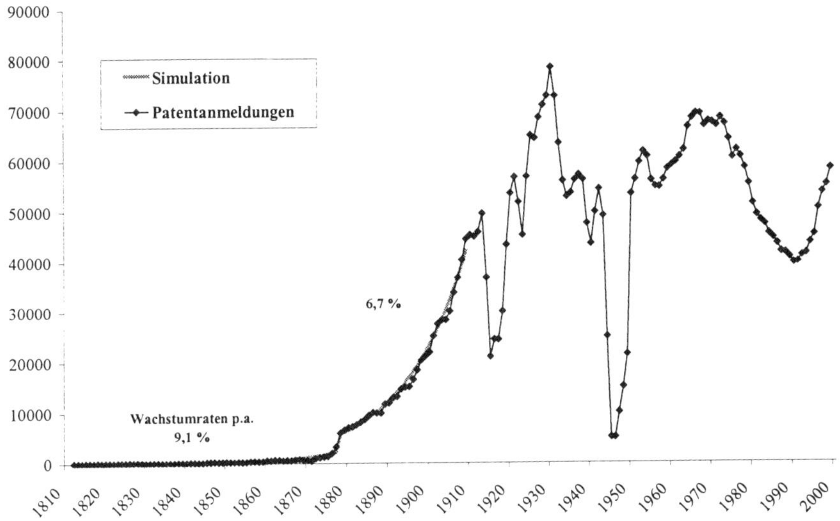

Quelle: PATPLUS/EDOC/PATDPA. Berechnungen von Fraunhofer ISI und IWW.

Abbildung 5: Entwicklung der Patentanmeldungen in Deutschland von 1812 bis zur Gegenwart

nicht von den FuE-Inputs allein getrieben wird, sondern sich nur aus der vernetzten, spezifischen deutschen Innovationskultur erklären lässt.

Für die *bisherige DDR* galten patentrechtlich bestimmte, vom Westen abweichende Verhältnisse, die von der Auffassung vom sozialistischen Eigentum bestimmt waren. Deshalb lassen sich die inländischen Patentanmeldungen am ehemaligen Amt für Erfindungs- und Patentwesen der DDR (AfEP) kaum mit denen im Westen vergleichen (Hinze und Grupp, 1995, 42 f.). Die grundsätzlichen Rahmenbedingungen für die Schutzrechtsarbeit in der DDR sind im Patentgesetz vom 6.9.1950 fixiert (Albrecht et al., 1991). Dennoch ist eine Patenttätigkeit aus der DDR in Westeuropa in den ersten Jahren schwer festzustellen. Dies hängt mit der national unterschiedlichen Handhabung der Anerkennung der DDR als selbstständigem Staat zusammen. DDR-Erfinder operierten daher trotz eigenem Patentgesetz zum Teil von Adressen aus der Bundesrepublik aus. Auch bei gewissen Unwägbarkeiten ist ein Ansteigen der Patenttätigkeit von DDR-Erfindern bis etwa 1983/84 erkennbar. Danach stagnieren die Zahlen, seit 1987 sinken sie ab. Denselben Trend auf höherem Niveau zeigen die Inlandspatentanmeldungen der DDR, so dass der *Rückgang der Inventionstätigkeit* vor der Vereinigung zweifelsfrei belegt ist. Dies kann ursächlich und signifikant damit erklärt werden, dass seit 1981 der Anteil der FuE-Beschäftigten im Wirtschaftssektor der DDR kontinuierlich abnahm; ebenso gingen die finanziellen Mittel für FuE im Wirtschaftssektor zurück.

Interessant ist der Spezialisierungsvergleich des *Patentportfolios der DDR* mit Westdeutschland. Gemäß einer Einteilung der gesamten Technik in 28 Gebiete liegen die besonderen Stärken der DDR auf den Gebieten Papier und Druck, Textil, Werkzeugmaschinen, Handhabung, optische Geräte und Messtechnik. Dieses Spezialisierungsprofil ist über die Jahre sehr konstant. Insbesondere entspricht das Patentprofil der 1990er Jahre in den neuen Bundesländern (incl. Ostberlin) weitgehend dem der DDR Ende der 1980er Jahre (Schmoch und Saß, 2000). Frappierend ist dabei außerdem, dass es mit dem Westdeutschlands korreliert. Trotz völlig unterschiedlicher ökonomischer Verhältnisse zeigen sich in der Technik in weiten Bereichen *Übereinstimmungen* zwischen West- und Ostdeutschland bis zur Vereinigung (Grupp et al. 2002). Dies wurde auch bereits für den Bereich der Grundlagenforschung (Publikationsstatistik) festgestellt und mit Pfadabhängigkeiten erklärt (Abschnitt 2). Die deutsche Innovationskultur hat sich in der DDR nicht wesentlich verändert.

Die DDR blieb hinsichtlich des Wissenschaftsbezugs ihrer Technik relativ konstant hinter den Industrieländern zurück. Gleiches gilt aber auch für Westdeutschland, nur ist der Abstand zum Weltdurchschnitt hier deutlich geringer. Bei der Vereinigung Deutschlands 1990 trafen im Bereich der Technik zwei etwa *gleich spezialisierte* Systeme aufeinander. Es galt nicht, die Stärken der einen mit den Schwächen der anderen Seite zu integrieren, vielmehr waren die starken Gebiete auf beiden Seiten gut besetzt und wurden die schwachen auf beiden Seiten vernachlässigt. Trotz des ausgedehnten und auf die Größe der DDR bezogen ausgesprochen großen Wissenschaftsbetriebs konnte die technische Entwicklung dort nicht stärker davon profitieren und ist vergleichsweise *wissenschaftsarm* geblieben – die zentrale Planwirtschaft ließ eine effektivere Umsetzung wissenschaftlicher Erkenntnisse in Innovationen nicht zu.

VI. Zur heutigen technologischen Wettbewerbsposition Deutschlands

Der Rückblick auf die Entwicklung des nationalen Innovationssystems in Deutschland hat mehrere – wenn auch nicht vollständig stringente – Indizien erbracht, dass in Deutschland unabhängig von den territorialen und politischen Systemänderungen sich so etwas wie eine spezifische Innovationskultur entwickelt hat, die eine gewisse Resistenz gegen Veränderungen der Umgebung aufweist. Wenn dies aber so wäre, dann müsste die heutige technologische Wettbewerbsposition des wiedervereinigten Deutschlands aus den historischen Verhältnissen heraus erklärbar sein. Wie stellt sich die technologische Wettbewerbsfähigkeit heute dar?

Man kann die Güterproduktion in so genannte Schumpeter-Güter und Heckscher-Ohlin-Güter einteilen (Grupp, 1997, 200 f.). Die Schumpeter-Güter sind dabei solche, deren Herstellung überdurchschnittlich viel FuE-Input erfordert, also die wichtigsten Lieferanten von Technologie. Darin wieder unterscheidet man den Bereich der Spitzentechnik, also Gütergruppen mit einem besonders hohen FuE-Anteil am Umsatz (z. B. Pharmazie, EDV, Flugzeuge, Waffen). Die Schumpeter-Güter mit überdurchschnittlichem, aber nicht so extrem hohen FuE-Input wie die Spitzentechnik, werden als hochwertige Technik bezeichnet (z. B. Automobile, Maschinen, Elektrotechnik, Chemie ohne Pharmazie). Diese Differenzierung ist keineswegs in dem Sinn als Wertung zu verstehen, dass der Bereich der hochwertigen Technologie mit dem Siegel „älter" oder „weniger wertvoll" zu verstehen sei, und Spitzentechnik „neu", „modern" und „wertvoll". Die Gruppen von Schumpeter-Gütern unterscheiden sich vielmehr neben der Höhe ihrer FuE-Intensität auch durch den Protektionsgrad. Die Güter der Spitzentechnik haben häufig Querschnittsfunktion (z. B. Informationstechnik, Biotechnologie), so dass die FuE-Inputs nicht allein nur den branchentypischen Gütern der entsprechenden Branchen zu Gute kommen. Vielfach ist staatliche Einflussnahme durch Subvention, Staatsnachfrage (z. B. in der Raumfahrtindustrie, Waffen) oder Importschutz nachgewiesen. Der Spitzentechnikbereich lenkt in allen Industrienationen das spezielle Augenmerk staatlicher Instanzen auf sich, die mit ihrer Förderung nicht nur technologische, sondern zu einem großen Teil auch eigenständige staatliche Ziele (äußere Sicherheit, Gesundheit usw.) verfolgen.[8]

Schumpeter-Güter sind nach den theoretischen Regeln der internationalen Arbeitsteilung im Welthandel mit das Beste, was die entwickelten Volkswirtschaften dem Weltmarkt anbieten können. Bei diesen Gütern kommen die Ausstattungsvorteile hoch entwickelter Volkswirtschaften (hoher Stand des technischen Wissens, hohe Qualifikation der Beschäftigten) am wirksamsten zur Geltung. Diese werden vor allem durch Spezialisierung auf Güter mit hohem Qualitätsstandard auf dem Weltmarkt hinreichend hohe Preise erzielen können, die den inländischen Beschäftigten hohe Realeinkommen und den Anbietern Produktions- und Wertschöpfungszuwächse ermöglichen.

Konsequenterweise ist auch für Deutschland ein immer größerer Teil der industriellen Innovationstätigkeit an der Erschließung wachsender Märkte im Ausland orientiert (Abbildung 6). Auf Grund der Autarkiebestrebungen des Dritten Reichs und der Folgen des Zweiten Weltkriegs sind allerdings die hohen Exportanteile (um die 15 % am Bruttoinlandsprodukt), die für den Anfang des 20. Jahrhunderts typisch waren, erst wieder gegen 1960 erreicht worden. Nach Überwindung der Ölpreiskrisen, als noch deutlicher geworden war, dass Deutschland den Weltmärkten praktisch „nur" verarbeitete Industriewaren

[8] Für eine Diskussion der Abgrenzung vgl. *Grupp* et al., (2000). Siehe auch die jährlichen Berichte zur Technologischen Leistungsfähigkeit Deutschlands, herausgegeben vom Bundesministerium für Bildung und Forschung (BMBF), zuletzt 2003.

bieten konnte, um im internationalen Wettbewerb um ein hohes Volkseinkommen mitzuhalten, schnellte der Exportanteil auf bis zu 30 % hoch.[9]

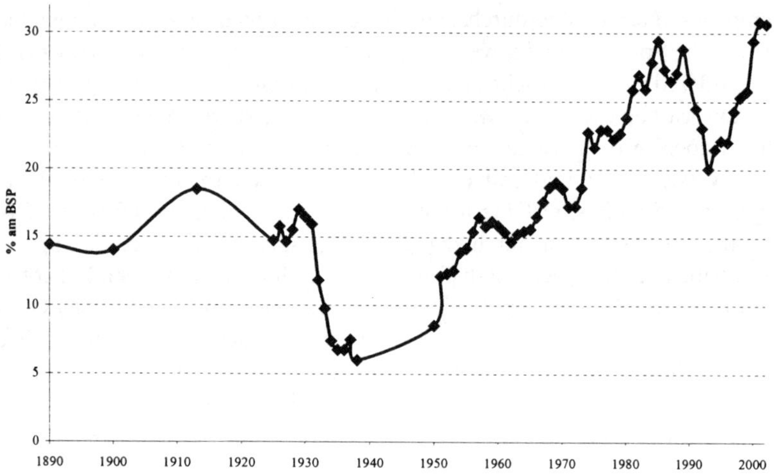

Quellen: Statistisches Bundesamt (1972); Statistische Jahrbücher (verschiedene Jahrgänge). – Eigene Berechnungen.

Abbildung 6: Exportanteile Deutschlands von 1890 bis 2002 (geglättete Kurve)

Um die Fragen einer persistenten Kultur im nationalen deutschen Innovationssystem zu prüfen, kann man die „Technologiehaltigkeit" der deutschen Exporte und Importe über lange Zeiträume hinweg vergleichen. Man tut dabei so, als ob das nationale Innovationssystem abgeschlossen sei und betrachtet die grenzüberschreitenden technologiehaltigen Warenströme. Dabei interessieren nicht die Absolutwerte im Außenhandel, die ja auch von der politischen Situation von erheblichen Währungsumstellungen und -schwankungen und veränderten Präferenzstrukturen beeinflusst werden, sondern vielmehr die Spezialisierung eines Landes auf die Außenhandelsströme bei Schumpeter-Gütern. Der Spezialisierungsgrad,[10] meist mit RCA abgekürzt, beantwortet gleichzeitig zwei Fragen:

- In welchem Maß haben inländische Anbieter eines Produkts sowohl im Vergleich zum Ausland als auch im Vergleich zu Anbietern anderer inländischer Produkte auf dem Weltmarkt Fuß gefasst? Dabei wird ausdrücklich angenommen, dass innerhalb der Volkswirtschaft (wie auch den anderen, mit denen Handel getrieben wird) Spezialisierungen zwischen den Produkten bestehen.

[9] Nach der neuerlichen Vereinigung beobachtet man für einige Jahre eine Exportumlenkung („trade diversion") nach Ostdeutschland.

[10] Auch genannt Balassa-Index, vgl. *Grupp* (1997, 213 f.).

- In welchem Maß ist es ihnen gelungen, im Vergleich zu den Anbietern anderer Produkte Einfuhren zu substituieren? Denn wenn sie technisch fortgeschrittener sind oder eine größere innovative Produktdifferenzierung anbieten, als die Hersteller in anderen Märkten im Inland, sollten sie weniger als ihre internationalen Wettbewerber bedrängt werden.

Positive Vorzeichen für Deutschland weisen auf Spezialisierungsvorteile hin.[11] Die Unternehmen gelten deshalb als besonders wettbewerbsfähig, weil ausländische Konkurrenten im Inland relativ gesehen nicht in dem Maße Waren absetzen konnten, wie es dieser Gruppe ihrerseits im Ausland gelungen ist. Der RTA-Indikator kombiniert die Ausfuhrleistung mit der Ausschöpfung der Möglichkeit, Importe durch heimische Produktion zu substituieren.

Die Liste der Schumpeter-Güter ist dynamisch. In den jeweiligen Epochen sind jeweils andere Güter FuE-intensiv gewesen. Seit es die international vereinbarten Außenhandelsklassifikationen gibt, kann man sie in systematischer Weise darstellen und fortschreiben (vgl. dazu Grupp et al., 2000.), für das frühe 20. Jahrhundert muss man unter Inkaufnahme von gewissen Unschärfen mit Analogieschlüssen arbeiten.

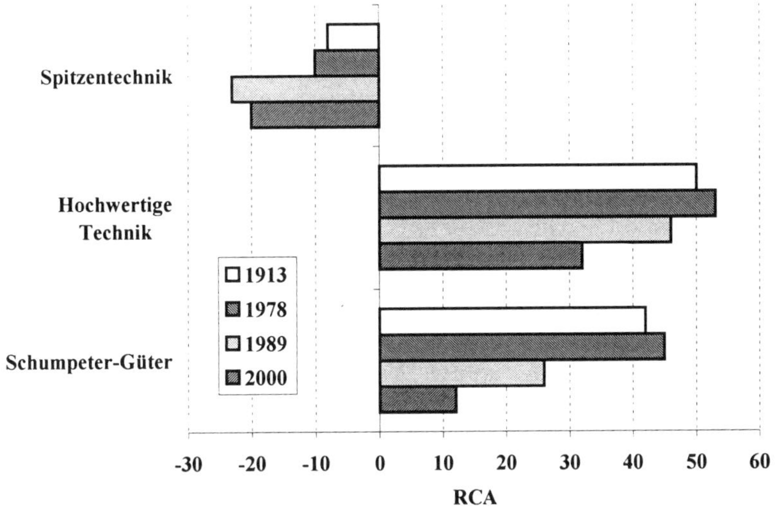

Quellen: Kaiserliches Statistisches Amt (1914); Grupp und Legler, 1987; BMBF 2003. – Eigene Berechnungen.

Abbildung 7: Außenhandelsspezialisierung Deutschlands (in den jeweiligen Grenzen) für Schumpeter-Güter

[11] Es gibt verschiedene Notierungen für den RCA-Indikator. Hier wird die symmetrische Version gewählt, bei denen der Index Werte zwischen – 100 und + 100 einnehmen kann. Der Wert 0 bezeichnet für ein bestimmtes Warensegment die durchschnittliche Außenhandelsspezialisierung.

Abbildung 7 zeigt, dass sich die grundsätzliche Außenhandelsspezialisierung Deutschlands im Bereich des Gütersortiments, das unmittelbar vom Innovationssystem abhängt, kaum verändert hat.[12] Deutschland war immer, egal, welcher Gebietsstand und welches politische Regime zu berücksichtigen ist, auf Schumpeter-Güter außerordentlich stark spezialisiert und konnte mit Heckscher-Ohlin-Gütern am Weltmarkt nicht wettbewerbsfähig auftreten. Das gute Abschneiden bei Schumpeter-Gütern wurde immer durch die hochwertige Technik bestimmt, während im Bereich der Spitzentechnik nur mäßige internationale Wettbewerbserfolge zu berichten sind. Dies ist zu allen Zeiten und in allen Regimen das spezielle Erfolgsmuster in der deutschen Innovationskultur gewesen. Denn FuE-Intensität kann man auch „vom Kehrwert her" interpretieren: Eine besonders hohe FuE-Intensität bedeutet für einen bestimmten investierten FuE-Betrag, dass die zu erwartenden Produktionsmengen und Umsätze relativ bescheiden bleiben im Vergleich zu Gütern, die weniger FuE-intensiv sind. Man kann es auch so formulieren: Auf Grund der besonderen historischen Entwicklung des deutschen Innovationssystems wurden (oder mussten) protektionierte und die unter anderweitigen Staatseinflüssen stehenden Märkte vermieden werden.

Wenn man die einzelnen Warensortimente noch weiter zergliedert, zeigen sich durchgängige Stärken im Maschinen- und Automobilbau (auch im Schienenfahrzeugbau) und in der Chemie. Das frühe Spezialisierungsspektrum unterscheidet sich vom heutigen im wesentlichen nur in Technikgebieten, die in den Dekaden nach dem Zweiten Weltkrieg radikal neu waren und ökonomische Bedeutung erlangten: z. B. im Bereich der EDV und der Mikroelektronik. Eine Sonderrolle spielt das Spezialisierungsmuster in Gebieten, bei denen die Alliierten Deutschland einen Neustart nach dem Zweiten Weltkrieg abverlangten, wie z. B. in der Luftfahrtindustrie (siehe bei Keck (1993, 146)).

VII. Prägung der Weltmarktergebnisse durch das Innovationssystem

Aber hängen die Erfolge und Spezialisierungen am Weltmarkt überhaupt in unmittelbarer Weise mit der „Produktion" im Innovationssystem zusammen? Es liegt Evidenz vor, dass gerade im FuE-intensiven Sektor ein enger Zusammenhang der sektoralen Spezialisierung des Patentsystems – als Output aus Wissenschaft und Technik – mit dem Außenhandelsprofil besteht. Das Außen-

---

[12] Diese Aussage zur zeitlichen Konstanz der Außenhandelsspezialisierung ist bei Stützzeitpunkten vor dem Ersten und nach dem Zweiten Weltkrieg zu pauschal. Allerdings sind vergleichbare Angaben zur Zwischenkriegszeit und den Jahren des westdeutschen Wirtschaftswunders ebenso wie zum Außenhandel der DDR sehr diffizil. Daran wird noch gearbeitet.

handelsmuster folgt dabei dem Patentmuster um einige Jahre versetzt.[13] In Abbildung 8 ist das Technologie- und das Handelsportfolio Deutschlands bei Schumpeter-Gütern im Einzelnen gegenübergestellt. Auf den ersten Blick ist die außerordentlich hohe Korrelation erkennbar, die sich auch rechnerisch bei hohen Signifikanzgraden ergibt.

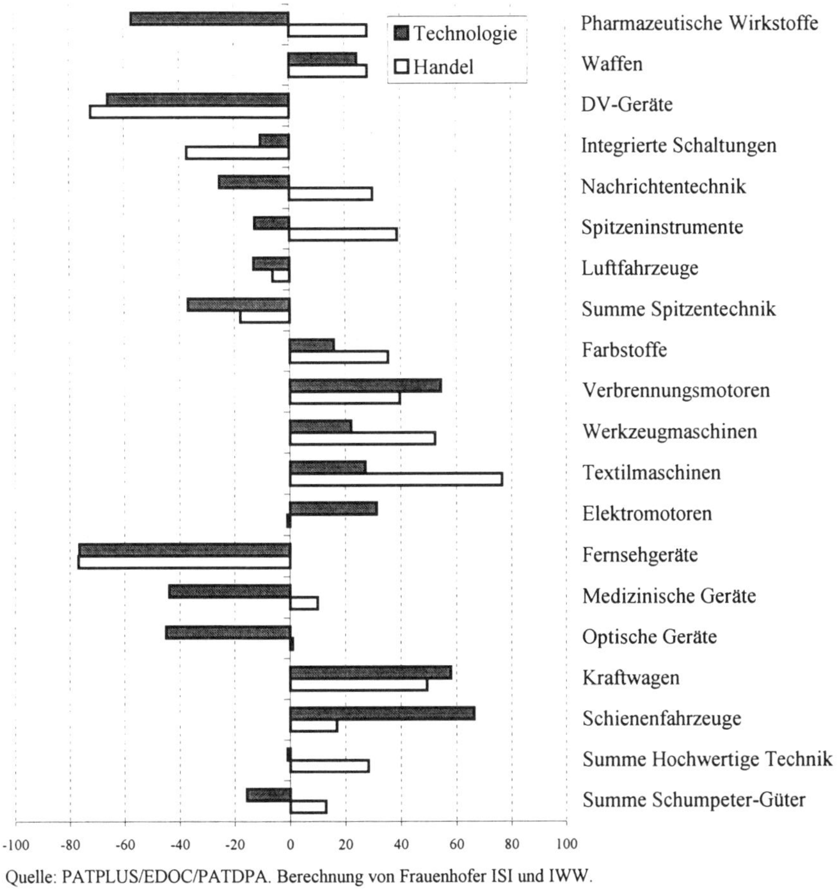

Quelle: PATPLUS/EDOC/PATDPA. Berechnung von Frauenhofer ISI und IWW.

Abbildung 8: Technologie- und Handelsportfolio Deutschlands bei Schumpeter-Gütern 1998 (Technologie) bzw. 1999 (Handel)

Wie Abbildung 8 zeigt, lässt sich nicht nur im Groben, sondern auch im Detail ein Zusammenhang zwischen der technologischen Spezialisierung und dem Außenhandelsprofil belegen: Patentschutz wird oftmals gerade deswegen

[13] Dies hat *Münt* (1996) ausführlich untersucht. In dieser Quelle findet sich eine Zusammenstellung früherer Arbeiten und eine Weiterführung.

gesucht, um die Exportchancen zu erhöhen und den Importsubstitutionssektor vor Imitatoren zu schützen. Technologische Vorteile spiegeln deshalb in aller Regel die Innovationsimpulse aus dem Binnenmarkt, die internationale Arbeitsteilung bei FuE sowie die Schwerpunktsetzung in der Industrie und in der Innovationstätigkeit wieder. Unterstellt man diesen Zusammenhang, der in der Nachkriegszeit außerordentlich stabil ist, auch für das Deutsche Reich und die Weimarer Republik (soweit Kriegs- und Autarkiebestrebungen keine Wirkung zeigten), dann ist die sehr gleichbleibende Ausrichtung des deutschen Innovationssystems als sehr wahrscheinlich anzunehmen.

Vornehmlich in der hochwertigen Technik ist der Zusammenhang zwischen Innovationskultur, Erfindungstätigkeit, Produktion und Export in Deutschland recht eng und zeigt sich beim Automobil- und Maschinenbau und der chemischen Industrie. In der Spitzentechnik beeinflussen vielfach patent- und innovationsfremde Faktoren die Außenhandelsergebnisse, so dass sich diese Zusammenhänge aus deutscher Sicht nicht unbedingt einstellen müssen. In der Regel bringt die deutsche Innovationskultur in der Spitzentechnik weniger Erfindungen hervor als seine Konkurrenten.

Um die Entwicklung der Wettbewerbsfähigkeit bedeutender Industrien im Längsschnitt der deutschen Innovationskultur genauer zu verstehen, muss man die einzelnen Sektoren und ihre pfadabhängige technische Entwicklung nachzeichnen. Dies wird in zwei laufenden Forschungsprojekten am Beispiel der Informationstechnik und der pharmazeutischen Industrie in Angriff genommen.[14]

VIII. Rückblick als Ausblick auf die zeitgenössische Technologiepolitik

Mit dem in diesem Rückblick vorgelegten Kranz von Indikatoren auf nationaler Ebene entsteht ein dichtes Bild zum Umfang der Innovationstätigkeit in Deutschland in den letzten mehr als einhundert Jahren. Für die Beurteilung der heutigen Wettbewerbsposition Deutschlands und der zeitgenössischen Technologiepolitik bietet der historische Rückblick eine neue Perspektive: So kann man etwa die heutigen Globalisierungstendenzen in FuE durchaus als Renaissance des vorvorigen Jahrhundertwechsels interpretieren: Vor den Autarkie- und Kriegsbestrebungen des nationalsozialistischen Deutschland war das Innovationssystem in ähnlicher Weise internationalisiert, wenn auch vielleicht nicht in gleichem quantitativen Ausmaß. Allerdings haben sich jetzt auch die logisti-

[14] Die Forschungsprojekte werden im Rahmen des vom BMBF finanzierten Verbunds „Deutsche Innovationskultur" von *I. Dominguez-Lacasa* (Pharmazie) und *M. Friedrich-Nishio* (Informationstechnik) durchgeführt.

schen Möglichkeiten zum Wissensaustausch sowie die Mobilitätsunterstützung sehr verbessert.

Während bei allen früheren Krisen die jeweilige Zentralgewalt keine „ruhende Säule“ in Forschung und Entwicklung war, sondern der Wissenschaftsbetrieb von den Ländern aufrecht erhalten und wieder aufgebaut wurde, hat sich die Rolle des Bundes im Innovationsgeschehen bei der neuerlichen deutschen Vereinigung im letzten Jahrzehnt souverän behauptet, während der Anteil der Wirtschaftsunternehmen an der Finanzierung von FuE gegenüber den Staatsorganen ungebrochen an Einfluss gewinnt. Dies war vor einhundert Jahren bestimmt nicht so.

Vor allem aber fällt auf, dass das deutsche Innovationssystem trotz mehrerer *politischer Systemwechsel* im vergangenen Jahrhundert von einer bemerkenswerten Struktur-Persistenz ist, was seine spezifischen Stärken und was seine Reaktionsmuster auf politische und ökonomische Herausforderungen anbelangt – und dies trotz extrem unterschiedlicher Effizienz. Dies rechtfertigt, hinter den veränderbaren politischen Systemen eine ausgesprochen *resistente Innovationskultur* zu vermuten. Die mentale Verfassung der Forscher, das Selbstverständnis der Unternehmen und Konsumenten sowie das gesellschaftliche Aushandeln von Prioritäten reagieren nicht ohne weiteres auf Außenanreize monetärer oder institutioneller Art, auch wenn diese nicht nur kurz anhalten sollten. Technologiepolitisch wird diese Innovationskultur grundsätzlich kaum zu verändern sein, vor allem nicht mit den bisher eingesetzten Steuerungsmechanismen. Selbst eine Einmauerung des Teilsystems in der ehemaligen DDR und seine Unterwerfung unter kommunistischen Kurs konnten wenig an den grundsätzlichen Orientierungen ändern (wohl aber an der Effizienz des Systems).

Es gab und gibt im technisch-wissenschaftlichen Bereich wohl ein spezifisch *deutsches Verständnis* von der Eröffnung und Verfolgung neuer Technologiepfade. Den technisch-naturwissenschaftlichen Eliten Deutschlands ist es unter jedwedem politischen System gelungen, ihr kollektives Forschungsprofil wie auch ihre Werte durchzusetzen. Diese lang anhaltende, wenn nicht dauerhafte kulturelle Prägung ist nur mit historischen Längsschnitten beizukommen, wie sie gerade die evolutorische Institutionenökonomie fordert. Weitere Erhellungen der Innovationsgeschichte Deutschlands vor allem auch auf einzeltechnologischer und Sektorebene können hier weiteres Verständnis bringen. Produktivitäts-, Wachstums- und Weltmarktanalysen sollten im Längsschnitt angefertigt werden sowie internationale Vergleiche, um den Rückblick für die Einordnung der heutigen Verhältnisse noch fruchtbarer zu machen.

Literaturverzeichnis

Albrecht, Edo/*Dohnert*, Otto/*Schneider*, Marlies/*Bourcevet*, Hartmut (1991), DDR-Forschung im internationalen Vergleich unter Zugrundelegung der Patentstatistik, Studie für den Wissenschaftsrat, Sektion Wissenschaftstheorie und Wissenschaftsorganisation, Berlin: Humboldt-Universität.

Ambrosius, Gerold (2000), Von Kriegswirtschaft zu Kriegswirtschaft 1914 – 1945, in: North, Michael (Hrsg.), Deutsche Wirtschaftsgeschichte, München: C. H. Beck, 282-350.

BMBF (Hrsg.) (verschiedene Jahrgänge, zuletzt 2003), Zur technologischen Leistungsfähigkeit Deutschlands 2002, Bonn/Berlin.

Bernal, John D. (1939), The Social Function of Science, London: George Routledge & Sons.

Ewers, Hans-Jürgen (1996), Das Elend der Hochschulen – Eine ökonomische Analyse der Organisation und Finanzierung deutscher Universitäten, Antrittsvorlesung, TU Berlin.

Freeman, Christopher (1969), Measurement of output of research and experimental development, Statistical Reports and Studies, Paris: UNESCO.

– (1992), The Economics of Hope, London: Pinter Publishers.

Grupp, Hariolf (1997), Messung und Erklärung des Technischen Wandels – Grundzüge einer empirischen Innovationsökonomik, Berlin: Springer-Verlag.

Grupp, Hariolf /*Dominguez-Lacasa*, Icíar/*Friedrich-Nishio*, Monika (2002), Das deutsche Innovationssystem seit der Reichsgründung, Heidelberg: Physica-Springer.

Grupp, Hariolf /*Dominguez-Lacasa*, Icíar/*Friedrich-Nishio*, Monika/*Jungmittag*, Andre (2003), Innovation and growth in Germany in the past 150 years, im Druck.

Grupp, Hariolf /*Jungmittag*, Andre/*Schmoch*, Ulrich/*Legler*, Harald (2000), Hochtechnologie 2000, Karlsruhe: Fraunhofer ISI.

Grupp, Hariolf /*Legler*, Harald (1997), Spitzentechnik, Gebrauchstechnik, Innovationspotential und Preise, Köln: Verlag TÜV Rheinland.

Grupp, Hariolf /*Schmoch*, Ulrich (1992), Wissenschaftsbindung der Technik, Heidelberg: Physica-Springer.

Hetmeier, Heinz-Werner (1990), Öffentliche Ausgaben für Forschung und experimentelle Entwicklung 1987, Wirtschaft und Statistik, 2/1990, 123-129.

Hinze, Sybille/*Grupp*, Hariolf (1985), Ein Rückblick auf Wissenschaft und Technik in der ehemaligen DDR: Ostdeutschlands Forschungs- und Entwicklungspotential, in: Holland und Kuhlmann, 41-86.

Keck, Otto (1993), The National System for Technical Innovation in Germany, in: Nelson, Richard (Hrsg.), National Innovation Systems, New York: Oxford University Press.

Münt, Gunnar (1996), Dynamik von Innovation und Außenhandel, Heidelberg: Physica.

North, Michael (Hrsg.) (2000), Deutsche Wirtschaftsgeschichte, München: C. H. Beck.

Pfetsch, Frank R. (1982), Datenhandbuch zur Wissenschaftsentwicklung, Köln: Zentrum für historische Sozialforschung.

Pfetsch, Frank R. (1974), Zur Entwicklung der Wissenschaftspolitik in Deutschland 1750 - 1914, Berlin: Duncker & Humblodt.

Roscher, Wilhelm (1886), Grundlagen der Nationalökonomie, 18. Auflage, Stuttgart: J. G. Cotta'sche Buchhandlung.

Schumpeter, Joseph A. (1942), Capitalism, Socialism and Demogracy, New York, zitiert nach der deutschen Übersetzung (1975), 4. Auflage, München.

– (1911), Theorie der wirtschaftlichen Entwicklung, München und Leipzig, zitiert nach der sechsten Auflage (1964), Berlin.

Statistisches Bundesamt (Hrsg.) (1972), Bevölkerung und Wirtschaft 1872-1972, Stuttgart: W. Kohlhammer.

– (Hrsg.) (versch. Jahrg.): Statistisches Jahrbuch, Stuttgart: W. Kohlhammer.

Trischler, Helmuth/*vom Bruch*, Rüdiger (1999), Forschung für den Markt – Geschichte der Fraunhofer-Gesellschaft, München, C. H. Beck.

Weingart, P./*Strate*, J./*Winterhager*, M. (1991), Bibliometrisches Profil der DDR, Bericht an den Stifterverband für die Deutsche Wissenschaft und den Wissenschaftsrat, Universitätsschwerpunkt Wissenschaftsforschung, Universität Bielefeld.

Ziegler, D. (2000), Das Zeitalter der Industrialisierung, in: North / (Hrsg.) 102-281.

Innovationskooperation aus Sicht der Transaktionskostentheorie – Eine empirische Analyse zum Einsatz institutioneller Arrangements bei komplexen Innovationstransaktionen

Von *Carsten Becker*, Berlin

I. Einleitung

Die Kooperation der Unternehmen mit anderen Marktpartnern hat im Innovationsbereich spürbar an Bedeutung gewonnen. Am eindruckvollsten kann dieser Trend an der Entwicklung der externen FuE-Aufwendungen abgelesen werden. Wie der Stifterverband für die Deutsche Wissenschaft jüngst veröffentlicht hat, ist der Anteil der externen FuE-Aufwendungen bei den Unternehmen innerhalb der letzten beiden Dekaden von 4,7% auf 15,1% gestiegen (Zeitraum 1979 bis 1999). Bemerkenswert ist dabei zweierlei: Die externen FuE-Aufwendungen sind insbesondere in den Jahren 1991 und 1999 gestiegen. Und es zeigt sich, dass auf dem FuE-Anbietermarkt, der traditionell die Domäne der Hochschulen und außeruniversitären Forschungseinrichtungen ist, zunehmend Wirtschaftsunternehmen auftreten, die entweder selbst Forschung betreiben oder den Technologietransfer unterstützen (Erhardt, 2003).

Die Gründe für diese Trends sind sowohl im externen Umfeld der innovierenden Unternehmen als auch im Bereich der unternehmensinternen Organisation von Innovationsprozessen zu suchen. In neueren Beiträgen zur Innovationsforschung wird diesbezüglich auf die zunehmend systemischen Innovationsprozesse hingewiesen (vgl. Dosi, 1988), die auf horizontale, vertikale und diagonale technologische Interdependenzen zurückgeführt werden. Weiterhin wird festgestellt, dass die Grenzen zwischen den Fachgebieten durchlässiger werden und aus verschiedenen, ursprünglich separaten Wissensgebieten immer neue Fachdisziplinen hervorgehen (Trend zur Technologiefusion). Im Zuge dieser Entwicklungen nimmt nicht nur die Komplexität der Innovationsprozesse zu, sondern auch der Bedarf an Interaktion und Koordination der verschiedenen Kompetenzträger.

Auf der Unternehmensebene sprechen mehrere Gründe für eine Intensivierung der Innovationskooperation. Eine Zusammenarbeit mit unternehmensexternen Akteuren kann zur besseren Ausschöpfung von Economies of scale und Economies of scope und damit zu Zeit- und Kostenvorteilen führen. Weiterhin kann sich die Innovationskooperation anbieten, um Innovationsrisiken zu streuen. Ein weiteres, in der Literatur häufig angeführtes Argument ist schließlich, dass Kooperationen den Zugang zu komplementären Ressourcen wie Kapital, (FuE-)Kapazitäten, Technologien oder Knowhow ebnen.

In dem Maße freilich, in dem die Bedeutung der Innovationskooperation zunimmt, rückt allerdings auch das Schnittstellenmanagement stärker in den Vordergrund. Es zeigt sich, dass die Kooperation nicht nur Vorteile bringt, sondern auch mit Nachteilen verbunden sein kann. Insbesondere stellt sich die Frage, wie sich die Akteure gegen vertragswidriges Verhalten schützen können. Die Kernprobleme bei Innovationskooperationen sind, dass hohe Geheimhaltungsanforderungen bestehen, dass regelmäßig hochgradig spezifische Investitionen getätigt werden und/oder dass mitunter ausgeprägte Kontrollprobleme existieren. Entsprechend hoch ist das Risiko, dass sich einer der Kooperationspartner opportunistisch verhält. Vor diesem Hintergrund ist nachvollziehbar, dass die Akteure grundsätzlich bestrebt sind, die unternehmensübergreifende Zusammenarbeit gegen Opportunismusrisiken abzusichern, insbesondere, indem sie die Kooperationsverträge und zugrundeliegenden Institutionen dem jeweiligen Transaktionskontext anpassen.

Die Frage, wie die Einhaltung vertraglich vereinbarter Regelungen bei Innovationskooperationen durchgesetzt werden kann bzw. wie bestimmte Opportunismusrisiken effizient beherrscht werden, steht gegenwärtig im Mittelpunkt des Interesses der Transaktionskostentheorie.[1] Ziel des Beitrages ist es, auf der Basis einer postalischen Befragung von knapp 860 Unternehmen zu untersuchen, welche Zusammenhänge bei Kooperationen zwischen Transaktionseigenschaften und dem Einsatz verschiedener institutioneller Arrangements zur Beherrschung von Opportunismusrisiken festgestellt werden können.[2]

Im folgenden werden in Abschnitt II. die theoretischen Grundlagen dargelegt. In Abschnitt III. wird das Datensample vorgestellt, Abschnitt IV. informiert über die vorliegenden empirischen Befunde. Der Beitrag endet in Abschnitt V. mit einer Zusammenfassung der wichtigsten Ergebnisse.

---

[1] Vgl. insb. *Furubotn/Richter*, (1997), 19.

[2] Die Unterscheidung in „institutional environment“ und „institutional arrangement“ geht auf *Davis/North* (1971) zurück. Vgl. zur Definition ebenda.

II. Grundlagen der transaktionskostentheoretischen Analyse

1. Eigenschaften von Innovationen bzw. Innovationsprozessen

Innovationen bzw. Innovationsprozesse weisen Charakteristika auf, die Ursachen für Transaktions- bzw. Vertragsprobleme sein können. Aus diesem Grund soll zuerst auf die wichtigsten (Transaktions-)Merkmale von Innovationen bzw. Innovationsprozessen eingegangen werden, bevor nachfolgend die verschiedenen institutionellen Arrangements besprochen werden.

- Ein erstes Problem stellt häufig dar, dass es im Fall der Einbindung unternehmensexterner Wissensträger meistens unvermeidbar ist, bereits bei der ersten Kontaktaufnahme strategisch bedeutsame Informationen an Akteure weiterzugeben, zu denen noch keinerlei (Vertrauens-)Beziehungen bestehen (vgl. Domrös, 1994, 27). Problematisch ist die Informationsweitergabe deshalb, weil der Besitz bereits transferierter Informationen nicht mehr rückgängig gemacht werden kann (vgl. dazu Vogt, 1997), so dass unabhängig davon, ob später eine Zusammenarbeit zustande kommt oder nicht, die Gesprächspartner nach Verhandlungsende über strategisch relevante und in der Regel auch geheime Informationen verfügen.
- Forschung und Entwicklung bezeichnet die „systematische, schöpferische Arbeit zur Erweiterung des vorhandenen Wissens" (vgl. OECD, 1994, Frascati-Manual), was unterstreicht, dass es sich um einen Suchprozess handelt. Letzteres impliziert, dass das genaue Ergebnis der FuE-Aktivitäten vor Abschluss der Arbeiten zwangsläufig nicht bekannt ist (vgl. Pleschak, Fritsch, Stummer 2000, 48). Aus diesem Grund ist es nicht möglich, zum Zeitpunkt der Vertragsverhandlungen festzulegen, welche Arbeiten und Ergebnisse Gegenstand der Transaktion sein sollen. Die Verträge, die Grundlage der Zusammenarbeit sind, sind damit zwangsläufig weich und unvollständig definiert.
- Weiterhin können Probleme auftreten, den Wert von Informationen und Wissen zu ermitteln. Dies ist zum einen darauf zurückzuführen, dass es bei Innovationen zumeist an entsprechenden Vergleichsobjekten mangelt, an denen sich die Preisverhandlungen orientieren könnten. Zum anderen kommen Probleme mit Qualitätsunkenntnis hinzu. Dahinter verbirgt sich der Umstand, dass der Nachfrager von FuE-Dienstleistungen in der Regel zum Zeitpunkt der Vertragsverhandlungen weder die Qualität der zu beziehenden Leistungen noch die Leistungsfähigkeit des Anbieters valide einschätzen kann (Problem asymmetrisch verteilter Information). Dieses Problem kann so schwerwiegend sein, dass eine an sich für beide Seiten vorteilhafte Transaktion nicht zustande kommt, weil die Zahlungsbereitschaft der Nachfrager aufgrund von Qualitätsunkenntnis zu gering ist.

- Innovationskooperationen sind regelmäßig auch dadurch charakterisiert, dass faktorspezifische Investitionen getätigt werden. Kennzeichnend für faktorspezifische Investitionen ist, dass ihr Wert in alternativen Verwendungen geringer ist als in der betrachteten Transaktion. Aus diesem Grund begibt sich die Transaktionspartei, die (einseitig) spezifisch investiert, in eine Abhängigkeit, weil sie darauf angewiesen ist, dass die Transaktion erfolgreich zum Abschluss gebracht wird.[3]
- In der Innovationsforschung zeigt sich weiterhin, dass der Innovationsprozess häufig durch ein hohes Maß an Komplexität und Interaktion bzw. durch mehrfache Rückkopplungen zwischen den einzelnen Aktivitäten gekennzeichnet sind. Praktisch bedeutet dies, dass es zu häufigen Änderungen der Leistungen im Zeitablauf kommen kann. Probleme mit opportunistischem Verhalten, die auf unvollständig definierte Verträge und/oder auf faktorspezifische Investitionen zurückzuführen sind, verstärken sich unter diesen Umständen. Aber auch im Fall kooperativen Handelns der Transaktionspartner kann es zu schwerwiegenden Interessenkonflikten und zeitraubenden Nachverhandlungen kommen, weil sich die Transaktionspartner in die Situation eines bilateralen Monopols hineinmanövriert haben.
- Ein weiteres Problem ist, dass Märkte für FuE-Leistungen relativ „dünn" sind (vgl. Pleschak/Fritsch/Stummer, 2000, 49). Von dünnen Märkten wird gesprochen, wenn generell nur wenige Anbieter vorhanden sind, die in der Lage sind, spezielle FuE-Dienstleistungen anzubieten. Im Innovationsbereich ist mit einer solchen Knappheit potenzieller Transaktionspartner zu rechnen, weil es dem Wesen von Innovationen entspricht, etwas Neues darzustellen. Die Konsequenz ist, dass sich die Nachfrager von FuE-Dienstleistungen unter Umständen in eine Abhängigkeit von einem bzw. wenigen Anbietern begeben, weil kaum Möglichkeiten zum Wechsel des Transaktionspartners existieren (Small numbers-Problem).
- FuE-Dienstleistungen bzw. Wissen sind personengebundene und schwer artikulierbare Informationen (tacid knowledge), so dass weiterhin der Transfer problematisch sein kann bzw. Möglichkeiten für opportunistisches Verhalten eröffnet. Da implizites Wissen i.d.R. nur durch persönliche Kommunikation transferiert werden kann, befindet sich der Nachfrager von FuE-Leistungen wiederum in einem Abhängigkeitsverhältnis. Ein opportunistisch handelnder Partner könnte damit drohen, die Informationen nur unvollständig zu transferieren und darüber wieder versuchen, bessere Konditionen auszuhandeln.[4]

---

[3] Ein opportunistisch handelnder Akteur könnte diese Abhängigkeit ausnützen und versuchen, durch Nachverhandlungen bessere Konditionen zu erlangen.

[4] Allerdings können Probleme beim Transfer der Leistungen auch auf eine unzureichende „Absorptionsfähigkeit" des Empfängers zurückzuführen sein.

- Ein weiterer Problemkreis betrifft schließlich den Grad der Appropriierbarkeit von Innovationserträgen. Letztere hängt zum einen von den Eigenschaften des Wissens ab, das der Innovation zugrunde liegt. Je weniger dieses Wissen impliziter Natur ist, desto leichter ist eine Übertragung auf bzw. eine Verwendung durch Imitatoren möglich (Domrös 1994, 125).[5] Zum anderen ist die Effizienz des rechtlichen Schutzes, insbesondere des Patentgesetzes, eine Determinante. Je leichter die Gesetze umgangen werden können und je weniger eine Verletzung geahndet werden kann, umso weniger ist der Innovator vor opportunistischen Verhalten geschützt.

2. Institutionelle Arrangements zur Beherrschung und Überwachung

Die Absicherung gegen Opportunismusrisiken erfordert den Einsatz von Institutionen. Das inzwischen wohl bekannteste Beispiel für die Wahl von institutionellen Arrangements ist die Unterscheidung der drei grundlegenden Koordinationsformen bzw. *„governance structures"* Markt, Hybridform (insbesondere Kooperation) sowie Hierarchie, die im Mittelpunkt des Transaktionskostenansatzes von Williamson stehen.[6] In der Literatur finden sich noch vereinzelt Hinweise auf weitere institutionelle Arrangements (z.B. Sanktionen, Einsatz von Schlichtern, Reputationseffekt), wobei jedoch insgesamt festzustellen ist, dass bislang keine einheitliche Definition und Abgrenzung der institutionellen Arrangements existiert. Letzteres wird auch im Rahmen dieses Beitrages nicht geleistet werden können. Auf der Basis des Analysemodells in Übersicht 1, das die institutionelle Struktur einer Transaktionsbeziehung zwischen zwei Partnern für den Fall einer Auftragsvergabe abbildet, können jedoch zumindest die Ansatzpunkte zur Identifikation und Strukturierung von Vertragsregelungen bzw. institutionellen Arrangements abgeleitet werden.[7]

Im Folgenden werden die verschiedenen, auf der Basis des Grundmodells in Übersicht 1 ableitbaren institutionellen Arrangements der Reihe nach besprochen, und gefragt, welche grundlegenden Wirkungspotenziale jeweils zugeordnet werden können.

---

[5] Der Schutz ist besonders schwach, wenn potentielle Imitatoren allein durch Reengineering des neuen Produktes auf das zugrundeliegende Neuerungswissen schließen können.

[6] Vgl. *Williamson* (1985/90), *Williamson* (1991).

[7] Eine ähnliche Grundstruktur wie in Übersicht 1 könnte auch problemlos für den Fall einer „Kooperation" (gemeinsame Investition, Durchführung und Verwertung eines Transaktionsobjektes) aufgestellt werden. Aus Platzgründen wurde darauf verzichtet.

Übersicht 1

Grundschema zur Erfassung der Transaktionsbeziehungen

(Beispiel Auftragsvergabe)

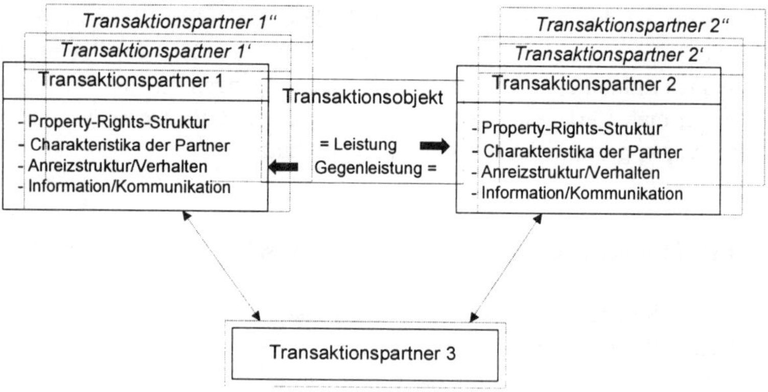

- *Koordinationsform*: Im Hinblick auf die Grundformen der Zusammenarbeit ist festzustellen, dass sich Märkte einerseits durch hohe Anreize auszeichnen, sie anderseits aber ihren komparativen Vorteil schnell einbüßen, wenn die Identität des Transaktionspartners eine Rolle spielt und die Absicherung gegen Hold up-Risiken insbesondere bei faktorspezifischen Investitionen im Vordergrund steht. Dann sind Beherrschungsformen wie Hybride oder die Hierarchie effizienter, weil sie auf eine Interessenharmonisierung der Transakteure hinwirken und besser sicherstellen, dass sich kein Vertragspartner den appropriierbaren Anteil der Quasirente aneignet.[8] Die Kooperation als Hybridform empfiehlt sich nach Williamson bei wiederholten Transaktionen mittlerer bis hoher Faktorspezifität. Die Hierarchie hingegen bei eindeutig hohem Spezifitätsgrad, u.a., weil dann „Skaleneffekte genauso vollständig vom Käufer wie vom außenstehenden Lieferanten zu erzielen" sind.[9]
- *Vereinbarungen zur Verteilung der Property Rights*: Über die Verteilung der Eigentums- sowie sonstigen Handlungs- und Verfügungsrechte kann grundsätzlich frei verhandelt werden. Beispielsweise ist es denkbar, dass sich die Transaktionspartner ein- oder wechselseitig Eigentumsrechte an den Unternehmensressourcen überlassen (z.B. Unternehmensbeteiligung). Auf diese Weise wird die Bindung enger und transparenter, da Eigentumsrechte in der Regel auch Kontrollrechte beinhalten. Anreizwirkungen können weiterhin auf der Ebene der Transaktionsobjekte durch die Zuweisung von *Handlungs- und Verfügungsrechten* ausgelöst werden, bspw. in der Weise,

---

[8] Zum Konzept der (appropriierbaren) Quasirente vgl. *Klein/Crawford/Alchain* (1978).

[9] *Williamson* (1985/90, 88).

dass ein FuE-Dienstleister nach Abschluss der Transaktion Nutzungs- und Verwertungsrechte für weiterführende FuE-Aktivitäten erhält.

Property Rights können allerdings auch eingeschränkt werden, beispielsweise, indem Geheimhaltungsvereinbarungen getroffen oder die Zusammenarbeit mit anderen Partnern eingeschränkt werden. Vielfach ist die Einhaltung derartiger Vereinbarungen jedoch nur schwer zu überprüfen, so dass es hier ergänzender Vertragsvereinbarungen bedarf.[10]

- *Charakteristika der Transaktionspartner:* Vertrauen und Reputation können als Charakteristika der Transaktionspartner bzw. -beziehung bezeichnet werden. Vertrauen findet dort seine besten Voraussetzungen, wo Transaktionspartner bereits längerfristig in Beziehung stehen.[11] Zum einen hat der Opportunist dann im Fall eines Vertragsbruches entsprechend hohe (Nachlauf-)Kosten zu tragen,[12] zum anderen gehen ihm möglicherweise Gewinne aus zukünftigen Transaktionen mit dem Geschädigten verloren.[13] Beim Reputationsmechanismus ist die potentiell opportunistisch handelnde Partei aktiv: In Form ihres Reputationskapitels überlässt sie eine „Geisel" als glaubhafte Absicherung für das Versprechen, sich ex post kooperativ zu verhalten. Der Aufbau von Reputation hat den Charakter einer Investition, die es ermöglicht, eine „Reputationsprämie" zu realisieren. Liefert ein Anbieter mit hoher Reputation unerwartet schlechte Qualität, so läuft er Gefahr, eben diese Reputationsprämie bei zukünftigen Transaktionen nicht mehr erzielen zu können. Der Reputationsmechanismus wirkt um so besser, je einfacher Qualitätsdefizite nach dem Kauf festgestellt werden können und opportunistisches Verhalten am Markt kommuniziert werden kann.[14]
- *Kontrollvereinbarungen*: Möglichkeiten der Kontrolle sind in mehrerlei Hinsicht denkbar. Häufig gelingt eine bessere Kontrolle bereits durch technisch-organisatorische Systeme, bspw. durch den Einsatz von EDV. Wenn Menschen Kontrollfunktionen wahrnehmen, ist danach zu unterschieden, welche Transaktionspartei aktiv wird. Der zu kontrollierenden Partei können

---

[10] Vgl. zu empirischen Ergebnissen zum Durchsetzungsproblem *Becker* (2001).

[11] Vertrauen ist in der Literatur vielzitiertes, jedoch unzureichend definiertes Konzept. Dasgupta z.B. versteht unter Vertrauen „richtige Erwartungen über *Handlungen* anderer Personen, die Einfluss auf die Entscheidung über die eigenen Aktionen nehmen, wenn diese getroffen werden müssen, *bevor* es möglich ist, die Handlungen anderer zu *überwachen*" (vgl. *Dasgupta* (1988), 51; zitiert in der deutschen Übersetzung bei *Richter/Furubotn* (1996), 29. Hervorhebungen im Original). Vertrauen hat demnach etwas mit einseitigen Vorleistungen des „Vertrauenden" zu tun. Vgl. zu einem Überblick zum Vertrauenskonzept *Albach* (1980) oder *Gambetta* (1988).

[12] Vgl. *Sjurts* (1998), 286.

[13] *Telser* (1980), 29. Vgl. auch die Ausführungen in der Spieltheorie, z.B. *Güth* (1992)

[14] Vgl. *Fritsch/Wein/Ewers* (2003), *Hill* (1990).

Berichtspflichten auferlegt werden. Letztere schließen Schwindeln und Lügen zwar nicht aus, sie bewirken jedoch, dass sich der Transaktionspartner durch die Dokumentation seiner Handlungen in gewissem Umfang bindet und ex post, im Rahmen einer Outputkontrolle, Rückschlüsse auf das Anstrengungsniveau und den Einfluss exogener Risiken ggf. kostengünstiger möglich sind. Aktive Kontrollformen der Partei, die sich vor Ausbeutungsrisiken schützen will, sind eine Intensivierung der Zusammenarbeit im Sinne einer Erhöhung der Kontaktfrequenz oder aber direkt die Mitarbeit beim Partner (auch durch Vereinbarung eines Personalaustausches). Aktive Mitarbeit beim Transaktionspartner kann bedeuten, dass die Vorteile arbeitsteiligen Vorgehens partiell verloren gehen, was allerdings, etwa im Vergleich zum Aufwand regelmäßiger Berichtpflichten, nur eine andere Form der Übernahme von Kontrollkosten durch den Abnehmer darstellt.

- *Einbeziehung von Drittparteien*: Williamson weist weiterhin auf die Möglichkeit einer „dreiseitigen" Kontrolle, d.h. auf die Einbindung von Drittparteien hin (Williamson 1990, 84). Die Funktion neutraler Dritter, die als externe Gutachter, Schlichter oder Schiedsrichter in Transaktionen eingebunden werden können, ist, die vertragskonforme Durchführung der Transaktion zu überwachen bzw. Entscheidungen zwischen den Transaktionsparteien herbeizuführen, wenn diese z.B. in der Situation eines bilateralen Monopols „gefangen" sind. Im Gegensatz zur ex post-Gerichtsbarkeit weisen neutrale Dritte den Vorteil auf, dass sie von Beginn an in die Transaktion eingebunden sind und somit über umfassendes Insiderwissen verfügen.
- *Gestaltung von Leistung und Gegenleistung*: Gleich mehrere Optionen eröffnen sich bei der Gestaltung von Leistung und Gegenleistung. Beispielsweise besteht eine Alternative darin, „Meilensteine" zu vereinbaren, d.h. die Regelung, dass ein Gesamtauftrag in mehrere Unteraufträge unterteilt wird, und eine Freigabe nachfolgender Arbeitspakete erst erfolgt, wenn die vorherigen Aufgaben vertragsgemäß erbracht und abgenommen wurden. Der Wirkungsmechanismus dieser Vereinbarung basiert wesentlich darauf, dass der Auftraggeber an jedem Meilenstein über eine „Exit-Option" verfügt.

  „Dual Sourcing", also der Fall, dass eine Aufgabe nicht einem, sondern mehreren Partnern gleichzeitig übergeben wird, ist ein Beispiel für ein Beherrschungsinstrument, bei dem wettbewerbliche Anreizmechanismen mit effizienter Kontrolle grundsätzlich Hand in Hand gehen. Die Konkurrenzsituation begünstigt zum einen die effiziente Anpassung an Umfeldveränderungen, zum anderen wirkt sie opportunistischen Verhaltenstendenzen insofern entgegen, als die Wahrscheinlichkeit, im direkten Vergleich der Lieferanten entdeckt zu werden, (abseits von Kollusionen) zunimmt.[15]

[15] Allerdings kann Dual Sourcing den Verzicht auf Economies of Scale bedeuten.

Die Gegenleistung kann grundsätzlich in Form finanzieller und/oder materieller Transfers vereinbart werden. Gegengeschäfte, also der Fall, dass Leistungen nicht durch Geld, sondern durch den Transfer von Produkten und Dienstleistungen abgegolten werden, bezeichnen den Versuch, ein einseitiges in ein wechselseitiges Abhängigkeitsverhältnis zu transformieren. Indem beide Transaktionspartner jeweils auf die Leistungen des anderen angewiesen sind, können sie sich im Konfliktfall entsprechend gegenseitig disziplinieren. Wenn der Partner nicht effizient kontrolliert werden kann, besteht eine weitere Möglichkeit darin, ihn durch eine Ergebnisbeteiligung oder leistungsabhängige Entlohnung zu höherer Anstrengung zu motivieren. Opportunistisches Verhalten lohnt sich dann weniger, da der „Schaden" (mit-)getragen wird.[16] Üblich ist häufig auch, die Zahlung eines Restbetrages bis zur endgültigen Abnahme der Leistungen zurückzuhalten.

- *Sanktionen und Sicherheiten*: Schließlich können die Transaktionspartner Sanktionen sowie die Hinterlegung von Sicherheiten vereinbaren. Sanktionen bewirken, dass die opportunistisch handelnde Transaktionspartei eine Nutzeneinbuße erfährt, wenn das „Fehlverhalten" entdeckt wird. Williamson bringt darüber hinaus den Austausch von Sicherheiten („Geiseln") als mögliches institutionelles Arrangement in die Diskussion. Geiseln sind für den Geiselgeber, nicht unbedingt jedoch für den Geiselnehmer, von hohem Wert. Im Falle opportunistischen Verhaltens könnte der Geiselnehmer (als geschädigte Partei) die Geisel verwerten und auf diese Weise bewirken, dass der Geiselgeber eine Nutzeneinbuße hinnehmen muss.[17]

III. Datengrundlage und Charakterisierung der Transaktionen

1. Datengrundlage

Die nachfolgenden Analysen basieren auf Daten von 859 Unternehmen, die im Rahmen einer eigenen, bundesweit durchgeführten postalischen Befragung erhoben wurden. Der überwiegende Teil der befragten Unternehmen gehört der Branche „Elektrotechnik" an. Im Sample sind größtenteils kleinere und mittlere Unternehmen vertreten: 71,2% haben unter 100 Beschäftigten bzw. 89,3% unter 500 Beschäftigte.[18] Knapp 80% der Transaktionen (79,5%) sind im Bereich

---

[16] Die Wirksamkeit von ergebnis- bzw. leistungsabhängigen Entlohnungsformen ist von besonderen Kontextbedingungen anhängig; vgl. dazu *Spremann* (1990).

[17] *Williamson* (1985/90) empfiehlt, nur Geiseln zu übergeben, die für den Geiselnehmer von möglichst geringem Wert sind. Ansonsten bestünde die Gefahr, dass der Geiselgeber den Nutzen der Geisel höher schätzt als den Nutzen, den er aus der erfolgreichen Durchführung der Transaktion ziehen kann.

[18] Vgl. in diesem Zusammenhang auch *Becker* (2001).

Forschung und Entwicklung (FuE) angesiedelt, 34,1% im Bereich Fertigung sowie 11,5% im Vertriebsbereich (Mehrfachnennungen).[19]

a) Koordinationsformen

Es liegen Daten zu 880 Aufträgen (Marktkontrakten) und Kooperationsvorhaben vor.[20] 54,9% der Transaktionen werden in Form einer Auftragsvergabe durchgeführt, in weiteren 5,2% der Fälle wird ebenfalls ein Auftrag *gemeinsam* mit anderen (gleichberechtigten) Partnern an Dritte vergeben („gemeinsame Auftragsvergabe"). Damit werden in 60,1% der Transaktionen Marktkontrakte als Koordinationsform gewählt. Der „Rest" verteilt sich auf verschiedene Formen der zwischenbetrieblichen Kooperation: Für 10% der Projekte wird die Form eines organisierten Ergebnis-/Erfahrungsaustausches gewählt. In 26,4% entscheiden sich die Transaktionspartner für ein Kooperationsvorhaben „ohne" bzw. in weiteren 2,2% für eine Kooperation „mit" Zusammenlegung der Abteilungen. Zu besonders engen Formen der Zusammenarbeit, wie Gründung eines Joint Venture-Unternehmen, kommt es mit 1,4% erwartungsgemäß nur sehr selten.

b) Partnertyp und -anzahl

Der Anteil von Hochschulen/Forschungseinrichtungen im Datensatz beträgt 32,5%, der von Zulieferern 33,4% sowie der Anteil von innovationsorientierten Dienstleistern (z.B. Ingenieurbüros, Softwareentwickler) 24,4% (vgl. Übersicht 2; Mehrfachnennungen). Erwartungsgemäß sind Wettbewerber bzw. Abnehmer in weit aus geringerem Umfang vertreten (6,9% bzw. 16,6%). Rund

---

[19] Der Bereich der Innovationskooperation ist damit sehr gut abgedeckt.

[20] Die Unternehmen wurden gebeten, bis zu zwei Transaktionsprojekte zu beschreiben. Marktkontrakte wurden im Fragebogen wie folgt definiert: „Sie vergeben *Aufträge* an Externe, sie bezahlen die Leistungen (d.h. Investitionen sowie Aufgabendurchführung beim Externen; z.B. FuE-Auftrag)"; die Kooperationsvorhaben wurden durch folgende Kategorie erhoben: „Sie führen Teilaufgaben *gemeinsam* mit Externen durch (*Kooperation*)", vgl. im Einzelnen *Becker* (1994). Um untersuchen zu können, wie die Unternehmen ihre Markt- und Kooperationsbeziehungen gegen Opportunismusrisiken absichern, musste die *Unternehmens*ebene verlassen und die *Projekt*ebene eingenommen werden. Es wurden zusätzliche Angaben zur Vertragsgestaltung mit Externen erhoben: Aufgabenbereich (FuE, Fertigung, Vertrieb). Partnertyp (Hochschulen/Forschungsinstitute, Zulieferer, Dienstleister, Wettbewerber, Abnehmer), Eigenschaften der Transaktionen (z.B. Preisunsicherheit, projektspezifische Investitionen; vgl. Übersicht 2) sowie Vereinbarungen/Regelungen zur Absicherung der Transaktionen gegen Opportunismusgefahr (vgl. Übersicht 3).

80% der Projekte wurden mit einem Transaktionspartner durchgeführt, rund 20% mit zwei bzw. mit drei externen Partnern.

c) Transaktionseigenschaften

Übersicht 2 enthält die Nennungen der Unternehmen zur Frage: „Welche Eigenschaften kennzeichnen die Leistungen, die Inhalt der Zusammenarbeit sind?" Über 60% der beschriebenen Transaktionsbeziehungen sind von hohem strategischen Wert für die befragten Unternehmen. Bemerkenswert hoch mit 34% bzw. 39% sind die Anteile der Transaktionen, in denen die Vertragsinhalte nicht exakt festgelegt werden können bzw. der Wert der (Vor-)Leistungen schwer zu ermitteln ist. Knapp 40% der Transaktionen im Datensample zeichnen sich dadurch aus, dass hohe faktorspezifische Investitionen erforderlich sind. Mit rund 65% ist schließlich auch der Anteil der Transaktionen überraschend hoch, für deren Durchführung nur wenige Unternehmensexterne überhaupt in Frage kommen (Small Number-Problem).

d) Nennungen zu institutionellen Arrangements

Übersicht 3 informiert über die Häufigkeit der Nennungen auf die Frage, „Welche Regelungen haben sie mit den Partnern getroffen, um die Zusammenarbeit zum Erfolg zu führen bzw. die Einhaltung der Vereinbarungen sicherzustellen?". Wie die Ergebnisse zeigen, spielen *Charakteristika* der Transaktionspartner eine zentrale Rolle, wenn es um die Beherrschung von Opportunismusrisiken geht: In deutlich über der Hälfte der erhobenen Projekte wird nur mit Partnern zusammengearbeitet, die eine hohe Reputation am Markt genießen (61,8%). Noch wichtiger ist demgegenüber mit 84,8% Anteil eine Vertrauensbasis zwischen den Transaktionspartnern.

Was die Verteilung der *Handlungs- und Verfügungsrechte* (Property Rights) betrifft, sichert sich nahezu jedes zweite Unternehmen Nutzungsrechte an den (Vor-)Leistungen der Transaktionspartner zu (47,3%). Umgekehrt wird in 36% der Projekte dem Transaktionspartner das Recht zugesprochen, das (gemeinsam) erworbene Wissen für eigene Forschungszwecke zu nutzen (vgl. Übersicht 3). Die demgegenüber etwas geringeren Anteile bei den Verwertungsrechten für Fertigung (22,3%) und/oder Vertrieb (20,2%) können darauf zurückgeführt werden, dass die Mehrzahl der Projekte im FuE-Bereich angesiedelt ist.

In Anbetracht der hohen Zahl von FuE-Auftrags- und Kooperationsprojekten im Datensample überrascht es auch nicht, dass die Vereinbarung von Geheimhaltungspflichten mit einem Anteil von knapp 80% mehr oder weniger zum

Standard betrieblicher Vertragsgestaltung gehört. Beachtenswert ist auch, dass bei knapp jedem zweiten Projekt eine Einschränkung der Zusammenarbeit mit Dritten vereinbart wird (43,2%).

Übersicht 2

Nennungen zu Koordinationsformen und Partnertypen

(Mehrfachnennungen)

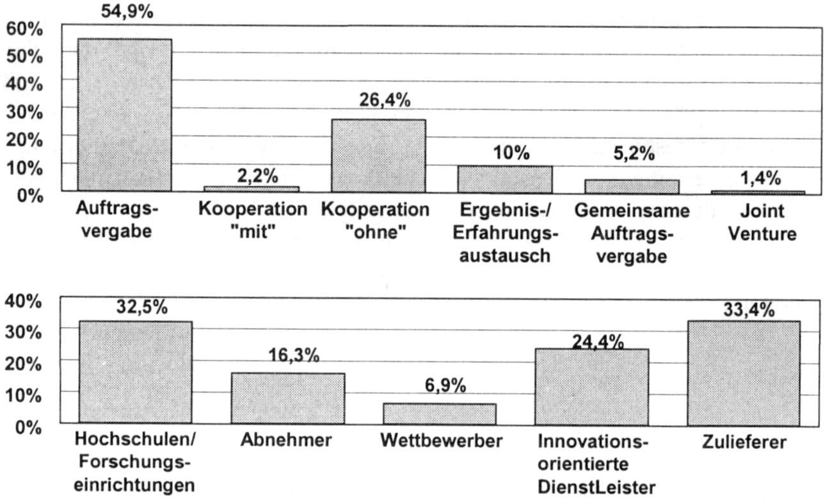

N = 880

In Übersicht 3 ist weiterhin der Bereich Sicherheiten / Sanktionen differenziert. Wie sich zeigt, wird die Hinterlegung von Sicherheiten (z.B. Geld, „Blaupausen", Fertigungsunterlagen) bzw. der Austausch von „Geiseln" in 15,8% der Transaktionen vorgesehen. Ähnlich häufig werden konkrete Sanktionsmaßnahmen vereinbart (17,5%).

Überraschend hoch ist bei den Kontroll- und Schlichtungsregelungen der Anteil der Unternehmen, die einen Personalaustausch vereinbaren (36,6%). Hier dürften zum einen Probleme beim Wissenstransfer dahinterstehen, zum anderen aber auch das Bestreben, den Partner durch aktive Mitarbeit besser kontrollieren zu können. Die Einbindung externer Experten zur Kontrolle des Auftragnehmers bzw. zur Schlichtung ist hingegen selten (4,3 bzw. 6,1%).

Was schließlich die Gestaltung des *Leistungsumfanges* und *Leistungsentgeltes* betrifft, ist folgendes festzuhalten: Es wird versucht, in vielfältiger Weise Anreize für vertragskonformes Verhalten zu setzen. Dies kann durch eine Erweiterung der Aufgabenbereiche erfolgen (38,0%). Anreize werden weiterhin dadurch ausgelöst, dass z.B. eine Auftragsvergabe nur in Teilschritten erfolgt

Übersicht 3

Nennung zu Transaktionseigenschaften

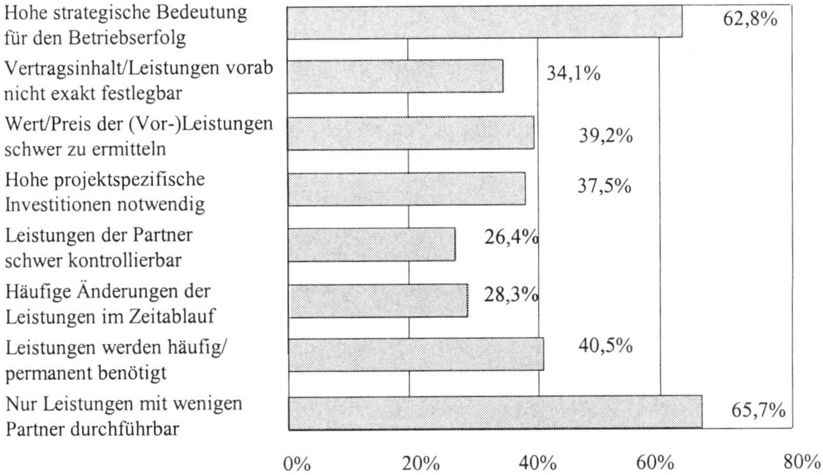

N = 880

(„Meilensteine“; 26,1%) und eine "Restzahlung nach Abschluss und Abnahme der Arbeiten" vereinbart wird (43,1%) (vgl. Übersicht).

2. Bivariate Analysen zur Kennzeichnung des Transaktionskontextes

Die diesbezüglichen statistisch signifikanten Zusammenhänge (im Folgenden ohne Übersicht) zwischen Partnertyp und Aufgabenbereich decken sich weitgehend mit den Erwartungen. FuE-Aufgaben werden tendenziell häufiger mit Hochschulen/Forschungseinrichtungen und innovationsorientierten Dienstleistern durchgeführt.

Fertigungsaufgaben führen vor allem Zulieferer aus, teilweise wird in diesem Funktionsbereich auch mit Wettbewerbern zusammengearbeitet.

FuE-Transaktionen zeichnen sich insbesondere durch folgende Merkmale aus: Es besteht hohe Preisunsicherheit, die Kontrolle der Partner ist schwierig und man befindet sich in einer „Small Number“-Situation.

Fertigungsaufgaben hingegen sind tendenziell häufiger durch höhere transaktionsspezifische Investitionen sowie durch den Umstand geprägt, dass die Leistungen häufiger benötigt werden („permanenter Leistungsbezug“).

IV. Empirische Befunde zur Vertragsgestaltung: Zusammenhänge zwischen Transaktionseigenschaften und Nutzung von institutionellen Arrangements

Im Folgenden wird vertiefend analysiert, welche Zusammenhänge zwischen den Transaktionseigenschaften (unabhängige Variablen) und den verschiedenen (vertraglichen) Regelungen (abhängige Variablen) bestehen.[21] Die Reihenfolge, in der die einzelnen Zusammenhänge im Folgenden diskutiert werden, kann der Tabelle 1 entnommen werden.

1. Wahl alternativer Koordinationsformen

Die statistisch signifikanten Zusammenhänge zwischen den verschiedenen Koordinationsformen und den Transaktionseigenschaften sind in der Tabelle 1 aufgeführt.[22] Es sind folgende Ergebnisse festzuhalten:

- Zur Koordinationsform Auftragsvergabe bzw. Marktkontrakte resultiert ein negativer statistisch signifikanter Zusammenhang zur Transaktionseigenschaft: unvollständig definierte Verträge.
- Bei der Koordinationsform organisierter Erfahrungs- und Ergebnisaustausch liegt ein positiver Zusammenhang vor, wiederum zur Transaktionseigenschaft: unvollständige Verträge.
- Im Fall der Kooperationsvorhaben sind mehrere statistisch signifikante Zusammenhänge zu verzeichnen, im einzelnen: Zwei positive Zusammenhänge zu den Transaktionseigenschaften: hohe strategische Bedeutung und unklarer Wert der (Vor)-Leistungen sowie ein negativer Zusammenhang zur Eigenschaft: faktorspezifische Investitionen.
- Joint Venture-Unternehmen werden schließlich statistisch signifikant häufiger bei Kontrollproblemen gewählt.

Was sich auf der Basis des vorliegenden Datensamples somit zeigt, ist, dass Marktkontrakte bei unvollständig definierten Verträgen tendenziell häufiger ausscheiden. Letzteres kann am Zusammenhang zwischen der Eigenschaft:

---

[21] Bei den Ergebnissen in Tabelle 1 handelt es sich um *Auszüge* aus einem komplexen, simultan geschätzten Mehrgleichungssystem handelt. Neben den Transaktionseigenschaften wurden weitere Determinanten (bspw. Partnertyp, Transaktionsinhalt) berücksichtigt, die im folgenden jedoch aus Platzgründen als konstante Variablen behandelt werden. Vgl. zur Güte des LISREL-Schätzmodells *Becker* (2001).

[22] In Tabelle 1 sind alle relevanten statistischen Zusammenhänge des LISREL-Schätzmodells aufgeführt, bei denen der t-Wert größer 1,70 ist; t-Werte ab 1,80 können als statistisch signifikant eingestuft werden.

unvollständige Verträge und der Koordinationsform: organisierter Erfahrungs- und Ergebnisaustausch abgelesen werden. Dieses Ergebnis verdeutlicht, dass sich die Akteure bei unklaren Vertragsverhältnissen nicht gleich „fest" vertraglich binden, sondern offenbar zunächst versuchen, im Rahmen einer mehr oder weniger lockeren Beziehung sukzessive die Inhalte einer möglichen Zusammenarbeit zu konkretisieren.

Wenn die Produkte von hoher strategischer Bedeutung sind oder wenn der Wert der (Vor-)Leistungen des Partners nicht festgelegt werden kann, wird tendenziell häufiger auf Kooperationsvorhaben umgeschwenkt (vgl. Tabelle 1; im letztgenannten Fall nur ein tendenziell statistisch signifikanter Zusammenhang). In inhaltlicher Hinsicht sind diese Zusammenhänge weitgehend plausibel. Ein Weg, Bewertungsprobleme bei den eingebrachten Vorleistungen zu überwinden, ist, den Partner sogleich im Rahmen eines Kooperationsvorhabens am Output zu beteiligen. Ähnlich kann die Wahl einer Kooperation naheliegen, wenn es bei strategisch bedeutsamen Projekten schwierig ist, sich die Innovationserträge vollständig anzueignen. Das Ergebnis, dass bei der Eigenschaft „hohe Faktorspezifität" ein negativer Zusammenhang zur Koordinationsform: Kooperationsvorhaben resultiert, überrascht hingegen. Letzteres kann damit zu tun haben, dass ein Großteil der Transaktionen im Datensample, bei denen spezifische Investitionen anfallen, im Fertigungsbereich angesiedelt sind. Diese Fälle kennzeichnet in der Regel, dass der Lieferant, nicht aber der Auftraggeber, spezifisch investiert. Aus diesem Grund ist eine besondere Absicherung des Auftraggebers gegen opportunistisches Verhalten nicht erforderlich.[23]

Schließlich zeichnet sich im Fall der Gemeinschaftsunternehmen ab, dass bei ausgeprägten Kontrollproblemen offenbar hierarchische Kooperationsformen vorgezogen werden, daran abzulesen, dass in diesen Fällen tendenziell häufiger ein gemeinsames (Tochter-)Unternehmen gegründet wird.

---

[23] Das Ergebnis verdeutlicht auch, dass hohe Faktorspezifität nicht per se für Opportunismusrisiken ausschlaggebend ist, sondern die Spezifitäts(a)symmetrie (vgl. dazu auch *Dietl* 1995).

Tabelle 1
Zusammenhänge zwischen institutionellen Arrangements und Transaktionseigenschaften (Auszüge aus einem LISREL-Mehrgleichungs-Schätzmodell)*

	Strategische Bedeutung	Unvollständige Verträge	Unklarer Wert der Leistungen	Kontrollprobleme	Häufige Änderungen	Spezifische Investitionen	permanenter Leistungsbezug	"Small number" Situation
Koordinationsform								
Auftragsvergabe/ Marktkontakt	-	-0,09 (-2,86)	-	-	-	-	-	-
Organisierter Erfahrungsaustausch	-	0,08 (2,35)	-	-	-	-	-	-
Kooperationsvorhaben	0,07 (2,19)	-	0,06 (1,71)	-	-	-0,07 (-1,98)	-	-
Joint Venture-Unternehmen	-	-	-	0,09 (2,57)	-	-	-	-
Vertrags-Regelungen								
Reputation/Vertrauen								
Hohe Reputation	0,15 (4,56)	-	-0,07 (-2,11)	-	-	-	-	-
Vertrauensbasis	-	-	-	-0,10 (-3,10)	-	-0,06 (-1,92)	0,08 (2,56)	-
Verfügungsrechte								
Rechte an den Vorleistungen des Partners	0,09 (2,86)	-	-	-	-	-	-	-
Geheimhaltungspflichten	0,08 (2,46)	-	-	-0,07 (-1,93)	-	-	-	-
Einschränkung der Zusammenarbeit mit Dritten	0,07 (1,98)	-	0,10 (2,70)	-	-0,09 (-2,69)	-	-	-
Sicherheiten/Sanktionen								
Hinterlegung von Sicherheiten („Geiseln")	-	-	-	-	-	0,07 (2,26)	-	-
Konkrete Sanktionsmechanismen	-	-0,15 (-3,72)	0,08 (2,08)	-	-	-	-	-0,06 (-1,90)
Kontroll regelungen								

Fortsetzung Tabelle 1

	Strategische Bedeutung	Unvollständige Verträge	Unklarer Wert der Leistungen	Kontrollprobleme	Häufige Änderungen	Spezifische Investitionen	permanenter Leistungsbezug	„Small number" Situation
Kontrolle durch regelmäßig Berichtspflicht	-	-0,08 (-2,37)	-	-	0,08 (2,22)	0,07 (2,10)	-	-
Kontrolle durch Mitarbeit beim Partner	-	-	-	-	-	-	0,09 (2,72)	-
Intensivierung der Zusammenarbeit	-	0,10 (2,95)	-	-0,13 (-3,39)	0,14 (3,79)	-	0,15 (4,51)	0,11 (3,43)
Einbindung neutraler Kontrolleure	-	-	-	-	0,07 (2,27)	-	-	-
Einbindung neutraler „Schlichter"	-	-	-	-	-	0,02 (2,17)	-	-
Leistungsumfang								
Erweiterung der Aufgabenbereiche	-	0,08 (2,79)	-	-	0,15 (5,04)	-	-	-
Auftragsvergabe in Teilschritten („Meilensteine")	-	-	-	-	-	-	-0,07 (-2,40)	-0,05 (-1,83)
Vergabe an mehrere Partner (Dual Sourcing)	-	-	-	-	-	-	-	-
Leistungsentgelt								
Leistung einer Vorauszahlung	-	-	-	0,09 (2,82)	-	-	-0,06 (-2,02)	0,09 (2,67)
Erfolgsprämie/ Umsatzbeteiligung	-	0,07 (2,17)	-	-	-	-	-	-
Restzahlung nach Abschluß	0,08 (3,18)	-	-	-	0,04 (1,87)	-	-	-0,05 (-2,16)
Entgelt durch materielle Leistungen	-	-	-	-	-	-	0,07 (2,15)	-

*Angegeben sind standardisierte Koeffizientenwerte; in Klammern: t-Wert

2. Reputation und Vertrauen

Zu den institutionellen Arrangements Reputation und Vertrauen resultieren folgende statistisch signifikanten Ergebnisse (vgl. Tabelle 1):

- Im Fall des Reputationsmechanismus zum einen ein positiver Zusammenhang zur Transaktionseigenschaft: hohe strategische Bedeutung, zum anderen ein negativer Zusammenhang zur Transaktionseigenschaft: unklarer Wert der (Vor-)Leistungen.
- Im Fall der Vertrauensregelung zum einen zwei negative Zusammenhänge zu den Transaktionseigenschaften: Kontrollprobleme und faktorspezifische Investitionen, zum anderen ein positiver Zusammenhang zur Transaktionseigenschaft: permanenter Leistungsbezug.

Die Ergebnisse können wie folgt interpretiert werden. Der Rückgriff auf den Reputationsmechanismus macht offenbar Sinn, wenn die Transaktionspartner bei strategisch bedeutsamen Transaktionen besonders auf kooperatives Verhalten angewiesen sind. In diesem Fall lohnt es sich, vor allem mit solchen Partnern in Transaktionsbeziehungen einzutreten, die zuvor schon in ihren guten Ruf investiert haben und dieses Pfand „in die Waagschale" werfen können. Zur Überwindung von Bewertungsproblemen hingegen kann der Reputationsmechanismus wenig beitragen, weil das Wirkungspotential dieses institutionellen Arrangements vorrangig daran gebunden ist, dass vertragswidriges Verhalten konkret benannt und nachgewiesen werden kann.

Auch was Vertrauen als institutionelles Arrangement betrifft, zeigt sich, dass letzteres im Fall von „Mehrdeutigkeit" offenbar wenig wirkungsvoll ist, wohl, weil opportunistisches Verhalten bei Kontrollproblemen i.d.R. überhaupt nicht entdeckt oder zumindest nicht eindeutig dem Transaktionspartner zugeordnet werden kann. Auch bei faktorspezifischen Investitionen ist Vertrauen allein nicht ausreichend, weil die appropriierbare Quasirente ex definitione hoch ist und entsprechend hohe Anreize beim Vertragspartner bestehen, von der ursprünglichen Vereinbarung zum eigenen Nutzen abzuweichen. Genau umgekehrt verhält es sich im Fall einer dauerhaften Leistungsbeziehung, weil das einmalige Ausnützen opportunistischer Handlungsspielräume im Zweifel den Verlust aller zukünftigen Transaktionen nach sich zieht. Entsprechend tragfähig erweist sich in diesem Fall dann der Vertrauensvorschuss.

3. Handlungs- und Verfügungsrechte

Auch von der Struktur und Verteilung der Handlungs- und Verfügungsrechte (Property Rights) gehen Anreizwirkungen aus, die zur Beherrschung von Opportunismusrisiken beitragen. Tabelle 1 informiert über die diesbezüglich statistisch signifikanten Zusammenhänge:

- Die Transaktionspartner erwerben signifikant häufiger Nutzungsrechte an den (Vor-)Leistungen der Partner, wenn sie strategisch bedeutsame Transaktionen durchführen.
- Geheimhaltungspflichten werden ebenfalls bei strategisch wichtigen Projekten statistisch signifikant häufiger vereinbart, jedoch nicht bei ausgeprägten Kontrollproblemen (negativer Zusammenhang; vgl. Tabelle 1).
- Positive Zusammenhänge liegen zur „Einschränkung der Zusammenarbeit mit Dritten" zu folgenden Transaktionseigenschaften vor: strategische Bedeutung der Transaktion sowie unklarer Wert der (Vor-)Leistungen, weiterhin ein negativer Zusammenhang zur Transaktionseigenschaft: häufige Änderungen der Leistungsinhalte.

Warum bei strategisch wichtigen Transaktionen besonders häufig Nutzungsrechte an den (Vor-)Leistungen des Transaktionspartners erworben werden, dürfte vor allem darauf zurückzuführen sein, dass die Transaktionspartner opportunistisches Verhalten zeitnah vereiteln zu können oder diesbezüglich zumindest über ein „glaubhaftes" Drohpotential verfügen wollen: Wenn ein Auftraggeber bspw. Eigentum an Produktionsmitteln erwirbt, die er einem Zulieferer für Produktionszwecke überlässt, könnte nicht-kooperatives Verhalten jederzeit durch den Abzug der Produktionsmittel und Fortsetzung der Zusammenarbeit mit anderen Zulieferern sanktioniert werden. Es verwundert auch nicht, dass die institutionellen Arrangements: Erwerb der Nutzungsrechte an den (Vor-)Leistungen des Transaktionspartners, Vereinbarung von Geheimhaltungspflichten sowie Einschränkung der Zusammenarbeit mit Dritten alle gleichermaßen auf die Transaktionseigenschaft „hohe strategische Bedeutung" laden. Strategisch bedeutsame Transaktion stehen in engem Zusammenhang mit Innovationen bzw. Forschung und Entwicklung. Ein zentrales Charakteristikum von Forschungsergebnissen bzw. generell Informationen ist, dass sich das Wissen auch nach der Übertragung auf den Käufer noch im Besitz des Verkäufers befindet. Die gleichzeitige Vereinbarung von Geheimhaltungspflichten ist daher sinnvoll, wobei man allerdings berücksichtigen muss, dass die Kontrolle von Geheimhaltungspflichten selbst ein Problem darstellen kann. Wie die Ergebnisse in Tabelle 1 zeigen, wird (deshalb) auch häufig eine Einschränkung der Zusammenarbeit mit Dritten vorgesehen – eine Vertragsregelung, die sich u.U. besser als die Einhaltung von Geheimhaltungspflichten überprüfen lässt.

4. Sicherheiten/Sanktionen

Zu den beiden Regelungen Sicherheiten/Faustpfänder und Vereinbarung von Sanktionsmechanismen liegen folgende Ergebnisse vor:

- Im Fall des institutionellen Arrangements Sicherheiten/Faustpfänder resultiert ein positives statistisch signifikantes Ergebnis zur Transaktionseigenschaft: faktorspezifische Investitionen.
- Zum institutionellen Arrangement konkrete Sanktionsmechanismen finden sich zwei negative Zusammenhänge zu den Transaktionseigenschaften: unvollständige Verträge und Small number-Problem sowie ein positiver Zusammenhang zur Transaktionseigenschaft: unklarer Wert der (Vor-)Leistungen.

Das Ergebnis, dass zur Beherrschung von Transaktionen mit hoher Faktorspezfität u.a. auch Sicherheiten hinterlegt werden, deckt sich mit den Hypothesen, die im Rahmen der Transaktionskostentheorie diskutiert werden. Williamson spricht hier von „Geiseln" oder Faustpfändern, die zur Absicherung von spezifischen Transaktionen ausgetauscht werden (vgl. oben Abschnitt II.).

Warum im Fall unvollständiger Verträge ein negativer Zusammenhang zur Vereinbarung von Sanktionen vorliegt, kann folgendermaßen erklärt werden: Wenn die Leistungsinhalte nur unvollkommen definiert werden können, ist es schwierig, festzustellen, unter welchen Umständen Sanktionen überhaupt verhängt werden können. M.a.W.: Die Vereinbarung von Sanktionen macht in diesem Fall letztlich keinen Sinn. Beim Small number-Problem liegt die Vermutung nahe, dass Sanktionsmechanismen schwierig durchzusetzen sind, wenn insgesamt nur wenige Partner für eine Zusammenarbeit verfügbar sind. Wieder eine andere Erklärung ist im Fall schwierig zu bewertender Leistungs-Inputs heranzuziehen. Bewertungsprobleme dieser Art haben häufig mit asymmetrisch verteilter Information zu tun. Wenn es für eine Transaktionspartei infolge Qualitätsunkenntnis in der ex ante-Phase schwierig ist, den Wert angebotener Leistungen zu bewerten, kann die besser informierte Partei ein Signal aussenden: Sie erklärt sich bereit, konkrete Sanktionen zu akzeptieren, falls ex post zugesagter und tatsächlicher Wert der Leistungen nicht einander entsprechen.

5. Kontroll- und Schlichtungsregelungen

Zu den unterschiedenen Kontroll- und Schlichtungsregelungen liegen mehrere statistisch signifikante Ergebnisse vor (vgl. Tabelle 1):

- Eine regelmäßige Berichtspflicht wird statistisch signifikant häufiger bei häufigen Änderungen der Leistungsinhalte und im Fall faktorspezifischen Investitionen vereinbart, bei unvollständigen Verträgen hingegen machen Berichtspflichten offenbar keinen Sinn (negativer Zusammenhang in Tabelle 1).

- Zu den institutionellen Arrangements Intensivierung der Zusammenarbeit liegen folgende statistisch signifikante Zusammenhänge vor. Zu den Transaktionseigenschaften unvollständige Verträge, häufige Änderungen der Leistungsinhalte, permanenter Leistungsbezug sowie Small number-Problem resultieren jeweils positive Zusammenhänge, zur Transaktionseigenschaft: Kontrollprobleme ein negativer Zusammenhang.
- Weiterhin werden neutrale Dritte (z.B. Gutachter) für Kontrollzwecke statistisch signifikant häufiger bei Änderungen der Leistungsinhalte eingesetzt. Neutrale Dritte für Schlichtungsaufgaben finden sich schließlich vor allem bei hoher Faktorspezifität (vgl. im einzelnen Tabelle 1).

Ähnlich wie bereits im Fall der Vereinbarung von Sanktionen ist auch die Vereinbarung regelmäßiger Berichtspflichten sinnlos, wenn die Grundlage der Zusammenarbeit nicht eindeutig geregelt werden kann (Fall unvollständiger Verträge). Bei häufigen Änderungen der Leistungen ex post bzw. bei spezifischen Investitionen sehen die Dinge allerdings anders aus. Die Abhängigkeit des Transaktionspartners hat hier weniger mit Moral Hazard, sondern vorrangig mit Hold up-Tatbeständen zu tun. Immer dann, wenn in diesen Fällen die Vertragsgrundlage ex ante weitgehend spezifiziert werden kann, macht die Vereinbarung regelmäßiger Berichtspflichten entsprechend Sinn. Der Fortgang der Arbeiten wird auf diese Weise kostengünstig dokumentiert und zudem ist eine zeitnahe Kontrolle der Transaktionsbeziehungen möglich.

Der Grund, warum bei unvollständig definierten Verträgen häufiger eine Intensivierung der Zusammenarbeit vorgesehen wird, dürfte sein, dass auf diese Weise Insiderwissen aufgebaut wird, das notwendig ist, um den Transaktionsprozess steuern und die Transaktionspartner effektiv kontrollieren zu können. Im Falle einer Intensivierung der Zusammenarbeit nimmt aus Sicht des Auftragnehmers die Wahrscheinlichkeit, als Opportunist entlarvt zu werden, deutlich zu. Entsprechend geringer ist der Erwartungswert des Nutzens, den eine Transaktionspartei bei der Entscheidung für oder wider opportunistisches Verhalten zugrundelegen kann. Speziell in der „Small number"-Situation dürfte zudem das Motiv dahinterstehen, durch eine Intensivierung der Zusammenarbeit für einen frühzeitigen Wissenstransfer zu sorgen und so die Abhängigkeit von wenigen, verfügbaren Partnern zu reduzieren.

Der Einsatz neutraler Dritter für Kontrollzwecke hat in Anbetracht des Abhängigkeitsverhältnisses vor allem damit zu tun, dass der neutrale Dritte die Einhaltung vertraglicher Vereinbarungen sicherstellen soll. Der Rückgriff auf neutrale Dritte im Fall der Faktorspezifität deckt sich weitgehend mit den Aussagen der Transaktionskostentheorie. Da bei faktorspezifischen Investitionen Hold up-Risiken im Vordergrund stehen, hat der Einsatz neutraler Dritter für Schlichtungsaufgaben vor allem die Aufgabe, den Partnern aus ihrem bilateralen Abhängigkeitsverhältnis herauszuhelfen. Neutrale Dritte begleiten eine

Transaktion (idealtypisch) von Beginn an und können damit auch Absprachen berücksichtigen, die sich in keinem der Dokumente wiederfinden. Ex post hinzugezogene Gerichte können derartige Schlichtungsaufgaben nur unzureichend erfüllen, da ihnen zumeist das notwendige Insiderwissen fehlt.

6. Leistungsumfang

Tabelle 1 informiert weiterhin über die Zusammenhänge, die zur Gestaltung des Leistungsumfanges vorliegen:

- Eine Erweiterung der Aufgabenbereiche wird statistisch signifikant häufiger erwogen, wenn sich die Transaktionspartner in einer Situation unvollständig definierter Verträge befinden bzw. wenn häufige Änderungen der Leistungsinhalte erforderlich werden.
- Im Fall der Auftragsvergabe in Teilschritten („Meilensteine“) sind zwei negative statistisch signifikante Zusammenhänge ableitbar, und zwar zu den Variablen: permanenter Leistungsaustausch und wenige, verfügbare Transaktionspartner (Small number-Problem).

Die Vereinbarung von Folgegeschäften im Fall unvollständig definierter Verträge bzw. häufiger Änderungen der Leistungsinhalte deutet darauf hin, dass in diesen Fällen vorrangig auf Anreizeffekte gesetzt wird, wenn – wie besonders bei unvollständigen Verträgen – die Möglichkeiten begrenzt sind, opportunistischem Verhalten etwa durch Sanktionsmaßnahmen zu begegnen. Warum „Meilensteine“ im Fall eines permanenten Leistungsbezuges bzw. bei wenigen verfügbaren Partnern nicht vereinbart werden, ist ebenfalls plausibel. Da sich die Transaktionspartner bei fortgesetzter Zusammenarbeit ohnehin von „Transaktion zu Transaktion“ kontrollieren bzw. sanktionieren können, ist es entbehrlich, im Rahmen einer einzelnen Transaktion noch Meilensteine zu vereinbaren. Ebenso ist es wenig überraschend, dass sich Meilensteine im Fall weniger, verfügbarer Transaktionspartnern nur selten durchsetzen lassen. Denn die Androhung, Folgeaufträge nicht zu vergeben bzw. den Partner zu wechseln, sind in Anbetracht der fehlenden Alternativen wenig glaubhaft.

7. Leistungsentgelt

Eine weitere Gruppe von Variablen in Tabelle 1 beschäftigt sich schließlich mit den Zusammenhängen zwischen der Gestaltung des Leistungsentgeltes und den differenzierten Transaktionseigenschaften:

- Eine Vorauszahlung (i.d.R. des Auftraggebers) ist insbesondere bei Kontrollproblemen sowie in „Small number“-Situationen zu verzeichnen (positive Zusammenhänge). Ein negativer Zusammenhang besteht zur Transaktionseigenschaft permanenter Leistungsbezug.

- Erfolgsprämien bzw. Umsatzbeteiligungen finden sich statistisch signifikant häufiger in Situationen, in denen die Verträge unvollständig sind.
- Die Vereinbarung einer Restzahlung nach Abschluss und Abnahme der Arbeiten hängt positiv mit den Transaktionseigenschaften: hohe strategische Bedeutung sowie häufige Änderungen der Leistungsinhalte bzw. negativ mit der Transaktionseigenschaft: Small number-Situation zusammen.
- Der Fall schließlich, dass die Gegenleistung in Form von materiellen Leistungen erfolgt, findet sich im Fall einer permanenten Leistungsbeziehung (vgl. Tabelle 1).

Auf den ersten Blick überraschend ist zunächst der Zusammenhang zwischen Vorauszahlung und Kontrollproblemen. Der Zusammenhang ist jedoch so zu verstehen, dass bei fehlender bzw. nicht möglicher Output-Kontrolle beide Transaktionsparteien – also auch der Abnehmer – die Möglichkeit haben, sich opportunistisch zu verhalten. Da der Auftragnehmer in der Regel zeitlich vorleistet, wird sein Risiko durch eine (teilweise) Vorauszahlung des Abnehmers entsprechend abgedeckt. Im „Small number"-Fall liegt die Vermutung nahe, dass der Zusammenhang zwischen Vorauszahlungen und wenigen, verfügbaren Partnern wohl wiederum eher die zugrundeliegenden Machtverhältnisse widerspiegelt, als dass er auf eine bestimmte Form der Absicherung gegen Opportunismusgefahren verweisen würde.

Der statistisch signifikante Zusammenhang zwischen Erfolgsprämien und unvollständigen Verträgen bestätigt sehr gut, dass sich opportunistisches Verhalten, das bei unvollständigen Verträgen leicht möglich ist, um so weniger lohnt, je stärker der Transaktionspartner am Erfolgsrisiko beteiligt wird (vgl. dazu auch Abschnitt II.).

V. Zusammenfassende Bemerkungen zum Einsatz institutioneller Arrangements

Die vorausgegangenen empirischen Analysen ermöglichen es, die verschiedenen institutionellen Arrangements den einzelnen Transaktionseigenschaften bzw. Opportunismusrisiken zuzuordnen. Im Ergebnis ist vor allem folgendes festzuhalten:

- Bei strategisch bedeutsamen Transaktionen kommt es statistisch signifikant häufiger zu Kooperationsvorhaben und zur Anwendung des Reputationsmechanismus. Zudem sichern sich die Transaktionspartner häufiger die Rechte an den (Vor-)Leistungen des Transaktionspartners und vereinbaren Geheimhaltungspflichten sowie (flankierend) eine Einschränkung der Zusammenarbeit mit Dritten.

- Im Fall unvollständiger Verträge wird vor allem auf Anreizeffekte gesetzt. Letzteres kann beispielsweise daran beobachtet werden, dass in diesen Situ-
- ationen eine Intensivierung der Zusammenarbeit angestrebt wird und häufiger Folgegeschäfte sowie Erfolgsprämien/Umsatzbeteiligungen vereinbart werden. Zudem wir häufig ex ante im Rahmen eines „organisierten Erfahrungs- und Ergebnisaustausches“ versucht, eine Konkretisierung der Vertragsinhalte herbeizuführen.
- Wenn Schwierigkeiten bestehen, den Wert der eingebrachten Vorleistungen adäquat zu bewerten, gehen die Transaktionspartner statistisch signifikant häufiger ein Kooperationsvorhaben ein. Zudem kommt es häufiger zur Vereinbarung einer Einschränkung der Zusammenarbeit mit Dritten und zur Festlegung konkreter Sanktionsmechanismen.
- Die Absicherung gegen Opportunismusrisiken bei ausgeprägten Kontrollproblemen scheint besonders schwierig zu sein. Es ist eine Tendenz zu hierarchischen Lösungen zu verzeichnen, daran abzulesen, dass tendenziell häufiger Joint Venture-Unternehmen gegründet werden.
- Abhängigkeiten infolge häufiger Änderungen der Transaktionsinhalte wird durch folgende institutionelle Arrangements begegnet: Durch die Vereinbarung regelmäßiger Berichtspflichten, durch eine Intensivierung der Zusammenarbeit, durch die Einbindung neutraler Dritte für Kontrollzwecke sowie durch die Vereinbarung einer Restzahlung nach Abschluss und Abnahme der Arbeiten. Zudem wird durch die Vereinbarung von Folgegeschäften versucht, Anreize für vertragskonformes Verhalten auszulösen.
- Im Fall faktorspezifischer Investitionen stehen folgende institutionellen Arrangements im Vordergrund: die Hinterlegung von Sicherheiten („Geiseln“), die die Vereinbarung regelmäßiger Berichtspflichten sowie die Einbindung neutraler Dritter für Schlichtungsaufgaben.
- Sobald die Transaktionspartner eine permanente Leistungsbeziehung verbindet, kommt der Vertrauensmechanismus voll zum Tragen. In diesen Fällen ist es auch möglich, ein Entgelt durch materielle (Gegen-)Leistungen zu vereinbaren.
- In Small number-Situationen herrschen i.d.R. besondere Machtverhältnisse vor. Letzteres bedingt, dass zum einen häufiger eine Vorauszahlung geleistet werden muss. Zum anderen ist jedoch festzustellen, dass die Transaktionspartner gleichzeitig versuchen, die Abhängigkeit durch eine Intensivierung der Zusammenarbeit zu reduzieren.

Aus Sicht der Transaktionskostenökonomik sind vor allem die Ergebnisse zur Faktorspezifität von Bedeutung. Es zeigt sich, dass die Bedeutung der von

Williamson vorgeschlagenen institutionellen Arrangements, nämlich die Einbindung neutraler Dritter sowie der Austausch von „Geiseln“, auf der Basis des vorliegenden Datenmaterials empirisch bestätigt werden kann.

Literatur

Albach, H. (1980), Vertrauen in der ökonomischen Theorie, in: Zeitschrift für die gesamte Staatswissenschaft (ZgS) 136, 2 - 11.

Alchian, A./*Woodward*, (1987), Reflections on the Theory of the firm, in: Journal of Institutional and Theoretical Economics (JITE), Vol. 143, 110 - 136.

Becker, C. (1994), Kooperation als FuE-Strategie? , Ergebnisse einer Unternehmensbefragung, in: GIB, VDI/VDE-IT, Kooperation als FuE-Strategie in der Mikrosystemtechnik, Ergebnisse einer Unternehmensbefragung in den alten Bundesländern und Ergebnisse aus der indirekt-spezifischen Fördermaßnahme, Berlin (vervielfältigt).

– (2001), Ökonomische Analyse neoklassischer Verträge: Funktion und Wirkweise von Schiedsrichtern und Schlichtern in komplexen Transaktionsbeziehungen, in: Schmalenbachs Zeitschrift für betriebswirtschaftliche Forschung (ZfbF), 53. Jg., 39 - 54.

Bonus, H. (1987), Illegitime Transaktionen, Abhängigkeit und institutioneller Schutz, in: Hamburger Jahrbuch für Wirtschafts- und Gesellschaftspolitik, 32. Jg., 87 - 107.

Büchs, M.J. (1991), Zwischen Markt und Hierarchie – Kooperationen als alternative Koordinationsform, in: Zeitschrift für Betriebswirtschaft (ZfB), Ergänzungsheft 1/91, 1 - 31.

Davis, L.E./*North*, D.C. (1971), Institutional Change and American Economic Growth, Cambridge.

Dietl, H. (1995), Institutionelle Koordination spezialisierungsbedingter wirtschaftlicher Abhängigkeit, in: Zeitschrift für Betriebswirtschaft (ZfB), 65. Jg., H.6, 569 - 585.

Erhardt, M. (2003), Zusammenarbeit zwischen Unternehmen und Wissenschaft im Spiegel der Statistik, Vortrag, in: Pressemitteilungen Stifterverband der Deutschen Wissenschaft.

Franck, E. (1995), Die ökonomischen Institutionen der Teamsportindustrie, Wiesbaden.

Fritsch, M./*Wein*, T./*Ewers*, H.-J. (2003), Marktversagen und Wirtschaftspolitik, 5. Auflage, München.

Gambetta, D. (1988), Foreword, in: Gambetta, D. (Hrsg.), Trust – Making a breaking cooperative relations, New York.

GIB/ibi/VDI/VDE-IT (1995), Aus- und Bewertung des Forschungsschwerpunktes Mikrosystemtechnik, Integrierter Abschlussbericht für das Bundesministerium für Bildung, Wissenschaft, Forschung und Technologie (vervielfältigt).

Goldberg, V.P. (1976), Toward an Expanded Economic Theory of Contract, in: Journal of Economic Issues Vol. X, No. 1, 45 - 61.

Güth, W. (1992), Spieltheorie und ökonomische (Bei-)Spiele, Berlin u.a..

Hill, Ch. (1990), Cooperation, Opportunism and Invisible Hand: Implications for Transaction Cost Theory, in: The Academy of Management Review, Vol. 15, No. 3, 500 - 513.

Kass, K.P. (1992), Kontraktgütermarketing als Kooperation zwischen Prinzipalen und Agenten, in: Zeitschrift für betriebswirtschaftliche Forschung (ZfbF), 884 - 901.

Klein, B. (1970), Transaction Cost Determinants of „Unfair“ Contractual Arrangements, in: The Academy of Management Review. Vol. 70, No. 2, 356 - 362.

Kogut, B. (1991), Joint Ventures and the option to expand and acuire, in: Management Science, Vol. 37, No. 1, 19-33.

Kronman, A.T. (1983), Contract law and the Statute of Nature, in: Journal of Law, Economics and Organization, Vol. 1, No. 1, 5-32.

Milgrom, P./Roberts, J. (1992), Economics, Organisation, and Management, Englewood Cliffs.

Picot, A. (1990), Ökonomische Theorien der Organisation – Ein Überblick über neuere Ansätze und deren betriebswirtschaftliches Anwendungspotential, in: E. Brüsselmann (Hrsg.), Betriebswirtschaftslehre und ökonomische Theorie, 143-170, Stuttgart.

Picot, A./*Dietl*, H., *Franck*, E. (1998), Organisation, eine ökonomische Perspektive, Stuttgart.

Reve, T. (1990), The Firm as a Nexus of Internal and External Contracts, in: Akoi, M., Gustafsson, B., Williamson, O.E. (1990), The Firm as a Nexus of Treaties, London.

Richter, R., *Furubotn*, E. (1996), Neue Institutionenökonomik, Tübingen.

Schmidtchen, D. (1993), Kommentar, in: Ott, C., Schäfer, H.-B., Ökonomische Analyse des Unternehmensrechts.

Sjurts, I. (1998), Kontrolle ist gut, ist Vertrauen besser ?, in: Die Betriebswirtschaft (DBW), 283-298.

Spremann, K. (1987), Reputation, Garantie, Information, in: Zeitschrift für Betriebswirtschaft (ZfB), 561-586.

– (1990), Asymmetrische Information, in: Zeitschrift für Betriebswirtschaft (ZfB), 561-586.

Telser, L.G. (1980), A Theory of Self-Enforcing Agreements, in: Journal of Business, Vol. 53, No. 1, 27-44.

Tietzel, M./*Weber* M. (1991), Von Betrügern, Blendern und Opportunisten – Eine ökonomische Analyse -, in: Zeitschrift für Wirtschaftspolitik (ZfW), 109-137.

Tirole, J. (1995), Industrieökonomik, München.

Wiggins, S. N. (1991), The Economics of the Firm and Contracts: A Selective Survey, in: Journal of Institutional and Theoretical Economics (JITE), 603-661.

Williamson, O.E. (1979), Transaction Cost Economics. The Governance of Contractual Relations, in: The Journal of Law and Economics, 233-261.

– (1983), Credible Commitments: Using Hostages to Support Exchange, in: American Econimics Review, 519-540.

– (1985/1990), The Economic Institutions of Capitalism. Firms, Markets Relational contracting, New York/Die ökonomischen Institutionen des Kapitalismus. Unternehmen, Märkte, Kooperationen, Tübingen.

– (1990), The Firm as a Nexus of Treaties: an Introduction, in: Akoi, M., Gustafsson, B., Williamson, O.E. (1990), The Firm as a Nexus of Treaties, London.

– (1991), Comparative Economics Organization. The Analysis of Discrete Structual Alternatives, in: Administrative Science Quarterly, 269 - 296.

– (1993), Calculativeness, Trust, and Economic Organization, in: Journal of Law and Economics, 453 - 486.

Windsperger, J. (1995), Transaktionsspezifität, Reputationskapital und Koordinationsform, in: Zeitschrift für Betriebswirtschaft (ZfB), 965-978.

Wolff, B. (1995), Organisation durch Verträge, Wiesbaden.

International Differences in the Performance of Supply-Chains – A German-British Comparison of the Automotive Industry

Von *Karin Wagner*, Berlin*

I. Introduction

The accelerating pace of change in response to overcapacity, price competition and customer requirements has a major impact on the division of work within and among companies. While much has been written about company networks (Semlinger 1993; Sydow 2001) supply chain management describes the particular link from the different levels of suppliers via manufactures to customers. Within manufacturing the automotive industry is seen as the leader in supply chain management (Lay/Wallmeier 1999) The scope and boundaries of companies in the automotive industry are subject to increasing change. Design, manufacturing and assembly responsibility are passed down automotive supply chains through closer partnerships with suppliers. Value added has shifted strongly from automotive manufacturers to suppliers. In 2000 OEMs[1] had only a share of 35% of value added but a further contraction to 25% is expected until 2010 (PriceWaterhouseCoopers, 2002, 6). As a result of the increasing outsourcing on part of the OEMs it is forecasted that the supplier market will gain further weight by growing much faster than the automotive market during this period (48% resp. 18%; VDA, 2002, 53). These developments lead to a reorganisation in the supply chain and an off-load of greater responsibility to sup-

---

* The article is based on joint research with Geoff Mason, National Institute of Economic and Social Research, London. I am grateful to the many people in companies, research institutes and other organisations who agreed to be interviewed for this research project. I like to thank Konstantin Manousakis for his assistance in the project and Lesley Giles and other members of DfES staff for useful comments on earlier versions of this report.

[1] 'Original Equipment Manufacturers', a common term used to describe vehicle manufacturers

pliers. Whereas formerly the responsibilities of suppliers were confined to carrying out tasks assigned by the vehicle manufacturers, suppliers have taken over more and more tasks from production and development to organisational tasks and supply chain management. With the concentration on core capabilities the success of vehicle manufacturers is increasingly linked to the production, development and organisational capabilities of suppliers at the different levels of the value pyramid. The flexibility and speed of reaction at each level of the supply chain will be crucial for the success and failure of the automotive manufacturers. While a number of studies analyse changes in the automotive components industry the relationship between particular levels of suppliers has not been researched.

Suppliers at Tier 1 and 2 level[2] which are involved in module, systems and component production are particularly affected by the pressures of OEMs to reduce costs and to improve their production and innovative capabilities. This has led to more complex work organisation and required increased investments in machines, production equipment and development capacities on the side of suppliers. In addition, attempts are being made by the OEMs to offset the costs of development, tools and even prototypes against the number of units produced, rather than on the basis of pure and simple expenditure (VDA, 2001, 55).

The capabilities of the top two layers in the automotive supply chain and the co-operation among them and the OEMs will be the focus in this study. In particular the following issues will be addressed:

1. Performance level of Tier 1 and 2 plants in the supply chain.
2. Management of the co-operation along the supply chain.
3. Differences between German and British supply chains.

While an assessment of the different links in a national value chain is challenging in its own a British-German comparison is of particular interest as on the one hand similar developments can be expected in both countries because of the globalisation of the automotive industry, on the other hand the relationship and performance in the value chain are determined by national characteristics as there are the mix of workforce qualifications, attitudes to investment, market size, exchange rates and local factors. These have a considerable affect on the capabilities and reaction times in the national supply chains and might be decisive for a more global or national orientation of the OEMs.

[2] Tier 1 suppliers deliver directly to the OEMs and are often systems and module suppliers. Tier 2 suppliers sell components or modules to Tier 1 suppliers while purchasing their own materials and components from Tier 3 suppliers.

The differentiation between Tier 1 and 2 suppliers is fluent. Some large Tier 2 suppliers used in fact to be Tier 1s but have now chosen to settle into the role of supplying module leaders (while retaining close design and development links with OEMs as well as with their Tier 1 customers). Other smaller suppliers have stayed at Tier 2 or 3 level or been pushed further along the supply-chain as their customers' strategies have changed. In fact, some companies respond flexibly to market opportunities and so end up functioning simultaneously at different levels of different supply-chains. For this research the major activities have been used to place the plants within the supply-chain.

The paper is ordered as follows: Section II presents background information about the automotive components industry to put the research into perspective and discusses methodological and sample selection issues. Section III reports on labour productivity performance along the British and German supply-chain. The next chapter presents a detailed analysis of differences in work organisation at the Tier 1 and 2 plants in the national samples. This is followed by a comparison of supply-chain management (Section V). We conclude by reflecting on some of the major research results of the study.

II. Sample Selection and Methodology

In order to ensure that cross-country comparisons are comparing 'like with like', it is necessary to focus fairly narrowly in terms of product area. It was decided to concentrate on a subsector of the engineering industry. The selected sector should satisfy a number of criteria: Firstly, it should be sufficiently large in each country (in terms of numbers of establishments and employees) for there to be a reasonable chance of securing adequate numbers of participating companies. Secondly, it should exhibit a productivity gap which was roughly in line with the average 10% differential for engineering as a whole (or an average 18% differential for comparisons with the former West Germany). Thirdly, account for at least 5% of all engineering employees in both countries and fourthly, the export ratio should be close to the national average. Of all engineering sectors automotive components are the single industry satisfying all specifications.

The British and German[3] engineering sectors have gone through a considerable restructuring in the last years which is reflected by the automotive components industry. By the late 1990s total employment in German engineering amounted to 4.1 million, almost twice as high as in Britain. This disparity reflects the markedly greater decline in British engineering employment over the last three decades: between 1973-98 total British employment fell by 41% com-

[3] In this study 'Germany' refers to unified Germany unless otherwise stated.

pared to a decline of only 11% in the former West Germany. Within vehicle manufacturing some 97,000 people were employed in the automotive components sector in the UK in 1999 compared to 266,000 in Germany.[4] Over the four years 1995-99 British employment actually grew by 28% but in the subsequent two years it fell back by just under 16%, so that total employee numbers in 2001 were only 8% higher than in 1995. By contrast total employment in German motor vehicle and parts manufacturing sectors grew steadily over this period and in 2001 was 14% higher than in 1995.[5] In Germany the median size of an automotive components plant in that year was just under 1000 employees, that is, nearly half of all employees in the sector were employed in plants with 1000 employees or more. By contrast, in the UK the median size of automotive components plant was about 350 and only about 15% of all employees were working in plants with 1000 employees or more.[6] The motor vehicle parts and accessories industry has an export ratio in Britain which is very close to the national average of 50%. In Germany it is 32% compared to an all-engineering average of 46%.

Other differences between the British and German automotive components industries reflect those prevailing in the motor vehicle and wider engineering industries. For example, German engineering establishments are on average more capital-intensive. Detailed information on physical capital per hour worked is not readily available for automotive components itself but accumulated net capital spending in the five years to 1999 was 20% higher per employee in the German automotive components industry than in its UK counterpart.[7]

British-German differences in the mix of workforce qualifications in automotive components are broadly in line with those in the wider engineering industry. Some 19% of German employees in automotive components have graduate or technician-level (higher intermediate) vocational qualifications compared to 14% in Britain. As expected, given the scale of German apprentice training, the biggest difference occurs at lower levels where some 56% of German employees hold craft-level (lower intermediate) qualifications compared to only 29% in Britain. The upshot is that over half of British automotive components employees lack formal vocational qualifications (or hold qualifications below craft level) whereas in the German industry only a quarter of the workforce falls into this category.

---

[4] UK: ONS, (1999); Germany: Statistisches Bundesamt, (1999b).

[5] UK: ONS, Labour Market Trends; Germany: Statistisches Bundesamt, (1999c).

[6] UK: ONS, (2000); Germany: Statistisches Bundesamt (1999d).

[7] UK: ONS, (1999); Germany: Statistisches Bundesamt (1999a).

The study is based on a comparison of matched samples in Britain and Germany. Accordingly, it is an important part of the methodology to ensure that the companies chosen for study are broadly representative (by key criteria) of the industry in each country. In all we visited some 43 production and research establishments in the two countries along with other visits to research institutes/associations, engineering consultancies and training organisations associated with the automotive components industry. Our initial focus was on Tier 1 plants in the chosen product areas. Subsequent visits were made to Tier 2 suppliers suggested by the Tier 1 main plants. The sample comprises a mix of small, medium-sized and large plants and a mix of foreign and domestic ownership which broadly reflected size and ownership patterns in the wider auto components industries in each country. For the present study the samples of establishments in each country were built up in the following way:

Stage 1: Research visits to a small number of plants at Tier 1 level which were matched for product area

Stage 2: Research visits to leading sub-supplier (Tier 2-3) plants higher up the main plants' supply-chains.

While the plants at Tier 1 level were closely matched, the choice of second tier establishments was based on the recommendation of the Tier 1 plants. Given the labour-intensive nature of the fieldwork involved in cross-country comparisons of plants, the samples are necessarily small. It is recognised that the scope for generalization on the basis of our findings is limited. In order to decide which tier 1 plants in each country should be approached for visits, we sought to identify product areas within automotive components which, firstly, embraced a mix of mechanical and electronic technologies; secondly, offered a reasonable number of establishments to seek to visit in both countries. On the basis of these criteria, we selected the following product areas for investigation: Steering systems, fuel tank systems and instrument panels (dashboards).

In the case of three Tier 1 plants (two in the UK, one in Germany), we were unable to identify matching plants in the other country. These unmatched Tier 1 plants provided useful background information for the study. However, in order to confine detailed comparisons to matched plants, the unmatched Tier 1 plants were omitted from the main analysis in this report, along with one Tier 2 supplier to the German Tier 1 plant in question. This leaves two main samples comprising 20 establishments in Britain and 19 in Germany. Both samples comprised a mix of small, medium-sized and large plants but plant-sizes on average were substantially larger in the German sample than in the British sample, a difference that is consistent with the wider auto components industries in the two countries. A greater incidence of foreign ownership in the British sample also reflects ownership patterns in the wider auto components industry.

The establishments visited were initially identified through trade directories, web searches and discussions with industry experts. Detailed information about employment and principal activities was sought by telephone before formal requests for visits were made. In Britain just over two thirds of establishments which were formally approached for a visit agreed to participate. In Germany the response rate was just under 85%. The principal forms of information-gathering during the visits were (1) extensive semi-structured interviews with managers, for example, those responsible for production, purchasing, design and development and human resources; (2) data collection on key aspects of plant output, employment, qualifications and training; and (3) direct observation of shopfloor production and other activities. On average, there were two to three different managerial interviewees in each establishment visited in Britain and two in Germany. In some plants it was also possible to talk with supervisors and other employees in the course of their work. Visits typically lasted between half a day and a day. In all cases, they were followed up with further detailed enquiries by telephone, email or letter. The sample visits were all carried out between March and November 2001 and were geographically clustered in the following regions: South Wales, West Midlands, South East England and North East England; and Nordrhein-Westphalia, Baden-Württemberg, Bavaria and West Berlin. Thus all the German sample establishments were in the former West Germany.

III. Performance of British and German Tier 1 and Tier 2 Plants

The effectiveness of the supply chain depends very much on the performance at each level in the chain. In this study we based our comparisons on measures of average value added per worker. Using a PPP (PPP = Purchasing Power Parity) exchange rate of £ 1.00 = DM 2.85 based on Eurostat estimates, these comparisons pointed to average value added per direct employee being roughly 24% higher in the German plants than in their UK counterparts (the sampling error attached to this estimate is plus or minus 10 percentage points). If the overall result is differentiated between Tier 1 and 2 plants in each sample, the British-German gap reduces to roughly 12% for the Tier 1 establishments. The much higher contribution to the difference in productivity comes from Tier 2 plants where a differential of 41% exists in favour of the German factories. Given the very small numbers of observations at our disposal, these findings are not well-defined statistically. However, the estimated differentials are in fact broadly consistent with Production Census-based estimates of the British-German productivity gap for automotive components as a whole.[8]

[8] Derived from data series in *O'Mahony* (1999) with updating to 1998.

Alternative estimates based on total employee numbers rather than direct employees yielded a slightly larger German productivity advantage but the sampling error doubled, reflecting arbitrary differences between plants in the extent to which their total employment numbers included enterprise-level functions such as sales, marketing and R&D.

Table 1

Comparison of Labour Productivity Levels in Plants Matched for Supplier Level

	Germany / UK
Exchange rate	£1.00 = DM 2.85
Average value added per direct employee	Index numbers: UK=100
average	124
Average-Tier 1	112
Average-Tier 2	141

Alternative estimates based on total employee numbers rather than direct employees yielded a slightly larger German productivity advantage but the sampling error doubled, reflecting arbitrary differences between plants in the extent to which their total employment numbers included enterprise-level functions such as sales, marketing and R&D.

A comparison of the development of sales and employment between 1998 and 2001 reveals a similar superior position of the German Tier 2 plants. With respect to sales the Tier 2 plants performed better than the Tier 1s and the German plants better than the British ones (Table 2). The relative expansion in sales volumes of Tier 2 plants reflects their increasing importance in the supply chain.

Table 2

Recent Changes in Sales and Employment in British and German Sample Plants

		Britain	Germany
		Percentage change	
A.	Change in sales, 1998-2001 (sales-weighted average)		
	Tier 1 plants	-20	+9
	Tier 2 plants	+6	+33
B.	Change in employment, 1988-2001		
	Tier 1 plants	-16	-9
	Tier 2 plants	-11	-1

The higher labour productivity in German plants is – among many other things – enhanced by greater opportunities for production economies of scale than are typically available to British plants.

Table 3

Median Size of Shopfloor Workforce (no. of employees)

	Britain	Germany
Tier 1 plants	166	819
Tier 2 plants	186	524

The scale differential appears to be strongly linked to the relative sizes of the two countries' domestic markets for auto components. Among the plants some 66% of British and 77% of German sales went to home-based customers. Employee numbers are less adequate as an indicator of production scale than are batch sizes but it was notable that, not only was the median size of the German matched plants much larger than in Britain (Table 3), but even *within* each country there was some positive correlation between plant employment-size and average productivity levels (Britain: r = +0.36; Germany r = +0.35).

IV. Differences in Work Organisation

1. The Quality and Quantity of Machine Equipment

As vehicle manufacturers pass on pressure for cost reductions and product improvements along supply-chains, the resultant changes in work organisation are numerous. Shopfloor workers may need new or improved skills to achieve higher standards of product performance, to make best use of new, more advanced equipment and to participate in cost-saving changes in work organisation. Key factors underpinning work organisation and performance derive from differences in the accumulation of different kinds of capital ('capital-deepening'), the quality of capital inputs and the degree of efficiency with which given quantities of physical capital and other inputs are used.

Inter-sample differences in physical capital-intensity are hard to measure. Hardly any plant manager felt able to provide us with estimates of the total value of their accumulated fixed capital assets.[9] Instead we collected data on total investment in new machinery and equipment over the five years preceding the study. This showed an enormous difference in the average level of new capital investment per direct employee: in the Tier 2 plants it was about half of that of the Tier 1s (Table 4). This reflects the diverse tasks of Tier 1 and Tier 2 plants. Tier 1 plants are more directly linked to OEMs and their greater engagement in assembling modules and systems often requires new sets of ma-

[9] In principle, the figure required for evaluation of physical capital-intensity at plant level is the net book value (cost less accumulated depreciation) of tangible assets whose life is spread over a number of periods, including property, plant fixtures and fittings, office equipment and motor vehicles.

chinery whenever models change. Tier 2 plants differ with regard to two aspects: firstly, they are by definition lower in the supply chain and have therefore a lower degree of customer specific production. When model changes occur they often have only to change tools and can continue to use existing machinery. Secondly, it was also a prevailing procedure – although at a diminishing rate – that tools are paid by the customer which further reduces capital expenditure of the Tier 2 plants.

Table 4

Average Expenditure on New Machinery and Equipment per Direct Employee, 1997-2001

	Britain	Germany
	Index numbers: national Tier 1 plants =100	
Tier 1 plants	100	100
Tier 2 plants	44	56

As a capital flow measure, however, new capital investment per direct employee is not a good proxy for capital stocks and does not convey the visibly high levels of automation which – according to our observations during plant visits – several German plants have accumulated over a much longer period than five years. In fuel tank systems the German Tier 1 supplier was in another league from the British plant in terms of production scale and automation, employing many more direct workers and making extensive use of automated processing, conveying and warehousing equipment. At the Tier 2 level German IP plants made far greater use of automated handling and welding equipment than had ever been contemplated at their British counterparts.

Table 5

Percent of Output Produced on Computer-Controlled Machinery/ Equipment

	Britain	Germany
	Percentages	
Tier 1 plants	70	86
Tier 2 plants	57	83

In terms of one simple measure of the quality of capital equipment, the percent of output produced on computer-controlled machinery was taken. The German sets of plants were found to produce the highest proportions of output with computer-controlled equipment. While the German Tier 2 plants had a similar percentage of output on CNC machinery as the German Tier 1s, British Tier 2 plants lagged behind (Table 5). The widespread use of computer-controlled machinery has helped to reduce the time needed for many product changeovers while at the same time providing a basis for customers to require higher levels of product differentiation and rapid responses to changing orders.

2. Differences in Shopfloor Qualification and Flexibility

The most relevant consideration with regard to shopfloor qualifications are their effects on worker capabilities and – as a result – on the efficiency with which machinery is used. In most branches of automotive components shop floor production is not as craft skill-intensive as in other engineering sectors. A large proportion of employees is engaged in semi-skilled work of a fairly repetitive nature which – at its simplest – only requires a few days or weeks of on-the-job training to learn. About 3-4% of shopfloor workers in the British plants had a craft apprentice background compared to about 40% in the German plants showing hardly any difference between the different levels of tiers.

The effects of skills were assessed by questions regarding shopfloor workers' ability to move flexibly between different kinds of tasks and to undertake first-line maintenance activities. Table 6 suggests that the direct workers in German establishments had a higher degree of responsibility. The much higher degree of responsibility of workers in German Tier 2 plants is particularly noteworthy. Furthermore, these establishments had the largest proportion of operators able to set machines. A common flexibility issue mentioned in the British Tier 2s involved getting setters to operate machines when there was no setting work to be done. At one British Tier 2 supplier (a fully unionised plant) 'years of negotiations' were said to have led to a situation where 'flexibility is limited only by individual ability'.

Table 6

Indicators of Shopfloor Workforce Autonomy and Flexibility in British and German Plants

	Britain	Germany
Degree of responsibility that direct workers have for planning their own work (1-3 scale)		
[3 = Very high; 2 = Quite high; 1 = Not much - workers closely supervised]		
Tier 1 plants	1,3	1,5
Tier 2 plants	1,1	2,3
% operators also trained to set machines		
Tier 1 plants	37	35
Tier 2 plants	36	50

Our interview discussions suggested that in the British case the answers primarily referred to operators being able to set their own machines (or others of a very similar nature) while in German plants setter-operators were more likely to be craft-trained and therefore able to set up a wide range of machines. In general, our findings correspond with those of Scott and Cockrill (1997) who compared samples of small and medium-sized engineering firms in Germany and

Wales. In their assessment, 'multi-skilling' in Welsh plants often referred to a modest extension of the capabilities of semi-skilled workers to shift between different tasks. By contrast, they argued that apprentice-trained workers in Germany were well equipped to learn new skills quickly although they were also more likely than Welsh workers to resist changes to traditional occupational boundaries. As it happens, in our German sample – as in the British one – very few problems with resistance to flexibility on the shopfloor were mentioned except for problems in the past that were regarded as resolved. Comments made by some German managers during interviews suggested that the presence of a 40% core of skilled workers on German shopfloors may well provide a better base for multi-skilling initiatives on the shopfloor than is available to British employers. The higher flexibility was also obvious with respect to the maintenance regime. German Tier 1 plants but even more Tier 2 plants had a largely planned maintenance regime where more than half of the operators undertook simple first-line maintenance tasks and more than 10% were involved in demanding maintenance. In British plants maintenance was largely done on an emergency basis with fewer operators engaged in maintenance and hardly any operator was trained in more demanding maintenance.

V. Managing the Supply Chain

1. Stock Turns and Reject Rates

One of the major aims of an effective supply chain management is the reduction of stock which has been a prominent target since the introduction of lean production (Meißner et al, 1994, 225). As a measure of stock size stock turns has been chosen. In this respect British Tier 1 plants were far ahead of their German counterparts (Table 7)[10]. Tier 2 plants were lagging behind in both countries. It was conceded in some German plants that more could be done to increase stock turnover. However, there is a calculation to be made about the cost advantages of carrying low stocks versus the need to avoid delivery panics if an important customer changes its requirements at short notice: in an extreme case at the British steering systems supplier, for example, it was said that low stock levels had in the past 'led to anorexia' with helicopters having to be hired to fly out parts to customers.

[10] *Goffin, K.* et al. (2001, 1339) found in a sample of 28 German and 64 UK plants in the engineering sector that UK plants turned over their stock 2-3 times faster than comparable German plants.

Table 7

Stock Turns and Reject Rates in British and German Plants

	Britain	Germany
Average number of stock turns per year		
Tier 1 plants	36	19
Tier 2 plants	12	12
Average reject rates as PPM (parts per million)		
Tier 1 plants	66	304
Tier 2 plants	316	27

In the case of average reject rates the differences were not great even though – as pointed out in the Andersen Consulting/ Cardiff 1994 study based on seats, exhausts and brakes – a relatively poor German reject rate can reflect 'the complex, varied nature of some of the German products, which make quality problems more likely' (Andersen et al, 1994: 23). Plants at both levels reported great improvements in the average reject rate over the last three years and in all plants measurements were recorded in PPM (parts per million).

2. Trends in Home-Country Sourcing and Supply-Chain Relationship-Building

Much of the literature on the development of customer-supplier relationships in the context of lean production emphasizes the potentially positive impact on performance of moving away from traditional 'arms length' supplier relationships towards a policy of active commitment to suppliers and assisting them to meet required standards of product quality and delivery (see Maloni and Benton, 1997, for a review). This typically requires the provision of long-term contracts and the patient development of trust between the partners through regular exchange of information and co-operation in problem-solving (Weber and Wertz, 1999).

However, given the extent of over-capacity and intensive price competition in many automotive sectors, outsourcing often seems to take the form – not of developing long-term relationships – but rather of pushing inventory and uncertainty further down the supply chain to its weaker members. One recent example in Germany concerns DaimlerChrysler which has decided on its own (without consulting suppliers) to cut all supplier prices by 5%. This has led to a conflict between DaimlerChrysler and Bosch (the world's largest independent automobile supplier) which claims that it actually needs price increases since costs for labour and electronic components have increased and exchange rate movements have made Bosch products more expensive to produce. [11]

For the present study we were interested to compare the two samples in terms of where they stood with regard to this conflict between developing relationships with suppliers and responding to short-term cost pressures. We also wished to explore the extent to which purchasing choices between home-country and foreign-based suppliers were related to inter-country skill differences.

Examples of the main items purchased by steering systems suppliers include pressed steel components and sub-assemblies, machined components such as tubes and shafts and electronic parts and sub-assemblies nominated by OEMs. In fuel tank systems examples of purchases can include injection moulded plastic parts, metal pressings and fuel pump and sender units (depending on the make/buy decisions made by individual producers). In IPs the Tier 1 producers' purchases typically include plastic components (and/or plastic raw materials), metal cross car beams and electronic components. Tier 2 suppliers in these three fields naturally spend large amounts on raw materials such as steel, aluminium and granulates for plastics but are also likely to buy in metal stampings and some plastic and electronic parts. In both sets Tier 2 plants had a lower percentage of bought-in materials and components with respect to the total value of annual sales than Tier 1 plants (Table 9). British Tier 1 establishments were leading in the percentage of purchases.

British Tier 1 plants made not only relatively strong use of outsourcing but they also had with 43% the lowest ratio of total purchases of materials and components deriving from UK-based suppliers. This made just-in-time deliveries more difficult and impeded a close personal relationship with suppliers.

Table 8

Annual Purchases of Materials and Bought-in Components

	Britain	Germany
Percentage of annual sales, 2001		
Tier 1 plants	63	57
Tier 2 plants	47	52
Percentage purchased from home-country suppliers, 2001		
Tier 1 plants	43	67
Tier 2 plants	72	74

The German Tier 1 plants depended with a much higher share (67% of their purchases) on home suppliers. British and German Tier 2 suppliers were even

[11] Frankfurter Allgemeine Zeitung, 2001-01-17, 18: Offener Streit zwischen Bosch und Daimler-Chrysler.

more relying on home supplies and in this respect very similar. All plants reported a decline in home-country purchases over the last three years but of a much more gradual nature in Germany. In the German case this trend reflected continued growth in outsourcing of relatively low value added products from nearby Central/Eastern European locations. This had obvious cost advantages but also allowed a close control of agreed quality and delivery targets (sometimes from German sample companies' own subsidiary plants). In the British plants the more abrupt growth of overseas sourcing of both low and high value added products was most commonly explained in terms of cost differentials exacerbated by the £/Euro (resp. £/DM) exchange rate. In some cases managers strongly believed that their discarded British suppliers were well able to compete on product quality and delivery criteria and that the exchange rate was the main factor making them uncompetitive (an opinion also voiced by many German managers).

Engineering support along the supply chain seemed to be at a different level in both countries. For example, the purchasing manager at a Tier 1 producer said that their engineers spend a lot of time working at suppliers' plants, especially on tooling for new product lines. However, while Continental suppliers tended to fix problems as soon as they were pointed out, in some British suppliers problems with meeting specification requirements and delivery schedules tended to recur as few skilled people were available to take on responsibility. At a British steering systems supplier managers said 'we have to go to Germany' for certain types of high quality tube and they also reported 'an ongoing battle to get the right quality' of some UK-produced metal pressings, even after working closely with those suppliers to solve the problems. A British fuel systems Tier 1 producer conceded that many of the problems faced by Tier 2 and 3 suppliers in Britain were due to OEM and Tier 1 customers changing their minds at short notice but said that his company itself simply 'lacked the resources' to spend much time working with their suppliers.

The fact that British Tier 1 suppliers tended to look overseas when dissatisfied with local Tier 2 suppliers partly reflects the limited choice available to them in the relatively small British industry, in contrast to their German counterparts who over time had been able to detach from unsatisfactory local Tier 2s and identify the better-performing ones in order to build up long-term relationships with them. Thus four German Tier 1 companies had established specialist teams (typically comprising engineers and craft-skilled workers) to work permanently with suppliers on methods of reducing costs and improving quality standards. One plant had established itself as a cockpit module leader and its managers extolled the advantages of having specialist high-quality suppliers of such products as chemicals, plastic skins and airduct systems all based fairly nearby. The depth of some of these supply-chains is shown by one of the larger Tier 2 suppliers which supported its own suppliers to the extent of developing machines for them to buy.

In general, the German managers were just as cost-conscious as their British counterparts. Indeed, one German manager described relationships with suppliers in the following terms: 'We send in engineers to help correct problems with processes, get the quality up, reduce the scrap rate, then we ask for price cuts!'

But the same managers tended to stress, in discussing cross-border sourcing from lower cost Central and Eastern European countries, that this was only suitable for the more straightforward products with 'stable processes' and that for other products requiring detailed oversight and process improvements they preferred to keep production close to their domestic engineering skills base.

Such views were also strongly expressed by some high value added Tier 2 plants in the German sample. For example, one manager said that some simple assembly work had been transferred to one of its own plants in the Czech Republic but they would not send hard-to-maintain equipment there. Among the British Tier 2 producers of metal pressings, the proportion of home-country supplies was relatively large, mainly because of the bulkiness and transport costs of their raw materials. However, a steering components producer said that, while they preferred long-term relationships with local suppliers, they were under pressure to look at lower-cost overseas suppliers because their German rivals were buying in so much from Eastern Europe. Other British-based Tier 2s ranged from small companies aware of their status 'at the bottom of the food chain' to more ambitious firms such as a US-owned company which had built up direct contacts with OEM design and development engineers in order to increase the chances of being nominated as a preferred supplier by those OEMs. It had also appointed a full-time supplier development manager to work with British-based suppliers but this kind of resource allocation was rare among Tier 2 plants in the British sample.

3. Skill Requirements in Purchasing

In addition to the engineering skills needed to assist suppliers in improving their performance, the higher levels of outsourcing in automotive components production also require many companies – and especially those assuming the role of module leader – to develop new skills in order to interact with and manage suppliers in product areas lying outside the purchasing companies' own areas of specialist skills and knowledge.

The differences between German and British plants in terms of the highest qualifications held by purchasing staff are shown in Table 9. The German Tier 1 plants had a graduate share of employment which was twice that in the British plants; at the other end of the scale only 5% of German purchasing employees lacked formal vocational qualifications in contrast to 54% unqualified in British matched plants. At Tier 2 level the differences in formal qualifications were even more distinct. 26% of the British purchasing staff are graduates or technicians. This is in strong contrast to their German counterparts where 71% are graduates or technicians. About 67% of the British staff has no formal qualification whereas persons without formal qualification are hardly to be found on the German side. These differences in initial attainments feed through into the 'trainability' of the two sets of employees: on balance the unqualified purchasing staff in British plants are likely to need more continuing training than, for example, German counterparts of whom many have been through commercial or industrial apprenticeships. Yet there is no evidence from recent data on formal off-the-job training that the British plants' skills deficit is being countered in this way.

Table 9

Highest Qualifications Held by Purchasing Staff

	Britain	Germany
Highest qualifications held by purchasing staff		
Tier 1 plants:		
Graduates	21	42
Technician or equivalent	25	18
Craft-level or equivalent	0	35
Other qualifications or no qualifications	54	5
TOTAL	100	100
Tier 2 plants:		
Graduates	13	57
Technician or equivalent	13	14
Craft-level or equivalent	7	29
Other qualifications or no qualifications	67	0
TOTAL	100	100

In general, what is required seems to be a combination of technical and commercial skills. For example, at a British components producer for steering systems the purchasing manager said that his staff now needed to be able to deal with technical issues, understand processes and drawings and discuss feasibility, tooling and concept issues with suppliers. He would have liked to replace non-technical employees with engineers who had commercial experience (preferably graduates) but said the latter were hard to find. In Germany several managers made similar points about purchasing staff requiring a mix of technical and commercial skills but, in contrast to Britain, they were well served by two distinctive features. Firstly, Germany has a strong tradition of apprentice training in commercial trades as well as technical ones and secondly, in recent years there has been a considerable expansion of degree-level courses combining engineering and business administration to produce *Wirtschaftsingenieure* ('business engineers'). Thus, German Tier 2 plants had been able to develop the desired mix of commercial and technical skills partly by providing structured experience in technical areas for commercial apprentices (along with in-house training by engineers) and partly by recruiting *Wirtschaftsingenieure.* These were well equipped to communicate with graduate engineers and purchasing staff of customers as well as negotiating technical terms with suppliers.

VI. Summary

Supply chain management focuses on the effective work distribution along the value chain which is largely depending on the potential of each member in the chain as well as a smooth co-operation among the links. The core of this study is the performance and co-operation among the top two layers of the supply chain of the automobile industry in Britain and Germany. The Tier 1 and 2 plants have been chosen as the production activities of the OEMs are highly connected to the achievements at these two levels. Further down the chain the production becomes, in general, more standardised and while the developments on these levels are still important they are less critical for the performance of the supply chain.

The study demonstrates a comparatively strong standing of the German sample plants at Tier 2 level as well in relation to their British counterparts as with regard to the Tier 1 plants in Britain and Germany. Their better performance is clearly indicated by a higher productivity (measured as value added per direct worker) in comparison to the other samples of plants. This is supported by a superior achievement in a number of factors which enable a fast reaction to changing requirements in work division along the value chain. Among these are a high flexibility of operators to undertake different tasks, a considerable amount of responsibility for operators to plan their own work (both are supported by a relatively high formal qualification level), a technically highly skilled staff in the purchasing department to facilitate competent links to their suppliers.

In general, tier 2 plants in Germany get more support by Tier 1 plants than is the case in Britain. German Tier 1 plants do not only buy a higher percentage of sales in the home country than their British counterparts but they also provide a stronger assistance to their Tier 2 suppliers to improve technical and economical competence at this level and to enhance overall competitiveness along the value chain. This results in a mutual reinforcement of strengths among the German plants. British Tier 2 plants receive much less support by Tier 1 establishments. One of the reasons is the unfavourable exchange rate which leads to a much higher rate of overseas sourcing. However, in addition to the missing assistance and a lower productivity performance a less flexible workforce make them less attractive as co-operation partners.

Overall, the study shows a higher average labour productivity of German suppliers in comparison to their British counterparts. The better German performance is supported by a larger home market which allows a realisation of economies of scale, by a larger section of higher quality grades of cars as well as by a higher degree of skills in most departments and by a higher accumulation machine equipment. However, the British-German lag has greatly narrowed in recent years. In both countries the increasing significance of cooperation along the value chain means that the demand for technical personnel with a strong economic understanding will be increasing.

References

Andersen Consulting (1994), Worldwide Manufacturing Competitiveness Study: The Second Lean Enterprise Report, Arthur Andersen & Co.

Daly, A./*Hitchens,* D./*Wagner,* K. (1985), Productivity, machinery and skills in a sample of British and German manufacturing plants, National Institute Economic Review, May, 48-61.

Goffin, K./*Pfeiffer,* R./*New,* C./*Szwejczewski,* M./*Lohmüller,* B. (2001), Standort Deutschland: A Systematic Comparison of Manufacturing Performance in Germany and the UK, in: Zeitschrift für Betriebswirtschaft, no. 11, 1333-1351.

Jürgens, U. (2000), Toward new product and process development networks: the case of the German car industry, in: Jürgens, U. (ed.), New Product Development and Production Networks: Global Industrial Experience, Berlin: Springer, 259-288.

– (2000a), Communication and Cooperation in the New Product and Process Development Networks – an International Comparison of Country- and Industry-specific Patterns, in: Jürgens, U. (ed.), New Product Development and Production Networks: Global Industrial Experience, Berlin: Springer, 259-288.

Lay, G./*Wallmeier,* W. (1999), Automobilzulieferer – Quo vadis? Strategien, Produktionsstrukturen und Leistungsindikatoren der Automobilzulieferindustrie Deutschlands, Mitteilungen aus der Produktionsinnovationserhebung, no. 14.

Maloni, M./*Benton, W.* (1997), Supply chain partnerships: opportunities for operations research, European Journal of Operational Research, 101(1997), 419-429.

Meißner, H.-R./*Kisker,* K./*Bochum,* U./*Aßmann*, J. (1994), Die Teile und die Herrschaft, Die Reorganisation der Automobilindustrie und der Zulieferbeziehungen, Berlin: Sigma.

OECD (2000), R&D expenditure: Business enterprise R&D from Research and Development Expenditures in Industry, 1974-1998, Paris.

O'Mahony, M. (1999), Britain's Productivity Performance 1950-1996, London: National Institute of Economic and Social Research.

ONS (Office for National Statistics) (1999), Annual Business Inquiry.

– (various years), Labour Market Trends.

– (2000), Size Analysis of United Kingdom Businesses.

PriceWaterhouseCoopers (2002), Automobil-Standort Deutschland, Pressekonferenz October 8th, Leipzig.

Scott, P./*Cockrill,* A. (1997), Multi-skilling in small- and medium-sized engineering firms: evidence from Wales and Germany, International Journal of Human Resource Management, 8(6), 807-824.

Semlinger, K., (1993), Effizienz und Autonomie in Zulieferungsnetzwerken - zum strategischen Gehalt von Kooperation, in: Staehle, W., Sydow J. (Hg.), Managementforschung Band 3, Berlin/New York: de Gruyter, 309-354.

Statistisches Bundesamt (1999a), Produzierendes Gewerbe, Fachserie 4, Reihe 4.2.1, Beschäftigte, Umsatz und Investitionen der Unternehmen des Verarbeitenden Gewerbes, Wiesbaden.

– (1999b), Kostenstruktur der Unternehmen, Wiesbaden.

– (1999c), Beschäftigung, Umsatz und Energieversorgung der Unternehmen und Betriebe des Verarbeitenden Gewerbes sowie des Bergbaus und der Gewinnung von Steinen und Erden, Fachserie 4, Reihe 4.1.1., Wiesbaden

– (1999d), Betriebe, Beschäftigte und Umsatz des Verarbeitenden Gewerbes, Fachserie 4, Reihe 4.1.2., Wiesbaden.

Wagner, K./*O'Mahony,* M./*Paulsson,* M. (1997), Standortfaktor Humankapital in Deutschland und die Aufholjagd der britischen Industrie, in: Zeitschrift für Betriebswirtschaft, September.

Weber, J./*Wertz,* B. (1999), Erfolgsfaktoren des Lieferantenmanagements (factors for a successful supplier-manufacturer relationship), in: Beschaffung aktuell, no. 11, 47-49.

Zusammenarbeit zwischen Unternehmen und Wissenschaft im Spiegel der Statistik

Von *Manfred Erhardt*, Essen

I. Einleitung

Ausgaben für Bildung und Wissenschaft sind die wichtigste Messgröße für Innovationskraft und Zukunftsfähigkeit eines Landes. Investitionen in Bildung und Wissenschaft gelten zudem als besonders nachhaltige, weil präventive Art der Sozialpolitik und besonders wirksame, weil innovative Form der Wirtschaftsförderung.

Vergleicht man allerdings die Entwicklung der Sozialausgaben in Deutschland mit denen für Bildung und Wissenschaft und ordnet man jene dem Gegenwartskonsum, diese aber den Zukunftsinvestitionen zu, so wird deutlich, dass eine Schubumkehr geboten ist. Mit einem FuE-Anteil von 2,49% am BIP rangiert Deutschland erst an 7. Stelle hinter Schweden, Finnland, Japan, Schweiz, USA und Korea; bei den Bildungsausgaben liegt Deutschland auf Platz 9. Den Anteil der FuE-Aufwendungen am BIP auf 3% zu erhöhen, ist das erklärte Ziel der deutschen und der europäischen Politik. Dazu bedarf es gemeinsamer Anstrengungen von Staat und Wirtschaft. Deren Finanzierungsanteile haben sich in den letzten Jahren unterschiedlich entwickelt: Während die Wirtschaft zulegte, ist der Staatsanteil gesunken.

Ein leistungsfähiges und auskömmlich finanziertes Wissenschaftssystem zu entwickeln und zu sichern, ist eine gemeinsame Aufgabe der Akteure von Staat, Wirtschaft und Gesellschaft. Dabei tritt der *Staat* in Gestalt von Bund, Ländern und Gemeinden in Erscheinung, die *Wirtschaft* in Form der Unternehmen, der Wirtschaftsverbände und der Institute für Gemeinschaftsforschungseinrichtungen (JfG) und die *Gesellschaft* handelt durch Stifter, die Stiftungen gründen, und Mäzene, die Spenden gewähren.

In der arbeitsteiligen Gestaltung der jeweiligen Verantwortungsbereiche kommt dem Staat primär die Finanzierungslast für die Grundlagenforschung zu, die zu Basisinnovationen führt, während Anwendungsforschung und Produktentwicklung Aufgaben des *Wirtschaftssektors* sind. Die Übergänge sind allerdings fließend. So sind die vom Staat getragenen Hochschulen und außeruniversitären Forschungseinrichtungen (MPG, HGF, WGL, FhG) in unterschiedlicher Intensität und Ausprägung auch im Bereich der angewandten Forschung und Entwicklung tätig, während sich die reine (neugiergetriebene) Grundlagenforschung nur vereinzelt (schätzungsweise im Umfang von 5% der dort durchgeführten FuE) im Wirtschaftssektor findet. Hier ist der Blick in erster Linie auf die wirtschaftliche Verwertbarkeit von Forschungsergebnissen gerichtet und damit auf die Produktentwicklung und die Verbesserung der Produktionsverfahren.

Für die Innovationskraft einer Volkswirtschaft und ihrer Unternehmen kommt es ganz wesentlich auf das Zusammenspiel der verschiedenen Sektoren an. Das betrifft die Mechanismen der Zusammenarbeit im Rahmen des herkömmlichen Wissens- und Technologietransfers ebenso wie neue Kooperationsfirmen und Finanzierungswege, für die sich der Begriff „Public Private Partnerships" eingebürgert hat.

Im Folgenden soll aufgrund der Daten der vom Stifterverband für die Deutsche Wissenschaft betriebenen Wissenschaftsstatistik der finanzielle Umfang der Kooperationsbeziehungen zwischen Unternehmen und Wissenschaft anhand der externen FuE-Aufwendungen sowie der Zuwendungen aus Spenden und Sponsoring dargestellt werden.

II. Externe FuE-Aufwendungen des Wirtschaftssektors

Wichtigstes Instrument der Zusammenarbeit von Unternehmen und wissenschaftlichen Einrichtungen ist die sog. Drittmittelforschung. Unter dem Begriff der „Mittel Dritter" fallen gemäß § 25 Abs. 1 Satz 1 Hochschulrahmengesetz alle Geldzuwendungen und Sachleistungen, die nicht reguläre Haushaltsmittel der wissenschaftlichen Einrichtung sind. Im thematischen Zusammenhang der Kooperation Wirtschaft/Wissenschaft interessieren hier nur diejenigen Zuwendungen, die als private Mittel dem Wirtschaftssektor entstammen, also insbesondere im Rahmen von Forschungsaufträgen an wissenschaftliche Institute fließen.

Auf der Anbieterseite treten auf dem FuE-Dienstleistungsmarkt aber nicht nur Hochschulen und staatsfinanzierte außeruniversitäre Forschungseinrichtungen auf, sondern in zunehmendem Maße auch Wirtschaftsunternehmen, die entweder selbst (Anwendungs-)Forschung bzw. experimentelle Entwicklung betreiben oder sich dem Transfer von wissenschaftlichem Know-how verschrieben haben.

Über das Ausmaß und die Anteile dieser Mittel-Flüsse gibt die FuE-Statistik des Wirtschaftssektors Auskunft. Sie erfasst die FuE-Aktivitäten der deutschen Wirtschaft in Gestalt der Unternehmen und der Institute für Gemeinschaftsforschung (IfW), wird von der Wissenschaftsstatistik GmbH des Stifterverbandes durchgeführt und richtet sich in ihren Merkmalen, Definitionen und ihrer Systematik nach den internationalen Standards des „Frascati Manual" der OECD (1994). Danach ist FuE charakterisiert als „systematische, schöpferische Arbeit zur Erweiterung des vorhandenen Wissens".

Als „statistische Messlatten" werden in den Frascati-Richtlinien der finanzielle Einsatz in Form der FuE-Aufwendungen und der personelle Einsatz in Form des FuE-Personals zu Grunde gelegt. Diese beiden Indikatoren bilden die Grundlage für die Bewertung des „Innovationspotenzials" der Volkswirtschaften bzw. seiner *Sektoren*; nämlich: Wirtschaft, Hochschulen, staatliche außeruniversitäre Forschungsinstitute, private Organisationen ohne Erwerbszweck.

Die Unternehmen führen Forschung und Entwicklung vor allem hausintern durch und zwar in Deutschland im Jahre 1999 in Höhe von rund 33,3 Milliarden € (Stifterverband (2001), FuE-Datenreport 2001). Darüber hinaus vergeben Unternehmen in wachsendem Maße FuE-Dienstleistungen nach außen, um so ihre Forschungs- und Innovationsziele noch besser, schneller und kostengünstiger zu erreichen. FuE-Aufträge, die von Unternehmen nach außen vergeben werden, werden in den Frascati-Richtlinien als „Externe FuE-Aufwendungen" bezeichnet.

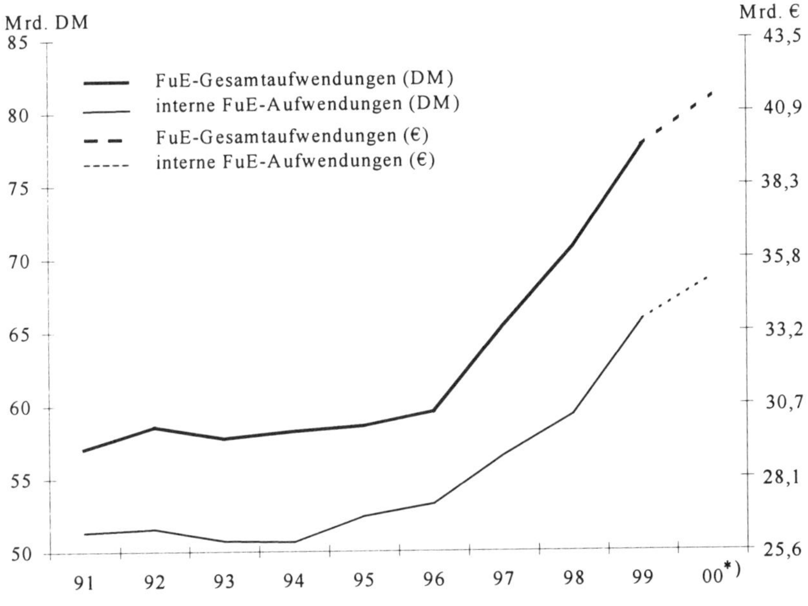

*) Plandaten; Stand: März 2001

Quelle: Stifterverband Wissenschaftsstatistik

Abbildung 1: FuE-Gesamtaufwendungen des Wirtschaftssektors 1991-1999, Tendenz 2000

Die Gesamtentwicklung der FuE-Aufwendungen der Unternehmen lässt eine deutliche Zunahme auch und gerade bei den externen FuE-Aufwendungen zwischen 1991 und 1999 erkennen (vgl. Abbildung 1); die FuE-Gesamtaufwendungen als Summe der internen und externen FuE-Aufwendungen zeigen einen deutlich höheren Anstieg als die internen FuE-Aufwendungen. Wendeten die Unternehmen 1979 noch 1,1 Mrd. DM für externe FuE auf, ist dieser Betrag bis 1999 auf 11,6 Mrd. DM gestiegen. Damit ist der Anteil der externen FuE-Aufwendungen in zwei Dekaden von 4,7 % auf beachtliche 15,1 % gewachsen, was einen erheblichen Bedeutungsgewinn der externen FuE-Aufwendungen darstellt.

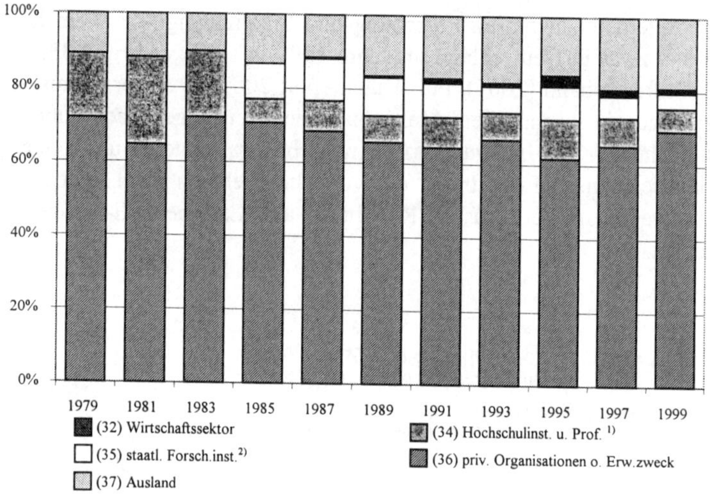

1) bis 1983 einschließlich staatliche Forschungsinstitute und private Organisationen ohne Erwerbszweck
2) 1985 einschließlich private Organisationen ohne Erwerbszweck

Quelle: Stifterverband Wissenschaftsstatistik

Abbildung 2: Externe FuE-Aufwendungen der Unternehmen nach Auftragnehmern der Unternehmen 1979-1999

Abbildung 2 lässt erkennen, in welchem Maße in den vergangenen 20 Jahren insbesondere die Vergabe von Aufträgen an *ausländische* Forschungsinstitute zugenommen hat. Lag der Anteil 1979 noch bei 11 %, stieg er bis 1999 auf rund 19 % (vgl. Tabelle 1). Auch wenn sich die wirtschaftsinternen FuE-Aufträge über 20 Jahre hinweg in der Größenordnung von rund 70 % bewegen, so ist doch in den 90er-Jahren der Anteil wirtschaftsinterner Flüsse an den gesamten externen FuE-Aufwendungen der Unternehmen wieder angestiegen. Bemerkenswerter Weise ist der *Anteil der „Wissenschaft"* (als Zusammenfassung der Sektoren „Hochschule", „außeruniversitäre Forschung/staatliche Forschungsinstitute" bzw. „Private Organisationen ohne Erwerbszweck") seit 1987 fast kontinuierlich zurückgegangen, während insbesondere seit 1995 die Auftragsvergabe *an Unternehmen und ins Ausland* zugenommen hat.

Tabelle 1

Externe FuE-Aufwendungen und FuE-Gesamtaufwendungen der Unternehmen nach Auftragnehmern insgesamt 1979-1999 (Tsd. DM)

Jahr	Wirtschaftssektor	Hochschulinst. u. Prof.[a)]	Staatliche Forsch. Inst.[b)]	Priv. Organisationen ohne Erwebszweck	Ausland	Externe FuE-Aufwand	FuE-Gesamtaufwand
1979	812.410	196.061			122.962	1.131.433	23.326.790
1981	1.242.544	455.882			225.245	1.922.671	27.307.438
1983	2.289.334	569.322			317.294	3.175.950	32.507.379
1985	2.474.794	223.942	337.651		465.354	3.501.741	38.915.315
1987	2.547.007	305.875	421.216	14.831	426.626	3.715.555	44.280.906
1989	3.024.732	330.605	471.954	23.970	756.873	4.608.134	50.161.499
1991	3.573.986	456.730	500.901	77.361	939.503	5.548.481	56.342.047
1993	4.583.195	507.632	480.820	74.744	1.229.451	6.875.841	57.029.443
1995	3.629.149	622.824	523.626	176.488	929.199	5.881.286	57.836.294
1997	5.574.811	668.337	488.769	163.191	1.669.117	8.564.226	64.599.218
1999	8.031.896	721.193	476.403	145.980	2.213.830	11.589.301	76.776.930

a) bis 1983 einschließlich staatliche Forderungsinstitute und private Organisationen ohne Erwerbszweck
b) 1985 einschließlich private Organisationen ohne Erwerbszweck
Quelle: Stifterverband Wissenschaftsstatistik

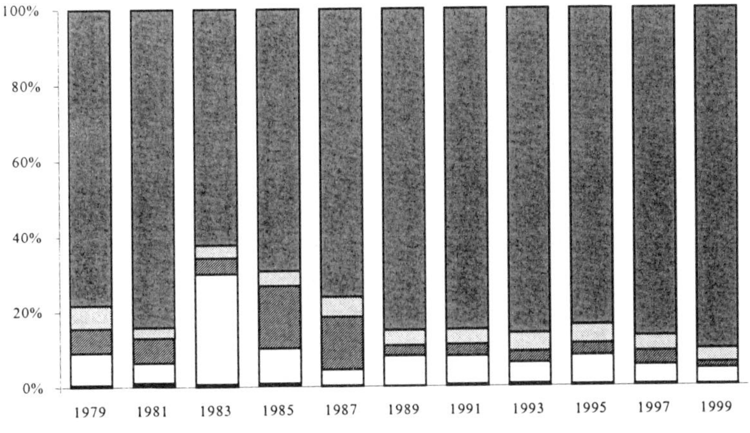

Quelle: Stifterverband Wissenschaftsstatistik

Abbildung 3: Externe FuE-Aufwendungen der Unternehmen insgesamt nach Größenklassen 1979-1999

Dabei sind es überwiegend die Großunternehmen, die FuE-Aufträge vergeben und auf diese Weise auf Spezialwissen in Wirtschaft und Wissenschaft zurückgreifen. Und es sind überwiegend die Unternehmen mit mehr als 1000 Beschäftigten, die sich der externen Vergabe von FuE-Aufträgen bedienen. (vgl. Abbildung 3 und Tabelle 2).

Tabelle 2

Externe FuE-Aufwendungen und FuE-Gesamtaufwendungen der Unternehmen nach Größenklassen 1979-1999 (Tsd. DM)

Größen-klasse	0-19	20-249	250-499	500-999	1000 und mehr	Summe externe FuE-Aufwand	Summe FuE-Ges. Aufwand
1979	6.302	95.765	74.009	67.859	887.498	1.131.433	23.326.790
1981	22.569	100.799	126.891	52.653	1.619.759	1.922.671	27.307.438
1983	24.815	925.753	135.794	108.895	1.980.693	3.175.950	32.507.379
1985	32.764	321.081	584.478	133.972	2.429.446	3.501.741	38.915.315
1987	8.808	152.282	521.882	197.136	2.835.447	3.715.555	44.280.906
1989	4.581	360.428	130.581	183.874	3.928.670	4.608.134	50.161.499
1991	30.035	407.759	175.052	216.176	4.719.459	5.548.481	56.342.047
1993	45.286	381.196	202.178	328.012	5.919.168	6.875.841	57.029.443
1995	24.579	441.520	191.963	283.323	4.939.901	5.881.286	57.836.294
1997	35.097	417.239	321.526	347.928	7.442.435	8.564.226	64.599.218
1999	26.087	483.152	188.792	408.259	10.483.011	11.589.301	76.776.930

Quelle: Stifterverband Wissenschaftsstatistik

Über die *Gründe* für den abnehmenden Anteil der Hochschulen und staatlichen Forschungsinstitute an den (wachsenden) externen FuE-Aufwendungen der Wirtschaft liegen statistisch valide Erkenntnisse nicht vor. Nach Umfragen des Stifterverbandes sowie aufgrund von Gesprächen mit Unternehmens- und Verbandsvertretern (Koschatzky, Reinhardt, Grenzmann, 2002) dürften für die unterproportionale Beteiligung der Hochschulen und außeruniversitären Forschungseinrichtungen an den wachsenden externen FuE-Aufwendungen folgende Ursachen, Gesichtspunkte und Motive eine Rolle spielen:

- Für die Verdoppelung des Anteils *ausländischer* Unternehmen und Forschungsinstitute an der FuE-Auftragsvergabe durch deutsche Unternehmen seit 1979 dürften die Globalisierung von Wirtschaft und Wissenschaft, die internationale Ausrichtung der Unternehmen und deren starke Exportorientierung maßgebend sein.
- Infolge zunehmender Ausgründung von Unternehmensteilen fallen bisher intern verausgabte FuE-Mittel nunmehr begrifflich unter die Kategorie „externe FuE-Aufwendungen", selbst wenn das ausgegründete Unternehmen Konzernbestandteil bleibt.

- Kooperationsbeziehungen zwischen privater Wirtschaft und öffentlicher Wissenschaft, die sich in den neuen Formen der „Public Private Partnerships" bewegen, werden von den Unternehmen nicht ohne weiteres der externen Auftragsvergabe zugeordnet, zumal es sich dabei nicht mehr um herkömmliche Auftragsverhältnisse handelt, sondern um Allianzen unter gleichberechtigten Partnern mit der wechselseitigen Verpflichtung auf gemeinsam Ziele und definierte Aufgaben auf vertraglicher Grundlage (Erhardt, 2002).
- Zur Erlangung von Wettbewerbsvorsprüngen sind die Unternehmen an der Wahrung ihrer auf die Produktentwicklung bezogenen Betriebsgeheimnisse angewiesen. Hochschulen dagegen sind publikationsorientiert und wollen mit ihren Erkenntnissen möglichst rasch an die akademische Öffentlichkeit. Daraus können sich Interessenkonflikte ergeben, die vermieden werden, wenn sich die Unternehmen privater Anbieter von Forschungsdienstleistungen bedienen.
- Der Zeitfaktor spielt in der Wirtschaft eine erheblich größere Rolle als im öffentlichen Sektor der Hochschulen und außeruniversitären Forschungseinrichtungen. Kommt es auf just-in-time Auftragserfüllung an, sind staatliche Universitäten gelegentlich eher unsichere „Kantonisten".
- Hochschulen sind disziplinär gegliedert; betriebliche Problemstellungen dagegen sind meist komplex und von interdisziplinärer Natur. Mit der problembezogenen Zusammenstellung zeitlich befristeter Task-forces aber tun sich Hochschulen oft schwer, schwerer jedenfalls als private Anbieter.
- Immer mehr Hochschulen und Hochschullehrer gehen dazu über, ihre wirtschaftsrelevanten Forschungstätigkeiten auszugründen oder in privatrechtlich organisierte An-Institute zu verlagern. D.h. Forschungsaufträge, die früher an die Hochschule gingen und in der Hochschule erledigt wurden, werden mehr und mehr in start ups bearbeitet, die von Hochschulwissenschaftlern (mit)gegründet wurden und betrieben werden. Auch auf diese Weise wächst die Zahl der an Wirtschaftsunternehmen vergebenen FuE-Aufträge zu Lasten der Hochschulen und öffentlichen Forschungsinstitute.

III. Wissenschaftsspenden der Wirtschaft

Daten über das Spendenaufkommen der Wirtschaft für wissenschaftliche Zwecke werden in Deutschland bisher nur sehr unregelmäßig erhoben. Die aus der Steuerstatistik ableitbaren Informationen lassen eine Aufteilung nach den unterschiedlichen gemeinnützigen Zwecken nicht ohne weiteres zu. Die vom Stifterverband in den Jahren 1997 und 2000 veranlassten Erhebungen (Marquardt, 2001) ergeben folgendes Bild:

Im Jahre 2000 spendete der Wirtschaftssektor Deutschlands für Wissenschaftszwecke rd. 270 Mio. DM. Dies bedeutet gegenüber 1997 (225 Mio. DM) eine Steigerung um rd. 19%. Damit sind die Spenden zur Wissenschaftsförderung deutlich stärker gestiegen als das Gesamtspendenvolumen, welches sich von 1997 mit 1,13 Mrd. DM auf 2000 mit 1,24 Mrd. DM lediglich um 10% erhöht hat.

Abbildung 4 und Tabelle 3 zeigen den aus der Steuerstatistik ableitbaren Anteil der Spenden der Körperschaftssteuerpflichtigen an der Bruttowertschöpfung sowie den Verlauf der Spendensummen.

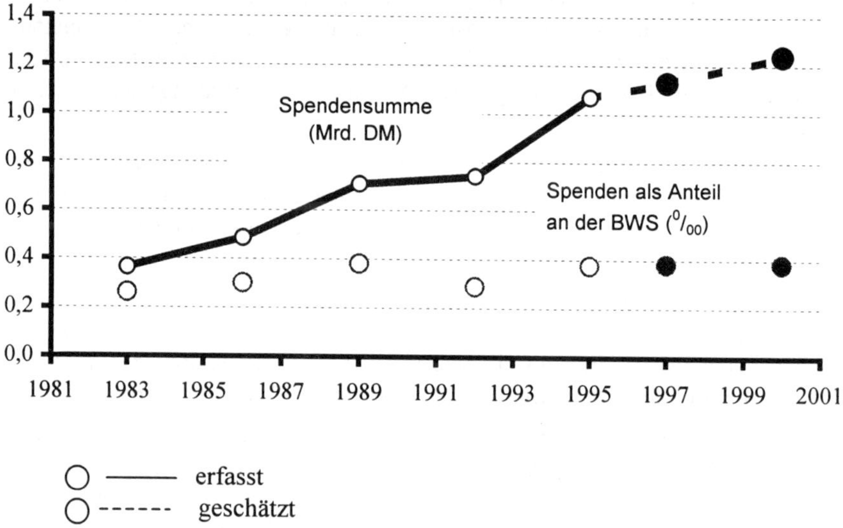

BWS = Bruttowertschöpfung

Quelle: Statistisches Bundesamt, eigene Berechnung

Abbildung 4: Spendensumme des Wirtschaftssektors 1983 - 2000

Abbildung 5 weist die Höhe der Wissenschaftsspenden des Wirtschaftssektors nach Wirtschaftszweigen aus. Danach standen im Jahre 2000 die Branchen Herstellung von Büromaschinen, DV-Geräten u. -Einrichtungen, Elektrotechnik, Feinmechanik und Optik mit 64 Mio. DM an erster Stelle. Es folgen die Banken und Versicherungen mit 55 Mio. DM an zweiter und der Fahrzeugbau mit 50 Mio. DM an dritter Stelle. Die Chemische Industrie steht mit 46 Mio. DM auf Platz 4.

Der Gesamtbereich des verarbeitenden Gewerbes brachte es im Jahr 2000 auf insgesamt 170 Mio. DM (= rd. 65%) Wissenschaftsspenden, während sich sein Anteil am Gesamtspendenaufkommen lediglich auf 28% belief.

Tabelle 3

Spenden und Wissenschaftsförderung des Wirtschaftssektors 2000 nach der Wirtschaftsgliederung – hochgerechnetes Ergebnis

Wirtschaftsgliederung	Spenden					
		Darunter für Wissenschaftsförderung				
	Insgesamt	Zusammen	Hochschulen	Wissenschaft fördernde Organisationen	Wissenschaft fördernde Stiftungen	Sonstige
	Mill. DM					
	1	2	3	4	5	6
I. Unternehmen						
Verarbeitendes Gewerbe darunter:	340	170	83	45	23	19
Chemische Industrie	130	46	28	9	5	5
Metallerzeugung u -bearbeitung	10	2	1	0	0	0
Maschinenbau	10	4	3	1	0	0
Bürom., DV, Elektrot., FuO	90	64	38	10	4	12
Fahrzeugbau	80	50	12	23	14	2
Übriges Verarb. Gewerbe	20	4	2	2	0	0
Energie- u. Wasserversorgung	70	23	2	9	1	11
Banken u. Versicherungen	790	55	20	33	1	1
Restl. Wirtschaftszweige	30	11	5	5	0	1
Unternehmen zusam.	1230	260	110	92	25	33
Dar.: Sparkassen	542	23	...	...	...	...
Unternehmen zusam.	1230	260	110	92	25	33
II. wirtschaftsnahe verbände zusammen	10	7	2	3	0	2
Wirtschaftssektor insgesamt	1240	267	112	95	25	35

Rundungsabweichungen

Quelle: Stiftungsverband Wissenschaftsstatistik

Der Löwenanteil der Wissenschaftsspenden floss mit 112 Mio. DM in den Hochschulbereich. 95 Mio. DM fielen den Wissenschaft fördernden Organisationen zu. Die Wirtschaftszweige Fahrzeugbau, Banken und Versicherungen und die wirtschaftsnahen Verbände fördern überwiegend Wissenschaft fördernde Organisationen.

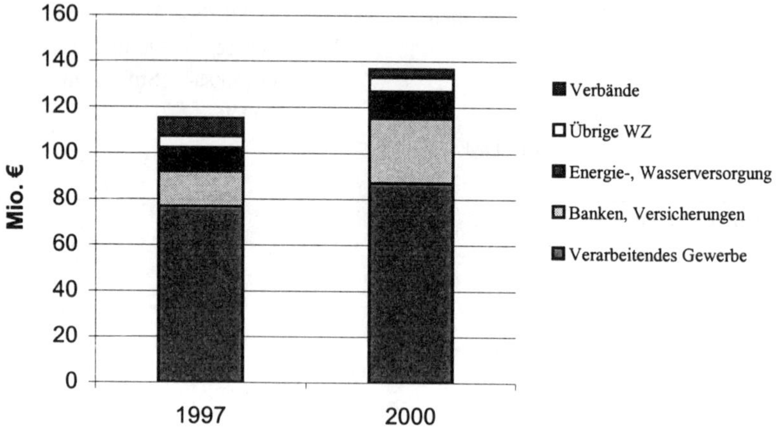

Quelle: Stifterverband Wissenschaftsstatistik

Abbildung 5: Wissenschaftsspenden des Wirtschaftssektors 1997 und 2000 – nach Wirtschaftszweigen –

IV. Wissenschaftssponsoring

Gemeinnützige Spenden sind freiwillige und unentgeltliche Leistungen, die steuerlich abzugsfähig sind. Der Sponsor sucht keine operative Zusammenarbeit; seine Zuwendungen erfolgen jedoch unter dem Gesichtspunkt von Werbung und Öffentlichkeitsarbeit. Er erwartet, dass sich sein wissenschaftliches Engagement als Reputationsgewinn auszahlt; Steigerung des Bekanntheitsgrades, Imageverbesserung, Kunden- und Kontaktpflege sind seine unternehmerischen Interessen. Deshalb erfolgt Sponsoring allermeist auf vertraglicher Grundlage und sind die Aufwendungen des Sponsors keine steuerlich privilegierten Spenden, sondern Betriebsausgaben.

Durch Sponsoring geleistete Wissenschaftsförderung ist aus statistischer Sicht ein weißer Fleck und zwar sowohl in quantitativer als auch in qualitativer

Hinsicht. Die einzige zuverlässige Quelle, die über die Höhe der Sponsoringmittel Auskunft gibt, dürfte das Jahrbuch Sponsoring sein[1].

Tabelle 4 gibt ein Bild über die Entwicklung des Spenden- und Sponsoring-Volumens. Zwischen dem Sponsoringvolumen und dem Spendenvolumen bestand 1997 ein Verhältnis von 3:1, im Jahre 2000 von 4:1. Dies zeigt, dass Sponsoring gegenüber Spenden stark an Bedeutung gewinnt. Insgesamt haben die Unternehmen im Jahre 2000 Zuwendungen von mehr als 6,1 Mrd. DM für Spenden und Sponsoring gewährt, darunter rund 5 Mrd. DM als Sponsoring. Empfänger sind sowohl gemeinnützige als auch nicht gemeinnützige Institutionen.

Tabelle 4

Bruttowertschöpfung, Spenden- und Sponsoringvolumen der Unternehmen 1983 - 2002

Jahr	Bruttowertschöpfung (BWS)	Spendenvolumen		Sponsoringvolumen	
		Insgesamt	Anteil an der BWS	Insgesamt	Anteil an der BWS
	Mrd. DM	Mill. DM	‰	Mill. DM	‰
	1	2	3	4	5
1983	1.391,0	365	0,2624	...	...
1986	1.610,5	486	0,3017	...	...
1989	1.859,4	710	0,3817	...	...
1992	2.566,2*	742	0,2890*	...	...
1995	2.847,9	1.070	0,3757	...	...
1997	2.949,0	1.130 r	0,3832	3.500	1,187
1998	3.088,3	...	...	4.000	1,295
1999	3.145,8	...	...	4.400 .	1,399
2000	3.232,9	1.240	0,3832	4.900	1,516
2002	...	...	...	5.100	...

Spendenvolumen 1997 und 2000 geschätzt
* Bruch in der Reihe; Revision der Volkswirtschaftlichen Gesamtrechnung
r revidierte Schätzung
Quelle: Statistisches Bundesamt, Strahlendorf (Hrsg.), eigene Berechnungen

In der Aufgliederung nach Förderzwecken (Sport, Kultur, Soziales etc.) wird Wissenschaft oder Bildung bislang nicht gesondert ausgewiesen. Zurzeit fließen 0,2 Mrd. € in „Sozialsponsoring", zu dem statistisch auch das Bildungs- und das Wissenschaftssponsoring zählen.

Wegen seiner geringeren Publizität und Breitenwirkung wird das Sponsoring von Bildung und Wissenschaft wohl nie die Rolle und Bedeutung erlangen, die

[1] Jahrbuch Sponsoring, Hrsg. *Peter Strahlendorf*, VMK-Verlag für Marketing+ Kommunikation, Hamburg, verschiedene Jahrgänge

es vor allem im Bereich des Sports bereits hat und in Kunst und Kultur erlangen könnte. Gleichwohl ist mit einer Zunahme auch im Wissenschaftsbereich zu rechnen, wenn beide Partner – Wirtschaft und Wissenschaft – ihre inneren Vorbehalte vollends abbauen und lernen, wissenschaftliche Veranstaltungen oder Ereignisse als „Events" zu gestalten.

Literaturverzeichnis

Erhardt (2002), Public Private Partnerships, in: Die Zukunft der Hochschulfinanzierung, Veröffentlichungen der Hanns Martin Schleyer-Stiftung, band 59, Köln, 104 ff.

Jahrbuch Sponsoring, Hrsg. Peter Strahlendorf, verschiedene Jahrgänge, Hamburg: VMK-Verlag für Marketing+Kommunikation.

Koschatzky, Reinhardt/*Grenzmann* (2002), FuE-Dienstleistungen in Deutschland, Karlsruhe.

Marquardt (2001), Spendenverhalten der Unternehmen, Essen.

OECD (1994), Frascati-Manual, Paris.

Stifterverband (2001), FuE-Datenreport 2001, Essen.

Von der innovationsorientierten Regionalförderung zur regionalisierten Innovationspolitik

Von *Michael Fritsch*, Freiberg*

I. Ausgangspunkt

Als ich Hans-Jürgen Ewers im Sommer 1977 kennen lernte, war er gerade dabei, am Wissenschaftszentrum Berlin ein Forschungsprogramm zur „innovationsorientierten Regionalpolitik" zu implementieren. Den wesentlichen Ausgangspunkt dieses Forschungsprogramms brachte er auf die griffige Formel, der Theorie des regionalen Entwicklungspotenzials fehle die „Schumpeter'sche Komponente" (Ewers und Wettmann, 1978, 471). Gemeint war damit die durch Innovationen und die Gründung neuer Unternehmen bewirkte Entwicklungsdynamik, die Joseph Alois Schumpeter in seinen Schriften so deutlich hervorgehoben hat (Schumpeter, 1911, 1946). Damit wandten sich Hans-Jürgen Ewers und Koautoren[1] zum einen gegen die – damals wie heute – vorwiegend auf Förderung von Sachkapitalinvestitionen konzentrierte Ausrichtung der Regionalpolitik. Zum anderen propagierten sie in diesem Zusammenhang die Förderung des „endogenen" Potenzials der Regionen, d.h. der ansässigen Ressourcen. Begründet wurde dies mit dem offensichtlichen Versagen der mobilitätsorientierten, auf die Ansiedlung regionsexterner Kapazitäten abzielenden Strategie der Regionalförderung. Denn die Erfahrung in Deutschland Mitte/Ende der 1970er Jahre zeigte, dass auf eine solche Umverteilung von Potenzialen in entwicklungsschwache Gebiete kaum zu hoffen war.

Mit seiner Idee von einer innovationsorientierten Regionalpolitik hat Hans-Jürgen Ewers – wie so oft – großen Spürsinn bewiesen und dabei wichtige Arbeiten angestoßen. Seitdem hat die regionale Dimension des Innovationsgeschehens immer größere Aufmerksamkeit erfahren, und es sind ganz erhebliche

---

* Ich danke Alexander Eickelpasch für hilfreiche Anmerkungen zu einer früheren Fassung.

[1] Siehe insbesondere *Ewers/Wettmann* (1978, 1980), *Ewers/Wettmann/Kleine/Krist* (1980) sowie als spätere Rückschau *Ewers/Brenck* (1992) sowie auch *Ewers* (1995).

Erkenntnisfortschritte auf diesem Gebiet zu verzeichnen (zu einem Überblick über den Stand der Forschung siehe etwa Koschatzky, 2001). Vieles von dem, was damals nur erahnt werden konnte, hat sich inzwischen bestätigt. Allerdings muss auch eine für das Konzept der innovationsorientierten Regionalpolitik zentrale Hypothese, nämlich die Behauptung, ländlich-periphere Gebiete seien im Innovationsprozess allgemein benachteiligt, stark relativiert oder sogar verworfen werden. Inzwischen hat sich auch der politische Fokus etwas gewandelt. Während Hans-Jürgen Ewers und Koautoren einer auf den Ausgleich von interregionalen Wohlstandsdisparitäten gerichteten Politik verhaftet waren, steht heutzutage die Berücksichtigung der räumlichen Dimension von Innovationsprozessen im Vordergrund. Da empirische Analysen eine große Bedeutung der räumlichen Dimension für Innovationsprozesse anzeigen liegt es nahe, die Innovationspolitik zu „regionalisieren".

Dieser Beitrag behandelt die Entwicklung von der innovationsorientierten Regionalförderung zur regionalisierten Innovationspolitik. Dabei werden zunächst noch einmal die Ausgangssituation und die wesentlichen Hypothesen der innovationsorientierten Regionalpolitik skizziert, wie sie Ende der 1970er Jahre von Hans-Jürgen Ewers und Koautoren entworfen wurden (Abschnitt II). Abschnitt III fasst einige grundlegende empirische Befunde zur Bedeutung der räumlichen Dimension von Innovationsaktivitäten zusammen. Daran anknüpfend wird das Konzept regionaler Innovationssysteme vorgestellt, das einen allgemeinen Rahmen zur Analyse regionaler Innovationsaktivitäten bietet, in das sich die wesentlichen Erklärungsansätze integrieren lassen (Abschnitt IV). Abschnitt V diskutiert die Möglichkeiten und Grenzen regionaler Innovationsförderung. Abschließend wird auf wesentliche offene Fragen hingewiesen (Abschnitt VI).

II. Das Konzept der innovationsorientierten Regionalpolitik: Ansatzpunkt und Hypothesen

Ein wesentlicher Anlass für die Konzipierung des Forschungsprogramms einer innovationsorientierten Regionalpolitik durch Hans-Jürgen Ewers und Koautoren war die unbefriedigende Wirksamkeit der damals dominierenden mobilitätsorientierten Strategie. Diese traditionelle Form der Regionalpolitik ist auf die Umverteilung wirtschaftlicher Potenziale aus den prosperierenden Regionen in Fördergebiete gerichtet. Man versucht vor allem mit Mitteln der Investitionsförderung die Verlagerung von Betrieben in unterentwickelte Gebiete sowie die Errichtung von Zweigbetrieben in diesen Regionen zu stimulieren. Die mobilitätsorientierte Strategie hatte so lange gewisse Effekte, wie das deutsche Wirtschaftswunder nach dem zweiten Weltkrieg für einen geradezu boomhaften Aufschwung sorgte. Mit dem Anfang der 1970er Jahre einsetzenden Strukturwandel, der häufig auch als „Ende der Massenproduktion" beschrieben wurde, kam es zu einem starken Rückgang des Potenzials an Produktionskapazitäten, die für eine räumliche Umverteilung in Frage gekommen wären. Neben diesem Versiegen des Potenzials räumlich mobiler Betriebe boten auch die Effekte erfolgreicher Ansiedlungen – sofern sie überhaupt noch zustande kamen – Anlass, um über Alternativen nachzudenken. Verlagerungen fanden in der Regel nur kleinräumig statt (Bade, 1979), die Qualität der entsprechenden Arbeitsplätze war meist gering und nicht selten wurden verlagerte Betriebe wieder geschlossen, wenn die Bindungsfrist der Investitionsförderung auslief. Die räumlich mobilen Kapazitäten waren typischerweise auf Aktivitäten in den späten Phasen des Produkt-Lebenszyklus ausgerichtet, die in direkter Konkurrenz zu mit Billigimporten aus Entwicklungslängern stehen, was auf Dauer kaum erfolgreich sein kann.

Dem von Hans-Jürgen Ewers und Koautoren entwickelten Konzept einer innovationsorientierten Regionalpolitik liegen die folgenden drei Hypothesen zugrunde (Ewers/Brenck, 1992, 312):

- Erstens wird unterstellt, dass vom regionalen Innovationsgeschehen ein wesentlicher positiver Einfluss auf die Regionalentwicklung ausgeht.
- Zweitens liegt dem Konzept die Annahme zugrunde, dass die Innovationsfähigkeit eines Unternehmens entscheidend von den regionalen Standortbedingungen abhängt.
- Und drittens gingen Hans-Jürgen Ewers und Koautoren davon aus, dass die Innovationsgunst der regionalen Standortbedingungen wesentlich von der Stellung der Region in der Raumhierarchie geprägt ist. Dabei unterstellten sie, dass die regionalen Innovationsbedingungen in den Zentren deutlich besser sind als in dünn besiedelten, peripheren Gebieten. Auf eine einfache Formel gebracht: Der ländlich-periphere Raum ist in Bezug auf Innovationsaktivitäten „benachteilig"!

Während aus den ersten beiden Hypothesen folgt, dass die regionalen Innovationsbedingungen einen geeigneten Ansatzpunkt für eine wirkungsvolle Förderung regionaler Entwicklung darstellen, impliziert die dritte Hypothese eine ausgleichsorientierte Zielsetzung: Die Regionalpolitik sollte die in Bezug auf Innovationsaktivitäten „benachteiligten" ländlich-peripheren Gebiete unterstützen.

Ein weiteres und außerordentlich wichtiges Element des Konzeptes der innovationsorientierten Regionalpolitik, wie es von Hans-Jürgen Ewers und Koautoren Ende der 1970er Jahre entworfen wurde, betraf das Instrumentarium der Regionalförderung. Da die mobilitätsorientierte Strategie weitgehend wirkungslos geworden war, blieb als Alternative nur die Stärkung des regionsendogenen Potenzials. D.h. die Politik sollte nicht mehr auf die Ansiedlung externer Kapazitäten, sondern auf die Mobilisierung der bereits ansässigen Ressourcen gerichtet sein. Dies bedeutete insofern einen Wandel in der Ausrichtung des regionalpolitischen Instrumentariums, als die bereits in der Region ansässigen Potenziale von der damals dominierenden mobilitätsorientierten Strategie weitgehend vernachlässigt blieben. Zu Pflege des endogenen Potenzials, so eine weitere von Hans-Jürgen Ewers aufgestellte Hypothese (hierzu auch Ewers, 1987), sei die Politik zu regionalisieren, d.h. lokale Akteure sollten stärker als bis dahin der Fall in die Konzeption und Implementation der Maßnahmen einbezogen werden. Regionalisierte Regionalpolitik soll demnach zu einem wesentlichen Teil vor Ort, d.h. innerhalb der betreffenden Regionen betrieben werden.

III. Empirische Befunde zur Bedeutung des Standortes für Innovationsaktivitäten

Seit Hans-Jürgen Ewers und Koautoren Ende der 1970er Jahre die Konzeption einer innovationsorientierten Regionalpolitik entworfen haben, hat sich der Erkenntnisstand zur regionalen Dimension von Innovationsaktivitäten wesentlich weiter entwickelt. Dabei wurden die ersten beiden oben genannten Hypothesen des Konzeptes eindrucksvoll bestätigt. Empirische Analysen haben gezeigt, dass Innovationsaktivitäten einen sehr starken Einfluss auf die regionale Entwicklung haben können. Dabei ist die Innovationstätigkeit in der Regel wesentlich von den regionalen Standortbedingungen geprägt. Die dramatischen Verbesserungen der Telekommunikationstechnik während der letzten Dekaden (Stichwort. „death of distance") sowie die damit einhergehende Globalisierung haben die Bedeutung der regionalen Innovationsbedingungen sogar noch verstärkt. Die Ursache für diese „Glokalisierung" besteht darin, dass die relative Bedeutung räumlich immobiler Faktoren zunimmt, wenn andere Inputs mehr oder weniger überall verfügbar sind.

Diverse empirische Untersuchungen haben klar gezeigt, dass sich die Qualität regionaler Innovationsbedingungen erheblich voneinander unterscheidet (Franke, 2002; Fritsch, 2000, 2002, 2004; Fritsch/Franke, 2004). Hierauf deutet allein schon die in diversen empirischen Untersuchungen gut belegte Tendenz zur räumlichen Konzentration von Innovationsaktivitäten in Clustern von Unternehmen und öffentlichen Forschungseinrichtungen hin.[2] Diese Clusterung lässt auf die Wirksamkeit von Agglomerationsvorteile schließen (Baptista, 1998; Porter, 1998). Diese Agglomerationsvorteile können im Wesentlichen in positiven externen Effekten von Innovationsaktivitäten, relativ hohen Potenzialen für face-to-face-Kontakte innerhalb eines Clusters, einfachem Zugang zu

---

[2] Siehe etwa *Audretsch/Feldman* (1996), *Cooke* (2002, 130-156), *Baptista/Swann* (1998), *Feldman* (1994), *Porter* (1998), *Prevezer* (1998), *Scott* (1996), *Shohet* (1998), *Swann* (1998).

Forschungseinrichtungen sowie in der Möglichkeit des Zugriffs auf differenzierte Inputmärkte, wie etwa dem Arbeitsmarkt und Märkten für spezialisierte Innovations-Dienstleistungen bestehen. Alle diese Faktoren können die Erzeugung und Übertragung von Wissen – Kernbereiche der FuE-Tätigkeit – wesentlich erleichtern und sich somit stimulierend auf Innovationsprozesse auswirken (siehe hierzu etwa Antonelli, 2001, Kapitel 3).

Bemerkenswert ist, dass viele der als gut funktionsfähig geltenden Cluster relativ klein sind und in der Regel deutlich weniger Beschäftigte umfassen als etwa die Einwohnerzahl einer durchschnittlichen Kleinstadt. (vgl. z.B. Porter, 1998; Enright, 2003; Cooke, 2002). Auch sind solche Cluster häufig nicht in Verdichtungsgebieten lokalisiert, was anzeigt, dass grundsätzlich auch Regionen mit mittlerer Verdichtung oder sogar ländlich-periphere Räume gute bis hervorragende Standortbedingungen für Innovationsprozesse bieten können. Dementsprechend ergibt eine empirische Analyse der Effizienz der Innovationssysteme in elf europäischen Regionen (Fritsch, 2000, 2002, 2004) auch nur ein allenfalls schwach ausgeprägtes Zentrum-Peripherie-Muster in der Qualität der regionalen Innovationsbedingungen. Diese Befunde lassen sich dahingehend deuten, dass die Mindestmasse an F&E-Aktivitäten, die für das Wirksamwerden eines hinreichenden Ausmaßes an Agglomerationsvorteilen innerhalb des Clusters benötigt wird, in der Regel nicht besonders groß ist. Wichtiger für die Funktionsfähigkeit eines regionalen Innovationssystems als dessen Größe bzw. der regionale Verdichtungsgrad scheint die Intensität und Qualität der *Vernetzung der Akteure* zu sein. Hierauf deuten diverse empirische Studien und Konzepte zur Interpretationen der Befunde wie etwa der Netzwerkansatz und das Konzept der innovativen Milieus hin (zu einem Überblick siehe Fritsch/Koschatzky/Schätzl/Sternberg, 1998; Koschatzky, 2001). Dementsprechend trifft die von Hans-Jürgen Ewers und Koautoren anfangs vertretene These, dass die Zentren wesentlich bessere Innovationsbedingungen bieten als die Städte, und dass der ländlich-periphere Raum in Bezug auf Innovationsaktivitäten per se benachteiligt sei, in dieser allgemeinen Form nicht zu.[3]

Zwar zeigt die vorliegende empirische Evidenz klar, dass regionale Faktoren für Innovationsprozesse von wesentlicher Bedeutung sein können, eine allgemeine Aussage über die Stärke dieses Einflusses im Vergleich etwa zu branchenspezifischen Gegebenheiten oder zu Faktoren auf der nationalen bzw. der globalen Ebene erscheint aber kaum möglich (Howells, 1999). Zumindest in

[3] So hat Hans-Jürgen Ewers denn auch selbst einige Jahre nach der Initiierung des Forschungsprogramms der innovationsorientierten Regionalpolitik anerkannt, dass die ursprünglich von ihm vertretene Hypothese eines in räumlicher Hinsicht hierarchischen Diffusionsverlauf technischer Neuerungen, der entsprechend neue Techniken zuerst in den großen Zentren eingeführt werden und als letztes den ländlich-peripheren Raum erreichen, nicht haltbar ist (hierzu *Ewers/Fritsch*, 1989; *Fritsch*, 1987).

einigen Regionen bzw. Branchen scheint der Standorteinfluss relativ stark ausgeprägt zu sein, so dass diese als Entwicklungsmotor angesehen werden können. Es stellt sich also die Frage, inwiefern die nationale Entwicklung im Sinne eines Bottom-up-Ansatzes als ein Resultat regionaler Ereignisse aufzufassen ist und wie stark die Regionalentwicklung durch nationale Rahmenbedingungen und sektorale Trends beeinflusst wird (Top-Down-Ansatz).[4] So könnte man hinsichtlich der Bedeutung regionaler Faktoren einerseits fragen, ob die US-amerikanische Computerindustrie ohne die Entwicklung des Silicon-Valley-Clusters die gleiche Stärke und Wettbewerbsfähigkeit erreicht hätte? Andererseits ist unklar, ob sich das Silicon-Valley-Cluster auch in anderen Branchen oder Ländern wie z.B. Deutschland, hätte herausbilden können. Offenbar sind die verschiedenen Einflussebenen interdependent.

IV. Das regionale Innovationssystem

1. Innovation als arbeitsteiliger Prozess

Die neuere Innovationsforschung hat erkannt, dass Innovationsaktivitäten durch ein wesentliches Maß an Arbeitsteilung zwischen verschiedenen Akteuren (Personen, private Unternehmen, öffentlichen Forschungs- und Ausbildungseinrichtungen) gekennzeichnet sind. Diese Arbeitsteiligkeit von Innovationsprozessen impliziert für die Analyse, dass es inadäquat wäre, allein auf einen einzelnen Innovator zu fokussieren. Vielmehr sollten möglichst sämtliche Beiträge zum Innovationsprozess bzw. sämtliche relevanten Akteure in die Betrachtung mit einbezogen werden. Es ist also ein relativ breit angelegter Untersuchungsansatz erforderlich. Dementsprechend versucht man möglichst ganze Innovations*systeme* zu betrachten, die alle wesentlichen Akteure und deren Beziehungen zueinander umfassen (zu einem Überblick siehe Edquist, 1997).

Arbeitsteilung im Rahmen von Innovationsprozessen ist mit einer Reihe von besonderen Problemen verbunden. Ein Teil dieser Besonderheiten ergibt sich daraus, dass der Kern von Innovationsaktivitäten in der Generierung und dem Einsatz von Wissen besteht, arbeitsteilige Innovation also den Transfer von Wissen erfordert. Die besonderen Probleme des Wissenstransfers haben zur Folge, dass sich die Steuerung der Arbeitsteilung über den Markt im Bereich Forschung und Entwicklung (FuE) häufig wesentlich schwieriger gestaltet als bei „normalen“ Prozessen der Leistungserstellung. Als besondere Hindernisse

[4] Bei den grundlegenden Arbeiten zur innovationsorientierten Regionalpolitik dominierte die Top-Down-Perspektive: Im Vordergrund steht die Aufteilung der Innovationsaktivitäten auf die verschiedenen Regionen. Ein Bottom-Up-Ansatz, der die Region als Ausgangspunkt der Entwicklung sieht, ist in diesen Arbeiten hingegen kaum erkennbar.

für innovative Arbeitsteilung zwischen verschiedenen Organisationen sind zu nennen (vgl. hierzu Fritsch 2001b):

- *Unmöglichkeit einer vollständigen Spezifikation der Ergebnisse.* Da Forschungs- und Entwicklungsaktivitäten im Kern die Suche nach einer Problemlösung darstellen, kann das Ergebnis eines solchen Suchprozesses im Vorhinein auch nicht genau spezifiziert werden. Es bestehen daher Spielräume für die Vertragspartner, die zwangsläufig unklaren Vertragsbestimmungen einseitig zu ihrem Nutzen und zu Lasten der jeweils anderen Partei(en) zu interpretieren (opportunistisches Verhalten).
- *„Dünne" Märkte.* Innovationsaktivitäten beinhalten die Generierung von etwas Neuem. Es werden dabei häufig Vorleistungen benötigt, die wenig standardisiert und nicht allgemein verfügbar sind. Märkte für einzelne Teilleistungen von Innovationsprozessen sind daher häufig relativ „dünn" in dem Sinne, dass es nur wenige Akteure gibt, die für die Durchführung einer Teilleistung in Frage kommen. Daher kann die Identifikation eines entsprechenden Transaktionspartners mit ganz erheblichem Aufwand (Anbahnungskosten) verbunden sein. Ein weiteres Kennzeichen dünner Märkte besteht darin, dass Transaktionen nur relativ selten stattfinden, so dass sich kein Marktpreis einspielen kann, der eine stabile Orientierung bietet. Folglich dürfte unter solchen Umständen auch der Aufwand für das Aushandeln der Konditionen einer Zusammenarbeit (Vereinbarungskosten) relativ hoch ausfallen.
- *Asymmetrische Information.* Das Problem der asymmetrischen Information bei einer marktlichen Transaktion des Gutes Information ergibt sich aus dessen Eigenschaften. Der Nutzen einer Information lässt sich nämlich in der Regel erst dann halbwegs sicher abschätzen, wenn man über diese Information verfügt. Hat man die Information aber bereits, so entfällt der Anreiz, sie käuflich zu erwerben. Um den Kaufanreiz nicht zu zerstören, wird ein Anbieter von Information dem potenziellen Käufer vor Abschluss des Vertrages diese Information also allenfalls unvollständig offenbaren. Ein ökonomisch rational handelnder Interessent wird auf unvollständige Kenntnis der Information mit einem entsprechenden Risikoabschlag auf seine Zahlungsbereitschaft reagieren. Dies hat zur Folge, dass der Anbieter die Information nur unter ihrem eigentlichen Wert verkaufen kann.
- *Probleme der Informationsübertragung.* Der Transfer von Informationen im Rahmen arbeitsteiliger Innovationsprozesse kann aus mehreren Gründen mit Problemen verbunden sein. Ein wesentliches Hindernis einer Informationsübertragung besteht möglicherweise darin, dass ein Teil des Wissens impliziten Charakter (tacit knowledge) hat und sich nur sehr eingeschränkt dokumentieren lässt. Der Transfer impliziten Wissens ist häufig nur über eine (temporäre oder dauerhafte) Übertragung des betreffenden Personals, also in

Form eines „Transfers über Köpfe" möglich. Ein weiteres wesentliches Problem der Wissensübertragung kann darin bestehen, dass die Identifikation, Aufnahme und Verwendung von relevanten Informationen ein bestimmtes Maß an „absorptiver Kapazität" beim Empfänger erfordert (Cohen/Levinthal, 1990).

- *Gefahr des unkontrollierten Wissensabflusses*. Ein zum Informationstransfer gewissermaßen entgegengesetztes Problem kann darin bestehen, dass sich der Abfluss innovationsrelevanten Wissens und die kommerzielle Nutzung dieses Wissens durch andere Akteure im Rahmen der Zusammenarbeit nicht vollständig kontrollieren lässt. Leistet der Nutzer nur einen unzureichenden Beitrag zur Generierung des Wissens bzw. zahlt er für die Nutzung weniger als den Marktpreis (d.h. es liegt ein positiver technologischer externer Effekt vor), so schmälert dies den Anreiz zur Erzeugung des Wissens, was die Gefahr einer Fehlallokation (es wird eine zu geringe Menge an Ressourcen für die Erzeugung von Wissen verwendet) in sich birgt.

All diese Probleme können eine Arbeitsteilung zwischen verschiedenen Akteuren im Rahmen von Innovationsprozessen wesentlich erschweren. So folgt aus asymmetrischer Information und der zwangsläufigen Unvollständigkeit von Vereinbarungen über FuE-Leistungen, dass der Abschluss entsprechender Verträge ein gewisses Maß an Risikobereitschaft bzw. an Vertrauen voraussetzt. Aus diesem Grunde kommt hier der Identität des Transaktionspartners und seiner Reputation (z.B. als besonders vertrauenswürdig bzw. kooperativ) eine wesentliche Bedeutung zu. In der Regel sind solche Beziehungen längerfristig angelegt, denn zum einen erfordert der Aufbau von Reputation und Vertrauen Zeit. Zum anderen wirkt das Interesse an einer längerfristigen Zusammenarbeit der Gefahr opportunistischen Verhaltens entgegen, da man durch einseitiges Ausnutzen von Vertragsspielräumen den Fortbestand der Austauschbeziehung gefährden würde. Stabilisierend wirk hier häufig auch, dass aufgrund der geringen Anzahl an möglichen Transaktionspartnern (Problem der dünnen Märkte) ganz erhebliche Kosten für die Identifikation eines geeigneten Partners erforderlich sind, die bei Abbruch einer Vertragsbeziehung „versinken".

Die Formen der Arbeitsteilung im Rahmen von Innovationsprozessen sind vielfältig und reichen vom informellen Erfahrungsaustausch zwischen Beschäftigten verschiedener Firmen („information trading"; hierzu von Hippel, 1987), über die Vergabe von Entwicklungs-Aufträgen an private Firmen oder öffentliche Forschungseinrichtungen, den Kauf oder die Vergabe von Lizenzen bis hin zur direkten Zusammenlegung von FuE-Kapazitäten etwa im Rahmen von Joint Ventures. Die genannten Besonderheiten von arbeitsteiligen Innovationsprozessen führen dazu, dass eine Zusammenarbeit hier meist deutlich schwerer in Gang kommt als in normalen Bereichen der Leistungserstellung.

2. Ein Rollenmodell des regionalen Innovationssystems

Für die genauere Betrachtung regionaler Innovationssysteme ist ein Rollenmodell hilfreich, das verschiedenen Typen von Akteuren bestimmte Aufgaben im Rahmen arbeitsteiliger Innovationsprozesse zuordnet (siehe Abbildung 1). Als Akteure werden dabei die in der Region ansässigen Industriebetriebe, die Anbieter unternehmensnaher Dienstleistungen sowie die überwiegend von der öffentlichen Hand finanzierten Forschungs- und Ausbildungseinrichtungen wie etwa Universitäten, Fachhochschulen und außeruniversitäre Einrichtungen unterschieden. Darüber hinaus kommt der Qualifikation des Arbeitskräftepotenzials wesentliche Bedeutung zu, was wiederum die Rolle des Ausbildungssystems unterstreicht.

Die *Industrieunternehmen* haben im Rahmen des Innovationssystems gewissermaßen die Rolle eines „Endfertigers". Ihre Aufgabe besteht darin, das vorhandene Wissen in innovative Produkte bzw. Verfahren umzusetzen und damit über große Stückzahlen am Markt entsprechende Einkommen bzw. Gewinne zu erzielen. Von wesentlicher Bedeutung für den wirtschaftlichen Erfolg der Industrieunternehmen dürfte dabei ihre Wettbewerbsfähigkeit sein, die von der Modernität und Einsatzweise der genutzten Anlagen, den Faktorpreisen, der Qualifikation des Personals sowie von der Qualität des Managements abhängt. Die Unternehmen des Sektors der *unternehmensorientierten Dienstleistungen* haben zu einem wesentlichen Teil die Funktion, die Innovationsaktivitäten der Industrieunternehmen sowie der öffentlichen Forschungseinrichtungen zu unterstützen. Es handelt sich hierbei um eine recht heterogene Gruppe von in der Regel wissensintensiven Tätigkeiten, die etwa Ingenieurdienstleistungen (z.B. Konstruktion, Messen, Prüfen), Personalschulung, Rechts- und Managementberatung (z.B. im Bereich des Urheber- und Patentrechts), Marketing und Marktforschung sowie technischen Service (Wartung und Reparatur von Anlagen, informationstechnische Beratung) umfasst. Auch dem Beitrag der unternehmensorientierten Dienstleister liegen nicht selten eigene Innovationsaktivitäten zu Grunde. Da solche Dienstleistungen aber in der Regel individuell und somit in kleinen Stückzahlen erbracht werden, dürfte die ökonomische Bedeutung dieser Vermarktung von Innovationsergebnissen im Vergleich zu den Industrieunternehmen allerdings eher gering ausfallen. Die Anbieter unternehmensnaher Dienstleistungen stellen im Wesentlichen Vorleistungen bereit.

Die *öffentlichen Forschungseinrichtungen* nehmen im Rahmen arbeitsteiliger Innovationsprozesse mehrere Aufgaben wahr. Zum einen generieren sie als Stätten der Forschung direkt neues Wissen. Sie tun dies zum Teil autonom und selbstbestimmt, zum Teil in Kooperation mit der Privatwirtschaft bzw. in deren Auftrag (und erbringen somit ebenfalls Dienstleistungen). Eine zweite Funktion von öffentlichen Forschungseinrichtungen ist die eines Wissensreservoirs. Sie akkumulieren nicht nur selbst generiertes Wissen, sondern nehmen über Kontakte zu anderen Forschern und durch Sichtung der Fachliteratur auch solche innovationsrelevanten Informationen auf, die anderswo erzeugt wurden („Antennenfunktion"; hierzu Fritsch und Schwirten, 1998), und halten dieses Wissen in der Region präsent. Ein sichtbarer Ausdruck dieses Wissensreservoirs sind etwa Archive, Bibliotheken, Sammlungen und ähnliche Einrichtungen. Drittens schließlich kommt öffentlichen Forschungseinrichtungen – insbesondere, wenn es sich um Universitäten und Fachhochschulen handelt – die Aufgabe des Wissenstransfers zu, etwa durch Ausbildung von Studenten und Doktoranden. Damit tragen sie wesentlich zur Qualifikation des regionalen *Arbeitskräftepotenzials* bei. Das Arbeitskräftepotenzial stellt als Träger von Wissen einen überaus wichtigen Inputfaktor für die regionalen Innovationsaktivitäten dar. Dabei kommt insbesondere dem impliziten Wissen, das nur in direktem persönlichen Kontakt weitergegeben kann, große Bedeutung zu. Eine weitere für das regionale Innovationssystem wesentliche Eigenschaft des Arbeitskräftepotenzials ist das Ausmaß an Unternehmergeist (Entrepreneurship) und Gründungsneigung. Denn Eigeninitiative und Selbstständigkeit in neuen wie auch in etablierten Unternehmen können wesentliche Triebkräfte bei der Umsetzung von Ideen in kommerziellen Erfolg darstellen (vgl. hierzu Feldman, 2001). Die regionale Dimension ist für Gründungsprozesse deshalb von wesentlicher Bedeutung, weil die meisten Gründer neuer Betriebe aus der entsprechenden Region stammen (Schmude, 2002). Insbesondere Spin-Offs von regional ansässigen Firmen und Forschungseinrichtungen können bei der Herausbildung von Clustern eine große Rolle spielen (Cooke, 2002; Klepper, 2001).

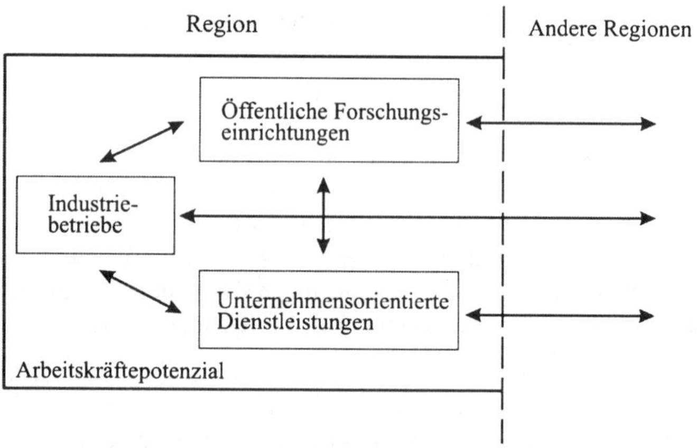

Abbildung 1: Wesentliche Akteure des regionalen Innovationssystems

Diese verschiedenen Elemente des regionalen Innovationssystems bilden allerdings nur einen Rahmen für Innovationsaktivitäten, wobei dieser Rahmen infolge des dynamischen Charakters von Innovationsprozessen ständigen

Veränderungen unterworfen ist. Innovationssysteme sind „Lernsysteme", in denen die Kommunikation zwischen den Akteuren eine wesentliche Quelle für die Erzeugung neuen Wissens darstellt. Dementsprechend zeigen diverse empirische Beispiele, dass die Interaktion der verschiedenen Elemente des Innovationssystems und ihre Einbindung in regionsübergreifende Zusammenhänge von entscheidender Bedeutung für die Funktionsfähigkeit des Systems sind. Dies stellt eine wesentliche Hypothese der Literatur über industrielle Distrikte bzw. Netzwerke (Camagni, 1991; Porter, 1998; Pyke/Beccatini/Sengenberger, 1990; Saxenian, 1994) sowie des Konzepts der „innovativen Milieus" (Aydalot/Keeble, 1988; Crevoisier/Maillat, 1991) dar. Die Betonung des Zusammenspiels der Elemente eines Innovationssystems korrespondiert auch mit einer Grundhypothese des ökonomischen Ansatzes, nämlich dass Arbeitsteilung zu Effizienzgewinnen führt. Man kann deshalb erwarten, dass ein relativ hohes Niveau an regionaler Interaktion und innovativer Arbeitsteilung mit einer entsprechend hohen Produktivität von Innovationsprozessen verbunden ist. Diese Beziehungen stellen vermutlich ein wichtiges Medium für die im Rahmen arbeitsteiliger Innovationsprozesse erforderlichen Wissenstransfers dar. Derartige Wissenstransfers werden allgemein als „Spillover" bezeichnet (vgl. Breschi/Lissoni, 2001; Feldman, 1999; Karlsson/Manduschi 2001). Wissens-Spillover können auf sehr unterschiedlichen Wegen erfolgen, wie etwa über Markttransaktionen, Kooperationsbeziehungen, Veröffentlichung von FuE-Ergebnissen, Handel mit innovativen Gütern oder durch der Mobilität von Personen, wie etwa durch Wechsel des Arbeitgebers oder durch Ausgründung eines neuen Unternehmens.

Man kann davon ausgehen, dass zumindest ein Teil des für Innovationsprozesse erforderlichen Wissens nicht allgemein verfügbar, sondern räumlich gebunden ist. Sofern diese Vermutung zutrifft, ist jedes regionale Innovationssystem durch einen spezifischen Wissens-Kapitalstock gekennzeichnet, der dieses System einmalig macht und von anderen Regionen unterscheidet (vgl. Antonelli, 2001, Kapitel 3; Maskell/Malmberg, 1999). Eine mögliche Ursache für die räumliche Bindung von innovationsrelevantem Wissen besteht darin, dass es nicht in kodifizierter Form vorliegt, sondern tacider Natur ist. Dieses Wissen ist also mit bestimmten Personen und über diese Personen an einen bestimmten Standort gebunden. Eine andere Ursache für die räumliche Bindung von Wissen kann in seiner Spezifität bestehen, d.h. dass es sich speziell auf die Verhältnisse in einem bestimmten Markt, einer bestimmten Branche, in einem bestimmten Betrieb oder einer bestimmten Region bezieht und anderswo nicht anwendbar ist. Weiterhin können Pfadabhängigkeiten, Unteilbarkeiten sowie externe Effekte (z.B. Agglomerationsvorteile) bei der Erzeugung und Verwertung von Wissen zur regionalen Eingebundenheit von Innovationsaktivitäten führen.

Da das für FuE-Aktivitäten auf einem bestimmten Gebiet relevante Wissen in der Regel weltweit erzeugt wird, kommt der *Offenheit des regionalen Innova-*

tionssystems große Bedeutung für seine Funktionsfähigkeit zu. Die Qualität der regionalen Innovationsbedingungen hängt also wesentlich von der Güte der Integration in die relevanten überregionalen Zusammenhänge ab.

3. Übersicht über empirische Befunde zur Funktionsweise regionaler Innovationssysteme

Betrachtet man die empirische Forschung zur räumlichen Dimension von Innovationsaktivitäten während der letzten Jahre, so lassen sich vier Schwerpunkte identifizieren, nämlich

- Ausmaß und Ursachen regionale Unterschiede im Niveau und der Qualität von FuE-Aktivitäten;
- der Bedeutung regionaler Wissensspillover für Innovationsprozesse, insbesondere die Bedeutung verschiedener Transferkanäle;
- die Rolle von FuE-Kooperationen in regionalen Innovationssystemen sowie
- die Herausbildung neuer Firmen im regionalen Kontext.

Es wurde bereits weiter oben (Abschnitt III) auf eine Reihe von empirischen Befunden zu räumlichen Unterschieden der Innovationsbedingungen hingewiesen. Während inzwischen das Bestehen solcher regionalen Unterschiede der Innovationsbedingungen nachgewiesen werden konnte, sind die Ursachen hierfür noch weitgehend unklar. Es gibt Hinweise darauf, dass interregionalen Unterschiede in der Effizienz von Innovationsaktivitäten zu einem erheblichen Teil mit entsprechenden Unterschieden im Niveau an regionalen Wissensspillovern erklärt werden können (Franke, 2002; Fritsch/Franke, 2004), was sich als Bestätigung der Hypothese auffassen lässt, dass die Interaktion der Elemente eines regionalen Innovationssystems von wesentlicher Bedeutung für seine Funktionsweise sind.

In einer Reihe von empirischen Analysen konnte gezeigt werden, dass die Verbreitung von neuem innovationsrelevantem Wissen auf das lokale Umfeld der betreffenden Quelle konzentriert ist[5]. Offensichtlich ist räumliche Nähe für solche Wissensströme wichtig. Unklar sind allerdings die Wege, auf denen das Wissen übermittelt werden. Eine recht populäre Hypothese behauptet, dass hierbei die FuE-Kooperation eine wesentliche Rolle spielt, insbesondere für den Transfer von tacidem Wissen, das nicht vollständig kodifiziert ist. Analysen des Kooperationsverhaltens bei FuE-Aktivitäten haben gezeigt, dass FuE-Koopera-

[5] Vgl. *Acs/Audretsch/Feldman* (1992), *Jaffe/Trajtenberg/Henderson* (1993), *Anselin/Varga/Acs* (1997), zu einem Überblick siehe *Karlsson/Manduchi* (2001).

tion ein sehr weit verbreitetes Phänomen darstellt (Fritsch/ Schwirten, 1998, 2002, Fritsch, 2001a, 2003). Dabei konnte eine Konzentration der Kooperationsbeziehungen auf Partner in der betreffenden Region insbesondere für Zusammenarbeit mit öffentlichen Forschungseinrichtungen, mit Betrieben derselben Branche sowie für Beziehungen zu Anbietern von Unternehmensdienstleistungen festgestellt werden. Kooperative Beziehungen zwischen Forschungseinrichtungen scheinen hingegen vorwiegend überregional und global ausgerichtet zu sein (Fritsch/Schwirten, 2002). Die Analysen zeigen insbesondere auch signifikante Unterschiede in der Kooperationsneigung zwischen den Regionen (Fritsch, 2001a, 2003). Überraschenderweise waren Betriebe in hoch verdichteten Regionen mit einem großen Angebot an möglichen Kooperationspartnern durch eine eher unterdurchschnittliche Neigung zu FuE-Kooperation gekennzeichnet. Im Gegensatz zu einer weitverbreiteten Ansicht zeigte sich kein Zusammenhang zwischen FuE-Kooperation und Wissensspillovern. Insbesondere war kein Zusammenhang zwischen FuE-Kooperation und der Effizienz regionaler Innovationsaktivitäten erkennbar.

Eine ganze Anzahl von empirischen Beispielen – nicht zuletzt die Entwicklung der „New Economy" – zeigen klar, dass neugegründete Unternehmen wichtige Initiatoren des Wandels und damit eine starke Antriebskraft in regionalen Innovationssystemen darstellen können (Bresnahan/Gambardella/ Saxenian, 2001; Feldman, 2001). Die Gründung eines neuen Unternehmens lässt sich als der Versuch interpretieren, Wissen zu kommerzialisieren (hierzu Audretsch, 1995, 47–55). Ein wesentlicher Grund, weshalb dies als die erfolgversprechendste Alternative angesehen wird, kann etwa darin bestehen, dass innovative Ideen nur relativ schwer auf Märkten gehandelt werden können, sei es, weil sie erst vage formuliert sind und ihre Realisierbarkeit unsicher ist, sei es, weil die Märkte für Wissen nur recht eingeschränkt funktionsfähig sind oder weil etablierte Firmen vor allem daran interessiert sind, ihr vorhandenes Produktprogramm zu vermarkten. Nicht selten stellt die Gründung eines eigenen Unternehmens die einzige Möglichkeit dar, um eine Idee überhaupt in die Praxis umzusetzen.

V. Schlussfolgerungen für die Politik

1. Regionale Innovationsförderung versus regionalisierte Innovationspolitik

Die dargestellten Befunde zur regionalen Dimension von Innovationsprozessen legen zwei Schlussfolgerungen für die Politik nahe.

- Erstens sollte Innovationspolitik im Sinne einer *regionalisierten Innovationspolitik* der räumlichen Dimension von Innovationsprozessen Rechnung tragen. Dies impliziert etwa, dass lokale Institutionen in die Ausgestaltung bestimmter innovationspolitischer Maßnahmen eingebunden werden, um ihre Expertise über die räumlichen Bedingungen zu nutzen. Darüber hinaus sollte die Innovationspolitik u.U. regional differenziert betrieben werden, also z.B. in regionalen Schwerpunkten konzentriert sein. Eine solchermaßen regionalisierte Politik kann problemadäquater und damit erfolgversprechender sein als Maßnahmen, die ausschließlich auf nationaler Ebene ansetzen.

- Zweitens können Innovationsaktivitäten als ein erfolgversprechender Ansatzpunkt für eine Politik der Regionalförderung angesehen werden, mit der versucht wird, die wirtschaftliche Entwicklung in bestimmten Regionen zu stimulieren (*regionale Innovationsförderung*). Dies scheint – zumindest auf den ersten Blick – der Strategie der innovationsorientierten Regionalpolitik zu entsprechen, wie sie Ende der 1970er Jahre von Hans-Jürgen Ewers und Koautoren entworfen wurde.

Anders als eine innovationsorientierte Regionalpolitik zielt die regionalisierte Innovationspolitik nicht vorrangig auf die Entwicklung bestimmter Regionen, sondern auf die Stimulierung der technologischen Entwicklung an sich. Regionalisierte Innovationspolitik ist keine ausgleichsorientierte Regionalpolitik, denn für diese Politik ist es unbedeutend, in welchen Regionen das Innovationssystem angeregt bzw. verbessert wird. Wichtig ist, dass dies möglichst dort geschieht, wo die besten Resultate zu erwarten sind; sei es in den Zentren oder sei es in der Peripherie. Regionalisierte Innovationspolitik ist im Kern eine „Pick the Winner"-Strategie (Dohse, 2001). Mit der innovationsorientierten Regionalpolitik hat sie gemeinsam, dass es beiden Strategien jeweils um eine Verbesserung der Funktionsfähigkeit regionaler Innovationssysteme geht. Soll die Förderung im Sinne einer ausgleichsorientierten Strategie auf die Förderung der Entwicklung von Neuerungen in unterentwickelten Regionen konzentriert werden, so fragt sich allerdings, inwiefern solche Maßnahmen im Konflikt mit dem Effizienzziel stehen. Diese Frage stellt sich deshalb, weil bisher kaum eine Benachteiligung von Innovationsaktivitäten in ländlich-peripheren Regionen im Sinne eines Markt- oder Politikversagens erkennbar ist, wie von Hans-Jürgen Ewers und Koautoren in ihrem Konzept der innovationsorientierten Regionalpolitik ursprünglich unterstellt wurde.

Zumindest zwei Gründe sprechen dafür, dass die Gefahr eines solchen Zielkonfliktes zwischen regionaler Verteilung und Effizienz deutlich schwächer ausgeprägt ist als bei einer mobilitätsorientierten Strategie bzw. bei der herkömmlichen Investitionsförderung. Erstens ist das Zentren-Peripherie-Gefälle der regionalen Innovationsbedingungen – sofern überhaupt feststellbar – recht geringfügig (vgl. Abschnitt III). Eine Förderung von Innovationsaktivitäten in ländlich-peripheren Gebieten muss also nicht per se ineffizient sein! Und zweitens ist es eine durchaus offene Frage, inwiefern eine wirkungsvolle Förderung regionaler Innovationsaktivitäten einen interregionalen Ressourcentransfer erfordert, der dann u.U. einen Konflikt mit dem Effizienzziel impliziert.

Was die konkrete Vorgehensweise bei der im Rahmen des Konzeptes der innovationsorientierten Regionalpolitik propagierten Stimulierung des endogenen Potenzials betrifft, so wurde von Hans-Jürgen Ewers und Koautoren bereits damals klar erkannt, dass dies im wesentlichen in der Region, also vor Ort, stattfinden muss. Zwar ist noch weitgehend unklar, welche Vorgehenseisen für eine solche Aktivierung der endogenen Potenziale geeignet sind (zu einem Überblick siehe Koschatzky, 2003, 120-128). Da es hierbei vor allem um Hilfe zur Selbsthilfe bei der Verbesserung „weicher" Standortfaktoren (wie etwa die Schaffung eines „innovatives Milieu") geht, die sich mit Subventionen nicht ,kaufen' lassen, machen solche Maßnahmen nicht zwangsläufig einen wesentlichen interregionalen Ressourcentransfer erforderlich. Außerdem sind die Möglichkeiten für eine über die Aktivierung endogener Potenziale hinausgehende ausgleichsorientierte Innovationsförderung begrenzt. Denn Förderinstrumente, die auf die Subventionierung von Innovationsaktivitäten angelegt sind, können dann nicht greifen, wenn keine ausreichende Anzahl förderungsfähigen Innovationsprojekten in der Region existiert.

2. Regionale Problemlagen und mögliche Instrumente regionaler Innovationsförderung

Für die Ableitung geeigneter Strategien und Instrumente regionaler Innovationsförderung ist es hilfreich, *zwei Regionstypen bzw. Arten von Problemlagen* zu unterscheiden. Eine Kategorie stellen solche *Regionen* dar, *in denen das Innovationssystem stark unterentwickelt ist oder* eigentlich *gänzlich fehlt.* Dies kann etwa in sehr dünn besiedelten, peripheren Regionen oder in Entwicklungsländern der Fall sein. Bei weitgehendem Fehlen eines Innovationssystems bestünde die Hauptaufgabe regionaler Innovationsförderung darin, die notwendigen Voraussetzungen für FuE-Aktivitäten zu schaffen sowie eventuell auch Innovationsprozesse zu initiieren. Ein zweiter Typ von Problemlage liegt in solchen *Regionen* vor, *die bereits über ein mehr oder weniger gut entwickeltes Innovationssystem verfügen*, das durch einen signifikanten Besatz an öffentlichen Forschungseinrichtungen, durch Vorhandensein eines Angebotes an innovationsorientierten Dienstleistungen sowie durch ein qualifiziertes Arbeitskräftepotenzial gekennzeichnet ist. Arbeitet ein solches Innovationssystem zufriedenstellend, so könnte die Aufgabe für die Politik darin bestehen, die Funktionsfähigkeit des Systems abzusichern und es intakt zu halten. Sollte die Leistungsfähigkeit des regionalen Innovationssystems unbefriedigend sein, so wäre zu fragen, wie die Politik die Funktionsfähigkeit des Systems verbessern kann.

Umfangreiche Mitteltransfers von außen können insbesondere im Falle eines weitgehend fehlenden Innovationssystems erforderlich sein. Als wesentliches Instrument zur Initiierung von regionalen Innovationsaktivitäten bietet sich hier der Auf- bzw. Ausbau der innovativen Infrastruktur an. Dabei ist insbesondere an Universitäten und sonstige öffentliche Forschungseinrichtungen zu denken, die als Nukleus für die Entwicklung regionaler Innovationsaktivitäten dienen können. Die öffentliche Forschungsinfrastruktur kommt hier vor allem auch deshalb als Ansatzpunkt in Frage, weil diese Einrichtungen in der Regel die Voraussetzung dafür darstellen, dass überhaupt eine Chance dafür besteht, eine Verlagerung von privaten Innovationsaktivitäten in die Region zu bewirken. Durch Konzentration auf die Förderung solcher Voraussetzungen für private Innovationstätigkeit vermeidet die Politik zudem auch die mit einer Förderung der privaten Innovationsaktivitäten verbundenen Legitimations- und Selektionsprobleme. Zudem sind die Standorte und die Entwicklung öffentlicher Einrichtungen direkt durch die Politik steuerbar.

Verfügt eine Region bereits über eine gewisse Ausstattung mit öffentlicher Innovationsinfrastruktur so besteht die Aufgabe der regionalen Innovationsförderung wohl vor allem darin, die Funktionsfähigkeit des vorhandenen regionalen Innovationssystems zu sichern bzw. zu verbessern. Dabei kann zwar ein Ausbau der Innovationsinfrastruktur – also etwa die Errichtung von Universitäten oder öffentlicher Forschungseinrichtungen – sinnvoll sein. Wie allerdings die neueren Erklärungsansätze regionaler Innovationsprozesse und diverse empirische Untersuchungen nahe legen, besteht der zentrale Engpass für die Funktionsfähigkeit eines regionalen Innovationssystems, das bereits über eine Grundausstattung von öffentlichen Einrichtungen verfügt, meist im Zusammenspiel der verschieden Elemente. Somit wäre auch ein weiterer Ausbau der Innovationsinfrastruktur dann wirkungslos, wenn die zusätzlichen Kapazitäten nicht hinreichend mit den anderen Elementen des regionalen Systems verbunden sind. Es geht hier also in der Regel vorwiegend oder ausschließlich um die Stimulierung und Entfaltung des bereits in der Region ansässigen endogenen Potenzials. Dies gilt insbesondere für Funktionsprobleme alt-etablierter Innovationssyteme, die durch eine gut entwickelte Innovationsinfrastruktur, aber festgefahrene Beziehungen und inadäquate Institutionen gekennzeichnet sind (vgl. hierzu etwa Grabher, 1993). In diesen Fällen besteht die Hauptaufgabe der Politik darin, dass System „neu zu starten", d.h. die vorhandenen Blockaden zu überwinden und neue Entwicklungen zu unterstützen.

Das schon erwähnte Erkenntnisdefizit über die Relevanz einzelner Transferkanäle für Wissens-Spillover (vgl. Abschnitt III) und über die Bedeutung verschiedener Formen der Vernetzung ist sicherlich mit dafür verantwortlich, dass man gegenwärtig nur sehr allgemeine Empfehlungen für Maßnahmen geben kann, die auf eine Verbesserung des Zusammenspiels der Elemente des Innovationssystems abzielen.[6] Darüber hinaus spielt vielleicht auch eine Rolle, dass in

[6] In der Praxis zielen Maßnahmen zur Stimulierung des Zusammenspiels der Elemente des Innovationssystems häufig insbesondere darauf ab, die Ausstrahlungseffekte öf-

solchen Regionen, in denen das Zusammenspiel der Elemente eines Innovationssystems als positiv angesehen wird, die Verknüpfung in der Regel spontan, d.h. ohne einen bewussten Eingriff der Politik zustande kam (siehe etwa die Beispiele in Sternberg, 1995 sowie auch Cooke, 2002). Es gibt bisher kaum empirische Beispiele für eine gute Vernetzung eines regionalen Innovationssystems, die durch die Politik bewirkt wurde. Sofern aus den vorhandenen empirischen Untersuchungen Schlussfolgerungen für Vernetzungsstrategien der Politik abgeleitet werden können, lautet die Empfehlung allgemein auf Förderung von Informationsaustausch und Zusammenarbeit durch die Schaffung von entsprechenden Anreizen, Kontaktmöglichkeiten, Kristallisationskernen sowie durch allgemeine Vermittlungsleistungen. Dabei hat die Politik dann im Wesentlichen eine unterstützende Funktion und nimmt gewissermaßen eine „Geburtshelfer"-Rolle wahr, indem sie mithilft, die besonderen Hemmnisse von Arbeitsteilung im Bereich von Innovationsaktivitäten zu überwinden (vgl. hierzu Koschatzky, 2003). Auf keinen Fall sollte die Politik versuchen, innovative Cluster bzw. regionale Innovationssysteme bewusst zu kreieren, da ihr dies angesichts der vielfältigen damit verbundenen Informations- und Steuerungsprobleme kaum gelingen kann (vgl. hierzu Cooke, 2002).

Empirische Beispiele zeigen, dass viele der gut funktionierenden regionalen Innovationssysteme aus dem Bereich der Hochtechnologie in ihrer Startphase von intensiven externen Impulsen (Zuwanderung, Ansiedlung großer Firmen, staatliche Aufträge) profitiert haben (Bresnahan/Gambardella/Saxenian, 2001; Sternberg, 1995). Insbesondere kam hier in der Regel den Unternehmensgründungen große Bedeutung zu. Diese Analysen machen aber auch deutlich, dass es in der Regel viele Jahre, nicht selten mehrere Dekaden dauerte, bis das System einen gewissen Reifezustand erreicht hat. Es gibt hier offenbar keine schnellen Erfolge.

Die in der Regel wichtige Rolle von Unternehmensgründungen bei der Entwicklung regionaler Innovationssysteme legt die Vermutung nahe, dass die Stimulierung von Gründungen auch ein Mittel zur Anregung endogener Potenziale

fentlicher Forschungseinrichtungen auf die private Innovationstätigkeit durch Verbesserung des Technologietransfers zu erhöhen. Über geraume Zeit stellte die Schaffung spezieller Vermittlungseinrichtungen wie z.B. Technologieagenturen, -zentren oder -transferstellen ein beliebtes Mittel hierzu dar. Allerdings zeigen empirische Untersuchungen, dass die Wirksamkeit eines solchen indirekten Technologietransfers über Vermittlungseinrichtungen in der Regel als ziemlich gering veranschlagt werden muss (hierzu etwa *Schmoch/Licht/Reinhard*, 2000; *Reinhard/Schmalholz*, 1996; *Sternberg/ Behrendt/ Seeger/Tamásy*, 1996). Offenbar ist es für die Intensität bzw. die Güte des Technologietransfers nicht so wichtig ist, ob bestimmte Transferinstitutionen vorhanden sind, sondern vor allem, welche Aufgaben auf welche Art und Weise von diesen Institutionen wahrgenommen werden. Wahrscheinlich spielen hier – neben den Kompetenzen der betreffenden Akteure – deren Anreize und damit die institutionellen Rahmenbedingungen eine erhebliche Rolle.

darstellen kann. Das Bestreiten etablierter Positionen in der Region könnte insbesondere auch zur Überwindung von Blockaden beitragen. Darüber hinaus ist insbesondere auch die Einbindung eines regionalen Innovationssystems in regionsübergreifende Netzwerke von immenser Bedeutung für seine Leistungsfähigkeit. Die Politik sollte daher alles vermeiden, was eine solche Einbindung verhindern könnte und externe Kontakte stimulieren. Da ein wesentlicher Teil des relevanten Wissens tacid ist und nur durch direkten persönlichen Kontakt kommuniziert werden kann, ist der Austausch von Personal mit regionsexternen Institutionen von besonderer Bedeutung. Die Förderung eines solchen Austausches kann ein wesentliches Betätigungsfeld der regionalen Innovationspolitik sein. Und die Politik kann versuchen, ein ausreichendes Maß an absorptiver Kapazität für externes Wissen in der Region sicherzustellen. Dies könnte etwa bedeuten, dass sie Ausbildungsangebote macht oder Institutionen fördert, die technologische Entwicklungen beobachten und die Resultate dann an die Akteure innerhalb des Systems transferieren.

Welche Maßnahmen Erfolg versprechen, hängt stark von den jeweiligen Problemlagen ab. Neben der Stimulierung von Gründungen und der Sicherung der Einbindung in überregionale Netzwerke sind kaum Maßnahmen erkennbar, die für sämtliche Regionen oder Typen von Funktionsproblemen adäquat sind. Offen ist insbesondere, inwiefern hierfür ein Transfer finanzieller Mittel in die Regionen erforderlich ist.

VI. Fazit und Ausblick

Hans-Jürgen Ewers war ein brillianter Ideengeber, der sehr viel mehr wichtige Projekte angestoßen hat als er selbst hätte bearbeiten können. Mit dem Konzept der innovationsorientierten Regionalpolitik hat er vor nunmehr 25 Jahren richtungsweisendes Forschungsprogramm initiiert, das sich als außerordentlich relevant und fruchtbar erwiesen hat. So hat die Politik während der letzten Jahre wesentliche Grundideen des Konzeptes der innovationsorientierten Regionalpolitik aufgegriffen, und dabei der lokalen Ebene bei der Implementation immer größere Bedeutung beigemessen.

Wie die Diskussion möglicher Instrumente einer regionalen Innovationsförderung (Abschnitt V.2) gezeigt hat, sollte die innovationsorientierte Regionalpolitik nicht vorwiegend als eine Strategie der interregionalen Umverteilung von Ressourcen verstanden werden. Die von Hans-Jürgen Ewers intendierte Einbeziehung einer Schumpeter'schen Komponente zielt vor allem auf die Aktivierung vorhandener Potenziale, nicht auf deren Umverteilung ab. Die Frage, wie eine solche Dynamisierung vorhandener Potenziale erreicht werden könnte, ist immer noch weitgehend ungelöst. Aktuelle Politikprogramme wie EXIST,

BioRegio und InnoRegio[7] stellen kontrollierte Experimente bei der Suche nach geeigneten Instrumenten dar.

Eine wesentliches Element von Hans-Jürgen Ewers' Konzept der innovationsrelevanten Regionalpolitik ist in seinem Plädoyer für eine Dezentralisierung der Förderungspolitik zu sehen. Die Feststellung, dass eine Mobilisierung regionsendogener Potenziale weitgehend „vor Ort" erfolgen muss, erscheint nach wie vor richtig. Eine solche dezentralisierte Förderungspolitik hat den Charakter einer Hilfe zur regionalen Selbsthilfe. Dies kann insbesondere auch die Entwicklung neuer institutioneller Strukturen in den Regionen bedeuten. Auch in dieser Hinsicht ist die Frage nach einer geeigneten Vorgehensweise regionaler Innovationsförderung noch weitgehend ungelöst. Seit Hans-Jürgen Ewers und Koautoren das Konzept der innovationsorientierten Regionalpolitik entworfen haben, wurde viel über die räumliche Dimension des Innovationsgeschehens hinzu gelernt. Es sind aber weitere Analysen erforderlich. Dabei erscheinen drei Fragen besonders relevant. Erstens ist für ein besseres Verständnis von arbeitsteiligen Innovationsprozessen die Klärung der Transferkanäle von Wissensspillovern wichtig. Zweitens ist eine genauere Untersuchung der Rolle von Unternehmensgründungen wünschenswert. Und drittens schließlich sind – aufbauend auf den Antworten auf die ersten beiden Fragen – die Strategien und Instrumente einer regionalisierten Innovationspolitik zu klären.

Literatur

Acs, Zoltan J./*Audretsch*, David B./*Feldmann*, Maryann P. (1992), The Real Effects of Academic Research: Comment, American Economic Review, 82, 363-367.

Anselin, Luc/*Varga,* Attila/*Acs*, Zoltan J. (1997), Local geographic spillovers between university research and high technology innovation, Journal of Urban Economics, 42, 422-448.

Antonelli, Christiano (2001), The Microeconomics of Technological Systems, Oxford: Oxford University Press.

Audretsch, David. B. (1995), Innovation and Industry Evolution, Cambridge (Mass.): MIT Press.

Audretsch, David. B. /*Feldmann,* Maryann (1996), Knowledge spillovers and the geography of innovation and production, American Economic Review, 86, 630-640.

Aydalot, Philippe/*Keeble,* David (1988) (eds.), High Technology and Innovative Environments: The European Experience. London: Routledge.

Bade, Franz-Josef (1979), Die Mobilität von Industriebetrieben, Meisenheim am Glan: Hain.

[7] *Dohse* (2001), *Eickelpasch* et al. (2001), *Eickelpasch*/*Kauffeld*/*Pfeiffer* (2002) und *Koschatzky* (2001, 319-326).

Baptista, Rui (1998), Clusters, Innovation, and Growth: A Survey of the Literature, in G. M. Peter Swann, Martha Prevezer and David Stout (eds.), 13-51.

Baptista, Rui / *Swann*, G. M. Peter (1998), Clustering Dynamics in the UK Computer Industries: A Comparison with the USA, in G. M. Peter Swann, Martha Prevezer and David Stout (eds.), 106-123.

Breschi, Stefano/*Lissoni*, Francesco (2001), Knowledge Spillovers and Local Innovation Systems: A Critical Survey, Industrial and Corporate Change, 10, 975-1005.

Bresnahan, Timothy/*Gambardella*, Alfonso/*Saxenian*, Annalee (2001), 'Old Economy' Inputs for 'New Economy' Outcomes: Cluster Formation in the New Silicon Valleys, Corporate and Industrial Change, 10, 835-860.

Camagni, Roberto (1991), Local 'milieu', uncertainty and innovation networks: toward a new dynamic theory of economic space, in Roberto Camagni (ed.) (1991), 121-144.

– (ed.) (1991), Innovation Networks: Spatial Perspectives, London: Belhaven.

Cohen, Wesley/*Levinthal* Daniel A. (1990), Absorptive Capacity: A New Perspective on Learning and Innovation, Administrative Science Quarterly, 35, 128-152.

Cooke, Philip (2002), Knowledge Economies – Clusters, learning and cooperative advantage, London: Routledge.

Crevoisier, Olivier/*Maillat* Dennis (1991), Milieu, Industrial Organization and Territorial Production System – Towards a New Theory of Spatial Development, in Roberto Camagni (ed.) (1991), 13-34.

Dohse, Dirk (2001), Deutsche Technologiepolitik auf neuen Pfaden – Einige Anmerkungen zur regionenorientierten Innovaionspolitik der Bundesregierung, Raumforschung und Raumordnung, 59, 446-455.

Edquist, Charles (1997), Systems of Innovation Approaches – Their Emergence and Characteristics, in Charles Edquist (ed), Systems of Innovation – Technologies, Institutions and Organizations, London: Pinter, 1-40.

Eickelpasch, Alexander, et al. (2001), Die Förderinitiative InnoRegio – Konzeption und erste Erkenntnisse der wissenschaftlichen Begleitforschun, DIW-Wochenberichte, 68 (34, 23. August), 1-11.

Eickelpasch, Alexander/*Kauffeld*, Martina/*Pfeiffer*, Ingo (2002), Das InnoRegio-Programm: Umsetzung der Förderung und Entwicklung der Netzwerke, DIW-Wochenberichte, 69 (21, 23. Mai), 329-338.

Enright, Michael (2003), Regional Clusters: What we know and what we should know, in Johannes Bröcker, Dirk Dohse und Rüdiger Soltwedel (Hrsg.): Innovation Clusters and Interregional Competition, Berlin:Springer, 99-129.

Ewers, Hans-Jürgen *Ewers/Brenck*, Andreas (1992), Innovationsorientierte Regionalpolitik: Zwischenfazit eines Forschungsprogramms, in Herwig Birg und Hans Joachim Schalk (Hrsg.): Regionale und sektorale Strukturpolitik: Rainer Thoss zum 60. Geburtstag, 309-341. Münster : Instituts für Siedlungs- und Wohnungswesen und Zentralinstitut für Raumplanung der Universität Münster.

Ewers, Hans-Jürgen (1995), Art. "Innovation", Akademie für Raumforschung und Landesplanung (Hrsg.), Handwörterbuch der Raumordnung, Hannover: Vincentz.

Ewers, Hans-Jürgen/*Fritsch*, Michael (1989), Die räumliche Verbreitung von computergestützten Techniken in der Bundesrepublik Deutschland, in: Edwin von Böventer (Hrsg.), Regionale Beschäftigung und Technologieentwicklung, Berlin 1989: Duncker & Humblot (Schriften des Vereins für Socialpolitik, Bd. 189), 81-114.

Ewers, Hans-Jürgen/*Wettmann* Reinhart W. (1978), Innovationsorientierte Regionalpolitik – Überlegungen zu einem regionalstrukturellen Politik- und Forschungsprogramm, Informationen zur Raumentwicklung, 467-483.

– (1980), Innovation Oriented Regional Policy, Regional Studies,

Ewers, Hans-Jürgen/*Wettmann* Reinhart/*Kleine*, Josef/*Krist*, Herbert (1980), Innovationsorientierte Regionalpolitik, Bonn: Bundesministerium für Raumordnung, Bauwesen und Städtebau (Schriftenreihe „Raumordnung" 06.042).

Ewers, Hans-Jürgen (1987), Zur Dezentralisierung der Industriestrukturpolitik, in: Michael Fritsch und Christopher Hull (Hrsg.), Arbeitsplatzdynamik und Regionalentwicklung – Beiträge zur beschäftigungspolitischen Bedeutung von Groß- und Kleinunternehmen, Berlin: sigma, 339-351.

Feldman, Maryann P. (1994), The Geography of Innovation, Boston: Kluwer.

– (1999), The new economics of innovation, spillovers and agglomeration,: a review of empirical studies, Economics of Innovation and New Technology, 8, 5-25.

– (2001), The Entrepreneurial Event Revisited: Firm Formation in a Regional Context, Industrial and Corporate Change, 10, 861-891.

Franke, Grit (2002), Regionale Wissens-Spillover und Innovationserfolg industrieller Unternehmen, Frankfurt a.M.: Lang.

Fritsch, Michael (1987), Räumliche Unterschiede der Telematik-Adoption in Industriebetrieben der Bundesrepublik Deutschland, in: Akademie für Raumforschung und Landesplanung (Hrsg.), Räumliche Wirkungen der Telematik, Hannover 1987: Vinzentz (Forschungs- und Sitzungsberichte, Bd. 169), 301-335.

– (2000), Interregional differences in R&D activities – an empirical investigation, European Planning Studies, 8, 409-427.

– (2001a), Co-operation in Regional Innovation Systems, Regional Studies, 35, 297-307.

– (2001b), Innovation by Networking: An Economic Perspective, in: Knut Koschatzky, Marianne Kulicke und Andrea Zenker (eds.), Innovation Networks – Concepts and Challenges in the European Perspective, Heidelberg: Physica, 25-34.

– (2002), Measuring the Quality of Regional Innovation Systems – A Knowledge Production Function Approach, International Regional Science Review, 25, 86-101.

– (2003), Does Cooperation Behavior Differ between Regions? Industry and Innovation, 10, 22-39.

– (2004), R&D-Cooperation and the Efficiency of Regional Innovation Activities, Cambridge Journal of Economics (erscheint demnächst).

Fritsch, Michael/*Franke*, Grit (2004), Innovation, Regional Knowledge Spillovers and R&D, Research Policy (erscheint demnächst).

Fritsch, Michael/*Koschatzky*, Knut/*Schätzl*, Ludwig/*Sternberg*, Rolf (1998), Regionale Innovationspotentiale und innovative Netzwerke – Zum Stand der Forschung, Raumforschung und Raumordnung, 57, 243-252.

Fritsch, Michael/*Schwirten*, Christian (1998), Öffentliche Forschungseinrichtungen im regionalen Innovationssystem, Raumforschung und Raumordnung, 56, 253-263.

– (2002), R&D cooperation between public research institutions – magnitude, motives and spatial dimension, in Ludwig Schätzl and Javier Revilla Diez (eds.), Technological Change and Regional Development in Europe, Heidelberg: Physica, 199-210.

Grabher, Gernot (1993), The weakness of strong ties: the lock-in of regional developments in the Ruhr area, in Gernot Grabher (ed.), The embedded firm – On the socio-economics of industrial networks, London: Routledge, 255-277.

Howells, Jeremy (1999), Regional systems of innovation?, in: Daniele Archibugi, Jeremy Howells and Jonathan Michie (eds.): Innovation Policy in a Global Economy, Cambridge: Cambridge University Press.

Jaffe, Adam B./*Trajtenberg*, Manuel/*Henderson*, Rebecca (1993), Geographic localization of knowledge spillovers as evidenced by patent citations, Quarterly Journal of Economics, 108, 576-598.

Karlsson, Charlie/*Manduchi*, Agostino (2001), Knowledge Spillovers in a Spatial Context – A Critical Review, in Manfred M. Fischer and Josef Fröhlich (eds.): Knowledge, Complexity and Innovation Systems, Heidelberg: Springer, 101-123.

Klepper, Steven (2001), The Evolution of the U.S. Automobile Industry and Detroit as its 'Capital', Carnegie Mellon University (mimeo).

Koschatzky, Knut (2001), Räumliche Aspekte des Innovationsprozesses, Münster: LIT.

– (2003), Regionale Entwicklungskonzepte zur Initiierung wirtschaftlichen Wachstums, in Franz Pleschak (Hrsg.): Wachstum durch Innovation – Strategien, Probleme und Erfahrungen FuE-intensiver Unternehmen, Wiesbaden: Deutschr Universitäts Verlag, 117-132.

Maskell, Peter/*Malmberg*, Anders (1999), Localized learning and industrial competitiveness, Cambridge Journal of Economics, 23, 167-185.

Porter, Michael (1998), Clusters and the new economics of competition, Harvard Business Review, November-December, 77-90.

Prevezer, Martha (1998), Clustering and UK Biotechnology, in G. M. Peter Swann, Martha Prevezer and David Stout (eds.), 124-193.

Pyke, Frank/*Becattini*, Giacomo/*Sengenberger*, Werner (eds.) (1990), Industrial districts and inter-firm cooperation in Italy. Geneva: International Institute for Labor Studies.

Reinhard, Michael/*Schmalholz*, Heinz (1996), Technologietransfer in Deutschland – Stand und Reformbedarf, Berlin: Duncker&Humblot (Schriftenreihe des ifo Instituts für Wirtschaftsforschung, Nr. 140).

Saxenian, Annalee (1994), Regional Advantage. Cambridge (MA): Harvard University Press.

Schmoch, Ulrich/*Licht*, Georg/*Reinhard*, Michael (Hrsg.) (2000), Wissens- und Technologietransfer in Deutschland, Stuttgart: Fraunhofer IRB Verlag.

Schmude, Jürgen (2002), Standortwahl und Netzwerke von Unternehmensgründungen, in: Michael Dowling und Hans Jürgen Drumm (Hrsg.), Gründungsmanagement, Berlin: Springer, 247-260.

Schumpeter, Joseph Alois (1911), Die Theorie wirtschaftlicher Entwicklung, Berlin: Duncker & Humblot.

– (1946), Kapitalismus, Sozialismus und Demokratie, Bern: Francke.

Scott, Allen J. (1996), Regional Motors of the Global Economy, Futures, 28, 391-411.

Shohet, Simon (1998), Clustering and UK Biotechnology, in G. M. Peter Swann, Martha Prevezer and David Stout (eds.), 194-224.

Sternberg, Rolf (1995), Technologiepolitik und High-Tech Regionen – ein internationaler Vergleich, Hamburg: LIT.

Sternberg, Rolf /*Behrendt*, Heiko/*Seeger*, Heike/*Tamásy*, Christine (1996), Bilanz eines Booms – Wirkungsanalyse von Technologie- und Gründerzentren in Deutschland, Dortmund: Dortmunder Vertrieb für Bau- und Planungsliteratur.

Swann, G. M. Peter (1998), Clusters in the US Computing Industry, in G. M. Peter Swann, Martha Prevezer and David Stout (eds.), 77-105.

Swann, G. M. Peter /*Prevezer*, Martha/*Stout*, David (1998) (eds.),The Dynamics of Industrial Clustering – International Comparisons in Computing and Biotechnology, Oxford: Oxford University Press,

von Hippel, Erik (1987), Cooperation between Rivals: Informal Know-How Trading, Research Policy, 16, 291-302.

Teil B

Deregulierung und Wettbewerb

Deregulierungspolitik in Deutschland – Erfahrungen und Perspektiven

Von *Thomas Wein*, Lüneburg

I. Einleitung

Der Name Hans-Jürgen Ewers verbindet sich unzweifelhaft mit der deutschen Deregulierungspolitik. Ewers' wissenschaftliche Tätigkeit, seine wirtschaftspolitischen Beratungen sowie sein hochschulpolitisches Engagement waren davon geprägt, konkrete Probleme dahingehend zu untersuchen, ob sie nicht Folge von Überregulierungen waren. Traf diese Vermutung zu (und leider traf sie oft zu), war die Forderung nach Deregulierung folgerichtig.

Unter Deregulierung ist der Abbau von speziellen, d.h. nur bestimmte Gruppen treffende Regulierungen zu verstehen; es geht bei der Deregulierung also nicht um den Abbau allgemeiner, prinzipieller Spielregeln wie das Eigentumsrecht, das Vertragsrecht etc. Die speziellen Regeln sind nicht abzubauen, wenn sie für die Funktionsweise des jeweiligen Marktes notwendig sind (vgl. Deregulierungskommission, 1991, Tz. 4). Vor allem die Theorie des Marktversagens macht Mustervoraussagen, wann und in welcher Form spezielle Regulierungen erforderlich sind (vgl. Fritsch/Wein/Ewers, 2003).

Hans-Jürgen Ewers war Mitglied in der von der Bundesregierung eingesetzten Kommission zum Abbau marktwidriger Regulierungen (Deregulierungskommission), die im Jahre 1988 ihre Arbeit aufnahm und 1991 mit ihrem Bericht endete (vgl. Deregulierungskommission, 1991). Hans-Jürgen Ewers hat gemeinsam mit dem Autor 1990 einen Aufsatz „Gründe und Richtlinien einer Deregulierungspolitik" veröffentlicht (vgl. Ewers/Wein, 1990) und dem Autor, zusammen mit Charles Beat Blankart, Gelegenheit gegeben, im Rahmen eines Exposés zur Regulierung des Versicherungswesens das zweite Kapitel des Kommissionsberichts vorzubereiten. Weitere, von der Kommission untersuchte Bereiche waren die Verkehrsmärkte, der Strommarkt, der Markt für Handwerksdienstleistungen, die rechts- und wirtschaftsberatenden Berufe, das technische Prüf- und Sachverständigenwesen sowie der Arbeitsmarkt. Die Kommission wählte diese Sektoren aus, weil sie für weite Bereiche der Wirtschaft

„Vorleistungscharakter" haben und deshalb eine Überregulierung über den einzelnen Sektor hinaus weit reichende negative Konsequenzen hätte. Der Vorleistungssektor „Telekommunikation" blieb in der Kommissionsarbeit außen vor, da sich kurz vorher eine andere Kommission mit den Deregulierungspotenzialen in der Telekommunikation beschäftigt hatte (vgl. Witte, 1987). Die weitere Arbeit von Ewers in den 90er Jahren bewegte sich ebenfalls im Bereich der Deregulierung, beginnend 1990 mit der Übernahme des Instituts für Verkehrswissenschaft der Universität Münster und der damit verbundenen Zuwendung zur Deregulierung der Verkehrsmärkte (vgl. Ewers, 1994; Ewers/Rodi, 1995; Ewers/Ilgmann, 2000). In jüngster Zeit nahm er die Wasser- und Abfallwirtschaft mit den dort vorliegenden Überregulierungen in seinen Blick (vgl. z.B. Ewers et al., 2001 und Ewers/Tegner/Schatz, 2001).

Ende der 80er Jahre/Anfang der 90er Jahre begann der deutsche Gesetzgeber, den verpflichtenden Richtlinien der Europäischen Union folgend, Regulierungen in einigen Sektoren abzuschaffen, in denen die Wissenschaft eine Deregulierung als erforderlich angesehen hat. Im Bereich der Strom- und Gaswirtschaft wurden Ende der 90er Jahre die stark abgeschotteten Märkte geöffnet, indem die Besitzer von Stromübertragungsnetzen und Gasleitungen verpflichtet wurden, Wettbewerbern einen diskriminierungsfreien Zugang zu gewähren. Das in staatlicher Hand befindliche Eisenbahnunternehmen muss nunmehr für private Konkurrenten ihre Schieneninfrastruktur zur Verfügung stellen, falls die Konkurrenten dies fordern und keine gerechtfertigten Verweigerungsgründe vorliegen. Im Zuge der Deregulierung wurden die privaten Versicherungsunternehmen von wesentlichen Vorgaben befreit, so dass sie seither ihre Versicherungsprodukte weitgehend nach ihrem eigenen Gutdünken entwickeln können, ihre Prämien vor dem in Verkehr bringen nicht mehr der Aufsichtsbehörde vorlegen müssen und in allen Sparten ihre eigenen Kalkulationsschemata verwenden dürfen. In der Telekommunikation wurde das staatliche Dienste- und Netzmonopol beseitigt und der ehemals staatliche Monopolist darf seine Preise grundsätzlich an betriebswirtschaftlichen Kriterien ausrichten. Für den Straßengüterfernverkehr wurden die Vorgaben wie Konzessionspflicht, Kontigentierung, verbindliche Margentarife und Kabotageverbot aufgehoben, und im Luftverkehr mit den Staaten der europäischen Union wurden die freie Bildung der Preise sowie die Abschaffung objektiver Marktzugangsbeschränkungen vollzogen.

Einige dieser Schritte hatte die Deregulierungskommission bereits in ihrem Endbericht mit Vehemenz gefordert; vermutlich veranlasste jedoch erst der europäische Druck den deutschen Gesetzgeber, auf diese Deregulierungspolitik einzuschwenken. Diese Zwischenbilanz darf jedoch nicht den Eindruck erwecken, dass alle Forderungen nach Deregulierung umgesetzt worden seien, einige Bereiche sind weiterhin in gleichem Maße reguliert bzw. nur gering dereguliert.

Obwohl einige Deregulierungsmaßnahmen schon vor über zehn Jahren ergriffen wurden, fehlt es bisher an einer systematischen Begutachtung. Allein das Kieler Institut für Weltwirtschaft untersuchte bisher, welche Auswirkungen der Deregulierung zu beobachten waren und griff dabei insbesondere auf Angaben der amtlichen Statistik zurück (vgl. Boss et al., 1996).

Ein systematischer Rückblick über die deutsche Deregulierungspolitik ist geboten, da in der Öffentlichkeit immer wieder der Erfolg der Deregulierungspolitik in Frage gestellt wird, insbesondere falls es zu krisenhaften Entwicklungen kommt. Beispielsweise wird der schlechte Zustand des britischen Eisenbahnverkehrs der dort erfolgten Deregulierung zugeschrieben, obwohl eher die verbleibenden Regulierungsvorschriften nicht zufriedenstellend gesetzt sind (z.B. fehlende Investitionsanreize beim Netzbetreiber; vgl. Benz/Bühler/Schmutzler, 2000). Ähnliches gilt für die Entwicklung des kalifornischen Strommarktes, dessen Krise durch eine trotz Deregulierung weiterhin bestehende Strompreisregulierung hervorgerufen wurde (vgl. Kumkar, 2002). In Deutschland könnte die auf den Abbau marktwidriger Regulierungen gerichtete Politik in Verruf geraten, wenn sich die bei einzelnen Versicherern abzeichnenden finanziellen Schieflagen verschärfen und es deswegen zu Versicherungskonkursen käme. In einem solchen Falle würden die Versicherten des zahlungsunfähigen Unternehmens u.U. ohne zusätzlichem Schutz bleiben (vgl. Wein, 2001a), da es bisher nur für den Bereich der Lebensversicherung eine kollektive Auffanginstitution gibt; diese Auffangversicherungsgesellschaft „Protector“ wurde erst im Herbst 2002 gegründet (vgl. BAFin, 2002); in den anderen Sparten könnte nur eine Übernahme des insolventen Versicherers durch ein anderes Unternehmen die Fortsetzung der Versicherungsverträge sicherstellen.

Kapitel II dieses Aufsatzes gibt einen Überblick zu den wesentlichen rechtlichen Änderungen in den deregulierten Sektoren. Über die zu erwartenden und eingetretenen Wirkungen der Deregulierungspolitik wird im dritten Kapitel berichtet. Mit der Umsetzung der Deregulierungsmaßnahmen sind neue Fragen aufgetaucht, die bestenfalls in Ansätzen beantwortet sind (vgl. Kapitel IV). In einigen Sektoren bestehen noch marktwidrige Regulierungen (vgl. Kapitel V). Die Schlussfolgerungen finden sich im abschließenden sechsten Kapitel.

II. Maßnahmen der deutschen Deregulierungspolitik

Erzwungen durch Europäische Richtlinien hat der deutsche Gesetzgeber in den Energie- und Verkehrsmärkten, in der Telekommunikation sowie im Versicherungsmarkt, im Wesentlichen zu Beginn der 90er Jahre, in erheblichem Maße dereguliert. Im Folgenden werden diese Veränderungen kurz beschrieben:

- Im *Strommarkt* sind die vormals bestehenden Gebietsmonopole gefallen, da keine staatlichen Marktzutrittskontrollen mehr bestehen, die Investitionsaufsicht abgeschafft ist, die Preisregulierung für Privatkunden bedeutungslos geworden ist und Kommunen nicht mehr durch Ausschließlichkeitsklauseln oder Demarkationsverträge an einzelne Versorger über Jahrzehnte hinweg gebunden sind. 1998 haben Wettbewerber das prinzipielle Recht zur diskriminierungsfreien Nutzung der bestehenden Übertragungs- und Verteilnetze bekommen. Zur Sicherstellung des diskriminierungsfreien Netzzugangs wurden bisher zwei Verbändevereinbarungen, zuzüglich einer Ergänzung, zwischen Netzanbietern und -nutzern ausgehandelt, die den allgemeinen Rahmen des Netzzugangs unverbindlich festlegen. Für die konkrete Netznutzung bedarf es einer Vereinbarung zwischen Netzanbietern und -nachfragern, wobei die Verbändevereinbarungen nicht zwingend zugrunde gelegt werden muss; die Frage der konkreten Netznutzungsentgelte wird nicht durch die Verbändevereinbarung berührt und bedarf deshalb ebenfalls der Einzelfallvereinbarung. Klarstellend durch eine Neufassung des § 19 IV GWB zum 1.1.1999 hat das Bundeskartellamt allgemein die Befugnis, den diskriminierungsfreien Netzzugang im Rahmen einer Ex-Post-Missbrauchsaufsicht sicherzustellen, was natürlich auch für die Stromwirtschaft gilt (vgl. Brunekreeft/Keller, 2000).

- Der *Gasmarkt* entwickelte sich parallel zur Stromwirtschaft; die Deregulierung wurde etwas später umgesetzt (bisher erst zwei, jedoch später in Kraft getretene Verbändevereinbarungen liegen vor), die Endkundenpreisregulierung ist seit langem abgeschafft. Insofern gilt auch hier, dass den Wettbewerbern nunmehr das Recht zur diskriminierungsfreien Nutzung der Übertragungs- und Verteilnetze zusteht; individuelle Verhandlungen zwischen Netzinhabern und -nutzern müssen jedoch auch hier geführt werden, wobei die Verbändevereinbarung und die Missbrauchsaufsicht des Bundeskartellamtes hilfreich sein können (vgl. Neu, 1999).

- Im *Straßengüterfernverkehr* sind die Konzessionspflicht und die Kontingentierung entfallen, die verbindlichen Margentarife wurden abgeschafft und das Kabotageverbot wurde aufgehoben. Die regulierungsbedingte Trennung in Güterfern-, Güternah- und Umzugsverkehr sowie grenzüberschreitender Verkehr wurde beseitigt; für den Marktzugang sind allein subjektive Beschränkungen wie persönliche Zuverlässigkeit, finanzielle Leistungsfähigkeit und fachliche Eignung relevant (vgl. Boss et al., 1996).

- Bei *Luftverkehrsverbindungen* innerhalb der europäischen Union wurden vielfältige Genehmigungsvorbehalte bezüglich der Flugpreise sowie des Streckenzugangs aufgehoben. Mit dem 1.1.1993 wurden die Fluggesellschaften frei, ihre Tarife zu bestimmen und müssen für den Marktzugang nur noch subjektive Beschränkungen erfüllen (vgl. Boss et al., 1996).

- Im *Eisenbahnwesen* ist zwar die nunmehr formal privatisierte Deutsche Bahn AG bei der Bereitstellung der Schieneninfrastruktur weiterhin Beinahe-Monopolist; sie muss jedoch prinzipiell Wettbewerbern Zugang zur

Infrastruktur gewähren. Insbesondere durch die eingeführte Vergabe von Regionalisierungsmitteln kam es zu vielfältigen Ausschreibungen im Regionalverkehr und damit zur privaten Inanspruchnahme der Schieneninfrastruktur. Für die Nutzung des Schienennetzes hat die Deutsche Bahn AG nacheinander verschiedene Trassenpreissysteme bekannt gemacht, Die ersten Preissysteme wurden vom Bundeskartellamt als missbräuchlich angesehen und mussten deshalb von der Deutschen Bahn AG revidiert werden (vgl. Berndt/Kunz, 2000).

- Mit der sogenannten Postreform III setzte der deutsche Gesetzgeber 1996 einen vorläufigen Endpunkt der Deregulierung im *Telekommunikationsmarkt.* Hierbei wurden das Übertragungswegemonopol zum 1.8.1996 und das Sprachdienstmonopol zum 1.1.1998 aufgehoben. Der ehemalige Monopolist „Deutsche Telekom AG" unterliegt in seinem Preissetzungsverhalten nicht mehr der aus der so genannten Infrastrukturaufgabe abgeleiteten Tarifeinheit im Raum und konnte deshalb seine Tarifstruktur an die Wettbewerbsbedingungen anpassen. Die staatliche Regulierung wird nunmehr von der aus dem ehemaligen Ministerium hervorgegangenen Regulierungsbehörde für Post und Telekommunikation (RegTP) ausgeübt, ergänzt durch begrenzte Eingriffsmöglichkeiten des Bundeskartellamts (vgl. Stoetzer/ Wein, 1997).
- Im *Versicherungswesen* müssen die Unternehmen seit Juli 1994 ihre Tarife nicht mehr dem Bundesaufsichtsamt für das Versicherungswesen (jetzt Bundesanstalt für Finanzdienstleistungsaufsicht; BAFin) vorlegen, bevor sie diese in den Versicherungsmarkt einführen; in der Regel wird nur noch im Rahmen der Ex-Post-Missbrauchsaufsicht geprüft, ob die Tarifkalkulation die dauerhafte Erfüllbarkeit der Verträge gewährleistet. Die vormals zu verwendenden Kalkulationsschemata in der Kfz-Haftpflicht-, in der Lebens- und in der Krankenversicherung wurden aufgehoben. Damit ergibt sich kein Zwang mehr, weitgehend einheitliche Bruttoprämien zu verlangen und den Prämienwettbewerb auf die Konkurrenz um auszuschüttende Überschüsse zu verlagern. Mit Ausnahme bestimmter Vorgaben in der substitutiven Krankenversicherung sowie in der Kfz-Haftpflichtversicherung sind nunmehr die Versicherer frei, ihre Versicherungsprodukte nach ihren eigenen Vorgaben zu gestalten; die einheitlichen Allgemeine Versicherungsbedingungen (AVB) in den so genannten Massenmärkten bestehen nicht mehr. Die Deregulierung hat ferner die in wenigen Bundesländern noch bestehenden Monopole für die Gebäudebrandschadensversicherung beseitigt und die geltenden Bestimmungen zur Kontrahierungspflicht in der Kfz-Haftpflichtversicherung gelockert. Mit der Beschränkung der Versicherungsaufsicht auf die Kontrolle durch die jeweils heimische Aufsichtsbehörde wurden insbesondere im Dienstleistungsverkehr bedeutende Hemmnisse für den grenzüberschreitenden Handel beseitigt, wodurch Versicherer im weniger regulierten europäischen Ausland (insbesondere Großbritannien und

Niederlande) die rechtlichen Möglichkeiten zum Marktzutritt in den hoch regulierten deutschen Markt erhielten (vgl. zusammenfassend Wein, 2001a, Kapitel 4).

Tiefgreifende rechtliche Änderungen sind in den genannten Wirtschaftszweigen durch die Deregulierung eingetreten. Insofern kann man prüfen, ob sich die mit der Deregulierung verbundenen Erwartungen erfüllt haben.

III. Wirkungen der Deregulierungspolitik

Unter der Annahme, dass die Deregulierung nur dazu diente, marktwidrige Eingriffe abzubauen, müssten sich besser funktionierende Märkte eingestellt haben. Bei Konstanz aller anderen Einflussfaktoren müssten vor allem folgende Wirkungen beobachtbar sein (vgl. Wein, 2001a, Kapitel 6):

- Marktwidrige Regulierungen haben sinnvolle Produktinnovationen verhindert, wenn sich aufgrund staatlicher Eingriffe die Anbieter nicht auf wandelnde Bedürfnisse der Nachfrager einstellen durften oder von Anfang an die Konsumentenwünsche zumindest zum Teil unbefriedigt blieben.
- Der Abbau ungerechtfertigter Regulierung geht meist mit dem Wegfall von Marktzugangsbeschränkungen einher. Da Marktzugangsbeschränkungen in der Regel die Möglichkeit bieten, Übergewinne zu realisieren, sind bei Wegfall der Beschränkungen Marktzutritte zu erwarten. Die Anzahl der Anbieter müsste somit in Folge der Deregulierung zunehmen.
- Durch die steigende Anzahl der Anbieter bzw. aus der Furcht, durch überhöhte Preise neue Konkurrenten anzulocken, wird es in deregulierten Märkten zu einem Rückgang der Preise kommen.
- Rückläufige Preise beschränken die Möglichkeit, ineffiziente Kostenstrukturen und Unternehmensgrößen aufrechtzuerhalten. Insofern könnte es auch zu Unternehmenszusammenschlüssen und Marktaustritten kommen; die Anzahl der Anbieter sinkt.
- Wenn sich im deregulierten Wettbewerb stärker an die Kosten orientierte Preise einstellen, wird es immer schwieriger, verteilungsbedingte Eingriffe in die Preisstruktur durchzuführen. Insofern müssten nach der Deregulierung relativ teure Regionen oder Personengruppen nur zu höheren Preisen bedient werden; verteilungspolitische Ziele, die vor allem in der Telekommunikation verfolgt wurden, können gefährdet werden.

Die zu erwartenden Wirkungen der Deregulierung sind somit vermehrte Produktinnovationen, rückläufige Preise und zunehmende verteilungspolitische Probleme. Aufgrund der Gegenläufigkeit der Hypothesen zur Anbieterzahl wird auf eine empirische Überprüfung dieses Aspekts verzichtet.

Im Folgenden werden einige empirische Fakten zu den eingetretenen Deregulierungswirkungen präsentiert. Jede hier vorgelegte Evidenz muss jedoch mit dem Vorwurf leben, dass andere, nicht beobachtbare Einflussfaktoren ebenfalls für die Veränderungen verantwortlich sein könnten. Insofern stehen die sich ergebenden Schlussfolgerungen unter einem Vorbehalt.

Die Erwartungen hinsichtlich des Aufkeimens vielfältiger *Produktinnovationen* nach der Deregulierung sind nicht realisiert worden. Bahnbrechende Neuerungen wurden nicht in den Markt eingeführt. Bei den weitgehend ausgereiften Leistungen wie Verkehrsdienstleistungen oder Strom- bzw. Gasbereitstellung konnte man vielleicht auch derartige Neuerungen nicht erwarten; möglicherweise hat auch die Ausschaltung des Preiswettbewerbs zu Zeiten der Regulierung zu einer Verlagerung in Richtung Produkt- und Qualitätswettbewerb geführt. In der Telekommunikation sind dagegen eine Vielzahl von technischen Neuerungen (Mobilfunk, Richtfunk, Internet- und Breitbandkabelnetztelefonie) entstanden, wobei die Frage ist, ob sie auf den deregulierungsbedingt steigenden Wettbewerbsdruck zurückzuführen oder nicht eher durch den aus anderen Gründen um sich greifenden technischen Fortschritt induziert worden sind. Im Versicherungswesen beschränken sich die neuen Produkte im Wesentlichen auf die vereinzelte Einführung der ergänzenden privaten Arbeitslosenversicherung (vgl. Wein, 2001a, 221-232). In der Summe kann man also nicht sagen, dass sich die Produktpalette der im deregulierten Wettbewerb stehenden Anbieter im Vergleich zu vorher vergrößert hätte.

Hinsichtlich der *Preisentwicklung* liegt eine Reihe von empirischen Erkenntnissen vor:

- In der Stromwirtschaft sind die Preise (ohne Steuern) für industrielle Großverbraucher von Januar 1998 bis Juli 1999 um 25,8 vH gefallen; dies entspricht einem jahresdurchschnittlichen Rückgang von 17,2 vH. Für die privaten Haushalte war zwischen April 1999 und März 2000 ein durchschnittliches Absinken der Preise (mit Steuern) von 8,3 vH zu verzeichnen (vgl. Erber/Horn, 2000). Diese Preissenkungsbewegungen hielten längstens bis Anfang 2001 an, anschließend sind die Netznutzungsentgelte sowie die Preise bei Haushaltskunden, auch steuer- und abgabenbereinigt, wieder angestiegen (vgl. Becker 2002 und FAZ 2002a). Dies kann man auch anhand des Strompreisindexes für die alten Bundesländer erkennen, wonach seit Herbst 2000 bis heute der Index um 12 vH gestiegen ist; er liegt jedoch noch immer mehr als 20 vH unter dem des Frühjahrs 1998 (vgl. Leprich, 2002 und FAZ, 2002b). Für diese gegenläufige Entwicklung kann man einerseits den Rückgang von Überkapazitäten im Stromerzeugungsmarkt verantwortlich machen, andererseits könnten die Netzinhaber durch zu hohe Netznutzungsentgelte die Neuanbieter und damit den aufkommenden Wettbewerb verdrängt haben (vgl. Becker, 2002 und Leprich, 2002).

- Nach Aufhebung des Sprachtelefondienstmonopols der Deutschen Telekom AG zum Jahreswechsel 1997/98 sind die Telekommunikationspreise massiv gesunken, beispielsweise der minimale Tarif pro Minute für ein innerdeutsches Ferngespräch werktags im Festnetz bei Netzbetreibervorwahl (Call by Call) und ohne mögliche Rabatte. Zwischen Ende 1997 und 2001 ist der Tarif tagsüber auf 9,2 vH des Anfangswertes gesunken, nach 18 Uhr auf 11,9 vH und nach 21 Uhr auf 15,8 vH (vgl. RegTP, 2001, 37). Ähnliche Preiseinbrüche ergaben sich bei den Auslandstarifen: Die Tarife (Standardtarif ohne Rabatte – Hauptzeit an Werktagen) für Gespräche von Deutschland in die wichtigsten Zielländer sind durchweg deutlich gefallen; beispielsweise lagen sie für Telefongespräche in die USA Anfang 2001 bei 4,2 vH des Niveaus von Ende 1997 (vgl. RegTP, 2001, 28).
- Im Straßengüterfernverkehr sind die Beförderungsentgelte im 1. Quartal 1994 um durchschnittlich 24 vH gefallen, im Vergleich zur 2. Jahreshälfte des Jahres 1993. Die Deregulierung hat die Preise im Straßengüterfernverkehr gesenkt (vgl. Boss et al., 1996, 97).
- Für den europäischen Luftverkehr zeigen ökonometrische Querschnittsschätzungen, dass zeitlich flexible Passagiere 1994 durch deutliche Preissenkungen (Sondertarife) im Vergleich zu 1986 profitiert haben, wenn man andere (kosten-)relevante Faktoren konstant hält; inflexible Vollzahler konnten diesen Vorteil nicht realisieren (vgl. Boss et al., 1996, 153-161). In der Öffentlichkeit deutlich wahrgenommene Billigangebote neuer Anbieter sowie Sondertarife der Etablierten zu ausgewählten europäischen Zielen haben in den letzten Jahren diesen Trend deutlich verstärkt.
- Für das Versicherungswesen liegen bezüglich der Preisentwicklung nur Angaben zum Kfz-Versicherungswesen vor. Bezieht man die Kfz-Versicherungsprämie auf die Anzahl der Versicherungsverträge, so sind diese Durchschnittsprämien in den Jahren 1995 bis 1998 um etwa 4 v. H. pro Jahr gesunken (vgl. Wein, 2001a, 198). Zumindest für die Kfz-Versicherungssparte scheint die Deregulierung zu einem rückläufigen Preisniveau geführt zu haben.

Für einige deregulierte Wirtschaftszweige (Straßengüterfern- und Luftverkehr, Telekommunikation, Versicherungswesen) gibt es deutliche Hinweise auf sinkende Preise. In der Stromwirtschaft sind die Preise zunächst stark zurückgegangen, um anschließend insbesondere bei den Haushaltskunden wieder etwas anzusteigen.

Fragt man danach, ob es durch die Deregulierung zu einer stärkeren Orientierung der Preise an den Kosten gekommen ist und damit *verteilungspolitische Preissetzungsziele* gefährdet wurden, gibt es hierfür keine Anzeichen. In der Telekommunikation, in der eine solche Gefährdung erwartet wurde, sind bisher keine verteilungspolitischen Zielverfehlungen bekannt. Insofern sind auch die im Telekommunikationsgesetz aufgenommenen Bestimmungen über die Universaldienstaufgabe nicht zur Anwendung gekommen. Weder hat ein Anbieter gegenüber der Regulierungsbehörde den Ersatz von verteilungsbedingten Zusatzkosten verlangt und damit die Erhebung einer Universaldienstabgabe in Gang gesetzt, noch gibt es Anzeichen für eine räumliche Preisdifferenzierung. Insofern haben sich die vor der Deregulierung massiv vorgebrachten Einwände, dass Wettbewerb und verteilungspolitische Ziele unvereinbar seien, als nicht stichhaltig erwiesen.

Zusammenfassend gesehen fallen für die Wirkungen der deutschen Deregulierungspolitik die nicht unbeträchtlichen Preissenkungen in einigen Wirtschaftsbereichen nach der Deregulierung in besonderem Maße ins Auge. Der Wegfall der Preisvorgaben hat nicht dazu geführt, dass verteilungspolitische Zielsetzungen verletzt wurden. Die Erwartungen in Bezug auf die Deregulierung wurden teilweise bestätigt.

IV. „Neue" Fragen der Deregulierungspolitik

Hinsichtlich der in Deutschland deregulierten Sektoren sind im Wesentlichen nur die Sektoren wirtschaftspolitisch strittig, in denen die Theorie der natürlichen Monopole die Grundlage der Regulierungsdiskussion ist. Zunächst geht es nach dieser Theorie darum zu prüfen, ob der jeweilige Sektor durch Subadditivitäten gekennzeichnet ist. Liegt eine subadditive Kostenfunktion vor, so sollte aus gesamtwirtschaftlicher Sicht nur ein Anbieter in dem jeweiligen Sektor tätig sein; aktuelle Konkurrenz zwischen den Anbietern scheidet somit aus. Nach der neueren Theorie muss jedoch festgestellt werden, auf welchen Wertschöpfungsstufen ein natürliches Monopol besteht und nur dieser Engpasssektor (bottleneck, essential facility) kommt für eine Regulierung in Frage. Die Regulierung wird jedoch nur erforderlich, wenn der Engpassbereich nicht bestreitbar ist. Bestreitbarkeit setzt voraus, dass sich der neue Anbieter keinen höheren Marktzutrittsbarrieren als der Etablierte gegenübersieht, d.h. auf den Beschaffungs- und Absatzmärkten nicht zu schlechteren Konditionen agieren muss (Bedingung 1). Ferner muss der Marktaustritt ohne Kosten möglich sein, was bei funktionierenden Sekundärmärkten für die verwendeten Investitionsgüter oder bei bestehenden alternativen Verwendungsmöglichkeiten innerhalb des Unternehmens möglich ist (Bedingung 2). Für die Bestreitbarkeit wird darüber hinaus gefordert, dass der so genannte „Price adjustment lag" den „Entry lag" überwiegt (Bedingung 3). Unter dem „Price adjustment lag" ist die Zeitspanne zwischen Markteintritt des neuen Anbieters und Preissenkungsreaktion des etablierten Unternehmens zu verstehen. Der „Entry lag" umfasst den Zeitraum eines Markteindringlings, den dieser benötigt, um nach der Ankündigung seines Marktzutritts die ersten Umsätze zu erzielen. Nach neueren Erkenntnissen ist ein nicht-kostenloser Marktaustritt unschädlich, wenn der „Price adjustment lag" (abzüglich des gegebenen, kürzeren „Entry lag") ausreicht, um bei Marktaustritt verlorene Kosten zurückzuverdienen (vgl. zusammenfassend Fritsch/ Wein/Ewers, 2003, Kapitel 7; Growitsch/Wein, 2002b und Knieps, 2001, 101-106).

In der Telekommunikation werden die Teilnehmeranschlussnetze sowie die lokalen und möglicherweise die regionalen Vermittlungsnetze als bottlenecks anerkannt. Die Übertragungsnetze der Strom- und Gaswirtschaft, nebst ergänzenden Leistungen wie der Steuerung und Überwachung der Übertragungsnetze, stellen ebenfalls essential facilities dar. Bei der deutschen Bahn umfasst die Schieneninfrastruktur sowie das Zugkontrollsystem den Bereich eines nicht-bestreitbaren und deshalb zu regulierenden natürlichen Monopols. Liegt ein nicht-bestreitbares natürliches Monopol vor, scheidet auch die Möglichkeit zur potenziellen Konkurrenz aus, und die jeweilige Wertschöpfungsstufe ist in zweifacher Weise zu regulieren: Einerseits muss der Ausbeutung der Marktgegenseite durch zu hohe Preise, zu geringe Qualitäten etc. entgegengewirkt werden, andererseits muss der diskriminierungsfreie Marktzutritt für Anbieter vor- und nachgelagerter Märkte sichergestellt werden (vgl. zusammenfassend Growitsch/Wein, 2002b).

Wie der diskriminierungsfreie Zugangspreis zu gewährleisten ist, wird in der theoretischen Literatur mit Vehemenz diskutiert, ohne dass hierfür eine Patentlösung vorläge. Neben den für Endprodukte in aller Ausführlichkeit diskutierten Ramsey-Preis-Vorgaben und Price-Cap-Regulierungen werden im speziellen für monopolistisch angebotene Inputs zwei Varianten diskutiert:

- Beim Konzept der durchschnittlichen inkrementalen Kosten (DIK-Regel) werden die Kosten, falls Wettbewerber die Engpasseinrichtung ebenfalls nutzen, den Kosten ohne Mitnutzung gegenüber gestellt und die sich ergebende Differenz wird durch die Anzahl der zusätzlichen Nutzungen dividiert; es entstehen die durchschnittlichen inkrementalen (zusätzlichen) Kosten. Bei Anwendung dieser Regel wird der Eigentümer der Engpasseinrichtung für die bei ihm angefallenen Fixkosten, insbesondere für die entstandenen Investitionskosten, nicht „entschädigt"; jegliche Anreize für Investitionen würden untergraben. Die Zugangsgebühren nach der DIK-Regel wären daher um Zuschläge für erforderliche Investitionen zu ergänzen.
- Die effiziente Preisregel für essenzielle Faktoren (ECPR-Regel; „efficient component pricing rule") gesteht den Engpassbesitzern neben den durchschnittlichen inkrementalen Kosten jene Erträge (Opportunitätskosten; Deckungsbeiträge) zu, die er bei Angebot auf dem nachgelagerten Markt ohne Konkurrenz erhalten hätte. Da der Engpassbesitzer nach dieser Zugangsgebühr bereits die komplette Monopolrente abgeschöpft hat, würde er Wettbewerber im nachgelagerten Markt nicht diskriminieren; effizienten Anbietern würde er von sich aus den Marktzutritt gewähren. Entscheidender Nachteil ist hier, dass der Monopolist weiterhin die Monopolrente erhält.

Insofern entfällt bestenfalls der Diskriminierungsanreiz, wenn die ECPR-Regel angewandt wird.

Gegen die Vorgabe von Ramsey-Preisen sprechen die hohen Informationsanforderungen an den Regulierer, falls er eine solche Preisstruktur vorgeben wollte. Price-Cap-Regulierungen haben zwar den Vorteil, dass die regulierten Unternehmen hohen statischen und dynamischen Effizienzanreizen unterliegen bzw. die Informationsanforderungen an den Regulierer sinken, sie weisen jedoch den Nachteil eines weiterhin bestehenden Diskriminierungsanreizes auf. Neuere anreizorientierte Regulierungsinstrumente sehen sich alle dem Problem gegenüber, die Kosten des regulierten Unternehmens zumindest ex post kontrollieren zu müssen (vgl. zusammenfassend Borrmann/Finsinger, 1999, Knieps, 2001 und Laffont/Tirole, 1996). Insofern ist bisher aus theoretischer Sicht keine ökonomisch befriedigende Lösung in Sicht, wie man die Regulierung der Zugangsgebühren zu Engpassmärkten lösen sollte.

Für die deregulierten deutschen Wirtschaftssektoren kommen neben vereinzelten Price-Cap-Vorgaben (Telekommunikation, Post) vor allem Einzelpreisgenehmigungsverfahren zur Anwendung, die entweder von der Regulierungsbehörde (Telekommunikation, Post) als Ex-ante-Genehmigungsver-fahren betrieben oder im Rahmen einer nachträglichen Missbrauchsaufsicht durch das Bundeskartellamt (Bahn, Strom, Gas) ausgeübt werden. Ohne die Details dieser Verfahren nachzuzeichnen, kann man zwei mit erheblichen Problemen behaftete Ansätze erkennen (vgl. Fritsch/Wein/Ewers, 2003, Kapitel 8; Knieps, 2001, Kapitel 6 und Wein, 2001b):

- Im sogenannten Vergleichsmarktkonzept werden die Preise vergleichbarer Märkte zur Grundlage genommen, an denen sich die Zugangspreise der Bottleneck-Monopolisten messen lassen müssen. Strittiger Punkt ist hier, ob die Märkte hinsichtlich der relevanten Kostengrößen wirklich vergleichbar sind; gegebenenfalls sind – mehr oder weniger willkürliche – Korrekturen für Kostenunterschiede vorzunehmen. Vollends problematisch wird dieses Konzept, wenn Monopolmärkte als Maßstab herangezogen werden müssen.
- Bei Kostenkontrollkonzepten versucht der Regulierer, die gerechtfertigten Kosten zu ermitteln und als Grundlage für akzeptable Preise zu verwenden. Setzt man als gerechtfertigte Kosten die Aufwendungen des zu regulierenden Unternehmens an, besteht die Gefahr, dass durch Ineffizienzen entstandene Kosten über das Preisgenehmigungsverfahren erstattet werden. Lehnt man deshalb die historischen Kosten des Monopolisten ab, ist letztendlich die Frage, ob der Regulierer beurteilen kann, welche Aufwendungen gerechtfertigt und wie diese zu kalkulieren sind. Die Versuche der Regulierungsbehörde für Post und Telekommunikation, aus hypothetischen Netzen die Kosten zu ermitteln, zeigen, wie viele willkürliche Entscheidungen zu treffen sind. Allen Kostenkontrollkonzepten muss man den Vorwurf machen, dass die Gemeinkosten nicht auf einzelne Produkte zugerechnet

werden können und damit letztlich jeder Gemeinkostenschlüssel in höchstem Maße anfechtbar ist. Sollen nicht nur die anfallenden Kosten erstattet werden, sind Aussagen über angemessene Gewinne oder gerechtfertigte Kapitalverzinsungen erforderlich.

Weder die Vorgehensweise der Regulierungsbehörde noch die des Kartellamtes kommt vermutlich ohne erhebliche Bewertungsprobleme aus.

Neben der Frage nach den gerechtfertigten Marktzutrittsgebühren ist darüber hinaus zu entscheiden, wer über die „sonstigen Bedingungen" des Marktzutritts entscheidet. Bei Post und Telekommunikation beantwortet dies die Regulierungsbehörde, u.U. in Zusammenarbeit mit dem Bundeskartellamt, wenn die beteiligten Parteien keine einvernehmliche Lösung finden. Bei der Eisenbahn bestimmt die Deutsche Bahn AG über die Zugangskonditionen unter der Missbrauchsaufsicht des Bundeskartellamtes und des Eisenbahnbundesamtes (vgl. Berndt/Kuntz, 2000 und EBA, 2002).

Der Weg des so genannten verhandelten Netzzugangs wurde in der Energiewirtschaft beschritten, indem zwischen den Verbänden der netzinfrastrukturanbietenden Unternehmen und den netznachfragenden Firmen der Strom- bzw. Gaswirtschaft über Jahre hinweg die allgemeinen Modalitäten des Netzzugangs sowie diverse Kalkulationsprinzipien für die Netzentgelte ausgehandelt wurden. Das Bundeskartellamt hat auch hier die Möglichkeit, im Falle des Missbrauchs nachträglich zu verbieten oder auf geändertes Verhalten zu drängen. Die Verbändevereinbarungen haben nur Empfehlungscharakter, d.h. die beteiligten Marktparteien müssen sich an diese privat gesetzten Rechtsregeln nicht halten. Gegen ein staatliches Eingreifen über die Regulierungsbehörde sprechen die vielfältigen, bereits bei der Preisregulierung angesprochenen Informationsprobleme sowie die Gefahr, dass die Behörde mit zunehmender Dauer der Regulierung immer mehr für die Interessen der Regulierten eintritt („Regulatory capture"). Den Möglichkeiten des Bundeskartellamtes steht entgegen, dass seine Eingriffsbefugnisse auf eine nachträgliche Prüfung des Missbrauchs angelegt sind und deshalb diskriminierende Praktiken nicht schnell genug abgestellt werden können. Im Sommer 2002 schlug daher die Monopolkommission vor, eine Ex-ante-Missbrauchsaufsicht für die Frage des Netzzugangs bei Post und Telekommunikation (wie bisher) und erweitert auf Bahn, Gas und Strom einzuführen und dafür eine Regulierungsbehörde zu schaffen (vgl. Monopolkommission, 2002).

V. „Alte" Fragen der Deregulierungspolitik

Die bisher in Deutschland verfolgte Deregulierungspolitik hat keinesfalls dazu geführt, dass alle Forderungen erfüllt wurden. Folgende „alte" Fragen stehen im Mittelpunkt:

- Der Vorschlag zur vollständigen vertikalen Separierung der Engpassbereiche wurde bisher nicht umgesetzt, weder im Bereich der Strom- und Gasversorgungsnetze, noch in der Telekommunikation für das Teilnehmeranschlussnetz bzw. die lokalen oder regionalen Vermittlungsstellen oder – noch wie von der Deregulierungskommission (1991, Tz. 152) gefordert – für das Schienennetz der Bahn. Im Falle einer vollständigen Trennung verliert der Monopolist jeglichen Anreiz zur Diskriminierung, da er über keinen eigenen Geschäftsbereich im nachgelagerten Markt verfügt bzw. dort nicht durch eine Tochtergesellschaft vertreten ist; sein Ziel bleibt allein – unter den gegebenen Preisregulierungsvorschriften – seinen Gewinn durch Erhebung der optimalen Zugangsgebühren zu maximieren. Gegen eine vollständige Separierung des Engpassbereiches wird häufig argumentiert, dass erstens durch Verbot der Betätigung auf den nachgelagerten Märkten Verbundvorteile verloren gingen bzw. zusätzliche Transaktionskosten entstünden; die Summe der Leistungen würde teurer als nötig produziert. Zweitens stehen der vollständigen vertikalen Separierung administrative, politische und rechtliche Schwierigkeiten gegenüber. Administrative Hindernisse sind Probleme der Aufspaltung einheitlicher Unternehmen in mehrere Geschäftsbereiche, die Zuordnung der Liegenschaften oder des Firmennamens. Rechtlich könnte die grundgesetzlich gewährleistete Eigentumsgarantie entgegenstehen bzw. hohe Entschädigungszahlungen erfordern. Politisch dürfte die Aufspaltung schwierig durchsetzbar sein, weil Entschädigungszahlungen nicht finanzierbar scheinen oder weil die Eigentümer oder betroffenen Arbeitnehmer als gut organisierte Interessengruppen auf den politischen Prozess erfolgreich Einfluss nehmen können. Die rechtlichen und politischen Schwierigkeiten sind gering, wenn vollständig oder weitgehend in staatlicher Hand befindliche Monopolunternehmen aufgeteilt werden; im Falle der Deutschen Telekom AG wurde diese Möglichkeit verpasst, bei der Deutschen Bahn AG besteht noch eine solche Chance. Gibt es „economies of scope" in wesentlichem Umfang, entstehen zusätzlich nennenswerte Transaktionskosten oder liegen erhebliche Hemmnisse im administrativen und rechtlichen Bereich vor, so muss man diese mit den begrenzten Möglichkeiten zur Verhinderung von Diskriminierung abwägen (vgl. zusammenfassend Fritsch/Wein/Ewers, 2003, Kapitel 8).
- Bereits die Deregulierungskommission hat in ihrem Endbericht 1991 (Tzn. 251-257 und 371-382) gefordert, die vom Verkehrswesen und der Stromwirtschaft ausgehenden technologischen Externalitäten, insbesondere die der Umweltverschmutzung, durch geeignete Internalisierungsmaßnahmen verursachungsgerecht anzulasten. Eine Vielzahl von neueren Studien zeigen in ihrer Grundtendenz übereinstimmend (vgl. z.B. Friedrich/Bickel, 2001 und Masuhr/Schärer/Wolff, 1995), dass diese externen Kosten bedeutsam sind und bisher nicht annähernd verursachungsgerecht angelastet werden. Eine solche Zurechnung ist jedoch unbedingt erforderlich, so dass sich auf der

Grundlage der tatsächlichen Kosten die richtigen relativen Preise zwischen den verschiedenen Verkehrsträgern bzw. Stromerzeugungsalternativen herausbilden können. Unterbleibt die Internalisierung, kommt die Deregulierungspolitik in der Öffentlichkeit – ungerechtfertigt – in Verruf und es werden deswegen Maßnahmen zur Unterstützung von umweltfreundlicheren Verkehrsmitteln bzw. Stromquellen ergriffen, die bestenfalls eine zweitbeste Alternative darstellen.

- Ungeklärt geblieben ist bisher auch, wie auf minimalem Niveau Verbraucherschutzfragen zu lösen sind. Hierbei ist zum einen durchzusetzen, dass es zum Abbau von Qualitätsunkenntnis bei den Verbrauchern in der Regel ausreichen dürfte, wenn der Staat bestimmte Qualitätseigenschaften eines Anbieters testiert (vgl. Kleiner, 2000 und Wein, 1995). Für den Versicherungsmarkt hat beispielsweise die Deregulierungskommission (1991, Tz. 116) vorgeschlagen, den Titel „Versicherungsmakler" zu vergeben, ohne alternative Wege des Vertriebs zu verbieten. Für den Markt für Handwerksdienstleistungen ist eine solche Vorgehensweise ebenfalls empfehlenswert. Zum anderen sind u.U. Vorkehrungen zu treffen, wenn im deregulierten Wettbewerb Anbieter in Konkurs gehen, was bei mehr Wettbewerb grundsätzlich zu erwarten ist. Insbesondere wenn Verbraucher erhebliche Nachteile im Falle eines Unternehmenszusammenbruchs erleiden, sind Schutzmaßnahmen dem Grunde nach unstrittig; allein über die Umfänglichkeit des notwendigen Schutzes wird es Streit geben. Für das Versicherungswesen liegt genau eine solche Fallgruppe vor und deshalb hat die Deregulierungskommission die Einrichtung eines Versichertenschutzfonds vorgeschlagen (1991, Tzn. 108-115). Die aktuelle Entwicklung im deutschen Lebensversicherungsmarkt macht die Notwendigkeit eines solchen Fonds deutlich.
- Viele Bereiche sind auch weiterhin reguliert bzw. nur in Randbereichen ist es zu einem Abbau marktwidriger Regulierung gekommen. Zu nennen wären hier vor allem das Handwerk, die Freien Berufe, die Versorgungs- und Entsorgungswirtschaft (Wasser, Abwasser, Müll), der Öffentliche Personennahverkehr, das Postwesen und der Arbeitsmarkt. Allerdings ist offen, ob nicht die Arbeitsmarktderegulierung außerhalb des hier betrachten Bereichs liegt, da die Arbeitsmarktregulierung alle Wirtschaftsbereiche betrifft und somit keine sektorspezifische Angelegenheit darstellt.

Die „alten" Fragen nach der Notwendigkeit vertikaler Desintegration oder des Verbraucherschutzes sowie des Abbaus noch bestehender marktwidriger Regulierungen stellen sich weiter, allein der Umfang der betroffenen Sektoren hat abgenommen.

VI. Schlussfolgerungen

Als Deregulierungspolitik wurde in diesem Aufsatz der Abbau von speziellen Regulierungen verstanden. In Deutschland wurden in den letzten Jahren erhebliche Deregulierungsmaßnahmen ergriffen: Der Telekommunikationsmarkt wurde in den Wettbewerb entlassen, der Straßengüterfern- und der Luftverkehrsmarkt wurde geöffnet, im Energiewesen wurde die Möglichkeit zur Durchleitung gesetzlich normiert sowie durch Verbändevereinbarungen administrativ-instrumentell begleitet und die Versicherer unterliegen nicht mehr der sehr einengenden Aufsicht bei der Gestaltung von Versicherungsbedingungen und Tarifen; das Wettbewerbsrecht wurde um den Missbrauchstatbestand der Diskriminierung beim Zugang zu Engpasseinrichtungen erweitert. Die vorliegenden empirischen Erkenntnisse zeigen, dass in einer Reihe von Punkten, aber nicht in allen, die erwarteten Wirkungen eingetreten sind: Insbesondere im Verkehrsbereich, in der Telekommunikation und im Versicherungswesen ist es zu erkennbaren Preisrückgängen gekommen. Für die Stromwirtschaft ist die Wettbewerbsdynamik nach stürmischen Zeiten zu Beginn der Deregulierung wieder erlahmt; vor allem die Industriekunden haben dabei durch Preissenkungen profitiert. Im Gasmarkt sowie bei der Bahn gibt es wenig Anzeichen für mehr Wettbewerb durch Deregulierung. Deregulierungsbedingte Produktinnovationen sind über alle Sektoren hinweg weitgehend ausgeblieben. Verletzungen der verteilungspolitischen Ziele sind nicht erkennbar.

Die Umsetzung der Deregulierungspolitik hat insbesondere die Frage aufgeworfen, wie man den diskriminierungsfreien Zugang zu Bottlenecks gewährleisten kann. Die ökonomische Theorie kann hierzu keine allgemeingültige Antwort liefern; die in der Praxis verwendeten Konzepte sind zumindest mit erheblichen Gefahren behaftet. Die Erfahrungen mit der Energiewirtschaft erzeugen erhebliche Zweifel, ob der Weg über Vereinbarungen tatsächlich zur Marktöffnung führt. Bei einer Lösung über die Regulierungsbehörde könnte die Schwierigkeit von zu vielen Regulierungseingriffen bestehen, die letztendlich weder einer eingehenden ökonomischen noch juristischen Prüfung Stand halten. Die Kontrolle durch das Bundeskartellamt hat den Nachteil der zeitlich verspäteten Reaktion. Letztendlich scheint bei gravierenden Diskriminierungsgefahren nur die vollständige vertikale Separierung geeignet. Daher steht auf der Agenda der Deregulierungspolitik, über die Frage nach der vertikalen Separierung in Abwägung der zu erwartenden Kosten (Verlust an Verbundvorteilen, zusätzliche Transaktionskosten, politisch-administrative Hemmnisse) und Nutzen in Form entfallender Diskriminierungspotenziale zu entscheiden. Ferner müssen für einen fairen Wettbewerb die externen Kosten des Verkehrs und der Stromerzeugung internalisiert, Verbraucherschutzfragen befriedigender als bisher gelöst und noch einige Wirtschaftszweige dereguliert werden.

Aus dem Rückblick auf die deutschen Deregulierungspolitik zeigt sich, dass die Ewerssche Forschungsstrategie, die normative Theorie des Marktversagens fortzuentwickeln, mit der Ökonomischen Theorie der Politik zur Berücksichtigung potenziellen Staatsversagens zu verknüpfen und dann auf einzelne Sektoren anzuwenden, Früchte getragen hat. Einiges wurde erreicht, manches steht jedoch noch bevor. Für die Zukunft verspricht der Ewerssche Ansatz weitere Ernten.

Literatur

BAFin (2002), Besprechung zur Situation der Lebensversicherer, Pressemitteilung vom 15.8.2002, Bundesanstalt für Finanzdienstleistungsaufsicht, Bonn.

Becker, Peter (2002), Pro und Kontra – Regulierung aus Stadtwerkesicht, Vortragsmanuskript zum Kongress „Marktliberalisierung durch Netzregulierung“, 29.11.2002, Saarbrücken.

Benz, Matthias. S./*Bühler*, Stefan/*Schmutzler*, Armin (2000), Quality Provision in Deregulated Industries: The Railtrack Problem, Working paper, Sozialökonomisches Seminar, Universität Zürich.

Berndt, Arnold/*Kunz*, Martin (2000), Immer öfter ab und an? Aktuelle Entwicklungen im Bahnsektor, in: *Knieps/Brunekreeft*, 151-204.

Borrmann, Jörg/*Finsinger*, Jörg (1999), Markt und Regulierung, München: Vahlen.

Boss, Alfred/*Laaser*, Claus-Friedrich/*Schatz*, Klaus-Werner et al. (1996), Deregulierung in Deutschland - eine empirische Analyse, Tübingen: Mohr.

Brunekreeft, Gert/*Keller*, Katja (2000), Elektrizität – Verhandelter versus regulierter Netzzugang, in: *Knieps/Brunekreeft*, 125-150.

Deregulierungskommission (1991), Marktöffnung und Wettbewerb, Stuttgart: Poeschel.

EBA (2002), Neues Eisenbahnrecht – neue Aufgabe des Eisenbahnbundesamtes, Presseerklärung des Eisenbahnbundesamtes, 26.8.2002, Bonn.

Erber, Georg/*Horn*, Manfred (2000), Deregulierung führt zu deutlichen Preissenkungen für Telefondienstleistungen und Strom, DIW-Wochenbericht 25/2000.

Ewers, Hans-Jürgen (1994), Privatisierung und Deregulierung bei den Eisenbahnen - Das Beispiel der Deutschen Bundesbahn und der Deutschen Reichsbahn, Jahrbuch für neue politische Ökonomie, Tübingen: Mohr, Bd. 13, 178-208.

Ewers, Hans-Jürgen/*Ilgmann*, Gottfried (2000), Wettbewerb im ÖPNV: gefordert, gefürchtet und verteufelt, Zeitschrift für Verkehrswissenschaft, Bd. 71, 133-162.

Ewers, Hans-Jürgen/*Mankel*, Bettina/*Heymann*, Eric/*Roth*, Petra/*Pluge*, Wolf (2001), Liberalisierung der Wasserversorgung - soll das letzte Versorgungsmonopol in Deutschland fallen?, Ifo-Schnelldienst, Bd. 54, 3-14.

Ewers, Hans-Jürgen/*Rodi*, Hansjörg (1995), Privatisierung der Bundesautobahnen, Göttingen: Vandenhoeck & Ruprecht.

Ewers, Hans-Jürgen/*Schatz*, Matthias/*Tegner*, Henning (2001), Ein Markt für duale Systeme – Optionen für Wettbewerb und Effizienz in der Rücknahme von Verpackungen, Technische Universität Berlin, Institut für Volkswirtschaftslehre, FG Wirtschafts- und Infrastrukturpolitik, 2001.

Ewers, Hans-Jürgen/*Wein*, Thomas (1990), Grundsätze für eine Deregulierungspolitik, Wirtschaftsdienst, 70. Jg., 320-328.

FAZ (2002a), Von der Existenzangst zur Aufbruchstimmung mit offensiven Strategien, Frankfurter Allgemeine Zeitung, 25.4.2002, 16.

– (2002b), Die Strompreise steigen wieder, Frankfurter Allgemeine Zeitung, 22.8.2002, 14.

Friedrich, R./*Bickel*, P, (Hrsg.) (2001), Environmental External Costs of Transport, Berlin/Heidelberg et al.: Springer.

Fritsch, Michael/*Wein*, Thomas/*Ewers*, Hans-Jürgen (2003), Marktversagen und Wirtschaftspoltik – Mikroökonomische Grundlagen staatlichen Handelns, 5., überarbeitete und erweiterte Auflage, München: Vahlen.

Growitsch, Christian/*Wein*, Thomas (2002a), A Revised Theory of Contestable Markets – Applied on the German Telecommunication Sector, Universität Lüneburg, Arbeitsbericht, September 2002.

– (2002b), The Contestable Markets Theory – Efficient Advice for Economic Policy, Universität Lüneburg, Arbeitsbericht, September 2002.

Kleiner, Morris M. (2000), Occupational Licensing, Journal of Economic Perspectives, Vol. 14, 189-202.

Knieps, Günter (2001), Wettbewerbsökonomie, Berlin/Heidelberg: Springer.

Knieps, Günter/*Brunekreeft*, Gert (Hrsg.) (2000), Zwischen Regulierung und Wettbewerb - Netzsektoren in Deutschland, Heidelberg: Physica.

Kumkar, Lars (2002), Das kalifornische Strommarktdebakel – von Liberalisierungsversprechen und Regulierungsversagen, Arbeitspapier, Institut für Weltwirtschaft, Kiel.

Laffont, Jean-Jacques/*Tirole*, Jean (1996), Creating Competition Through Interconnection: Theory and Practice, Journal of Regulatory Economics, Vol. 10, 227-256.

Leprich, Uwe (2002), Stromwettbewerb durch Regulierung, Vortragsmanuskript zum Kongreß „Marktliberalisierung durch Netzregulierung", 29.11.2002, Saarbrücken.

Masuhr, K.P./*Schärer*, Stephan/*Wolff*, Heimfrid (1995), Energieverbrauch – Kostenwahrheit ohne Staat?, Stuttgart: Schäffer-Poeschel.

Monopolkommission (2002), Netzwettbewerb durch Regulierung, 14. Hauptgutachten 2001/2002, Bonn, Kapitel 6.

Neu, Axel (1999), Die Gaswirtschaft im Zeichen von Wettbewerb und Umwelt – Perspektiven der Erdgasversorgung im europäischen Binnenmarkt, Kieler Diskussionsbeiträge 334/335, Kiel, April 1999.

RegTP (2001), Jahresbericht 2001, Regulierungsbehörde für Post und Telekommunikation, Bonn.

Stoetzer, Matthias-Wolfgang/*Wein*, Thomas (1997), Ordnungspolitik in der Telekommunikation – Übersicht und aktuelle Entwicklungen, List-Forum, Bd. 23, 18-34.

Wein, Thomas (2001a), Wirkungen der Deregulierung im deutschen Versicherungsmarkt – Eine Zwischenbilanz, Karlsruhe (Verlag Versicherungswirtschaft).

– (2001b), A Comparison between Private and Public Access Rules to Bottlenecks – Experiences and Expectations from Telecommunication and Energy, Universität Lüneburg, Arbeitsbericht, September 2001.

– (2002), Hat die Deregulierung des deutschen Versicherungsmarktes mehr Wettbewerb verursacht? in: *Britzelmaier*, Bernd; *Geberl*, Stefan; *Kaufmann*, Hans-Rüdiger; *Menichetti*, Marco (Hrsg.), Regulierung oder Deregulierung der Finanzmärkte, Heidelberg: Physica, 83-101.

Witte, Eberhard (1987), Neuordnung der Telekommunikation: Bericht der Regierungskommission Fernmeldewesen, Heidelberg: v. Decker et al.

Zur Prozeduralisierung von Zielkonflikten in der Fusionskontrolle

Von *Jürgen Basedow*, Hamburg

Die Lösung von Zielkonflikten gehört zu den schwierigsten, aber auch intellektuell reizvollsten Aufgaben der Volkswirtschaftspolitik und Jurisprudenz. Dabei geht es vor allem um das Verhältnis der Wettbewerbspolitik, die letztlich auf die Gewährleistung ergebnisoffener Marktprozesse ausgerichtet ist, zu der unmittelbaren Verfolgung spezifischer wirtschaftlicher oder außerwirtschaftlicher Ziele, mag es sich nun um die Sicherheit der Versorgung, die Förderung von Kultur und Bildung, die Gewährleistung gewisser Qualitätsstandards, den Schutz der Umwelt oder Ähnliches handeln. In den drei Jahren unserer Zusammenarbeit in der Deregulierungskommission hatten *Hans-Jürgen Ewers* und ich viele Male Gelegenheit, über solche Zielkonflikte und ihre Auflösung zu diskutieren. Wir stimmten im Grundsatz darin überein, daß die Anerkennung außerwettbewerblicher Ziele nicht pauschal jegliche Beschränkung des Wettbewerbs in den betreffenden Bereichen legitimieren könne, sondern daß es darum gehe, die geringstmögliche und gleichwohl zur Erreichung jener Ziele hinreichende Beschränkung der Marktprozesse zu finden, denn nur sie lasse sich ordnungspolitisch rechtfertigen. Diese Überzeugung spricht auch aus verschiedenen Schriften von Ewers (Fritsch/Wein/Ewers, 2003; Ewers, 1991), und er hat sie noch wenige Monate vor seinem Tod in einer Anhörung der Monopolkommission zum Thema Entsorgungswirtschaft engagiert und temperamentvoll vorgetragen.

Die folgenden Zeilen, die dem Gedenken an ihn gewidmet sind, haben die Bewältigung solcher Zielkonflikte im Verfahren der Fusionskontrolle zum Gegenstand. Freilich verbirgt sich dieser Kern der Problematik, wie dies im Recht nicht selten der Fall ist, hinter juristischen Fragestellungen, die auf den ersten Blick ganz anderen und scheinbar formalen Fragen nach den anwendbaren Rechtsregeln und Verfahren gewidmet sind. Dies hängt damit zusammen, daß die widerstreitenden Ziele oft inkommensurabel und daher einer streng rationalen Abwägung nur begrenzt zugänglich sind. Die Frage, nach welchen Kriterien und mit welchem Ergebnis Zielkonflikte zu entscheiden sind, wird deshalb nicht selten überlagert durch die scheinbar formale und vordergründige Frage, wer die Entscheidung zu treffen und in welchem Verfahren das zu geschehen hat. So liegen die Dinge auch bei der Kontrolle von Unternehmenszusammenschlüssen, wo die Abgrenzung von deutschen und europäischen Verfahren letztlich die Entscheidung über Zielkonflikte beeinflußt.

I. Einleitung

Für die Kontrolle von Unternehmenszusammenschlüssen stellen das deutsche und europäische Recht getrennte Verfahren bereit. Untersagt das Bundeskartellamt in dem Verfahren nach §§ 35 ff. GWB einen Zusammenschluß, so können die Beteiligten dagegen die Erlaubnis des Bundesministers für Wirtschaft gemäß § 42 GWB beantragen. Der Minister erteilt die Erlaubnis, „wenn im Einzelfall die Wettbewerbsbeschränkung von gesamtwirtschaftlichen Vorteilen des Zusammenschlusses aufgewogen wird oder der Zusammenschluß durch ein überragendes Interesse der Allgemeinheit gerechtfertigt ist." Die beiden Alternativen tragen also wirtschaftlichen und außerwirtschaftlichen Gemeinwohlgründen Rechnung. Stärker eingeschränkt sind die Möglichkeiten der EU-Kommission nach der europäischen Fusionskontrollverordnung.[1] Bei der Beurteilung von Zusammenschlüssen hat sie gemäß Art. 2 neben zahlreichen wettbewerblichen Gesichtspunkten auch die „Entwicklung des technischen und wirtschaftlichen Fortschritts, sofern diese dem Verbraucher dient und den Wettbewerb nicht behindert", zu berücksichtigen. Nach der Begründungserwägung 13 muß sich die Kommission außerdem „an dem allgemeinen Rahmen der Verwirklichung der grundlegenden Ziele des Vertrages gemäß dessen Artikel 2, einschließlich des Ziels der Stärkung des wirtschaftlichen und sozialen Zusammenhalts der Gemeinschaft im Sinne des Artikels 130a [jetzt: 158] des Vertrages orientieren." Die Tragweite dieser Anordnungen ist umstritten (Mestmäcker, 1992,[2] 920, Vor § 23 Rn 198). Im Vergleich der beiden Regelungen läßt sich jedoch ausschließen, daß wirtschaftliche und jedenfalls außerwirtschaftliche Gemeinwohlvorteile einen Zusammenschluß in ähnlich weitem Umfang legitimieren können, wie dies nach § 42 GWB der Fall ist.

Bislang ging man vielfach davon aus, daß der Rechtsrahmen für die Zusammenschlußkontrolle mit den beiden genannten Verfahren abschließend festgelegt sei. Dem ist die Monopolkommission in ihrem Sondergutachten im Falle EON/Ruhrgas entgegengetreten (Monopolkommission, 2002, Tz. 221 ff). Danach soll außerhalb des Anwendungsbereichs der Fusionskontrollverordnung

---

[1] Verordnung (EWG) Nr. 4064/89 des Rates über die Kontrolle von Unternehmenszusammenschlüssen vom 21.12.1989, ABl. EG 1989 L 395/1, berichtigt in ABl. EG 1990 L 257/13; geändert durch Verordnung (EG) Nr. 1310/97 des Rates vom 30.6.1997, ABl. EG 1997 L 180/1.

[2] In der 3. Aufl. ist die Erläuterung der europäischen Fusionskontrolle nicht mehr enthalten.

grundsätzlich das primäre Wettbewerbsrecht der Artikel 81 und 82 EG-Vertrag (EG) anwendbar bleiben. Es kann also zu parallelen Verfahren der Zusammenschlußkontrolle auf nationaler und europäischer Ebene kommen. Demgemäß müsse der Bundesminister für Wirtschaft im Ministererlaubnisverfahren das vorrangige Recht der Artikel 81 und 82 beachten und dürfe, wenn der Zusammenschluß gegen Art. 81 verstoße, die Ministererlaubnis erst erteilen, nachdem ein Freistellungsverfahren bei der Kommission durchgeführt worden sei (Monopolkommission, 2002, Tz. 235). Mit anderen Worten ist die Monopolkommission indirekt dafür eingetreten, daß die sehr umfassende Abwägung von widerstreitenden Zielen, die dem Bundesminister für Wirtschaft nach § 42 GWB obliegt, im Anwendungsbereich des Art. 81 EG von der Vorbedingung abhängig gemacht wird, daß die Europäische Kommission keinen Anlaß zur Untersagung nach dieser Vorschrift sieht. Zwar hat das Nebeneinander von nationalem und europäischem Fusionskontrollverfahren eine Reihe anderer Konsequenzen, vor allem im Verfahrensablauf und bei den Sanktionen, die größte wirtschaftspolitische Bedeutung kommt der These der Monopolkommission aber für die Entscheidung von Zielkonflikten in der Fusionskontrolle zu.

Die Stellungnahme der Monopolkommission hat viele kompetente Vertreter des Wirtschaftsrechts zu überwiegend kritischen, zum Teil abwartenden Äußerungen veranlaßt, die freilich bislang nur vereinzelt ausgearbeitet worden sind (Dreher, 2002; Möschel, 2002); die meisten ergeben sich nur indirekt aus Artikeln in der Tagespresse und müssen im Rahmen einer wissenschaftlichen Auseinandersetzung außer Betracht bleiben, da die Exaktheit der Wiedergabe im Hinblick auf die Komplexität der behandelten Thematik nicht verbürgt ist. Auch das Bundesministerium für Wirtschaft hat die Auffassung der Monopolkommission zurückgewiesen und die Erlaubnis im Falle EON/Ruhrgas wegen der überragenden Bedeutung erteilt, die es der Sicherheit der Energieversorgung beilegt (BMWi, 2002, Tz. 80 ff).

Die Einwände des Ministeriums und der Literatur geben Anlaß, das Verhältnis von nationaler Fusionskontrolle und europäischem Wettbewerbsrecht erneut zu diskutieren. Dabei ist zunächst zu klären, in welchem Verhältnis die beiden Regelungskomplexe des Gemeinschaftsrechts, also die Fusionskontrollverordnung einerseits und die Artikel 81 und 82 andererseits, zueinander stehen (unten II.). In der Folge ist die vor Erlaß der Fusionskontrollverordnung ergangene Rechtsprechung des Europäischen Gerichtshofs zur Zusammenschlußkontrolle zu erläutern und auf die Frage einzugehen, welche Bedeutung sie nach Erlaß der Fusionskontrollverordnung noch hat (III). Da die Artikel 81 und 82 EG lediglich materiellrechtliche Grundsätze enthalten, ohne ihre praktische Durchsetzung zu regeln, stellt sich anschließend die Frage nach dem für Verfahren und Sanktionen maßgeblichen Anwendungsregime (unten IV.).

II. Das Verhältnis der Fusionskontrollverordnung zu Artikel 81 und 82 EG-Vertrag

Das Verhältnis zwischen dem europäischen und dem nationalen Wettbewerbsrecht ist für die beiden hier interessierenden Regelungskomplexe des EG-Wettbewerbsrechts unterschiedlich geregelt. Für den Anwendungsbereich der Fusionskontrollverordnung schreibt deren Artikel 21 Abs. 2 das Prinzip der ausschließlichen Anwendung des Gemeinschaftsrechts fest: „Die Mitgliedsstaaten wenden ihr innerstaatliches Wettbewerbsrecht nicht auf Zusammenschlüsse von gemeinschaftsweiter Bedeutung an.“ Dagegen kommt den Artikeln 81 und 82 EG keine Ausschluß-, sondern lediglich Vorrangwirkung zu. Nach der *Walt Wilhelm*-Doktrin stehen die beiden Vorschriften einer gleichzeitigen Anwendung des nationalen Wettbewerbsrechts nicht im Wege, doch muß im Falle gegenläufiger Wertungen der Vorrang des Gemeinschaftsrechts gewahrt sein (EuGH Rs. 14/68, Walt Wilhelm, Slg. 1969. 1 Tz.4-5).

Daraus folgt: soweit ein Zusammenschluß in den Anwendungsbereich der Fusionskontrollverordnung fällt, kommen allein ihre Vorschriften zur Anwendung. Wegen der ausschließlichen Zuständigkeit der Europäischen Kommission gemäß Art. 21 Abs. 1 FKVO kann dann freilich ein Zusammenschlußverfahren durch nationale Behörden gar nicht durchgeführt werden, so daß sich auch die Frage der Ministererlaubnis gar nicht stellt. Falls ein Zusammenschluß dagegen nicht in den Anwendungsbereich der Fusionskontrollverordnung fällt, kommt grundsätzlich eine parallele Anwendung von nationalem Wettbewerbsrecht und den – mit Vorrang ausgestatteten – Artikeln 81 und 82 EG in Betracht. Dies setzt voraus, daß erstens deren Anwendungsbereich weiter ist als der der Fusionskontrollverordnung und daß ihre Anwendung zweitens nicht durch die Fusionskontrollverordnung ausgeschlossen wird. Damit wird die ursprüngliche Frage nach dem Verhältnis von nationalem zu europäischem Fusionskontrollrecht transformiert in eine Frage nach dem Verhältnis der beiden europäischen Regelungskomplexe zueinander.

1. Die Anwendungsbereiche von Fusionskontrollverordnung und Artt. 81, 82 EG

Die Fusionskontrollverordnung gilt nach ihrem Art. 1 Abs. 1 „für alle Zusammenschlüsse von gemeinschaftsweiter Bedeutung.“ Die gemeinschaftsweite Bedeutung kommt den Zusammenschlüssen solcher Unternehmen zu, die einzeln oder/und zusammen, weltweit, gemeinschaftsweit oder/und in einzelnen Mitgliedsstaaten bestimmte Mindestumsätze erreichen; die Einzelheiten sind in Art. 1 Abs. 2 und 3 FKVO festgelegt. Hinter dieser Regelung stehen zwei Grundgedanken: die Gemeinschaft soll sich nur mit Zusammenschlüssen von einer erheblichen wirtschaftlichen Bedeutung befassen, die zudem einen Bezug zu mehreren Mitgliedsstaaten aufweisen müssen. Unbedeutende Zusammenschlüsse verlangen ebenso wenig nach einem Eingreifen der Europäischen Kommission wie Zusammenschlüsse von vorwiegend nationaler Bedeutung (Immenga, 1997, 813, D Art 1 Rn 4). Letzteres wird noch durch die sogenannte Zweidrittel -Regel verstärkt, die in Art. 1 Abs. 2 und Abs 3 FKVO enthalten ist. Danach ist die Fusionskontrollverordnung ungeachtet der Unternehmensumsätze selbst auf Megafusionen nicht anwendbar, „wenn die am Zusammenschluß beteiligten Unternehmen jeweils mehr als zwei Drittel ihres gemeinschaftsweiten Gesamtumsatzes in einem und demselben Mitgliedsstaat erzielen."

Der Anwendungsbereich der Artt. 81 und 82 EG ist weniger detailliert geregelt. Beide Vorschriften sind nur auf Verhaltensweisen anwendbar, die geeignet sind, „den Handel zwischen Mitgliedsstaaten zu beeinträchtigen." Was dies bedeutet, ist vom Gerichtshof zwar noch nie im Zusammenhang mit einem Unternehmenszusammenschluß erläutert worden, doch deutet die Rechtsprechung im übrigen auf ein sehr weites Verständnis dieser sogenannten Zwischenstaatlichkeitsklausel hin. So soll es genügen, wenn ein Verhalten die „Handelsströme in andere Richtungen zu lenken" vermag (EuGH Rs. 71/74, FRUBO, Slg. 1975, 563 Tz. 37/38) oder wenn sich „mit hinreichender Wahrscheinlichkeit voraussehen läßt, daß die Vereinbarung unmittelbar oder mittelbar, tatsächlich oder potentiell den Warenverkehr zwischen Mitgliedsstaaten beeinflussen kann" (EuGH Rs. 31/80, L'Oreal, Slg. 1980, 3775 Tz. 18). Diese Äußerungen deuten daraufhin, daß der Anwendungsbereich der primären Wettbewerbsvorschriften erheblich weiter ist als derjenige der Fusionskontrollverordnung. Außerdem sind die Kriterien völlig andere: während Art. 1 Abs. 2 und 3 FKVO bei der Festlegung der quantitativen Aufgreifkriterien rückblickend auf die Umsätze der vorangegangenen Jahre abstellt, verlangen die Artt. 81 und 82 EG eine prognostische Feststellung der Auswirkungen des unternehmerischen Verhaltens (Rehbinder, 1997, 58, E Rn. 18). Die Aufgreifkriterien der Fusionskontrollverordnung sind also statisch und unternehmensbezogen, die des primären Wettbewerbsrechts dagegen dynamisch sowie markt- und handlungsbezogen. Eine Ausnahme, wie sie die Zweidrittel-Klausel der Fusionskontrollverordnung für Zusammenschlüsse von vorwiegend nationaler Bedeutung vorsieht, ist in den Artt. 81 und 82 EG nicht vorgesehen und mit ihrem, auf Verhaltenswirkungen bezogenen Ansatz im Grunde auch unvereinbar.

Aus dem Vergleich der Anwendungskriterien ergeben sich konkrete Schlußfolgerungen. Wenn sich Unternehmen, die bislang nur oder überwiegend auf nationalen Märkten tätig waren, zu einer verstärkten Expansion in den europäischen Binnenmarkt entscheiden und sich zusammenschließen, um die dafür erforderliche Finanzkraft zu erlangen, so wird dieses Verhalten zwar im allgemeinen nicht von Art. 1 FKVO erfaßt werden, doch kann es in den Anwendungsbereich der Artt. 81 und/oder 82 EG fallen, soweit diesen Regelungen (noch) Bedeutung für Unternehmenszusammenschlüsse zukommt. Dies ist nach dem Erlaß der Fusionskontrollverordnung im Jahre 1988 in Zweifel gezogen worden und bedarf daher im folgenden der näheren Prüfung.

2. Ausschluß der Anwendung von Art. 81 und 82 EG auf Unternehmenszusammenschlüsse durch die Fusionskontrollverordnung?

Im Gegensatz zum Vertrag über die Montanunion (Art. 66 EGKSV) enthält der EG-Vertrag keine ausdrückliche Regelung von Unternehmenszusammenschlüssen. Der Europäische Gerichtshof hat jedoch zunächst das Verbot des Mißbrauchs marktbeherrschender Stellungen in Art. 82 EG und später auch das Verbot wettbewerbsbeschränkender Vereinbarungen und Verhaltensabstimmungen in Art. 81 EG dahin ausgelegt, daß es jedenfalls auf manche Unternehmenszusammenschlüsse anwendbar ist, siehe näher unten III. Ob diese Rechtsprechung nach Erlaß der Fusionskontrollverordnung im Jahre 1988 noch ihre Bedeutung behält, war von Anfang an Gegenstand einer intensiven Diskussion (Miersch, 1991, 187f.; Immenga, 1997, 1083f., F Rn. 1ff.). Darin werden zum Teil Argumente, die das maßgebliche Anwendungsregime betreffen, mit solchen Gesichtspunkten vermengt, die sich auf die Fortgeltung der Artt. 81 und 82 EG beziehen. Auch wenn die praktische Bedeutung der potentiellen Fortgeltung der Artikel 81 und 82 naturgemäß aufs Engste von der Verfügbarkeit eines effizienten Anwendungsregimes abhängt, sind beide Punkte doch systematisch zu trennen. Vorrangig ist dabei die Frage nach der andauernden Geltung der Artt. 81, 82 EG für die Fusionskontrolle. Nur wenn sie bejaht wird, ist auf das Anwendungsregime einzugehen, siehe unten IV.

Gegenüber der fortdauernden Bedeutung der Artt. 81 und 82 EG für die Zusammenschlußkontrolle wird z. T. auf den politischen Kontext verwiesen, in dem die Urteile des Europäischen Gerichtshofs in dieser Frage ergangen sind. Diese Urteile hätten vor allem den Zweck gehabt, in den sich hinschleppenden Verhandlungen über eine Fusionskontrollverordnung einen „Warnschuß" abzugeben, den im Rat opponierenden Mitgliedstaaten habe verdeutlicht werden sollen, daß sich eine Fusionskontrolle, wenn auch mit erheblichen Schwierigkeiten und Nachteilen, notfalls auch ohne eine besondere Verordnung auf der Grundlage des geltenden Gemeinschaftsrechts einführen lasse (Dreher, 2002, 831f.; Immenga, 1997, 778, A Rn 12f.). Es sei deshalb zweifelhaft, ob der Europäische Gerichtshof nach Erlaß der Fusionskontrollverordnung seine frühere Rechtsprechung fortführen werde. Daß der Gerichtshof dem europäischen Gesetzgeber Impulse gegeben hat, läßt sich nicht bezweifeln, und es ist auch nicht auszuschließen, daß dies in der Absicht des einen oder anderen Richters lag. Dessen ungeachtet kann man die Rolle der Rechtsprechung in einer Rechtsgemeinschaft, wie sie die Europäische Gemeinschaft ist, nicht auf die Rolle eines Teilnehmers im politischen Diskurs reduzieren, der seine Auslegung der maßgeblichen Rechtsvorschriften wie ein Mäntelchen nach dem jeweiligen politischen Wind wendet.

Einziger positivrechtlicher Anhaltspunkt für eine Beschränkung des Anwendungsbereichs der Artt. 81 und 82 EG im Bereich der Fusionskontrolle ist die Vorschrift des Artikels 22 FKVO. Danach gilt für Zusammenschlüsse diese Verordnung „allein". Aus dem zweiten Halbsatz des ersten Absatzes ergibt sich jedoch, daß der Ausschließlichkeitsanspruch nicht das primäre Gemeinschaftsrecht, sondern lediglich die verschiedenen Anwendungsverordnungen des sekundären Wettbewerbsrechts und insbesondere die Verordnung Nr. 17 verdrängen soll. So wird denn auch allseits anerkannt, daß der Geltungsanspruch der primären Wettbewerbsvorschriften durch einen sekundärrechtlichen Rechtsakt wie die Fusionskontrollverordnung gar nicht eingeschränkt werden kann (BMWi, 2002, Tz. 82; Immenga, 1997, 1084, F Rn. 4, Möschel, 2002, 2085; Niemeyer, 1991, 449). Zwar eröffnet Art. 83 Abs. 2 die Möglichkeit, den Anwendungsbereich der Artt. 81 und 82 „für die einzelnen Wirtschaftszweige näher zu bestimmen" (lit. c), doch sind solche sektorspezifischen Regelungen in der Fusionskontrollverordnung nicht enthalten. Auch von der in Art. 83 Abs. 2 lit. e EG enthaltenen Befugnis, das Verhältnis zwischen den innerstaatlichen Rechtsvorschriften einerseits und den Artt. 81, 82 EG oder den dazu erlassenen Ausführungsschriften andererseits festzulegen, hat der europäische Gesetzgeber in der Fusionskontrollverordnung keinen Gebrauch gemacht.

Im Ergebnis ist daher die Rechtsprechung zur Fusionskontrolle nach Art. 81 und 82 EG außerhalb des Anwendungsbereichs der Fusionskontrollverordnung nach wie vor bedeutsam.[3] Man mag beklagen, daß damit eine Doppelkontrolle mancher Zusammenschlüsse durch nationale und europäische Behörden stattfindet (Dreher, 2002, 833). In Art. 22 und in den Präambelerwägungen der Fusionskontrollverordnung ist in der Tat das „one stop shop" -Prinzip als Ziel zum Ausdruck gebracht. Doch ist es nur durchgesetzt worden, soweit der Anwendungsbereich der Fusionskontrollverordnung reicht, im übrigen dagegen nicht.

III. Fusionskontrolle nach den Artt. 81 und 82 EG

Die vorstehend erörterte Frage der Normkonkurrenz kann letztlich unentschieden bleiben, soweit Unternehmenszusammenschlüsse die Verbotstatbestände der Artt. 81 und 82 EG gar nicht erfüllen (BMWi, 2002, Tz. 83 ff.). Da beide Vorschriften – anders als Art. 66 EGKSV – gar nicht ausdrücklich von

---

[3] Davon geht ersichtlich auch die Protokollerklärung der Kommission vom 19.12.1989 (abgedruckt bei Immenga/Mestmäcker, 1997, 2851, 2854 f.) aus, die sich die Anwendung von Art. 81 und 82 auf Zusammenschlüsse ohne gemeinschaftsweite Bedeutung vorbehält.

Unternehmenszusammenschlüssen handeln, war es in der Tat lange zweifelhaft, ob sie auf Fusionen angewendet werden können. Dies ist vom Europäischen Gerichtshof zunächst für Art. 82 (früher 86) EG und später auch für das Kartellverbot des Art. 81 (früher 85) EG bejaht worden.

1. Fusionskontrolle gemäß Art. 82 EG

Im Jahre 1973 sprach sich der Europäische Gerichtshof erstmalig für die Anwendung von Art. 82 (früher 86) EG auf einen Unternehmenszusammenschluß aus (EuGH Rs. 6/72, Continental Can, Slg. 1973, 215). Die Gründe des Urteils weisen auf die Verpflichtung der Gemeinschaft hin, ein System des unverfälschten Wettbewerbs zu errichten, Art. 3 lit. g) (früher Art. 3 lit. f) EG. Aus dieser Zielsetzung, die für die Auslegung der besonderen Wettbewerbsvorschriften maßgebend sei, ergebe sich „erst recht" die Pflicht der Gemeinschaft, dafür zu sorgen, „daß der Wettbewerb nicht ausgeschaltet wird" (EuGH, ebd., Tz. 24). Diesem Ziel diene, soweit es um Verhaltenskoordinierungen zwischen Unternehmen gehe, das Verbot des Art. 81 (früher 85) EG. „Wenn es zur Umgehung des Verbotes des Art. 85 ausreichte, die Verbindungen zwischen den Unternehmen so eng zu gestalten, daß sie der Verbotsvorschrift des Art. 85 entgingen, ohne in den Anwendungsbereich von Art. 86 zu fallen, so würde damit im Widerspruch zu den grundlegenden Prinzipien des Gemeinsamen Marktes die Abschottung eines wesentlichen Teils dieses Marktes erlaubt." (EuGH, ebd., Tz. 25). Deshalb müsse man nicht nur unmittelbar marktbezogene Verhaltensweisen als mißbräuchlich ansehen, ein mißbräuchliches Verhalten könne vielmehr auch in einer von dem beherrschenden Unternehmen herbeigeführten Strukturveränderung liegen, wenn nämlich „ein Unternehmen in beherrschender Stellung diese dergestalt verstärkt, daß der erreichte Beherrschungsgrad den Wettbewerb wesentlich behindert, daß also nur noch Unternehmen auf dem Markt bleiben, die in ihrem Markverhalten von den beherrschenden Unternehmen abhängen" (EuGH, ebd., Tz. 26).

Nach Auffassung des Bundesministeriums für Wirtschaft kommt dieser Rechtssprechung seit Erlaß der Fusionskontrollverordnung nur noch eingeschränkte Bedeutung zu. Ein Verstoß gegen Art. 82 EG setze seither zumindest die fortbestehende Selbständigkeit der Unternehmen voraus (BMWi, 2002, Tz. 85). Dazu beruft sich das Ministerium auf eine Entscheidung der Europäischen Kommission im Falle *BIC/Gilette* aus dem Jahre 1992 (KOMM. 10.11.1992, Abl. EG 1993, L 116/23). Diese Entscheidung stützt die Auffassung des Ministeriums indessen nicht. Erstens ist sie zwar nach Erlaß der Fusionskontrollverordnung ergangen, betrifft jedoch einen Fall, der bereits vor Inkrafttreten der Fusionskontrollverordnung anhängig geworden war. Rückschlüsse auf eine Veränderung der Rechtslage durch die Fusionskontrollverordnung lassen sich also aus dieser Entscheidung nicht ziehen. Zweitens ging es in dem Fall in der Tat um eine Minderheitsbeteiligung, die Selbständigkeit des Zielunternehmens blieb also erhalten. Gerade deshalb brauchte die Kommission aber zu dem Fall einer Mehrheitsbeteiligung auch gar nicht Stellung zu nehmen und hat dies auch nicht getan. Drittens ist bei der Würdigung der Kommissionspraxis zu bedenken, daß die allermeisten Fälle von Mehrheitsbeteiligungen – und so auch *BIC/Gilette* – als Kontrollerwerbe mit gemeinschaftsweiter Bedeutung heute in den Anwendungsbereich der Fusionskontrollverordnung fallen, so daß es kaum noch Anlässe für einen Rückgriff auf die *Continental Can*-Rechtsprechung gibt und die Kommissionspraxis in diesem Punkt wenig Aufschluß über die wirkliche Rechtslage gibt. Viertens wird die Rechtsprechung nicht durch die Praxis eines Verwaltungsorgans relativiert werden können, zumal der „erst Recht“-Schluß des Urteils von 1973 der Folgerung des Bundesministeriums für Wirtschaft geradewegs zuwider läuft. Er deutet darauf hin, daß der Gerichtshof Lücken im Schutz des Wettbewerbs nicht tolerieren und deshalb auch an der Anwendung der Art. 81 und 82 EG festhalten wird, soweit die Fusionskontrollverordnung nicht eingreift.

2. Fusionskontrolle nach Art. 81 EG

Gegen die Anwendung des Kartellverbots des Art. 81 EG auf Unternehmenszusammenschlüsse war lange Zeit eingewendet worden, daß diese Vorschrift die Verhaltensabstimmung zwischen eigenständigen wirtschaftlichen Entscheidungszentren betrifft, daß aber eine Fusion den beteiligten Unternehmen gerade die Möglichkeit nehme, noch selbständig unternehmerische Entscheidungen zu treffen; deshalb bleibe auch für eine Abstimmung des unternehmerischen Verhaltens zwischen den fusionierenden Unternehmen kein Raum. Eine Wende und Präzisierung der Auffassungen brachte die grundlegende Entscheidung des EuGH im Zigarettenfall, wonach der Erwerb von Beteiligungen an einem anderen Unternehmen, an dem ein Konkurrent des Erwerbers bereits beteiligt ist, auch als wettbewerbsbeschränkende Vereinbarung am Maßstab des Art. 81 EG zu messen ist (EuGH verb. Rs. 142 u. 156/84, BAT/Reynolds, Slg. 1987, 4487). In diesem Fall wendeten sich die Klägerinnen dagegen, daß die Philip Morris Inc. von der Südafrikanischen Rembrandt Group Ltd. eine Minderheitsbeteiligung von rund 30% des Kapitals der Rothmans International kaufte, eines für den Markt der Gemeinschaft bedeutenden Zigarettenherstellers. Der Gerichtshof stellte fest, daß die Vereinbarungen am Maßstab des Art. 85 EWGV (jetzt 81 EG) zu prüfen seien, da die beteiligten Unternehmen auch nach dem Inkrafttreten der Vereinbarungen selbständige Unternehmen bleiben (EuGH, ebd., Tz. 31). Des weiteren führt das Urteils aus, daß die Beteiligung am Kapital eines Konkurrenzunternehmens für sich genommen kein wettbewerbsbeschränkendes Verhalten darstellt, aber doch als Mittel dienen kann, das geschäftliche Verhalten der betreffenden Unternehmen so zu beeinflussen, daß der Wettbewerb auf dem Markt ihrer Geschäftstätigkeit eingeschränkt oder verfälscht wird (EuGH, ebd., Tz. 37). Eine solche Entwicklung erwartet der Gerichtshof „insbesondere", wenn der Investor durch den Beteiligungserwerb oder Nebenabreden „rechtlich oder faktisch die Kontrolle über das geschäftliche Verhalten des anderen Unternehmens erlangt" (EuGH, ebd., Tz. 38). Dabei komme es darauf an, „jede Vereinbarung in ihrem wirtschaftlichen Zusammenhang und insbesondere unter Berücksichtigung der Situation auf dem relevanten Markt zu beurteilen" (EuGH, ebd., Tz. 40).

Aus diesem Urteil haben manche den Schluß gezogen, das Kartellverbot sei nur auf Minderheitsbeteiligungen anzuwenden; bei Mehrheitsbeteiligungen entfalle die Selbständigkeit des übernommenen Unternehmens. Diese Auffassung hat sich offensichtlich auch das Bundesministerium für Wirtschaft im Falle EON/Ruhrgas zu eigen gemacht. Zwar führe der Zusammenschluß zwischen EON und Ruhrgas zu einer Verhaltensabstimmung, die die Kriterien des Art. 81 EG erfülle, doch fehle es an dem in der Rechtsprechung aufgestellten Erfordernis eines Fortbestands stelbständiger Unternehmen, da die Ruhrgas AG infolge der Fusion ihre Selbständigkeit einbüßen werde (BMWi, 2002, Tz.84). Derart weitreichende Schlüsse lassen sich indessen aus dem Zigarettenurteil nicht ziehen. Der Gerichtshof hatte es mit einem Fall zu tun, in dem es aufgrund der Minderheitsbeteiligung ohnehin keine Zweifel an dem Fortbestand eigenständiger unternehmerischer Entscheidungszentren gab. Wenn das Urteil auf die Selbständigkeit der Unternehmen nach Vollzug des Zusammenschlusses hinweist, so soll damit unterstrichen werden, daß die Anwendbarkeit von Art. 81 EG in solchen Fällen über jeden Zweifel erhaben ist. Ein Gegenschluß in dem Sinne, daß bei einer Mehrheitsbeteiligung die Selbständigkeit des Zielunternehmens und damit auch die Anwendbarkeit des Art. 81 unter allen Umständen entfalle, ist weder zwingend noch intendiert. Dies läßt sich besonders daraus entnehmen, daß der Gerichtshof den Erwerb der rechtlichen oder faktischen Kontrolle an dem Zielunternehmen als Beispiel für eine Wettbewerbsbeschränkung durch Anteilserwerb besonders hervorhebt; gerade aus einem Mehrheitserwerb wird sich eine solche den Wettbewerb beschränkende Kontrolle aber regelmäßig ergeben. Demgemäß hat auch die europäische Kommission den früheren Art. 85 EWGV durchaus auch auf Mehrheitserwerbe angewandt (Bull.EG 1-1988, 27 – Carnaud/Sofreb; Emmerich, 1997, 283f., B Rn. 352).

Gerade wenn man wie der Gerichtshof nicht auf den Beteiligungserwerb als solchen, sondern auf die sich daraus ergebende Gefahr der Verhaltenskoordinierung abstellt, wird man nicht nur mechanisch auf die Größe des erworbenen Kapitalanteils schauen dürfen. Entscheidend ist vielmehr, welche Spielräume für eigene unternehmerische Entscheidungen dem Zielunternehmen nach dem Anteilserwerb noch bleiben. Daß auch ein Mehrheitserwerb dem herrschenden Unternehmen keine völlige Handlungsfreiheit gibt, folgt oft aus einer kaufmännisch indizierten Rücksichtnahme auf Minderheitsaktionäre des beherrschten

Unternehmens, es folgt aber auch aus den konzernrechtlichen Regelungen der §§ 311 ff. AktG, nach denen die abhängige Gesellschaft vermögensmäßig im Ergebnis so gestellt werden soll, als ob sie weiter unabhängig im gemeinsamen Interesse ihrer Aktionäre geführt würde (Emmerich/Sonnenschein, 1997, 341). Das Instrument des Verlustausgleichs kann durchaus seine Schatten vorauswerfen und dem abhängigen Unternehmen eine gewisse unternehmerische Selbständigkeit im Konzern bewahren. Wenn dies der Fall ist, bleibt dem abhängigen Unternehmen jedenfalls dem Grunde nach auch ein Spielraum für eigene unternehmerische Entscheidungen, den es durch wettbewerbsbeschränkende Verhaltenskoordinierung einengen kann. Damit bleibt Raum für die Anwendung des Art. 81 EG, solange sich Minderheitsaktionäre in der Zielgesellschaft befinden. Der Gerichtshof brauchte 1987 wie erläutert zu diesen Fragen nicht Stellung zu nehmen; sein Urteil hierzu steht noch aus.

Ähnlich ungeklärt ist die Anwendung des Art. 81 EG auf vertikale und konglomerate Zusammenschlüsse. Im Zigarettenfall ging es um eine Vereinbarung zwischen zwei Konkurrenten, also eine horizontale Fusion. Demgemäß beschränken sich die Feststellungen des Gerichtshofs auf die Gefahr einer Wettbewerbsbeschränkung zwischen dem Veräußerer und dem Erwerber der Beteiligung (EuGH Rs. 6/72, BAT/Reynolds, Slg. 1987, 4487 Tz. 31). Daraus wird man aber – entgegen dem Bundesministerium für Wirtschaft – nicht schließen können, daß Art. 81 EG einem Zusammenschluß nicht entgegensteht, wenn sich in diesem Verhältnis keine Wettbewerbsbeschränkung feststellen läßt. Denn Art. 81 betrifft nicht nur horizontale, sondern auch vertikale Wettbewerbsbeschränkungen, bei denen die Parteien der Vereinbarung per definitionem nicht zueinander im Wettbewerb stehen und sich die Wettbewerbsbeschränkung deshalb von vornherein nicht zwischen ihnen einstellen kann. Bei vertikalen Fusionen wie im Falle EON/Ruhrgas ist vielmehr zu prüfen, ob es dadurch zu Marktverschlußwirkungen kommt, daß Unternehmen verschiedener Handelsstufen eine konzernmäßige Verbindung eingehen. Im Falle EON/Ruhrgas ist dies vom Bundesministerium für Wirtschaft nicht untersucht worden (BMWi, 2002, Tz. 84), obwohl das Bundeskartellamt in seiner Entscheidung nach § 36 GWB solche Marktverschlußwirkungen gerade in den Mittelpunkt seiner Überlegungen gestellt hatte (Bundeskartellamt 17.1.2002, B8-109/01, WuW DE-V 511, Tz. 35; 26.2.2002, B8-149/01, insoweit nicht in WuW/E DE-V 533 Tz. 36). Zu welchen Ergebnissen die Anwendung von Art. 81 EG auf vertikale Fusionen führt, ist bislang nicht entschieden, ebenso wenig wie die Bedeutung der Gruppenfreistellungsverordnung für vertikale Vereinbarungen[4] für vertikale Fusionen.

---

[4] Verordnung (EG) Nr. 2790/1999 der Kommission vom 22.12.1999 über die Anwendung von Artikel 81 Absatz 3 des Vertrages auf Gruppen von vertikalen Vereinbarungen und aufeinander abgestimmte Verhaltensweisen, ABl. EG 1999 L 336/21.

IV. Das Anwendungsregime

Zur Verwirklichung der in Art. 81 und 82 EG niedergelegten Grundsätze bedarf es näherer Regelungen, in denen die Zuständigkeit der handelnden Organe und ihre Befugnisse, die zu beachtenden Verfahren und die Sanktionen festgelegt werden. Solche Verordnungen sind aufgrund von Art. 83 EG erlassen worden; die wichtigste von ihnen ist die VO Nr. 17[5], daneben sind für einzelne Verkehrsbereiche weitere Verordnungen zu beachten (Basedow, 1997, 1995f., A Rn 4). Überlagert werden diese Anwendungsverordnungen durch die Fusionskontrollverordnung. Daraus ergeben sich spezifische Probleme für die Anwendung der Art. 81 und 82 EG durch die Kommission (unten 1.) und nationale Gerichte (unten 2.) auf Unternehmenszusammenschlüsse; schließlich ist auf die Konsequenzen im Verfahren der Ministererlaubnis einzugehen (unten 3.).

1. Die Anwendung der Artt. 81, 82 EG auf Zusammenschlüsse durch die Kommission

Das Anwendungsregime der Artt. 81 und 82 EG ist grundsätzlich in der VO Nr. 17 verankert. Demgemäß liegen den beiden Leitentscheidungen des Europäischen Gerichtshofs auch Verwaltungsverfahren der Kommission zugrunde, die auf der Grundlage der VO Nr. 17 durchgeführt wurden (EuGH Rs. 6/72, Continental Can, Slg. 1973, 215; EuGH verb. Rs. 142 u.156/84, BAT/Reynolds, Slg. 1987, 4487). Nach verbreiteter Auffassung hat sich die Rechtslage insofern allerdings mit der Fusionskontrollverordnung verändert. Nach ihrem Art. 22 Abs. 1 n. F. gilt die Fusionskontrollverordnung „allein für Zusammenschlüsse im Sinne des Artikels 3; die Verordnungen Nr. 17 ... gelten nicht, außer für Gemeinschaftsunternehmen, die keine gemeinschaftsweite Bedeutung haben und die Koordinierung des Wettbewerbsverhaltens unabhängig bleibender Unternehmen bezwecken oder bewirken." Von der Ausnahme für Gemeinschaftsunternehmen im zweiten Halbsatz abgesehen waren diese Regeln bereits in der ursprünglichen Fassung von Art. 22 enthalten, dort freilich verteilt auf die Absätze 1 und 2. In der Literatur wird der Ausschluß der VO Nr. 17 für „Zusammenschlüsse im Sinne des Art. 3" vielfach dahin verstanden, daß sämtliche Zusammenschlüsse, die in sachlicher Hinsicht die Kriterien des Art. 3 erfüllen, dem Anwendungsbereich der VO Nr. 17 entzogen sind, auch wenn sie keine gemeinschaftsweite Bedeutung haben, also gemäß Art. 1 gar nicht in den Anwendungsbereich der Fusionskontrollverordnung fallen (Immenga, 1997, 1062, D Art 22 Rn. 3 und 1084, F Rn. 3; Dreher, 2002, 834; i. E. auch Möschel, 2002, 2085). Nach dieser Auffassung bleibt dann für die Durchsetzung der Artt. 81

[5] Erste Durchführungsverordnung des Rates zu den Artikeln 85 und 86 des Vertrages, ABl. EG 1962, 204.

und 82 EG für Zusammenschlüsse ohne gemeinschaftsweite Bedeutung im Sinne des Art. 1 FKVO nur noch das subsidiäre Anwendungsregime des Art. 85 (früher 89) EG, soweit es um Verfahren vor der Europäischen Kommission geht (ebd.).

Folgerichtig müßte, wer dieser Auffassung folgt, auch eine Pflicht der Behörden der Mitgliedsstaaten gemäß Art. 84 (früher 88) EG zur Durchsetzung der Artt. 81 und 82 EG annehmen.[6] Denn nach der Rechtsprechung des Gerichtshofs steht der Ausschuß der VO Nr. 17 dem in Art. 84 EG geregelten Fall gleich, daß noch keine Anwendungsregelung erlassen worden ist; danach bleiben „in Ermangelung der in Art. 87 EWGV (jetzt 83 EG) vorgesehenen Regelung die Artt. 88 und 89 (jetzt 84 und 85 EG) anwendbar" (EuGH verb. Rs. 209-213/84, Asjes et al., „Nouvelles Frontières", Slg. 1986, 1471 Tz. 52)[7]. Dabei weist der Wortlaut von Art. 84 EG („entscheiden die Behörden der Mitgliedsstaaten") darauf hin, daß die Vorschrift nicht lediglich eine Befugnis, sondern eine Aufgabe zuweist; dementsprechend bestimmt auch § 50 GWB in Deutschland, daß die „den Behörden der Mitgliedsstaaten übertragenen Aufgaben" vom Bundeskartellamt wahrgenommen werden. Auch der Gerichtshof sieht in der Formulierung des Art. 84 EG (früher 88 EWGV) einen Imperativ.[8] Dies bedeutet für die nationalen Behörden und insbesondere das Bundeskartellamt, daß sie Zusammenschlüsse ohne gemeinschaftsweite Bedeutung, die jedoch in den Anwendungsbereich der Artt. 81 und 82 EG fallen, doppelt zu prüfen haben, nämlich am Maßstab des nationalen Rechts (§ 36 GWB) und des europäischen Rechts der Artt. 81 und 82 EG. Insbesondere haben sie einerseits über Freistellungen nach Art. 81 Abs. 3 EG zu entscheiden, die sich dann auch gegen Verbotsentscheidungen nach nationalem Recht durchsetzen; andererseits müssen sie Untersagungsverfügungen, die nach Art. 81 oder 82 angezeigt wären, auch auf diese Vorschriften stützen, damit nicht eine nationale Ministererlaubnis nach § 42 GWB den Vorrang des Gemeinschaftsrechts (EuGH Rs. 14/68, Walt Wilhelm, Slg. 1969, 1 Tz.4-5) aufhebt.

Die voranstehenden Ausführungen gehen von der Prämisse aus, daß Art. 22 Abs. 1 FKVO tatsächlich, wie von vielen angenommen, zu einem völligen Ausschluß der VO Nr. 17 für sämtliche Zusammenschlüsse im Sinne des Art. 3 FKVO führt, gleich ob sie gemeinschaftsweite Bedeutung im Sinne des Art. 1 FKVO haben oder nicht. Diese Auslegung des Art. 22 FKVO ist indessen we-

---

[6] Diese Schlußfolgerung wird nur zum Teil gezogen (*Immenga*, 1997, 1086, F Rn. 13-15).

[7] In bezug auf die VO Nr. 141, die ebenfalls die VO Nr. 17 für den Verkehrsbereich ausschließt.

[8] So EuGH in „Nouvelles Frontières" Tz. 54: „Nach diesem Artikel (scil. Art. 84 EG) *haben* also die 'Behörden der Mitgliedstaaten' die Artikel 85, insbesondere Abs. 3, und 86 anzuwenden..." (Meine Hervorhebung, J. B.).

der zwingend noch sachgerecht. Wenn Art. 1 FKVO den Anwendungsbereich der gesamten Verordnung festlegt, so geschieht dies auch für die Vorschriften der Artt. 3 und 22 FKVO. Soweit ein Zusammenschluß also keine gemeinschaftsweite Bedeutung im Sinne von Art. 1 hat, ist Art. 22 von vornherein auf ihn gar nicht anzuwenden. Etwas anderes gilt nur, soweit sich dies ausdrücklich aus dem Text der Vorschrift ergibt; dies ist bei Art. 22 Abs. 3 der Fall, der den Mitgliedsstaaten ausdrücklich das Recht gibt, die Anwendung der Fusionskontrollverordnung auch auf Zusammenschlüsse ohne gemeinschaftsweite Bedeutung zu beantragen, bei Art. 22 Abs. 1 fehlt es an einer solchen ausdrücklichen Erstreckung der Regelung über den Anwendungsbereich der gesamten Verordnung hinaus. Dem wird Art. 1 Abs. 1 Halbsatz 2 FKVO entgegengehalten, wonach Art. 22 „unberührt" bleibe. Diese Vorschrift soll sich nicht nur auf Art. 22 Abs. 3, sondern auch auf Art. 22 Abs. 1 FKVO beziehen (Dreher, 2002, 834 Fn.27).

Dies trifft jedoch nicht zu. Nach allgemeinen Regeln der Gesetzgebungstechnik soll die Feststellung, daß eine Regelung unberührt bleibe, nur ihren eigenen unzweideutigen Regelungsgehalt gegen eine andere Vorschrift, hier Art. 1 Abs. 1 FKVO durchsetzen. Wenn sich aus der „unberührt" bleibenden Regelung, hier also – angeblich – aus Art. 22 Abs. 1 FKVO, gar nicht eindeutig ergibt, daß sie im Konflikt mit Art. 1 Abs. 1 FKVO steht, so führt jedenfalls die „Unberührtheitsklausel" nicht dazu, daß ein solcher Konflikt entsteht; man kann aus ihr nicht schließen, daß Art. 22 Abs. 1 eine bestimmte Bedeutung hat, die der Vorschrift nach allgemeinen Regeln gar nicht zukommt. Auch aus dieser Sicht muß es deshalb dabei bleiben, daß Art. 22 Abs. 1 überhaupt nur auf Zusammenschlüsse von gemeinschaftsweiter Bedeutung im Sinne des Art. 1 Abs. 1 anzuwenden ist (Richter, 1992, 101; Löffler, 2001, 2645, Art. 22 Rn. 5). Dagegen spricht auch nicht die Protokollerklärung, die die Kommission 1989 bei Verabschiedung der Fusionskontrollverordnung abgegeben hat. Darin ist lediglich von Absichten der Kommission hinsichtlich ihrer eigenen Tätigkeit die Rede und von dem Vorbehalt, „gegenüber Zusammenschlüssen im Sinne von Art. 3, die keine gemeinschaftsweite Bedeutung im Sinne von Art. 1 haben, in den nicht in Art. 22 vorgesehenen Fällen nach den Verfahren des Art. 89 des Vertrages tätig zu werden" (siehe Fußnote 3). Diese Erklärung gibt in ihrer Kürze selbst Rätsel auf, dagegen keine verläßliche Auskunft über Rechtsansichten der Kommission und erst recht nicht über die objektive Rechtslage, die wie skizziert aus der Normlogik folgt.

Für eine restriktive Auslegung des Ausschlusses der VO Nr. 17 in Art. 22 Abs. 1 FKVO spricht außerdem auch der Gesichtspunkt des *effet utile*, der die Auslegung und Anwendung des Gemeinschaftsrechts durchgehend leitet (Streinz, 1995, 1497f.). Wenn es außerhalb des Anwendungsbereichs der Fusionskontrollverordnung Unternehmenszusammenschlüsse gibt, auf die – wie dargelegt und letztlich unbestritten – Artt. 81 und 82 EG Anwendung finden, so ist das sekundäre Gemeinschaftsrecht so zu interpretieren, daß die Wettbewerbsvorschriften mit der größtmöglichen praktischen Wirkung durchgesetzt werden können. Da aber die primärrechtlich geregelten Anwendungsverfahren nach Art. 84 und 85 EG ohne praktische Bedeutung geblieben sind, wird man Zweifel an der Auslegung des Art. 22 Abs. 1 FKVO zugunsten einer Anwendung der VO Nr. 17 entscheiden müssen. Sie bietet der Kommission nicht nur im Vergleich zu Art. 85 EG deutlich weiterreichende Befugnisse, ihre Anwendbarkeit hat auch zur Folge, daß die vom Vertrag selbst vorgesehene Sanktion des Art. 81 Abs. 2 EG, also die Nichtigkeit der wettbewerbsbeschränkenden Vereinbarungen, eingreifen kann, siehe sogleich unten 2.

2. Die Anwendung der Artt. 81, 82 EG auf Zusammenschlüsse durch nationale Gerichte

Die Verbote der Artt. 81 und 82 EG wirken grundsätzlich unmittelbar und sind deshalb von den nationalen Gerichten auch direkt anzuwenden, so daß wettbewerbsbeschränkende Verhaltensabstimmungen gemäß Art. 81 Abs. 2 EG und – im Falle eines Verstoßes gegen Art. 82 EG – auch nach dieser Vorschrift in Verbindung mit § 134 BGB nichtig sind (Immenga, 1997, 1086f., F Rn. 17, 20). Allerdings hat der Gerichtshof schon seit 1962 in ständiger Rechtsprechung die Auffassung vertreten, daß die unmittelbare Anwendbarkeit des Art. 81 Abs. 1 eingeschränkt ist, soweit es an einer Anwendungsverordnung fehlt. Das dann maßgebliche Anwendungsregime der Artt. 84 und 85 EG sei nicht geeignet, die vollständige Anwendung von Art. 81 zu gewährleisten (EuGH Rs. 13/61, De Geus, Slg. 1962, 97, 112f.). Der Gerichtshof hat daher entschieden, „daß bis zum Inkrafttreten einer Durchführungsverordnung ... das Verbot des Art. 85 Abs. 1 [jetzt Art. 81] ebenso wie die Nichtigkeit im Sinne des Art. 85 Abs. 2 nur bei denjenigen Vereinbarungen und Beschlüssen eintritt, bezüglich derer entweder die Behörden der Mitgliedstaaten aufgrund von Art. 88 [jetzt Art. 84] entschieden haben, daß sie unter Art. 85 Abs. 1 fallen und keiner Ausnahme vom Verbot im Sinne von Art. 85 Abs. 3 fähig sind, oder die Kommission die in Art. 89 Abs. 2 [jetzt Art. 85] vorgesehene Feststellung getroffen hat" (EuGH verb. Rs. 209-213/84, Asjes et al., Slg. 1986, 1471 Tz. 65). Demgegenüber ist das Verbot des Machtmißbrauchs in Art. 82 EG ohne Vorbehalt gültig (EuGH Rs. 66/86, Ahmed Saeed, Slg. 1989, 803 Tz.32).

Für Unternehmenszusammenschlüsse, die nicht in den Anwendungsbereich der Fusionskontrollverordnung fallen, hat diese Rechtsprechung zur Folge, daß es für die Nichtigkeitssanktion des Art. 81 Abs. 2 EG darauf ankommt, ob auf sie eine Durchführungsverordnung anwendbar ist oder nicht. Die oben (IV 1) behandelte Kontroverse über die Reichweite von Art. 22 Abs. 1 FKVO erlangt daher an dieser Stelle zusätzliche Bedeutung. Wenn Art. 22 Abs. 1 FKVO die Anwendung der VO Nr. 17 nur in Bezug auf Zusammenschlüsse mit gemeinschaftsweiter Bedeutung im Sinne von Art. 1 FKVO ausschließt, während die

Zusammenschlüsse ohne gemeinschaftsweite Bedeutung weiterhin nach der VO Nr. 17 zu untersuchen sind, so greift in Verfahren vor den nationalen Gerichten auch unmittelbar das Verbot des Art. 81 Abs. 1 und die Nichtigkeitssanktion des Art. 81 Abs. 2 EG. Wenn jedoch entgegen der hier vertretenen Auffassung die VO Nr. 17 für alle Zusammenschlüsse ausgeschlossen ist, gleich ob sie gemeinschaftsweite Bedeutung haben oder nicht, so kommt für die Zusammenschlüsse ohne gemeinschaftsweite Bedeutung nur noch eine Untersuchung nach den Artt. 84 und 85 EG in Betracht. Dies hat nach der referierten Rechtsprechung zur Folge, daß Verbot und Nichtigkeitssanktion des Art. 81 ohne entsprechende ausdrückliche Beschlüsse der nationalen Behörden oder der Kommission nicht eingreifen.

Für nationale Gerichte, die mit solchen Unternehmenszuschlüssen befaßt sind, wird daher die Frage entscheidungsrelevant, wie weit die Ausschlußwirkung des Art. 22 Abs. 1 FKVO reicht; unterinstanzliche Gerichte sollten und letztinstanzliche Gerichte müssen diese Frage daher dem Europäischen Gerichtshof vorlegen. Dabei wird der Gerichtshof wiederum auf die größtmögliche praktische Wirksamkeit, den *effet utile* des Gemeinschaftsrechts achten. Entgegen einer verbreiteten und von bestimmten Interessen geförderten Tendenz in der Literatur kann nicht eine vermeintlich evidente Auslegung des sekundären Gemeinschaftsrechts die Wirkungen der primären Wettbewerbsvorschriften schmälern; vielmehr muß jeder Auslegungsspielraum des sekundären Gemeinschaftsrechts genutzt werden, um Art. 81 zu seiner vollen Wirksamkeit zu verhelfen.

3. Die Anwendung der Artt. 81, 82 EG auf Zusammenschlüsse im Verfahren der Ministererlaubnis

Während es bisher um die Frage ging, nach welchen Regeln die Artikel 81 und 82 auf Unternehmenszusammenschlüsse angewendet werden können, ist das nationale Verfahren der Fusionskontrolle einschließlich des Ministererlaubnisverfahrens auf die Durchsetzung des nationalen Wettbewerbsrechts und der nationalen Wirtschaftspolitik ausgerichtet. Nach Auffassung der Monopolkommission sind jedoch die Artt. 81 und 82 EG als zusätzlicher Gesichtspunkt zu beachten, der die Entscheidungsbefugnisse der nationalen Instanzen begrenzt (Monopolkommission, 2002, Tz. 226). Dem ist das Bundesministerium für Wirtschaft nicht gefolgt. Nach seiner Auffassung wäre die Anwendung der Artt. 81 und 82 EG „Bestandteil der wettbewerblichen Beurteilung der Zusammenschlußvorhaben ... durch das Bundeskartellamt gewesen." Das Bundeskartellamt habe insoweit jedoch keine Prüfung vorgenommen, und das Bundesministerium für Wirtschaft sei im Einklang mit der bisherigen Entscheidungspraxis „im Rahmen des Ministererlaubnisverfahrens in tatsächlicher und rechtlicher Hinsicht an die Feststellungen des Bundeskartellamts gebunden" (BMWi, 2002, Tz. 83).

Diese Auffassung verkennt den Vorrang des Gemeinschaftsrechts. Nach ständiger Rechtsprechung des Gerichtshofs bezieht sich dieser Vorrang auf „jede Bestimmung einer nationalen Rechtsordnung oder jede Gesetzgebungs-, Verwaltung- oder Gerichtspraxis“ (EuGH Rs. 106/77, Simmenthal II, Slg. 1978, 629 Tz. 21/23; EuGH Rs. C-213/89, Factortame, Slg. 1990-I, 2433 Tz. 20; Monopolkommission, 2002, Tz. 228; Dreher, 2002, 838). Es versteht sich von selbst, daß die Mitgliedsstaaten nicht befugt sind, durch innerstaatliche Zuständigkeitsverteilungen und Verfahrensregeln Bereiche zu schaffen, in denen Entscheidungen ohne Beachtung des vorrangigen Gemeinschaftsrechts getroffen werden können. Wo dies gleichwohl geschieht, sind die nationalen Maßnahmen nach der Rechtsprechung des Gerichtshofs „ohne weiteres unanwendbar“ (EuGH Rs 106/77, Simmenthal II, Slg. 1978, 629 Tz. 17/18). Im Rechtsmittelverfahren werden die Ausführungen des Bundesministeriums für Wirtschaft in diesem Punkt keinen Bestand haben können; für die Gerichte wird sich deshalb noch stärker die Frage nach einer Klärung der verschiedenen, hier angesprochenen Streitfragen und damit auch nach einer Vorlage an den Gerichtshof gemäß Art. 234 EG stellen.

V. Wettbewerbspolitische Würdigung und Ausblick

Für die Heranziehung der Artikel 81 und 82 EG außerhalb des Anwendungsbereichs der Fusionskontrollverordnung besteht im Lichte der neueren Wettbewerbspolitik auch ein praktisches Bedürfnis. Wie schon oben ausgeführt, ist der Anwendungsbereich der Fusionskontrollverordnung nicht durch wettbewerbspolitische, sondern durch unternehmensbezogene Kriterien definiert, die nur indirekt Rückschlüsse auf die wettbewerbspolitische Bedeutung eines Unternehmenszusammenschlusses zulassen. Insbesondere sind die Kriterien des Artikels 1 FKVO nicht in der Lage, Zusammenschlüsse von bislang nur national operierenden Großunternehmen zu erfassen, die im Hinblick auf eine europaweite Expansion vereinbart werden. Dies ist im Falle EON/Ruhrgas nach dem eigenen Vorbringen der Unternehmen geschehen. Der Zusammenschluß zielte darauf ab, die eigenen Märkte der beteiligten Unternehmen in Deutschland gegen ausländische Konkurrenz zu sichern und den Beteiligten zugleich eine hinreichende Stärke zu verleihen, um ihrerseits in andere europäische Märkte vorzudringen. Er ist insofern als eine strategische unternehmerische Maßnahme zur Anpassung an die Liberalisierung der europäischen Energiemärkte zu sehen. Daß ihm eine europäische Dimension zukommt, ist daher nicht zu bestreiten, auch wenn er aufgrund der Zweidrittel-Regel in Art. 1 FKVO außerhalb der Fusionskontrollverordnung steht.

Aus der Sicht der Gemeinschaft und ihres Rechts ist es wichtig, solche Zusammenschlüsse, die auf die Stärkung von *national champions* und die Abschottung nationaler Märkte gerichtet sind, am Maßstab des Gemeinschaftsrechts beurteilt zu wissen und sie nicht unkontrolliert den Interessen einer nationalen Industriepolitik zu überlassen, die im Ministererlaubnisverfahren nach § 42 GWB oder in nationalen Fusionskontrollverfahren anderer Mitgliedsstaaten artikuliert werden können. Auf Märkten wie z. B. denen der Energiewirtschaft oder des Post- und Eisenbahnwesen, die zu öffnen und europäisieren sich die Gemeinschaft anschickt, liegt es in der Konsequenz ihres Handelns, daß ein Wettbewerb der Unternehmen und nicht der Staaten entfaltet wird. Dieses Ziel kann die Gemeinschaft rechtlich nur erreichen, wenn sie auch außerhalb der Fusionskontrollverordnung über ein halbwegs operationales Instrument der Kontrolle von Unternehmenszusammenschlüssen verfügt. Was das primäre Gemeinschaftsrecht betrifft, so ist dies jedenfalls der Fall, wie die voranstehenden Ausführungen gezeigt haben.

Unbefriedigend ist die Anwendung der Artt. 81 und 82 EG auf Unternehmenszusammenschlüsse dagegen aus anderen Gründen. Erstens ist der Anwendungsbereich der beiden Vorschriften durch die Zwischenstaatlichkeitsklausel nicht nur weit, sondern auch unscharf umrissen. Desweiteren ist auch das Verfahren nach der VO Nr. 17 (wie auch nach Artt. 84 und 85 EG) insofern ungeeignet, als diese Vorschriften keine Basis für eine vorherige Kontrolle von Zusammenschlüssen bieten. Beide Defizite ließen sich im Zuge der anstehenden Überarbeitung der Fusionskontrollverordnung für die hier interessierende Fallgruppe dadurch ausgleichen, daß die Zweidrittelregel in Art. 1 Abs. 2 und 3 FKVO gestrichen oder so eingeschränkt wird, daß die nationalen Fusionen der national champions in den Anwendungsbereich der Fusionskontrollverordnung einbezogen werden.

Literatur

Basedow, Jürgen (1997), Verkehr, in: Ulrich Immenga/Ernst-Joachim Mestmäcker, EG-Wettbewerbsrecht, Kommentar, Band II, 1993ff.

Bundesminister für Wirtschaft und Technologie (BMWi) (2002), Verfügung vom 5.7.2002, Gesch.-Z.: I B 1-220840/129, auszugsweise in WuW/E DE-V 573 Tz. 80ff.

Dreher, Meinrad (2002), Deutsche Ministererlaubnis in der Zusammenschlußkontrolle und europäisches Kartellrecht, in: WuW 2002, 829ff.

Emmerich, Volker (1997), Kommentierung des Art. 85 Abs. 1 EGV, in: Ulrich Immenga/Ernst-Joachim Mestmäcker, EG-Wettbewerbsrecht, Kommentar, Band I, 123ff.

Emmerich, Volker/*Sonnenschein,* Jürgen (1997), Konzernrecht, 6. Aufl.

Ewers, Hans-Jürgen (1991), Dem Verkehrsinfarkt vorbeugen. Zu einer auch ökologisch erträglicheren Alternative der Verkehrspolitik unter veränderten Rahmenbedingungen.

Fritsch, Michael/*Wein*, Thomas/*Ewers,* Hans-Jürgen (2003), Marktversagen und Wirtschaftspolitik, 5. Auflage.

Immanga, Ulrich (1997), Fusionskontrollverordnung, in: Ulrich Immenga/Ernst-Joachim Mestmäcker, EG-Wettbewerbsrecht, Kommentar, Band I, 775ff.

Löffler, Heinz F. (2001), Kommentierung der FKVO 4064/89, in: Eugen Langen/Hermann-Josef Bunte (Hrsg.), Kommentar zum deutschen und europäischen Kartellrecht, Band I, 9. Aufl., 2370ff.

Mestmäcker, Ernst-Joachim (1992), Kommentierung der §§ 23-24c GWB, in: Ulrich Immenga/Ernst-Joachim Mestmäcker (Hrsg.), GWB, Kommentar, 2. Aufl., 858ff.

Miersch, Michael (1991), Kommentar zur EG-Verordnung Nr. 4064/89 über die Kontrolle von Unternehmenszusammenschlüssen.

Möschel, Wernhard (2002), Neue Rechtsfragen bei der Ministererlaubnis in der Fusionskontrolle, in: BB 2002, 2077ff.

Monopolkommission (2002), Zusammenschlußvorhaben der E.ON AG mit der Gelsenberg AG und der E.ON AG mit der Bergemann GmbH, Sondergutachten 34, auszugsweise in: WuW/E DE-V 543 Tz. 221ff.

Niemeyer, Hans-Jörg (1991), Die Anwendbarkeit der Art. 85 und 86 EWG-Vertrag auf Unternehmenszusammenschlüsse nach Inkrafttreten der EG-Fusionskontrollverordnung, in: RIW 1991, 448ff.

Rehbinder, Eckard (1997), Einleitung, Teile E und F, in: Ulrich Immenga/Ernst-Joachim Mestmäcker, EG-Wettbewerbsrecht, Kommentar, Band I, 53ff.

Richter, Stefan (1992), Europäische Fusionskontrolle außerhalb der Fusionskontrollverordnung – Überlegungen zu Auslegung und Wirksamkeit von Art. 22 Abs. 2 der Verordnung (EWG) Nr. 4064/89, in: Winfried Veelken/Matthias Karl/Stefan Richter, Die europäische Fusionskontrolle, 83ff.

Streinz, Rudolf (1995), Der „effet utile" in der Rechtsprechung des Gerichtshofs der Europäischen Gemeinschaften, in: Ole Due/Marcus Lutter/Jürgen Schwarze (Hrsg.), Festschrift für Ulrich Everling, Band II, 1491ff.

Infrastructure Policies in the Central and East European Accession Countries – A Survey in the Wake of EU-Enlargement

Von *Christian von Hirschhausen*, Berlin

I. Preface

Among the many projects of Professor *Hans-Jürgen Ewers*, the development of infrastructure in the East European EU-accession countries popped up every once in a while, both in his own research activities and in his research environment at the Institut für Verkehrswissenschaft in Münster and the Workgroup for Infrastructure Policy (WIP) at TU Berlin. Thus, he convened a conference on the development of transport infrastructure in Eastern and Western Europe early on, with a focus on Polish and German issues (Ewers, 1995). In 1999, he promoted a project on the deregulation and privatization of the Hungarian railways, in cooperation with diverse development banks. Professor Ewers also advised representatives of the Russian Parliament (the Duma) on railway restructuring in Russia in 2000, and thereafter was invited to a joint project with the Russian government and research institutions, which then unfortunately had to proceed without him. The Scientific Advisory Board to the Ministry of Transport, to which Professor Ewers belonged, also issued a study on the reform requirements in the transport sector of the EU-accession countries (Wissenschaftlicher Beirat, 2001). It seems appropriate, therefore, in this Gedenkschrift in memory of Hans-Jürgen Ewers, to analyze the development of infrastructure in Eastern Europe at a particularly strategic point in time, i.e. the wake of eastward enlargement of the European Union, scheduled for 2004. In particular, as we shall see below, the economic policy issues linked to that topic are precisely those that Professor Ewers had dealt with during a large part of his research career, i.e. market-oriented reforms in infrastructure.[1]

---

[1] This contribution builds on a research project on infrastructure policies in Eastern Europe, which turned into a habilitation under the guidance of Professor Ewers (*Hirschhausen*, 2002). I am grateful for the opportunity to work with Professor Ewers, mainly

II. Introduction

In December 2002, the 15 members of the European Union accepted the membership applications of eight Central and East European countries (Poland, Czech Republic, Slovak Republic, Hungary, Slovenia, Estonia, Latvia, Lithuania), and extended an invitation to Bulgaria and Romania to join the EU in 2006.[2] Despite progressive political and economic integration, a substantial gap remains between the future member states and the average EU level in terms of infrastructure equipment. This concerns both material infrastructure and the related regulatory framework and implementation of the EU's common legal framework (the *aquis communautaire*). Thus, for the Central and Eastern European applicant states to achieve the EU's average level of infrastructure equipment, the investment needed in the areas of telecommunications, transport, energy, water, and the environment would be in excess of EUR 500 billion. This figure is in contrast to the roughly EUR 100 billion that have been invested since 1991. Important economic policy issues ("Ordnungspolitik", as Professor Ewers would have called it) are at stake.

This contribution provides a survey of infrastructure development in the Central and East European EU-accession countries over the last decade. We provide quantitative and qualitative evidence of infrastructure development in the region, including what were Professor Ewers' dearest topics: liberalization, commercialization, and privatization. Our hypothesis is that in addition to financial efforts on the part of both the public and the private sectors, there is, above all, a need to accelerate regulatory reform in these countries so as to gradually reduce the discrepancies between them and the EU. The chapter is structured in the following way: Section 2 recalls the specific conditions for infrastructure policies in Eastern Europe and surveys the theoretical literature. In particular, we discuss whether it was – or still *is* – appropriate to implement a particular infrastructure policy in Central and East European countries, given the socialist legacy, the specific conditions of economic transition, and the dear need of modernization of infrastructure in the region. Section 3 provides a brief review of structural change in these countries over the last years, and suggests that the need for infrastructure investment remains strong even today, almost 15 years after the beginning of transition. Section 4 presents a critical assessment of institutional reform in the main sectors of material infrastructure in Eastern Europe (telecommunication, roads, railways, electricity, water). We observe that substantial regulatory reform is still lacking in the accession countries,

---

in the context of the Workgroup for Infrastructure Policy (WIP) at Berlin University of Technology, a truly unique experience. Thanks to colleagues and two anonymous referees for comments and suggestions on this chapter.

[2] In addition, Malta and Cyprus will join the EU in 2004.

which may have thus far prevented free market orientation and stronger private-sector participation. We conclude that the governments of the accession countries, but also the EU itself, should invest particular efforts in this area.

III. The Specific Conditions for Modernizing Infrastructure in the Central and East European Transition Countries

The idea that infrastructure policies have to take into account the economic and institutional characteristics of a country at a given point in time has been stressed recently by the new institutional economic literature (e.g. Spiller, 1993). In essence, the infrastructure policy is determined by the formal and informal institutional capacity of a country, and the technical and organizational state of the sector in question. During the last decade, the Central and East European transition countries were facing quite specific conditions for restructuring and modernizing their worn-out infrastructure. This section describes the specific conditions under which the catching-up process had to proceed, and the debate on an optimal "sequencing" of reforms. Whereas there is not much dissense on the first issue, the optimal sequencing of reforms is subject to debate still today.[3]

1. Macroeconomic Upheaval and Limited Access to Finance

In 2002, the Central and East European economies were among the fastest growing all over Europe. Given this catching-up process, it is difficult to imagine that a decade ago, these countries faced the worst macroeconomic crisis in modern economic history. The dominant effect in Eastern Europe in the early 1990s was indeed the slump of economic activity after the end of socialism. In all countries, official GDP fell by at least 15%, and many countries had to cope with a reduction of over 50% (e.g. Lithuania, EBRD, 2000, 65). Other macroeconomic indicators also behaved erratically: all East European countries were faced with *high inflation*, which remained at a two-digit level in most of them all through the mid-1990s. The *exchange rates* were similarly unstable (see EBRD, Transition Report, various issues). After macro-stabilization, economic growth remained weak until the latter half of the 1990s ("transition crisis").

The dismal state of East European infrastructure in the early phase of transition led to *high investment requirements* including the extension or reconstruc-

---

[3] By the way, the latter discussion sometimes worried Professor Ewers who did not like the idea that delaying privatization and liberalization could do any good anywhere in the world.

tion of entire networks (e.g. telecommunication, highways, airports and air security). Investment requirements were also determined by subjective political constraints: Central and East European governments were supposed to reach infrastructure equipment levels considered 'normal' for European countries, including quality and security standards (e.g. in water, energy, telecommunication, environment). The investment needs for the standard sectors of material infrastructure alone amounted to over 5% of annual GDP for 1995-2010; this excludes investment requirements for institutional and social infrastructure (Hirschhausen, 2002, 62 sq., see also below).

However, during the transition period, access to infrastructure finance was limited in the public *and* in the private sector. *Public* infrastructure financing was limited by the necessary consolidation of the state budget and the parallel decrease of tax revenues.[4] Given low flexibility of expenditures for personnel, state investments had to carry most of the burden on the expenditure side: between 1989 and 1995, the share of public investments in GDP fell from 5-10% to 2-3% (EBRD, 1996, 53), and recovered to an average of 4% towards the end of the decade. *Private* infrastructure finance was constrained by underdeveloped capital markets and high uncertainty and risk. The domestic financial organizations were unable or unwilling to provide financing for long-term infrastructure projects; real interest rates were two-digit. For *foreign* private investors, infrastructure investments included a high political, macroeconomic and microeconomic risk, which only risk-taking investors were willing to accept. The third group of possible investors, *international financial organizations*, therefore might have played the role of a catalyst of infrastructure finance in the early years of transition (EBRD, 1996, 59). However, the available investment volume was relatively small, and was far from being adequate to meet the needs identified in the transition countries.

2. Formal and Informal Institutional Constraints

In addition to the macroeconomic upheaval, the *institutional environment* in East European countries was unstable throughout the 1990s and in most cases not conducive to a coherent competition and infrastructure policy. The *formal* framework for a market-oriented infrastructure policy was underdeveloped in

[4] All transition countries had to cope with a decrease of state revenues over GDP (EBRD, 1996, 52 sq., EBRD, 2000, 69). The share of budget revenues of GDP fell in the reform-oriented transition countries from about 50% (1989) to 40% (in 1995), and it remained there until 1999, in the other countries from 40-45% to ca. 25%. With few exceptions, most transition countries featured substantial budget deficits (5-20% of GDP), the reduction of which was a priority in the stabilization programs agreed upon with the international financial organizations.

all of the countries. The formal legal and political institutions of the socialist infrastructure policies had lost their normative power, and there were no new ones to immediately take their place. This led to a formal institutional void.[5] General competition laws were developed quite rapidly, but they were insufficient for specific decisions concerning privatization and liberalization. Sectoral legislation, on the other hand, lagged far behind, due to political struggles and long formal administrative processes; in many cases, sectoral laws were only just passed and beginning to be applied towards the end of the 1990s.[6] In the area of *administration*, the lack of competent and independent regulatory agencies further complicated the introduction of competition in infrastructure sectors. The Branch Ministries or other 'regulators' from socialist times were abolished; the pool of highly qualified personnel able to design and carry out market-oriented infrastructure policies was small. The most qualified personnel had been siphoned off by the newly emerging private corporate sector (Stern, 1994).

As regards *informal* institutions, a fundamental difficulty in applying competition-oriented infrastructure policies stemmed from the lacking consensus upon fundamental legal terms. In developed market economies, legal concepts acquire normative power through their regular application in the legal process; however, this routine was unavailable in the transition context. Examples are: a 'fair rate of return', given two- to three-digit inflation rates and open debate on the true growth rate of GDP; 'used and useful' as the basis of capital costs in cost-based regulation; 'state of technology' in the conditionality for concession contracts. Legal uncertainty also prevented foreign investment from flowing as strongly as hoped for.

A further informal constraint was the socialist understanding of infrastructure services as a 'free good' (or: 'human right'). This led to substantial opposition against welfare-efficient infrastructure pricing, and increased pressure on the government to carry out large-scale investment programs themselves. The lacking culture of a critical and informed public debate increased the danger of misusing discretionary political power (Hirschhausen/Wälde, 2001). Also, high-level political resistance against liberalization was strong, since these policies were risky and lacked popularity.[7]

---

[5] EBRD (2000) presents a full range of 'legal transition indicators' quantifying both the underdevelopment of the legal framework (extensiveness), and the low degree of the effectiveness of the existing framework (absence of a rule of law); see also *Voigt/Engerer* (2001).

[6] For example, energy legislation was developed late in all transition countries (Poland: 1997, Estonia: 1998, Russia: 1998, the only exception being Hungary, 1994).

[7] Examples for political resistance "from above" are the modernization of the water system in Szczecin, and the projects of private highway financing plus toll in Poland and Hungary.

3. Expensive Supply of and Low Demand for Competition-Oriented Regulation

The specific institutional conditions prevailing in the early transition period also affected the 'market' for competition-oriented regulation. As modeled by the new political economy and public choice approaches and applied concretely to the East European power sector by Stern (1994), regulation emerges from a multi-player game: politicians supply regulation to industry and other interest groups, that have a certain 'willingness to pay' for regulation.[8] In the emerging economies of Central and Eastern Europe, one can consider competition-oriented regulation to be supplied by individuals or interest groups within the bureaucracy (government). The structure of supply depends upon economic costs (e.g. labor, equipment, etc.) and – foremost – political costs; the latter are the (opportunity) costs of the bureaucracy of not having pursued other activities to obtain bureaucratic power, votes and the like. Among the determinants of the costs of *supply* in transition countries were the low number of qualified staff, low institutional stability, public resistance against the notion of 'independent, sectoral regulation', and the absence of a critical, well informed public which increased the risk of discretionary decisions by the regulator and thus the political costs. Demand for competition-oriented reregulation of infrastructure was expressed mainly by the following interest groups (based on Stern, 1994, presented according to their estimated 'willingness to pay'):

- The incumbent state-owned enterprises in each infrastructure sector had the lowest, that is, a highly negative, demand for deregulation. This applied particularly to vertically integrated monopolies. This negative willingness to pay could be expressed, for example, in lobbying activities against deregulation;
- other governmental agencies that had benefited from the former system also had a low to negative demand for competition-oriented regulation. For this group, deregulation implied the loss of political levers of infrastructure policy (for example, structural policy), social policy (low prices for low income groups) or even macroeconomic policy (for example, containing inflation by keeping prices low);[9]
- consumers' willingness to pay was positive for those who stood to win from efficient pricing, and negative for the rest. It can be assumed that the latter

[8] For an early analysis of the political economy aspects of systemic transition see *Apolte* (1992).

[9] In some cases, it was only the Treasury (Ministry of Finance) that had a strong vested interest in privatization; on the other hand, it also lost a significant part of its activity. An advantage of having a distinct regulator for the government was that it was in a position to delegate nasty tasks, such as unpopular price increases and the like to the regulator.

dominated, given the fact that almost no consumer paid the long-run marginal costs of infrastructure services in any transition country. Price rebalancing was slow, too, so that households continued to benefit from lower prices. Consumers' willingness to pay was expressed mainly in votes in elections;

- investors in infrastructure sectors may have had different demands for competition-oriented regulation, depending on whether they planned to take over a former monopolist (negative demand) or to act as an independent operator (positive demand);
- finally, international financial organizations (IFOs) such as the International Monetary Fund, the World Bank, EBRD, and the like, can be considered as an independent actor in the reform process. These organizations had a high interest in deregulation, as this corresponded to their political mission. The IFOs' willingness to pay was expressed in preferential project loans and grants.

Regulation of infrastructure can be considered as a collective, or public good; thus, the aggregate demand can theoretically be obtained by aggregation of the individual demands. The demand for competition-oriented regulation is negative for the state-owned infrastructure companies and some of the consumers; other governmental departments and investors may have a positive willingness to pay for some deregulation, but beyond a certain level their aggregate willingness becomes negative. The only interest group to have a positive willingness to pay for all states of deregulation are the international financial organizations. The supply of competition-oriented regulation is quite costly, as shown above. Under the conditions of system transition, the hypothetical market equilibrium will come about at a rather low degree of deregulation.[10]

IV. Theories on Infrastructure Policies in Transition Countries

Although a general consensus has emerged that the specific situation in Eastern Europe in the 1990s required specific infrastructure policies, the opinions as to *how* such policies should be designed varied widely in the early phase of reforms – and continue to vary today. This section presents three approaches representing different viewpoints that have shaped infrastructure policies in and towards the East European economies.[11]

[10] Minor increases of the costs of supply (such as increased political resistance implying higher political costs) or decreases of demand (for example, the retreat of potential investors and international financial organizations) can lead to an even lower degree of deregulation.

[11] This section draws on *Hirschhausen* (2002, 72 f.).

1. Infrastructure Policy for Sustained Growth?

The standard *macroeconomic* argument was that the East European countries deserved significant public support for infrastructure investments given the slump of production and the subsequent weakness of economic growth. With reference to US support for economic recovery in post-World War II Western Europe, different proposals for a 'Marshall-Plan' for Eastern Europe were discussed (e.g. in the World Bank, Dutz/Silbermann, 1993, more recently still by the Chief Economist of the European Investment Bank, Steinherr, 1999). Additional infrastructure investments, state and private, were thought of as being able to reverse the downslide of economic development, and to support sustained growth. The theoretical reference was, in general, a neoclassical growth model with technical progress, in which the growth of the total factor productivity was explained, amongst other factors, by the capital stock of infrastructure (e.g. Neill, Jon R., 1996).

Although the scientific debate on the macroeconomic effects of infrastructure investment in developed market economies is vast, it has not produced final results thus far (Gramlich, 1994, Pfähler/Hoffmann/Bönte, 1996, Stephan, 2002) However, the assessment on the role of infrastructure policies in developed countries may not be fully transferable to Central and East European transition countries:

- In the early years of reform, all East European economies were working far away from their production possibility frontier, due to the collapse of production networks and socialist infrastructure.[12] The development of new infrastructure may have helped to revitalize ailing production capacities, and thus to bring the economy up to its production potential. The marginal returns to infrastructure investments in transition countries should thus be significantly *higher* than in developed economies.
- Given the economic depression in the first post-socialist years, a state infrastructure can be considered as the least dangerous form of a pro-active macroeconomic policy.
- Given the institutional void of the early years of transition, investments in the formal institutional infrastructure can be considered as potentially very productive (e.g. development of the formal legal system, creation of administrative infrastructure, alignment of technical norms to the international level, etc.).

[12] This is not to say that before, i.e. in the last socialist years, these economies had been on their production possibility frontier. Quite the contrary: due to inefficient incentive schemes for managers and political supervision, the potential had been far from efficient use.

It was therefore difficult to draw conclusions on the right level of investment in infrastructure in the transition countries. However, it can be argued that a policy favoring a little bit of over-investment in infrastructure in the transition countries may have been justified.[13]

2. Infrastructure Policy to Accelerate Structural Change?

The industrial economic argument for a specific infrastructure policy stressed the potential positive impacts on structural change and the intensity of competition. It picked up agrarian and regional economist Johann Heinrich Thünen's (1842/1930) idea of the 'isolated state':[14] the development of infrastructure, in this case mainly transport and communication, can contribute to the reduction of local monopolies, and thus favor the market entry of new, low-cost enterprises. By developing Thünen's idea further and applying it to the specific conditions of transition countries, Aghion/Schankerman (1999) were the first to model the micro-foundations of the relation between infrastructure investments and economic growth. Aghion/Schankerman suppose that the 'transition impact' of infrastructure investments in Eastern Europe may be particularly high due to the extensive cost asymmetry between old, post-socialist firms (high-cost) and new, potentially more efficient firms (low-cost, e.g. unbundled parts of former socialist combines, start-up firms). In the state of inception of reforms, high-cost state-owned enterprises dominate the regional markets. An infrastructure investment then induces the following effects (Aghion/Schankerman, 1999, 91 sq.):

- An *expansion effect* results from an intensification of competition, independently of any cost heterogeneity. This leads to an increase in aggregate output, and thus in aggregate consumption, which in turn leads to higher welfare;
- the *selection effect* results from a more competitive environment which raises the market share of low-cost firms relative to high-cost firms. Thus, total consumption for a given amount of money rises. In a physical sense, the selection effect can be thought of as a result of lower transport costs, challenging the dominant market share of regional high-cost monopolists;
- in addition, a *market entry* effect is induced by the fact that "infrastructure investment enhances the incentives for relatively low-cost firms to enter the market, and thus improves the efficiency of the entry process"

[13] This is a point to which Professor Ewers would have objected, arguing with state failure and Hayek's 'presumption of knowledge' ("Anmaßung von Wissen") about the most efficient investment alternatives.

[14] Let us recall at this point that Professor Ewers was an ardent disciple of Thünen.

(Aghion/Schankerman, 1999, 79). The probability of high-cost firm entry into the market is lower than the probability of low-cost firm market entry, because the latter get a larger market share in equilibrium and thus higher profits than a high-cost firm.[15]

According to the Thünen or the Aghion/Schankerman approach, the dynamic effects of infrastructure investments increase with increasing cost asymmetry between the firms, the initial market share of firms with high costs, the effort required for restructuring, and low costs of market entry for new firms. These conditions are precisely fulfilled in the transition context, so that infrastructure investments in Central and Eastern Europe should induce particularly high indirect effects.

3. Delayed Liberalization?

The last model refers to the theory of regulation under uncertainty, and points out the conditions under which the ideal type reference model of rapid liberalization might *not* be the best. Dangers of too early reform may include a delay of required investment, the choice of an inappropriate model of deregulation, or sub-optimal privatization proceeds due to distorted information. In that case, implementing competition-oriented reforms *gradually* rather than suddenly may enhance welfare. While the argument may be valid for privatization processes in general, it is particularly relevant to the situation in the transition process: thus, a *concrete* argument for delaying liberalization in Central and Eastern Europe can be derived from the objective need for large investments in the presence of an institutionally unstable environment, i.e. a high regulatory risk. Armstrong/Vickers (1996) have developed such a model that accepts urgent investment requirements as a (politically) given external constraint, and then asks what this implies for the speed of liberalization. In that model, the optimal timing of liberalization is a function of the two risks that an investor faces:

- The *expropriation risk* is the danger of losing revenue once the investment is sunk. This can occur through ex-post modifications of the regulated price structure, or, in the extreme case, by expropriation of the investor by the regulator.
- The *liberalization risk* consists of the fact that the formerly monopolistic market can be opened without prior notice, and that the expected monopolistic profits therefore do not materialize.[16]

---

[15] If the initial cost asymmetry is high, as is supposed for transition countries, then the market entry effect dominates the 'Schumpeter-effect' that *dis*courages market entry with increasing product market competition.

[16] In the real world, the difference between the two risks can be thought of as being embodied by different organizations with different objectives. One can imagine a regula-

Consideration of the two risks yields that a) profits (and thus investments) are decreasing in the expropriation risk; however, the relevant point with respect to liberalization is that raising the hazard rate of the liberalization risk has a *positive* effect on infrastructure capacity if and only if revenue with liberalization exceeds regulated monopoly revenue adjusted for regulatory expropriation risk (Armstrong/Vickers, 1996, 310). This holds (only) if the expropriation risk is high in relation to the liberalization risk; on the other hand, a low expropriation risk would suggest that a *later* date of liberalization is conducive to increasing investments. In other words, Armstrong/Vickers suggest tat in a context where an incumbent does not have to fear expropriation, he should keep his monopoly for a limited period of time in order to have incentives to invest in desperately needed infrastructure.[17]

V. Structural Change and Investment Needs

1. Some Indicators of Structural Change

Under socialism, infrastructure policy had been a highly centralized and purely political affair. It was dominated by strategic and military considerations and largely neglected the real needs of the population (e.g. telecommunication). As a result, the infrastructure that had been developed during socialist times turned out to be incompatible with the requirements of emerging market economies in Central and Eastern Europe, both in quantitative and qualitative terms. With the end of socialism, the *supply side* collapsed, i.e. the principles of centralized, state-controlled network planning, financing, and operation. On the *demand side*, where the use of infrastructure had been almost free of charge, private households and enterprises now had to pay real money for the use of infrastructure services, and thus, to ration their consumption according to utility considerations.[18]

---

tory agency responsible for price regulation, embodying the risk of expropriation, and a Branch Ministry or a general Anti-Monopoly Office, embodying the liberalization risk. It is assumed that after liberalization, free market entry reduces any supernormal profits to zero.

[17] On this point, once again, Professor Ewers would object in several debates we had on the topic. Extending the monopoly franchise seemed inconsistent to him under any circumstances. First econometric evidence on this issue is provided by *Dodonov*, et al. (2002): They find that more rapid reforms of infrastructure sectors are conducive to the growth of per-capita income.

[18] For a survey of the slump of demand, see EBRD (1996, Part II); a representative example is the demand for railroad cargo, which was reduced by over 50% between 1989 and 1994, see Wissenschaftlicher Beirat (2001).

In the meantime, infrastructure in the EU accession countries has undergone substantial change during the last decade. With the onset of economic reforms, a catching-up process also began in the infrastructure. The starting point here in the early 1990s was infrastructure equipment that, although extensive in terms of quantity, was insufficient and worn out in terms of quality. In the course of the reforms, significant changes to the infrastructure also took place: an infrastructure that had been centrally planned and that had focused on mass transport and energy-intensive industrial sectors became less significant, while, conversely, the demand for a modern information and communications infrastructure increased. The change in Central and East European infrastructure is illustrated in Table 1, hinting at a fast, yet incomplete structural change in infrastructure that the future EU member countries have engaged in:

- The greatest strides in terms of catching up have been made in the area of telecommunications infrastructure. The average number of telephone mainlines has risen from 15 to 30 per 100 inhabitants. While this is still substantially below the EU average of 46%, some countries, such as Hungary and Slovenia, have already edged very close to the EU average.
- The number of mobile telephone users is growing rapidly throughout Central and Eastern Europe. Currently, the average rate stands at 25%, which constitutes roughly half of the EU average. Slovenia has already reached the same user levels as are found in the United States, while the Czech Republic and Estonia have already exceeded the EU average.
- On the other hand, the use of traditional infrastructure is falling, especially with regard to transport. Rail passenger transport has fallen by an average of more than 50% in Central and Eastern Europe; the drop in rail freight transport has been just as drastic. Road freight transport, on the other hand, has grown considerably, and so has passenger road transport.[19]
- Relatively little progress has been recorded in the expansion of highways and motorways, an area in which considerable growth rates were expected in the early 1990s. Only in Hungary and Slovenia have plans for motorway expansion actually been implemented to a great extent; on the whole, however, a deficit remains.
- Development in terms of energy intensity, too, measured as primary energy consumption in relation to gross domestic product (GDP), demonstrates significant structural change. Energy intensity in Central and Eastern Europe had been up to 10 times that in the western industrialized countries. In the

[19] See 'European Conference of Ministers of Transport' (2000): Key Issues for Transport Beyond 2000. Paris, OECD, especially the contributions by M. Herry ('European Integration: The Situation of the EU Candidate Countries', 459-532), and P. Hilferink ('Peripherality and Pan-European Integration: The Development of Transport in the PHARE Countries', 569-596).

1990s it fell dramatically in all Central and Eastern European countries, and particularly in Poland, Estonia, and Slovakia. Given that the energy-saving potential has not yet been fully exhausted, a further reduction in energy intensity is anticipated in the years to come.

Table 1

Selected Infrastructure Indicators in Central and Eastern Europe in the 1990s

	Main telephone fixed lines per 100 inhabitants		Subscriptions to cellular mobile services per 100 inhabitants		Passenger rail transport (passenger-km, 1988=100)		Freight rail transport (ton-km, 1988=100)		Length of motorways (km per 1,000 km²)		Energy consumption/GDP (tons of oil equivalent per thousand 95 US-dollar)	
	90	99	90	00	88	99	88	99	95	00	92	99
Bulgaria	24.2	34.2	..	9.1	100	47	100	30	2.8	2.9	1.7	1.6
Czech Republic	15.8	37.1	..	42.3	100	51	100	38	5.2	6.3	0.9	0.7
Estonia	20.3	35.3	..	40.8	100	16	100	97	1.4	2.1	1.2	0.8
Hungary	9.6	40.2	..	30.7	100	59	100	32	3.2	4.8	0.6	0.5
Latvia	23.2	30.0	..	17.0	100	25	100	61	0	0	1.0	0.7
Lithuania	21.0	31.4	..	13.8	100	25	100	35	6.1	6.4	1.3	1.1
Poland	8.6	26.0	..	17.5	100	50	100	46	0.8	1.1	0.9	0.6
Romania	10.5	16.7	..	9.0	100	36	100	23	..	113	1.7	1.3
Slovak Republic	13.5	30.8	..	20.5	100	51	100	38	4.0	6.0	1.1	0.8
Slovenia	22.0	42.7	..	57.2	100	40	100	64	10.9	21.4	0.3	0.3
Germany	51.0	42.0	0.90	63.5	100	177	100	121	31.6	33.1	0.1	0.1
Europe	40.0	46.0	2.10	40.0	..	..	..	..	..	..	0.2	0.2
USA	55.0	64.0	0.30	58.7	100	94	100	142	69.8	74.8	0.3	0.3

Sources: National statistical yearbooks, IEA, EBRD, ECMT

2. Significant Investment Needs Remaining

Despite the catching-up process, on the whole the Central and East European economies still have a long way to go before reaching average EU infrastructure equipment levels.[20] This also becomes evident from the calculations on investment requirements in infrastructure. Table 2 summarizes the different - and necessarily rough - estimates of the required investment for the 10 Central and East European countries. Assuming that the applicant countries will reach a level of equipment equivalent to the EU average, the total comes to approximately EUR 500 billion; this corresponds to an annual amount of approximately 5% of the current GDP of the applicant countries over a 15-year period.[21]

Table 2

Investment Requirements of Transformation Countries in Selected Sectors of Material Infrastructure (1995 - 2010)

Sector	Reference	Investment requirements (EUR bn.)
Roads	Network at EU average density	44
Railways	Network at EU average density	37
Transport (other)		10
Tele-communication	Teledensity of 35 mainlines/100 inhabitants	63
Wastewater	European standards for collection and treatment	180
Energy	Network development, oil-, gas- and coal sector reform	110
Environment	Compliance with the EU directives on air pollution and waste treatment	71
Total		515

Sources: European Commission, G7, EBRD, authors' own calculations

The high investment need is confronted, however, with the relatively scarce availability of financial resources. In the 1990s, larger investment projects in particular were financed partly through contributions provided by international

[20] Cf. also the discussion in Christian Weise: 'Strukurfondstransfers in einer zukunftsfähigen EU.' Baden-Baden: Nomos, 2002, 78 f.

[21] Whether this politically determined reference framework is tenable from an economic viewpoint is disputed, since the central and eastern European economies per capita income is less than half the EU average. If the reference is instead defined by the countries with similar *per capita* income levels (middle-income countries according to the World Bank classification (i.e. USD-PPP (1994) between 875-8500 *per capita*, the same level as Ecuador, Panama, Namibia, Botswana), the investment needs would only be about half that level.

financial organizations, primarily the World Bank, the European Investment Bank (EIB), and the European Bank for Reconstruction and Development (EBRD).[22]

Since the late 1990s, larger levels of EU funding can also be utilized directly for infrastructure measures, especially ISPA funding (ISPA = Instrument for Structural Policies for Pre-Accession). Infrastructure investment in Central and Eastern Europe by the World Bank, EIB, and EBRD amounted to EUR 21 billion between 1991 and 2001, with most of the funding being supplied by the EIB. Investment was concentrated primarily on transport, but also in the energy sector, telecommunications, and the environment; however, investment in the water industry was still very low (see Table 3). If we accept the European Commission's estimate, made at the outset of the reform process, that each EUR of this funding corresponds to up to 6 EUR in investment by national governments or private companies,[23] the total investment was around EUR 100 billion. There is, therefore, a gap between the investment required and the funding available; even in the medium term, the EU applicant countries might not be able to attain the average EU level of infrastructure equipment.

VI. Further Regulatory Reforms Required

Regardless of the calls for speedy investment measures in the Central and East European applicant countries' infrastructures, we should not overlook the fact that the *regulatory* aspect of infrastructure policy is at least as important for the long-term catching-up process.[24] Market reforms, such as abandoning monopoly structures and privatization can increase the efficiency of companies and sectors, and thus create more favorable conditions for urgently required private investment. However, many countries still demonstrate regulatory deficits. On the one hand, these relate to insufficient measures in terms of liberalization and privatization, but on the other hand they also extend to the EU's legal norms (the 'aquis communautaire'), which have not yet been implemented in some areas despite a formal agreement on reform programs.

---

[22] An exception in this context is the telecommunications sector, which has also seen larger private investments.

[23] Cf. statement by Alan Mayhew, at the time Director of the then Directorate-General I of the European Commission, in the Handelsblatt of 1 June 1993.

[24] See also the expert opinion in Wissenschaftlicher Beirat, 2001, EBRD, various issues. Hans-Jürgen Ewers, off course, would have fully shared this opinion.

Table 3

Infrastructure Investments by the International Development Banks in Central and Eastern Europe (1991 to 2001)

	European Investment Bank (EIB)*	EBRD**	World Bank***	Total
By country:				
Bulgaria	904.0	185.4	378.4	1 467.8
Estonia	186.0	110.4	77.4	373.8
Latvia	218.0	134.5	115.2	467.7
Lithuania	321.0	140.9	118.0	579.9
Poland	4 242.0	578.9	1 867.7	6 688.6
Romania	2 144.5	883.5	817.7	3 845.7
Slovak Republic	1 059.0	119.8	95.0	1 273.8
Slovenia	988.0	165.9	38.9	1 192.8
Czech Republic	2 495.0	142.7	326.0	2 963.7
Hungary	1 714.0	545.2	354.6	2 613.8
Total	14 271.5	3 007.2	4 188.9	21 467.6
By sector:				
Transport	7 784.0	1 120.6	1 406.4	10 311.0
Telecommunication	1 825.0	871.5	315.0	3 011.5
Energy	1 251.5	622.0	2 028.1	3 901.6
Water	432.0	393.1	255.1	1 080.2
Environment/others	2 979.0	0.0	184.3	3 163.3
Total	14 271.5	3 007.2	4 188.9	21 467.6

1 US-Dollar converted into Euro by 1:1.

Sources: * www.eib.org: data for transport for 1992-2001; data for telecommunication, energy, water, environment for 1995-2001. ** www.ebrd.org: sectoral data for 1992-2000, only project financing environmental investments are included in the other sectors. *** www.worldbank.org: sectoral data for 1991-2001, without sectoral adjustment loans.

Reform efforts in the most important infrastructure areas have been monitored by the EBRD since 1998. The Bank uses a detailed system of indicators that record and evaluate the reform steps undertaken (EBRD, 2001, 14 sq.). The evaluation is based on three criteria: a) *tariff reform*, that is, the introduction of cost-covering and allocative efficient price structures; b) *commercialization*, that is, the transformation of corporate governance structures, the introduction of hard budget constraints and, eventually, privatization; c) *regulatory and in-*

stitutional reform, that is, the setting-up of independent regulatory agencies with appropriate checks and balances, the definition of the formal institutional framework and the like. with regard to tariff adjustments, commercialization, and deregulation. Per sector and year, 'grades' of between 1 (no reforms) and 4.3 (EU level) are awarded.

Table 4 illustrates the reform indicators for the periods 1998-99 and 2002. Despite a slight increase in the infrastructure indicators, the reform deficits have remained significant. According to the EBRD, so far only two countries have even come close to the West European target of 4.3; these are Hungary and Poland (average of 3.7 for each). Other countries remain far from the regulatory goal: this is true in particular for Slovakia (which comes at the end of the list with an average of 2.6), Lithuania (2.8) and Bulgaria (2.9).

Table 4

EBRD Infrastructure Reform Indicators

	Telecommunication		Railways		Roads		Power		Water	
	1998	2002	1998	2002	1999	2002	1998	2002	1999	2002
Bulgaria	3.0	3.0	3.0	3.0	2.3	2.3	2.0	3.3	2.0	3.0
Czech Republic	4.0	4.0	2.3	2.3	2.3	2.3	2.0	3.0	4.0	4.0
Estonia	4.0	4.0	4.0	4.3	3.3	2.3	2.0	3.0	4.0	4.0
Hungary	4.0	4.0	3.3	3.3	3.3	3.3	4.0	4.0	4.0	4.0
Latvia	3.0	3.0	3.3	3.3	2.3	2.3	2.3	3.0	3.0	3.3
Lithuania	3.3	3.3	2.3	2.3	2.3	2.3	2.3	3.0	3.0	3.3
Poland	3.3	4.0	3.3	4.0	3.3	3.3	3.0	3.0	4.0	4.0
Romania	3.0	3.0	4.0	4.0	2.3	3.0	2.3	3.0	3.0	3.0
Slovak Republic	2.3	2.3	2.0	2.3	2.3	2.3	2.0	4.0	2.7	2.3
Slovenia	2.3	3.0	3.3	3.3	3.0	3.0	2.3	3.0	4.0	4.0
AVERAGE	2.4	2.7	2.4	2.4	2.1	2.0	2.1	2.5	2.3	2.3

Scale of between 1.0 (no reform effort undertaken) and top grade of 4.3 (economic reforms completed, sector conforms to EU legal framework)
Source: EBRD

An institutionally oriented analysis coming to similar results is carried out regularly by the European Commission. In the process of accession negotiations, the Commission has regularly assessed the reform process in the candidate countries with regard to the formal implementation of the EU's legal framework. The Commission produces an annual "Progress Reports" including detailed assessment of 29 policy areas, the so-called "Chapters". Infrastructural adjustment of the EU applicant countries is illustrated particularly in the chapters covering competition policy, transport policy, energy, science and technology, telecommunications and the environment.[25] Although all chapters had to be closed in preparation of the Copenhagen EU summit in December 2002, experts agree on the need for further reform in the area of infrastructure, mainly transport and energy. Regarding transport, the following areas in particular are judged to be problematic: liberalization of market access in road freight transport and the railway system, reorganization of the railway system (competition and privatization), harmonization of taxes and duties, harmonization of specific technical standards.[26] The difficulties in implementing ground-breaking reforms is furthermore evidenced at the level of individual projects: none of the infrastructure policies attempting major institutional innovations, e.g. private project financing or rapid sectoral liberalization, have succeeded (Hirschhausen, 2002, 224).

VII. Conclusions

Were Professor Ewers still amongst us, he would have recommended immediate privatization and liberalization to the future EU members of Central and Eastern Europe. But he would also have had to acknowledge the tremendous difficulties of implementing such a policy in countries that had suffered from macroeconomic instability and an insufficiently developed institutional framework. The pragmatic character that he was, even Professor Ewers might have softened his stance and accepted that "to everything, ..., there is a season", meaning that there may be exceptions from the ordo-liberal convictions.

This contribution has analyzed infrastructure sector reforms in Central and Eastern Europe in the process of transition and on the way towards European enlargement. We have justified the specific treatment of East European transition countries by the fact that in these countries, the majority of basic economic parameters as well as the institutional and even constitutional framework were subject to high uncertainty a decade ago. Also, the need to build up an entirely *new* system of infrastructure planning, financing, and operation may have justified more extensive state involvement than is considered necessary in established market economies. A survey of the recent literature on the issue reveals a tendency towards a pro-active role of the state as a catalyst for infrastructure development in the transition context; arguments are both macroeconomic (e.g. support economic recovery and growth) and microeconomic (e.g. accelerate structural change, assure politically determined investment requirements).

[25] See http://europa.eu.int/comm/enlargement/.

[26] Cf. Wissenschaftlicher Beirat (2001), op. cit., and DE- Consult., 2002, including a detailed overview on the status of the adjustment in the area of transport policy. For the railroad system, cf. ECMT (2002).

The available evidence indicates that the implementation of such conservative 'second-best' infrastructure policies was in general beyond the policy capabilities of the East European governments. There is evidence that efforts to implement market-economy infrastructure policies immediately have not met with much success in Eastern Europe, as expressed e.g. by the mediocre infrastructure reform indicators. Few transition countries have come close to the average reform level of the Western European economies, which is itself still far from what is theoretically the best possible market model.

The theoretical and empirical analysis implies the following policy conclusions:

- Delayed (instead of immediate) phasing out of monopolistic structures and public ownership may have been justified in individual cases, but the potential welfare losses have to be weighed carefully against the expected benefits. Immediate liberalization of infrastructure markets and privatization may not have been the appropriate choice for all East European transition countries, in particular if politically defined objectives had to be met in the short term (such as EU quality standards) or investment requirements were high for some other reason (for example to secure European infrastructure interconnection). However, prolonged state engagement comes at the risk of X-inefficiencies and the wrong investment decisions; thus, they have to be considered as an exception to the rule.
- Attempts at introducing radical market-oriented reforms in infrastructure sectors, even if they do not succeed immediately, are not to be entirely dismissed as a strategy for reforms. The long-term effect depends on the institutional capacity of a country to adapt to frequent policy changes, the technical and organizational state of the sector in question, and the political economy of reform. Even a failed radical reform may open up the way for second-best solutions, while if the political window of opportunity is tight, allowing for only one 'shot' at reform, radical solutions may be too risky.
- With its integration in the European Union, Central and East European countries have no (more) reasons to delay the liberalization and privatization any longer. These countries have attained sufficient institutional stability to implement market-oriented infrastructure policies, short-term technical bottlenecks have for the most part been overcome. The future EU members contend to have become true market economies, and they should be treated as such, including the full application of the *acquis communautaire*. In fact, today, the main obstacles to market-oriented reforms are interest group lobbying by reform-resistant incumbants on both sides of the former wall, i.e., in both the accession countries and the old EU-15. The EU should make particular efforts to prevent a coalition of East and West European lobbyists against market-oriented infrastructure reforms.

- Significant financial support from international financial organizations, for example in the form of a second 'Marshall Plan' was unlikely to have substantial positive effects in the first years of transition. As the potential impact of such programs diminishes over time, the discussion of a Marshall Plan for Eastern Europe seems no longer of high relevance. During the inception phase of transition, higher external financial flows may have had cushioned the macroeconomic downturn, but they did not come about due to the organizational slack within the donor organizations themselves, and low absorptive capacities in the recipient transition countries. Today, there is no more need for macroeconomic regulation through external financial packages, and the obstacles to reform at the sector level are not financial but *institutional.*
- European integration in infrastructure is expensive and hopes for an immediate catching-up process of infrastructure equipment in Eastern Europe have turned out to be unrealistic. In fact, the role of the European Union in that regard is sometimes overestimated: The financial means of the (old) European Union (EU-15) are limited, and they should be concentrated on a small number of projects of truly trans-European relevance. Decentral infrastructure development in the EU-accession countries can hardly be financed from outside, and should not, in most cases. Infrastructure policies in Eastern Europe have become something different than a mere question of money and public support.
- This is not at all to underestimate the role of the EU in the integration process. On the contrary, the institutional framework provided by the EU-accession process was an essential determinant of infrastructure policies in Central and Eastern Europe, in that it has provided a framework for the modernization process. Today, the EU-accession countries need to maintain the reform momentum to succeed the long and winding road to European integration, mainly by applying market-oriented investment and regulation policies.

References

Aghion, Philippe/*Schankerman,* Mark (1999), Competition, Entry and the Social Returns to Infrastructure in Transition Economies, in: Economics of Transition, Vol. 7, No. 1, 79-101.

Apolte, Thomas (1992), Politische Ökonomie der Systemtransformation, Hamburg, Steuer- und Wirtschaftsverlag.

Armstrong, Mark/*Vickers,* John (1996), Regulatory Reform in Telecommunications in Central and Eastern Europe, in: Economics of Transition, Vol. 4, No. 2, 295-318.

DE-Consult. (2002), Die deutsche Verkehrswirtschaft und die Anforderungen an die EU-Osterweiterung. Studie im Auftrag des Deutschen Verkehrsforums. Berlin, 57-60.

Dodonov, Boris/*Sugolov*, Pavlo/*Hirschhausen,* Christian von (2002), Infrastructure Policies and Economic Development in East European Transition Countries: First Evidence, Paper presented at the Annual Conference of the International Society for New Institutional Economics (ISNIE), September 2002, 27-29, MIT, Cambridge, MA (USA).

Dutz, Mark/*Silbermann,* James (1993), Building Capabilities: A Marshall Plan Type Productivity Enhancement Program for Eastern Europe and the Former Soviet Union. World Bank; Paper Presented at the Osteuropa-Seminar, IIASA, Vienna, January 28.

EBRD (1995), Transition Report – Investment and Enterprise Development, London: European Bank for Reconstruction and Development.

– (1996), Transition Report – Infrastructure and Savings, London: European Bank for Reconstruction and Development.

– (1999), Transition Report – Ten Years of Transition, London: European Bank for Reconstruction and Development.

– (2000), Transition Report – Employment, Skills, and Transition, London: European Bank for Reconstruction and Development.

European Conference of Ministers of Transport (ECMT) (2002), 'What Role for the Railways in Eastern Europe?' Report of the Hundred and Twentieth Round Table on Transport Economics. Paris.

Ewers, Hans-Jürgen (Hrsg.) (1995), Verkehrsinfrastrukturpolitik in Europa – Eine deutsch-polnische Perspektive, Beiträge aus dem Institut für Verkehrswissenschaft an der Universität Münster, Band 137, Göttingen: Vandenhoeck&Ruprecht.

Gramlich, Edward M. (1994), Infrastructure Investment: A Review Essay, in: Journal of Economic Literature, Vol. 32 (September), 1176-1196.

Hirschhausen, Christian von (2002), Modernizing Infrastructure in Transformation Economies – Paving the Way to European Enlargement. Cheltenham, UK and Northampton, MA, USA: Edward Elgar.

Hirschhausen, Christian von /Thomas *Waelde* (2001), The End of "Transition" – An Institutional Interpretation of Energy Sector Reform in Eastern Europe and the CIS, in: MOCT-MOST Economic Policy in Transitional Economies, Vol. 11, No. 1, 91-108.

Meißner, Thomas (1999), Verkehrsinfrastruktur und Wettbewerbsfähigkeit am Beispiel der Reformstaaten Mittel- und Osteuropas, Halle: Institut für Wirtschaftsforschung, IWH-Forschungsreie Nr. 6/1999.

Neill, Jon R. (1996), Fueling the Engine of Growth with Investment in Infrastructure: A Lesson from Neoclassical Growth Theory, mimeo.

Ordover, Janusz A./*Pittman*, Russell W./*Clyde,* Paul (1994), Competition Policy for Natural Monopolies in a Developing Market Economy, in: Economics of Transition, Vol. 2, No. 3, 317-344.

Pfähler, Wilhelm/*Hofmann*, Ulrich/*Bönte,* Werner (1996), Does Extra Public Infrastructure Capital Matter? An Appraisal of Empirical Literature, in: Finanzarchiv, N.F., Bd. 53, 68-112.

Spiller, Pablo T. (1993), Institutions and Regulatory Commitment in Utilities' Privatization, in: Industrial and Corporate Change, Vol. 2, No. 3, 387-450.

Steinherr, Alfred (1999), Russia After the Downfall: Should Europe Watch or Act?, in: *Nuebler*, Irmgard, and Harald *Trabold* (eds.): Herausforderungen an die Wirtschaftspolitik an der Schwelle zum 21. Jahrhundert: Festschrift fuer Lutz Hoffmann zum 65. Geburtstag, Berlin: Duncker&Humblot, 165-175.

Stephan, Andreas (2002), Assessing the Contribution of Public Capital to Private Production, Berlin: DIW Berlin Discussion Paper No. 315.

Stern, Jon (1994), Economic Regulation in Central and Eastern Europe, in: Economics of Transition, Vol. 2, No. 3, 391-398.

Thimann, Christian/*Thum,* Marcel (1998), Investing in Terra Incognita: Waiting and Learning, in: Economic Systems Vol. 22, 1-22.

Thünen, Johann Heinrich von (1842/1930), Der isolirte Staat in Beziehung auf Landwirtschaft und Nationalökonomie. 3. Auflage. Verlag Gustav Fischer, Jena. 1st edition: 1842. Rostock

Voigt, Stefan/*Engerer,* Hella (2001), Institutions and Transformation – Possible Policy Implications of the New Institutional Economics, in: *Zimmermann*, Klaus .F. (ed.): Frontiers in Economics, Berlin: Springer.

Welfens, Paul J.J./*Yarrow,* George (1997), Telecommunications and Energy in Systemic Transformation, Berlin, Heidelberg: Springer.

Wissenschaftlicher Beirat beim Bundesministerium für Verkehr, Bau- und Wohnungswesen (2001), Verkehrspolitische Handlungserfordernisse für den EU-Beitritt von MOE-Ländern, in: Zeitschrift für Verkehrswissenschaft, 72. Jahrgang, Heft 1, 1-24.

World Bank (1996), World Development Report 1996 – From Plan to the Market, Washington, D.C.

Wettbewerb der Regionen: Nutzung für eine effizientere Regionalpolitik bei hohen regionalen Disparitäten

Von *Martin Gornig*, Berlin

I. Fragestellung

Die Forderungen nach Deregulierung und Subventionsabbau bestimmen seit langem den wirtschaftspolitischen Diskussionsprozess in Deutschland und der Europäischen Union. Während im Bereich der Deregulierung im letzten Jahrzehnt des vergangenen Jahrhunderts insbesondere in den Infrastrukturbereichen große Fortschritte erzielt werden konnten, verharren die Subventionen auf hohem Niveau. Mit eine Ursache für den in der Summe geringen Subventionsabbau sind die hohen Beträge die zur Verringerung regionaler wirtschaftlicher Unterschiede innerhalb Deutschlands und Europas aufgewendet werden. Regionalpolitisch motiviert sind dabei nicht nur die direkt als regionale Strukturpolitik deklarierten Fördermittel, auch bei sektoralen Subventionen wie für die Landwirtschaft, Fischerei oder sogenannte Altindustrien spielen die möglichen Auswirkungen auf die regionalen Unterschiede in den Einkommens- und Beschäftigungschancen eine große Rolle (Ewers, 1977). Mit der anstehenden Erweiterung der Europäischen Union werden die regionalen Diskrepanzen noch größer. Der Ruf nach direkten und indirekten Subventionen für die benachteiligten Regionen wird daher eher lauter als leiser (Tetsch, 2002). Soll dennoch ein nachhaltiger Abbau der Subventionen erreicht werden, setzt dies vor allem auch Lösungsansätze bei der Verringerung regionaler Disparitäten voraus.

In dem vorliegenden Beitrag werden zunächst vorliegende empirische Befunde zu den regionalen Entwicklungstrends in der EU dargestellt. Auf dieser Basis wird nach Organisationskonzepten gefragt, die eine effizientere Regionalpolitik ermöglichen könnten. Ausgangspunkt sind Überlegungen, die in den achtziger Jahren unter dem Begriff des Wettbewerbs der Regionen diskutiert wurden. Dabei werden hier insbesondere Ideen einer pragmatischen Umsetzung aufgegriffen, die im Rahmen eines Kooperationsprojektes des DIW Berlin mit Prof. Hans-Jürgen Ewers und der GIB (Gesellschaft für Innovationsforschung und Beratung, Berlin) entstanden (Gornig u.a., 1996).

II. Entwicklung regionaler Disparitäten

Die wirtschaftspolitische Bewertung der Höhe und der Art regionaler Fördermaßnahmen ist durch das Ausmaß der regionalen Disparitäten bestimmt (EU-Kommission 2003). Aber auch die Entwicklungstendenzen spielen eine große Rolle. Ob sich unter den gegenwärtigen Bedingungen eher die offensichtlichen regionalen Unterschiede verringern oder sogar noch zunehmen, ist für die Formulierung regionalpolitischer Empfehlungen fast noch bedeutender.

Für Deutschland und die Europäische Union liegt eine Vielzahl von Studien zur Frage der regionalen Konvergenz- oder Divergenztendenzen vor. Auch wenn sich die Ergebnisse der einzelnen Analysen in vielem unterscheiden, lassen sich doch insgesamt wiederum bestimmte Grundtendenzen ausmachen, die sich durch alle empirischen Forschungsarbeiten ziehen (Geppert/Gornig/Stephan, 2003):

- Seit Ende des 2. Weltkriegs haben sich die regionalen Disparitäten gemessen am BIP je Einwohner in Westeuropa deutlich verringert (Barro/Sala-i-Martin, 1995; Armstrong, 1995). Auch für die alte Bundesrepublik wird ein solches Ergebnis konstatiert (Seitz, 1995).
- Am ausgeprägtesten sind die Konvergenzprozesse zwischen den einzelnen europäischen EU-Ländern. Innerhalb der einzelnen Staaten sind dagegen in den achtziger und neunziger Jahren die Konvergenztendenzen im Pro-Kopf-Einkommen teilweise zum erliegen gekommen (Boldrin/Canova, 2001; Martin, 2001; Puga, 2001).
- Die Konvergenzprozesse sind bei der Arbeitsproduktivität deutlich stärker ausgeprägt als beim Pro-Kopf-Einkommen (Lopez-Bazo et. al., 1999; Esteban, 2000). Dominanten Einfluss auch auf die Produktivitätsentwicklung haben die nationalen Trends (Geppert/Gornig/Stephan, 2003).

Die Analysen zu den regionalen Konvergenz- oder Divergenztendenzen bleiben allerdings weitgehend ohne Kontextbezug. Es werden mit unterschiedlichen Ansätzen statistische Maße für die durchschnittliche Varianz der regionalen Wachstumsmuster bestimmt und getestet. In welchen konkreten Regionen, welche Art von Entwicklungsprozessen ablaufen, interessiert häufig wenig. Für die regionalpolitische Interpretation sind solche Einschätzungen allerdings wichtig. So können sich in einer im Durchschnitt durch regionale Konvergenz gekennzeichnete Entwicklung dennoch ärmste und reichste Regionen weiter auseinander bewegen. Ein Beispiel hierfür ist die Entwicklung in der alten Bundesrepublik. Die durchschnittliche Konvergenz des Pro-Kopf-Einkommens war seit 1970 primär durch dass Zurückfallen der Verdichtungsgebiete an Ruhr und Saar zu erklären. Zwischen den ärmsten Regionen wie in Ostfriesland und den reichsten Regionen wie München öffnete sich die Einkommensschere immer mehr (Gornig, 1997).

Die Konvergenzprozesse der Arbeitsproduktivität in der EU scheinen hingegen auch Ausdruck eines klaren Aufholprozesses der bislang wirtschaftlich zurückgebliebenen Regionen zu sein. Darauf weisen zumindest Auswertungen der EU-Regionaldatenbank des DIW für den Zeitraum 1988 bis 1999 hin. Dort werden auf der Ebene von teils zusammengefassten NUTS2-Regionen (hier ohne Großbritannien) die Beschäftigungs- und Produktionsentwicklung abgebildet. Die Produktivität wird gemessen als Bruttoinlandsprodukt in konstanten Kaufkraftparitäten je Erwerbstätigen. Für die dargestellten Auswertungen sind die gut 120 Regionen nach ihrem Produktivitätsniveau im Ausgangsjahr der Analysen 1988 sortiert. Anschließend sind die Regionen am oberen und unteren Rand in 10%-Schritte zu Gruppen zusammen gefasst worden.

Tabelle 1

Produktivitäts- und Beschäftigungsentwicklung in der EU 1988 bis 1999
Ergebnisse für die produktivitätsschwächsten Regionen

Region (Nuts2)	Produktivität [a] Ausgangswert 1988	Produktivität [a] Veränderung 1988 - 1999	Beschäftigung Veränderung 1988 - 1999
	In 1000 Ecu	1988 = 100	1988 = 100
Centro (P)	13	181	116
Norte	14	190	107
Ipeiros	16	249	89
Anatoliki Makedonia	16	106	94
Voreio Aigaio	16	235	81
Dytiki Ellada	16	239	85
Ionia Nisia	17	213	99
Thessalia	19	205	97
Kriti	20	192	117
Peloponnisos	20	204	94
Kentriki Makedonia	20	193	108
Galicia	20	193	91
Summe der 12 produktivitätsschwächsten Regionen	16	212	99
Summe der 24 produktivitätsschwächsten Regionen	20	191	105
Alle EU-Regionen	33	163	108

[a] Bruttoinlandsprodukt in konstanten Kaufkraftparitäten je Beschäftigten.

Quelle: Eurostat, Teilstatistiken Bruttoinlandsprodukt und Arbeitskräfteerhebung; Berechnungen und Zusammenfassungen des DIW.

Die 12 im Ausgangsjahr leistungsschwächsten Regionen der EU weisen im Beobachtungszeitraum bis 1999 mit gut 110% ein Produktivitätswachstum auf, dass weit über dem EU-Durchschnitt (63%) liegt (Tabelle 1). Das Tempo des Produktivitätszuwachses ist dabei innerhalb der Gruppe der leistungsschwächsten EU-Regionen durchaus unterschiedlich. Aber selbst die Region unter ihnen mit dem relativ geringsten Produktivitätswachstum erreicht mit 81% noch einen höheren Wert als der EU-Durchschnitt. Unter den im Ausgangsjahr leistungsschwächsten EU-Regionen befinden sich ausschließlich portugiesische, griechische und spanische Regionen. Erst wenn man die Betrachtung auf eine größere Anzahl leistungsschwacher EU-Regionen ausweitet, nimmt auch die nationale Heterogenität zu. So zählen zu den 24 leistungsschwächeren EU-Regionen auch solche aus Italien, Deutschland und den Niederlanden. In der Summe fällt der Aufholprozess bei diese Regionsgruppe etwas schwächer aus als bei den 12 leistungsschwächsten Regionen. Das durchschnittliche Produktivitätswachstum liegt mit gut 90% aber immer noch deutlich über dem Zuwachs in der EU insgesamt.

Tabelle 2

Produktivitäts- und Beschäftigungsentwicklung in der EU 1988 bis 1999
Ergebnisse für die produktivitätsstärksten Regionen

Region (Nuts2)	Produktivität[a] Ausgangswert 1988	Produktivität[a] Veränderung 1988 - 1999	Beschäftigung Veränderung 1988 - 1999
	In 1000 Ecu	1988 = 100	1988 = 100
Ile de France	47	156	105
Antwerpen/Brussels	45	153	115
Luxembourg	44	217	115
Groningen	42	143	120
Liguria	41	173	97
Valle d'Aosta	40	149	111
Limburg (B)	40	137	107
Lombardia	40	165	101
Lazio	39	172	100
Friuli-Venezia Giulia	39	168	104
Rheinhessen/Darmstadt	39	168	107
Stuttgart	38	155	112
Summe der 12 produktivitätsstärksten Regionen	41	164	107
Summe der 24 produktivitätsstärksten Regionen	39	160	108
Alle EU-Regionen	33	163	108

[a] Bruttoinlandsprodukt in konstanten Kaufkraftparitäten je Beschäftigten.

Quelle: Eurostat, Teilstatistiken Bruttoinlandsprodukt und Arbeitskräfteerhebung; Berechnungen und Zusammenfassungen des DIW.

Anders als bei den armen und ärmsten Regionen in der EU ist auf der anderen Seite der Einkommenshierarchie bei den reichen Regionen kein eindeutiger Entwicklungstrend auszumachen (Tabelle 2). Das durchschnittliche Produktivitätswachstum der 12 leistungsstärksten Regionen liegt für den Zeitraum 1988 bis 1999 lediglich um 1%-Punkt höher als in der EU insgesamt. Das für die 24 leistungsstärkeren Regionen liegt um 3%-Punkte niedriger als der EU-Durchschnitt. Einige Regionen wie vor allem Luxemburg aber auch Genua und Rom können dabei gegenüber dem EU-Durchschnitt ihren Vorsprung im Produktivitätsniveau noch ausbauen. Andere wie das belgische Limburg oder das niederländische Groningen weisen eine stark unterdurchschnittliche Produktivitätsentwicklung auf.

Der räumliche Konvergenzprozess im Produktivitätsniveau ist somit offensichtlich gekennzeichnet durch dass starke Aufholen der leistungsschwächsten Regionen. Die anderen Regionen mit mittleren und höheren Produktivitätsniveaus entwickeln sich dagegen sehr unterschiedlich. Es besteht in diesen Regionsgruppen kein signifikanter Zusammenhang zwischen dem Ausgangswert und der Entwicklung der Produktivität in Rclation zum EU-Durchschnitt.

Der ausgeprägte Aufholprozess der ärmeren Regionen beim Produktivitätsniveau ist zudem in vielen Fällen Ausdruck vor allem einer passiven Sanierung der regionalen Wirtschaften. Deutlich wird dies, wenn man die Beschäftigungsentwicklung gesondert mit in die Analysen einbezieht (3. Spalte der Tabellen). Die 12 leistungsschwächsten EU-Regionen verloren zwischen 1988 und 1999 leicht an Beschäftigung. Im EU-Durchschnitt hingegen betrug das Beschäftigungswachstum im gleichen Zeitraum immerhin 8%. Auch die Beschäftigungsentwicklung der 24 leistungsschwächeren Regionen liegt mit 5% unter dem Durchschnitt.

Die Spannweite der Entwicklungskombinationen ist dabei allerdings sehr groß. In Teilen der Ägäis (Voreio Aigaio) und im ländlichen Westen Griechenlands (Dytiki Ellada) aber auch einigen italienischen Regionen waren die hohe Produktivitätszuwächse begleitet von Beschäftigungsverlusten um bis zu fast 20%. Die Zentralregion Portugals (Centro) und die Insel Kreta (Kriti) konnten demgegenüber sowohl bei der Produktivitäts- als auch der Beschäftigungsentwicklung überdurchschnittlich abschneiden. Die leistungsstärksten Regionen der EU weisen wie bei der Produktivitätsentwicklung auch in Bezug auf das Beschäftigungswachstum im Durchschnitt keine Abweichungen zu den Trends in der EU insgesamt auf. Die Beschäftigung in den 12 leistungsstärksten Regionen wächst zwischen 1988 und 1999 um 7%, die in den 24 leistungsstarken Regionen um 8%.

Die allgemeinen regionalen Entwicklungstendenzen sagen allerdings unmittelbar nichts über den Erfolg oder Misserfolg der Regionalpolitik in der Europäischen Union (Armstrong, 2002). Zwar wurden die meisten der bei der Produktivität aufholenden Regionen regionalpolitisch unterstützt, ob aber die Regionalpolitik ursächlich für den Aufholprozess war, ist zunächst offen. Entscheidend ist wie sich die Entwicklung der Region mit der Förderung zu einer Situation ohne eine solche Förderung unterscheidet. Die Differenz zwischen den beiden Entwicklungspfaden ist der Förderung zuzurechnen.

III. Effizienz des bisherigen Förderkonzepts

Die Daten zur Bewertung wirtschaftspolitischen Maßnahmen sind immer umfangreicher und die Methoden zur Wirkungsabschätzung immer ausgefeilter geworden. Entsprechend konnten vor allem in der Evaluationen von Arbeitsmarkt- oder Technologieprogrammen deutliche Fortschritte bei der Effizienzabschätzung erzielt werden (Schmidt, 2000). Empirische Grundvoraussetzung für die Anwendung solcher Evaluationsmethoden ist allerdings, dass es jeweils Vergleichsgruppen von Wirtschaftssubjekten gibt, die unter sonst sehr ähnlichen Voraussetzungen einmal eine Förderung erhielten und einmal nicht.

Auch in der Regionalpolitik setzen die Förderinstrumente häufig bei einzelnen Unternehmen und Haushalten an. Förderziel ist aber immer die Region. Wichtig sind daher vor allem Ausstrahleffekte, die von den geförderten auf die nicht geförderten Wirtschaftssubjekte in der Region wirken (Blazejczak u.a., 2002). Ansatzpunkt für eine Wirkungsabschätzung können daher nur empirische Vergleiche zwischen geförderten und nicht geförderten Regionen sein, die sich möglichst hinsichtlich anderer Faktoren kaum unterscheiden. In der Logik der Regionalpolitik in Deutschland und der Europäischen Union ist es aber eher unwahrscheinlich solche Vergleichspaare zu finden. Die Förderregionen werden ja gerade nach Indikatoren bestimmt, die sie möglichst eindeutig von allen anderen Regionen, die keine Förderung erhalten, abgrenzen.

Empirisch eindeutige Ergebnisse zur Wirkungseffizienz wie für Teile der Arbeitsmarkt- und Technologiepolitik kann es also für die Regionalpolitik schon aus konzeptionellen Gründen nicht geben. Auch ein Bezug zur regionalen Wachstumstheorie hilft wenig. Zwar ließen sich grundsätzlich aus der ökonomischen Theorie zumindest grobe Erwartungswerte zu den regionalen Entwicklungstrends ohne Förderung abschätzen. Da aber je nach dem, welches regionalökonomische Konzept man verwendet und welche Annahmen man trifft, die Vorhersagen zu den regionalen Entwicklungstrends anders ausfallen (Bröcker, 2002), ist die eindeutige Definition des Referenzfalls nicht möglich.

In der traditionellen Sichtweise der neoklassischen Wachstumstheorie sind die Produktionsbedingungen durch vollkommenden Wettbewerb auf den Absatz- und Bezugsmärkten, regional identische Produktionstechniken, konstante Skalenerträge und abnehmende partielle Grenzproduktivitäten der Produktionsfaktoren bestimmt. Im Ergebnis kann es dann zu keinen dauerhaften regionalen Produktivitätsdifferenzen kommen. Entsprechend müssten bei empirischen Beobachtungen ausschließlich Konvergenzprozesse zu beobachten sein (Barro/Sala-i-Martin, 1995). Die neue oder endogene Wachstumstheorie lässt insbesondere externe Effekte der Kapitalakkumulation wie die Entstehung von Humankapital oder technologischen Wissen zu. Sie sind es, die den im Wachstumsprozess immer wieder anstoßen (Lucas, 1988; Romer, 1990). Bestehen räumliche Bindungen dieser externen Effekte, bedeutet dies, dass sich die Wachstumsprozesse in den Regionen konzentrieren, die schon die höchste Kapitalausstattung besitzen. Es wirken – ähnlich wie in früheren Polarisationstheorien (Hirschman, 1958) beschrieben – kumulative Wachstumskräfte. In der Konsequenz müssten in der Empirie eindeutige Divergenzen in der Produktivitätsentwicklung zu beobachten sein.

Zwischen diesen Extrempunkten bietet die regionalökonomische Diskussion noch eine Reihe von Zwischenlösungen an. Werden im System der Neoklassik gewisse Unterschiede in den regionalen Produktionsbedingungen (Produktionstechnik) zugelassen werden, dominieren Konvergenzprozesse lediglich zwischen Regionen mit ähnlichen wachstumsrelevanten Bedingungen (Konvergenzclubs). Dauerhafte Wachstumsdifferenzen bestehen dagegen zwischen Regionsgruppen mit stark abweichenden Produktionsbedingungen (Sala-i-Martin, 1995). Solche Konvergenzclubs lassen sich auch auf der Basis der endogenen Wachstumstheorie ableiten. Werden bei der anfänglichen Kapitalausstattung gewisse kritische Schwellenwerte übertroffen oder ist die Region in der Lage schnell technologisches Wissen zu adaptieren, kann sie den generellen Divergenzprozessen entrinnen und holt in der Produktivität zu den führenden Regionen auf (Durlauf/Quah, 1999). Vorhersagen zur konkreten Entwicklung einzelner Regionen oder zumindest bestimmter Regionstypen lassen sich aber auch aus solchen angepassten Theorien nicht ableiten. Entsprechend scheiden auch sie aus, wenn es darum geht, eine Referenzgröße zu definieren, die eine regionalen Entwicklung in der Europäischen Union ohne Regionalförderung beschreibt.

Auch wenn – gemessen an den Anforderungen statistischer Signifikanz – ein exakte Abschätzung der Effizienz regionalpolitischer Fördermaßnahmen derzeit nicht gelingen kann, weisen deskriptiven Analysen einer Vielzahl von Evaluationsstudien auf Effizienzspielräume im bisherigen Förderkonzept hin (Wiebe, 2001, Blazejczak u.a., 2002). Vor allem in der Abstimmung zwischen der Auswahl der geeigneten Förderinstrumente auf der überregionalen Ebene und den regionalen und lokalen Entwicklungsengpässen werden Verbesserungspotentiale identifiziert. Die Fragen möglicher Effizienzwirkungen, die sich aus der politischen und administrativen Organisation der Regionalpolitik und insbesondere ihrer Zuordnung auf die verschiedenen Ebenen der Gebietskörperschaften ergeben, stehen im Mittelpunkt der Überlegungen im folgenden Abschnitt.

IV. Organisationskonzepte der Regionalpolitik

Theoretischer Ausgangspunkt für die Frage der effizienten Erstellung des öffentlichen Gutes „Regionalförderung" ist die ökonomische Theorie des Föderalismus. Sie befasst sich in ihrer normativen Tradition insbesondere mit der Frage der optimalen Zuordnung öffentlicher Aufgaben auf die verschiedenen Gebietskörperschaften. Es werden Kriterien benannt, nach denen eine Zuordnung unter wohlfahrtsökonomischen Gesichtspunkten erfolgen sollte. Für die Bewertung der Aufgabenteilung bei der Produktion öffentlicher Güter interessant sind hier vor allem die im folgenden kurz skizzierten Überlegungen zum fiskalischen Äquivalenzprinzip (Olson, 1979) und zum Dezentralisierungstheorem (Oates, 1977).

Nach dem fiskalischen Äquivalenzprinzip ist eine zentrale Voraussetzung für die wohlfahrtsökonomisch optimale Produktion eines öffentlichen Gutes, dass sich der Kreis der Nutzer und der Kostenträger deckt. Der Output kann unter dieser Voraussetzung durch den Ausgleich der aufsummierten Zahlungsbereitschaften und den Grenzkosten bestimmt werden. Bestehen nun räumliche Nutzenstreuungen, ist es notwendig unterschiedliche regionale Organisationseinheiten mit der Bereitstellung der öffentlichen Leistung zu betrauen. In die Betrachtung einbezogen werden müssen dabei nicht nur die direkten Nutzen und Kosten, sondern auch externe Effekte. Profitiert eine Gebietskörperschaft indirekt von der Produktion einer öffentlichen Leistung in einer anderen Gebietskörperschaft oder wird sie durch eine solche Leistung indirekt beeinträchtigt, kommt es ohne ihre Berücksichtigung zu Fehlallokationen. Letztere ist allerdings prinzipiell durch zweckgebundene Finanzzuweisungen der betroffenen Gebietskörperschaft an die erstellende Gebietskörperschaft zur Erhöhung bzw. Reduzierung der öffentlichen Leistung zu vermeiden. Die Zahlungsbereitschaft für die zweckgebundene Finanzzuweisungen orientiert sich dabei ausschließlich am Ausmaß des externen Nutzens bzw. Schadens.

Das Dezentralisierungstheorem beruht vor allem auf der Annahme, dass die Präferenzen für öffentliche Güter in den Teilräumen eines Landes sehr unterschiedlich sein können. Bestehen keine Produktionskostenunterschiede zwischen den Gebietskörperschaften, also insbesondere keine Skalenerträge, ist jede Anpassung an die regional differenzierende Nachfrage wohlfahrtserhöhend. Entsprechend ist für die Bestimmung von Art und Umfang jeder öffentlichen Leistung c.p. ein dezentrales System auf der möglichst kleinsten Einheit von Gebietskörperschaften anzustreben. Verstärkt wird das Dezentralisierungstheorem durch die Annahme eines gravierenden Informationsproblems bei der Generierung regionaler Präferenzen. Wenn die Präferenzen stark zwischen den Regionen schwanken, ist dies quasi zwangsläufig mit höheren Informationsbeschaffungskosten für die übergeordneten Gebietskörperschaften verbunden. Auch die Ermittlung von Präferenzen für die Erstellung öffentlicher Güter über

Wahlen wird umso genauer sein, je kleiner das zur Abstimmung stehende Güterbündel ist. Letzteres wird nun wieder eher der Fall sein, wenn es sich um eine kleine Gebietseinheit handelt.

In ein solches Raster von fiskalischen Äquivalenz, externen Effekten, Dezentralisierungstheorem und Informationsproblemen lassen sich die verschiedenen öffentlichen Güter einordnen. Zumindest grob soll dies hier für das spezifische öffentliche Gut Regionalpolitik versucht werden.

Die regionalen Fördermaßnahmen dürften dabei zunächst relativ enge räumlich direkte Wirkungen aufweisen, die sich z.B. bezogen auf den Arbeitsmarkt durch die Pendlerverflechtung abgrenzen lassen. Gleichseitig besteht aber die Vermutung, dass regionale Fördermaßnahmen eine ganze Reihe von externen Effekten außerhalb des engeren regionalen Wirkungskreises besitzen. Dies gilt z.B. unmittelbar für Effekte in globalen Wertschöpfungsketten. Ein anderes Beispiel mehr mittelbarer Wirkungen ist der Beitrag der Regionalpolitik zur Marktöffnungs- und Integrationsbereitschaft in der EU. Ohne die Zusage regionaler Fördermittel wären weder die Süd- und noch die jetzt anstehende Osterweiterung denkbar gewesen. Gleichzeitig bestehen in der regionalen Fördepolitik ohne Zweifel nicht nur große regionale Präferenzunterschiede, sondern vor allem auch gravierende Informationsprobleme. Ein schon fast klassisches und zugleich markantes Beispiel hierfür ist der Bereich der Förderung der regionalen Innovationsfähigkeit (Ewers/Fritsch/Kleine, 1984). Die Innovationssysteme in den einzelnen Regionen sind häufig historisch geprägt und damit sind es fast zwangsläufig auch jeweils andere Engpassfaktoren, die die Verbesserung der Innovationsfähigkeit behindern und zum Gegenstand der Förderung gemacht werden müssten.

Die Regionalpolitik befindet sich damit in einer klassischen Dilemmasituation. Die externen Effekte lassen eine möglichst breite Koordinierungs- und Finanzierungsbasis sinnvoll erscheinen. Die Informationsprobleme dagegen sprechen für eine möglichst kleinteilige vor Ort angesiedelten Organisation der Verantwortung für die Regionalpolitik. Die faktisch umgesetzte Regionalpolitik in Deutschland und in der EU ist stark auf die übergeordneten Gebietskörperschaften orientiert. Auf dieser Ebene werden die Refinanzierungen vorgenommen und Fördergrundsätze festgelegt. Die konkrete Umsetzung der Förderung erfolgt über zweckgebundene Finanzzuweisungen häufig durch die darunter liegende Gebietseinheit – in Deutschland die Bundesländer.

Zu diesem – auch in der Wissenschaft durchaus lange akzeptierten Konzept der überregional orientierten Regionalpolitik (Klemmer, 1986) – hat sich in Deutschland Mitte der achtziger Jahre ein Gegenentwurf unter dem Begriff des Wettbewerbs der Regionen herausgeschält (Suntum, 1984; Soltwedel, 1987). Theoretisch basiert das Konzept des Wettbewerbs der Regionen auf den Ideen des Wettbewerbsföderalismus mit dem Grundmodell von Tiebout aus dem Jahre 1956. In diesem Modell sind die Bürger ständig auf der Suche nach dem Wohnort mit dem günstigsten Preis-Leistungsverhältnis für öffentliche Güter. Sie setzen damit die Gebietskörperschaften unter starken Wettbewerbsdruck, Spezialisierungsvorteile auszuschöpfen und kostenminimale Produktionsstrukturen aufzubauen. Die Annahmen des Modells sind allerdings sehr restriktiv. So bestehen keinerlei Mobilitätskosten sowohl für den Wohn- als auch für den Arbeitsplatzwechsel. Das Modell ist damit für die praktische Anwendung eher ungeeignet (Blankart, 2001).

Weniger restriktiv sind Modelle des Wettbewerbsföderalismus, wenn sie Budgetentscheidungen über Wahlen berücksichtigen. Der Wettbewerbsdruck auf die Entscheidungsträger in den Gebietskörperschaften geht dann nicht mehr nur von der Abstimmung mit den Füßen, sondern auch der mit den Stimmzetteln aus. Der Druck auf die Gebietskörperschaften zum effizienten Wirtschaften ist damit ungleich höher. Umgekehrt führen Abstimmungen in der repräsentativen Demokratie aufgrund der Präferenzenvielfalt häufig nicht zu eindeutigen und stabilen Lösungen. Nur unter bestimmten Annahmen ist mit einer eindeutig effizienten Erstellung öffentlicher Güter zu rechnen. Zu diesen Annahmen zählt ein probabilistisches Wählerverhalten und eher eng beieinander liegende Wählerpräferenzen (Mueller, 1989).

Mit Blick auf die regionale Wirtschaftspolitik könnte gerade davon auszugehen sein, dass die beiden letztgenannten Bedingungen erfüllt werden. Das Abstimmungsverhalten der Wohnbevölkerung dürfte sich weitgehend einheitlich an der Schaffung und dem Erhalt ausreichender und möglichst hoch bezahlter Arbeitsplätze richten. Wähler und Parteien verfügen dabei nur über unzureichende Informationen zu den Konzepten und den Erfolgen. Die um Wiederwahl bemühten regionalen Akteure wären bei diesen Bedingungen gehalten, je nach regionalen Gegebenheiten ein spezifisches Bündel von öffentlicher Ressourcen und deren Finanzierungsbeiträgen zu entwickeln. Mit diesem Bündel treten sie im regionalen Wettbewerb um möglichst hoch entlohnte Arbeitsplätze an. Unter den einschränkenden Annahmen zum Wettbewerbsföderalismus und zum Wählerverhalten (Blankart, 2001) führt dieser Wettbewerb der Regionen zu einer effizienten Wirtschaftspolitik der Gebietskörperschaften insgesamt.

In der Summe bedeutet dies aber nicht nur einen radikalen Bruch mit der bislang praktizierten Förderpolitik in Deutschland und der EU, sondern faktisch die Abschaffung einer ausgleichsorientierten Regionalpolitik. Ziel des Wettbewerbs der Regionen ist nicht mehr die Reduzierung wirtschaftlicher Ungleichgewichte, sondern die Optimierung der staatlichen wirtschaftlichen Infrastrukturen. Regionale Strukturverschiebungen sind ähnlich wie unterschiedliche Wachstumsprozesse zwischen Unternehmen im Wettbewerbsprozess ungeplante Nebenprodukte.

Zu denken wäre allerdings daran, – quasi dem Wettbewerb um die besten Wachstumssysteme nachgelagert – das Ausgleichsziel allein konsumbezogen zu verfolgen. Ein Vorschlag geht hier in die Richtung direkter Transferzahlungen an die Privathaushalte in den benachteiligten Regionen (Bröcker, 2002). Die Mehrzahl der Überlegungen sieht dagegen eine Verbindung des Wettbewerbs der Regionen mit einen Finanzausgleich zwischen den Gebietskörperschaften über ungebundene Finanzzuweisungen vor (Franke, 1989, Stehn, 1998, Karl, 2000). Inwieweit eine solche Trennung von Wachstums- und Ausgleichsziel im regionalen Kontext praktikabel ist, bleibt aber zumindest fraglich. Ein Beispiel für die Konfliktfelder ist die Diskussionen um den Länderfinanzausgleich in Deutschland. Bei hohen Ausgleichsniveau in der Finanzausstattung wie bei den Bundesländern von pro Kopf gerechnet nahezu 100% gibt es für die in der Wirtschafts- und damit der Steuerkraft stark vom Durchschnitt abweichende Länder keine Anreize ihre Einnahmen zu erhöhen (Huber/Lichtblau, 1997). Der Wettbewerb der Regionen kann also nur praktikabel funktionieren, wenn viel höhere Unterschiede in der Finanzausstattung nach Umverteilung – z.B. 80% der Pro-Kopf-Werte – akzeptiert werden (Blankart, 2001). Eine weit höhere Tolerierung von Unterschieden in den staatlichen Handlungsmöglichkeiten würde in Deutschland zunächst unmittelbar an die Grenzen des Verfassungsgebot angemessener Finanzausstattung stoßen (Vesper, 2000). Vor allem aber werden faktisch die Spielräume einer ausgleichsorientierten Regionalpolitik extrem beschränkt. Es könnten vielfach Schwellenwerte unterschritten werden, die eine hinreichende wirtschaftsnahe Infrastrukturausstattung der Regionen nicht gewährleisten. Eine dauerhafte wirtschaftliche Abkopplung bestimmter Regionen – wie sie ja in Europa durchaus zu beobachten ist (Abschnitt II) – wäre die Folge.

Für die Funktion des Anreiz- bzw. Sanktionsmechanismus von großer Bedeutung ist auch ein adäquater Regionszuschnitt. In einem System des Wettbewerbs der Regionen drücken sich die Präferenzen und Zahlungsbereitschaften über Wahlen aus. Der zentrale Anreiz- bzw. Sanktionsmechanismus für die handelnden Politiker ein effizientes Angebot wirtschaftfördernder Infrastrukturen zu entwickeln, ist die Option von Wiederwahl oder Abwahl durch die Wohnbevölkerung. Zur Minimierung von Fehlallokationen durch externe Effekte sollten daher möglichst trennscharf die Regionen nach ihrer wirtschaftliche Verflechtung abgegrenzt werden. Eine praktikable Näherungslösung könnte die Verwendung von Arbeitsmarktregionen sein, die nach der Pendlerverflechtung bestimmt sind. Als räumliche Analyse- und Beobachtungseinheit werden sie beispielsweise in Deutschland durchaus verwendet (Eckey/Horn/Klemmer, 1990). Im System des Wettbewerbs der Regionen müssten die Arbeitsmarktregionen darüber hinaus aber auch eine politische Einheit bilden, die eigene Budgetverantwortung und demokratischen Kontrollgremien besitzt. Nur dann ergebe sich die erforderliche Kongruenz zwischen der potenziell profitierenden Erwerbsbevölkerung und der wahlberechtigten Wohnbevölkerung.

Dass sich gegen die gewachsenen historischen Strukturen für die Zwecke einer wachstumsorientierten Regionalpolitik neue politische Regionaleinheiten einführen lassen, ist kaum vorstellbar. Dies gilt nicht nur für europäische

Staaten mit zentralistischem Staataufbau, selbst in Deutschland mit seinen föderativen Traditionen käme nur eine Institutionalisierung in Betracht, die sich an vorhandenen politischen Einheiten orientiert. Faktisch aber entsprechen weder die Bundesländer noch die Gemeinden auch nur annähend den Vorstellungen homogener Wirtschafts- oder Arbeitsmarktregionen. Die Flächenländer sind viel zu groß und besitzen an ihren Rändern häufig intensive wirtschaftliche Verflechtungen zu anderen Regionen. Die Gemeinden wiederum sind viel zu klein, so dass sie häufig primär nur eine spezifische Funktion innerhalb der Wirtschaftsregion z.B. als Wohn-, Einkaufs- oder Gewerbestandort wahrnehmen.

Als Ersatz für das gegenwärtige System der Regionalförderung in Deutschland und der EU kommt das Konzept des Wettbewerbs der Regionen insgesamt gesehen nicht in Betracht. Eine überzeugende und zugleich praktikable Lösung der Internalisierung externer Effekte der Regionalförderung kann das System des Wettbewerbs der Regionen nicht bieten. Dabei bleibt vor allem – auch unter Berücksichtigung ungebundener regionaler Transferzahlungen – kein Spielraum für eine gezielt auf die Verringerung der wirtschaftliche Differenzen ausgerichtete Regionalpolitik. Da gleichzeitig aber auch die bisherige Praxis der Regionalpolitik keine effiziente Lösung des organisatorischen Dilemmas anbietet, sollten Mischformen entwickelt werden, die mehr Wettbewerbselemente zwischen den Regionen zulassen aber auch Platz lassen für eine ausgleichorientierte Regionalpolitik.

Zentraler Ansatzpunkt einer Modernisierung der Regionalpolitik muss das im Zuge des wirtschaftlichen Strukturwandels immer gravierender werdende Informationsproblem sein. Selbst die Gebietskörperschaften vor Ort sind kaum noch in der Lage, eindeutig die adäquaten Förderinstrumente zu identifizieren, um die wirtschaftliche Entwicklung in ihrer Region zu stimulieren. Es geht also nicht mehr nur – wie in der normativen Theorie des Föderalismus – um die Überlegenheit in der Informationsbeschaffung der lokalen Gebietskörperschaften gegenüber der überregionalen Ebene, sondern um ein generelles Informationsproblem. Um dieses Informationsproblem zu lösen, ist der Wettbewerbsprozess ein effizientes Such- und Auswahlsystem. Die im marktwirtschaftlichen Rahmen erprobte Funktion des Wettbewerbs als effizientes Entdeckungsverfahren für überlegene Lösungen (Hayek, 1968) sollte auch für den Suchprozess nach den besten regionalen Fördersystemen genutzt werden.

Im Kooperationsprojektes des DIW Berlin mit Prof. Hans-Jürgen Ewers und der GIB entschied man sich daher nach längeren Diskussionen dazu, für die Beibehaltung der Regionalpolitik in Deutschland als Gemeinschaftsaufgabe von Bund und Bundesländern zu votieren. Die Empfehlung war allerdings verbunden mit der Forderung nach einer noch weiteren Öffnung des Katalogs der zulässigen Förderinstrumente und einer Verlagerung der Umsetzungskompetenz von den Ländern auf die Ebene wirkungsadäquat abgegrenzter Regionen (Gornig u.a., 1996).

V. Schlussfolgerungen

Die Hoffnung, dass sich die regionalen Disparitäten in Deutschland und Europa rasch und nachhaltig verringern, hat sich nicht bestätigt. Eine auf Ausgleich der Unterschiede in der Wirtschaftskraft der Regionen setzende Regionalpolitik bleibt daher unerlässlich. Für Deutschland mit der Vereinigung und Europa mit der Osterweiterung gilt dies mehr denn je (EU-Kommission, 2003).

Die finanziellen Spielräume für eine ausgleichsorientierte Regionalpolitik sind gleichzeitig europaweit sehr gering. Entsprechend kann eine Fortsetzung der Aufholprozesse in Westeuropa und die Integration der ehemaligen osteuropäischen Länder nur sichergestellt werden, wenn eine deutliche Steigerung der Fördereffizienz erreicht wird. Der Engpass der bisherigen Förderpraxis liegt dabei in der mangelnden Ausrichtung der Förderinstrumente an die regionalen Bedürfnisse, die selbst immer mehr auseinanderdriften. Der bloße Kapitalmangel spielt nur noch in einigen Regionen eine große Rolle. Häufig kommt es auf die Entstehung und Weiterentwicklung differenzierter regionaler Innovationssysteme an, die eingebunden sind in spezifische soziale und kulturelle Bedingungen. Förderichtlinien zur wirksamen Unterstützung solcher Innovationssysteme europa- oder deutschlandweit zu definieren, erscheint ausgeschlossen (Ewers, 1987).

Spürbare Effizienzsteigerungen der Regionalpolitik sind daher nur zu erwarten, wenn bessere Mechanismen zur Verringerung des Informationsproblem eingesetzt werden. Einen möglichen Weg zeigt hier dass Konzept des Wettbewerbs der Regionen auf. Die Schlüsselidee ist die Nutzung des Wettbewerbs als Entdeckungs- und Selektionsverfahren, um die besten Maßnahmen zur Stimulierung der Wachstumskräfte in einer Region zu identifizieren. Verwendet man als Anreiz- und Sanktionsmechanismus für die regionalpolitischen Akteure allerdings direkt den wirtschaftlichen Erfolg oder Misserfolg, bleiben keine Spielräume für eine ausgleichorientierte Regionalpolitik.

Ein pragmatischer Lösungsweg könnte allerdings darin bestehen, den Wettbewerbsgedanken nicht unmittelbar bei der Konkurrenz um Einkommen und Arbeitsplätze wirken zu lassen, sondern lediglich verwaltungsintern innerhalb der Regionalpolitik. Auf diesem Gebiet der wettbewerbsorientierten Fördermodelle gibt es eine ganze Reihe von Ansätzen (Gornig/Toepel, 1998). Der Grundgedanke bei solchen Fördermodellen ist es, weiterhin die Finanzierung der Regionalpolitik und die Abgrenzung der Förderregionen wegen der externen Effekte überregional zu organisieren. Die Entwicklung der konkreten Förderkonzepte hingegen erfolgt wegen des höheren lokalen Informationsgrades auf der Ebene der einzelnen förderbedürftigen Regionen. Es bestehen dabei keine Vorgaben der übergeordneten Gebietskörperschaft zu der Art und Weise der Förderung. Die übergeordneter Ebene stellt auf der Basis von Zielvereinbarungen zu den zu erreichenden wirtschaftlichen Fortschritten lediglich die

Finanzmittel zur Verfügung. Sie werden damit weder als zweckgebundene Zuweisung wie in der traditionellen Regionalpolitik noch als ungebundene Zuweisung wie im Finanzausgleich vergeben. Sie ließen sich als zielgebundene Zuweisungen bezeichnen.

Zur Stimulierung des Wettbewerbs zwischen den Förderregionen muss sich ein Teil des Zuwendungsbetrages anreizwirksam an der relativen Höhe der zugesagten Ziele orientieren. Gleichzeitig wären Sanktionsmechanismen zu vereinbaren, die bei Nichteinhaltung der Zielvereinbarungen z.B. in Form von Abschlägen von der Fördersummen wirksam werden. In der Regel wären langfristig degressive Zuwendungsbeträge zu vereinbaren, da mit der Zielerreichung auch Verbesserungen in der wirtschaftlichen Leistungsfähigkeit zu erwarten wären. Eine Ausnahme wäre es jedoch, wenn das vereinbarte Ziel das Stoppen einer Schrumpfungsspirale ist. Hier könnten die Fördersummen sogar vorübergehend zunehmen.

Im Förderkonzept der EU sind mittlerweile zielorientierten Wettbewerbselemente ansatzweise realisiert worden. Beispiele hierfür sind die Vereinbarungen zu den operationellen Programmen und die Rückhaltung eines Teils der Fördersumme (strukturelle Reserve). Allerdings beziehen sich diese Dezentralisierungsansätze lediglich auf das Verhältnis zwischen Kommission und den Ländern. Die Regionen als eigentliche Adressaten der Förderung treten bislang als eigenständige Förderinstitution nicht auf.

Bei der Dezentralisierung der Regionalpolitik sind anders als im System des Wettbewerbs der Regionen realistische Spielräume erkennbar, da die Regionen nicht selbstständige politische Einheiten sein müssen. Im verwaltungsinternen Wettbewerb unter den Förderregionen sind keine unmittelbaren Sanktionen über Wahlen erforderlich, die Regionen könnten somit als rein administrative Kategorie gebildet werden. Eine sachgerechte Orientierung beispielsweise an der Arbeitsmarktverflechtung wäre daher prinzipiell europaweit denkbar.

Literatur

Armstrong, H. (1995), Convergence among regions of the European Union 1950-1990, in: Papers in Regional Science, Vol. 74, 143-152.

– (2002), European Union Regional Policy: Reconciling the Convergence and Evaluation Evidence, in: Cuadrado-Roura, J.R. and Parellada, M. (Eds.), Regional Convergence in the European Union.

Barro, R./*Sala-i-Martin*, X. (1995), Economic Growth. New York: McGraw-Hill.

Blankart, C.B. (2001), Öffentliche Finanzen in der Demokratie. 4. Auflage, München.

Blazejczak, J./*Gornig*, M./*Kauffeld*, M./*Toepel*, K. (2000), Förderung aus dem Europäischen Regionalfonds in Berlin: Trotz hoher Wirkung Umgestaltung notwendig, in: Wochenberichte des DIW, Nr. 11/02.

Boldrin, M./*Canova*, F. (2001), Inequality and convergence in Europe's regions: reconsidering European regional policies, in: Economic Policy, Vol. 32, 207-253.

Bröcker, J. (2002), Schlussfolgerungen aus der Theorie endogenen Wachstums für eine ausgleichsorientierte Regionalpolitik, in: Raumforschung und Raumordnung, Heft 3/4.

Durlauf, S./*Quah*, D. (1999), The New Empirics of Economic Growth, in: Taylor, J.B. and Woodford, M. (Eds.), Handbook of Macroeconomics, Volume 1.

Eckey, H.-F./*Horn*, K./*Klemmer*, P. (1990), Abgrenzung von regionalen Diagnoseeinheiten für die Zwecke der regionalen Wirtschaftspolitik, Beiträge zur Struktur- und Konjunkturforschung, Nr. 29, Bochum.

Esteban, J. (2000), Regional convergence in Europe and the industry mix: a shift-share analysis, in: European Economic Review, Vol. 30, 353-364.

EU-Kommission (2003), Zweiter Zwischenbericht über den wirtschaftlichen und sozialen Zusammenhalt. KOM (2003),34, Brüssel.

Ewers, H.-J. (1977), Ziele und Instrumente der Strukturpolitik im Rahmen der marktwirtschaftlichen Ordnung, in: Konrad-Adenauer-Stiftung (Hrsg.), Material zu Problemen der Strukturpolitik, Bonn.

– (1987), Zur Dezentralisierung der Industriestrukturpolitik, in: Fritsch, M. und Hull, C. (Hrsg), Arbeitsplatzdynamik und Regionalentwicklung, Berlin.

Ewers, H.-J./*Fritsch*, M/*Kleine*, J. (1984), Bildungs- und qualifikationsorientierte Strategien der Regionalförderung unter besonderer Berücksichtigung kleiner und mittlerer Unternehmen, Schriftenreihe des BMBau, Nr. 06.053, Bonn.

Franke, S.F. (1989), Der Finanzausgleich: Problembereich im Spannungsfeld ökonomischer Rationalität und politischer Kompromissbildung, in: Hamburger Jahrbuch für Wirtschafts- und Gesellschaftspolitik, Tübingen.

Geppert, K./*Gornig*, M./*Stephan*, A. (2003), Regional productivity in the European Union. Theoretical predictions and empirical evidence, in: DIW-Berlin (Ed.), Discussion Papers, forthcoming.

Gornig, M. (1997), Die Rolle der Regionalpolitik bei der Bewältigung regionaler Strukturkrisen in Westdeutschland, in: Miegel, M. (Hrsg.), Transformation. Leipziger Beiträge zu Wirtschaft und Gesellschaft, Band 6, Leipzig.

Gornig, M./*Seidel*, B./*Weise*, C./*Vesper*, D./*Ewers*, H.J./*Eckardt*, C.F./*Magnan*, R. (1996), Regionale Strukturpolitik unter veränderten Rahmenbedingungen der neunziger Jahre. Deutsches Institut für Wirtschaftsforschung (Hrsg.): Sonderhefte, Nr. 157, Berlin.

Gornig, M./*Toepel*, K. (1998), Evaluierung von Wettbewerbsmodellen in der Regionalpolitik, in: Raumforschung und Raumordnung, Heft 2/3, 1998.

Hayek, F.A.v. (1968), Wettbewerb als Entdeckungsverfahren, Kieler Vorträge, Institut für Weltwirtschaft, Kiel. 20.

Hirschman, A. (1958), The Strategy of Economic Development. Yale University Press, New Haven, CT.

Huber, B./Lichtblau, K. (1997), Systemschwächen des Finanzausgleichs – Eine Reformskizze, in: iw-trends, Nr. 4, 1-21.

Karl, H. (2000), Die Reform der Kohäsionspolitik der Europäischen Union, in: R. Caesar und H.-E. Scharrer (Hrsg.): Die Zukunft Europas im Lichte der Agenda 2000. HWWA-Studien Nr. 56, Baden-Baden.

Klemmer, P. (1986), Regionalpolitik auf dem Prüfstand, Köln.

López-Bazo, E./*Vayá*, E./*Mora*, A. J./*Surinach*, J. (1999), Regional economic dynamics and convergence in the European Union, in: Annals of Regional Science, Vol. 33, 343-370.

Lucas, R. (1988), On the Mechanics of Economic Development, in: Journal of Monetary Economics, Vol. 22, 3-42.

Martin, R. (2001), EMU versus the regions? Regional convergence and divergence in Euroland, in: Journal of Economic Geography, Vol. 1, 51-80.

Mueller, D. C. (1989), Public Choice II, Cambridge.

Oates, W.E. (1977), An economist's perspective on fiscal federalism, in: The political economy of fiscal federalism, Toronto, 21-46.

Olson, M. jr. (1979), Die Logik des kollektiven Handelns. Kollektivgüter und die Theorie der Gruppen, in: Ökonomische Theorie der Politik, Berlin u.a., 287-319.

Puga, D. (2001), European Regional Policies in Light of Recent Location Theories. CEPR Discussion Paper, No. 2767.

Romer, P. (1990), Endogenous Technological Change, in: Journal of Political Economy, Vol. 98, S71-S102.

Sala-i-Martin, X. (1995), The Classical Approach to Convergence Analysis. CEPR Discussion Paper, No. 1254.

Schmidt, M. (2000), Arbeitsmarktpolitische Maßnahmen und ihre Evaluierung: Eine Bestandsaufnahme, in: Vierteljahrshefte zur Wirtschaftsforschung, Jg. 69, 425-435.

Seitz, H.(1995), Konvergenz: Theoretische Ansätze und empirische Befunde für Westdeutschland, in: Konjunkturpolitik, H. 2.

Soltwedel, R. (1987), Wettbewerb zwischen Regionen statt zentral koordinierter Regionalpolitik, in: Die Weltwirtschaft, Heft 1, 129-145.

Stehn, J. (1998), Interregionale Transfers nach einer EU-Osterweiterung: Ein Reformkonzept für die Europäischen Strukturfonds. In: Die Weltwirtschaft, H. 3, 316-341.

Suntum, U. van (1984), Regionalpolitik in der Marktwirtschaft - Fremdkörper oder notwendige Ergänzung?, in: Jahrbuch für Regionalwissenschaft, Bd. 5, 110-128.

Tetsch, F. (2002), Zum Verhältnis zwischen EU-Regionalpolitik und nationaler Regionalförderung, in: Raumforschung und Raumordnung, Heft 3/4.

Vesper, D. (2000), Quo vadis, Länderfinanzausgleich?, in: Wochenberichte des DIW, 26/00.

Wiebe, S. (2001), Die Zukunft der europäischen Regionalpolitik, in: Monatsberichte des BAW Instituts.

Teil C

Verkehr

Competition in Railways: Alternative Models and the British Experience

Von *Christopher Nash*, Leeds

I. Introduction

The theme of recent EU policy towards railways is that the introduction of more competition is a major factor in promoting the development of European railways. Few economists would disagree with the basic premise that the introduction of competition into a sector will increase incentives to reduce costs and to improve services. Thus it should be a prime means to improve the performance of the sector. However, introducing competition into railways has long been seen as difficult because of the presence of sunk costs and economies of scale, rendering rail transport a natural monopoly.

Current European policy is based on the premise that these characteristics of railways apply basically to the infrastructure rather than the operations. Thus the route to introduction of competition is to separate infrastructure from operations. This opens the way to introducing competition in operations. However, progress in achieving such competition has so far been very disappointing. Although in Directive 91/440, legal rights of access to railway infrastructure in EC countries have been established for international groupings of railway undertakings (defined as two or more operations from different countries wishing to run international services between the Member States where the undertakings are based) and for any railway undertaking wishing to run international combined transport goods services between any Member States, only a handful of services have come in existence and some of these have been shortlived. Legislation to achieve open access for international freight on a Europe-wide network has only just come into force and its effects have yet to be seen.

This paper will argue firstly that open access is only one, and not necessarily the best, way of introducing competition into the rail sector. It will look briefly at the experience of a number of countries, which have achieved significant reform of the rail sector, and examine the role of competition in those reforms. It will then comment on the experience of Britain, which is undoubtedly the European country to have made the greatest changes in its rail sector in recent years.

II. Competition and the Rail Industry

As stated above, European policy towards rail competition is based on the premise that the way to introduce competition into the rail sector is to separate infrastructure from operations, and to achieve open access for a variety of competing operators to use the infrastructure. Of course this is a gross oversimplification; where the argument has been seen as applying most strongly is in the case of international freight operations, where new entry might achieve a seamless international operation by a single company, and it is accepted that open access is unlikely to be the correct solution for regional passenger services, which will continue to need subsidy. Whether it is appropriate for long distance passenger services remains open for debate.

However, there are a number of problems with the open access approach. The first is that scheduled rail services operate as integrated networks. They are themselves subject to economies of traffic density, inasmuch as when traffic increases, either the operator may provide longer trains, achieving operating cost economies, or a more frequent service with through trains to a wider variety of points (the Mohring effect). There is no guarantee that competition will achieve an optimal trade-off between these two options, or that it will achieve a well integrated network in terms of connections, information and ticketing. (Nash, 1988). Instead competition may provide duplication of services which loses economies of traffic density without commensurate passenger benefits.

The experience of the bus sector in Britain since freedom of entry was provided may be instructive. In Britain, in the bus sector since deregulation in 1986 there has been a 27% rise in bus kilometres operated in the deregulated area, but a 34% fall in passengers. The result is that the enormous 46% reduction in real operating cost per bus kilometre has been almost exactly offset by the drop in the average number of passengers per bus. In London, where deregulation did not occur but competition was introduced for the contract to run specified services, bus kilometres run increased by 31%, operating costs were reduced to a similar extent but passengers increased by 11%. Whilst there are many differences between London and the rest of Great Britain, this does seem to be strong evidence for maintenance of an integrated network (Mackie/Preston/Nash, 1995).

It may reasonably be argued that deregulation in air transport has seen much greater success, and that air also has many of the characteristics of rail services, including economies of traffic density and network effects. Of course, the Mohring effect is less significant at longer distances, so one of the basic causes of market failure is less pronounced. (Jansson, 1998). Thus it may be that competition has more to offer in the long distance passenger market than the short. In any case most short distance passenger traffic is unprofitable so the chances of open access entry, unless the competitors are both subsidised, is slight.

It is also the case that the argument for planned integrated networks is stronger for passenger services than for freight, where many trains operate for a single customer or a small number of customers, or – in the case of inter-modal services – use road as feeders rather than other rail services. Only the traditional wagonload services really operated as a network of scheduled services with the same characteristics of economies of density and network effects, and they are of declining importance.

The second problem is that this framework inevitably leads to a difficult interface between a number of rail operators and a monopoly infrastructure manager. Whether that can be efficiently managed, and the infrastructure manager incentivised to provide appropriate levels and quality of infrastructure capacity in a cost-effective way, is a major concern. This is a key issue in Britain and will be considered further below.

A third problem is the issue of rail infrastructure charges. The problem here is that the marginal cost of additional train paths is typically well below average cost, even when allowance for congestion and scarcity costs is included. The result is that efficient pricing requires government subsidies. If they are not forthcoming, then the second-best solution is almost certainly a two part tariff, since this leaves the train operator free to recover the fixed element from final consumers in the most efficient way possible. However, two-part tariffs are a barrier to entry, since the new entrant almost inevitably ends up either paying a higher marginal charge per train kilometre, or a fixed charge that is much higher relative to the level of their business. In Germany for instance they have recently been found to be illegal. Any alternative which is non-discriminatory is likely to involve a high charge per train kilometre which is well above marginal cost and which therefore greatly restricts the growth of the industry (Nash, 2000b).

These three problems have been central issues in the long debate on separation of infrastructure and operations which started with the Commission green paper in 1989. In particular, the debate on rail infrastructure charges has failed, as it inevitably must, to throw up an approach which adequately reconciles efficient use of the existing infrastructure with cost recovery objectives and avoidance of barriers to entry. In this situation a choice has to be made. Charging systems can be designed to meet one of these three objectives, and compromises may be found which reasonably well meet two of them, but not all three.

III. Successful Rail Reforms

In the past twenty years, a number of countries have undertaken major reforms of their rail systems. A number of models have been used (Nash/Toner, 1999). These may be characterised as follows:

1. Vertically Integrated Outright Privatisation

This is essentially the model followed in Japan and in New Zealand. Japan was reformed on the basis of regional monopolies, which were established as private companies some of which have actually been privatised by sale of shares and others of which are still in fact publicly owned (Mizutani, 1999). In New Zealand the rail system was privatised as a whole by sale to a consortium led by Wisconsin Central. Essentially this is also the model followed in the US, where the reform was more the removal of outdated regulation than changes in structure, since the bulk of the industry had always remained vertically integrated private companies.

2. Vertically Integrated Long Term Franchises

This is the model followed initially in Argentina, and now emulated in Brazil and many other countries both in Latin America and elsewhere (Campos, 2000). In Argentina, the government owned railways were divided into six vertically integrated regional monopolies, which were franchised out for 30 years.

3. Vertically Separated

The most extreme cases of complete vertical separation are Sweden and Great Britain. In Sweden, this was in a context where both the infrastructure and many operations were still owned by the state, but where some services were franchised out on short franchises, typically with the regional government still owning the rolling stock. The British experience will be considered in more detail below, but again it is built on franchising rather than open access competition.

Broadly it is argued that all the above reforms appear to have been successful in promoting growth of the rail industry to a greater or lesser extent, although problems have emerged with a number of them and particularly in the case of Britain. Thus it appears that there is no single appropriate route for railway reform; many alternatives are possible, and what is adopted in any particular case will depend on circumstances. In a country where the principal rail traffic is freight, and there is intense competition from road, as in New Zealand, outright privatisation as a vertically integrated company may be appropriate. Where passenger traffic is intense and potentially profitable, but there is fierce competition from other modes, again outright privatisation may be the solution. Where government intervention, and particularly subsidy, is needed, franchising may be the best approach.

What is interesting is that there is no case amongst them where open access competition has been a major element in the reform. Certainly there are cases of operators running over each others' tracks; that is by no means uncommon in the US, for instance. It is also often argued that the co-existence of different competing companies in the US has been a major factor in the tremendous success of its rail industry (Thompson, 1993). But even in the US, rail companies are normally vertically integrated, and new entry has been into the short line sector rather than trunk haul.

The European context is far more complicated than any of the above. It has the particular features of a high level of cross border freight traffic and a lot of passenger services that are unprofitable but run for social reasons. It is therefore appropriate that in Europe we may need to look for different solutions from the rest of the world. Moreover, the degree of commitment to and the steps that have been taken to secure separation of operations from infrastructure have gone so far that it may reasonably be argued that the time for questioning this policy is passed and that the important question now is how to make it work.

But if we place heavy emphasis on open access competition, we are treading a path in which there is very little experience. By contrast, franchising and contracting out are both approaches to securing competition of which there is a great deal of experience, much of it successful. In considering further reform, and in determining approaches to issues such as infrastructure charges, it remains important to consider the appropriate priority to be given to the encouragement of each form of competition.

Given the radical changes that has occurred in Britain, with a heavy emphasis on franchising but also a degree of open access, particularly for freight, it may be worth looking at the British experience in more detail.

IV. British Experience – Franchising

British experience has been totally different from that of any of the countries considered above. Separation of infrastructure from operations was immediately followed by outright privatisation of the infrastructure manager and the freight operators and by franchising of passenger services. Competition was introduced along the supply chain by means of completely contracted out infrastructure maintenance and renewal, rolling stock supply and maintenance and many other activities to separately privatised parts of British Rail and other private companies (Nash, 2000a).

Until the year 2000, there was a widespread view that, although problems had been found, the British experience was overall positive. Passenger traffic had risen to its highest levels since before the major cuts to the rail network under Dr. Beeching in the 1960s (Table 1).

Table 1

Rail Traffic on the British National Rail Network

	Total passenger kilometres	Total freight tonne km
1985-86	30.4	16.0
1986-87	30.8	16.6
1987-88	32.4	17.5
1988-89	34.3	18.1
1989-90	33.3	16.7
1990-91	33.2	16.0
1991-92	32.5	15.3
1992-93	31.7	15.5
1993-94	30.4	13.8
1994-95	28.7	13.0
1995-96	30.0	13.3
1996-97	32.1	15.1
1997-98	34.7	16.9
1998-99	36.3	17.3
1999-00	38.5	18.2
2000-01	38.7	18.1

Source: Strategic Rail Authority – National Rail Trends 2001-2 Quarter 3

Table 2

Government Support to the Rail Industry

	Revenue support grants to domestic passenger services	
	Central Government Grants	PTE Grants
1985-86	849	78
1986-87	755	70
1987-88	796	68
1988-89	551	70
1989-90	479	84
1990-91	637	115
1991-92	902	120
1992-93	1194	107
1993-94	926	166
1994-95	1815	346
1995-96	1712	362
1996-97	1809	291
1997-98	1429	375
1998-99	1196	337
1999-00	1031	312
2000-01	847	283

Note: PTE grants are grants paid by Passenger Transport Executives for local rail passenger services in the main conurbations excluding London. Source: Strategic Rail Authority – National Rail Trends 2001-2 Quarter 3

Freight traffic had also started to grow although not to the same extent. Whilst the form of privatisation had led inevitably to a big increase in government grants in the short term as assets were sold off and the train operating companies had to pay commercial rates for using them, subsidies (excluding receipts from the sale of assets) were rapidly declining (Table 2).

The problems that were emerging with the system were essentially three-fold. Firstly some aspects of quality of service were a cause for concern; punctuality and reliability were declining and despite a high degree of public control over train service levels, through ticketing and information designed to maintain network benefits, there were problems in achieving well-integrated timetables and fares in a system with many different train operators.

The second big problems were in the field of investment. It was argued that the level of investment, particularly by Railtrack, although increasing, remained inadequate and was not providing sufficient capacity for a growing industry. Moreover, where train operators had ordered new rolling stock there were long delays in getting it into service, partly due to problems with the manufacturers, but more especially due to difficulties in getting it through the Railtrack safety regime.

The third problem was the financial difficulties some of the train operators, particularly those in the less profitable parts of the industry which had built their franchises bids around big reductions in operating costs, were having (Table 3).

Table 3

Rail Industry Profitability Operating Profit, 1998/99 (losses in brackets)

	£m	*% of turnover*
Inter City Operators		5.5
Network South East Operators	93.7	4.7
Regional Operators	(6.2)	(0.4)
of which		
North West Trains	(5.1)	(2.1)
Wales and West	(12.6)	(9.6)
Cardiff Railways	(4.9)	(18.8)

Source: TAS Rail Monitor, 2000

The result was doubt as to whether the reduction in subsidy was fully sustainable or whether in fact some franchisees would go out of business, meaning that some franchises would need to be relet probably with higher levels of subsidy.

These problems might in part be seen as inevitable problems of a system which combines separation of infrastructure from operations with franchising. However, solutions to them were being addressed, including restructuring of rail access charges and conditions to improve the incentives to Railtrack, restructuring of the franchises to provide a smaller number of much longer term franchises and injection of more public money into both investment and subsidy in the short term with the continued aim of improving long term financial performance as well as quality and capacity. The real problem with the structure lay elsewhere.

During the latter part of the year 2000 the rail industry in Great Britain hit a major crisis. Following the Hatfield rail accident, gauge corner cracking was found extensively in rails all over the system. Railtrack imposed severe speed restrictions, which greatly increased journey times and led to reduced frequencies and poor reliability. The problems were compounded by other factors including severe flooding and shortages of rolling stock. There were serious falls in traffic and profitability, from which recovery is still not complete at the time of writing. Railtrack was required to pay substantial compensation to train operating companies, as well as funding extensive remedial work. As an outcome of this, Railtrack was declared bankrupt, and has been taken over by a government sponsored 'not for profit' company, Network Rail.

Again, some (including the then Chief Executive of Railtrack) would say that these difficulties were a likely result of a fragmented structure to the industry, with separation of infrastructure from operations, a privatised monopoly infrastructure provider and extensive subcontracting of maintenance and track renewals. The evidence on this is still not clear, although certainly, the evidence produced so far does point to severe weaknesses in the management of some of those interfaces, and particularly that between Railtrack and its maintenance contractors. Moreover it has become clear that the philosophy that government only has a role in securing provision of services, and that the infrastructure manager can be left to respond to market forces, has not worked. Railtrack not only failed to manage its infrastructure maintenance and asset condition effectively; it also failed to plan adequately for the future and take a strategic approach. The lesson appears to be that public authorities must have a role in planning and financing infrastructure investment, and the government has set up a new public body – the Strategic Rail Authority – with that in mind.

V. British Experience – Open Access

The reform of the rail system in Britain was intended to lead to strong competition within the rail freight industry. Initially the rail freight sector was divided into a number of separate companies, but in the event these were difficult to sell as separate entities and all but one became part of a single company, English Welsh and Scottish Railways. The one exception, Freightliner, was a specialist container company. Freightliner has indeed competed with EWS in some of its markets; it has set up a heavy haul division, and won some contracts, notably for Railtrack and for the haulage of coal. EWS in turn has made some inroads into the container business.

Britain has had complete open access for rail freight operators since 1994. Two existing rail customers – the electricity generating company National Power and the nuclear industry – were early entrants. National Power subsequently sold out to EWS, but the nuclear power subsidiary, Directrail, continues to operate in its own small niche market. In the meantime a passenger operator, GB Railways, has entered the freight market with a small fleet of locomotives on contract work for Railtrack, and to provide a new container service.

The evidence of Britain suggests therefore that in a small relatively unprofitable rail freight sector it is difficult to attract and sustain new entry on a significant scale. Of course, new entry in the international market was constrained not just by the situation in Britain but also by that in France, so it may be argued that Britain is not a fair test of the proposition that new entrants in international freight services may be attracted if the barriers to entry can be removed. Moreover attracting new contracts may require move than open access to the infrastructure; access to terminals, rolling stock and trained staff are also major issues.

Early government documents suggested that there would also be complete open access in the passenger sector as well. However, it was realised that if passenger franchisees faced the threat of competition on all their profitable services, then the difficulty and cost of letting the franchises would be greatly increased. Thus a process of "moderation of competition" was introduced by the Regulator and implemented via his powers to approve or disapprove track access agreements. In the first phase of this, a franchisee was given complete protection on all "material" flows (i.e. flows where revenue was above a specified proportion of their total revenue – usually 0.2%) which they chose to designate and on which they offered a through service. Thus new entry was limited essentially providing new through services, but since the intermediate points they could serve would be very limited, the opportunities would be slim. One or two competing services were introduced by a rival franchisee between the North West and London but they were shortlived.

In the second phase, entry may be allowed on flows constituting collectively up to 20% of the designated flows. However, the regulator has also introduced a public interest test (Office of the Rail Regulator, 1999). The new service should show net benefits under a cost-benefit analysis. In other words for a new commercial service, the profits plus user benefits or wider economic benefits should outweigh any loss to the existing operator. A service which purely duplicated existing services would be unlikely to meet this criterion, whilst a service that ran through to new points or greatly improved a poor service might. One service that has been approved under this criterion is a new service from Hull to London, operating initially three times per day, where there was previously only one through train per day. This is clearly providing significant benefits to users but it is also taking up valuable capacity on congested rail lines with trains that are frequently only 3 coaches.

There are however other constraints on new entry. Primary amongst these is lack of track capacity. This is a major constraint at most major cities and on most trunk routes; new entry could only be accommodated either by enforced reduction of existing operators' services or by substantial expenditure on new capacity. In addition, in some cases - notably the Virgin West Coast services - in return for the high level of investment protection from competition will continue throughout the 15 year franchise.

In fact therefore most competition to date has come from different franchisees sharing the same or parallel routes, rather than genuine open access entry. The most interesting of these is the route between London and Birmingham, where in addition to the inter city expresses operated by Virgin, two other operators – Silverlink, who run outer suburban services over the same tracks, and Chiltern, who offer competing services over a parallel route – compete for the traffic. Competition essentially takes the form of product differentiation, with the competitors offering lower standards of comfort and facilities but substantially cheaper fares. However, there is also competition in access; for instance the Chiltern service calls at affluent points South East of Birmingham that are remote from the Virgin service, whilst Virgin and Silverlink both serve the important area around Birmingham International Airport and Coventry. Similarly there is competition between three operators between London and Gatwick Airport, two operators between London and Ipswich, two operators by different routes between London and Southend and on many stretches of track (e.g. York to Newcastle) where services of several operators overlap for that section. Overall, wherever there has been effective competition it appears that it has reduced prices and improved passenger choice. What is not clear is whether it has done so to an extent that justifies the cost in terms of lost revenue to the main operator on the route in question.

VI. Conclusions

The rail industry is subject to substantial economies of density, both in terms of infrastructure and services, as well as the Mohring effect whereby additional passengers lead to better services for existing ones. Rail services form a network in which integration is important. Therefore it is not the case that all the causes of market failure lie in the infrastructure, and that with the separation of infrastructure from operations open access is necessarily the best policy. On the other hand there is always a strong a priori argument for open access to drive down costs and drive up service levels unless evidence of harmful effects can be found.

There is no case to date of an effective rail reform in which open access has formed a major factor, whilst there are many successful reforms where removal of pricing constraints, franchising or outright privatisation form major elements. Moreover, in those limited cases where open access has already been achieved, as with rail freight in Britain, the amount of new entry has been small. That might suggest that in terms of priorities franchising, privatisation and regulatory reform are more important than open access, and that where there are conflicting objectives on issues such as the structure of rail infrastructure charges, promoting open access should not be allowed to dominate the decision.

In the passenger sector, the evidence of the bus industry in Britain suggests that there is a risk that complete open entry floods the market with duplicate services, although entry into the rail market is inevitably more difficult than for bus, given the need to secure track access, lease rolling stock and procure staff with the appropriate route knowledge, so the experience would not necessarily be the same. On the other hand there are cases where competition appears to have led to worthwhile improvements for passengers in terms of differentiated services at lower fares. There appears therefore to be a strong a priori case for passenger services in favour of the approach currently taken by the British Rail Regulator, which is essentially to judge each case on an appraisal of its costs and benefits.

In the freight market, the arguments for open access are stronger. Services are less often part of integrated networks, and there is more scope for customers to secure their own services by using third parties as operators and/or suppliers of traction. There are cases of successful entry into the freight market even in Britain, although on a small scale into particular market niches.

The major problems that have followed rail privatisation in Britain have largely surrounded the infrastructure, where the intention that infrastructure maintenance, planning and investment should be undertaken by a market led regulated private monopoly has not worked. Both franchising of passenger services and privatisation of freight operations appear to have been largely successful. However, in neither case has open access competition been a major element in this success.

References

Campos, Javier (2000), Rail reform in Latin America: what could Europe learn/avoid, in *Niskanen*, Esko/*Nash*, Christopher eds, Proceedings of the Seminar on Rail Infrastructure Charging, Helsinki, July 2000.

Jansson, J. O. (1998), An analysis of the rail transport system, in ECMT Round table 107 User Charges for Rail Infrastructure, 133-181.

Mackie, Peter/*Preston*, John/*Nash*, Christopher (1995), Bus Deregulation ten years on. Transport Reviews, Vol 15, No 3, 229-251.

Mizutani, F. (1999), An Assessment of the Japan Railway companies since privatisation: performance, local rail service and debts. Transport Reviews 1999.

Nash, C. A. (1988), Integration of Public Transport: An Economic Assessment, in: *Dodgson,* J. S./*Topham,* N., Bus Deregulation and Privatisation: An International Perspective, Gower.

– (2000a), Privatisation and Deregulation in Railways – an assessment of the British approach in *Bradshaw,* Bill/*Lawton Smith,* Helen, eds, Privatisation and Deregulation of Transport. MacMillan Press Ltd, Basingstoke. 159-176.

– (2000b), Rail Infrastructure Pricing: key issues and experience from Britain in *Niskanen,* Esko/*Nash,* Christopher eds, Proceedings of the Seminar on Rail Infrastructure Charging, Helsinki, July 2000.

Nash, C. A./*Toner*, J. P. (1999), Competition in the railway industry, Journal of Competition Law and Policy, Vol. 1, no. 1, 197-227.

Office of the Rail Regulator (1999), New Service Opportunities for Passengers – Criteria for Evaluation. A Consultation Document. London.

Thompson, Louis (1993), The evolution of railroad regulation in the US in Jose *Carbajo*, ed, Regulatory Reform in transport, Washington DC: World Bank, 31-41.

Wettbewerb auf den europäischen Transportmärkten: Das Problem der Netzzugänge

Von *Günter Knieps*, Freiburg

I. Einführung

Seit im Mai 1985 der Europäische Gerichtshof den Verkehrsministerrat wegen Untätigkeit bei der Liberalisierung des Verkehrs verurteilt hat, ist der Paradigmawechsel in Richtung eines umfassenden Wettbewerbs auf den europäischen Verkehrsmärkten unumkehrbar (vgl. z. B. Ewers, 1994). Deutschland hat in diesem Kontext maßgebliche Impulse von der Europäischen Union empfangen, wo nicht nur der Nutzen der Liberalisierung allgemein erkannt wurde, sondern auch die Schaffung von gemeinsamen Märkten in diesem Sektor vorangetrieben wird und gleichzeitig der sektorspezifischen Regulierung eine wichtige Funktion eingeräumt wird. Seit den Verträgen von Maastricht hat die europäische Verkehrspolitik eine bedeutende Dimension hinzugewonnen: Die Neuorientierung in Richtung einer Infrastrukturpolitik der Europäischen Union mit dem Ziel des Aufbaus und der Entwicklung von transeuropäischen Netzen.

Funktionsfähiger Wettbewerb auf den europäischen Transportmärkten erfordert den diskriminierungsfreien Zugang zu den Verkehrsinfrastrukturen für sämtliche aktiven und potenziellen Anbieter von Transportleistungen. Neben der Bedingung der Diskriminierungsfreiheit gilt es aber gleichzeitig, eine effiziente Allokation knapper Infrastrukturkapazitäten sowie die erforderliche Kostendeckung anzustreben. In diesem Beitrag wird ein disaggregierter Regulierungsansatz vorgestellt, dessen Umsetzung es ermöglicht, diese Ziele möglichst umfassend zu erreichen.

II. Verkehrssysteme: Ein disaggregierter Ansatz

Im Gegensatz zu dem herkömmlichen Ansatz vollintegrierter Netze mit End-zu-End-Verantwortung sind im Rahmen eines *disaggregierten Ansatzes* die folgenden Netzebenen zu unterscheiden (vgl. Knieps, 1996):

(1) Wegeinfrastrukturen (z.B. Gleisanlagen, Bahnhöfe, Straßen, Flughäfen);

(2) Infrastrukturmanagement/Verkehrsleitsysteme (z. B. Flugüberwachung, Zugüberwachungssysteme, Leit- und Informationssysteme für den Straßenverkehr);

(3) Transportleistungen (Beförderung von Gütern und Personen mittels Zügen, Flugzeugen, Schiffen oder LKWs und PKWs).

Die Bereitstellung einer Transportleistung erfordert nicht nur ein Transportgefäß (z. B. einen Zug oder ein Flugzeug), sondern *gleichzeitig* auch den Zugang zu einer Wegeinfrastruktur (z. B. einer Trasse, einem Landeslot etc.). Zusätzlich sind im Eisenbahnverkehr und im Flugverkehr die fortwährende Kontrolle und Koordination der Verkehrsbewegungen unerlässlich. Hierzu sind Zugüberwachungssysteme bzw. Flugüberwachungssysteme erforderlich, die nicht nur die Aufgabe haben, die Verkehrssicherheit zu gewährleisten, sondern gleichzeitig für eine Zuteilung der vorhandenen Wegeinfrastrukturkapazitäten zuständig sind. Aber auch im Straßenverkehr werden Verkehrsleitsysteme in Zukunft eine zunehmend wichtigere Rolle einnehmen.

Es gilt zu beachten, dass die Bereitstellung von Transportleistungen den gleichzeitigen Zugang zu einer Wegeinfrastruktur und einem Verkehrsleitsystem erfordert, unabhängig davon, ob diese Funktionen vertikal integriert in der Hand eines Unternehmens liegen oder in unterschiedlichen Unternehmen. Obwohl Flughafenbetreiber, Fluggesellschaften und Flugsicherungsbehörden nur gemeinsam einen reibungslosen Flugverkehr garantieren können, waren sie auch in der Vergangenheit sowohl organisatorisch als auch institutionell getrennt.

Anders verhielt es sich dagegen im Eisenbahnverkehr, wo sämtliche Funktionen vertikal in der Hand der nationalen Bahngesellschaften integriert wurden, wobei lediglich minimale Kooperation zwischen den nationalen Gesellschaften der Regelfall war. Aber auch hier ist in jüngster Zeit eine Entwicklung in Richtung eines disaggregierten Regulierungsansatzes zu beobachten. Richtungsweisend sind die verschiedenen Richtlinien auf der europäischen Ebene. Ausgangspunkt war die Richtlinie 91/440/EWG des Rates vom 29. Juli 1991 zur Entwicklung der Eisenbahnunternehmen der Gemeinschaft[1], die den Eisenbahnunternehmen und den internationalen Gruppierungen von Eisenbahnunternehmen bestimmte Zugangsrechte im grenzüberschreitenden Schienenverkehr garantierte. Es folgte die Richtlinie 95/19/EG des Rates vom 19. Juni 1995 über die Zuweisung von Fahrwegkapazität der Eisenbahn und die Berechnung von Wegeentgelten[2], wodurch ein allgemeiner Rahmen für die Zuweisung von Fahrwegkapazität festgelegt wurde. Der aktuelle Stand findet sich in der Richtlinie

---

[1] ABl. L. 237 vom 24.8.1991, 25.

[2] ABl. L. 143 vom 27.6.1995, 75.

2001/14/EG des Europäischen Parlaments und des Rates vom 26. Februar 2001 über die Zuweisung von Fahrwegkapazität der Eisenbahn, die Erhebung von Entgelten für die Nutzung von Eisenbahninfrastrukturen und die Sicherheitsbescheinigung.[3]

Wettbewerb auf den Eisenbahnnetzen ist nur möglich, wenn Eisenbahnverkehrsunternehmen den ungehinderten Zugang zu den Schienentrassen erhalten und dabei gleichzeitig die Serviceleistungen der Zugüberwachungssysteme in Anspruch nehmen können (vgl. z. B. Berndt/Kunz, 2003).

III. Europaweiter Harmonisierungsbedarf der Verkehrsleitsysteme

Die Neuorientierung in Richtung einer Infrastrukturpolitik der Europäischen Union mit dem Ziel des Aufbaus und der Entwicklung von transeuropäischen Netzen führt unmittelbar zur Notwendigkeit der Förderung der Interoperabilität der einzelstaatlichen Netze.[4]

Ein erheblicher Koordinationsbedarf ergibt sich insbesondere im Bereich der Verkehrsleit- und Überwachungssysteme. Es ist offensichtlich, dass aktiver Wettbewerb zwischen unterschiedlichen Anbietern von Verkehrsüberwachungssystemen nicht funktionieren kann. Ein einzelnes Flugzeug oder ein einzelner Zug darf nur von jeweils einer Institution gleichzeitig überwacht werden, sollen Chaos und Unfälle vermieden werden. Es handelt sich daher um natürliche Monopole, deren geographische Grenzen institutionell eindeutig bestimmt werden müssen. Somit stellt sich die Frage nach einer „natürlichen" Grenze eines regionalen Überwachungsgebietes einerseits und der Koordination zwischen unterschiedlichen Überwachungsgebieten andererseits.

Die Zugüberwachungssysteme stellen das entscheidende Bindeglied zwischen Fahrweg und Betrieb dar. Sowohl der Ablauf des Eisenbahnverkehrs als auch die Durchführung von Reparaturmaßnahmen an den Schienenwegen müssen durch Zugüberwachungssysteme koordiniert werden. Dieser Koordinationsaufwand ist wie beim Flugverkehr prinzipiell unabhängig von der Frage, ob eine oder mehrere Zugverkehrsgesellschaften auf einem Streckennetz tätig sind. Er hängt vielmehr von der Anzahl Züge und deren Geschwindigkeit ab.

Das frühere Eisenbahnmonopol führte zu einer überwiegend nationalen Orientierung des Kapazitätsmanagements von Schienenwegen und einer an nationalen Gesichtspunkten orientierten Fahrplangestaltung. Grenzüberschreitende Koordination und Kooperation innerhalb des internationalen Eisenbahnverbandes wurden dabei auf ein Minimum beschränkt. Dies betraf sowohl Standar-

---

[3] ABl. L. 75 vom 15.3.2001, 29.

[4] Vgl. Vertrag von Amsterdam, Titel XV, Transeuropäische Netze, Art. 154 (2).

disierungsbemühungen als auch Koordination und Kooperation beim Trassenmanagement. Optimierungsbestrebungen blieben auf die nationalen Systeme beschränkt. Inzwischen sind zunehmende Integrationstendenzen zu erkennen, beispielsweise die Entwicklung und der Einsatz des neuen europäischen einheitlichen Leit- und Sicherungssystems ETCS.

Analog zu den Flugüberwachungssystemen besitzen Zugüberwachungssysteme jedoch ein erhebliches grenzüberschreitendes Potenzial. Wettbewerb auf den europäischen Zugverkehrsmärkten und eine damit einhergehende Zunahme der Nachfrage nach europäischem Zugverkehr erfordern eine konsequente Internalisierung der grenzüberschreitenden Restriktionen. So sollten beispielsweise die technischen Grenzen der Einrichtungen (z. B. Telekommunikation, Funk) nicht länger an den politischen Ländergrenzen ausgerichtet sein. Die grenzüberschreitenden Systemvorteile müssen analog der europäischen Flugsicherung konsequent ausgeschöpft werden, damit sich der Wettbewerb auf den europäischen Märkten für Eisenbahnverkehr voll entfalten kann.

Die Entwicklung eines integrierten europäischen Zugüberwachungssystems würde durch den Aufbau unabhängiger Zugüberwachungsbehörden analog der Flugsicherungsbehörden wesentlich erleichtert. Solange eine solche Entwicklung in Richtung eines integrierten europäischen Systems nicht stattfindet, sollten zumindest die Möglichkeiten einer intensiven Koordinierung und Harmonisierung der Zugüberwachungssysteme, z. B. durch intensivere Standardisierungsbemühungen und Trassenfahrplankoordination, umfassend genutzt werden.

Eine zunehmende Angleichung der Systeme kann im Rahmen eines Institutionenwettbewerbs zwischen nationalen Zugüberwachungssystemen eingeleitet werden. Aufgrund der Abwesenheit netzspezifischer Marktmacht bei der Bereitstellung von Verkehrsleitsystemen ist der Ausschreibungswettbewerb prinzipiell funktionsfähig und bedarf keiner Marktmachtregulierung.[5] Falls die Ausschreibungen (wie bei anderen Leistungen inzwischen die Regel) europaweit erfolgen, ist zu erwarten, dass sich die im Bereich der Zugüberwachung in einem Land besonders erfolgreiche Zugüberwachungsgesellschaft auch in anderen Ländern im Versteigerungswettbewerb durchsetzen wird. Dies hat zur Folge, dass die in einem Land durch innovative Software erzielten Innovationsvorsprünge im Bereich der Zugüberwachung sich sukzessive auf andere Länder ausdehnen. Der Institutionenwettbewerb wird darüber hinaus sowohl zur Ausschöpfung von Kostensenkungspotenzialen führen als auch zu einem verbesserten Serviceangebot auf den Transportmärkten. Das Informationsmonopol nationaler Institutionen wird aufgeweicht. Die Transportgesellschaften erhalten die

---

[5] Zum Konzept der regulierungsbedürftigen, netzspezifischen Marktmacht vgl. Abschnitt IV. 1.

Möglichkeit, Druck auf die für sie zuständigen Zugüberwachungsgesellschaften auszuüben.

IV. Das Marktmachtproblem von Wegeinfrastrukturen

1. Lokalisierung netzspezifischer Marktmacht

Ein geeignetes ökonomisches Referenzmodell für die Aufdeckung des Handlungsbedarfs zur Disziplinierung von Marktmacht in Netzsektoren muss in der Lage sein, wesentliche Eigenschaften von Netzen (Bündelungsvorteile, Netzexternalitäten etc.) zu erfassen, ohne diese automatisch mit Marktmacht gleichzusetzen. Im Folgenden wird dargelegt, dass sich stabile netzspezifische Marktmacht nur bei Vorliegen eines monopolistischen Bottlenecks nachweisen lässt. Ausgangspunkt für die Lokalisierung stabiler netzspezifischer Marktmacht ist das Marktzutrittsschranken-Konzept von Stigler. Stigler definiert Marktzutrittsschranken als:

> "A barrier to entry may be defined as a cost of producing (at some or every rate of output) which must be borne by a firm which seeks to enter an industry but is not borne by firms already in the industry" (Stigler, 1968, 67).

Solange die Inputs zu gleichen Bedingungen sowohl für die aktiven als auch potenziellen Marktteilnehmer zur Verfügung stehen, bewirken sie nach Stigler keine Marktzutrittsschranken. So bedingen Größenvorteile also keine Marktzutrittsschranke, solange auch die Marktneulinge Zugang zu derselben Kostenfunktion besitzen. Das Konzept von Stigler impliziert ferner, dass klassische Wettbewerbsparameter wie Produktdifferenzierung und damit einhergehender Aufbau von Reputation und Goodwill, oder das erforderliche Kapital keine Marktzutrittsschranken darstellen, da diese ebenfalls alle aktiven und potenziellen Unternehmen gleichermaßen betreffen. Anders ausgedrückt, es handelt sich um Situationen, in denen die Kostenfunktionen nur von Faktoren abhängen, die für alle Unternehmen symmetrisch zugänglich sind.[6]

Die monopolistische Bottleneck-Theorie basiert auf einer konsequenten Umsetzung des Stigler'schen Marktzutrittsschrankenkonzepts zur Aufdeckung netzspezifischer Marktmacht. Die Kernaussagen dieser Theorie lassen sich wie

[6] Die in der traditionellen Industrieökonomie – aufbauend auf *Bain* (1956) – unterschiedenen Marktzutrittschranken (Größenvorteile, Produktdifferenzierung, hohes Kapitalerfordernis etc.) erlauben demgegenüber keinen zuverlässigen Nachweis stabiler Marktmacht (vgl. z. B. *Schmalensee*, 1989). Beispielsweise zeigt von *Weizsäcker* (1980a, 1980b), dass Reputation und Goodwill effiziente Mechanismen zur Reduktion von Unsicherheit darstellen, als deren Folge die soziale Wohlfahrt ansteigen kann. Nach *Stigler* stellt der Aufbau von Goodwill keine Marktzutrittsschranke dar, da dieser nicht zu Kostenasymmetrien zwischen eingesessenen Unternehmen und Marktneulingen führt.

folgt zusammenfassen: Stabile netzspezifische Marktmacht lässt sich nur bei einer Kombination von Bündelungsvorteilen und irreversiblen Kosten nachweisen, d. h. bei Vorliegen eines monopolistischen Bottlenecks (vgl. Knieps, 1997). Die Bedingungen für eine monopolistische Bottleneck-Einrichtung sind erfüllt, falls:

(1) eine Einrichtung unabdingbar ist, um Kunden zu erreichen, wenn es also keine zweite oder dritte solche Einrichtung gibt, d.h. kein aktives Substitut verfügbar ist. Dies ist dann der Fall, wenn aufgrund von Bündelungsvorteilen eine natürliche Monopolsituation vorliegt, so dass ein Anbieter diese Einrichtung kostengünstiger bereitstellen kann als mehrere Anbieter;[7]

(2) gleichzeitig die Einrichtung mit angemessenen Mitteln nicht dupliziert werden kann, um den aktiven Anbieter zu disziplinieren, d. h. kein potenzielles Substitut verfügbar ist. Dies ist dann der Fall, wenn die Kosten der Einrichtung irreversibel sind und folglich auch kein funktionsfähiger Second Hand-Markt für diese Einrichtungen existiert.

Der Inhaber eines solchen monopolistischen Bottlenecks besitzt folglich stabile Marktmacht, selbst dann, wenn sämtliche Marktteilnehmer perfekt informiert sind, sämtliche Nachfrager Wechselbereitschaft besitzen und kleine Änderungen der Preise eine Wanderung der Nachfrage zur Folge haben.[8] Netzspezifische Marktmacht des etablierten Unternehmens ist somit lediglich in denjenigen Teilbereichen zu erwarten, die nicht nur durch Bündelungsvorteile, sondern gleichzeitig auch durch irreversible Kosten gekennzeichnet sind. Irreversible Kosten sind für das etablierte Unternehmen nicht mehr entscheidungsrelevant, wohl dagegen für die potenziellen Wettbewerber, da diese vor der Entscheidung stehen, ob sie diese unwiederbringlichen Kosten in einem Markt einsetzen sollen oder nicht. Das eingesessene Unternehmen hat somit niedrigere entscheidungsrelevante Kosten als die potenziellen Wettbewerber. Hieraus ergibt sich ein Spielraum für strategisches Verhalten, so dass ineffiziente Produktion oder Überschussgewinne nicht mehr zwangsläufig Marktzutritt zur Folge haben.

Bei Abwesenheit von irreversiblen Kosten führen Bündelungsvorteile jedoch aufgrund der Disziplinierungswirkung des potenziellen Wettbwerbs nicht zu

---

[7] Ein natürliches Monopol liegt vor, wenn die Kostenfunktion im relevanten Bereich der Nachfrage subadditiv ist. Für den Einproduktfall sind Größenvorteile hinreichend für das Vorliegen eines natürlichen Monopols. Bei der Untersuchung der Kostenseite im Mehrproduktfall stehen Bündelungsvorteile aufgrund von Größen- und Verbundvorteilen der Leistungsbereitstellung im Vordergrund. Diese Bündelungsvorteile können bewirken, dass ein einziger Netzanbieter eine bestimmte Region kostengünstiger bedienen kann als eine Mehrzahl von Anbietern und damit ein natürliches Monopol vorliegt (vgl. z. B. *Knieps*, 2001, Kapitel 2).

[8] Es handelt sich um die Bertrand-Nash-Verhaltensannahme der Theorie der angreifbaren Märkte (vgl. z. B. *Baumol/Panzar/Willig*, 1982).

stabiler Marktmacht.[9] Dies gilt unabhängig von der Höhe des Marktanteils der involvierten Netzbetreiber, da ineffiziente Anbieter von nicht marktgerechten Leistungen aufgrund des Wettbewerbsdrucks durch Marktneulinge ersetzt werden. Ein Regulierungsbedarf zur Disziplinierung von Marktmacht der aktiven Netzbetreiber liegt in diesem Fall nicht vor. Die Bottleneck-Theorie zielt nicht darauf ab, die mehr oder weniger bedeutenden Informationsprobleme von realen Märkten zu leugnen. Allerdings lässt sich aus Informationsproblemen keine ex ante stabile Marktmacht ableiten, da Märkte erfinderisch in der (endogenen) Entwicklung von Institutionen zur Überwindung von Informationsproblemen sind.

Auch Switching Costs begründen keine monopolistische Bottleneck-Situation. Sie treten in vielen Bereichen der Wirtschaft auf, z. B. bei einer nicht übertragbaren Monats-/Jahreskarte für Konzerte im Falle des Umzugs an einen anderen Ort, beim Wechsel eines Arbeitnehmers nach dessen Einarbeitung etc. Switching Costs begründen keinen regulierungsökonomischen Handlungsbedarf und können der Problemlösungsfähigkeit des Marktes überlassen werden (vgl. z. B. von Weizsäcker, 1984; Tirole, 1989, Kapitel 8).

Das Ziel der Bottleneck-Theorie besteht folglich darin, den spezifischen Restregulierungsbedarf der ex ante stabil ableitbaren netzspezifischen Marktmacht aufzudecken. In Wirtschaftssektoren mit Bündelungsvorteilen aber ohne irreversible Kosten, ist demgegenüber – wie in allen übrigen Märkten auch – eine Missbrauchsaufsicht im Sinne des allgemeinen Wettbewerbsrechts hinreichend. Wie auf allen anderen wettbewerblich organisierten Märkten liegt aber die Beweislast, ob Marktmacht vorliegt und zudem missbräuchlich ausgenutzt wird (vgl. etwa § 19 GWB), bei den Wettbewerbsbehörden. Im Gegensatz zu einer generellen ex ante Regulierung sollten solche Eingriffe in den Wettbewerbsprozess immer nur fallweise und ex post vorgenommen werden.[10] Die disaggregierte Lokalisierung netzspezifischer Marktmacht wird in der nachfolgenden Tabelle 1 zusammengefasst.

---

[9] Bei Abwesenheit von irreversiblen Kosten lässt sich im Fall eines natürlichen Monopols keine Marktmacht nachweisen, die gegenüber alternativen Verhaltensannahmen robust ist (vgl. *Knieps/Vogelsang*, 1982). Eine auf der Cournot-Nash-Annahme basierende Marktmacht wird beim Übergang zur Bertrand-Nash-Verhaltensannahme unmittelbar instabil. Gleichermaßen führen Verhaltensannahmen, die auf das Verhältnis von „price adjustment lag" und „entry lag" abzielen nicht zum Nachweis stabiler Marktmacht des etablierten Anbieters.

[10] Die Wettbewerbsbehörden müssen dabei zwischen zwei möglichen Fehlerquellen abwägen. Ein Fehler 1. Ordnung („false positive") tritt auf, wenn die Wettbewerbsbehörde in den Wettbewerbsprozess eingreift, obwohl der Wettbewerb funktionsfähig ist und überhaupt kein wettbewerbspolitischer Handlungsbedarf vorliegt. Ein Fehler 2. Ordnung („false negative") tritt auf, wenn die Wettbewerbsbehörde nicht aktiv wird, obwohl ein wettbewerbspolitischer Handlungsbedarf vorliegt (vgl. *Knieps*, 2001, 77).

Tabelle 1

Lokalisierung netzspezifischer Marktmacht

Netzbereiche	Mit irreversiblen Kosten	Ohne irreversible Kosten
Natürliches Monopol (Bündelungsvorteile)	Monopolistische Bottlenecks	Potenzieller Wettbewerb
Kein natürliches Monopol (ausgeschöpfte Bündelungsvorteile)	Aktiver Wettbewerb	Aktiver Wettbewerb

2. Wegeinfrastrukturen als monopolistische Bottleneck-Einrichtungen

Der disaggregierte Regulierungsansatz nach der wettbewerblichen Öffnung der Netzsektoren führt zu den folgenden grundlegenden Aussagen (vgl. Knieps, 1996):

- Die Öffnung der Märkte für Netzleistungen und der Abbau gesetzlicher Marktzutrittsschranken schaffen grundsätzlich in allen Netzsektoren erhebliche Wettbewerbspotenziale, die es zu nutzen gilt. Falls beispielsweise nur ein einziger Autobus zwischen mehreren Dörfern verkehrt, impliziert dieser Bündelungsvorteil noch nicht Monopolmacht, da Gewinne des aktiven Busunternehmers einen Konkurrenten auf den Plan riefen, der diese Strecken zu einem günstigeren Tarif bedienen könnte. Der bisher aktive Busunternehmer müsste dann seinen Bus auf anderen Strecken einsetzen. Er besitzt kein Drohpotenzial, potenzielle Wettbewerber am Marktzutritt zu hindern. Gleichermaßen stellen der Betrieb von Flugstrecken oder die Bereitstellung von Eisenbahnverkehr in dünnbesiedelten Gebieten solche angreifbaren natürliche Monopole dar.
- In vielen Netzsektoren bestehen derzeit noch monopolistische Bottlenecks (in Teilbereichen der Infrastrukturen), die eine spezifische Restregulierung zur Disziplinierung der verbleibenden Marktmacht erfordern. Der Umfang dieser monopolistischen Bottleneck-Bereiche variiert allerdings beträchtlich zwischen den einzelnen Netzsektoren. Bündelungsvorteile mit irreversiblen Kosten treten typischerweise bei erdgebundenen Netzen und Netzteilen auf, z. B. bei Wegeinfrastrukturen (Schienenwegen, Bahnhöfen, Flughäfen etc.). Die Regulierung der Marktmacht in dieser Gruppe von Teilnetzen bleibt auch nach einer umfassenden Marktöffnung eine wichtige Aufgabe. Insbesondere muss vermieden werden, dass Marktmacht in diesen Bereichen missbraucht wird, um den aktiven und potenziellen Wettbewerb in komplementären Netzteilen zu verzerren.
- Ein symmetrischer Zugang zu den monopolistischen Bottleneck-Infrastrukturen muss für sämtliche aktiven und potenziellen Anbieter von Netzleistungen gewährleistet werden, damit der (aktive und potenzielle) Wettbe-

werb umfassend zum Zuge kommen kann. Die vollständige Wirksamkeit des potenziellen Wettbewerbs macht daher eine symmetrische Ausgestaltung der Zugangsbedingungen zu den komplementären Wegeinfrastrukturen (z. B. Flughäfen, Bahnhöfen, Schienenwegen) erforderlich, so dass sämtliche aktiven und potenziellen Anbieter von Transportleistungen gleich behandelt werden.

- Grundsätzlich darf dem Wettbewerbspotenzial auf den deregulierten Märkten für Netzleistungen vertraut werden, solange die Voraussetzungen für funktionsfähigen Wettbewerb durch symmetrischen Zugang zu den monopolistischen Bottleneck-Einrichtungen gewährleistet sind.

Die Anwendung des disaggregierten Regulierungsansatzes auf die Luftfahrt und den Eisenbahnsektor lässt sich durch die folgenden Tabellen veranschaulichen.

Tabelle 2

Flughäfen als monopolistische Bottleneck-Einrichtungen

	Bündelungsvorteile	irreversible Kosten
Angebot von Luftverkehr	X	–
Aufbau und Betrieb von Luftverkehrskontrollsystemen	X	–
Aufbau und Betrieb von Flughäfen	X	X

Tabelle 3

Schieneninfrastrukturen als monopolistische Bottleneck-Enrichtungen

	Bündelungsvorteile	irreversible Kosten
Angebot von Eisenbahnverkehr	X	–
Aufbau und Betrieb von Zugüberwachungssystemen	X	–
Aufbau und Betrieb von Schieneninfrastrukturen	X	X

V. Regulierungsinstrumente zur Disziplinierung von Marktmacht

1. Die Essential-facilities-Doktrin

Ein geeignetes Instrument für Regulierungseingriffe bei Zugangsproblemen bei Marktmacht bildet die aus dem amerikanischen Antitrust-Recht bekannte Essential-facilities-Doktrin. Ausgangspunkt für die Herleitung eines echten Regulierungsbedarfs – im Sinne einer Auflage, die Anlage auch Dritten bereitzustellen – ist der monopolistische Bottleneck. Die Anwendung der Essential-facilities-Doktrin basiert auf folgenden Voraussetzungen:[11]

- Kontrolle einer wesentlichen Anlage (essential facility) durch einen Monopolisten.
- Die Unfähigkeit des Wettbewerbers, eine solche Anlage unter angemessenem Aufwand zu duplizieren.
- Die Verweigerung der Bereitstellung der Anlage für die Inanspruchnahme durch den Konkurrenten.
- Die (technische) Möglichkeit die Anlage auch für Dritte bereitzustellen.

Die Anwendung der Essential-facilities-Doktrin ist dann gerechtfertigt, wenn alternative Netze nicht zur Verfügung stehen. Der Netzanbieter besitzt in diesem Fall Marktmacht bei der Bereitstellung der Bottleneck-Kapazitäten, die reguliert werden muss.

Jenseits des monopolistischen Bottlenecks sind die Voraussetzungen für die Anwendung der Essential-facilities-Doktrin allerdings nicht erfüllt, da in diesem Fall die Wettbewerber immer Zugang zu alternativen (potenziellen) Netzen besitzen. Falls das eingesessene Unternehmen ein nicht wettbewerbsmäßiges Verhalten an den Tag legt, treten neue Netzanbieter auf den Plan. Dieses Marktverhalten tritt unabhängig davon auf, ob der aktive Netzanbieter als marktbeherrschend eingestuft wird oder nicht. Die Anwendung der Essential-facilities-Doktrin wäre hier sogar schädlich, da sie zu einer künstlichen Verzerrung der Wettbewerbsbedingungen führen würde. Insbesondere würden die Freiheitsgrade bei der Suche nach effizienten Verhandlungslösungen zwischen den Marktteilnehmern künstlich eingeschränkt.

Das Konzept der Essential-facilities-Doktrin sollte ausschließlich auf monopolistische Bottlenecks angewendet werden. Hier ist es ein wesentlich präziseres Kriterium als die Konzeption eines marktbeherrschenden Unternehmens, weil durch die Essential-facilities-Doktrin der interventionsbedürftige Bereich sehr viel schärfer eingegrenzt werden kann (vgl. Engel/Knieps, 1998). In der Vergangenheit wurde die Essential-facilities-Doktrin von den amerikanischen Gerichten fallweise auf spezifische Infrastrukturen (z. B. ein bestimmter Bahnhof, das Elektrizitätsnetz einer bestimmten Gemeinde) angewendet. Die Essential-facilities-Doktrin gewinnt zunehmend auch im europäischen Wettbewerbsrecht an Bedeutung. Im Rahmen einer disaggregierten Regulierungspolitik kann dieses Prinzip auf eine ganze Klasse von Fällen angewendet werden, bei denen die Lokalisierung von Marktmacht auf den gleichen Ursachen (Bündelungsvorteile in Kombination mit irreversiblen Kosten) beruht. Zusätzlich ist periodisch

---

[11] Im amerikanischen Antitrust-Recht unter Berufung auf Section 1 und 2 des Sherman Acts; City of Anaheim v. Southern California Edison Co., 955 F. 2d 1373, 1380 (9th Cir. 1992).

zu prüfen, ob die Voraussetzungen für Marktmacht und damit einhergehendes strategisches Verhalten nicht durch Substitutionsmöglichkeiten (etwa durch funkbasierte Netztechnologien) weggefallen sind.

2. Preisniveau-Regulierung der Zugangstarife

Der Effekt einer totalen Verweigerung des Zugangs zu monopolistischen Bottleneck-Einrichtungen kann auch erreicht werden, indem der Zugang zu untragbar hohen Tarifen bereitgestellt wird. Dies macht bereits deutlich, dass eine effektive Anwendung der Essential-facilities-Doktrin mit einer adäquaten Regulierung der Zugangsbedingungen kombiniert werden muss. Die Lokalisierung monopolistischer Bottleneck-Einrichtungen erfolgt stets aus der intramodalen Perspektive; entscheidend hierfür ist die Notwendigkeit komplementärer Serviceanbieter zum diskriminierungsfreien Zugang zu diesen Einrichtungen. Aber auch das Vorliegen von monopolistischen Bottleneck-Einrichtungen garantiert nicht zwangsläufig langfristige Überschussgewinne. Zum Einen besteht die Möglichkeit des „necessary case“, in dem selbst ein unregulierter monopolistischer Bottleneck-Anbieter keine Kostendeckung erzielt (vgl. z. B. Bernd/Kunz, 2003, 208 f.), zum Anderen kann der intermodale Wettbewerb das Gewinnpotenzial eines Bottleneck-Anbieters erheblich einschränken (vgl. Fritsch/Wein/Ewers, 2003, 208).

Eine Regulierung der Netzzugangstarife sollte sich in jedem Fall auf diejenigen Netzbereiche beschränken, bei denen Marktmachtpotenziale tatsächlich vorliegen. Eine Preis-/Gewinn-Regulierung in den komplementären angreifbaren Netzbereichen würde gegen das Prinzip der minimalistischen Regulierungseingriffe verstoßen und die Ziele einer umfassenden Marktöffnung nachhaltig behindern. Die Regulierung der Zugangstarife zu monopolistischen Bottlenecks darf folglich nicht gleichzeitig zu einer Regulierung der Tarife in Netzbereichen ohne Marktmachtpotenziale führen.

Analog der Situation bei angreifbaren Netzen müssen die Netzzugangsgebühren nicht nur die langfristigen Zusatzkosten, sondern auch die Gesamtkosten der monopolistischen Bottleneck-Infrastruktur decken. Der Eigentümer dieser Einrichtung muss seine Overhead-Kosten bei der Bereitstellung von angreifbaren und nicht angreifbaren Netzteilen folglich ebenfalls über die Zugangsgebühren erheben. Eine regulatorische Auflage, Netzzugangsgebühren entsprechend der langfristigen Zusatzkosten zu berechnen, hätte eine Diskriminierung des Netzeigentümers zur Folge. Denn niemand würde freiwillig zu solchen Bedingungen Netzzugangskapazitäten bereitstellen. Es kann sogar unterstellt werden, dass die Anlagen nie gebaut worden wären, falls solche Regulierungsauflagen bereits ex ante bekannt gewesen wären. Es verbleibt folglich die Aufgabe, auch die Differenz zwischen Gesamtkosten und Zusatzkosten (d. h. die nicht zurechenbaren Kosten) zu decken, da sonst die dauerhafte Lebensfähigkeit dieser Anlage gefährdet ist (vgl. Albach/Knieps, 1997, 18 f.).

Als Referenzpunkt im Sinne eines Als-ob-Wettbewerbs, in dem der Vorwurf eines Marktmachtmissbrauch des Essential-facilities-Eigentümers nicht gerechtfertigt ist, sollte also die Deckung der Gesamtkosten der monopolistischen Bottleneck-Einrichtung dienen. Die Regulierungsbehörden sollten hierzu die Unternehmen nicht auf ganz bestimmte Preisregeln, wie z. B. Ramsey-Zugangstarife oder auf zweistufige Netzzugangstarife verpflichten. Dies würde die unternehmerische Suche nach innovativen Tarifsystemen behindern. Denn es ist nicht auszuschließen, dass in der Zukunft noch bessere Regeln entdeckt werden.

Die Regulierung der Netzzugangstarife sollte ausschließlich auf das Price-Cap-Instrument beschränkt werden. Das Grundprinzip der Price-Cap-Regulierung besteht in einer Preisniveau-Regulierung der Bottleneck-Komponenten. Die Tarifregulierung in monopolistischen Bottleneck-Bereichen sollte nach der Price-Cap-Methode erfolgen, wobei sämtliche regulierten Leis-tungen in einem Korb zusammengefasst werden. Die Anreizwirkungen der Price-Cap-Regulierung zur Effizienzsteigerung und zukünftigen Investitionstätigkeiten können sich nur entfalten, wenn die Price-Cap-Regulierung in „reiner" Form angewandt und nicht mit inputbasierter Gewinnregulierung kombiniert wird. Einzelpreisgenehmigungsverfahren stellen wettbewerbsschädliche Überregulierungen dar.

Generelle Preisstrukturvorgaben können nicht mit der Möglichkeit einer Preisdiskriminierung gerechtfertigt werden. Insbesondere darf die wohlfahrtserhöhende Preisdifferenzierung nicht mit einer wettbewerbsschädlichen Preisdiskriminierung verwechselt werden. Diskriminierungsvorwürfe sind einzelfallbezogen ex post mit Hilfe des allgemeinen Wettbewerbsrechts zu behandeln.

VI. Flexible innovative Preisstrukturen für den Netzzugang

1. Die Vorzüge des Subsidiaritätsprinzips

Der intramodale Wettbewerb auf den europäischen Transportmärkten erfordert eine diskriminierungsfreie Infrastrukturbenutzung sämtlicher Anbieter von Transportleistungen, unabhängig davon, ob es sich um inländische oder ausländische Unternehmen handelt. Das Kriterium der Diskriminierungsfreiheit muss sich dabei sowohl auf die bereitgestellte Infrastrukturqualität (Vermeidung von Großvaterrechten etc.) als auch auf die Zugangstarife beziehen.

Die Bereitstellung von Wegeinfrastrukturinvestitionen in Straßen, Kanäle, Flughäfen und Schienenwege wurde in der Vergangenheit als typische Aufgabe der öffentlichen Hand angesehen. Insoweit die Auslastung einer Wegeinfrastruktur so gering ist, dass Nicht-Rivalität bei der Inanspruchnahme vorliegt, können auslastungsabhängige marktmäßige Zugangstarife nicht sinnvoll erhoben werden. Es verbleibt dann im Aufgabenbereich des Staates, ihre Finanzierung zu garantieren. In der Vergangenheit wurden Wegeinfrastrukturen im Verkehr typischerweise von der öffentlichen Hand (Bund, Länder und Kommunen) bereitgestellt oder in erheblichem Maße gefördert. Seit der Maastrichter Initiative transeuropäischer Netze werden vermehrt auch Alternativen diskutiert, private Investoren für den Aufbau zukünftiger Infrastrukturen zu gewinnen.

Es stellt sich die Frage, inwieweit das Ziel eines grenzüberschreitenden intramodalen Wettbewerbs eine europaweite Harmonisierung der Tarifierungsgrundsätze der Verkehrsinfrastrukturgebühren erforderlich macht. Zunächst gilt, dass, solange in jedem Land die gleichen Bedingungen für sämtliche Transportanbieter herrschen, keine Diskriminierung ausländischer Anbieter von Transportleistungen stattfindet. Allerdings führen unterschiedliche Tarife zu Wegeinfrastrukturen in unterschiedlichen Ländern (ceteris paribus) zu unterschiedlichen Transporttarifen. Dies kann zu Umwegverhalten führen. Demgegenüber ist zu erwarten, dass sich auch im grenzüberschreitenden Verkehr als Folge des Einsatzes von innovativen, flexiblen Preissystemen ein Zuwachs an Verkaufsvolumen (Mehrverkehr) ergibt. Aus der Perspektive des intramodalen Wettbewerbs sollte die Kompetenz für die Ausgestaltung der Preise für die Infrastrukturbenutzung bei den Mitgliedsstaaten und den dort ansässigen Infrastrukturanbietern angesiedelt sein (vgl. Wissenschaftlicher Beirat beim Bundesminister für Verkehr, Bau- und Wohnungswesen, 1999).

2. Die Anforderungen an marktkonforme Infrastrukturbenutzungsgebühren

Tarifsysteme zur Benutzung von Wegeinfrastrukturen sollten so ausgestaltet werden, dass sie in der Lage sind, gleichzeitig die Kriterien der Diskriminierungsfreiheit, der effizienten Allokation knapper Wegeinfrastrukturkapazitäten (Effizienzanforderung) sowie der Finanzierungsanforderung (harmonisierter Kostendeckungsgrad) möglichst weitgehend zu erfüllen. Traditionelle Vollkostenrechnungen auf der Basis administrativer Aufteilungsschlüssel der Infrastruktur-Gemeinkosten auf unterschiedliche Nutzergruppen sind ökonomisch nicht sinnvoll und können diese Aufgabe bekanntlich nicht lösen (vgl. z. B. Baumol/Koehn/Willig, 1987). Aber auch bei einer Preisbildung allein nach sozialen Grenzkosten können diese Kriterien nicht gleichzeitig erfüllt werden. Insbesondere ergibt sich die Fixkostendeckung als Residualgröße.

Ein wesentliches Merkmal bei der Bereitstellung von Wegekapazitäten sind die hohen Fixkosten und die damit einhergehenden Größenvorteile bei der Leistungserstellung. Es ist bekannt, dass bei Vorliegen von Größenvorteilen Grenzkostenpreise nicht mehr zu einer Gesamtkostendeckung führen. Hohe Fixkosten für die Bereitstellung von Netzinfrastruktur sind kein Argument an sich für staatliche Subventionierung. Aufgrund der stark gestiegenen Verkehrsnachfrage in den letzten Jahrzehnten ist eine zunehmende Verknappung der Wegeinfrastrukturkapazitäten entstanden, so dass sich hieraus die Notwendigkeit für die Entwicklung marktwirtschaftlicher Lösungen ergibt.

Insbesondere darf der Grad der Gesamtkostendeckung nicht dem Zufall überlassen bleiben, sondern ist mit wirtschaftlichen Mitteln zu steuern. Falls keine Leistungen für die Allgemeinheit erbracht werden, sollten die gesamten Kosten voll gedeckt werden. Liegen Leistungen für die Allgemeinheit vor, zum Beispiel in Form von regionalwirtschaftlichen Beiträgen, so sind die entsprechenden Teile der Kosten dem Staat zuzurechnen (Staatsanteil). Die verbleibenden Finanzierungsanforderungen für Infrastrukturbenutzungsgebühren sind von den einzelnen Mitgliedsstaaten im politischen Prozess festzulegen, wobei die bisherigen verkehrsbezogenen Steuern sukzessiv durch Gebühren ersetzt werden sollten (Übergang zum Bestimmungslandprinzip).

Tarifbildungsprinzipien sollten darauf ausgelegt sein, die Finanzierungsanforderung als ex ante-Bedingung in das Tarifbildungsprinzip aufzunehmen. Der Staat, der zur Defizitdeckung herangezogen werden soll, wird somit nicht mit unkalkulierbaren Defizitbedarfen konfrontiert. Bei einem geeigneten Design zweistufiger Preissysteme ist es dagegen möglich, die grundlegenden Anforderungen an marktkonforme Infrastrukturbenutzungsgebühren gleichzeitig zu erfüllen. Hierzu ist die Einbeziehung der Nachfrageseite unerlässlich. Das Aufspüren von Tarifbildungsprinzipien ist folglich eine unternehmerische Aufgabe, die letztlich nur von den Infrastrukturunternehmen selbst geleistet werden kann.

Zweistufige Tarifsysteme sind in anderen Netzbereichen mit signifikanten Fixkosten bereits seit langem etabliert. Beispiele hierfür sind Elektrizitäts-, Wasserversorgungs- und Telekommunikationsnetze, wo neben der Rechnung für den individuellen Verbrauch der Einheiten auch Anschluss- und Grundgebühren erhoben werden. Während durch Zahlung einer festen Preiskomponente (Eintrittsgebühr) der Zutritt zu einem „Netzklub" erkauft wird, ermöglicht die Zahlung einer variablen Preiskomponente die konkrete Nutzung der Netzinfrastruktur. Werden zweistufige Tarife optional angeboten – d. h. neben einstufigen (linearen) Tarifen zur Wahl gestellt – so lässt sich die Zahlung der Eintrittsgebühr umgehen, allerdings wird dann eine höhere variable Nutzungsgebühr fällig.

VII. Fazit

Funktionsfähiger Wettbewerb auf den europäischen Transportmärkten erfordert den diskriminierungsfreien Zugang zu den Verkehrsinfrastrukturen (Wegeinfrastrukturen und Verkehrsleitsysteme) für sämtliche aktiven und potenziellen Anbieter von Transportleistungen. Neben der Diskriminierungsfreiheit muss gleichzeitig eine effiziente Allokation knapper Infrastrukturkapazitäten sowie die erforderliche Kostendeckung angestrebt werden. Zur möglichst umfassenden Umsetzung dieser Ziele erweist sich der disaggregierte Regulierungsansatz als geeignet.

Verkehrsleitsysteme beeinhalten zwar einen erheblichen Koordinationsbedarf auf europäischer Ebene, ihre Bereitstellung ist jedoch nicht mit dem Vorliegen netzspezifischer Marktmacht verbunden. Im Gegensatz dazu stellen viele Wegeinfrastrukturen monopolistische Bottlenecks dar, die eine spezifische Restregulierung zur Disziplinierung der verbleibenden Marktmacht erfordern. Bündelungsvorteile mit irreversiblen Kosten treten typischerweise bei Schienenwegen, Bahnhöfen oder Flughäfen auf. Die Regulierung der Marktmacht dieser wesentlichen Einrichtungen bleibt auch nach einer umfassenden Marktöffnung eine wichtige Aufgabe. Insbesondere muss vermieden werden, dass Marktmacht in diesen Bereichen missbraucht wird, um den aktiven und potenziellen Wettbewerb in komplementären Netzteilen zu verzerren.

Die Regulierung der Netzzugangstarife sollte ausschließlich auf die Price-Cap-Regulierung der Bottleneck-Bereiche beschränkt werden. Die Anreizwirkungen der Price-Cap-Regulierung zur Effizienzsteigerung und zukünftigen Investitionstätigkeiten können sich nur entfalten, wenn die Price-Cap-Regulierung in „reiner" Form angewandt und nicht mit inputbasierter Gewinnregulierung kombiniert wird. Demgegenüber stellen Einzelpreisgenehmigungsverfahren wettbewerbsschädliche Überregulierungen dar.

Generelle Preisstrukturvorgaben können nicht mit der Möglichkeit einer Preisdiskriminierung gerechtfertigt werden. Insbesondere darf die wohlfahrtserhöhende Preisdifferenzierung nicht mit einer wettbewerbsschädlichen Preisdiskriminierung verwechselt werden. Diskriminierungsvorwürfe sind einzelfallbezogen ex post mit Hilfe des allgemeinen Wettbewerbsrechts zu behandeln.

Literatur

Albach, Horst/*Knieps*, Günter (1997), Kosten und Preise in wettbewerblichen Ortsnetzen, Baden-Baden: Nomos.

Bain, Joe S. (1956), Barriers to New Competition, Cambridge, MA: Harvard University Press.

Baumol, William J./*Koehn*, Michael F./*Willig*, Robert D. (1987), How Arbitrary is „Arbitrary" – or, Toward the Deserved Demise of Full Cost Allocation, in: Public Utilities Fortnightly, 3, 16-21.

Baumol, William J./*Panzar* John C./ *Willig*, Robert D. (1982), Contestable Markets and the Theory of Industry Structure, San Diego: Harcourt Brace Jovanovich.

Berndt, Arnold/*Kunz*, Martin (2003), Immer öfter ab und an? Aktuelle Entwicklungen im Bahnsektor, in: *Knieps*, Günter/*Brunekreeft*, Gert (Hrsg.), Zwischen Regulierung und Wettbewerb – Netzsektoren in Deutschland, 2. überarbeitete und erweiterte Auflage, Heidelberg: Physica, 165-218.

Engel, Christoph/*Knieps*, Günter (1998), Die Vorschriften des Telekommunikationsgesetzes über den Zugang zu wesentlichen Leistungen: Eine juristisch-ökonomische Untersuchung, Baden-Baden: Nomos.

Ewers, Hans-Jürgen (1994), Privatisierung und Deregulierung bei den Eisenbahnen – Das Beispiel der Deutschen Bundesbahn und der Deutschen Reichsbahn, in: Jahrbuch für Neue Politische Ökonomie, 13, 178-208.

Fritsch, Michael/*Wein*, Thomas/*Ewers*, Hans-Jürgen (2003), Marktversagen und Wirtschaftspolitik – Mikroökonomische Grundlagen staatlichen Handelns, 5. überarbeitete und ergänzte Auflage, München: Verlag Franz Vahlen.

Knieps, Günter (1996), Wettbewerb in Netzen – Reformpotentiale in den Sektoren Eisenbahn und Luftverkehr, Tübingen: J.C.B. Mohr (Paul Siebeck).

– (1997), Phasing out Sector-Specific Regulation in Competitive Telecommunications, in: Kyklos, 50/3, 325-339.

– (2001), Wettbewerbsökonomie – Regulierungstheorie, Industrieökonomie, Wettbewerbspolitik, Berlin u. a.: Springer.

Knieps, Günter/*Vogelsang*, Ingo (1982), The Sustainability Concept under Alternative Behavioral Assumptions, in: Bell Journal of Economics, 13/1, 234-241.

Schmalensee, Richard (1989), Inter-Industry Studies of Structure and Performances, in: *Schmalensee*, Richard/*Willig*, Robert(eds.), Handbook of Industrial Organization, Amsterdam et al.: North-Holland, 951-1009.

Stigler, George J. (1968), Barriers to Entry, Economies of Scale, and Firm Size, in: *Stigler*, George J., The Organization of Industry, Homewood, Ill.: Irwin, 67-70.

Tirole, Jean (1989), The Theory of Industrial Organization, 2. Printing, Cambridge et al.: MIT Press.

Weizsäcker, Carl Christian von (1980a), A Welfare Analysis of Barriers to Entry, in: Bell Journal of Economics, 11, 399-420.

– (1980b), Barriers to Entry: A Theoretical Treatment, Lecture Notes in Economics and Mathematical Systems, Berlin et al.: Springer-Verlag.

– (1984), The Costs of Substitution, in: Econometrica, 52/5, 1085-1116.

Wissenschaftlicher Beirat beim Bundesminister für Verkehr, Bau- und Wohnungswesen (1999), Faire Preise für die Infrastrukturbenutzung – Ansätze für ein alternatives Konzept zum Weißbuch der Europäischen Kommission, Gutachten vom August 1999, in: Internationales Verkehrswesen (51) 10/99, 436-446.

Standardisierung der Preise für die Benutzung von Verkehrsinfrastrukturen in Europa – Notwendiges Integrationsinstrument oder überflüssige Regularie?

Von *Werner Rothengatter*, Karlsruhe

I. Einführung

Seit Pigou (1920) ist das Problem optimaler Preise für die Benutzung von Verkehrsinfrastrukturen ein beliebter Gegenstand der ökonomischen Theorie. Meist wird das Problem im Sinne des Nestors beantwortet: Anzustreben ist eine Belastung in Höhe der sozialen Grenzkosten, so dass der optimale Preis durch die Differenz zwischen den sozialen Grenzkosten und den wahrgenommenen privaten Durchschnittskosten liegt. Dies wird auch im Weißbuch der EU-Kommission von 1998 postuliert und ist mittlerweile auf die Ebene der Richtlinien, speziell der Richtlinie 2001/14 für die Preisbildung und Kapazitätsbestimmung bei den Eisenbahninfrastrukturen, verankert. Die Kommission strebt an, dieses Prinzip für alle Verkehrsträger einzuführen und insbesondere die Richtlinie 1999/62 für die Mautgebühren schwerer Lkw auf Autobahnen, die zur Zeit noch die durchschnittlichen Infrastrukturkosten der Fahrzeugkategorien als Gebührengrundlage definiert, durch eine grenzkostenorientierte Fassung zu ersetzen. Die zugrundeliegende Methodik soll im Frühjahr 2003 veröffentlicht und diskutiert werden.

Das Prinzip der sozialen Grenzkosten ist von verschiedenen Seiten heftig kritisiert worden. Der Wissenschaftliche Beirat des Bundesministers für Verkehr, Bau- und Wohnungswesen hat in seinem Gutachten von 2000 einige gewichtige Schwachstellen des Konzepts aufgezeigt Wiss. Beirat, 2000). Noch prononcierter ist die Kritik von Prud'homme (2002), der das Konzept zwar für sehr nützlich für Einführungs-Kurse zur Wohlfahrtstheorie an den Universitäten hält, bei der Frage der praktischen Anwendbarkeit aber grundlegende Vorbehalte hat. Selbst die von der Kommission mit der Spezifizierung und Anwendungsvorbereitung beauftragten Institute äußern sich zum Teil sehr kritisch (z.B. Projekte MARGINAL COST und UNITE der EU)[1].

Vor diesem Hintergrund hat die Debatte zur optimalen Preisbildung für die Benutzung von Verkehrsinfrastrukturen wieder verstärkt eingesetzt. Dieser Beitrag greift die Grundlagen dieser Debatte auf, in dem zunächst die möglichen Ziele definiert werden. Schon an dieser Stelle wird klar, dass uniforme Preissysteme wie das System der sozialen Grenzkosten nur sehr beschränkte Anwendungsfelder haben können. Daher werden weitere Möglichkeiten, wie das Ramsey-pricing, mehrstufige Tarife und Vollkosten-Tarife diskutiert. Im Ergebnis zeigt sich, dass ein pluralistisches Zielsystem nur mit einem Bündel von Instrumenten angesteuert werden kann. Auch für die ökonomische Seite des Instrumentenbündels gilt, dass eine Kombination von mehreren Preisanreizen, die an geeigneten Entscheidungspunkten der Verkehrsteilnehmer ansetzen, wesentlich größere Wirkungen erzielt als ein uniformes Instrument.

Aus diesem Grunde stellt sich die Frage, ob ein einheitliches Preissystem für alle Verkehrsinfrastrukturen, wie es die EU-Kommission anstrebt, eine sinnvolle Leitvorstellung sein kann.

II. Ziele der Preisbildung im Verkehr

Prud'homme (2002) fasst die Ziele der Preisbildung im Verkehr zu fünf Bereichen zusammen (vgl. Tabelle 1):

- bestmögliche Auslastung der bestehenden Kapazitäten,
- Minimierung der Wohlfahrtsverluste von Besteuerungssystemen,
- Finanzierung der Verkehrswege,
- gerechte Einkommensverteilung,
- spezifische Förder-/Strukturziele.

Die Kommission formuliert in ihrem Weissbuch von 1998 einige Konkretisierungen:

- Harmonisierung der Entgeltsysteme für die Deckung der Verkehrswegekosten,
- Abbau von Wettbewerbsverzerrungen, die durch unterschiedliche Anlastungsprinzipien bedingt sind,
- Umsetzung des Verursacherprinzips,
- Einbeziehung der externen Effekte in ein Entgeltsystem,

[1] Beschreibung der Projekte im Informationssystem CORDIS, Zwischen- und Endberichte bei der DG TREN.

- Wahrung der Grundsätze von Fairneß und Effizienz,
- Höherer Grad der Kostendeckung durch die Nutzer,
- Förderung privater Finanzierungsbeteiligung an Verkehrsinfrastrukturinvestitionen.

Tabelle 1

Policy Objectives and Associated Pricing Principles

Policy Objective	Pricing Principle
Ensure neutrality between goods and self-financing	Average cost pricing
Minimise welfare losses associated with taxes	Ramsey-Boiteux pricing
Promote income redistribution	Redistributive pricing, discriminatory pricing
Achieve specific aims	Specific pricing
Facilitate efficient use of existing infrastructure	Marginal cost pricing

Quelle: aus Prüd'homme, 2002.

Auszug aus: Wiss. Beirat, 2000: Im Sinne der Erfüllung dieser Ziele werden vier zentrale Anforderungen an ein Konzept der Erhebung von Infrastrukturbenutzungsgebühren formuliert: (1) Gleiche Prinzipien der Gebührenerhebung in der EU, (2) Kostenanlastung nach dem Verursacherprinzip mit dem Ziel effizienten Nutzerverhaltens; Bezug auf verursachte Kosten möglichst nahe an dem Ort, an dem diese Kosten anfallen, (3) Direktes Verhältnis der Gebühren zu den von Nutzern verursachten Kosten, hier: Infrastrukturkosten, Umwelt- und andere externe Kosten, (4) Förderung einer effizienten Bereitstellung der Infrastruktur (Weißbuch, 8).

Es wird gefolgert, daß das einzige Gebührenkonzept, das diese Forderungen voll erfülle, das Konzept der sozialen Grenzkosten sei. Bei einer Anlastung sozialer Grenzkosten entstünden „für die Nutzer Anreize, ihr Verhalten so zu ändern, daß die gesellschaftlichen Gesamtkosten gesenkt werden, gleichzeitig der individuelle Nutzen gesteigert und so das wirtschaftliche und soziale Gemeinwohl maximiert wird" (ebenda). Ein solches Gebührensystem würde auch „Anreize zur Verbesserung der Verkehrssicherheit geben", die externen Umweltkosten senken, eine „abgestimmte Flächennutzungsplanung auf verschiedenen politischen Ebenen erleichtern" und „eine wichtige Voraussetzung für eine effiziente Infrastrukturpolitik" (Weißbuch, 9, 10) darstellen. Ferner wird erwartet, daß die Gebührenerhebung nach diesem Konzept „für ausreichend Einnahmen zur Finanzierung der Kapitalkosten der Verkehrsinfrastruktur sowie künftiger Investitionen sorgen" wird (Weißbuch, 11).

Da die Kapitalkosten keine Bestandteile der Grenzkosten darstellen und folglich nicht in die Preise eingerechnet werden, soll die Funktion der Kapitalkostendeckung durch die Grenzkosten der Überlastung und durch die externen Grenzkosten der Umwelt sowie der Unfallfolgen wahrgenommen werden. In Ausnahmefällen, wenn zum Beispiel bei privat finanzierten Infrastrukturen in der Anfangsphase die Kostendeckung durch Grenzkostenpreise nicht erreicht werden kann, sind Aufschläge auf die Grenzkosten in Abhängigkeit von der Preiselastizität der Nachfrage („Ramsey Preisregel“) zulässig, allerdings nur solange, bis die Kapitalkosten amortisiert sind.

„Als Grenzkosten werden die variablen Kosten bezeichnet, die ein zusätzliches Fahrzeug oder eine Beförderungseinheit durch die Nutzung der Infrastruktur verursacht. Diese Kosten können strenggenommen jederzeit, bei unterschiedlichen Verkehrsnutzern, unter verschiedenen Bedingungen und an unterschiedlichen Orten variieren“ (Weißbuch, 10). Mit dieser Definition legt sich die Kommission dezidiert auf die *kurzfristigen* Grenzkosten fest, so daß alle Kostenbestandteile, die nicht auf kleine Veränderungen der Nutzung reagieren, ausgeklammert werden. Dies betrifft alle kurzfristig fixen Kosten wie etwa die Kosten der Verwaltung, der Betriebsbereitschaft oder des Kapitaldienstes. In der Abgrenzung des Weißbuches bestehen die sozialen Grenzkosten aus den

- Betriebskosten,
- Kosten des Infrastrukturverschleißes,
- Kosten der Infrastrukturüberlastung und -knappheit,
- ökologischen Kosten und
- Unfallkosten,

die von einer hinzutretenden Verkehrseinheit verursacht werden. – Ende des Auszugs –

Aufgrund dieser Spezifizierung ist klar, dass die Ziele der bestmöglichen Auslastung bestehender Kapazitäten in Verbindung mit einer Internalisierung der externen Effekte verfolgt werden. Offenbar ist der Kommission später bewusst geworden, dass andere Ziele vernachlässigt werden, vor allem aber die selbst definierten Konkretisierungen allein mit dem Preisinstrument der sozialen Grenzkosten nicht erreicht werden können. Folglich ist die erste Umsetzung dieser Preisregel in der Richtlinie 2001/14 für die Eisenbahnen mit einer Fülle von Ausnahmeregelungen verbunden, so dass schließlich alle Möglichkeiten – angefangen von den Grenzkosten der Infrastruktur (Mindestpreise) bis hin zu gesamtkostendeckenden Preisen mit Kapitalverzinsung für private Investoren – zulässig sind. Dabei ist daran gedacht, die Abweichungen von den Grenzkosten mit Hilfe von Aufschlägen („mark-ups“) zu realisieren.

III. Kritik der Grenzkostenpreisbildung

Die Kritik am Grenzkostenkonzept greift vor allem an folgenden Punkten an:

- Die Optimalität bezüglich der Kapazitätsnutzung gilt unter einem Satz von sehr einschränkenden Prämissen (neoklassische Wohlfahrtstheorie).

- Eine Gesamtkostendeckung kann unter realistischen Bedingungen nicht erreicht werden (Bsp: Bei den Eisenbahnen werden die Grenzkosten der Infrastruktur auf 5-10 % der Gesamtkosten geschätzt).
- Grenzkostenpreise plus Aufschläge sind anderen Preisbildungskonzepten (mehrstufige Tarife) sowohl aus privatwirtschaftlicher wie auch aus sozialer Sicht unterlegen (siehe den Beweis von Willig, 1978)[2].
- Grenzkostenpreise führen im dynamischen Zusammenhang zu Preisfluktuationen, welche die nachgelagerten Entscheidungen von privaten Agenten verzerren können.
- Die Struktur der Preise kann aus Sicht der Betroffenen widersinnig sein: schlechte Verkehrsqualitäten müssen zu hohen, gute Verkehrsqualitäten können zu geringen Preisen bezogen werden.
- Auch die externen Kosten werden nicht voll angelastet, weil die Grenzkosten mancher Umwelteffekte fallend sind (Beispiel: Lärm).
- Eine Reihe von Quantifizierungsproblemen für die Grenzkosten fällt an, deren Lösung keineswegs trivial ist.
- Fairer Wettbewerb unter verschiedenen Verkehrsträgern, in dem Sinne, dass alle Verkehrsträger ihre sozialen Kosten zu ähnlichen Anteilen decken, ist nicht erreichbar.
- Eine Beteiligung privaten Kapitals ist nur mit umfangreichen Staatsgarantien auf der Erlösseite zu erreichen.

IV. Einige Alternativen

Als Alternativen bieten sich an:

- Das Ramsey-pricing,
- mehrstufige Tarife,
- Vollkostenumlagen (vgl. Rothengatter, 2001).

1. Ramsey-pricing

Nach der Theorie von Ramsey und Boiteux (1956) lässt sich im Falle einer Budgetrestriktion (Kostendeckungsziel) ein Wohlfahrtoptimum dadurch errei-

[2] Willig führt den Beweis nur für die Konsumentenseite. Dies lässt sich aber ohne Weiteres auf die Produzentenseite ausdehnen, wie *Kotz* (1987) unter der Annahme risikoaverser Unternehmen und risikoneutraler Konsumenten gezeigt hat. Die Optimalität gilt natürlich nur für den Tarif, der die Zielfunktion (Summe aus Konsumenten- und Produzentenrente) maximiert. Dies bedeutet, dass nicht jeder mehrstufige Tarif einem linearen Tarif überlegen ist, insbesondere dann nicht, wenn er von einem Monoplisten gewinnmaximierend gesetzt wird.

chen, dass die Preise von den Grenzkosten nach Maßgabe der reziproken Nachfrageelastizitäten abweichen (Ziel 2 von Prud'homme). Nachteilig ist, dass die Preise weiterhin linear und uniform bleiben sowie Verteilungsziele negativ betroffen sein können. Denn die Bindung von Nachfragegruppen an bestimmte Verkehrsträger (z.B. Einkommensschwache an den ÖPNV) führt zu Aufschlägen, die verteilungspolitisch problematisch sind.

2. Mehrstufige Tarife

Mehrstufige Tarife weisen hohe Flexibilitäten auf, sind nicht-linear und nicht-uniform und können alternativ privat oder sozial optimiert werden, so dass sie den Grenzkostentarifen mit Aufschlägen, darunter auch den Ramsey-Preisen, überlegen sind. In anderen Sektoren mit Netzinfrastrukturen, wie der Elektrizitäts- und der Kommunikationswirtschaft werden solche Tarife in verschiedensten Kombinationen praktiziert. Problematisch werden solche Tarife dann, wenn sie von Monopolisten mit den Zielen der Marktbeherrschung oder der Gewinnmaximierung eingesetzt werden. So hat das Kartellamt der Deutschen Bahn AG auferlegt, den 1998 eingeführten mehrstufigen Tarif für die Trassenbenutzung zumindest so zu modifizieren, dass keine Diskriminierung von Wettbewerbern folgt. Die Deutsche Bahn AG hat hierauf mit einem Ersatz des mehrstufigen Tarifs durch einen einstufigen Tarif reagiert. Dies hat zwar zu einer Besänftigung der Wettbewerbshüter geführt, nicht aber zu besseren Marktergebnissen (weder mehr Marktzutritt von Wettbewerbern noch bessere Gesamtkostendeckung des Netzes). Mehrstufige Tarife sind daher nach wie vor eine sinnvolle Option, wenngleich ihre Struktur vom Regulierer kontrolliert werden muss.

3. Vollkostenumlage

Wenn es um die Herstellung fairer Wettbewerbsbedingungen geht, können Preise auf Grundlage einer Vollkostenumlage eine sinnvolle Lösung sein. Sowohl bei der Energiewirtschaft wie auch im Bereich der Kommunikation werden solche Preise über die Kosten einer effizienten Leistungserstellung definiert und zur Preisbildung bei gemeinsam benutzten Kapazitäten herangezogen. Die Vollkostenumlage setzt voraus, dass der betroffene Verkehrssektor Zahlungsbereitschaften aufweist, die eine Vollkostendeckung ermöglichen. Falls diese Voraussetzung erfüllt ist, kann man den Verkehrssektor – zumindest gedanklich – in selbstfinanzierende Teilbereiche untergliedern und die Verkehrsteilnehmer auf diese Weise in die Finanzierungsverantwortung stellen. Damit werden Anreizmechanismen eigener Art geweckt: Geht es bei der Grenzkostenpreisbildung um die Auslastung bestehender Kapazitäten, so steht bei der Vollkostenumlage mit Zukunftskosten (Prognose- oder Plankosten) die Kostenverantwortung für künftig vorzuhaltende Kapazitäten im Mittelpunkt.

V. Vollkostenrechnung als Grundlage für die Lkw-Maut

Für die Fundierung der Mauten für schwere Lkw (ab 12 t zGG) auf Autobahnen und autobahnähnlich ausgebauten Straßen schreibt die EU-Richtlinie 1999/62 EG vor, dass sich die Mauthöhen der Fahrzeugkategorien an den Durchschnittskosten der Infrastrukturbenutzung orientieren sollen. Externe Kosten sind auszuklammern.

Von den Durchschnittskosten kann in zweifacher Hinsicht abgewichen werden: Einmal ist es zulässig, die Preise nach Benutzungszeiten bzw. Verkehrsbelastungen (peak/off-peak) zu differenzieren. Der Unterschied zwischen dem niedrigsten und dem höchsten Preis für eine Fahrzeugkategorie darf dabei nicht höher als 100 % sein. Zum Zweiten ist es möglich, eine Differenzierung nach Umweltcharakteristika der Fahrzeuge einzuführen, wobei hier der Unterschied zwischen dem niedrigsten und dem höchsten Preis in einer Fahrzeugkategorie nicht höher als 50 % werden darf. Insgesamt dürfen die Einnahmen aus der Maut nicht höher werden als die gesamten Infrastrukturkosten, differenziert nach Fahrzeugkategorien.

Das Bundesministerium für Verkehr- Bau- und Wohnungswesen hat zur Vorbereitung einer Festlegung der Maut für schwere Lkw auf Autobahnen gemäß der EU-Wegekostenrichtlinie eine Wegekostenrechnung bei den Instituten Prognos und IWW in Auftrag gegeben[3]. Die von diesen Instituten erarbeitete Wegekostenrechnungsmethodik beruht auf einer klaren Axiomatik:

1. Die Rechnung unterstellt, dass die Entscheidungseinheit für die Bereitstellung, den Unterhalt und die Finanzierung der Bundesautobahnen ein öffentliches Unternehmen ist, das satzungsgemäß darauf festgelegt wird, alle künftig anfallenden Kosten für die Autobahn-Infrastruktur durch Benutzergebühren zu finanzieren.
2. Die Rechnung ist zukunftsbezogen, sie beginnt im Jahre 2003 und wird bis zum Jahr 2010 fortgeführt.
3. Die Abschreibungen werden nach dem Prinzip der „ökonomischen Abschreibung“ (siehe Knieps, Küpper und Langen, 2000) gerechnet. Grundlage ist die Ermittlung der Anlagengebrauchtwerte zu Beginn und Ende des betrachteten Jahres. Dies sichert die intergenerationale Fairness der Allokation von Kapitalkosten zu den Nutzergenerationen.
4. Die Kosten werden nach einer spieltheoretisch fundierten Axiomatik auf die Benutzerkategorien verteilt. Dabei stehen die Prinzipien Verursachung, Veranlassung und Fairness im Vordergrund.[4]

[3] Siehe Prognos und IWW, 2002.

[4] In *Rothengatter* (2003) wird eine Möglichkeit der Aximonensetzung für Effizienz und Fairness von Infrastrukturpreisen genannt.

5. Für die Rechnung ist eine neue Datenbasis zusammengestellt worden, in der die Bundesautobahnen in Einzelobjekte (Strecken, Knoten, Ingenieurbauwerke, unterteilt nach Anlagenbestandteilen) aufgeschlüsselt werden. Die Nutzungsdauern der Anlagenbestandteile richten sich nach Alter, Anlagenzustand (entsprechend der Zustandsbewertung für die BAB) und geschätzter Anzahl von Übergängen äquivalenter 10/t-Achsen (abgeleitet aus der Verkehrsprognose zum Bundesverkehrswegeplan).

Im Ergebnis dieses umfangreichen Rechenwerkes folgen durchschnittliche Wegekosten von 15 Cents pro Lkw-km, die auf Grundlage der zulässigen Gesamtgewichte und der Umwelteigenschaften von Fahrzeugen auf eine Größenordnung von 10 - 18 Cents je Lkw-km gespreizt werden.

Auf der organisatorischen Seite hat die Bundesregierung einen Gesetzentwurf für die Einrichtung einer Verkehrsinfrastrukturfinanzierungsgesellschaft (VIF) vorbereitet, der vorsieht, dass die VIF 50 % der Einnahmen aus der Lkw-Maut erhält, um daraus Vorhaben im Bereich der Bundesverkehrswege, also Straße, Schiene und Wasserstraße, zu finanzieren.

In jüngster Zeit hat sich die Kommission auf mehreren Ebenen zu dem deutschen Plan geäußert, ab September 2003 die Maut für schwere Lkw auf den Autobahnen mit den wegekostenbasierten Gebührensätzen einzuführen.

- Die Kommission hat die Befürchtung geäußert, dass mit dem automatischen Gebührenerhebungssystem Toll-Collect (entwickelt von Daimler Chrysler, Deutsche Telekom und Cofiroute) eine Monopolsituation auf dem Markt für Gebührensysteme in dem Sinne entsteht, als das System auch umfangreiche Mehrwertdienste erlaubt.
- Die Kommission hat kritisiert, dass die Einnahmen aus der Lkw-Maut zu Quersubventionierungen bei anderen Verkehrsträgern benutzt werden sollen. Zwar wurden die Quersubventionierungen im Weisbuch zur gemeinsamen Verkehrspolitik von 2001 durchaus als Finanzierungsinstrument für umweltverträglichere Verkehrsträger angesprochen, doch möchte die Kommission dies künftig auf besonders umweltsensitive Bereiche (Alpentransit) beschränken.
- Die Maut erscheint der Kommission als unangemessen hoch. Sie argumentiert, dass nur Kosten des Unterhalts und der Abschreibungen in die Wegekostenrechnung einbezogen werden dürfen und dass das deutsche Autobahnnetz bereits zum großen Teil abgeschrieben sei.

Das dritte Argument betrifft die Methodik der Kostenrechnung von Prognos/IWW. Bei diesem Ansatz werden alle künftigen Kapitalkosten (Abschreibung, Zins) und laufende Kosten auf die Jahre der Nutzung verteilt. Dabei wird vorausgesetzt, dass das System der Bundesautobahnen in der Zukunft in einem qualitativ guten Zustand erhalten bleiben soll. Daraus folgt, dass künftig in erheblichem Umfang Ersatz-Erhaltungsinvestitionen erforderlich sein werden, die wiederum zu Abschreibungen führen. Insofern ist das Argument, es fielen keine Abschreibungskosten an, weil das Autobahnnetz zum großen Teil abgeschrieben sei, für Ökonomen schwer nachvollziehbar.

Ein in diesem Zusammenhang immer wieder gern diskutiertes Thema ist die Berücksichtigung von kalkulatorischen Zinsen auf das gebundene Kapital. Dieses Vorgehen wird häufig mit dem Argument in Zweifel gezogen, dass die Verkehrsteilnehmer über die gezahlten verkehrsbezogenen Steuern bereits das Kapital bereitgestellt hätten und somit nicht ein zweites Mal zur Kasse gebeten werden dürften. Dies ist jedoch bei einer Kostenrechnung unerheblich, da die kalkulatorischen Zinsen die Erträge einer alternativen Verwendung des gebundenen Kapital reflektieren. Würde man dies vernachlässigen, so wären Verkehrsinvestitionen, die über öffentliche Haushalte finanziert werden, wegen nicht berücksichtigter Zinskosten immer günstiger als solche, die außerhalb des öffentlichen Haushalts finanziert werden. Ein solches Vorgehen würde falsche Anreize für die Wirtschaft vermitteln (Bevorzugung der öffentlichen Finanzierung für die Infrastruktur) und langfristig erhebliche Subventionstatbestände schaffen. Der in der Wegekostenrechnung von Prognos/IWW für die Autobahn gewählte Zins ist mit 3 % real, und 4 – 5 % nominal außerordentlich niedrig und liegt im Vergleich zu Kostenrechnungen im Ausland oder in Vergleichssektoren (Kommunikation, Elektrizität, Flugsicherung) am unteren Ende der Skala.

VI. Zur Notwendigkeit einer Standardisierung von Preisen für die Verkehrsinfrastruktur

Hintergrund des politischen Zieles einer Standardisierung von Gebührensystemen im Verkehrssektor ist nicht zuletzt die Tatsache, dass die Belastung durch Steuern und Abgaben für die Verkehrsunternehmen in der Europäischen Union äußerst unterschiedlich ist. Dies erklärt die Konzeption der Europäischen Kommission, durch Ersatz von Steuern durch Benutzungsgebühren zu einem transparenteren und diskriminierungsarmen Abgabensystem in Europa zu gelangen. Gegen eine Standardisierung der Verkehrsabgaben sprechen aber folgende Gründe:

- Die unterschiedlichen Ziele der Verkehrspolitik lassen sich nicht mit Hilfe eines einheitlichen Preissystems erreichen. Wesentlich wirksamer sind Bündel von Preisansätzen, die an den geeigneten Stellen der Verkehrsentscheidungen angreifen.
- Die Anforderung an die Struktur eines Preissystems können regional sehr unterschiedlich sein. In bezogen auf die Umwelt sehr sensitiven Regionen wird die Differenzierung nach Umweltgesichtspunkten dominieren, in Verdichtungsräumen die Differenzierung nach Staukriterien und beim Neubau von Netzteilen die Frage der Finanzierung. Ein einheitliches Preismuster würde diesen unterschiedlichen regionalen Anforderungen nicht gerecht.

- Für verschiedene Verkehrsträger gibt es sehr unterschiedliche Organisationsstrukturen. Straßen werden überwiegend öffentlich bereitgestellt und privat genutzt, Schienenanlagen werden von öffentlichen Unternehmen betrieben, wobei die Finanzierung der Infrastruktur eine starke staatliche Beteiligung verlangt, während Einrichtungen für die Steuerung des Luftverkehrs öffentlich vorgehalten, aber nach privatwirtschaftlichen Regeln refinanziert werden. Die Frage der Preisbildung hängt eng mit der Wahl der Organisationsform zusammen, denn es ist wenig sinnvoll, privatwirtschaftliche Regeln in die Angebotsseite der Verkehrsinfrastruktur einzuführen, wenn wichtige unternehmerische Entscheidungen, wie die Preisfixierung, nicht unternehmerisch getroffen werden können. Entscheidend ist nicht die Gleichheit der Preise im Raum, sondern die Einhaltung des Grundsatzes der Nicht-Diskriminierung von Wettbewerbern mit unterschiedlichen nationalen Standorten. Die Nicht-Diskriminierung wird im wesentlichen dadurch erreicht, dass vom Nationalprinzip auf das Territorialprinzip übergegangen wird.
- Entscheidend für die Größenordnung diskriminierender Marktverzerrungen ist die Gewährung öffentlicher Subventionen. Daher ist es wichtig, dass die Subventionierungen (mit anderen Worten: Kostendeckungsgrade) für Wettbewerber wie auch für Wettbewerbsrelationen ähnlich sind. Beispiele hierfür sind die unterschiedlichen Wettbewerbsbedingungen für die Nordseehäfen Antwerpen, Rotterdam oder Hamburg, wenn die Trassengebühren im Seehafenhinterlandverkehr subventionsbedingt in Deutschland wesentlich höher liegen als in den Benelux-Ländern.
- Werden die Kostendeckungsgrade stärker angeglichen und gleichzeitig nach dem Territorialitätsprinzip umgesetzt (Gebühren statt Steuern), so wird gleichzeitig der Anreiz zur Attraktion von Verkehren durch Subventionen oder zur Abdrängung von Verkehren durch überhöhte Preise vermindert. Eine Orientierung an der anteiligen Kostendeckung reduziert gleichzeitig die Tendenzen bei Politik und Wirtschaft, bei der Planung von Infrastrukturprojekten zu „schummeln" (siehe Flyvbjerg, Bruzelius und Rothengatter, 2003).

Zusammenfassend ist festzuhalten, dass die allgemeinen Regeln der neoklassischen Preistheorie sich in der politischen Praxis eher als Hemmschuh erweisen. Zwar läßt sich im Lehrbuch unter stark vereinfachenden Annahmen ableiten, dass Grenzkostentarife zu einer optimalen Auslastung gegebener Anlagen führen, doch ist diese Lehre bei der Einführung in die Praxis immer wieder gescheitert. Aus diesem Grunde sollte sich die Wahl der richtigen Preisinstrumente an konkreten und meßbar definierten Zielen ausrichten. Im Ergebnis wird ein Bündel von Steuern und Gebühren entstehen, die auf die zu beeinflussenden Entscheidungen abgestimmt sind. Aus dem „social marginal cost pricing" sollte somit ein „structured pricing" entstehen, das strategisch darauf ausgerichtet ist, den Verkehrssektor in Richtung auf die ökonomischen, sozialen und ökologischen Nachhaltigkeitsziele zu bewegen.

Literatur

Boiteux, (1956), Sur la gestion des monopoles publics astreints a l'éequilibre budgétaire, Econometrica, 24, 22-40.

EU-Commission (1998), White Paper „Fair Pricing for the Transport Infrastructure", Brussels.

– (2001), White Paper „Time to Decide", Brussels.

Flyvbjerg, B., *Bruzelius,* N. and W. *Rothengatter* (2003), Megaprojects and Risk. London.

Knieps, G., *Küpper,* M., H.-U. und R. *Langen,* 2000, Abschreibungen bei Preisänderungen in stationären und nicht stationären Märkten. Diskusskionbeiträge des Instituts für Verkehrswissenschaft und Regionalpolitik 71. Freiburg.

Pigou, A.C. (1920), „The Economie of Welfare", London.

Prognos AG, Basel und *IWW,* Karlsruhe, 2002, Wegekostenrechnung für das Bundesfernstraßennetz unter Berücksichtigung der Vorbereitung einer streckenbezogenen Autobahnbenutzungsgebühr. Gutachten für das Ministerium für Verkehr, Bau- und Wohnungswesen. Basel und Karlsruhe.

Prud'homme, R. (2002), „Marginal Social Cost Pricing as a Basis for Transport Policies in Europe", Manuscript, Paris.

Rothengatter, W. (2003), „How good ist first best? Marginal Cost and other Pricing Principles for User Charging in Transport", Transport Policy, 10, 121-130.

Willig, R. (1978), „Pareto-Superior Nonlinear Outlay Schedules", in: The Bell Journal of Economics 9, 56-69.

Wissenschaftlicher Beirat beim Bundesminister für Verkehr, Bau- und Wohnungswesen, (2000), Faire Preise für die Infrastrukturbenutzung. Ansätze für ein alternatives Konzept zum Weißbuch der Europäischen Kommission.

Zufriedenheitsdynamik bei gewerblichen Verkehrsdienstleistungen

Von *Klaus Backhaus* und *Jenny van Doorn*, Münster

I. Bedeutung der Kundenzufriedenheit bei Verkehrsdienstleistungen

Der Markt für gewerbliche Verkehrsdienstleistungen in Deutschland wächst seit Jahren unaufhaltsam. Treiber des Wachstums sind unter anderem die zunehmend engeren internationalen Handelsverflechtungen – etwa aufgrund der Integrationstendenzen innerhalb der EU – und die gestiegene zwischenbetriebliche Arbeitsteilung sowohl im nationalen als auch im internationalen Kontext. Speziell für den deutschen Güterverkehrsmarkt hat die Öffnung Osteuropas für zusätzliche Wachstumsimpulse gesorgt, die sich im Zuge der zunehmenden Integration dieser Länder in die Europäische Union noch verstärken werden, so dass auch weiterhin mit einer deutlichen Zunahme der Verkehrsströme zu rechnen ist. (vgl. Ewers/Ilgmann, 2001, 5; Backhaus u. a., 1992, 29-35). Dabei haben Deregulierungs- und Privatisierungsmaßnahmen im Markt für gewerbliche Verkehrsdienstleistungen für eine Verschärfung des Wettbewerbs gesorgt, die sich auch in Zukunft vor dem Hintergrund weiterer Liberalisierungsbestrebungen fortsetzen wird (vgl. Ewers/Ilgmann, 2001, 37 f.; Meffert/Perrey/Schneider, 2000, 3 f.; Ewers/Holzhey, 1998, 10). Um weiterhin am Wachstumsmarkt Verkehr partizipieren zu können, nimmt deswegen auch in der traditionell technisch orientierten Güterverkehrsbranche die Bedeutung einer ausgeprägten Markt- und Kundenorientierung zu. Damit gewinnt das Konstrukt der Kundenzufriedenheit an Bedeutung, da Kundenzufriedenheit als ein wichtiger Gradmesser für die erreichte Markt- bzw. Kundenorientierung eines Unternehmens angesehen wird (vgl. Siefke, 1998, 1).

Der große Stellenwert des Kundenzufriedenheitskonzepts ist auf die vermuteten Verhaltensauswirkungen zurückzuführen: So kann etwa von einem positiven Zusammenhang zwischen der Kundenzufriedenheit und dem Wiederkaufverhalten eines Kunden ausgegangen werden. Weiterhin ist bei zufriedenen Kunden auch zumeist ein höheres Cross-Selling-Potenzial vorhanden und die

Preissensibilität häufig niedriger als bei unzufriedenen Kunden. Positives Weiterempfehlungsverhalten an andere mögliche Kunden ist eine weitere, auch empirisch bestätigte Verhaltenskonsequenz einer hohen Kundenzufriedenheit.[1]

Bezüglich der ökonomischen Konsequenzen bedeutet dies auf der Erlösseite, dass ein Unternehmen mit zufriedenen Kunden auf eine stabile Kundenbasis zurückgreifen und höhere Preise durchsetzen kann. Bezogen auf die Kostenseite kann das Empfehlungsverhalten zufriedener Kunden die vergleichsweise hohen Kosten der Neukundengewinnung reduzieren, wobei das Vorhandensein einer stabilen Kundenbasis auch den Zwang zu einer Akquisition neuer Kunden verringert. Insgesamt wird ein positiver Zusammenhang zwischen Kundenzufriedenheit und Unternehmenserfolg vermutet. Dies begründet die Etablierung der Kundenzufriedenheit als einen zentralen Erfolgsfaktor und einem wichtigen Unternehmensziel marktorientierter Unternehmen (vgl. Homburg/Giering/Hentschel, 2000, 86-89; Anderson/Fornell/Lehmann, 1994, 55-64).

In einem Industriegüterumfeld wie dem Markt für gewerbliche Transportdienstleistungen greift eine rein statische Betrachtung der Kundenzufriedenheit jedoch zu kurz, da die meisten Austauschbeziehungen langfristiger Natur sind. Auch das Konzept der Kundenzufriedenheit sollte vor diesem Hintergrund die Langfristorientierung einer Geschäftsbeziehung berücksichtigen, denn in einer Geschäftsbeziehung wird eine Einzeltransaktion häufig nicht isoliert bewertet, sondern es spielen die bisherigen Erfahrungen mit dem Geschäftsbeziehungspartner eine wichtige Rolle (vgl. Homburg/Giering/Hentschel, 2000, 84-86; Backhaus, 1997, 22; Anderson/Fornell/Lehmann, 1994, 54).

Diese dynamischen Aspekte der Kundenzufriedenheitsbildung in Geschäftsbeziehungen sollen anhand eines Panels aus dem Bereich gewerblicher Verkehrsdienstleistungen einer näheren Analyse unterzogen werden. Dabei geht es neben dem Aspekt der zeitlichen Bewertungsdifferenzen auf verschiedenen Ebenen der Zufriedenheitsbildung insbesondere um den Stellenwert früherer Erfahrungen.

II. Das Kundenzufriedenheitskonstrukt

1. Der Begriff der Kundenzufriedenheit

Während frühere Definitionen Kundenzufriedenheit als entweder kognitives oder affektives Konstrukt einordnen, wird in neueren Publikationen zumeist die Meinung vertreten, dass Kundenzufriedenheit sowohl kognitive als auch affek-

---

[1] Vgl. zu einer Übersicht über Studien über die Verhaltenauswirkungen von Kundenzufriedenheit die Meta-Analyse von *Szymanski/Henard*, (2001) und *Homburg/Giering/Hentschel*, (2000, 93-96).

tive Elemente enthält (vgl. Homburg/Giering/Hentschel, 2000, 86; Siefke, 1998, 25; Oliver, 1997, 316-319). Weiterhin steht im Mittelpunkt vieler Definitionen der Kundenzufriedenheit ein Bewertungsprozess, in dem aktuelle Erfahrungen (Ist-Leistung) mit einem vom Kunden herangezogenen Standard (Soll-Leistung) verglichen werden. Demnach kann Kundenzufriedenheit als Ergebnis eines komplexen psychischen Informationsverarbeitungsprozesses gesehen werden, in dessen Rahmen der Kunde im Sinne eines Soll/Ist-Vergleichs aktuelle Erfahrungen mit seinen Erwartungen bzw. seinem Anspruchsniveau vergleicht. Der Prozess des Soll/Ist-Vergleichs ist dabei eher kognitiv, die sich anschließende Bewertung eher affektiv geprägt (vgl. Schütze, 1994, 129; Tse/Wilton, 1988, 204; Oliver, 1980, 460 f.).

Kundenzufriedenheitsdefinitionen können weiterhin danach differenziert werden, ob sie Zufriedenheit als transaktionsbezogenes oder transaktionsübergreifendes Konstrukt definieren. Die Modellierung als kumulatives, transaktionsübergreifendes Konstrukt trägt der Tatsache Rechnung, dass für Vermarktungsprozesse im Industriegüterbereich i. d. R. die gesamte Geschäftsbeziehung als Analyseeinheit gewählt werden sollte (vgl. Homburg/Giering/Hentschel, 2000, 84 f.; Backhaus, 1997, 22 f.). Eine solche Perspektive macht es notwendig, auch bei der Kundenzufriedenheitsforschung die zeitliche Dimension zu berücksichtigen und dynamische Effekte einzubeziehen. Deswegen werden im Folgenden zunächst Theorien zur Modellierung der Zufriedenheit mit einem einzelnen zeitlichen Bezugsobjekt vorgestellt, um dann anschließend auf Theorien zur transaktionsübergreifenden, kumulativen Zufriedenheitsbildung einzugehen.

2. Das Confirmation/Disconfirmation-Paradigma als Rahmen für die theoretische Modellierung der Kundenzufriedenheit

Das am weitesten verbreitete Konzept zur Erklärung der Entstehung von Zufriedenheit bzw. Unzufriedenheit ist zweifellos das *Confirmation/Disconfirmation (C/D)-Paradigma*, das vielen Definitionen der Kundenzufriedenheit zugrunde liegt. Das C/D-Paradigma geht von einem Vergleichsprozess zwischen der tatsächlichen Erfahrung mit einem Produkt und/oder einer Dienstleistung und einem vor der Leistungsinanspruchnahme gebildeten Vergleichsstandard aus, wobei ein exaktes Übereinstimmen der beiden Leistungsniveaus als Bestätigung (Konfirmation) bezeichnet wird. Zufriedenheit entsteht, wenn die Ist-Leistung die Soll-Leistung übertrifft (positive Diskonfirmation). Negative Diskonfirmation, also das Nicht-Erfüllen der Erwartungen, führt hingegen zu Unzufriedenheit (vgl. Homburg/Stock, 2001, 20; Bauer, 2000, 19; Homburg/Giering/Hentschel, 2000, 84). Dabei wird mittlerweile von einer zweifachen Wirkung des wahrgenommenen Leistungsniveaus auf die Kundenzufriedenheit ausgegangen: Einerseits wirkt das wahrgenommene Leistungsniveau indirekt über den Vergleichsprozess, andererseits auch direkt auf die Kundenzufriedenheit ein.[2]

Neben dem C/D-Paradigma werden in der Literatur einige weitere Theorien zur Entstehung von Zufriedenheit bzw. Unzufriedenheit diskutiert. Diese Konzepte schließen sich nicht zwangsläufig aus, sondern können als Ergänzung zueinander verstanden werden. Dies gilt umso mehr, als dass die Zufriedenheitsbildung ein hochkomplexer Prozess ist, der zudem keineswegs einheitlich verlaufen muss, sondern zwischen verschiedenen Produktkategorien (vgl. Churchill/Surprenant, 1982, 497-503) oder Individuen (vgl. Oliver/DeSarbo, 1988, 501-505) variieren kann. Vor diesem Hintergrund sollen hier verschiedene Zufriedenheitskonzepte in den Rahmen des C/D-Paradigmas eingeordnet werden (vgl. Homburg/Stock, 2001, 20 f.; Bolton/Drew, 1994; vgl. Abbildung 1).

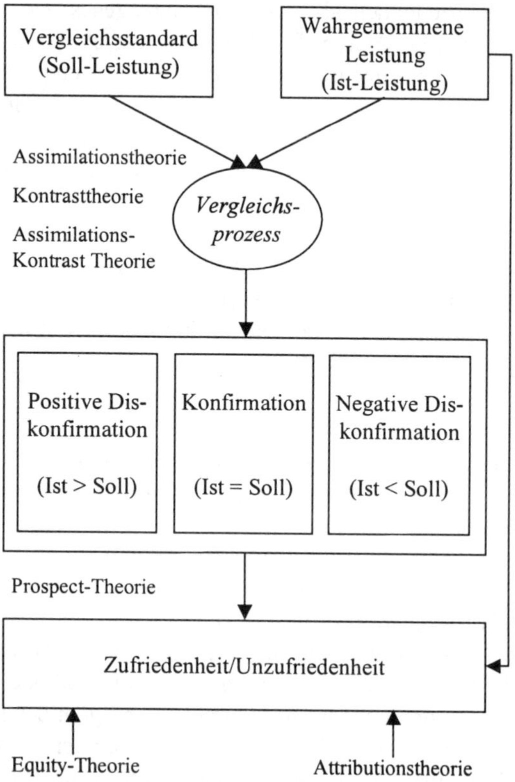

Quelle: in Anlehnung an Homburg/Stock, (2001, 21).

Abbildung 1: Das C/D-Paradigma als Rahmen für die theoretische Modellierung der Kundenzufriedenheit

[2] Vgl. Abbildung 1; empirische Bestätigung bei *Szymanski/Henard*, (2001, 22 f.).

Zur Erklärung der psychologischen Abläufe im Rahmen des Vergleichsprozesses werden in der Literatur die Assimilationstheorie, die Kontrasttheorie, und eine Kombination aus beiden, die Assimilations-Kontrast-Theorie, diskutiert. Die *Assimilationstheorie* beruht auf einer Weiterentwicklung der Dissonanztheorie von Festinger (1957), die besagt, dass Personen bestrebt sind, ihr kognitives Gleichgewicht zu wahren. Kognitives Gleichgewicht wird etwa dann erreicht, wenn Erwartungen und wahrgenommene Realität exakt übereinstimmen. Übertragen auf Kundenzufriedenheit bedeutet dies, dass Individuen bei einer positiven bzw. negativen Diskonfirmation ihre Erwartungen und/oder das wahrgenommene Leistungsniveau nachträglich anpassen, um die Diskrepanz zwischen Erwartungen und wahrgenommenem Leistungsniveau zu verringern. Damit wird die Zufriedenheit dem Konfirmationsniveau angeglichen (vgl. Mittal/Kumar/Tsiros, 1999, 91; Oliver/DeSarbo, 1988, 496).

Die Vertreter der *Kontrasttheorie* gehen ebenfalls von einer nachträglichen Korrektur der Erwartungen bzw. der wahrgenommenen Realität aus, allerdings in entgegengesetzter Richtung. Dabei wird ebenfalls auf die Dissonanztheorie von Festinger (1957) zurückgegriffen. Es wird argumentiert, dass das Individuum zur Herstellung eines kognitiven Gleichgewichts im Anschluss an eine Transaktion ein klares Ergebnis seines Bewertungsprozesses präferiert. Um dieses klare Ergebnis zu erhalten, werden bei einer positiven Erfahrung im Nachhinein die Erwartungen gesenkt, bei einer negativen Erfahrung gesteigert bzw. die wahrgenommene Realität entsprechend angepasst. Dadurch erhöht sich die Diskrepanz zwischen erwartetem und wahrgenommenen Leistungsniveau und damit auch die (Un-)Zufriedenheit. Der zufriedene Kunde erhält die Bestätigung, dass seine Wahl richtig war, der unzufriedene Kunde kann seine negative Evaluation gegenüber sich selbst oder anderen ausreichend rechtfertigen.[3]

Die *Assimilations-Kontrast-Theorie* stellt eine Synthese dieser beiden Auffassungen dar. Sie postuliert, dass es von dem Ausmaß der Diskrepanz zwischen erwartetem und tatsächlichem Leistungsniveau abhängt, ob der Assimilations- oder der Kontrast-Effekt eintritt. Ist die Diskrepanz vergleichsweise gering, tritt der Assimilations-Effekt ein (Akzeptanzbereich). Fällt die Diskrepanz in den Ablehnungsbereich einer Person, d. h. ist sie vergleichsweise groß, wird die Differenz zwischen erwarteter und wahrgenommener Leistung nachträglich vergrößert, und damit auch die (Un-)Zufriedenheit (vgl. Anderson, 1973, 40 f.; Hovland/Harvey/Sherif, 1957, 249-251).

Den Zusammenhang zwischen dem Ergebnis des Vergleichsprozesses und dem letztendlichen Zufriedenheitsniveau erklärt die *Prospect Theorie*. Grundannahme dieser Theorie ist, dass Personen i. d. R. verlustavers sind. Vor diesem

---

[3] Vgl. *Oliver/DeSarbo*, (1988, 496); *Yi*, (1990, 80); vgl. für eine empirische Bestätigung dieser Theorie *Clow/Kurtz/Ozment*, (1998).

Hintergrund werden Verluste in Relation zum Referenzpunkt negativer bewertet als ein Gewinn in gleicher Höhe. Übertragen auf die Zufriedenheitsforschung heißt dies, dass eine negative Diskonfirmation, also eine negative Diskrepanz zwischen erwarteter und tatsächlicher Leistung, zu einer größeren Unzufriedenheit führt, als eine positive Diskonfirmation in gleicher Höhe zu Zufriedenheit (vgl. Homburg/Stock, 2001, 31 f.; Tversky/Kahnemann, 1991, 1054-1058; Kahnemann/Tversky, 1979, 279).

Zwei Theorien berücksichtigen noch weitere mögliche Einflüsse auf die Kundenzufriedenheit. Im Mittelpunkt der *Attributionstheorie* stehen die Ursachen, die Kunden für ein positives oder negatives Ergebnis verantwortlich machen. So kann das letztendliche Zufriedenheitsniveau davon abhängen, ob das Ergebnis der eigenen Person, anderen Personen oder den äußeren Umständen zugeschrieben wird. Auch die Stabilität des Ergebnisses oder die Einschätzung, ob die Ursache kontrollierbar ist oder sich der Kontrolle entzieht, kann das Zufriedenheitsniveau beeinflussen (vgl. Erevelles/Leavitt, 1992, 109 f.; Bitner, 1990, 70). Nach der *Equity-Theorie* ist die wahrgenommene distributive Gerechtigkeit innerhalb der Anbieter-Nachfragerbeziehung ein weiterer Einflussfaktor auf die Zufriedenheit des Kunden. Dazu zieht der Kunde ein Kosten-Nutzen-Kalkül hinzu, in dem sein eigenes Input-Outcome-Verhältnis zu dem des Anbieters (oder alternativ auch zu dem anderer Kunden) in Relation gesetzt wird. Je nach empfundener Gerechtigkeit in Bezug auf das Austauschverhältnis entsteht ein positiver oder negativer Zufriedenheitseffekt (vgl. Oliver/DeSarbo, 1988, 496).

Bezüglich der Gewichtung der einzelnen Determinanten der Kundenzufriedenheit kommen Oliver/De Sarbo (1988, 501) in einer experimentellen Studie zum Ergebnis, dass Erwartungen, Diskonfirmation und wahrgenommenes Leistungsniveaus die primären Einflussfaktoren der Kundenzufriedenheit sind, allerdings auch die Einflüsse von Equity- und Attributions-Effekten signifikant sind. Die Meta-Analyse von Szymanski/Henard (2001) sieht Equity-Effekte und Diskonfirmation als die stärksten Einflussfaktoren der Kundenzufriedenheit. Beide Studien betonen jedoch, dass die verschiedenen Aspekte der Kundenzufriedenheitsbildung als komplementär zueinander anzusehen sind.

3. Modellierung der Zufriedenheitsdynamik in langfristigen Geschäftsbeziehungen

Zur theoretischen Modellierung der Zufriedenheitsdynamik werden insbesondere mögliche Einflüsse der Zufriedenheit der Vorperiode auf die Komponenten des C/D-Paradigmas diskutiert. Im Zusammenhang mit der Modifikation der Erwartungen wird in der Regel davon ausgegangen, dass der Kunde seine Erwartungen in Richtung der gemachten Erfahrung anpasst, d. h. bei schlechten

Erfahrungen mit einer Leistung werden die Erwartungen gesenkt, bei guten Erfahrungen gesteigert (vgl. Anderson/Fornell/Lehmann, 1994, 57; Boulding u. a., 1993, 9 f.). Allerdings ist grundsätzlich in Anlehnung an die Kontrasttheorie auch ein umgekehrter Effekt vorstellbar.

Diskutiert werden weiterhin sogenannte zeitliche Halo-Effekte, die als dynamische Auswirkungen auf die wahrgenommene Leistung modelliert werden. Dabei wird unterstellt, dass sich die Zufriedenheit der Vorperiode durch Ausstrahlungseffekte direkt auf das wahrgenommene Leistungsniveau der Folgeperiode auswirkt (vgl. Stauss/Seidel 2001, 135; Johnston, 1995, 48). Wiederum sind diese Modellierungsansätze der Zufriedenheitsdynamik nicht als sich ausschließende, sondern als komplementäre Konzepte zu verstehen. Es ist durchaus denkbar, dass die beschriebenen Effekte in Kombination auftreten, was wiederum Aussagen über die Zufriedenheitsentwicklung erschwert.

Eine weitere Determinante in der Modellierung der Zufriedenheitsdynamik ist die relative Wichtigkeit einzelner Transaktionen bzw. Perioden. Auch hier sind unterschiedliche Zusammenhänge denkbar. So können Primacy-Effekte dazu führen, dass die erste Transaktion eine stärkere Gewichtung erhält und so einen maßgeblichen Einfluss auf die kumulative Zufriedenheit hat. Recency-Effekte beeinflussen die Zufriedenheitsbildung dahingehend, dass die letzte Transaktion den größten Einfluss auf die kumulative Zufriedenheit hat (vgl. Parasuraman/Zeithaml/Berry, 1994, 122). Auch das Zufriedenheitsniveau kann bei der Gewichtung einzelner Transaktionen eine Rolle spielen. So wird vermutet, dass eine negativ bewertete Transaktion einen nicht so großen Einfluss auf die kumulative Zufriedenheit besitzt, wenn diesem mehrere positive Erlebnisse vorangegangen sind. Erklärt wird dies durch eine beim Kunden aufgebaute Toleranzhaltung (vgl. Stauss/Seidel, 2001, 136).

Insgesamt sind die theoretischen Erklärungsansätze für die Zufriedenheitsdynamik nicht eindeutig. Tiefere Einblicke in die Zufriedenheitsdynamik verspricht man sich von mehrperiodigen Panel-Studien, die allerdings in der Zufriedenheitsliteratur – trotz wiederholter „calls for more longitudinal studies" – (Patterson/Johnson/Spreng, 1997, 5) nicht weit verbreitet sind.

III. Empirische Befunde zur Zufriedenheitsdynamik

1. Überblick über dynamische Zufriedenheitsstudien in der Literatur

Ein Großteil der dynamischen Zufriedenheitsstudien in der Literatur entstammt dem Konsumgüter- bzw. konsumtiven Dienstleistungsbereich[4]. Empiri-

---

[4] Vgl. z. B. *Dubé/Morgan*, (1998); *Ruyter* u. a., (1997); *Danaher/Mattson*, (1994); *Boulding* u. a., (1993); *Bolton/Drew*, (1991); *Crosby/Stephens*, (1987).

sche Ergebnisse zur Zufriedenheitsdynamik im Industriegüterbereich sind eher selten.[5] Immerhin zwei Studien, die Arbeiten von Siefke (1998) und Bauer (2000), wählen den Verkehrsbereich als Untersuchungsobjekt. Siefke (1998) untersucht die Zufriedenheitsdynamik im Personenfernverkehr der Deutschen Bahn AG. Dazu wurden die Kunden zu einer Einschätzung ihrer Zufriedenheit mit unterschiedlichen Leistungskomponenten gebeten, wobei die gesamte Dienstleistungstransaktion in die Teilprozesse Vor-Reisephase, Reisephase, Umsteigephase und Nach-Reisephase unterteilt wurde (vgl. Siefke, 1998, 126 f.). Es wurde festgestellt, dass alle Episoden einen Einfluss auf zeitlich nachgelagerte Episoden haben, wobei allerdings die Erklärungsbeiträge von 6% bis 18% Varianzerklärungsanteil bezogen auf die Zufriedenheit der nachfolgenden Episode als relativ gering eingestuft werden (vgl. Siefke, 1998, 186 f.).

Die Studie von Bauer (2000) beruht auf einer Paneluntersuchung bei einem Anbieter von gewerblichen Transportdienstleistungen. Die Kunden wurden in halbjährigen Abständen um eine Einschätzung ihrer Beziehungszufriedenheit und der Zufriedenheit mit 22 Leistungskomponenten gebeten (vgl. Bauer, 2000, 73-80). Bei der Untersuchung der Stabilität der Zufriedenheitsbewertungen erweisen sich die Bewertungen als zeitlich durchaus variabel, sodass auf eine vergleichsweise eigenständige Zufriedenheitsbewertung einzelner Perioden geschlossen wird. Bezüglich der untersuchten Überlappungseffekte kann kein Einfluss der Kriterienbewertungen der Vorperiode auf die Beziehungszufriedenheit der aktuellen Periode festgestellt werden. Auf der Ebene der Beziehungszufriedenheit sind hingegen Überlappungseffekte zwischen der aktuellen und vorhergehenden Periode feststellbar (vgl. Bauer, 2000, 172-180).

Insgesamt sind die empirischen Befunde zur Dynamik von Zufriedenheitsbewertungen uneinheitlich. Manche Autoren konstatieren keine bzw. nur geringe zeitliche Ausstrahlungseffekte (vgl. Siefke, 1998, 186 f.; Woodside/Frey/Daly, 1989, 13 f.), andere wiederum können signifikante Einflüsse der Zufriedenheit vorhergehender Episoden bzw. Transaktionen nachweisen (vgl. Johnson/Anderson/Fornell, 1995,. 704 f.; John, 1992, 60 f.; Bolton/Drew, 1991, 7). Bezogen auf den Verkehrsdienstleistungsbereich legen die Studien von Siefke (1998) und Bauer (2000) den Schluss nahe, dass in dieser Branche von einem gewissen Einfluss dynamischer Effekte auf die Zufriedenheitsbildung auszugehen ist. Die betrachteten empirischen Studien geben allerdings zumeist keinen Aufschluss darüber, ob Art und Ausmaß dynamischer Effekte sich etwa auf verschiedenen Ebenen der Zufriedenheitsbildung unterscheiden. Auch der Frage, ob sich die Zufriedenheitsdynamik in Abhängigkeit vom Zufriedenheitsniveau unterscheidet, wird nicht nachgegangen. Vor diesem Hintergrund sollen im vorliegenden Beitrag insbesondere diese Fragestellungen untersucht werden.

---

[5] Vgl. z. B. *Bauer*, (2000); *Lingenfelder/Lauer/Groh*, (2000); *Sharma/Niedrich/Dobbins*, (1999).

2. Eigene empirische Befunde

a) Entwicklung des Erhebungsdesigns

Die diesem Beitrag zugrunde liegende binationale Stichprobe besteht aus Kunden eines großen europäischen Logistikanbieters, die jährlich nach ihrer Zufriedenheit gefragt werden. Rund 850 Unternehmen aus unterschiedlichen Branchen mit Sitz in Deutschland oder den Niederlanden wurden nach ihrer Bedeutung für den Anbieter ausgewählt. Stellvertretend für jedes Unternehmen wurde jeweils eine Person befragt, die von den Vertriebsvertretern des Logistikanbieters als Schlüsselperson im Rahmen des organisationalen Beschaffungsprozesses angesehen wurde (vgl. Backhaus, 2003; John/Reve, 1982, 522 f.). Als Basis dienen die Zufriedenheitsstudien aus den Jahren 1999, 2000 und 2001, bei denen ein Rücklauf von 608 bzw. 598 bzw. 514 vorwiegend telefonischer Interviews erreicht wurde. Da die Interviews einzelnen Personen zugeordnet werden können, können die Zufriedenheitseffekte auch auf individuell-personaler Ebene untersucht werden. Zu diesem Zweck wurden für die empirische Analyse lediglich die Schnittmengen der Unternehmen berücksichtigt, die sich an mehreren Befragungen beteiligt haben, und bei denen zugleich der Ansprechpartner nicht gewechselt hat. Zusätzlich zum dreiperiodigen Panel (n=159) können noch zwei zweiperiodige Schnittmengen konstruiert werden (Befragung 1999 und 2000, n=306, Befragung 2000 und 2001, n=243).

Als Untersuchungsobjekt wird die Beziehungszufriedenheit zugrunde gelegt, denn für einen Kunden dürfte es angesichts der in der Logistikbranche vorherrschenden hohen Anzahl an Transaktionen schwierig sein, bei seiner Zufriedenheitsbewertung zwischen den einzelnen Transaktionen zu differenzieren. Weiterhin kann bei der Abfrage von Transaktionszufriedenheiten ein künstlicher Bewertungsprozess ausgelöst werden, der nicht das tatsächliche Zufriedenheitsempfinden widerspiegelt (vgl. Bauer, 2000, 34, 158). Zur Erfassung der Beziehungszufriedenheit wird ein multiattributiver, mehrdimensionaler Ansatz, der zusätzlich zur Gesamtzufriedenheit Zufriedenheitsurteile über alle relevanten Leistungskomponenten erhebt, zugrunde gelegt. Da in der jüngeren Literatur zum Kundenzufriedenheitskonstrukt häufig von einer Zufriedenheitsbildung über mehrere Ebenen ausgegangen wird[6], wird ein 3-Ebenen-Konzept zur Erfassung der Beziehungszufriedenheit zugrunde gelegt: Auf der Kriterienebene werden die Befragten nach ihrer Zufriedenheit mit einzelnen Leistungskriterien, wie etwa der Pünktlichkeit oder der Korrektheit der Abrechnung, befragt. Auf der Faktorebene werden die Kunden um eine Bewertung vier übergeordneter Leistungskategorien, wie etwa den transportbezogenen Merkmalen, gebeten.

---

[6] Vgl. exemplarisch die Studien von *Bauer*, (2000); *Lingenfelder/Lauer/Groh*, (2000); *Sharma/Niedrich/Dobbins*, 1999; *Rudolph*, (1998).

Auf der Gesamtzufriedenheitsebene beurteilen die Befragten die Beziehungszufriedenheit. Die Bewertungen erfolgen anhand von siebenstufigen bipolaren Ratingskalen (1=völlig unzufrieden, 7=völlig zufrieden). Die einzelnen Faktoren und Kriterien wurden auf Basis von Experteninterviews festgelegt.

Zur Überprüfung der erarbeiteten hypothetischen Faktorstruktur wurde eine konfirmatorische Faktorenanalyse mit dem Programm AMOS (vgl. Arbuckle, 1999) durchgeführt. Bei zwei Kriterien häuften sich fehlende Werte bei bestimmten Kundengruppen. Um Verzerrungen, die sich hierdurch ergeben können, zu vermeiden, wurden diese beiden Kriterien aus der Analyse ausgeschlossen (vgl. Decker/Wagner/Temme, 1999, 86). Auf Basis der Standardfehler der Schätzung wurden vier weitere Kriterien ausgeschlossen. Das so modifizierte Modell wurde anhand der weiteren Datensätze überprüft (vgl. Backhaus u. a., 2003).

Für eine optimale Anpassungsgüte eines Modells werden Goodness-of-Fit-Indizes (GFI) und Adjusted-Goodness-of-Fit-Indizes (AGFI) oberhalb 0,9 gefordert. Im vorliegenden Beispiel liegen die AGFIs zwischen 0,794 und 0,804, die GFIs zwischen 0,847 und 0,865, so dass die theoretisch geforderten Gütemaße nicht ganz erreicht werden. Als Grenzwert für den Quotienten aus dem Chi-Quadrat-Wert und der Anzahl der Freiheitsgrade (df) finden sich in der Literatur Werte zwischen 2,5 und 5 (vgl. Backhaus u. a., 2003; Homburg/Baumgartner, 1998, 363); der Grenzwert von 5 wird bei allen drei Datensätzen deutlich unterschritten. Der Varianzerklärungsanteil liegt in allen drei Perioden bei rund 70%, so dass insgesamt auf einen noch akzeptablen Modellfit geschlossen werden kann. Dies gilt umso mehr, als dass die Anpassungsgüte des Modells für alle drei Perioden ähnlich ist. Ein Vergleich mit anderen empirischen Studien zur Kundenzufriedenheit ermöglicht eine genauere Beurteilung der Qualität der Gütemaße. In diesen Studien liegen die Gütekriterien häufig auf einem ähnlichen Niveau, teilweise sogar noch unterhalb des hier erreichten Niveaus (vgl. Bauer, 2000, 94-103; Sharma/Niedrich/Dobbins, 1999, 237; Rudolph, 1998, 146). Vor diesem Hintergrund kann angenommen werden, dass die nicht immer zufriedenstellenden Gütemaße bei Untersuchungen im Bereich Kundenzufriedenheit mit den Besonderheiten der Zufriedenheitsbildung zusammenhängen.

b) Bewertungsdifferenzen auf den verschiedenen Ebenen der Zufriedenheitsbildung

Die hier gewählte Untersuchungskonzeption erlaubt es, die Differenzen der Zufriedenheitsbewertungen auf drei verschiedenen Zufriedenheitsebenen, nämlich auf der Ebene der Gesamtzufriedenheit, der Faktorzufriedenheit und der Kriterienzufriedenheit zu analysieren. Interessant ist hierbei insbesondere ein Vergleich der Stabilität der Zufriedenheitsbewertungen auf den unterschiedlichen Ebenen. Zu vermuten ist, dass die Zufriedenheitsbewertungen auf der Gesamtzufriedenheitsebene die größte Stabilität aufweisen und die Zufriedenheitsbewertungen auf der Faktorebene eine etwas geringere Stabilität. Die größten Bewertungsunterschiede im Zeitablauf werden bei den Zufriedenheitsbewertungen auf der Kriterienebene vermutet. Die größere Stabilität auf Gesamt- und Faktorzufriedenheitsebene kann einerseits dadurch begründet werden, dass schlechtere Bewertungen eines untergeordneten Konstrukts durch verbesserte Bewertungen eines anderen untergeordneten Konstrukts kompensiert werden können. Zum anderen haben hierarchisch niedrigere Elemente in der Zufriedenheitsbildung eine stärkere Tendenz, sich auf eine bestimmte Transaktion zu beziehen als übergeordnete Konstrukte (vgl. Bolton/Drew, 1991, 7).

Entscheidend bei der Beurteilung der Stabilität bzw. Instabilität von Zufriedenheitsbewertungen ist, dass nicht die Mittelwertveränderungen im Zeitablauf, sondern die personenspezifischen Veränderungen analysiert werden. Positive und negative Veränderungen können sich gegenseitig kompensieren, so dass Änderungen des Zufriedenheitsniveaus auf individueller Ebene sich unter Umständen nicht in einer Mittelwertveränderung niederschlagen (vgl. Backhaus/Bauer, 2002, 126-129; Bauer, 2000, 165-172). Da die Zufriedenheitsbewertungen einzelnen Mitgliedern des Panels zugeordnet werden können, ist diese Analysemöglichkeit hier gegeben. Hierzu werden die paarweisen absoluten Veränderungen zwischen den jeweiligen Zufriedenheitsbewertungen im Zeitablauf sowohl für die zwei Zweijahrespanel als auch für das Dreijahrespanel berechnet. Beim Dreijahrespanel wird die Veränderung zwischen der Bewertung in 1999 und der Bewertung in 2001 analysiert (vgl. Tabelle 1).

Tabelle 1

Mittlere individuelle Veränderungen auf den drei Zufriedenheitsebenen

	1999-2000	2000-2001	1999-2001
Mittlere individuelle Veränderung auf Kriterienebene	1,15	1,10	1,29
Mittlere individuelle Veränderung auf Faktorebene	0,94	0,86	1,06
Mittlere individuelle Veränderung auf Gesamtzufriedenheitsebene	0,80	0,73	1,04

Im Dreijahrespanel sind erwartungsgemäß die Bewertungsdifferenzen am größten. In allen drei Panels ist die mittlere individuelle Veränderung auf Kriterienebene größer als die Veränderung auf Faktorebene, die wiederum größer ist als die mittlere individuelle Veränderung auf Gesamtzufriedenheitsebene. Auf Gesamtzufriedenheitsebene ergibt sich also die geringste Veränderung der Zufriedenheitsbewertungen, und somit auch wie vermutet die größte Stabilität der Zufriedenheitsbewertungen. Auf Faktorebene ist die Stabilität geringer, auf Kriterienebene sind die Bewertungsdifferenzen am größten.

Des Weiteren soll die Abhängigkeit der Bewertungsdifferenzen vom Zufriedenheitsniveau einer näheren Betrachtung unterzogen werden. So ist es etwa denkbar, dass in Anlehnung an die oben diskutierte Prospect Theorie (vgl. Kahnemann/Tversky, 1979) negative Zufriedenheitsbewertungen eine höhere Stabilität aufweisen als positive. Da negativen Erfahrungen nach dieser Theorie ein höheres Gewicht beigemessen wird (vgl. Kahnemann/Tversky, 1979, 279), könnte es sein, dass von einer vorherigen negativen Bewertung weniger schnell abgewichen wird als von einer positiven. Um diese Zusammenhänge zu analysieren, werden die Bewertungen in drei Zufriedenheitsklassen eingeteilt: Negative Zufriedenheitsbewertungen (Zufriedenheit < 4), neutrale (Zufriedenheit = 4) und positive (Zufriedenheit > 4) Bewertungen. In den Tabellen 2 und 3 ist die Migration der Befragten zwischen den einzelnen Zufriedenheitsklassen auf den drei Ebenen dargestellt.

Tabelle 2

Migration zwischen den Zufriedenheitsklassen für die beiden Zweijahrespanel

			Panel 1999-2000					Panel 2000-2001		
			2000					2001		
			< 4	= 4	> 4			< 4	= 4	> 4
Kriterienebene	1999	< 4	48,60%	21,70%	29,70%	2000	< 4	52,14%	21,85%	26,01%
		= 4	27,45%	31,25%	41,30%		= 4	26,32%	32,26%	41,41%
		> 4	14,46%	14,15%	71,39%		> 4	14,85%	13,18%	71,97%
Faktorebene		< 4	50,37%	30,60%	19,03%		< 4	58,26%	24,79%	16,94%
		= 4	31,39%	38,69%	29,93%		= 4	26,18%	39,48%	34,33%
		> 4	12,80%	18,64%	68,56%		> 4	10,12%	18,12%	71,76%
Gesamtzufriedenheitsebene		< 4	57,58%	25,76%	16,67%		< 4	60,56%	25,35%	14,08%
		= 4	26,26%	38,38%	35,35%		= 4	31,51%	35,62%	32,88%
		> 4	13,77%	26,81%	59,42%		> 4	7,22%	22,68%	70,10%

Aufgrund der gewählten Skalierung ergibt sich eine ungleiche Klassenbreite für die drei Zufriedenheitsklassen. Vor diesem Hintergrund werden im Folgenden schwerpunktmäßig die beiden Klassen mit gleicher Klassenbreite, also die negativen und positiven Bewertungen, betrachtet. Auffällig ist die hohe Stabilität positiver Zufriedenheitsbewertungen. Aus den Tabellen 2 und 3 ist allerdings ersichtlich, dass auch in dieser Studie ein für Zufriedenheitsstudien typisches Phänomen auftritt, nämlich dass positive Bewertungen häufiger vorkommen vor als negative (vgl. Stauss, 1999, 13; Peterson/Wilson, 1992, 62). So gesehen ist die Wahrscheinlichkeit einer positiven Zufriedenheitsbewertung generell größer als die einer negativen. Ebenfalls vergleichsweise stabil sind negative Zufriedenheitsbewertungen. Rund 60% der Befragten, die im Vorjahr eine negative Bewertung abgeben, tun dies auch im folgenden Jahr.

Tabelle 3

Migration zwischen den Zufriedenheitsklassen für das Dreijahrespanel

		2000: < 4	2001		2000: = 4	2001		2000: > 4	2001	
Kriterienebene 1999			< 4	60,79%		< 4	35,58%		< 4	26,79%
	< 4	51,24%	= 4	20,26%	23,48%	= 4	30,77%	25,28%	= 4	17,86%
			> 4	18,94%		> 4	33,65%		> 4	55,36%
			< 4	50,37%		< 4	17,42%		< 4	13,39%
	= 4	32,27%	= 4	17,78%	29,87%	= 4	34,85%	37,87%	= 4	15,48%
			> 4	21,48%		> 4	32,58%		> 4	30,54%
			< 4	39,23%		< 4	24,16%		< 4	14,35%
	> 4	16,25%	= 4	25,36%	13,84%	= 4	30,90%	69,91%	= 4	11,68%
			> 4	35,41%		> 4	44,94%		> 4	73,97%
Faktorebene 1999			< 4	67,24%		< 4	20,51%		< 4	30,43%
	< 4	48,33%	= 4	27,59%	32,50%	= 4	56,41%	19,17%	= 4	17,39%
			> 4	5,17%		> 4	23,08%		> 4	52,17%
			< 4	50,00%		< 4	32,00%		< 4	15,38%
	= 4	32,06%	= 4	23,81%	38,17%	= 4	42,00%	29,77%	= 4	30,77%
			> 4	26,19%		> 4	26,00%		> 4	53,85%
			< 4	52,27%		< 4	22,54%		< 4	9,26%
	> 4	13,29%	= 4	25,00%	21,45%	= 4	33,80%	65,26%	= 4	17,59%
			> 4	22,73%		> 4	43,66%		> 4	73,15%
Gesamtzufriedenheitsebene 1999			< 4	69,23%		< 4	50,00%		< 4	14,29%
	< 4	50,00%	= 4	30,77%	23,08%	= 4	16,67%	26,92%	= 4	57,14%
			> 4	0,00%		> 4	33,33%		> 4	28,57%
			< 4	60,00%		< 4	36,36%		< 4	0,00%
	= 4	27,78%	= 4	26,67%	40,74%	= 4	40,91%	31,48%	= 4	17,65%
			> 4	13,33%		> 4	22,73%		> 4	82,35%
			< 4	33,33%		< 4	18,18%		< 4	17,50%
	> 4	19,48%	= 4	33,33%	28,57%	= 4	40,91%	51,95%	= 4	17,50%
			> 4	33,33%		> 4	40,91%		> 4	65,00%

Ein interessantes Phänomen tritt zu Tage, wenn man die Stabilität der Bewertungen für positive und negative Zufriedenheitsbewertungen bezüglich der drei Ebenen näher betrachtet. Negative Zufriedenheitsbewertungen haben die Tendenz, umso stabiler zu sein, je höher die Betrachtungsebene der Zufriedenheitsbildung ist. Positive Zufriedenheitsbewertungen sind tendenziell am variabelsten auf der Ebene der Gesamtzufriedenheit, und am stabilsten auf der

Kriterienebene. Hintergrund dieses Phänomens könnte sein, dass vergangene Informationen mehr oder weniger intensiven Vergessensprozessen unterliegen. Daher werden vergangene Erfahrungen eher auf aggregiertem Niveau gespeichert, hier also vor allem auf der Gesamtzufriedenheitsebene, und auch auf der Ebene der Faktorzufriedenheiten (vgl. Kroeber-Riel/Weinberg, 1999, 231 f.; Siefke, 1998, 76). Es ist also zu vermuten, dass Überlappungseffekte ebenfalls auf hierarchisch höher angesiedelten Zufriedenheitsebenen in stärkerem Maße auftreten, d. h. also dass auf Kriterienebene Zufriedenheitsbewertungen jedes Jahr eher eigenständig gebildet werden. Dies gilt umso mehr, als dass auf hierarchisch untergeordneten Ebenen der Zufriedenheitsbildung ein stärkerer Bezug zu einer Einzeltransaktion innerhalb einer Beziehung vermutet wird (vgl. Bolton/Drew, 1991, 7). Vor diesem Hintergrund liegt es nahe, dass die zeitlichen Überlappungseffekte auf hierarchisch höheren Zufriedenheitsebenen stärker ausgeprägt sind.

Nach der Prospect Theorie (vgl. Kahnemann/Tversky, 1979) werden negative Erfahrungen stärker gewichtet als positive. Deshalb ist es naheliegend, dass auch von negativen Zufriedenheitsbewertungen stärkere Überlappungseffekte ausgehen als von positiven. Da diese Effekte aber vornehmlich auf den höheren Ebenen der Zufriedenheitsbildung auftreten, sind negative Bewertungen auf den hierarchisch höheren Ebenen der Zufriedenheitsbildung am stabilsten, positive Bewertungen hingegen auf der Kriterienebene. Um diese Aussagen zu stützen, sollen die Überlappungseffekte im Folgenden noch einer näheren Analyse unterzogen werden.

c) Untersuchung der zeitlichen Überlappungseffekte

Die genauere Analyse der zeitlichen Überlappungseffekte erfolgt hier mittels Regressionsanalyse (vgl. Backhaus u. a., 2003). Dabei vergleicht man einen statischen mit einem dynamischen Ansatz, der Zufriedenheitsbewertungen der Vorperiode berücksichtigt. Um die Überlappungseffekte auf Gesamtzufriedenheitsebene zu analysieren, wird eine Regressionsgleichung mit der Gesamtzufriedenheitsbewertung der aktuellen Periode t als abhängige und den Faktorzufriedenheitsbewertungen der aktuellen Periode t als unabhängige Variablen aufgestellt. Dynamische Aspekte werden durch die Aufnahme der Gesamtzufriedenheitsbewertung der Vorperiode t-1 integriert. Analog wird auf der Ebene der Faktorzufriedenheiten verfahren.

(1) $$\beta_0 + \beta_1 * x_{1t} + \beta_2 * x_{2t} + \ldots + \beta_i * x_{it} + \beta_{i+1} * f_{t-1} = f_t \text{ mit}$$

x_{jt} Zufriedenheit mit Faktor j/Kriterium j

f_t Beziehungszufriedenheit/Faktorzufriedenheit in der aktuellen Periode t

f_{t-1} Beziehungszufriedenheit/Faktorzufriedenheit in der Vorperiode t-1

Von Überlappungseffekten kann ausgegangen werden, wenn die Aufnahme der Vergangenheitsbewertungen zu einem höheren Erklärungsgrad der Regressionsgleichung, gemessen durch das Bestimmtheitsmaß r^2, führt. Da die Regressionsgleichungen des dynamischen Modells im Vergleich zu den statischen Modellen um einen Term erweitert werden, sollte das r^2 mindestens das gleiche Niveau erreichen wie bei den statischen Modellen. Ein weiterer wichtiger Indikator für das Ausmaß der Überlappungseffekte sind Höhe und Signifikanz der relevanten standardisierten ß-Koeffizienten $ß_{i+1}$. Tabelle 4 zeigt die Ergebnisse für die beiden Zweijahrespanel.

Tabelle 4

Ergebnisse für die dynamischen Modelle

		Statisch	Dynamisch	
		r^2	r^2	$ß_{i+1}$
1999-2000	Transportbezogene Merkmale	0,715	0,723	0,107[a]
	Betreuungsbezogene Merkmale	0,786	0,789	0,053
	Auftragsbearbeitung und Abrechnung	0,763	0,770	0,036[a]
	Gesamtzufriedenheit	0,682	0,700	0,154[b]
2000-2001	Transportbezogene Merkmale	0,789	0,797	0,107[a]
	Betreuungsbezogene Merkmale	0,769	0,783	0,134[b]
	Auftragsbearbeitung und Abrechnung	0,748	0,755	0,101[a]
	Gesamtzufriedenheit	0,698	0,721	0,178[b]

[a] $p < 0,01$, [b] $p < 0,001$

Die dynamischen Modelle haben einen jeweils höheren r^2–Wert als die statischen. Dabei fällt der Anstieg des r^2-Werts unterschiedlich aus und reicht von einem minimalen Anstieg von 0,4% für den Faktor „betreuungsbezogene Merkmale“ im 1999/2000-Panel bis zu einem stärkeren Anstieg von 3,3% auf der Ebene der Beziehungszufriedenheit im 2000/2001-Panel. Folglich ist die Zunahme des Erklärungsgehalts durch die Integration der Vorjahresbewertungen als eher moderat einzustufen. Nichtsdestotrotz sind die ß-Koeffizienten $ß_{i+1}$ der dynamischen Terme positiv und hochsignifikant, so dass insgesamt dynamische Effekte erkennbar sind.

Bezüglich der Stärke der dynamische Effekte auf den verschiedenen Ebenen der Zufriedenheitsbildung fällt auf, dass sowohl der Anstieg in r^2 als auch die relevanten ß-Koeffizienten $ß_{i+1}$ auf der Ebene der Gesamtzufriedenheit größer sind als auf der Ebene der Faktorzufriedenheit. Dies deutet wiederum darauf hin, dass das Ausmaß der Überlappungseffekte auf Gesamtzufriedenheitsebene größer ist als auf der Ebene der Faktorzufriedenheit. Mann-Whitney U-Tests bestätigen diese Unterschiede auf einem Signifikanzniveau von 5% (vgl. Janssen/Laatz, 2003, 497-500).

Ob auch die Bewertungen der Periode t-2 einen Einfluss auf die Zufriedenheitsbewertungen in t haben, kann anhand des Dreijahrespanels analysiert werden. Bei einer Integration der Zufriedenheitsbewertungen aus t-1 zeigt sich analog zu den Befunden in den Zweijahrespanel ebenfalls ein Anstieg der r^2-Werte, und die zu den dynamischen Termen gehörenden ß-Koeffizienten sind positiv und hochsignifikant. Eine Integration der Zufriedenheitsbewertungen der Periode t-2 erhöht allerdings die jeweiligen r^2-Werte kaum, einige ß-Koeffizienten der Zufriedenheitsbewertungen aus t-2 sind nicht signifikant und haben teilweise auch negative Vorzeichen. Diese unbefriedigenden Ergebnisse sind wahrscheinlich auf Multikollinearitätsprobleme, also Korrelationen zwischen den unabhängigen Variablen, zurückzuführen. Als Lösungen für Multikollinearitätsprobleme werden in der Literatur eine Elimination der betroffenen Variablen, die Anwendung eines anderen Schätzverfahrens und die Nutzung zusätzlicher Informationen, wie beispielsweise eine Vergrößerung der Stichprobe, vorgeschlagen (vgl. Backhaus u. a., 2003; Greene, 2003, 56-59; Shipchandler/Moore, 1988, 80). Eine Elimination der betroffenen Variablen kommt im vorliegenden Fall nicht in Frage, da gerade diese von Interesse für die Analyse sind. Auch der Anwendung anderer Schätzverfahren, wie etwa der Ridge Regression, wird in der Literatur häufig mit Skepsis begegnet (vgl. Greene, 2003, 58; Fickel, 2001, 65 f.; Hill/Adkins, 2001, 271 f.). Eine Vergrößerung der Stichprobe ist ebenfalls für die hier zugrunde gelegten Erhebungen nicht möglich. Vor diesem Hintergrund wird zu diesem Zeitpunkt von einer weiteren Analyse des Dreijahrespanels abgesehen. Nichtsdestotrotz deuten gerade diese Schätzprobleme darauf hin, dass auch zwischen den Bewertungen in t-2 und den aktuellen Zufriedenheitsbewertungen Zusammenhänge bestehen könnten, so dass der Analyse dieser Fragestellung in Zukunft verstärkte Aufmerksamkeit gewidmet werden wird.

Des weiteren ist es denkbar, dass dynamische Effekte nicht nur von Vorjahresbewertungen des betrachteten Konstrukts selbst, sondern auch von den Elementen des Konstrukts ausgehen. Für das gewählte Beispiel würde das bedeuten, dass die Faktorzufriedenheiten der Periode t von den Kriterienbewertungen in den Perioden t *und* t-1 beeinflusst werden, und analog dazu die Beziehungszufriedenheit der Periode t durch die Faktorzufriedenheiten der Perioden t *und* t-1. Allerdings wird vermutet, dass diese Effekte schwächer ausgeprägt sind als die bisher untersuchten Effekte, die von den Vorjahresbewertungen des betrachteten Konstrukts selbst ausgehen, da die Speicherung vergangener Erfahrungen eher auf globaleren Zufriedenheitsebenen geschieht (vgl. Kroeber-Riel/Weinberg, 1999, 231 f.).

Um dieser Frage nachzugehen, wurden in den Regressionsgleichungen anstelle der Bewertungen der aktuellen Periode t gewichtete Zufriedenheitsbewertungen verwendet, die sich aus den Zufriedenheitsbewertungen in t und in t-1 zusammensetzen (vgl. Backhaus/Bauer, 2002, 131; Bauer, 2000, 175-178). Dabei können eine Vielzahl unterschiedlicher Gewichtungen verwendet werden, die von einer minimalen zu einer stärkeren Berücksichtigung der Vorjahresbewertungen reichen. Ein Anstieg des r^2-Wertes der Regressionsgleichung würde darauf hindeuten, dass durch die Einbeziehung der Bewertungen in t-1 die Zufriedenheit in t besser erklärt werden kann. Abbildung 2 zeigt exemplarisch die Entwicklung des r^2 der Regressionsgleichungen für das zweiperiodige Panel 1999-2000 in Abhängigkeit von der Berücksichtigung der Vorjahresbewertungen.

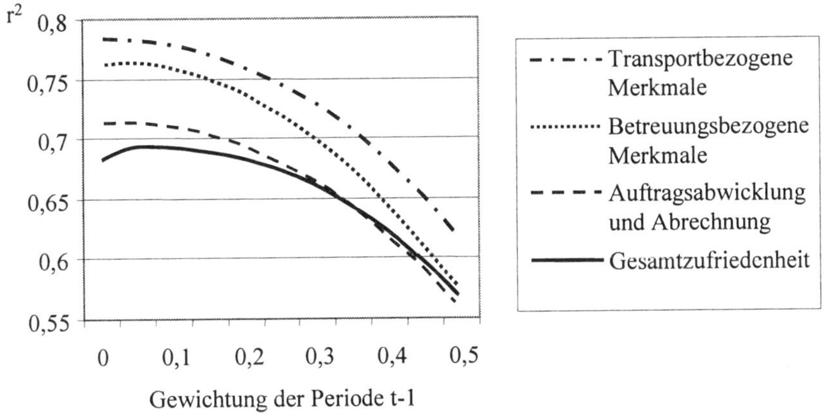

Abbildung 2: Entwicklung des r^2-Wertes in Abhängigkeit von der Gewichtung der Zufriedenheitsbewertungen aus t-1

Auf der Faktorebene verschlechtert sich bei Einbeziehung von Vorjahresbewertungen das Bestimmtheitsmaß r^2 bzw. zeigt nur eine marginale Verbesserung. Auf der Ebene der Gesamtzufriedenheit verbessert sich r^2 von einem anfänglichen Niveau von 0,682 auf 0,693 bei einer Gewichtung der Vorjahresbewertungen mit 7%. Dies bestätigt wiederum die Vermutung, dass die Überlappungseffekte auf Gesamtzufriedenheitsebene größer sind als auf der Ebene der Faktorzufriedenheiten. Allerdings fällt auf, dass die Verbesserung des r^2 durch die Einbeziehung der gewichteten Faktorbewertungen geringer ist als im vorherigen Modell (Gleichung 1). Bezogen auf das zweite Zweijahrespanel zeigte sich allerdings auf beiden Ebenen so gut wie keine Verbesserung des r^2-Wertes.

Zusammengefasst ist bei der Berücksichtigung gewichteter Zufriedenheitsbewertungen kein nennenswerter Einfluss der Kriterienbewertungen des Vorjahres t-1 auf die Faktorzufriedenheit in t feststellbar. Auch auf der Gesamtzufriedenheitsebene ist kein Einfluss feststellbar (Zweijahrespanel 2000-2001) bzw. ist der Einfluss der Faktorbewertungen aus t-1 auf die Gesamtzufriedenheit in t kleiner als der Einfluss der Gesamtzufriedenheitsbewertungen aus t-1 (Zweijahrespanel 1999-2000). Dies entspricht der Vermutung, dass die dynamischen Effekte, die von Vorjahresbewertungen des betrachteten Konstrukts ausgehen, größer sind als die dynamischen Effekte, die von den Vorjahresbewertungen der Elemente des Konstrukts ausgehen.

Vor diesem Hintergrund wird Gleichung 1 als Ausgangspunkt für eine Analyse der asymmetrischen Wirkung positiver bzw. negativer Vorjahresbewertungen auf die Zufriedenheit in t herangezogen. Zur Analyse dieser Zusammenhänge wird Gleichung 1 um einen Interaktionsterm, bestehend aus den Zufriedenheitsbewertungen in t-1, multipliziert mit einer Dummy-Variablen, ergänzt. Für die Analyse der asymmetrischen Wirkung negativer Effekte nimmt die Dummy-Variable die Ausprägung 1 an, wenn die Zufriedenheitsbewertung in t-1 unter dem Wert 4 liegt, und den Wert 0 bei Zufriedenheitsbewertungen größer oder gleich 4. Analog wird für positive Zufriedenheitsbewertungen verfahren.

$$ß_0 + ß_1 * x_{1t} + ß_2 * x_{2t} + \ldots + ß_i * x_{it} + ß_{i+1} * f_{t-1} + ß_{i+2} * f_{t-1} * d = f_t \qquad (2)$$

Eine Verbesserung des Bestimmtheitsmaßes r^2 im Vergleich zum in Gleichung 1 beschriebenen dynamischen Regressionsmodell und ein positives und signifikantes $ß_{i+2}$ würden darauf hindeuten, dass negative bzw. positive Vorjahresbewertungen im dynamischen Modell schwerer wiegen (vgl. Mittal/Katrichis/Kumar, 2001, 345; Slater/Narver, 1994, 50).

Tabelle 5

Ergebnisse für das dynamische Modell mit Interaktionstermen

		dynamisch (Gleichung 1)	dynamisch mit Interaktionstermen (Gleichung 2)			
			für $f_{t-1} < 4$		für $f_{t-1} > 4$	
		r^2	r^2	$ß_{i+2}$	r^2	$ß_{i+2}$
1999-2000	Transportbezogene Merkmale	0,723	0,728	0,102[c]	0,726	-0,118[b]
	Betreuungsbezogene Merkmale	0,789	0,789	-	0,789	-
	Auftragsbearbeitung und Abrechnung	0,770	0,772	0,064[b]	0,771	-
	Gesamtzufriedenheit	0,700	0,701	0,057[a]	0,700	-
2000-2001	Transportbezogene Merkmale	0,797	0,797	-	0,798	-0,056[c]
	Betreuungsbezogene Merkmale	0,783	0,783	-	0,783	-
	Auftragsbearbeitung und Abrechnung	0,755	0,757	0,060[a]	0,755	-
	Gesamtzufriedenheit	0,721	0,721	-	0,721	-

[a] $p < 0{,}250$; [b] $p < 0{,}150$; [c] $p < 0{,}050$

Tabelle 5 kann entnommen werden, dass das Bestimmtheitsmaß sich durch das Hinzufügen des Interaktionsterms nur marginal bzw. gar nicht verbessert. Auch erreicht die Mehrheit der ß-Koeffizienten nur ein unbefriedigendes Signifikanzniveau. Nichtsdestotrotz deuten die ß-Koeffizienten, die ein mehr oder weniger akzeptables Niveau erreichen, auf eine etwas stärkere Gewichtung negativer Vorjahresbewertungen im dynamischen Modell hin. Analog schlagen sich positive Bewertungen der Vorperiode weniger stark in Zufriedenheitsbewertungen der aktuellen Periode nieder. Diese Ergebnisse können jedoch nicht als eine Bestätigung der Vermutung gewertet werden. Eine weitere Verfolgung dieser Frage könnte für zukünftige Forschungsprojekte von Interesse sein.

IV. Zusammenfassung und Ausblick

Vor dem Hintergrund des starken Wettbewerbs im Bereich gewerblicher Verkehrsdienstleistungen wächst auch in dieser traditionell technisch orientierten Branche die Bedeutung der Markt- und Kundenorientierung. Ein wichtiger Gradmesser für die Marktorientierung eines Unternehmens ist die Zufriedenheit der Kunden. Kundenzufriedenheit kann dabei als Ergebnis eines Vergleichs aktueller Erfahrungen mit einem Vergleichsstandard, wie etwa Erwartungen, definiert werden. Gerade im Bereich gewerblicher Verkehrsdienstleistungen, in dem häufig langfristige Geschäftsbeziehungen vorherrschen, ist eine statische Betrachtung der Kundenzufriedenheit allerdings nicht ausreichend. Es ist zu vermuten, dass in einer langfristigen Geschäftsbeziehung aktuelle Transaktionen vor dem Hintergrund vergangener Erfahrungen bewertet werden, d. h. dass Zufriedenheitsbewertungen der Vergangenheit aktuelle Zufriedenheitsbewertungen beeinflussen. Inwieweit dies bei gewerblichen Verkehrsdienstleistungen der Fall sein könnte, stand im Mittelpunkt dieses Beitrags. Datengrundlage war eine dreijährige Panelbefragung von Kunden eines internationalen Logistikanbieters.

In einem ersten Schritt wurden die Bewertungsdifferenzen zwischen einzelnen Perioden analysiert. Die größten Bewertungsdifferenzen ergaben sich auf der Ebene der zufriedenheitsrelevanten Kriterien, am stabilsten waren die Bewertungen auf der Ebene der Gesamtzufriedenheit. Weiterhin konnten Anhaltspunkte dafür gefunden werden, dass negative Zufriedenheitsbewertungen der Vorperiode stärker auf die aktuelle Zufriedenheit wirken als positive. Die so gewonnenen ersten Hinweise auf einen Einfluss vergangener auf aktuelle Zufriedenheitsbewertungen wurden durch eine regressionsanalytische Betrachtung der Überlappungseffekte vertieft. Hier stellte sich heraus, dass die Überlappungseffekte auf der Ebene der Gesamtzufriedenheit am größten sind. Wiederum gab es Anhaltspunkte für eine asymmetrische Wirkung negativer bzw. positiver Zufriedenheitsbewertung aus der Vergangenheit auf aktuelle Zufriedenheitsbewertungen, ein abschließender empirischer Nachweis ließ sich allerdings nicht erbringen.

Insgesamt ist es naheliegend, dass die Zufriedenheit mit gewerblichen Verkehrsdienstleistungen durch die Zufriedenheit mit vorherigen Transaktionen mitgeprägt wird (vgl. hierzu auch die Studien von Bauer, 2000, und Siefke, 1998). Erklärt werden kann dies u. a. durch die Charakteristika des betrachteten

Marktes: Es handelt sich häufig um sehr langfristige Geschäftsbeziehungen, in denen die Kunden sich bereits ein fundiertes Urteil über ihre Zufriedenheit gebildet haben. Nichtsdestotrotz wäre es wünschenswert, wenn die bereits gewonnenen Erkenntnisse durch weitere empirische Studien gestützt werden würden. Untersucht werden könnte etwa, ob die Zufriedenheitsbildung noch von anderen Faktoren abhängt, wie etwa das Vorkommen außerordentlicher, „kritischer" Ereignisse (vgl. Backhaus/Bauer, 2000). Auch könnte die hier in Ansätzen aufgezeigte asymmetrische Wirkung positiver bzw. negativer Zufriedenheitsbewertungen einer genaueren Betrachtung unterzogen werden.

Ein Themenkreis, der insbesondere für die Unternehmenspraxis eine besondere Rolle spielt, ist die Frage, wie wichtig einzelne Leistungskomponenten für die Zufriedenheit der Kunden sind (vgl. Beutin, 2001, 115-117; Homburg/Werner, 1998, 89-97). Mit dieser Information ist es dann möglich, gezielt die Leistungskomponenten zu verbessern, die den größten Zufriedenheitszuwachs versprechen. Allerdings darf man auch bei dieser Fragestellung dynamische Effekte nicht vernachlässigen. Von Interesse wäre etwa die Beantwortung der Frage, wie groß die Bedeutung von Zufriedenheitsbewertungen der Vorperiode im Vergleich zu der aktuellen Bewertung der Leistungskomponenten ist, und ob eine dynamische Betrachtungsweise signifikant andere Ergebnisse bezüglich der Wichtigkeit einzelner Leistungskomponenten hervorbringt als eine statische.

Eine weitere Besonderheit des Marktes für Verkehrsdienstleistungen ist die schrittweise Deregulierung der Märkte, zuletzt im Bereich Schienengüterverkehr (vgl. Ewers/Ilgmann, 2001, 37 f.; Meffert/Perrey/Schneider, 2000, 3 f.; Backhaus et al., 1992, 35). Vor diesem Hintergrund wäre es interessant zu wissen, wie sich die Zufriedenheit der Kunden in einem sich liberalisierenden Markt bei aufkommendem Wettbewerb entwickelt. Erkenntnisse hierzu könnten aus einer anbieterübergreifenden Zufriedenheitsstudie gewonnen werden. Weitere dynamische Zufriedenheitsstudien könnten auch der Frage nachgehen, wie sich Konstrukte wie die Kundenbindung, die Wiederkaufintention und das beobachtete Wiederkaufverhalten im Zeitablauf entwickeln. Gerade in der Logistikbranche ist ein Anbieterwechsel häufig langfristiger Natur, so dass es wichtig wäre zu wissen, ab welchem Zufriedenheitsniveau ein Kunde als gefährdet angesehen werden kann. Diese Überlegungen zeigen wiederum, wie wichtig es gerade für Anbieter von Verkehrsdienstleistungen ist, sich verstärkt mit dem Konstrukt Kundenzufriedenheit auseinander zu setzen, die Entwicklung der Zufriedenheitsbewertungen im Zeitablauf zu analysieren und die Ergebnisse in das unternehmerische Steuerungssystem einzubinden.

Literaturverzeichnis

Anderson, Eugene W./*Fornell*, Claes/*Lehmann*, Donald R. (1994), Customer Satisfaction, Market Share, and Profitability: Findings from Sweden, in: Journal of Marketing, 58 (2), 53-66.

Anderson, Rolph E. (1973), Consumer Dissatisfaction: The Effects of Disconfirmed Expectancy on Perceived Product Performance, in: Journal of Marketing Research, 10 (1), 38-44.

Arbuckle, James L. (1999), Amos 4.0 Users Guide, Chicago: Small Waters Corporation.

Backhaus, Klaus (1997), Relationship Marketing – Ein neues Paradigma im Marketing? In: Bruhn, Manfred, Steffenhagen, Hartwig (Hrsg.), Marktorientierte Unternehmensführung: Reflexionen – Denkanstöße – Perspektiven, Wiesbaden: Gabler Verlag, 21-35.

– (2003), Industriegütermarketing, 7. Auflage, München: Vahlen.

Backhaus, Klaus u. a. (2003), Multivariate Analysemethoden, 10. Auflage, Berlin u. a.: Springer Verlag, im Druck.

Backhaus, Klaus/*Bauer*, Matthias (2000), The Impact of Critical Incidents on Customer Satisfaction in Business-to-Business Relationships, in: Journal of Business-to-Business Marketing, 8 (1), 25-54.

– (2002), Zufriedenheit in industriellen Geschäftsbeziehungen, in: Rese, Mario, Söllner, Albrecht, Utzig, B. Peter (Hrsg.), Relationship Marketing, Berlin u. a.: Springer Verlag 105-138.

Backhaus, Klaus/*Ewers*, Hans-Jürgen/*Büschken*, Joachim/*Fongers*, Matthias (1992), Marketingstrategien für den schienengebundenen Güterverkehr, Göttingen: Vandenhoek und Ruprecht.

Bauer, Matthias (2000), Kundenzufriedenheit in industriellen Geschäftsbeziehungen, Wiesbaden: Gabler Verlag.

Beutin, Nikolas (2001), Verfahren zur Messung der Kundenzufriedenheit im Überblick, in: Homburg, Christian (Hrsg.), Kundenzufriedenheit: Konzepte-Methoden-Erfahrungen, 4. Auflage, Wiesbaden: Gabler Verlag, 87-122.

Bitner, Mary Jo (1990), Evaluating Service Encounters: The Effects of Physical Surroundings and Employee Responses, in: Journal of Marketing, 54 (2), 69-82.

Bolton, Ruth N./*Drew*, James H. (1991), A Longitudinal Analysis of the Impact of Service Changes on Customer Attitudes, in: Journal of Marketing, 55 (1), 1-9.

– (1994), Linking Customer Satisfaction to Service Operations and Outcomes, in: Rust, Roland T., Oliver, Richard L. (Hrsg.), Service Quality: New Directions in Theory and Practice, Thousand Oaks u. a.: Sage, 173-200.

Boulding, William/*Ajay*, Kalra/*Staelin*, Richard/*Zeithaml*, Valarie A. (1993), A Dynamic Process Model of Service Quality: From Expectations to Behavioral Intentions, in: Journal of Marketing Research, 30 (1), 7-27.

Churchill, Gilbert A./*Surprenant*, Carol (1982), An Investigation into the Determinants of Customer Satisfaction, in: Journal of Marketing Research, 19 (4), 491-504.

Clow, Kenneth E./*Kurtz*, David L./*Ozment*, John (1998), A Longitudinal Study of the Stability of Consumer Expectations of Services, in: Journal of Business Research, 42 (1), 63-73.

Crosby, Lawrence A./*Stephens*, Nancy (1987), Effects of Relationship Marketing on Satisfaction, Retention, and Prices in the Life Insurance Industry, in: Journal of Marketing Research, 24 (4), 404-411.

Danaher, Peter J./*Mattson*, Jan (1994), Customer Satisfaction during the Service Delivery Process, in: European Journal of Marketing, 28 (5), 5-16.

Decker, Reinhold/*Wagner*, Ralf/*Temme*, Thorsten (1999), Fehlende Werte in der Marktforschung, in: Herrmann, Andreas, Homburg, Christian (Hrsg.), Marktforschung, Wiesbaden: Gabler Verlag, 79-98.

Dubé, Laurette/*Morgan*, Michael S. (1998), Capturing the Dynamics of In-process Consumption Emotions and Satisfaction in Extended Service Transactions, in: Journal of Research in Marketing, 15 (4), 309-320.

Erevelles, Sunil/*Leavitt*, Clark (1992), A Comparison of Current Models of Consumer Satisfaction/Dissatisfaction, in: Journal of Consumer Satisfaction, Dissatisfaction and Complaining Behavior, 5, 104-114.

Ewers, Hans-Jürgen/*Holzhey*, Michael (1998), Strategien der Akteure im Kombinierten Ladungsverkehr, in: Hartwig, Karl-Hans (Hrsg.), Kombinierter Verkehr, Göttingen: Vandenhoek und Ruprecht, 7-34.

Ewers, Hans-Jürgen/*Ilgmann*, Gottfried (2001), Zukunft des Schienengüterverkehrs. Gutachten im Auftrag der FDP-Bundestagsfraktion, Berlin und Hamburg.

Festinger, Leon (1957), A Theory of Cognitive Dissonance, Stanford: University Press.

Fickel, Norman (2001), Sequenzialregression, Berlin: Verlag für Wissenschaft und Forschung.

Greene, William H. (2003), Econometric Analysis, 5. Auflage, Upper Saddle River: Prentice Hall.

Hill, R. Carter/*Adkins*, Lee C. (2001), Collinearity, in: Baltagi, Badi H. (Hrsg.), A Companion to Theoretical Economics, Oxford: Blackwell, 256-278.

Homburg, Christian/*Baumgartner*, Hans (1998), Beurteilung von Kausalmodellen, in: Hildebrandt, Lutz, Homburg, Christian (Hrsg.), Die Kausalanalyse, Stuttgart: Schäffer-Poeschel-Verlag, 343-369.

Homburg, Christian/*Giering*, Annette/*Hentschel*, Friederike (2000), Der Zusammenhang zwischen Kundenzufriedenheit und Kundenbindung, in: Bruhn, Manfred, Homburg, Christian (Hrsg.), Handbuch Kundenbindungsmanagement, 3. Auflage, Wiesbaden, Gabler Verlag, 81-112.

Homburg, Christian/*Stock*, Ruth (2001), Theoretische Perspektiven zur Kundenzufriedenheit, in: Homburg, Christian (Hrsg.), Kundenzufriedenheit: Konzepte-Methoden-Erfahrungen, 4. Auflage, Wiesbaden: Gabler Verlag, 17-50.

Homburg, Christian/*Werner*, Harald (1998), Kundenorientierung mit System. Mit Customer Orientation Management zu profitablem Wachstum, Frankfurt u. a.: Campus Verlag.

Hovland, Carl I./*Harvey*, O. J./*Sherif*, Muzafer (1957), Assimilation and Contrast Effects in Reactions to Communication and Attitude Change, in: Journal of Abnormal and Social Psychology, 55 (7), 244-252.

Janssen, Jürgen/*Laatz*, Wilfried (2003), Statistische Datenanalyse mit SPSS für Windows, 4. Auflage, Berlin u. a.: Springer Verlag.

John, George/*Reve*, Torger (1982), The Reliability and Validity of Key Informant Data form Dyadic Relationships in Marketing Channels, in: Journal of Marketing Research, 19 (4), 517-524.

John, Joby (1992), Patient Satisfaction: The Impact of Past Experience, in: Journal of Health Care Marketing, 12 (3), 55-64.

Johnson, Michael D./*Anderson*, Eugene W./*Fornell*, Claes (1995), Rational and Adaptive Performance Expectations in a Customer Satisfaction Framework, in: Journal of Consumer Research, 21 (4), 695-707.

Johnston, Robert (1995), The Zone of Tolerance: Exploring the Relationship between Service Transactions and Satisfaction with the Overall Service, in: International Journal of Service Industry Management, 6 (2), 46-61.

Kahnemann, Daniel/*Tversky*, Amos (1979), Prospect Theory: An Analysis of Decision Under Risk, Econometrica, 47 (2), 263-291.

Kroeber-Riel, Werner/*Weinberg*, Peter (1999), Konsumentenverhalten, 7. Auflage, München: Verlag Vahlen.

Lingenfelder, Michael/*Lauer*, Alexander/*Groh*, Sabine (2000), Kundenzufriedenheit im Business-to-Business Marketing: Einflußfaktoren und Verlauf bei industriellen Engineering-Dienstleistungen, in: Bruhn, Manfred (Hrsg.), Dienstleistungsmanagement Jahrbuch 2000, Wiesbaden: Gabler Verlag, 159-195.

Meffert, Heribert/*Perrey*, Jesko/*Schneider*, Helmut (2000), Grundlagen marktorientierter Unternehmensführung im Verkehrsdienstleistungsbereich, in: Meffert, Heribert (Hrsg.), Verkehrsdienstleistungsmarketing, Wiesbaden: Gabler Verlag, 1-55.

Mittal, Vikas/*Katrichis*, Jerome M./*Kumar*, Pankay (2001), Attribute Performance and Customer Satisfaction over Time: Evidence from Two Field Studies, in: Journal of Services Marketing, 15 (5), 343-356.

Mittal, Vikas/*Kumar*, Pankay/*Tsiros*, Michael (1999), Attribute Performance, Satisfaction, and Behavioral Intentions Over Time: A Consumption System Approach, in: Journal of Marketing, 63 (2), 88-101.

Oliver, Richard L. (1980), A Cognitive Model of the Antecedents and Consequences of Satisfaction Decisions, in: Journal of Marketing Research, 17 (4), 460-469.

– (1997), Satisfaction: A Behavioral Perspective on the Consumer. New York: The McGraw-Hill Companies, Inc.

Oliver, Richard L./*DeSarbo*, Wayne S. (1988), Response Determinants in Satisfaction Judgements, in: Journal of Consumer Research, 14 (4), 495-507.

Parasuraman, Anantharanthan/*Zeithaml*, Valarie A./*Berry*, Leonard L. (1994), Reassessment of Expectations as a Comparison Standard in Measuring Service Quality: Implications for Future Research, in: Journal of Marketing, 58 (1), 111-124.

Patterson, Paul G./*Johnson*, Lester W./*Spreng*, Richard A. (1997), Modeling the Determinants of Customer Satisfaction for Business-to-Business Professional Services, in: Journal of the Academy of Marketing Sciences, 25 (1), 4-17.

Peterson, Robert A./*Wilson*, William R. (1992), Measuring Customer Satisfaction. Facts and Artifact, in: Journal of the Academy of Marketing Science, 20 (1), 61-71.

Rudolph, Bettina (1998), Kundenzufriedenheit im Industriegüterbereich, Wiesbaden: Gabler Verlag.

Ruyter, Ko de u. a. (1997), The Dynamics of the Service Delivery Process: A Value-based Approach, in: International Journal of Research in Marketing, 14 (3), 231-243.

Schütze, Roland (1994), Kundenzufriedenheit: After-Sales-Marketing auf industriellen Märkten, 1. Nachdruck, Wiesbaden, Gabler Verlag.

Sharma, Subhash/*Niedrich*, Ronald W./*Dobbins*, Greg (1999), A Framework for Monitoring Customer Satisfaction, in: Industrial Marketing Management, 28 (3), 231-243.

Shipchandler, Zoher E./*Moore*, James S. (1988), Examining the Effects of Regression Procedures on the Temporal Stability of Parameter Estimates in Marketing Models, in: Academy of Marketing Science, 16 (3/4), 79-87.

Siefke, Andreas (1998), Zufriedenheit mit Dienstleistungen, Frankfurt: Verlag Peter Lang.

Slater, Stanley F./*Narver*, John C. (1994), Does Competitive Environment Moderate the Market Orientation-Performance Relationship?, in: Journal of Marketing, 58 (1), 46-55.

Stauss, Bernd (1999), Kundenzufriedenheit, in: Marketing ZFP, 21 (1), 5-24.

Stauss, Bernd/*Seidel*, Wolfgang (2001), Prozessuale Zufriedenheitsermittlung und Zufriedenheitsdynamik bei Dienstleistungen, in: Homburg, Christian (Hrsg.), Kundenzufriedenheit: Konzepte – Methoden – Erfahrungen, 4. Auflage, Wiesbaden: Gabler Verlag.

Szymanski, D. M./*Henard*, D. H. (2001), Customer Satisfaction: A Meta-Analysis of the Empirical Evidence, in: Journal of the Academy of Marketing Science, 29 (1), 16-35.

Tse, David K./*Wilton*, Peter C. (1988), Models of Consumer Satisfaction Formation: An Extension, in: Journal of Marketing Research, 25 (2), 204-212.

Tversky, Amos/*Kahnemann*, Daniel (1991), Loss Aversion in Riskless Choice: A Reference-Dependent Model, The Quarterly Journal of Economics, 106 (4), 1039-1061.

Woodside, Arch G./*Frey*, Lisa L./*Daly*, Robert Timothy (1989), Linking Service Quality, Customer Satisfaction, and Behavioral Intention, in: Journal of Health Care Marketing, 9 (4), 5-17.

Yi, Youjae (1990), A Critical Review of Consumer Satisfaction, in: Zeithaml u. a. (Hrsg.), Review of Marketing (1), Chicago 1990, 68-123.

Europäische Airline Industrie im Trade Off zwischen Renditeverfall und nationalstaatlicher Überregulierung

Von *Karl-Hans Hartwig*, Münster

I. Vorbemerkung

Die Einschätzung, wonach eine Vielzahl der in der Erfahrungswirklichkeit vorfindbaren staatlichen Eingriffe letztlich die Wohlfahrt der Bürger nachhaltig beeinträchtigt, gehört mittlerweile zum common sense. Wesentlich dazu beigetragen hat *Hans-Jürgen Ewers*, dessen stetes Bemühen der normativen und positiven Analyse von Wirtschaftspolitik im Allgemeinen und der Verkehrspolitik im Besonderen galt. Seine ökonomisch fundierten Empfehlungen zur Deregulierung, Privatisierung und wettbewerbsorientierten Regulierung galten vor allem dem Schienenverkehr und der Verkehrsinfrastruktur. Die ihm gewidmeten nachfolgenden Ausführungen erweitern diese Überlegungen auf den Zusammenhang zwischen der wirtschaftlich desolaten Lage vieler europäischer Airlines und dem noch immer weit verbreiteten Prinzip des staatlichen Flag Carriers.

II. Terrorattacken und andere Krisen der Weltluftfahrt

Im Bewusstsein einer breiten Öffentlichkeit haben die Ereignisse des 11. September 2001 die Luftfahrt weltweit in eine schwere Krise gestürzt. Zeitweise Flugverbote, ein massiver Anstieg der Versicherungsprämien und ein radikaler Nachfrageeinbruch als unmittelbare und mittelbare Folgen der Terrorattacken führten zu so starken Einbußen, dass die Airlines im Jahr 2001 Verluste nach Zinsen, Steuern und Subventionen in Höhe von 12 Mrd. US-Dollar einflogen. Davon entfielen allein etwa 7,7 Mrd. Dollar auf die US-Airlines und 3 Mrd. Dollar auf die Mitglieder der Association of European Airlines (AEA). Selbst massive staatliche Unterstützungen wie direkte Finanzhilfen und Kreditgarantien – allein in Höhe von 15 Mrd. US-Dollar in den USA – oder die Übernahme staatlicher Haftungsgarantien konnten nicht verhindern, dass selbst traditionelle Gesellschaften wie Ansett, Canada 3000, Swissair und Sabena kollabierten oder US Airways Gläubigerschutz nach Kapitel 11 des US-Konkursrechtes beantragen musste und United Airlines die Beantragung ankündigte. Zwischenzeitlich hatte sich die Situation zwar etwas gebessert, die aktuelle Entwicklung und insbesondere die labile Lage in der Golf-Region lassen jedoch für viele Fluggesellschaften auch für die nähere Zukunft weiterhin erhebliche Schwierigkeiten erwarten.[1]

Bei genauerem Hinsehen zeigt sich allerdings ein etwas differenzierteres Bild. Danach hat der 11. September die Krise nicht verursacht, sondern – wenn auch dramatisch – verstärkt. So unterliegt der Luftverkehr traditionell konjunkturbedingten starken zyklischen Schwankungen, die in Rezessionsphasen zu Nachfrageeinbrüchen mit entsprechenden Gewinnkompressionen oder Verlusten führen. Bereits im Jahr 2000 kam es daher zu einer deutlichen Wachstumsverringerung und dann in der ersten Jahreshälfte 2001 zu einem absoluten Rückgang des Verkehrsaufkommens. Traditionell wirkt sich dies zunächst auf die internationale Frachtbeförderung aus, die abgesehen von den Monaten Februar und März im Jahr 2001 durchgängig rückläufig war. Der Passagierverkehr folgte im Sommer, wobei der inneramerikanische Markt bereits im Februar reagierte, als fast zeitgleich auch die europäischen Airlines auf ihren nordatlantischen und ostasiatischen Routen ein schrumpfendes Passagieraufkommen hinnehmen mußten.

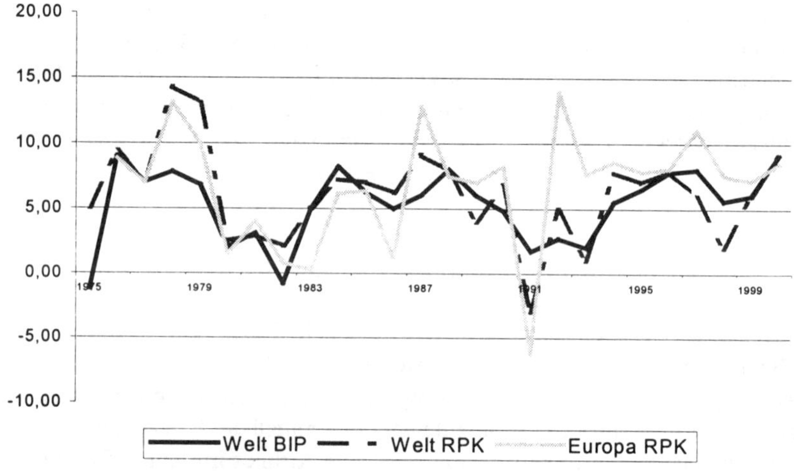

Quelle: Doganis (2002); AEA (2002). RPK: Revenue – Passenger - KM

Abbildung 1: Weltkonjunktur und Luftverkehr

[1] Zu den statistischen Angaben vgl. u.a. AEA (2002), IATA (2002), ICAO (2002).

Die starke Konjunkturreagibilität führt allerdings nicht automatisch dazu, dass die Verluste im Weltluftverkehr automatisch mit dem Abklingen der Rezessionen verschwinden. So zogen mit der Verbesserung der Weltkonjunktur 1991 auch die Wachstumsraten im Luftverkehr wieder deutlich an. Die Verluste der Airlines erreichten jedoch 1992 ihr bis dahin höchstes Niveau und lagen auch im Folgejahr noch bei nahezu 5 Mrd. US-Dollar. Die europäischen Gesellschaften erzielten sogar noch 1994 Verluste in Höhe von fast 500 Mio. Dollar, obwohl ihre Zuwachsraten im Passagierverkehr bereits 1992 bei gut 14 % lagen.

Auffallend ist weiterhin eine Entwicklung, die angesichts der wirtschaftlichen Dynamik des Luftverkehrs geradezu paradox anmutet. So gehört er hinsichtlich seiner Aufkommensentwicklung zwar zu den besonders stark expandierenden Branchen der letzten 50 Jahre. Sein finanzieller Erfolg ist jedoch im Branchenvergleich eher bescheiden. So erreichten die für mehr als 95% des Weltluftverkehrs verantwortlichen Mitglieder der International Civil Aviation Organisation (ICAO) im langfristigen Durchschnitt eine Umsatzrendite von etwa 2% (Doganis, 2002, 6f.).

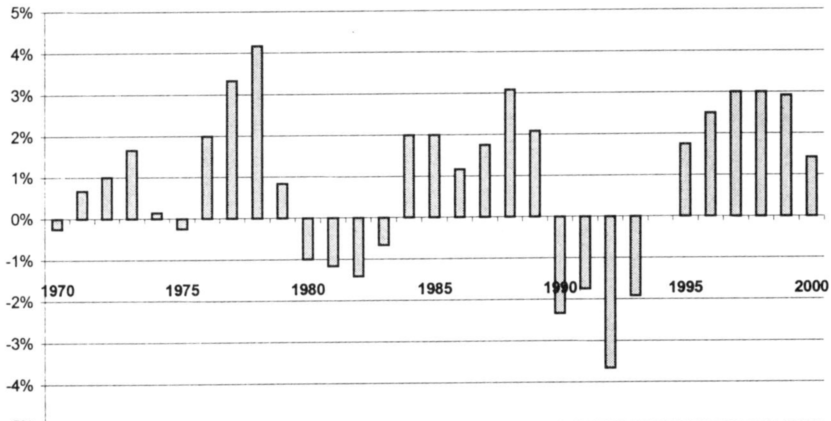

Quelle: Doganis (2002).

Abbildung 2: Umsatzrenditen im Weltluftverkehr

Bei all dem ist zu berücksichtigen, dass die Branchendurchschnitte deutliche Unterschiede innerhalb der Airline-Industrie, d.h. zwischen den Fluggesellschaften der großen Regionen Nordamerika, Europa und Australasien sowie innerhalb der Regionen überdecken. So konnten einzelne Fluggesellschaften sowohl im langfristigen Verlauf als auch gegenwärtig selbst in einem schwierigen wirtschaftlichen Umfeld beachtliche Gewinne erwirtschaften wie umgekehrt nicht wenige Fluggesellschaften in Phasen weltweiter Branchengewinne deutliche Verluste einflogen.

III. Effizienznachteile und Überkapazitäten der europäischen Airline-Industrie

Im Vergleich mit ihren Konkurrenten aus Übersee und Asien scheinen sich die wirtschaftlichen Probleme bei den europäischen Airlines noch zu potenzieren. Bereits Studien aus den 80er Jahren diagnostizieren für sie deutlich geringere Renditen als für ihre US-amerikanischen und asiatischen bzw. australischen Konkurrenten und das, obwohl sie auf den heimischen Märkten noch kaum einem ernsthaften Wettbewerb ausgesetzt waren. 10 Jahre nach Beginn der Liberalisierung des europäischen Luftverkehrs lagen ihre Renditen nach Angaben der EU-Kommission mit durchschnittlich 1,4% noch immer deutlich unter den Renditen US-amerikanischer Fluggesellschaften (3,8%) und asiatischer Carrier (2,4%). Dies ist um so bemerkenswerter, als noch immer nahezu 60% der innereuropäischen und nationalen Strecken als Monopole betrieben wurden und ca. 50% des Passagieraufkommens auf den deutlich profitableren Charterverkehr entfielen, an dem die europäischen Linienunternehmen immerhin zu etwa 50% beteiligt sind.

Ihre ausgeprägten wirtschaftlichen Schwächen machen dann auch die europäischen Carrier besonders anfällig für die aktuelle konjunkturelle Entwicklung. So erreichten die 29 in der AEA zusammengeschlossenen europäischen Linienverkehrsunternehmen bereits 1999 mit etwa 800 Mio. US-Dollar die Verlustzone und konnten im Folgejahr nur noch 11 von ihnen ihre Ausgaben auf den internationalen Strecken decken, während die Airlines weltweit im Jahr 1999 noch gut 12 Mrd. US-Dollar und 2000 noch knapp 11 Mrd. US-Dollar an Gewinnen einflogen.[2]

Auch das wirtschaftliche Gefälle innerhalb der europäischen Airlines ist besonders stark ausgeprägt. Unter ihnen befinden sich Gesellschaften, die sowohl in den letzten Jahren als auch längerfristig eine relativ gute Performance aufweisen und sich in einem wirtschaftlich schwierigen Umfeld recht gut behaupten konnten. Anderen Fluggesellschaften gelang es dagegen nur selten überhaupt je die Gewinnzone zu erreichen (Abb. 3).

Bereits der Vergleich der wirtschaftlichen Situation der europäischen Airlines mit ihren außereuropäischen Konkurrenten wie auch zwischen den europäischen Carriern macht deutlich, dass das immer wieder bemühte Argument, die Liberalisierung des Luftverkehrs sei für diese Entwicklung verantwortlich, nicht tragfähig ist. Dagegen spricht auch, dass zwar der Wettbewerbsdruck auf vielen Strecken seit Beginn der Liberalisierung zu einem starken Rückgang der Flugpreise geführt hat, gleichzeitig aber durch Effizienzverbesserungen die Durchschnittskosten pro Sitzplatzkilometer ebenfalls deutlich gesunken sind und ein

---

[2] Vgl. zu den Angaben: AEA (2001); IATA (2002), 5ff.

deutliches Auseinanderklaffen zuungunsten der Durchschnittserlöse erst seit dem Ende der 90er Jahre zu beobachten ist (Morrison/Winston, 2000; IATA, 2002, 12.). Schließlich existieren neben dem Luftverkehr eine Vielzahl von anderen Branchen, die von der Deregulierung wirtschaftlich sogar profitiert haben.

Die Entwicklung der Gewinne und Verluste der europäischen Airlines spricht denn auch eher dafür, dass viele von ihnen schon lange vor der Liberalisierung mit massiven wirtschaftlichen Problemen konfrontiert waren. Wie in anderen Bereichen – so etwa bei der Einführung von Markt und Wettbewerb in den sozialistischen Planwirtschaften – hat die Liberalisierung dazu geführt, dass die durch Regulierung und staatliche Monopole über Jahrzehnte hinweg entstandenen und systematisch verfestigten Effizienzmängel – oder auch X-Ineffizienzen[3] – vieler traditioneller Anbieter sehr schnell und deutlich zutage traten. Solche X-Ineffizienzen entstehen, wenn es den Unternehmen nicht gelingt, ihren Output zu Kosten zu produzieren, die unter Wettbewerbsbedingungen ihre langfristige Überlebensfähigkeit sichern.

Ausgeprägte X-Ineffizienzen der europäischen Carrier wurden bereits in den ersten systematischen Untersuchungen über die Kostenstrukturen von Airlines für die 80er und frühen 90er Jahre nachgewiesen, als der europäische Luftverkehrsmarkt noch stark reguliert war. Danach betrugen die Kostennachteile gegenüber den amerikanischen, vor allem aber den australasiatischen Konkurrenten bis zu 40% und die kombinierten Produktivitäts- und Kostennachteile bis zu 20%.[4] Relativ gut schnitten lediglich Lufthansa und KLM ab, relativ schlecht SAS und Iberia. Deutlich geringere Produktivitäten und höhere Durchschnittskosten diagnostizierte auch die EU-Kommission für die europäischen Fluggesellschaften bei einem Vergleich mit US-amerikansichen Carriern noch 10 Jahre nach Beginn der Liberalisierung des Luftverkehrs in Europa (vgl. EU-Kommission, 1999, 10 ff.).

X-Ineffizienzen beruhen wesentlich auf überteuerten Inputfaktoren und Überkapazitäten. Letzteres wird deutlich, wenn man den Schattenpreis des eingesetzten Kapitals – also hier der Flotten und Hangars – mit seinen Opportunitätskosten vergleicht. Bezeichnen TK die totalen Kosten, VK die variablen Kosten, Y den Output, W einen Preisvektor für die variablen Inputfaktoren, C den Kapitalstock und r den Nutzungspreis des Kapitals (Zinssatz, Leasingrate), mit

$$TK = VK(Y, W; C) + rC,$$

dann wird der optimale Kapitalstock durch die Bedingung:

$$dVK/dC = -r$$

ausgedrückt. D.h. der Kapitaleinsatz ist optimiert, wenn der Schattenpreis des

---

[3] Vgl. zum Begriff der X-Ineffizienz *Leibenstein,* (1966).

[4] Vgl. *Windle* (1991), 163 ff.; *Oum/Yu* (1995 und 1998); *Good/Röller/Sickles* (1993).

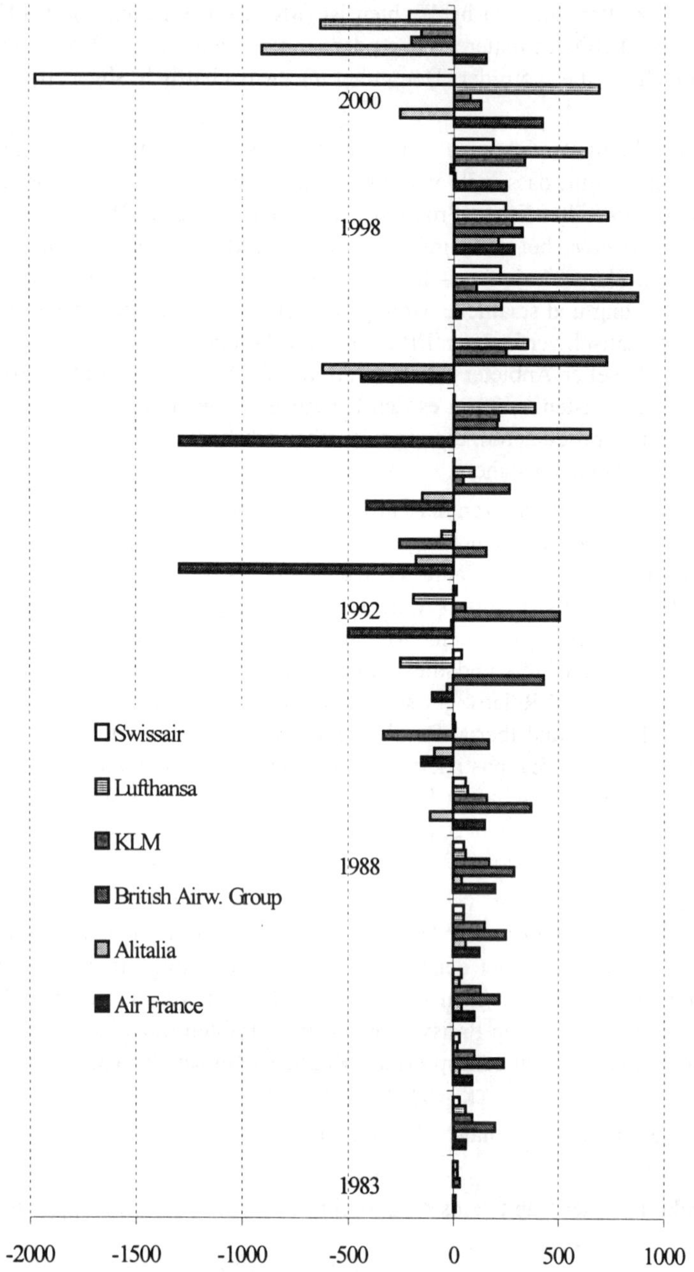

Quelle: Ehmer / Berster (2002), AEA (2002)

Abbildung 3a: Gewinne und Verluste europäischer Airlines – Bilanz Netto

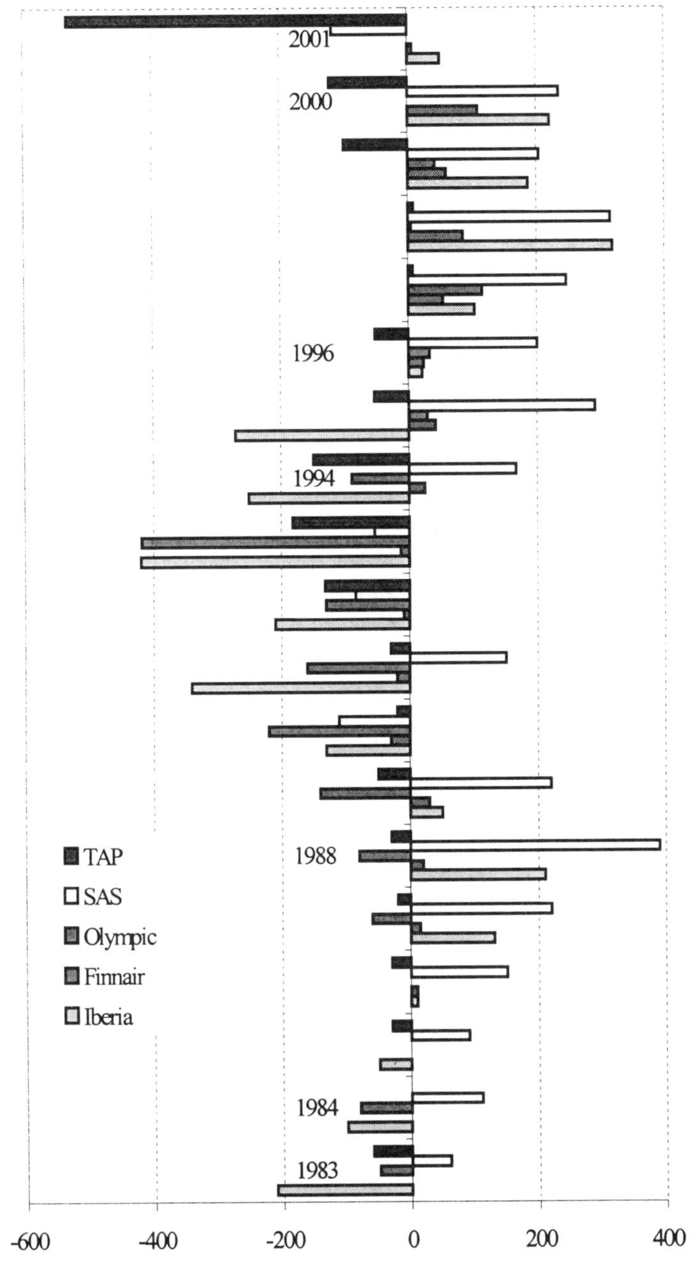

Quelle: Ehmer/Berster (2002), AEA (2002)

Abbildung 3b: Gewinne und Verluste europäischer Airlines – Bilanz Netto

Kapitals seinen Opportunitätskosten entspricht. Die Kosten, die durch eine zusätzliche Einheit an Kapital entstehen, sind dann genau so hoch wie die mit dem vermehrten Kapitaleinsatz verbundene Einsparung an variablen Kosten. Sind die Kostenersparnisse höher als die Opportunitätskosten, ist das Unternehmen unterkapitalisiert, im umgekehrten Falle bestehen Überkapazitäten.

Nahezu alle empirischen Schätzungen von Kostenfunktionen im Luftverkehr zeigen nun weltweit, dass der Schattenpreis des Kapitals nicht nur geringer ist als seine Opportunitätskosten, sondern – noch weitaus problematischer – die gemessenen Koeffizienten für den Kapitaleinsatz auf regulierten Märkten sogar positive Vorzeichen aufweisen. Danach führt eine Erweiterung der Kapazitäten zu einem Anstieg der variablen Kosten. Dieser auf massive Überkapazitäten hinweisende Effekt ist bei staatlichen Airlines wesentlich stärker ausgeprägt als bei privaten Fluggesellschaften und bei den europäischen Airlines größer als bei US-amerikanischen Gesellschaften.[5]

Nun gibt es allerdings für Airlines durchaus gute Gründe, Kapazitätsüberschüsse vorzuhalten, also ihre Flugzeuge nicht vollständig auszulasten, sondern mit Ladefaktoren zu operieren, die deutlich unter 100% liegen: Für kurzfristig buchende und weitgehend preisunelastische Geschäftsreisende werden freie Kapazitäten vorgehalten, die Möglichkeit für Kapazitätsanpassungen an kurzfristige Nachfrageschwankungen sind begrenzt, Märkte mit Nachfragepotenzialen erfordern Präsenz, bei den Passagierströmen bestehen richtungsgebundene Ungleichheiten, Flüge mit mehreren Zwischenlandungen weisen eine unterschiedliche Nachfrageverteilung auf, potenziellen Newcomern gegenüber lassen sich hohe Kapazitäten als glaubwürdige Drohung für Preiskämpfe bei einem Markteintritt einsetzen.[6] Zudem wird die Rentabilität der eingesetzten Flotte wesentlich durch den Tarif-Mix bestimmt. Entscheidend ist es daher, den Break-Even-Ladefaktor zu erreichen, also jenen Bereich, ab dem die aus Durchschnittstarif und Ladefaktor resultierenden Durchschnittserlöse die Durchschnittskosten übersteigen. Der Break-Even-Ladefaktor ist jedoch für jede Strecke und jeden eingesetzten Flugzeugtyp unterschiedlich.

Einen Indikator, der diese Zusammenhänge eher berücksichtigt, bildet Tobins q, der in der modernen Finanzmarktanalyse breite Verwendung findet.[7]

---

[5] *Caves/Christensen/Tretheway* (1990); *Windle* (1991); *Oum/Yu* (1996).

[6] Vgl. *Pompl* (2001), 370 f.; *Röller/Sickles* (1997); *Baltagi/Griffin/Vadali* (1998).

[7] Tobin hat diesen Koeffizienten 1969 zur Analyse des Investitionsverhaltens im Rahmen der Transmission monetärer Impulse entwickelt (*Tobin*, 1969). Mittlerweile hat er in der Finanzmarktanalyse und in der strategischen Managementforschung eine weite Verbreitung gefunden. Um die volks- und betriebswirtschaftliche Interpretation zu unterscheiden wird volkswirtschaftlich die Großschreibweise verwendet (Q) und betriebswirtschaftlich die Kleinschreibweise (q). Vgl. u.a. *Lewellen/Badrinath* (1997); *Ehrmann* (2001), 96 ff.

In der einfachen Form setzt Tobins q als Koeffizient den Marktwert (MW) des Eigenkapitals eines Unternehmens ins Verhältnis zum Buchwert des Eigenkapitals (BW). Ersetzt man den Buchwert des Eigenkapitals durch die Reproduktionskosten der Aktiva, d.h. hier den Wiederbeschaffungswert der Flotte (RK), ermittelt also

$$q = MW/RK,$$

dann drückt Tobins q das Verhältnis der im Marktwert zum Ausdruck kommenden erwarteten zukünftigen Zahlungen an die Airline zu ihren bisher entstandenen Ressourcenaufwendungen aus. Liegt q unterhalb von 1, dann reichen die zukünftigen Zahlungen nach Diskontierung mit den Opportunitätskosten nicht aus, um die eingesetzten Ressourcen zu erwirtschaften. Das Unternehmen ist überkapitalisiert und vernichtet für seine Kapitalgeber Wert. Bei einem q von 1 verdient das Unternehmen mit seinen Investitionen eine Rendite, die genau den Finanzierungskosten des Equipments entspricht. Für die Kapitalgeber werden weder Werte geschaffen noch vernichtet. Ein q von größer 1 zeigt, dass das Unternehmen mit seinen Kapazitäten Renditen erwirtschaftet, die oberhalb der Opportunitätskosten liegen.

In der Verkehrswissenschaft wurde Tobins q erstmals für die US-Güterbahnen in den Jahren von 1981 bis 1990 ermittelt. (Vgl. Friedlaender/Berndt/McCollugh, 1992). Für den Luftverkehr liegt mittlerweile eine erste Studie vor (Li/Oum/Zhang, 2001). Darin geht es zwar um die generelle Performance der Airlines, weshalb bei der Berechnung anstelle des Wiederbeschaffungswertes der Flugzuge und Hangars der Buchwert aller Aktiva berücksichtigt wird, die Ergebnisse lassen sich allerdings durchaus auch als Indikator für das Vorliegen von Überkapazitäten verwenden.

Tabelle 1

Tobins q in der Luftfahrtindustrie

Carrier	1989	1990	1995	1998	1999
Australasien	1,20	1,03	1,01	0,75	0,98
Nordamerika	0,67	0,61	0,83	0,86	0,82
Europa	0,66	0,58	0,60	0,65	0,65
- Air France	n.a.	0,57	0,58	0,61	n.a.
- Austrian Airlines	0,69	0,53	0,32	0,70	0,56
- British Airways	0,77	0,80	0,99	0,88	0,81
- Finnair	0,57	0,58	0,65	0,50	0,46
- KLM	0,60	0,59	0,73	0,62	0,56
- Lufthansa	0,63	0,46	0,49	0,62	0,91
- Swissair	0,70	0,49	0,43	0,64	0,57

Von den 27 untersuchten Fluggesellschaften erreichten zwischen 1989 und 1999 die asiatisch-pazifischen Carrier einen Durchschnittswert von 0,98, die nordamerikanischen Airlines von 0,79 und die europäischen Airlines von 0,62. Southwest Airlines erzielte mit 1,47 den höchsten Durchschnittswert, erreichte allerdings erst ab 1991 Werte von über 1. Unter den europäischen Airlines liegt British Airways mit einem Tobins q von 0,91 im gesamten Betrachtungszeitraum an der Spitze, gefolgt von KLM. Die niedrigsten Werte verbuchen Austrian Airlines mit 0,48 und Finnair mit 0,57. Lufthansa konnte nach unterdurchschnittlichen Werten ab 1997 einen deutlichen Anstieg verzeichnen und 1999 die vorläufige Führungsposition einnehmen.

Da diese Betrachtung nur sieben europäische Airlines erfasst, von denen die Mehrzahl zudem zu jener Gruppe gehört, die im langfristigen Zeitraum Gewinne erwirtschaften konnte, ist zu vermuten, dass die Ergebnisse für andere europäische Carrier noch deutlich geringer ausfallen dürften.

IV. Airlinespezifische Kostenstrukturen und das Elend der staatlichen Flag Carrier

Hohe Kosten und Überkapazitäten sind eigentlich primär ein Problem des betroffenen Unternehmens. Im Luftverkehr beeinträchtigen sie nachhaltig jedoch auch jene Anbieter, die eigentlich effizient und daher gewinnbringend wirtschaften könnten. Begründet ist dies in der spezifischen Markt-, Leistungs- und Kostenstruktur der Airlines, verschärft durch die Tatsache, dass Anbieter am Markt verbleiben, die dort unter wirtschaftlichen Gesichtspunkten nicht hingehören. Der Markt ist vielfach oligopolistisch strukturiert, die Leistung der einzelnen Anbieter sehr ähnlich. Die Kostenstruktur ist durch einen hohen Fixkostenanteil und ausgesprochen geringe kurzfristige Grenzkosten geprägt, denn ein zusätzlicher Passagier verursacht auf einem Flug mit freien Sitzplätzen lediglich Kosten für eine zusätzliche Mahlzeit, Flughafengebühren und Gebühren für die Bodenabfertigung sowie für den Treibstoff für zusätzliches Fluggewicht. Gleiches gilt für die Luftfracht.[8] Das bedeutet, dass bei gegebenem Streckennetz die Durchschnittskosten mit steigendem Passagieraufkommen fallen, die sehr geringen Grenzkosten weit unterhalb der Durchschnittskosten liegen und die Angebotskurve bei der kurzfristigen Preisuntergrenze (Preis = Grenzkosten = variable Durchschnittskosten) beginnt und ab der Kapazitätsgrenze vollkommen preisunelastisch verläuft.

---

[8] Vgl. u.a. *Caves* (1984), *Windle* (1991), *Stoetzer* (1991), *Borenstein/Rose* (1994), *Button* (1996), *Doganis* (2002).

Bereits geringe Überkapazitäten führen unter diesen Bedingungen dann dazu, dass die Anbieter in einen Preiswettbewerb treten, um ihre Kapazitäten besser auszulasten und gleichzeitig über fallende Durchschnittskosten Dichtevorteile zu realisieren. Die Preisreaktionen erfolgen dabei ausgesprochen schnell, weil die globalen Computerreservierungssysteme (GDS) für unmittelbare Preistransparenz unter den Anbietern sorgen. Im Ergebnis fallen die Preise auf das Niveau der kurzfristigen Grenzkosten, die zu niedrig sind, um auch nur annähernd die Durchschnittskosten zu decken. Verstärkt wird dieser Effekt noch, wenn die Anbieter versuchen, ihre Durchschnittskosten dadurch zu verringern, dass sie größeres Fluggerät einsetzen, weil hiermit bekanntlicherweise Größenvorteile verbunden sind, wenn eine entsprechende Auslastung gegeben ist. Der Preisverfall wird noch stärker, die Verluste werden noch höher. Da von diesen Prozessen durchgängig alle Tarifklassen – Economy, Business und First – betroffen sind, können sie auch nicht durch yield management unterbunden werden.

Um dauerhafte Verluste für die Branche zu vermeiden, müssen Kapazitäten von jenen Anbietern aus dem Markt genommen werden, welche die geringste Effizienz aufweisen. Genau das geschieht aber nicht in genügendem Umfang, vor allem in Europa. Zwar werden bei starken Nachfrageeinbrüchen häufig Kapazitäten temporär stillgelegt, wie in der aktuellen Krise. Auch ist es im Zuge der Liberalisierung zu einer Vielzahl von Markteintritten und Marktaustritten gekommen, in deren Folge selbst etablierte Fluggesellschaften auf der Strecke blieben, wie British Airline Europe, Midways und TEA 1991 oder aktuell Swissair und Sabena.[9] Gerade Carrier, die seit vielen Jahren nahezu ausschließlich Verluste einfliegen, gehörten jedoch häufig nicht nur nicht dazu, sondern nahmen trotz ihrer wirtschaftlich desolaten Lage sogar Kapazitätserweiterungen vor. Um dann einen Cash Flow zu erzielen, der ausreicht, damit die täglichen Zahlungsverpflichtungen erfüllt werden können, waren sie sogar zu besonders starken Preissenkungen bereit, womit sie wiederum die effizienteren Airlines unter Druck setzten.

Ein ausgeprägter Preiswettbewerb und ein Marktaustritt von Anbietern „in der falschen Reihenfolge" wird meist mit ruinöser Konkurrenz identifiziert, der man mit Hilfe staatlicher Wettbewerbsbeschränkungen in Form von Mindestpreisen und Kapazitätskontrollen begegnen müsse. Im vorliegenden Falle ist jedoch der Staat nicht Therapeut, sondern eigentlicher Verursacher des Problems. Der Grund dafür, dass es trotz umfangreicher Liberalisierung bislang nämlich nicht zu einer effizienten Marktbereinigung gekommen ist, liegt in Regulierungsmaßnahmen begründet, die X-Ineffizienzen und Überkapazitäten geradezu provozieren, unter Wettbewerbsbedingungen zu dauerhaften Verlusten führen

---

[9] Von den 1992 neu auf europäischen Markt hinzugetretenen 142 Anbietern sind bis 1998 46 wieder ausgeschieden bzw. absorbiert worden. Vgl. Europäische Kommission (1999); *Doganis* (2001).

und schließlich erhebliche Wettbewerbsverzerrungen zu Lasten wirtschaftlich erfolgreicher Anbieter bewirken. Es ist dies vor allem die Regulierungsform des nationalen Flag Carriers, der als staatliche oder überwiegend staatliche Linienfluggesellschaft sowohl im Inland, insbesondere aber im grenzüberschreitenden Verkehr gegenüber heimischen und ausländischen Konkurrenten protektioniert wird und sich in Europa auch zwanzig Jahre nach dem Zerfall des Sozialismus noch großer Beliebtheit erfreut. Daneben gibt es offene und verdeckte Hilfen in Form von Subventionen, Bürgschaften oder Vergünstigungen bei den Flughafengebühren, verbilligtem Treibstoff aus staatlichen Raffinerien und anderes mehr für heimische Carrier (Vgl. Weber, 1981); Pompl, 2002).

Die Gründe für diese Maßnahmen reichen bis in die 30er Jahre zurück.[10] In dieser Zeit kam in den Staaten Europas der Eindruck auf, dass der im Entstehen begriffene Luftverkehr neben seiner strategisch-militärischen Bedeutung auch für das Nationalprestige und die wirtschaftliche Entwicklung eine zunehmende Rolle spielen könne, weshalb es erforderlich sei, eine von kurzfristigen finanziellen Schwankungen freie und stabile Airline zu unterhalten. So entstanden die nationalen Flag Carrier, die auf den heimischen Märkten als Monopole und auf internationalen Strecken im Rahmen von bilateralen Luftverkehrsabkommen als bevorzugte Beförderungsunternehmen (designierte Carrier) agierten und durch staatlich regulierte Tarifen sowie eine genaue Aufteilung der einzusetzenden Kapazitäten auf die Flag Carrier der beiden Vertragsstaaten keinem Wettbewerb ausgesetzt waren.

Befand sich zunächst noch ein Teil dieser Flag Carrier in privatem Besitz, erfolgte nach dem II. Weltkrieg in Europa die nahezu vollständige Verstaatlichung des Luftverkehrs und die Gründung neuer Staatsunternehmen, wie 1946 in Frankreich mit der Societe Nationale Air France und in Großbritannien mit gleich drei Unternehmen, nämlich British European Airways (BEA), British Overseas Airways Corporation (BOAC) und British South American Airways (BSAA). Dieser Vorgehensweise folgten weltweit dann auch die in ihre Unabhängigkeit entlassenen jungen Staaten in Afrika, dem Mittleren Osten und Asien sowie jene europäischen Staaten, deren noch verbliebene private Flag Carrier in massive finanzielle und organisatorische Schwierigkeiten gerieten. 1975 etwa übernahm der griechische Staat den privaten Monopolisten Olympic Airways und noch im Jahr 1990 die staatliche Air France die Aktienmehrheit der zweitgrößten französischen Airline, des Afrika- und Asien-Carriers UTA.

Die staatlichen Airlines waren von Beginn an durch erhebliche Effizienzprobleme gekennzeichnet, die selbst in den langen Jahren der Regulierung durch Monopolrechte, staatlich festgesetzte Tarife, internationale Kartellabsprachen und bilaterale Kapazitätsregelungen nur begrenzt verdeckt werden

[10] Vgl. zum Folgenden u.a. *Gidwitz* (1980), 165 f.

konnten. Mit der Liberalisierung des Luftverkehrs traten sie dann jedoch immer deutlicher zu Tage. So diagnostizieren erste Effizienzvergleiche von international operierenden Fluggesellschaften eindeutige Nachteile für jene europäischen Airlines, die sich in Staatseigentum befanden (vgl. Windle, 1991). Mittlerweile wird dieser Nachteil auf etwa 40% beziffert (vgl. Lufthansa, 1997, 11). Dementsprechend waren es in den sog. „rauhen Jahren" des Weltluftverkehrs zwischen 1991 und 1993 auch private Anbieter, die als einzige profitabel arbeiteten, während die staatlichen Carrier mit erheblichen wirtschaftlichen Schwierigkeiten zu kämpfen hatten: Air France akkumulierte allein von 1990 bis 1996 Verluste in Höhe von 3,5 Mrd. US-Dollar, Alitalia in Höhe von 960 Mio. und Iberia in Höhe von knapp 670 Mio. US-Dollar. Von den kleineren Staatsunternehmen kamen Olympic Airways, TAP und JAT bis auf wenige vereinzelte Jahre nie aus der Verlustzone heraus, und das Fehlen einer Bilanz von Olympic für die Jahre 2000 und 2001 spricht nicht dafür, dass in diesen Jahren eine Besserung eingetreten ist.

Tabelle 2

Staatliche Beihilfen für europäische Airlines in Mio. US-Dollar

Airline	Finanzielle Zuschüsse
Staatlich	
Sabena (1991-95)	2.067
Iberia (1992-95)	1.423
Aer Lingus (1993)	240
TAP (1993/94)	1.965
Air France (1991/92/94)	3.638
Olympic Airways (1994-96)	2.245
Alitalia (1997)	1.708
Finnair (1992/94/95)	175
Privat	
British Airways (1993)	690
KLM (1994)	620
Lufthansa (1994)	710

Quelle: Doganis (2001); EU-Kommision (1999)

Die von der EU-Kommission in den 90er Jahren genehmigten staatlichen Beihilfen für den Luftverkehr konzentrierten sich dann auch weitgehend auf die Staatsbetriebe (Tab. 2). Dazu kommen – offensichtlich bis heute – erhebliche nicht genehmigte direkte und indirekte Finanzhilfen, wie sie nach neueren Erkenntnissen etwa Olympic Airways 1994 und 1998 dadurch zugeflossen sind, dass von den Passagieren Flughafengebühren zwar erhoben aber nicht abgeführt wurden und der Staat fällige Sozialversicherungsbeiträge nicht einforderte.[11]

[11] Vgl. Handelsblatt vom 12.12.2002: „Olympic Airways geht die Luft aus".

Aus Sicht der ökonomischen Theorie sind diese Probleme nicht überraschend und auch für öffentliche Unternehmen anderer Branchen nachdrücklich dokumentiert.[12] Danach neigen Staatsunternehmen zu einer Überproduktion an Leistungen bei überhöhtem Faktoreinsatz und überhöhten Faktorkosten. Die Ursache sind Defizite in den Anreiz- und Kontrollstrukturen. Sie ermöglichen es den Insidern – Managern, Beschäftigten, Gewerkschaften, Aufsichtsorganen, Zulieferern, zuständigen öffentlichen Verwaltungen –, ihre Interessen an hohen und sicheren Einkommen, komfortablen und konfliktfreien Arbeitsbedingungen, großzügigen Zusatzleistungen usw. zu verwirklichen und sich diese „Renten" auch dauerhaft zu sichern. Strategische Variable ist die systematische Ausweitung des Aufgabenbereichs und damit verbunden die Zunahme der Personal- und Sachressourcen. Zugute kommt ihnen dabei das Fehlen eines wirksamen Kontrollmechanismus, das in einem ganzen Bündel von Umständen begründet ist:

- dem Informationsvorsprung, den sie als Agenten gegenüber ihren Prinzipalen, den politischen Entscheidungsträgern, besitzen,
- der Vielfalt, Inkompatibilität und mangelnde Operationalität der ihnen von den Prinzipalen (Politik) häufig vorgegeben Ziele,
- der vielfach politisch motivierten Besetzung von Leitungspositionen,
- der Schwierigkeit, ihre Leistungen möglichst genau zu ermitteln und zu bewerten,
- dem Übertragen von Kontrollaufgaben auf staatliche Einrichtungen, denen der materielle Anreiz für wirksame Kontrollen fehlt,
- dem Fehlen eines wirksamen Kontrollinteresses der Prinzipale, die selbst wieder in einem multiplen Prinzipal-Agenten-Verhältnis stehen, das durch Eigeninteressen, Bürgerwünsche und die Partikularinteressen organisierter Gruppen bestimmt ist, die auf alles andere gerichtet sind, als auf die Effizienz öffentlicher Unternehmen.

Verstärkt werden die Effizienzprobleme öffentlicher Unternehmen noch, wenn ihre diversen Entscheidungsträger sie mit Aufgaben betrauen, für deren Finanzierung aber nicht unmittelbar verantwortlich sind. Diese – von der Politik weithin praktizierte Verletzung des Äquivalenzprinzips – führt dazu, dass öffentliche Aufträge ausgeführt werden müssen, die nicht nur jeglicher wirtschaftlicher Logik widersprechen, sondern bei anderer Ausgestaltung wesentlich kostengünstiger zum Ziel führen würden. Gleichzeitig werden die zur Aufgabenerfüllung erforderlichen finanziellen Mittel häufig noch nicht einmal aus

---

[12] Vgl zum Folgenden aus der Fülle der Literatur u.a. *Osborne/Gaebler* (1992); *Wolf* (1993); *Hartwig* (1993) und (1998); *Shappington/Stiglitz* (1987); *Ehrmann* (2001); *Megginson/Nash/van Randenborgh* (1994).

den öffentlichen Haushalten über einen Finanzausgleich bereitgestellt, sondern müssen durch Schuldenaufnahme finanziert werden.

Alle diese Verhaltensweisen und -ergebnisse sind auch im Luftverkehr zu beobachten: massive Verluste, Überpolitisierung mit hoher Fluktuation im Vorstand, Unterkapitalisierung und Überschuldung, starker Gewerkschaftseinfluß, Überbeschäftigung, hohe Gehälter und geringe Produktivität, übergroße Flugzeuge und Flotten, unklare Entwicklungsstrategien, Bürokratisierung, schlechter Service, politisch verbilligte Tarife und Streckenbedienungen, die Verluste verursachen und eine hohe Nachfrage induzieren, die dann wiederum durch zusätzliche Kapazitäten bedient werden muss.[13]

V. Staatsairlines ohne ordnungspolitische Legitimation

Die mit der Liberalisierung des Luftverkehrs immer deutlicher zutage tretenden wirtschaftlichen Probleme der staatlichen Flag Carrier begünstigten ab Mitte der 80er Jahre eine Entwicklung, die auch andere Branchen ergriffen hatte und die durch den Kollaps der sozialistischen Planwirtschaften Osteuropas noch verstärkt wurde: die Privatisierung. In Europa war British Airways die erste Staatsairline, die 1987 privatisiert wurde. In den 90er Jahren folgten dann andere Länder, die ihre Staatsanteile in unterschiedlichem Umfang und unterschiedlichem Zeitraum reduzierten. Unterstützung erhielten sie von der EU, die ihre Genehmigung staatlicher Beihilfen für Fluggesellschaften ab 1993 zwar nicht dezidiert an eine Privatisierung geknüpft hat, aber als Bedingung Umstrukturierungsmaßnahmen forderte, die das betreffende Unternehmen in die Gewinnzone führen und damit seine Privatisierung erleichtern sollten (EU-Kommission, 1994).

In der Regel verbesserte sich mit dem Umstrukturierungsdruck der EU und der damit häufig verbundenen vollständigen oder zumindest teilweisen Privatisierung die wirtschaftliche Situation der Unternehmen wie auch ihre Leistungen. Gleichwohl besaßen an der Schwelle zum neuen Millenium mit Ausnahme Großbritanniens, Spaniens, der Niederlande, der Schweiz und der Bundesrepublik alle anderen europäischen Staaten noch immer Anteile an ihren heimischen Fluggesellschaften. Allein bei den international operierenden Mitgliedern der AEA – d.h. ohne Berücksichtigung der rein lokalen Carrier mit ihren verschiedentlich hohen staatlichen Beteiligungen – lag der Staatsanteil in vielen Fällen im Jahre 2001 noch deutlich über 50% (Übersicht 1).

Nun sind Privatisierungen erfahrungsgemäß meist zeitaufwendig. Häufig treten Schwierigkeiten auf, weil die Staatsairlines so hoch verschuldet sind, dass

---

[13] Vgl. u.a. *Neven/Röller* (1996); *Kohle/Lehn* (1999), 82 ff.; *Doganis* (2001), 188 ff.

realistisch zu erwartende operative Überschüsse durch den Schuldendienst ins Minus gedrückt werden. Auch gelingt es immer wieder einflußreichen Interessengruppen im Bestreben, ihre Privilegien zu sichern, eine Privatisierung zu verzögern, wenn nicht gar zu verhindern. Vielfach befürchten daher potenzielle Investoren auch nach einer Privatisierung noch massive staatliche Einflußnahme, die den Wert ihrer Investitionen schmälern würde. Vor diesem Hintergrund kann daher das Vorgehen der Kommission, selbst nach dem 11. September 2001 trotz massiver finanzieller Unterstützung der US-Carrier durch die amerikanische Regierung keine Beihilfen an die europäischen Airlines zu genehmigen, durchaus als ein Indiz dafür gewertet werden, dass der öffentliche Einfluß langsam zurückgedrängt werden soll.

Gleichwohl herrscht in vielen Ländern noch immer der Eindruck vor, dass zur Sicherstellung eines im allgemeinen Interesses und einer öffentlichen Daseinsvorsorge liegenden Luftverkehrs ein nationaler Flag Carrier erforderlich ist, der sich möglichst weitgehend unter staatlicher Kontrolle befindet.[14] So wird etwa befürchtet, ohne ein eigenes Luftfahrtunternehmen zum „Objekt fremder Interessen" zu werden und die Anbindung an den internationalen Flugverkehr zu verlieren. Auf nationaler Ebene glaubt man nur auf diese Weise ein angemessenes Luftverkehrsangebot auch dort sicherstellen zu können, wo kommerzielle Erwägungen dies ausschließen. Schließlich gilt die Zivilluftfahrt als „strategische Einsatzreserve" im Falle von kriegerischen Auseinandersetzungen, sie soll durch den Transport von Botschaftspersonal, Politikern und Dokumenten die Spionageabwehr erleichtern, für politische Präsenz im Ausland sorgen, das Nationalprestige fördern oder zur Mobilitätssicherung der Bevölkerung, zur Integration ausgedehnter Wirtschafts- und Lebensräume und zur Teilnahme an der internationalen Arbeitsteilung sowie zur Standortsicherung beitragen.

Inwiefern diese Vorstellungen einer systematischen Überprüfung standhalten und es sich um legitime Forderungen nach staatlichen Maßnahmen handelt, die sich zwar weniger durch allokatives Marktversagen begründen lassen als durch die Vermutung, dass aufgeklärte und hinsichtlich ihrer persönlichen Betroffenheit unparteiische Bürger sich auf diese Forderungen einigen könnten und Verstöße dagegen als soziale Mißstände bzw. Verletzungen des Gemeinwohls ansehen, ist hier unerheblich.[15] Entscheidend ist vielmehr, dass völlig unabhängig von dieser Beurteilung keinerlei Legitimation für die Existenz von staatlichen Fluggesellschaften besteht, sondern allenfalls für eine staatliche Bereitstellung entsprechender Flugleistungen im Sinne ihrer Organisation und Beschaffung.

---

[14] Vgl. zum Folgenden u.a. *Giemula/Brautlacht* (1987) sowie den Überblick bei *Pompl* (2002), 54 ff. und – speziell zur Argumentation im Fall Swissair – *Frey* (2001).

[15] Vgl. zur vertragstheoretischen Legitimation wirtschafts- und gesellschaftspolitischer Ziele *Grossekettler* (1999), 285. ff.

Übersicht 1

Staatsanteile der AEA Airlines

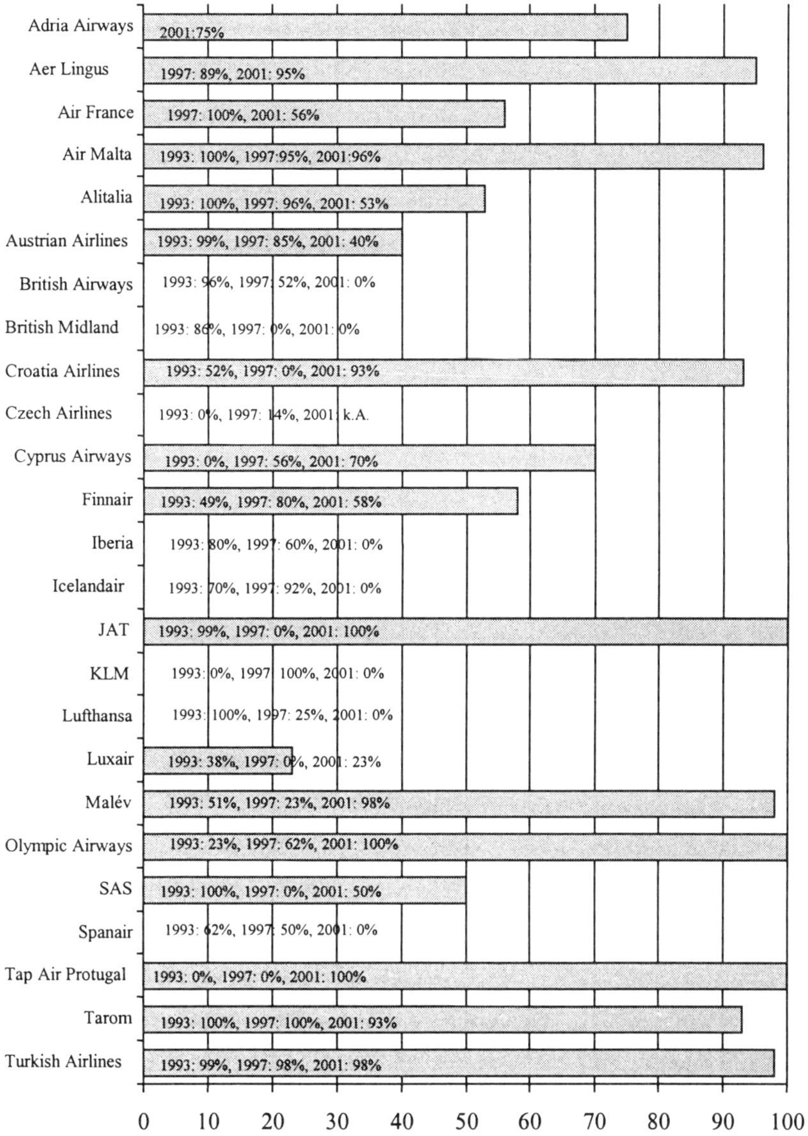

Quelle: Pompl (2002), AEA (2002)

Den fundamentalen Unterschied zwischen Herstellung und Bereitstellung zu übersehen bedeutet, dem Staat Aufgaben zuzuweisen, die andere in der Regel besser, d.h. effizienter bewältigen können. Im Gegensatz zur Legitimation einer staatlichen Bereitstellungsaufgabe reichen nämlich als Begründung für eine darüber hinausgehende staatliche Herstellung der entsprechenden Leistungen – also die wirtschaftliche Betätigung des Staates als Unternehmer – die üblichen Marktversagens- und Gemeinwohltatbestände nicht aus. Für die Entscheidung über eine vertikale Integration von Bereitstellung und Herstellung durch den Staat sind vielmehr zusätzlich Kriterien heranzuziehen, die jenen vergleichbar sind, wie sie unternehmerisch bei der Frage nach dem make-or-buy eine Rolle spielen. Konkret sind das prohibitive Transaktionskosten, Opportunismusprobleme und damit verbunden Gefährdungsrisiken für die Gesellschaft, die bei einer rein unternehmerisch orientierten privaten Herstellung entstehen könnten.

Unüberwindbare Transaktionskosten liegen vor, wenn die vom Staat bereitzustellenden Leistungen sich nur unter großen Schwierigkeiten spezifizieren und hinsichtlich ihrer Qualität kontrollieren lassen. Unter diesen Umständen wären die Vertragsgestaltung und die Kontrolle der Vertragserfüllung bei einer Beauftragung Privater mit Herstellung so aufwendig, dass es sich für den Staat lohnt, die Leistungen selbst herzustellen. Dies gilt insbesondere dann, wenn die Leistungen nicht standardisierbar sind und kurzfristig flexibel an sich ändernde Bedingungen angepaßt werden müßten, die sich bei Vertragsabschluß nicht präzisieren oder gar identifizieren lassen.

Eine über die Leistungsbereitstellung hinausgehende Herstellungsfunktion könnte für den Staat auch sinnvoll sein, wenn mit der Herstellung hohe spezifische Investitionen anfallen. Dann bestünde ein doppeltes Ausbeutungsrisiko insofern, als einerseits ein privater Auftragnehmer Gefahr liefe, dass der staatliche Auftraggeber ihn bei Vertragsverlängerungen oder Neuverhandlungen unter Druck setzt, um sich Teile seiner Quasirente anzueignen, oder dass umgekehrt der staatliche Auftraggeber sich in starke Abhängigkeit seines Auftragnehmers und Lieferanten begibt, weil er keine Alternativen hat und daher auf diesen angewiesen ist. Im Ergebnis kommt dann entweder überhaupt kein privates Angebot zustande oder wäre der Staat gut beraten, die Leistung selbst herzustellen.

Schließlich können mit der Produktion bestimmter Leistungen gesellschaftlich untragbare Gefährdungskosten verbunden sein, die eine staatliche Herstellung nahelegen. Das dürfte zum einen für solche Leistungen zutreffen, deren Qualität für die Gesellschaft einen hohen Stellenwert hat, die sich aber nur sehr schwer ermitteln läßt bzw. nur dann vollständig erschließt, wenn Notsituationen eintreten, zum anderen für Leistungen, deren Produktion Machtpotenziale begründen. Um eine Gefährdung der Gesellschaft durch Machtmißbrauch oder schädigende Minderqualitäten zu vermeiden, kann daher erwartet werden, dass die Gesellschaft eine staatliche Herstellung vorzieht. Dies ist zwar erfahrungsgemäß weniger produktiv und im allgemeinen kostspieliger als bei einer privaten Produktion, enthält letztlich aber eine Wagnisprämie als Äquivalent jener Gefährdungen, die aus Sicht der Bürger mit besonderen Gefahren für Leib, Leben, Menschenwürde und Eigentum verbunden sein könnten, wenn die Leistungserstellung nach kommerziellen Gesichtspunkten erfolgt (Vgl. Grossekettler, 1999; Hartwig, 1998).

Nun sind massive Transaktionskosten- und Opportunismusprobleme, die neben einer öffentlichen Bereitstellung von Leistungen auch deren staatliche Produktion erfordern, vor allem in jenen Bereichen zu finden, in denen der Staat traditionell sein Gewaltmonopol auszuüben hat. Dazu gehören die Kollektivgüter innere und äußere Sicherheit. Keinesfalls dazu gehört jedoch der Zivilluftverkehr. Hier kann die Versorgung mit Flugleistungen nahezu komplett durch private Anbieter erfolgen, während der Staat sich auf Überwachungs- und Regelungsfunktionen beschränkt und nur für die Bereitstellung jener Flugleistungen sorgt, die im wohl definierten öffentlichen Interesse zu erbringen sind, für die auf Wettbewerbsmärkten jedoch infolge mangelnder Eigenwirtschaftlichkeit kein privates Angebot zustande kommt. Der Staat fungiert hier als Käufer, der nach dem „Besteller-Bezahler-Prinzip" die Leistung in ihrer Art, Menge, Qualität und Finanzierung festlegt und mit der Durchführung private Carrier betraut.

VI. Privatisierung, Ausschreibungswettbewerb und offene Märkte

Geht man davon aus, dass die Bürger Europas nicht nur an einer dauerhaften und sicheren, sondern auch an einer effizienten, d.h. kostengünstigen und möglichst verschwendungsfreien Versorgung mit Luftverkehrsleistungen interessiert sind – und es ist nicht einzusehen, warum letzteres nicht der Fall sein sollte –, dann bedarf es einer Intensivierung und Ausweitung der bislang eingeleiteten weltweiten Liberalisierung der nationalen und internationalen Luftverkehrsmärkte.

Erforderlich ist zunächst die materielle Privatisierung der noch vorhandenen staatlichen Airlines. Die bloße formale Privatisierung durch Überführung eines öffentlichen Betriebs in eine private Rechtsform reicht nicht aus, um wettbewerbsverzerrenden Staatseinfluss zu vermeiden oder zu verhindern, dass durch staatliche Einflußnahme auf das operative Geschäft die wirtschaftliche Leistungsfähigkeit der Unternehmen nachhaltig geschädigt wird.[16] Damit in diesem Prozess die wenig effizienten Staatscarrier durch möglichst effiziente private Unternehmen ersetzt werden können, darf es beim Erwerb keine Beschränkun-

[16] Eine formale Privatisierung erfolgte 1993 mit der Umwandlung der Deutschen Flugsicherung GmbH (DFS) in eine privatwirtschaftliche Rechtsform.

gen für ausländische Interessenten geben und muß die Möglichkeit bestehen, Größenvorteile durch Unternehmenszusammenschlüsse zu realisieren, wenn dadurch der Wettbewerb nicht beeinträchtigt wird.

Erforderlich ist zweitens der vollständige Ersatz der staatlichen Beihilfen und Vergünstigungen für heimische Carrier durch Bestellerentgelte. Auf freien Verkehrsmärkten bestimmen zunächst die privaten Airlines im Wettbewerb ihr Leistungsangebot nach kommerziellen Erwägungen. Kommt unter diesen Bedingungen eine von den Nationalstaaten als unbedingt erforderlich angesehene Versorgung einzelner Routen zu bestimmten Verkehrszeiten und Tarifen nicht zustande, werden im Rahmen eines Ausschreibungswettbewerbs private Anbieter mit dieser Aufgabe gegen Entgelt beauftragt. Darüber hinaus gehende staatliche Beihilfen, welcher Form auch immer, sind zu unterlassen, um Wettbewerbsverzerrungen zu vermeiden. Da auch bei der Ausschreibung von gemeinwirtschaftlichen Luftverkehrsleistungen jeder Anbieter die Möglichkeit erhalten muß, sich im Wettbewerb zu positionieren, ist – analog zur Privatisierung – eine Beschränkung des Bieterwettbewerbs auf heimische Carrier zu vermeiden.

Um Planungssicherheit für die Anbieter zu schaffen, dürfen die Vertragslaufzeiten nicht zu kurz bemessen sein. Bemerkenswerte spezifische Investitionen, die im Zusammenhang mit der Leistungsvereinbarung anfallen und daher besondere Berücksichtigung finden müßten, weil sonst kein Angebot zustande kommt, sind nicht zu erwarten (vgl. auch Knieps, 1996, 69 ff.). Für Flugzeuge und Slots bestehen vielseitige Verwendungsmöglichkeiten, entweder im Rahmen vorhandener und neu entstehender Streckennetze oder auf funktionierenden Sekundärmärkten. Investitionen in Flugpläne könnten zwar eine gewisse Spezifität aufweisen, die damit verbundene Quasirente dürfte aber eher gering sein. Angesichts der Vielzahl von potenziellen Anbietern ist auch nicht davon auszugehen, dass der Staat als auftraggebender Prinzipal Gefahr läuft, Opfer eines opportunistisch agierenden monopolisitischen Auftragnehmers zu werden. Dementsprechend sollte auch aus diesen Gründen die Ausschreibung nicht auf heimische Fluggesellschaften beschränkt werden.

Mit dem dritten Liberalisierungspaket für den europäischen Luftverkehr, das am 1. Januar 1993 in Kraft trat und von allen 15 Mitgliedstaaten der EU sowie von Norwegen, der Schweiz und Island übernommen wurde, hat die Europäische Kommission eigentlich alle Restriktionen, die einer Privatisierung und ergebnisoffenen Marktprozessen entgegen stehen, beseitigt: Luftfahrtunternehmen der Gemeinschaft, welche die erforderlichen Voraussetzungen erfüllen, erhalten in jedem Mitgliedstaat eine Betriebsgenehmigung für Linienflug- und Gelegenheitsverkehr; der Zugang zu innergemeinschaftlichen Strecken und allen Flughäfen ist ihnen ohne Kapazitätsbeschränkungen möglich, was seit 1997 auch die Beförderung von Passagieren zwischen zwei Flughäfen eines anderen Mitgliedstaates (Kabotagerecht) einschließt; die Flugpreise im Passagier- und Cargoverkehr können frei bestimmt werden; Unternehmen aus einem Mitgliedstaat können in jedem anderen Mitgliedstaat eine Airline gründen oder erwerben.[17] Außerhalb des Europäischen Binnenmarktes wird der Luftverkehr jedoch – auch von den Mitgliedstaaten der EU – noch immer vorwiegend bilateral abgewickelt, was zu erheblichen Konsequenzen für die europäische Airline-Industrie führt.[18] Auf der Basis von Artikel 1 des Abkommens über die internationale Zivilluftfahrt von 1944 vereinbaren die beteiligten Staaten die Routen, welche nur die von ihnen benannte (designierte) Gesellschaften bedienen, die Zahle der Flüge, die Tarife und die Aufteilung der angebotenen Sitzplatzkapazitäten. Kabotagerechte sind in der Regel ebenso untersagt wie ein grenzüberschreitendes Mehrheitseigentum an nationalen Carriern und deren „effektive Kontrolle" durch Gebietsfremde.

Selbst die bilateralen „Open Sky" Abkommen zwischen den USA und den Mitgliedstaaten der EU enthalten noch eine Vielzahl von Restriktionen: Nationalitätsklausel, die es erlauben einem designierten Carrier des Vertragsstaates den Marktzugang zu verweigern, wenn der Carrier sich nicht im Besitz oder unter der Kontrolle von Gebietsansässigen des Vertragsstaates befindet; Beschränkungen des Eigentums und der Stimmrechte von Gebietsfremden an US-Carriern auf 25% und die Vorschrift, dass der Vorstandsvorsitzende und zwei Drittel der Vorstandsmitglieder US-Bürger sein müssen; Kabotagebeschränkungen; das Verbot für US-Gesellschaften, ausländische Flugzeuge und Crews zu leasen (no wet leasing). Die bilateralen Luftverkehrsabkommen der USA mit Großbritannien, Spanien, Griechenland und Irland, die nahezu die Hälfte des Verkehrsaufkommens zwischen den USA und der EU betreffen, fallen noch nicht einmal unter die Open Sky-Regeln und sind daher noch weitaus restriktiver.[19]

Das regulatorische Regime der bilateralen Luftverkehrsabkommen behindert nicht nur den Wettbewerb und die Effizienz im globalen Luftverkehr, sondern beeinträchtigt indirekt auch den weitgehend deregulierten innereuropäischen Markt. So ist ein Wettbewerb zwischen europäischen Airlines auf außereuropäischen Strecken nahezu ausgeschlossen, wodurch verhindert wird, dass ineffiziente Airlines durch effizientere Konkurrenten ersetzt bzw. zu effizienterem Verhalten gezwungen werden oder dass Größenvorteile genutzt werden kön-

---

[17] Überblick bei *Pompl* (2002), 404, ff.; *Doganis* (2002); 48 ff.

[18] Die Bundesrepublik hatte z.B. 1998 bilaterale Luftverkehrsabkommen mit 127 Staaten unterzeichnet. Die Mitglieder der AEA erwirtschaften noch immer ca. 60% ihrer Umsätze im Rahmen von etwa 800 solcher Abkommen.

[19] So muß etwa die Cargo Gesellschaft Fedex, die ihren zentralen europäischen Hub in Paris hat, ihre täglichen Flüge von den USA nach England in Stansted beenden und mit leeren Maschinen nach Paris weiterfliegen, während die Fracht von Stansted nach Paris mit dem LKW oder von Fedex angemieteten europäischen Carriern weiterbefördert wird.

nen.[20] Gleichzeitig unterbinden die Nationalitätsklauseln in den bilateralen Abkommen grenzüberschreitende Investitionen in Form von Übernahmen und Fusionen sowohl zwischen Airlines aus der EU und Drittstaaten, als auch innerhalb Europas, weil damit Start- und Landerechte in Drittstaaten verlorengehen. Gerade wirtschaftlich schwachen Carriern in der EU ist aber so ein Zugang zu ausländischem Kapital versperrt, mit der Konsequenz, dass sie als bisherige Flag Carrier – mit dem Argument der Versorgungssicherheit – weitere staatliche Subventionen erhalten. Gleichermaßen wird der europäischen Airline-Industrie die Möglichkeit für jene Marktbereinigung und Strukturveränderung genommen, die von vielen Experten als notwendig befunden wird, weil hier zu viele mittelgroße internationale Carrier existieren, die zu klein sind, um als Unternehmen im globalen Wettbewerb bestehen zu können und zu groß und kostenträchtig, um sich erfolgreich als qualitativ hochwertige Nischenproduzenten oder Billiganbieter zu positionieren.[21]

Mittlerweile scheinen immer mehr Staaten die Notwendigkeit von Wettbewerb und privatwirtschaftlichem Engagement für ihren nationalen und internationalen Luftverkehr zu erkennen. So finden sich in neueren bilateralen Vereinbarungen Mehrfachdesignierungen ebenso, wie der Abbau von Kapazitätsregelungen, eine Zunahme der genehmigten Zielflughäfen für ausländische Airlines und weniger staatliche Eingriffe in die Tarife. Zunehmend werden in einzelnen Regionen – wie mit dem sog. Yamoussoukro II-Agreement verschiedener afrikanischer Staaten – auch plurilaterale Luftverkehrsabkommen vereinbart, in denen sich die beteiligten Unterzeichnerstaaten gegenseitig nahezu unbeschränkte Verkehrsrechte gewähren. Schließlich hat der Europäische Gerichtshof mit seiner bahnbrechenden Entscheidung vom 6.11.2002 einen wichtigen Schritt auf dem Wege zur notwendige Konsolidierung der europäischen Airline-Industrie getan. Danach widersprechen die bilateralen Luftverkehrsabkommen der EU-Mitgliedstaaten mit den USA der Niederlassungsfreiheit und muß daher jeder EU-Fluggesellschaft das Recht eingeräumt werden, für jeden Flughafen der EU Landerechte in den USA zu beantragen.

Die Umsetzung dieser Entscheidungen wird allerdings aufgrund von Vorbehalten sowohl der USA als auch verschiedener EU-Staaten erhebliche Zeit beanspruchen und möglicherweise nur mit Abstrichen erfolgen. Außerdem betreffen sie allein den transatlantischen Luftverkehrsmarkt im Sinne einer von der EU-Kommission geforderten „Transatlantic Common Aviation Area", die allerdings gegenwärtig etwa 52% des gesamten Linienverkehrs umfassen würde. Den Weg zu einer weltweiten „Open Aviation Area" mit einer multilateralen

---

[20] Bislang war etwa die lukrative Route von London nach New York allein zwei US-amerikanischen und zwei englischen Airlines, nämlich British Airways und Virgin Atlantic, vorbehalten.

[21] Vgl. u.a. *Doganis* (2001), 212 ff.; *Brattle Groop* (2002), 1-6 ff.

Liberalisierung der Luftverkehrsmärkte, die wettbewerblich und ohne Beschränkungen grenzüberschreitender Investitionen organisiert und den Regeln der WTO unterworfen sind, können sie allenfalls andeuten. Ihn konsequent zu beschreiten wäre jedoch die Voraussetzung für mehr Effizienz, weniger Überkapazitäten und damit eine nachhaltige wirtschaftliche Besserung jener Airlines, die sich dauerhaft im Wettbewerb behaupten können. Die Beibehaltung des regulatorischen Status Quo jedenfalls dürfte eine langfristige wirtschaftliche Gesundung des Weltluftverkehrs, insbesondere aber der europäischen Airline-Industrie, eher behindern.

VII. Zusammenfassung

Auch wenn die Terrorattacken des 11. September 2001 in den USA und ihre Folgen die Weltluftfahrt in massive wirtschaftliche Schwierigkeiten gestürzt haben, befindet sich diese doch schon seit längerem in erheblichen Turbulenzen. Das gilt auch und insbesondere für die europäische Airline-Industrie. Ursache dafür sind umfangreiche nationale und internationale Regulierungsmaßnahmen, die eine Marktbereinigung um ineffiziente Anbieter ebenso verhindern wie die Ausschöpfung von Größenvorteilen und Synergien und die damit letztlich auch leistungsfähige Unternehmen nachhaltig beeinträchtigen. Das volkswirtschaftliche Ergebnis sind Wohlfahrtsverluste für die Konsumenten und Steuerzahler. Will man diese Verluste vermeiden, muß man Rahmenbedingungen schaffen, die es leistungsfähigen Airlines ermöglichen, sich im Wettbewerb behaupten zu können. Dazu ist eine multilaterale Liberalisierung der Luftverkehrsmärkte erforderlich, die neben einer Beseitigung der Marktzutrittsbarrieren im nationalen und internationalen Luftverkehr auch die Privatisierung der noch vorhandenen staatlichen Fluggesellschaften und die Möglichkeit für grenzüberschreitende Investitionen ohne Nationalitätsklauseln und Eigentumsbeschränkungen für Gebietsfremde umfaßt.

Literaturverzeichnis

Association of European Airlines,AEA (2002), Yearbook, Brüssel.

Baltagi, Badi. H./*Griffin*, James M./*Vadali*, Sharada R. (1998), Excess Capacity: A Permanent Characteristics of US Airlines?, in: Journal of Applied Economics, 13, 645-657.

Borenstein, Severin/*Rose*, N. (1994), Competition and Prive Dispersion in the US Airline Industry, in: Journal of Political Economy, 102, 653-683.

Brattle Group (2002), The Economic Impact of an EU-US Open Aviation Area, Prepared for the European Commission, Directorate-General Energy and Transport, London & Washington.

Button, Kenneth (1996), Liberalising European Aviation: Is there an Empty Core Problem?, in: Journal of Transport Economics and Policy, 30, 275-291.

Caves, Douglas, W./*Christensen*, Lautirs, R./*Tretheway*, Michael, W. (1984), Economies of Density versus Economies of Scale – Why Trunk and Local Airlines Costs Differ, in: Rand Journal of Economics, 15, 471-489.

Doganis, Rigas (2001), The Airline Business in the 21st Century, London/New York .

– (2002), Flying off Course. The Economics of International Airlines, 3. Aufl., London/New York.

Ehmer, Hansjochen/*Berster*, Peter (2002), Globale Allianzen von Fluggesellschaften und ihre Auswirkungen auf die Bundesrepublik Deutschland, Deutsches Zentrum für Luft- und Raumfahrt e.V., Forschungsbericht 2002-12, Köln.

Ehrmann, Thomas (2001), Restrukturierungszwänge und Unternehmenskontrolle. Das Beispiel Eisenbahn, Wiesbaden.

EU-Kommission (1994), Mitteilung der Kommission über die Anwendung der Artikel 92 und 93 des EG-Vertrages sowie des Artikels 61 des EWR Abkommens auf staatliche Beihilfen im Luftverkehr vom 16.11.1994, AB1. EG 1994 C 350/5.

– (1999), Der Luftverkehr in der Gemeinschaft: Vom Binnenmarkt zur weltweiten Herausforderung, Brüssel.

– (2001), Neunter Bericht über staatliche Beihilfen in der Europäischen Union, Brüssel.

Frey, Rene L. (2001), Staatliche Finanzhilfen für Airlines und Airports?, Wirtschaftswissenschaftliches Zentrum der Universität Basel.

Friedlaender, A. F./*Berndt*, E. R./*McCollough*, G. (1992), Governance Structures, Managerial Characteristics and Firm Performance in the Deregulated Rail Industry, in: Brookings Papers on Economic Activity, 1, 95-186.

Gidwitz, B. (1980), The Politics of International Air Transport, Lexington Mass.

Giemulla, E./*Brautlacht*, G. (1987), Öffentliche Verkehrsinteressen in privater Hand, in: Zeitschrift für Luft- und Weltraumrecht, 5, 123.

Gillen, David/*Oum*, Tae Hoon /*Tretheway*, Michael, W. (1990), Airline Cost Structure and Policy Implications: A Multi-product Approach for Canadian Airlines, in: Journal of Transport Economics and Policy, 24, 9-34.

Good, David /*Röller,* Lars-Hendrik/*Sickles*, Robin, C. (1993), U.S. Airline Deregulation: Implications for EuropeanTransport, in: Economic Journal, 103, 1028-1041.

Grossekettler, Heinz (1999), Öffentliche Finanzen, in: Vahlens Kompendium der Wirtschaftstheorie und Wirtschaftspolitik, Bd. 7, Aufl., München, 519-673.

Hartwig, Karl-Hans (1993), Privatisierung in Westdeutschland: Vertane Chancen bei der deutschen Wiedervereinigung, in: Thieme, Hans Jörg (Hrsg.), Privatisierungsstrategien im Systemvergleich, Berlin, 41-63.

– (1998), Der Staat als Unternehmer: Zur Rolle der öffentlichen Unternehmen in der Sozialen Marktwirtschaft, in: Cassel, Dieter (Hrsg.), 50 Jahre Soziale Marktwirtschaft, Stuttgart, 652-676.

IATA, International Air Transport Association (2002), World Air Transport Statistics, Montreal/Genf.

ICAO, International Civil Aviation Orgnaization (2002), Civil Aviation Statistics of the World, Montreal.

Knieps, Günter (1996), Wettbewerb in Netzen. Reformpotentiale in den Sektoren Eisenbahn und Luftverkehr, Tübingen.

Kole, Stacey/*Lehn*, Kenneth (1999), Deregulation, the Evolution of Corporate Governance Structure and Survival in the Airline Industry, in: Journal of Financial Economics, 52, 79-117.

Leibenstein, Harvey (1966), Allocative Inefficiency versus X-Inefficiency, in: American Eonomic Review, 56, 392-415.

Lewellen, W. G./*Badrinath*, S.G. (1997), On the Measurement of Tobin's q, in: Journal of Financial Economics, 44, 77-122.

Li, Michael Z. F. /*Oum*, Tae Hoon /*Zhang*, Yimin (2001), Tobin's q and Airline Perfomances, Discussion Paper, Vancouver, Singapur, Hong Kong

Lufthansa (1997), Balance – Offener Himmel – Grenzenloser Wettbewerb, Frankfurt.

Megginson, W. L./*Nash*, R. C./*van Randenborgh*, M. (1994), The Financial and Operating Performance of Newly Privatized Firms: An International Empirical Analysis, in: Journal of Finance, 19, 403-452.

Morrison, Steven, A./*Winston*, Clifford (2000), The Remaining Role for Government Policy in the Deregulated Airline Industry, in: Peltzman, Sam/Winston, Clifford (Hrsg.), Deregulation of Network Industries: What's Next?, AEI-Brookings Joint Center for Regulatory Studies.

Neven, Damien, J./*Röller,* Lars-Hendrik (1996), Rent-sharing in the European airline industry, in: European Economic Review, 40, 933-940.

Osborne, D./Gaebler, T. (1992), Reinventing Government: How the Entrepreneurial Spirit is Transforming the Public Sector, Reading Mass.

Oum, Tae Hoon/*Yu*, Chunyab (1998), Cost Competitivenes of Major Airlines: An International Comparison, in: Transportation Research, 32, 407-422.

– (1991), A Productivity Comparison of the Worlds Major Airlines, in: Journal of Air Transport Management, 2, 181-195.

Pompl, Wilhelm (2002), Luftverkehr. Eine ökonomische und politische Einführung, 4. Aufl., Berlin u.a.

Röller, Lars/*Sickles*, Robin C. (1997), Capacity and Product Market Competition: Measuring Market Power in a „Puppy Dog" Industry, Wissenschaftszentrum Berlin, discussion papers FS IV 97-31.

Shappington, D. E./*Stiglitz*, J. E. (1987), Privatization, Information and Incentives, in: Journal of Policy Analysis and Management, 6, 567-582.

Stoetzer, Matthias, W. (1991), Regulierung oder Liberalisierung des Luftverkehrs in Europa – Eine industrieökonomische Analyse, Baden-Baden.

Tobin, James (1969), A General Equilibrium Approach to Monetary Theory, in: Journal of Money, Credit and Banking, 1, 15-29.

Weber, L. (1981), Die Zivilluftfahrt im Europäischen Gemeinschaftsrecht, Heidelberg.

Windle, Robert, J.(1991), The Worlds Airlines: A Cost and Productivity Comparison, in: Journal of Transport Economics and Policy, 25, 31-49.

Wolf, C. (1993), Markets or Governments. Choosing Between Imperfect Alternatives, Cambridge Mass.

Teil D

Umweltpolitik

Externe Umweltkosten aus Unternehmenssicht

Von *Werner F. Schulz*, Hohenheim*

I. Widmung

Dieser Beitrag ist meinem Lehrer, Doktorvater, Fürsprecher und späteren Berater, Herrn Professor Dr. Hans-Jürgen Ewers, zum Gedenken mit großer Dankbarkeit gewidmet. Vor rund 25 Jahren brachen wir gemeinsam auf, um das Methodenrepertoire der Sozialkostenmessung, einem anspruchsvollen Zweig der Wirtschaftswissenschaften, weiter zu entwickeln. Wir verfolgten das zu diesem Zeitpunkt noch sehr umstrittene Ziel, den ökonomischen Wert der Umwelt in „Mark und Pfennig" zum Ausdruck zu bringen. Vor allem die in den 80er Jahren noch zahlreichen Gegner der Monetarisierung von Umweltschäden haben uns häufig einen Satz von Oscar Wilde – „Ökonomen wissen von allem den Preis, aber von nichts den Wert" – penetrant vor Augen geführt und trotzig argumentiert: Die Natur sei unschätzbar und müsse um ihrer selbst Willen erhalten werden.

Rückblickend lässt sich mit der gebotenen Distanz und aller Bescheidenheit bilanzieren, dass wir sowohl dem weit über unsere Fachdisziplin hinaus gehenden wissenschaftlichen Diskurs, als auch der unausweichlichen umweltpolitischen Diskussion im Großen und Ganzen gerecht wurden. Besonders die deutsche Umweltpolitik dürfte in den 80er- und 90er-Jahren von den Fortschritten bei der Monetarisierung der *externen Umweltkosten* profitiert haben. Die damals recht häufigen Medienberichte, dass allein in Deutschland die Kosten der Luft- und Gewässerverschmutzung, des Lärms und der Bodenbelastung jährlich einen dreistelligen Milliardenbetrag annehmen dürften, haben zumindest in den

* Dieser Beitrag ist Teil des UFOPLAN-Vorhabens „Leitfaden Umweltkostenmanagement", das vom Bundesumweltministerium und vom Umweltbundesamt im Jahre 2000 initiiert und gefördert wurde. Besonderer Dank gilt meinem Wissenschaftlichen Mitarbeiter Dipl. oec. Martin Kreeb und meinem Schüler und jetzigen Kollegen Prof. Dr. Peter Letmathe, die mich bei der Erstellung der Langfassung unterstützt haben. Vgl. hierzu *Schulz/Kreeb/Letmathe* (2000).

Köpfen zahlreicher Entscheidungsträger etwas bewegt und so den Druck auf eine nachhaltigere Wirtschaftsweise verstärkt.

Heute, also zwei Jahrzehnte später, stellt sich mir dieses Thema als Inhaber eines betriebswirtschaftlichen Lehrstuhls aus einem völlig anderen Blickwinkel dar, nämlich aus der Sicht der Unternehmen. Die zentrale Frage lautet jetzt: Sollen *Unternehmen* mit externen Umweltkosten rechnen? Oder differenzierter gefragt: Sollen Unternehmen die Kosten der Umweltverschmutzung einfach ignorieren, vorausschauend antizipieren oder gar offensiv in ihre Rechnungslegung integrieren? Dieser Beitrag versucht auf diese Fragen Antworten zu geben.

II. Ausgangslage

Im Zeichen zunehmenden Kosten- und Wettbewerbsdrucks geraten die Effizienzgesichtspunkte umweltpolitischer Maßnahmen zwangsläufig immer stärker in den Vordergrund. Um den Unternehmen das Kalkulieren der betrieblichen Umweltschutzkosten und das Abschätzen des Kostenpotentials unterlassenen Umweltschutzes sowie das Aufspüren umweltschutzrelevanter Kostensenkungspotentiale – kurz: das „Rechnen mit den Umweltkosten" – zu erleichtern, haben das Bundesumweltministerium und das Umweltbundesamt im Jahre 1996 das Handbuch Umweltkostenrechnung (siehe Bundesumweltministerium/Umweltbundesamt, 1996) herausgegeben.

In Deutschland gibt es zurzeit insbesondere fünf Entwicklungen, die darauf gerichtet sind, das Thema „Umweltkostenmanagement" stärker voranzutreiben:

a) Die aus dem Jahre 1979 stammende VDI-Richtlinie 3800 – „Kostenermittlung für Anlagen und Maßnahmen zur Emissionsminderung" – liegt als Neufassung mit dem Titel „Ermittlung der Aufwendungen für Maßnahmen zum betrieblichen Umweltschutz" seit dem Jahre 2001 vor (siehe VDI, 2001).

b) Der im Deutschen Institut für Normung angesiedelte NAGUS-Arbeitsausschuss AA5 hat im März 1999 den Arbeitskreis „Umweltkostenmanagement" (NAGUS-AA5/AK1) eingerichtet.

c) Auf Initiative des Bundesumweltministeriums lässt das Umweltbundesamt bis Anfang 2003 einen „Leitfaden Umweltkostenmanagement" erstellen. Das Projekt verfolgt zwei Ziele: Zum einen soll es der umweltpolitischen Meinungsbildung dienen und die im NAGUS-Arbeitsausschuss AA5 begonnene Diskussion wissenschaftlich unterstützen. Zum anderen soll als Ergänzung und Weiterentwicklung zum Handbuch Umweltkostenrechnung ein insbesondere auf die Belange kleiner und mittlerer Unternehmen zugeschnittener Praxisleitfaden entwickelt werden, mit dem bislang noch nicht erreichte Zielgruppen besser „erschlossen" werden können.

d) Das Umweltbundesamt hat im Dezember 2001 den *Entwurf einer Methodenkonvention „Nutzen und Kosten des Umweltschutzes“*[1] vorgelegt. Im Rahmen dieser Standardisierungsbemühungen soll das Thema *„Externe Kosten“* auch für Unternehmen erschlossen werden.

e) Das Bundesministerium für Bildung und Forschung hat im Jahre 2001 das Verbundprojekt „Ökoradar – das betriebliche Instrument für nachhaltiges Wirtschaften“ bewilligt. Rund 100 Unternehmen, Institutionen und Einzelpersonen sollen bis zum Jahre 2004 ein Umweltportal (siehe www.oekoradar.de) für die deutsche Wirtschaft entwickeln, das insbesondere kleine und mittlere Unternehmen motivieren soll, sich mit dem Thema „Nachhaltiges Wirtschaften“ stärker als bisher zu befassen. Ein so genannter *Ökoradar-Schirm „Umweltkosten“* soll zeigen, wie das Thema „Umweltkostenmanagement“ in den Unternehmen konkret umgesetzt werden kann.

III. Begriff, Bedeutung und historische Entwicklung

1. Externe Kosten und traditionelle Unternehmensrechnung

Im Rahmen der traditionellen betrieblichen Rechnungslegung werden grundsätzlich nur jene finanzwirtschaftlich wirksamen Geschäftsvorgänge erfasst, die das Unternehmen selbst betreffen. Unter Umweltgesichtspunkten sind dies die Mehr- und Mindererlöse durch Umweltschutz und die Mehr- und Minderkosten durch Umweltschutz. Nicht erfasst werden dagegen jene Folgewirkungen, die zwar von den Unternehmen (oder den Konsumenten) verursacht werden, aber von Dritten und/oder der Allgemeinheit zu tragen sind („Externe Kosten“, „Soziale Kosten“, „Zusatzkosten“).

Aufgrund solcher „*Kostenexternalisierungen*“ spiegeln die jeweiligen Faktorpreise nicht die ökologische Knappheit eines Gutes wider. Folge: Durch die Schädigung von Luft, Wasser und Boden sind Hypotheken entstanden, die heute und in der Zukunft zum Teil mit erheblichen Kosten in mehrstelliger Milliardenhöhe abgetragen werden müssen. Allein die externen Kosten des Verkehrs werden von verschiedenen Autoren auf mindestens 35 Milliarden Euro pro Jahr beziffert (siehe hierzu etwa Huckestein/Verron, 1996).

Aufgrund unterschiedlicher Wirkungsmechanismen und komplexer Überwälzungsprozesse drücken sich in zunehmendem Maße ökologische Knappheiten in den finanzwirtschaftlich relevanten Kosten jedoch bereits aus. Dies ist „ver-

[1] Der Entwurf wurde im Rahmen eines Experten-Workshops intern im Umweltbundesamt (Bearbeiterin: Schwermer, Sylvia; Fachgebiet „Wirtschafts- und sozialwissenschaftliche Umweltfragen“) im Dezember 2001 diskutiert und soll zu einem späteren Zeitpunkt veröffentlicht werden.

steckt“ der Fall, wenn aufgrund von Überwälzungsprozessen die Faktorkosten (z. B. die Trink- und Brauchwasserkosten) steigen. Dies ist „offen“ der Fall, wenn Umweltabgaben gezahlt werden, Umweltauflagen erfüllt werden, Haftungsansprüchen Dritter nachgekommen wird, Kompensationszahlungen geleistet werden und Umweltschutzmaßnahmen auf freiwilliger Basis erfolgen.

2. Externe Kosten und gesellschaftsbezogene Unternehmensrechnung

Angesichts praktizierter und geforderter Übernahme sozialer Verantwortung seitens der Unternehmen ist der Wunsch verständlich, Rechnungslegungssysteme zu entwickeln, bei denen die klassischen Erfolgsbegriffe des betrieblichen Rechnungswesens im Sinne einer „gesellschaftsbezogenen Rechnungslegung“ um eine soziale und ökologische Komponente erweitert werden. Die ersten ernsthaften Bemühungen um die Entwicklung einer *gesellschaftsbezogenen Unternehmensrechnung* erfolgten Mitte der 60er-Jahre in den USA. Diese bis zur Anwendung gediehenen Ansätze versuchen unterschiedlichen Ansprüchen gerecht zu werden:[2]

a) Die *Humanvermögensrechnung* („human resource accounting“) bemüht sich im Wesentlichen um die Ermittlung der in der traditionellen Finanzbuchhaltung und Bilanzierung nicht erfassten menschlichen Ressourcen eines Betriebes. Dieses Konzept schenkt dem „äußeren Beziehungsfeld“ des Unternehmens zur physischen und gesellschaftlichen Umwelt noch keine Beachtung. Es zielt vielmehr auf eine monetäre Ermittlung des Humanvermögens ab, das einem Unternehmen in Form des Leistungsvermögens und der Leistungsbereitschaft der Mitarbeiter zur Verfügung steht („put people in your balance sheet“).

b) Die *Nutzen-Kosten-Rechnung* („corporate social accounting“) erstreckt sich nicht nur auf das „innere Beziehungsfeld" über das Leistungspotential der Beschäftigten, sondern schließt grundsätzlich alle in Geldeinheiten ausgedrückten positiven und negativen Handlungswirkungen betrieblicher Aktivitäten ein, also auch die Umwelteffekte. Die Differenz zwischen den sozialen Nutzen und Kosten, der Sozialsaldo, soll den gesellschaftlichen Gewinn und Verlust der unternehmerischen Aktivitäten widerspiegeln. Diesem totalen Anspruch vermag das Konzept insbesondere wegen der Schwierigkeiten bei der Quantifizierung und Monetarisierung relevanter Nutzen- und Kostenpositionen nur in sehr groben Zügen gerecht zu werden.

c) Die *gesellschaftsbezogene Wirtschaftsprüfung* („corporate social audit“) bemüht sich um die Entwicklung sozialer Standards für die gesellschaftsbezogene Rechnungslegung, deren Einhaltung entsprechend der heutigen Wirt-

---

[2] Zu den folgenden Ausführungen vgl. *Wicke/Haasis/Schafhausen/Schulz* (1992).

schaftsprüfung extern beurteilt wird. Im Kern befasst sich dieses Konzept mit der Suche nach Maßstäben zur Bewertung der gesellschaftsbezogenen Tätigkeiten der Betriebe. Die bisherigen Versuche, allgemein anerkannte und operationale Standards zu erarbeiten und durchzusetzen, sind gescheitert. Die von den Unternehmen selbst gewählten betriebsspezifischen Maßstäbe reichen gewöhnlich nicht aus, weil sie für die wirtschafts- und sozialpolitischen Instanzen keinen ausreichend objektiven Aussagewert besitzen.

3. Externe Umweltkosten und betriebliches Umweltkostenmanagement

In der aus dem Jahre 1979 stammenden VDI-Richtlinie 3800 zur „Kostenermittlung für Anlagen und Maßnahmen zur Emissionsminderung" wird der Begriff „Externe Kosten" im Anhang als kurze Erläuterung aufgegriffen. Dort heißt es: „Externe Kosten sind Einbußen im volkswirtschaftlichen Sinne, die nicht im betrieblichen Rechnungswesen erscheinen (z.B. Immissionsschäden an der Vegetation)". In der Neufassung der VDI 3800 werden externe Kosten als Kostenart definiert, „welche durch die Geschäftstätigkeit des Unternehmens verursacht sind und dem Unternehmen nicht durch Preise, Steuern, Abgaben oder ähnlichem zugerechnet werden". In der neuen VDI-Richtlinie werden externe Umweltkosten explizit nicht berücksichtigt.

Die von Müller-Wenk (1978) entwickelte „*Ökologische Buchhaltung*" nimmt in der Diskussion um betriebliche Umweltrechnungssysteme sicher eine Sonderstellung ein. Vor allem auf die theoretische Auseinandersetzung hat das Modell stimulierend gewirkt wie wohl kein anderes. In der Praxis wurde es 1973 zum ersten Mal in der schweizerischen Lebensmittelfirma Roco-Konserven (Rorschach) erprobt, in der Müller-Wenk beschäftigt war. Weitere Anwendungsversuche fanden später in den Evangelischen Akademien Tutzing, Bad Boll und Hofgeismar statt, wo allerdings zum Teil erhebliche Schwierigkeiten auftraten.

Die „Ökologische Buchhaltung" fußt theoretisch auf dem *Sozialkostenansatz*. Für die externen Umweltkosten werden jedoch keine monetären Gewichte, sondern eine Art „Ökowährung" eingeführt. Das Konzept erhebt den Anspruch, grundsätzlich für Unternehmen in allen Sektoren und für öffentliche Dienstleistungsbereiche einen Handlungsansatz zu bieten. Auf Grundlage dieser Buchführung könnten nach Ansicht von Müller-Wenk die Umwelteinwirkungen verschiedener Unternehmensbranchen miteinander verglichen und die Wirksamkeit der Umweltschutzmaßnahmen durch den Staat kontrolliert werden. Insbesondere aus methodischen Gründen und aufgrund des beträchtlichen Erhebungsaufwandes hat sich die Ökologische Buchhaltung in der Unternehmenspraxis jedoch nicht behaupten können.

Überwiegend in den 90er-Jahren sind eine Reihe von Arbeiten entstanden, die sich mit dem Thema „Betriebliche Umweltkostenrechnung" befassen und dabei auch das Thema „Externe Umweltkosten" *mehr oder weniger explizit* aufgreifen. Hierzu einige ausgewählte Beispiele:

a) Schreiner (1990) unterscheidet bei der umweltorientierten Rechnungslegung grundsätzlich zwischen der traditionellen Rechnungslegung, in die auch betriebliche Umweltschutzkosten aufgenommen werden, und der *Umweltwirkungsrechnung*, in der auch externalisierte Umweltkosten berücksichtigt werden. In seinen anschließenden Ausführungen zur Umweltkostenrechnung geht er allerdings primär auf die umweltorientierte Differenzierung der Kosten- und Leistungsrechnung ein, in der externe Kosten keine Rolle mehr spielen.

b) Wagner / Janzen (1991) haben in ihrer *Umwelt-Budget-Rechnung*, die sich für die Betrachtung von Umweltschutzprojekten im Rahmen des Umweltcontrolling eignet, die Berücksichtigung externer Kosten nicht explizit vorgesehen. Trotzdem liefert die Umwelt-Budget-Rechnung für die Konzeption einer umweltbezogenen Kostenrechnung wichtige Ansatzpunkte, die in vielen Vorschlägen zur Umweltkostenrechnung nicht ausreichend berücksichtigt worden sind. Dies gilt insbesondere für den Vorschlag, den Anfall von Umweltwirkungen mit Hilfe von Verrechnungspreisen zu steuern.

c) Roth (1992), die sich schon Anfang der 90er-Jahre mit den Grundlagen und der Konzeption einer Umweltschutzkostenrechnung befasst hat, beschreibt in ihrer Dissertation drei Arten von Umweltkostenrechnungen, wobei deren Anwendung von der Umweltschutzstrategie des Unternehmens abhängig ist. Bei der *ökologieorientierten Kostenrechnung* werden den betrieblichen Umweltbelastungen zusätzlich ihre externen Kosten zugewiesen.

d) Schaltegger/Sturm (1992) bewerten die anfallenden Umweltwirkungen anhand von Grenzwerten, die im Umweltrecht festgelegt sind. Bei Umweltwirkungen, für die keine Grenzwerte existieren, werden Hilfsgrößen herangezogen. Die bewerteten Umweltwirkungen werden anschließend in einer *Schadschöpfungsrechnung* verrechnet, die eine Arten-, Stellen- und Trägerrechnung umfasst. Bei der Gliederung der Schadschöpfungsstellen und der Schadschöpfungsträger orientieren sich Schaltegger/Sturm am Vorgehen der traditionellen monetären Kostenrechnung. Allerdings können zusätzlich auch Schadschöpfungsstellen berücksichtigt werden, die dem Unternehmen vor- oder nachgelagert sind.

e) Schulz/Schulz (1993) weisen in einem Ratgeber für Betriebe darauf hin, dass die „externen Kosten von heute die Betriebskosten von morgen" sein können. Sie stellen die monetären Ergebnisse des vom Bundesumweltministerium initiierten Forschungsschwerpunktprogramms „Kosten der Umweltverschmutzung/Nutzen des Umweltschutzes" dar, die nach ihrer Ansicht den Blick für das ungefähre Ausmaß externalisierter Kosten im Umweltbereich schärfen. Schulz/Schulz (1993, 28): „Für die Unternehmen bedeutet dies, dass sie diese bislang nur wenig oder gar nicht kalkulierten Kosten deutlich stärker in ihre Rechnungslegung einbeziehen müssen." Sie vertreten damit einen Ansatz, der es den Unternehmen nahe legt, künftig anfallende interne Kosten, die heute noch externer Natur sind, zu antizipieren, um damit schon heute Anreize für die Reduktion der entsprechenden Kostengrößen zu geben.

f) Bundesumweltministerium/Umweltbundesamt (1996) haben in dem von ihnen herausgegebenen Handbuch Umweltkostenrechnung auf die Bedeutung der externen Umweltkosten auch für unternehmerische Entscheidungen explizit hingewiesen. Die konzeptionellen Ausführungen des Handbuches konzentrieren sich jedoch im Wesentlichen auf interne umweltbezogene Kosten, die für Umweltschutzmaßnahmen oder Umweltbelastungen entstehen.

g) Fichter/Loew/Seidel (1997) haben zwar keinen eigenen Ansatz entwickelt, wie externe Umweltkosten im Rahmen einer Umweltkostenrechnung einbezogen werden können, sie greifen das Thema im Wege ihrer Literaturrecherchen jedoch offensiv auf. Fichter/Loew/Seidel (1997, 188):

> „Grundsätzlicher Anspruch an eine Umweltkostenrechnung sollte es sein, dass sie möglichst alle von einem Unternehmen verursachten Güterverzehre erfasst, bewertet und verursachungsgerecht auf Kostenstellen und Kostenträger verrechnet. Diese Sollforderung steht der heutigen Ist-Situation gegenüber, bei der erhebliche Teile des Verzehrs und der Inanspruchnahme von Umweltgütern nicht ‚bezahlt' und die Folgekosten externalisiert werden."

h) Fischer/Wucherer/Wagner/Burschel (1997) stellen die bei Kunert eingeführte Reststoffkostenrechnung dar. Zu den Reststoffkosten zählen nicht nur die Entsorgungskosten, sondern auch die Kosten, die im Rahmen der Beschaffung und der Produktion für die in den Reststoffen enthaltenen Substanzen anfallen. Auf die Berücksichtigung von externen Kosten in der Kostenrechnung gehen die Autoren allerdings nicht ein.

i) Letmathe (1998) beschreibt eine *umweltbezogene Kostenrechnung*, die sowohl die Kosten des Umweltschutzes als auch die Kosten umweltrelevanter Stoff- und Energieströme verursachungsgerecht erfasst sowie deren Auswirkungen auf die Erreichung der betrieblichen Ziele berücksichtigt. Umweltbezogene Kosten sind beispielsweise gegeben, wenn eine Abgabe für einen bestimmten Schadstoff zu zahlen ist oder Kosten für eine Investition anfallen, die ausschließlich oder teilweise für Umweltschutzzwecke getätigt wird. Zu den umweltbezogenen Kosten zählen auch die Kosten des Betriebsbeauftragtenwesens für den Umweltschutz sowie die Kosten für die Erfüllung von Überwachungs- und Dokumentationspflichten. Umweltbezogene Kosten stellen somit alle Kosten dar, die für den betrieblichen Umweltschutz oder für Stoff- und Energieströme anfallen, von denen Umweltwirkungen ausgehen. In die Verrechnungspreise der Umweltwirkungen können jederzeit zusätzliche Kostenkomponenten aufgenommen werden, z. B. Kosten aufgrund von Umweltrisiken und externe Kosten. In welchem Maße ein Unternehmen dies tut, hängt nach

Auffassung des Autors von den Umweltzielen und den erzielten Erfolgen des Umweltkostenmanagements ab.

j) Seidel/Herbst (1999) unterscheiden im Rahmen der betrieblichen Umweltkostenrechnung drei Ansätze: *konventionelle Ansätze* (beispielsweise die VDI 3800), *prozessorientierte* Ansätze (beispielsweise die umweltbezogene Kostenrechnung) und schließlich *Ansätze unter Einbezug externer Kosten*. Innerhalb der zuletzt genannten Gruppe unterscheiden die Autoren nichtmonetäre Ansätze und monetäre Ansätze. Seidel/Herbst (1999, 2):

> „In Gedanken an die enormen externen Kosten des Wirtschaftens und an die Anfänge einer ‚Ökologischen Buchhaltung' nach Müller-Wenk von vor über 20 Jahren liegt ohnehin eine andere Interpretation von ‚kostenorientiertem Umweltmanagement' recht nahe: Ausgerichtet auf die Erfassung der externen Kosten des Wirtschaftens im Sinne einer ‚Schadschöpfungsrechnung' desselben und in Vorbereitung auf die ‚monetäre Internalisierung' eben dieser Kosten. Verschiedentlich waren solche Ansichten und Ansprüche auch schon literarisch manifest."

IV. Ansätze und Grenzen der Monetarisierung externer Umweltkosten

Die Fragen zu den Möglichkeiten der empirischen Erfassung, Quantifizierung und Bewertung externer Kosten wurden vor allem in den USA schon vor rund 70 Jahren im Zusammenhang mit der Durchführung von Nutzen-Kosten-Analysen wasserwirtschaftlicher Maßnahmen intensiv diskutiert. In Deutschland entwickelte sich dieses Forschungsgebiet in den 60er- und 70er-Jahren, insbesondere um die Wirtschaftlichkeit öffentlicher Projekte zu hinterfragen.[3]

Zur Erfassung von Nutzen werden in der Literatur zwei Entschädigungskonzepte unterschieden, die *Equivalent Variation* (EV) und die *Compensating Variation* (CV).[4] Die EV misst Wohtfahrtsänderungen ausgehend von dem Wohlfahrtsniveau nach der Durchführung einer umweltrelevanten Maßnahme, die CV misst Wohlfahrtsänderungen ausgehend von dem Wohlfahrtsniveau vor der Durchführung der Maßnahme. Je nachdem, ob aus der betreffenden Maßnahme eine Verbesserung oder Verschlechterung der Umweltqualität resultiert, wird nach der *Willingness to Pay* (WTP) oder der *Willingness to Sell* (WTS) gefragt. Die CV fragt, ausgehend vom Status Quo, nach der WTP für eine Verbesserung und nach der WTS für eine Verschlechterung der Umweltqualität (ex ante). Die EV fragt (ex post) nach der WTP für eine nicht eingetretene Verschlechterung und nach der WTS für eine nicht eingetretene Verbesserung. Da Nutzen-Kosten-Analysen gewöhnlich vom Status quo ausgehen, wird in der

---

[3] Vgl. hierzu etwa die ausführlichen Erläuterungen in *Schulz/Schulz* (1991), sowie *Schulz* (1985).

[4] Vgl. hierzu insbesondere *Keppler* (1991).

Regel nach dem Konzept der CV gearbeitet, zumal die Orientierung am Status quo intuitiv leichter nachvollziehbar ist. Zulässig sind jedoch beide Konzepte.

Welches zu wählen ist, hängt von der Ausgestaltung der Eigentumsrechte bzw. dem normativen Bezugsrahmen ab. Fälschlicherweise orientiert sich die Diskussion um die richtigen Entschädigungskonzepte häufig an dem Begriffspaar WTP und WTS statt an CV und EV. Dies mündet mitunter in müßige Diskussionen darüber, ob nun die Wahl der WTP oder der WTS richtig sei, ohne dass ein Bezug zu einem zugrundeliegenden Entschädigungskonzept hergestellt wird. Wie ersichtlich, können beide Maße richtig sein.

Es gibt eine Fülle von Bewertungstechniken, auf deren Basis die Zahlungsbereitschaft ermittelt werden kann. Als wohl einer der umfassenden Versuche, das Methodenrepertoire der Nutzenmessung im Umweltbereich darzustellen, gilt die von Ewers/Schulz (1982) durchgeführte so genannte *„Tegeler See-Studie*“. In dieser Anfang der 80er-Jahre im Auftrag des Umweltbundesamtes veröffentlichten Untersuchung wurden die bislang entwickelten monetären Bewertungsansätze für die Nutzen gewässergüteverbessernder Maßnahmen systematisiert und im Hinblick auf Validität und Praktikabilität der Nutzenmessung evaluiert, zwei neue Methoden zur monetären Bewertung von Freizeit- und Erholungsnutzen entwickelt und die Leistungsfähigkeit monetärer Bewertungsmethoden an einem Beispielsfall (Sanierung des Tegeler Sees in Berlin) demonstriert.

Das Mitte der 80er-Jahre vom Bundesumweltministerium initiierte und aus zehn Einzelvorhaben bestehende Forschungsschwerpunktprogramm „Kosten der Umweltverschmutzung/Nutzen des Umweltschutzes“ stellt wohl den umfassenden Versuch dar, die durch die Umweltverschmutzung in Deutschland hervorgerufenen Umweltschäden zu erfassen, zu quantifizieren und schließlich in „Mark und Pfennig“ zum Ausdruck zu bringen (siehe insbesondere Bundesumweltministerium, 1991). Als Ausgangspunkt zum Forschungsschwerpunktprogramm wurde der Bericht „Kosten der Umweltverschmutzung“ veröffentlicht, der auf ein im September 1985 veranstaltetes Symposium zurückgeht (vgl. Umweltbundesamt, 1986). Der Sammelband gibt einen Überblick über den Kenntnisstand zu der mengenmäßigen Erfassung („Mengengerüst“) und den Ansätzen und Ergebnissen der Monetarisierung der Umweltschäden.

Ende der 90er-Jahre hat das Umweltbundesamt (1999) eine Synopse zu neueren nationalen und internationalen Studien im Bereich „Kosten und Nutzen des Umweltschutzes“ erstellt, um darauf aufbauend eine Lückenanalyse zum Forschungsbedarf am Maßstab des oben beschriebenen umweltpolitischen Forschungsschwerpunktprogramms zu erarbeiten. Folgende Themenbereiche wurden für eine nähere Betrachtung ausgewählt:

- Externe Kosten der Energie.
- Externe Kosten des Treibhauseffektes.
- Externe Kosten des Verkehrs.

- Externe Kosten der Landwirtschaft.
- Nutzen des Erhalts von Biodiversität/Honorierung von ökologischen Leistungen in der Landwirtschaft.

Einer seriösen Monetarisierung von Umweltschäden sind oft enge Grenzen gesetzt.[5] Vorliegende Schätzungen zeichnen sich meist durch hohe Bandbreiten in den Ergebnissen aus. In der Literatur werden hierin vor allem folgende Ursachen gesehen:

- In den einzelnen Untersuchungen werden unterschiedliche Schadenskategorien benutzt. Bei den Studien zur Bewertung externer Kosten der Stromerzeugung werden zum Beispiel die Kosten des Treibhauseffekts von einigen Autoren einbezogen, von anderen Autoren dagegen ausgeblendet.
- Die Kosten der Umweltverschmutzung werden mit unterschiedlichen Methoden ermittelt. Zahlungsbereitschaftsbefragungen führen in der Regel zu höheren Werten als der Schadensvermeidungskostenansatz.
- Oft kommt es zu Doppelzählungen, weil Schadenskosten und Vermeidungskosten vermischt werden.
- Kosten und Nutzen, die in der Zukunft anfallen, werden aus heutiger Sicht unterschiedlich gewichtet.
- Die Systemgrenzen der Bewertung sind von Studie zu Studie sehr verschieden.

V. Ansätze aus der Unternehmenspraxis

Wahrscheinlich ermutigt durch die Erfolge bei der Monetarisierung der Kosten der Umweltverschmutzung wurden in der betrieblichen Praxis insbesondere in den 90er-Jahren Rechenverfahren angewandt, die auch externe Umweltkosten berücksichtigen. Die bekannten Ansätze aus der Unternehmenspraxis lassen sich allerdings an einer Hand abzählen:

- das Full Cost Accounting der Ontario Hydro,
- die Costs of Environmental Effects der BSO Origin[6],
- die vermiedenen externen Umweltkosten der Neumarkter Lammsbräu,
- die integrative Umweltkostenrechnung der Märkisches Landbrot.

---

[5] Zu den Grenzen der Monetarisierung siehe insbesondere *Ewers* (1986).

[6] Dieser Ansatz wird in diesem Beitrag aus Platzgründen nicht dargestellt. Vgl. hierzu BSO *Origin* (1993), Annual Report 1992. Utrecht, 23-67.

1. Full Cost Accounting[7]

Ontario Hydro ist einer der größten Stromversorger Nordamerikas. Produziert wird Strom mit einer Kapazität von über 142.400 Gigawattstunden mithilfe von 8 Kraftwerken mit fossilen Brennstoffen, 12 Kernkraftwerken und 69 Wasserkraftwerken. Emittiert wurden 1998 rund 30 Millionen Tonnen CO_2-Äquivalent, 145.000 Tonnen Schwefeldioxid und etwa 60.000 Tonnen Stickoxide. Die Ontario Hydro Power Generation versucht bereits seit 1974 die Quantifizierung und Bewertung externer Effekte. Als Monetarisierungsansätze stehen die „Willingness to pay" und die „Willingness to accept" im Zentrum. Von 1992 bis 1999 setzten Mitarbeiter der Ontario Hydro ein eigenes Kostenrechnungssystem ein: das so genannte *„Full Cost Accounting"* (FCA). Es sollte in der Lage sein, externe Kosten in die Unternehmenssonderrechnung zu integrieren.

Ontario Hydro selbst definiert das FCA als ein Instrument, mit dessen Hilfe Umweltaspekte in betriebliche Entscheidungen integriert werden können. FCA verknüpft die vom Unternehmen ausgehenden Wirkungen auf die menschliche Gesundheit und die Umwelt mit den internen Kosten und den externen Nutzen und Kosten. Dort, wo externe Effekte nicht monetarisiert werden können, werden qualitative Bewertungen verwendet.

Das FCA integriert sowohl naturwissenschaftliche Fragestellungen (Erfassung der Umweltleistung) als auch ökonomische Fragestellungen (Monetarisierung interner/externer Effekte) in die betriebliche Umweltkostenrechnung. Ziel ist es, gemäß der Empfehlung der EPA externe Effekte in die strategische Unternehmensplanung zu integrieren. Hauptaufgabe des FCA ist es, die langfristigen monetären und ökologischen Auswirkungen von unternehmerischen Entscheidungen auf eine zukunftsfähige Basis zu stellen. Bei Ontario Hydro wird der Versuch unternommen, relativ gut quantifizierbare externe Effekte zu monetarisieren (Tab. 1). Beziffert werden die externen Effekte bei der menschlichen Gesundheit (Sterblichkeit, Krankheitsfolgen, Krebsfälle), bei den Ernteausfällen durch den Ozonabbau und bei den Gebäudeschäden durch Schwefeldioxid.

Das Konzept des „Full Cost Accounting" wurde von Ontario Hydro als *strategische Entscheidungshilfe* genutzt, um die Risiken künftiger Unternehmensentscheidungen einzugrenzen. Da die Monetarisierung vieler qualitativer Effekte nicht möglich erschien, wurde der Ansatz nicht zur Preisfestsetzung benutzt („Full Cost Accounting versus Full Cost Pricing"). Das Full Cost Accounting stellt in diesem Sinne somit ein internes Kosteninformationsinstrument dar, das mit dem konventionellen Rechnungslegungssystem nicht ohne weiteres kompa-

[7] Vgl. hierzu und im Folgenden EPA (1996); EPA (1996); *Ontario Hydro* (2000).

tibel ist. Eine Integration des FCA in das konventionelle Rechnungslegungssystem wurde also nicht vollzogen.

Tabelle 1

Ermittelte externe Effekte der Ontario Hydro (1992)

Schadens-positionen	verursachende Schadstoffe	Wert pro Einheit in kanadische Dollars	monetarisierte Effekte in Millionen kanadische Dollars (1992)	monetarisierte Effekte in Cents pro Kilowattstunde
statistische Sterblichkeit	SO_2, SO_4, O_3, NO_3	4.725.600	21,40	0,088
Krankheits-folgen	SO_2, SO_4, O_3, NO_3, TSP	44.700	50,83	0,210
Krebsfälle	Spurenmetalle	408.397	9,53	0,039
Ernteausfälle	O_3	nicht verfügbar	9,53	0,034
Gebäude-schäden	SO_2	nicht verfügbar	8,32	0,034
Gesamt			95,79	0,395

Hervorzuheben ist beim FCA die Überlegung, die von Ontario Hydro ausgehenden Umweltwirkungen mit den internen und externen (Umwelt-)Kosten zu verbinden. Obwohl nicht alle möglichen externen Effekte in das Modell des FCA einbezogen wurden, sind die verwendeten fünf Kategorien (Sterblichkeit, Krankheitsfolgen, Krebsfälle, Ernteausfälle, Gebäudeschäden) für das Unternehmen entscheidungsrelevant. Wesentlich ist die für Ontario Hydro gewonnene Einsicht, dass heutige *potentielle externe Kosten zu internen Kosten in absehbarer Zukunft* werden können. Um diese strategische Ausrichtung zu unterstützen, wurde das FCA nicht isoliert betrachtet, sondern in ein „Gesamtunternehmenskonzept der Nachhaltigen Wirtschaft" eingebunden. Die methodischen Probleme bei der Erfassung, Quantifizierung und ökonomischen Bewertung von Umweltschäden konnte das FCA jedoch nicht lösen.

2. Vermiedene externe Umweltkosten[8]

Neumarkter Lammsbräu ist eine mittelständische Brauerei mit knapp 80 Mitarbeitern. Der Bierausstoß lag 1996 bei rund 60.000 Hektolitern. Seit Anfang

[8] Vgl. hierzu und im folgenden *Schneider* (1998).

der 90er-Jahre wurden betriebliche Stoff- und Energiebilanzen zur Optimierung der betrieblichen Ressourceneffizienz erstellt. Mitte der 90er-Jahre wurde ein Umweltcontrolling-System eingeführt mit dem Ziel, betriebliche Stoff- und Energieströme mit den jeweiligen Kostenströmen zu verbinden.

Die Vollkosten der Neumarkter Lammsbräu lagen 1996 bei rund 17,5 Millionen DM. Davon waren 5,8 Prozent „primäre Umweltkosten“, also Kosten, deren Entstehung unmittelbar dem betrieblichen Unternehmensziel „Umweltschutz“ zuzuordnen sind. Die „primären Umweltkosten“ teilen sich in Umwelt*ent*lastungskosten (4,9 Prozent der Gesamtkosten) und Umwelt*be*lastungskosten (0,9 Prozent der Gesamtkosten) auf. Als Umwelt*be*lastungskosten werden diejenigen Kosten bezeichnet, die aufgrund der Nutzung der Umwelt für den betrieblichen Leistungserstellungsprozess anfallen. Umwelt*ent*lastungskosten sind diejenigen Kosten, die zur Vermeidung und/oder Verminderung des betrieblichen Ressourcenverbrauchs anfallen. Zur Berechnung der „Externen Kosten“ wurde ein Vermeidungskosten-Ansatz entwickelt. Grundidee dieses Ansatzes ist die Frage, in welcher Höhe externe Kosten durch die Einführung einer ökologischen Unternehmenspolitik vermieden werden.

Diese Sonderrechnung in Form eines Vermeidungskostenansatzes hat zum Ziel, die vermiedenen Stoff- und Energieströme zu monetarisieren. In einem ersten Schritt werden die vermiedenen Stoff- und Energieströme bilanziert. Im zweiten Schritt werden die Umweltwirkungen (Schadstoffkategorien) mit vorhandenen monetarisierten Werten geschätzt. Da diese Werte aus verschiedenen Studien stark divergieren, werden bewusst die möglichen Ober- und Untergrenzen aufgezeigt. Der Vorteil dieser Darstellung wird darin gesehen, dass unternehmerische Entscheidungen auf der Basis dieser Daten mit einer hohen gesellschaftlichen Akzeptanz einhergehen.

Neben den vermiedenen externen Kosten durch die Entscheidung der Neumarkter Lammsbräu für den ökologischen Landbau, wurden weitere umweltrelevante Bereiche (Transportbereich-Verkehr, Mehrwegsystem, Prozessenergie) der Neumarkter Lammsbräu untersucht. Werden alle Bereiche aufsummiert, sind die zusätzlich vermiedenen externen Kosten der Neumarkter Lammsbräu auf bis zu zweieinhalb Millionen Euro anzusetzen (Tab. 2).

Die Überlegung des Ansatzes zielt auf die pragmatische Einsicht, dass die Vermeidung von umweltschädigendem Verhalten vor der Verminderung von Umweltschäden Priorität hat. Deshalb ist die Berechnung von vermiedenen externen Kosten besonders für Unternehmen interessant, die durch höhere ökologische Faktorpreise ihre Preisbildung bei Konsumenten durchsetzen müssen.

Diese Unternehmen haben durch vermiedene externe Kosten „ökologische Preisvorteile“, die in den Marktpreisen nicht „offensichtlich“ einberechnet sind. Deshalb dient dieser Ansatz neben der internen Entscheidungshilfe im besonderem Maße als *Kommunikations- und Werbeelement.*

Tabelle 2
Vermiedene externe Kosten des ökologischen Landbaus der Neumarkter Lammsbräu (1996)

Kategorie	**externe Kosten in Millionen DM**
CO_2	0,1 - 1,7
CH_4	0,12 - 0,9
N_2O	0,06 - 0,68
SO_2	0,01
NO_X	0,18
PSM	0,06 - 0,12
ökologisch nachteilige Subventionen	3,2
Artenverluste	0,1 - 0,5

3. Integrative Umweltkostenrechnung[9]

Märkische Landbrot ist eine mittelständische Bäckerei mit 40 Mitarbeitern und einem Umsatz von acht Millionen DM im Jahre 1999. Im Rahmen eines vom Bundesland Berlin und dem Europäischen Fonds für Regionale Entwicklung geförderten Forschungsprojektes wurde ein Konzept zur „Integrativen Umweltkostenrechnung“ entwickelt. Ziel des Ansatzes der „Integrativen Umweltkostenrechnung“ ist die Einbeziehung umweltrelevanter Entscheidungsfaktoren in die bestehende Kostenrechnung.

Da alle vorhandenen Kostenrechnungsansätze nicht in die bestehende Kostenrechnung integrierbar waren, wurde ein gesondertes Konzept entwickelt. Grundlage der „Integrativen Umweltkostenrechnung“ stellt der Ansatz der betrieblichen Stoff- und Energiestrombilanzierung dar. Es werden drei Kategorien von Umweltkosten unterschieden:

a) *Integrierte Umweltschutzkosten*: Das sind diejenigen Kosten, die in der konventionellen Kostenrechnung geführt werden und direkt dem Umweltschutz zugute kommen. *Beispiele* hierfür sind: ökologische Rohstoffe, Abschreibungen auf umweltfreundliche Techniken (Solaranlagen), Beratungshonorare für umweltfreundliche Produktion

b) *Integrierte Umweltbelastungskosten*: Das sind diejenigen Kosten, die in der konventionellen Kostenrechnung geführt werden und die Umwelt belasten. *Beispiele* sind hierfür: Kosten der Outputs (Emissionen, Abwasser, Abfall)

---

[9] Vgl. hierzu und im Folgenden *Claes/Gellrich/Herbster/Niggemeyer* (1998).

c) Zusätzliche Umweltkosten: Das sind diejenigen Kosten, die in der konventionellen Kostenrechnung nicht geführt werden. Diese externen Kosten, die hier internalisiert werden sollen, sind beispielsweise Kosten der Nutzung von Mineralöl, konventioneller Energie und konventioneller Rohstoffe.

Diese drei grundlegenden Kostenkategorien wurden schließlich um die so genannten zusätzlichen Umweltleistungen ergänzt. Hierbei handelt es sich um jene Erträge, die in der konventionellen Kostenrechnung nicht geführt werden und die einen positiven externen Effekt besitzen. Beispiele hierfür sind der Bau von Blockheizkraftwerken, ökologische Produktionsanlagen und ökologische Rohstoffe. Mit anderen Worten: Es handelt sich hier um fiktive, selbstauferlegte Kosten, die sich auf unternehmensrelevante Umwelteffekte beziehen.

Der zentrale Rechnungsschritt zur Berechnung der externen Effekte ist die Berechnung der „*Ökologisch verantwortungsbewussten Selbstkosten*". Kostenrechnerische Grundlage sind die normalen Selbstkosten, die mit den internalisierten negativen Umwelteffekten (externe Kosten) belastet werden. Die Differenz dieser Zwischensumme mit den zusätzlichen Umweltleistungen stellen schließlich die *„Ökologisch verantwortungsbewussten Selbstkosten"* dar.

Das grundlegende Ziel der „Integrierten Umweltkostenrechnung", nämlich eine größere Kostentransparenz und damit sowohl die Basis für Kosteneinsparpotentiale als auch die Identifizierung von weiteren ökologischen Optimierungspotentialen zu schaffen, ist offensichtlich gelungen. Obwohl die methodische und inhaltliche Beschreibung der externen Effekte nur ansatzweise gelingt, können die rudimentär bezifferten externen Effekte in das unternehmerische Kostenkalkül einbezogen werden. Für die Endverbraucher können auf dieser Grundlage „Preiserhöhungen durch Umweltschutz" nachvollziehbar gemacht und die Preisakzeptanz erhöht werden. Die Märkische Landbrot GmbH hat durch die Verwendung dieses Ansatzes die Möglichkeit, Produkte neu zu kalkulieren und am Markt durchzusetzen.

VI. Schlussbetrachtung

1. Proaktive Gestaltung

Im Jahre 2000 wurde im Deutschen Kompetenzzentrum für Nachhaltiges Wirtschaften (dknw) an der Universität Witten/Herdecke ein Experten-Workshop zum Thema „Ignorieren, antizipieren oder integrieren? Die Kosten der Umweltverschmutzung aus Unternehmenssicht" durchgeführt.[10] Die Veranstaltung machte Zweierlei deutlich:

[10] Siehe Deutsches Kompetenzzentrum für Nachhaltiges Wirtschaften (2000).

- Die Wirtschaft befürchtet, dass durch die Berücksichtigung von externen Umweltkosten innerhalb des betrieblichen Umweltkostenmanagements in der Konsequenz ein Zwang zur Internalisierung von Kosten und damit eine zusätzliche finanzielle Belastung erfolgt („Internalisierung über die Hintertür").
- Vor allem für Nichtökonomen ist es oft schwierig, die Vielzahl der Kostenbegriffe auseinander zu halten. Teilweise litt die Diskussion darunter, dass die Workshopteilnehmer unterschiedliche Kostenkalküle vor Augen hatten.

Als besonderes Defizit wird eine fehlende „Methodenkonvention" angesehen. Denn es ist offenkundig, dass die Monetarisierung auch ihre Grenzen hat. Es gibt zahlreiche Probleme, die zum Teil nur unzufriedenstellend gelöst werden können. Entgegen einer weit verbreiteten Ansicht liegen die Hauptprobleme einer monetären Bewertung von umweltverbessernden Maßnahmen jedoch weniger bei den (ökonomischen) Bewertungsansätzen für feststellbare Wirkungen als bei der quantitativen Prognose der Wirkungen selber. Solche Schwierigkeiten führen zwangsläufig dazu, dass die Schätzungen eine erhebliche Varianz aufweisen.

Hilfreich wäre deshalb eine „Methodenkonvention", auf deren Basis ein breit akzeptierter methodischer Rahmen für das Vorgehen bei der Bewertung von externen Umweltkosten zur Verfügung gestellt wird. Die Konvention sollte insbesondere bestimmte Richtlinien und Rahmenbedingungen setzen, die die Vielfalt der Bewertungsmöglichkeiten und Annahmen sinnvoll einschränkt und eine Qualitätskontrolle der Arbeiten erlaubt. Wichtig ist auch die Offenlegung der Schnittstellen zu anderen Bewertungsverfahren (beispielsweise qualitative Bewertung) und der Grenzen der Erfassung, Quantifizierung und ökonomischen Bewertung der externen Effekte.

Ein weiteres Problem besteht darin, dass die Monetarisierung „Externer Umweltkosten" ihren Preis hat. Ob die Berücksichtigung von externen Umweltkosten innerhalb des betrieblichen Umweltkostenmanagements sinnvoll ist, dürfte auch entscheidend vom Aufwand abhängen, den das Unternehmen betreiben muss, wenn es mit externen Umweltkosten „rechnen" will. Die oben aufgeführten Anwendungsbeispiele haben gezeigt, dass die Monetarisierung oft sehr zeit- und kostenintensiv ist. Insbesondere für kleine und mittlere Unternehmen dürfte der Zugang zu diesem Thema deshalb schwierig sein.

Für eine proaktive Gestaltung des Themas sprechen jedoch mehrere Gründe:

a) Zur Zeit findet im In- und Ausland eine breite wissenschaftliche Diskussion zu der Frage statt, für welche betrieblichen Zwecke die Berücksichtigung von externen Umweltkosten innerhalb des betrieblichen Umweltkostenmanagements sinnvoll sein kann.

b) Trotz aller Fortschritte beim Umweltschutz ist davon auszugehen, dass die externen Umweltkosten ein beträchtliches Ausmaß erreichen – kurz: Die Kosten der Umweltverschmutzung dürften heute und in absehbarer Zukunft (Stichworte „Treibhauseffekt“, „Zerstörung der Ozonschicht“, „Arten- und Biotopschwund“) nicht vernachlässigbar sein. Im Survey des Umweltbundesamtes werden zahlreiche Studien genannt, deren Ergebnisse den Schluss nahe legen, dass die jährlichen Kosten der Umweltverschmutzung in Deutschland mit Beträgen in dreistelliger Milliardenhöhe zu beziffern sind. Allein die jährlichen externen Kosten des Verkehrs werden auf rund 36 Milliarden Euro (immerhin gut zwei Prozent des Bruttoinlandsproduktes) geschätzt.

c) Die oben dargestellten Ansätze der Monetarisierung externer Umweltkosten lassen nach Auffassung des Autors den Schluss zu, dass das Thema „Betriebliches Umweltkostenmanagement: Mit externen Umweltkosten rechnen?“ grundsätzlich zugänglich ist – nicht uneingeschränkt, aber doch wenigstens rudimentär. Es gibt inzwischen eine Reihe seriöser Arbeiten, bei denen die Erfassung, Quantifizierung und ökonomische Bewertung hinreichend gelungen ist. Usus ist, dass im Zweifel „harte“ Untergrenzen gewählt werden, die dann als brauchbare „Informationsbausteine“ dienen können.

2. Steuerung über Verrechnungspreise?

Aus Sicht des Autors ist auf eine Fragestellung hinzuweisen, deren Beantwortung insbesondere mit Blick auf die Praxis der Kostenrechnung und den Wissenschaftszweig „Betriebswirtschaftslehre“ erfolgen sollte: Soll der Wirtschaftspraxis empfohlen werden, in ihrer Kostenrechnung externe Umweltkosten über Verrechnungspreise zu berücksichtigen?

Die betriebliche Kostenrechnung als Teil des internen Rechnungswesens liefert entscheidungsrelevante Informationen für betriebliche Entscheidungen. Der Fokus der Kostenrechnung sind dabei operative Entscheidungen, die tendenziell eher kurzfristiger Natur sind. Neben der Lieferung von entscheidungsrelevanten Informationen für operative Entscheidungen hat die Kostenrechnung noch weitere Aufgaben. Hierbei handelt es sich um die gezielte Steuerung der mengenmäßigen In- und Outputs der betrieblichen Produktion und damit auch des betrieblichen Umweltverbrauchs. So kann der Anfall von Abfällen oder Abwasser beispielsweise durch die Setzung „überhöhter“ Verrechnungspreise (die auch einen externen Kostenanteil enthalten können) gezielt verringert werden. Höhere Verrechnungspreise liefern für die Kostenverantwortlichen einen unmittelbaren Anreiz, den Verbrauch des entsprechenden Einsatzfaktors und/oder den Anfall eines unerwünschten, umweltrelevanten Outputs (beispielsweise durch Recyclingmaßnahmen) zu reduzieren.

Letztlich scheinen vier Gründe maßgeblich zu sein, warum ein Unternehmen externe Umweltkosten mit Verrechnungspreisen berücksichtigen sollte:[11]

a) *Vermeidung von Ineffizienzen*: Mit unerwünschten umweltrelevanten betrieblichen Outputs (wie Abfall, Abwasser und Emissionen) sind häufig Ineffizienzen verbunden, die von der konventionellen Kostenrechnung kaum oder nur unzureichend erfasst werden. Werden diese Outputs ausschließlich mit ihren pagatorischen (also rein internen) Kosten (beispielsweise der zu zahlenden Abfallgebühr) belastet, so besteht für die Kostenverantwortlichen oft nur ein geringer Anreiz, sich mit den davon ausgehenden, in der Regel nicht offensichtlichen Ineffizienzen zu beschäftigen. Durch gezielte Verrechnungspreisaufschläge kann die Motivation, sich mit umweltrelevanten Stoff- und Energieströmen auseinander zu setzen, deutlich erhöht werden. Unternehmen, die dieses Vorgehen wählen, erhoffen sich dadurch die Vermeidung von Ineffizienzen und Erzielung von Lerneffekten, die die Kostenstruktur des Unternehmens langfristig positiv beeinflussen. Obwohl ex ante nicht klar ist, zu welchen Verbesserungen eine entsprechende Verrechnungspreispolitik führt, können dadurch erhebliche Kostensenkungspotentiale erschlossen werden. Orientiert sich ein Unternehmen bei der Wahl der Verrechnungspreisaufschläge an den geschätzten externen Kosten der umweltrelevanten Stoff- und Energieströme, so handelt es sich um eine effizienzbedingte Berücksichtigung externer Umweltkosten.

b) *Vorbeugende Antizipation und/oder Integration*: Treten bestimmte Umweltprobleme auf, so können die Unternehmen damit rechnen, dass die verursachenden Stoff- und Energieströme von der Umweltpolitik früher oder später mit höheren Kosten belastet werden. Es kommt dann zu einer Internalisierung von heute noch externen Kosten. Um spätere Anpassungsmaßnahmen zu erleichtern, geben manche Unternehmen ihren Kostenverantwortlichen schon heute durch Verrechnungspreisaufschläge Anreize, die Stoffvolumina der betroffenen In- und Outputs zu reduzieren. Es handelt sich dabei um eine vorausschauende Berücksichtigung externer Umweltkosten.

c) *Marktdruck*: Häufig wird ein Unternehmen durch den Druck der Stakeholder (beispielsweise durch umweltorientierte Kundensegmente) dazu gebracht, bestimmte umweltrelevante Stoff- und Energieströme zu reduzieren, selbst wenn dies aus rein interner Kostensicht nicht sinnvoll ist. Auch hier können die entsprechenden Aufschläge Anreize für die Kostenverantwortlichen setzen, die Stromvolumina zu reduzieren. Bei den Verrechnungspreisaufschlägen handelt es sich um eine marktbedingte Berücksichtigung externer Umweltkosten.

---

[11] Die folgenden Ausführungen gehen auf Letmathe zurück, die in der gemeinsamen Arbeit von *Schulz/Kreeb/Letmathe* (2000, 60-62) dargestellt werden.

d) *Selbstverantwortung*: Unternehmen verfolgen aus ethischen oder anderen Gründen (z. B. Verbandsvereinbarungen) Umweltziele, die die Reduktion bestimmter In- oder Outputs nach sich ziehen. Die Aufschläge auf die Verrechnungspreise der entsprechenden In- und Outputs stellen eine freiwillige Berücksichtigung externer Umweltkosten dar.

3. Vom „Wie" zum „Warum"

Das Thema „Betriebliches Umweltkostenmanagement: mit externen Umweltkosten rechnen?" steht und fällt nicht nur mit der Beantwortung der Frage nach dem „Wie", sondern auch nach dem „Warum". Gerade aufgrund des beträchtlichen Aufwandes, der mit der Monetarisierung verbunden ist, wird man den Betrieben sehr deutlich machen müssen, was die „Motive und Formen der Berücksichtigung externer Kosten" sind. Lorenz (2000, 2):

> „In wenigstens zweierlei Hinsicht können externe Kosten der Umweltnutzung ... für jedes Unternehmen relevant werden: Dies ist entweder der Fall, wenn gegenwärtig externe Kosten im Laufe einer Planungsperiode durch die Änderung politischer oder ökologischer Rahmenbedingungen ganz oder teilweise internalisiert und damit zu betriebswirtschaftlich relevanten Kosten werden. Oder wenn der explizite Umgang mit den externen Kosten des eigenen Handelns als Kommunikationsinstrument, sei es auf öffentlichen Druck, sei es im Rahmen der unternehmerischen Marketingstrategie, von Bedeutung ist."

Insbesondere das Beispiel „Ontario Hydro" zeigt, dass es für Unternehmen nachvollziehbare Motive gibt, sich mit den externen Umweltkosten im Sinne einer Langfristplanung zu befassen. So wurden die ermittelten externen Umweltkosten dazu verwendet, die Umweltschutzleistung/Umweltwirkung eines Kraftwerkes einzuschätzen, Entscheidungen über die Stilllegung oder den weiteren Betrieb bestehender Kraftwerke zu treffen, Kosten und Nutzen neu vorgeschlagener Umweltvorschriften sowie Kosten und Nutzen zusätzlicher Ausrüstungen zur Schadstoffkontrolle und externe Umwelteffekte im Zusammenhang mit Stromimporten oder -exporten zu bewerten.

Schließlich kann die gedankliche Vorwegnahme der externen Umweltkosten betriebliche Fehlinvestitionen vermeiden helfen (risk-analysis). So kann es durchaus im unternehmerischen Eigeninteresse liegen, mit den externen Umweltkosten schon im Planungsstadium einer Anlage zu „rechnen". Dies gilt insbesondere dann, wenn es sich um Anlagen mit einer langen Nutzungsdauer (10 bis 30 Jahre) und einer hohen Umweltrelevanz handelt. Denn in solchen Fällen ist mit einer gewissen Wahrscheinlichkeit davon auszugehen, dass schon allein aufgrund von Überwälzungsprozessen umweltrelevante Faktorkosten wie Energie, Wasser, Rohstoffe und Transporte mittel- bis langfristig steigen.

Literatur

BSO Origin (1993), Annual Report 1992, Utrecht.

Bundesumweltministerium (1991), Informationen des Bundesumweltministeriums zum Thema „Nutzen des Umweltschutzes/Kosten der Umweltverschmutzung". Bonn (Sonderbeilage in der BMU-Umwelt).

Bundesumweltministerium/Umweltbundesamt (1996), Handbuch Umweltkostenrechnung. München.

Claes, Thomas/*Gellrich*, Carsten/*Herbster*, Martin/*Niggemeyer*, Gerfried (1998), Einführung eines integrativen Umweltkostenrechnungsmodells bei der Märkischen Landbrot GmbH Berlin. Berlin.

Deutsches Kompetenzzentrum für Nachhaltiges Wirtschaften (2000), Ignorieren, antizipieren oder integrieren? Die Kosten der Umweltverschmutzung aus Unternehmenssicht, dknw-Tagungsband, Witten/Herdecke.

EPA (1996), Environmental Accounting Case Studies: Full Cost Accounting for Decision Making at Ontario Hydro. Washington D.C.

– (1996), Full Cost Accounting for Decision Making at Ontario Hydro. Washington D.C.

Ewers, Hans-Jürgen (1986), Kosten der Umweltverschmutzung - Probleme ihrer Erfassung, Quantifizierung und Bewertung, in: Umweltbundesamt (Hrsg.): Kosten der Umweltverschmutzung. Berichte 7/86 des Umweltbundesamtes, Berlin, 9-19.

Ewers, Hans-Jürgen/*Schulz*, Werner F. (1982), Die monetären Nutzen gewässergüteverbessernder Maßnahmen – dargestellt am Beispiel des Tegeler Sees in Berlin. Berichte 3/82 des Umweltbundesamtes, Berlin.

Fichter, Klaus/*Loew*, Thomas/*Seidel*, Eberhard (1997), Betriebliche Umweltkostenrechnung. Berlin, Heidelberg, New York.

Fischer, Hartmut/*Wucherer*, Christian/*Wagner*, Bernd/*Burschel*, Carlo (1997), Umweltkostenmanagement. Kosten senken durch praxiserprobtes Umweltcontrolling, München.

Huckestein, Burkhard/*Verron*, Hedwig (1996), Die externen Kosten des Verkehrs. Berichte 5/1996 des Umweltbundesamtes, Berlin.

Keppler, Jan (1991), Wieviel Geld für wieviel Umwelt? Entschädigungskonzepte und ihre normativen Grundlagen, in: Zeitschrift für Umweltpolitik und Umweltrecht, 14. Jg., Heft 4, 1991, 397-410.

Letmathe, Peter (1998), Umweltbezogene Kostenrechnung, München.

Lorenz, Andreas (2000), Externe Kosten ignorieren, antizipieren oder integrieren: die Sichtweise des Umweltbundesamtes. Ignorieren, antizipieren oder integrieren? Die Kosten der Umweltverschmutzung aus Unternehmenssicht. Expertenworkshop mit Teilnehmern aus Wissenschaft und Wirtschaft am 8. Juni 2000 in der Universität Witten/Herdecke. Tagungsband des Deutschen Kompetenzzentrums für Nachhaltiges Wirtschaften (dknw), Witten/Herdecke.

Müller-Wenk, Rudi (1978), Die ökologische Buchhaltung, Frankfurt/Main (2. Aufl.: Frankfurt/Main 1983).

Ontario Hydro (2000), Towards sustainable development – Ontario Hydro 1998 Progress Report, Ontario.

Roth, Ursula (1992), Umweltkostenrechnung. Grundlagen und Konzeption aus betriebswirtschaftlicher Sicht, Wiesbaden.

Schaltegger, Stefan/*Sturm*, Andreas (1992), Ökologieorientierte Entscheidungen in Unternehmen, Bern.

Schneider, Werner (1998), Quantitative und qualitative Analyse der von der Neumarkter Lammsbräu durch freiwillige Umweltaktivitäten vermiedenen externen Kosten. Unveröffentlichte Diplomarbeit, Nürnberg.

Schreiner, Manfred (1990), Ökologische Herausforderung an die Kosten- und Leistungsrechnung. In: Freimann (Hrsg.): Ökologische Herausforderung der Betriebswirtschaftslehre, Wiesbaden, 197-214.

Schulz, Erika/*Schulz*, Werner F. (1993), Umweltcontrolling in der Praxis, München.

Schulz, Werner F. (1985): Der monetäre Wert besserer Luft. Eine empirische Analyse individueller Zahlungsbereitschaften und ihrer Determinanten auf der Basis von Repräsentativumfragen, Frankfurt am Main, Bern und New York.

Schulz, Werner F./*Kreeb*, Martin/*Letmathe*, Peter (2000), Betriebliches Umweltkostenmanagement: Mit externen Umweltkosten rechnen? Expertise für das Umweltbundesamt, Berlin, Bochum, Hohenheim und Witten/Herdecke.

Schulz, Werner F./*Schulz*, Erika (1991): Zur umweltpolitischen Relevanz von Nutzen-Kosten-Analysen in der Bundesrepublik Deutschland, in: Zeitschrift für Umweltpolitik, 14. Jg., Heft 3, 299-337.

Seidel, Eberhard/*Herbst*, Stefan (1999), Neuere Entwicklungen zum kostenorientierten Umweltmanagement. Unveröffentlichtes Manuskript, Siegen.

Umweltbundesamt (1986), Kosten der Umweltverschmutzung. Berichte 7/86 des Umweltbundesamtes, Berlin.

– (1999), Kosten und Nutzen des Umweltschutzes (Survey). Berlin (Bearbeiter: Schwermer, Sylvia/Lorenz, Andreas).

VDI Verein Deutscher Ingenieure, Kommission Reinhaltung der Luft im VDI und DIN – Normenausschuss KRdL (2001), VDI 3800 – Ermittlung der Aufwendungen für Maßnahmen zum betrieblichen Umweltschutz, Düsseldorf.

Wagner, Gerd Rainer / *Janzen*, Henrik (1991), Ökologisches Controlling - Mehr als ein Schlagwort?, in: Controlling – Zeitschrift für erfolgsorientierte Unternehmenssteuerung, 3. Jg., Nr. 3, 120-129.

Wicke, Lutz/*Haasis*, Hans-Dietrich/*Schafhausen*, Franzjosef/*Schulz*, Werner F. (1992), Betriebliche Umweltökonomie, München.

Umweltbezogene Determinanten und ihre innovative Wirkung in Abhängigkeit von dem zu lösenden Umweltproblem – Analyse am Beispiel der europäischen PVC-Industrie

Von *Ingrid Hanhoff*, Berlin, und *Karin Holm-Müller*, Bonn

I. Einleitung

Erklärungsansätze zur Untersuchung der Innovationswirkung von umweltpolitischen Instrumenten und von Umweltpolitik (neoklassische Umweltökonomie, umweltbezogene Policy-Analyse, Porter-Hypothese) beschränken sich meist auf die Analyse einzelner umweltpolitischer Instrumente. Mögliche innovationsbestimmende Eigenschaften des zu lösenden Umweltproblems und der umwelttechnologischen Lösungsmöglichkeiten bleiben bisher weitgehend unberücksichtigt. Dieser Fragestellung – also der Wirkung von Umweltpolitik auf das Innovationsverhalten in Abhängigkeit von dem zu lösenden Umweltproblem – wird im Folgenden nachgegangen. Dabei beruht der Beitrag auf empirischen Erhebungen im Rahmen des Forschungsprojektes „Sustainability, Competitiveness and Technical Change (SCOTCH)“[1], das in der Zeit von Mai 1997 bis April 1999 bearbeitet wurde. Diese Untersuchung konzentrierte sich auf den intersektoralen Umweltinnovationsprozess einer reifen Industrie – der europäischen PVC-Industrie; sie betrachtete damit keine Produktinnovationen als Alternative zu PVC und PVC-Produkten – etwa Polypropylen oder Polyethylen und entsprechende Produkte.

Kapitel II dieses Beitrags stellt die ökonomischen Erklärungsansätze zur Innovationswirkung von umweltpolitischen Instrumenten vor. Kapitel III widmet sich dem Untersuchungsansatz und der Charakterisierung der europäischen PVC-Industrie. Die Erkenntnisse der empirischen Untersuchung werden in Ka-

---

[1] Die Forschungsarbeiten erfolgten im Auftrag der Europäischen Union in Kooperation der Technischen Universität Berlin, Fakultät Wirtschaft und Management, mit Science and Technology Policy Research Unit (SPRU) der University of Sussex, Brighton (Großbritannien), und Institutet för Vatten- och Luftvårdsforskning (IVL), Stockholm (Schweden) (vgl. *Berkhout* u.a., 2000).

pitel IV erläutert und exemplarisch durch Beispiele von umweltinnovativem Verhalten belegt. In Kapitel V werden die Ergebnisse der Untersuchung zusammengefasst und diskutiert.

II. Erklärungsansätze zur Innovationswirkung von Umweltanforderungen

1. Umweltinnovationen und ihre doppelte Externalität

Umweltinnovationen weisen nicht nur in der Innovationsphase, sondern auch in der Diffusionsphase, als Reduzierung der Umweltbelastungen, positive externe Effekte auf. Ihr Nutzen kommt dem innovierenden Unternehmen somit in doppelter Weise nicht vollständig zu Gute: Neben einer unvollständigen Abschöpfung der Renten aus dem neuen Produkt oder Verfahren, weil zum Beispiel ein konkurrierendes Unternehmen das neue Produkt oder Verfahren imitiert, wird dem innovierenden Unternehmen bei Umweltinnovationen außerdem der Umweltnutzen vom Markt nicht vollständig vergütet. Es kommt somit tendenziell zu einer Unterversorgung mit Umweltinnovationen.

Staatliche Umweltpolitik ermöglicht es, Kosten der Umweltnutzung einzelnen Verursachern zuzuschreiben und zu internalisieren. Sie wirkt sowohl auf den Grad der Umweltnutzung als auch auf die ökonomische Effizienz der betroffenen Unternehmen und ist somit ein wichtiger Bestimmungsgrund für das umweltinnovative Verhalten der Unternehmen. Die Innovationswirkung von umweltpolitischen Instrumenten und Umweltpolitik wird in den verschiedenen ökonomischen Erklärungsansätzen kontrovers diskutiert.

2. Die Sicht der neoklassischen Umweltökonomie

Unter Rückgriff auf die mikroökonomische Theorie werden in der Umweltökonomie schematisch definierte umweltpolitische Instrumente im Hinblick auf verschiedene Beurteilungskriterien untersucht. Im Vordergrund stehen ordnungsrechtliche (Ge- und Verbote, Auflagen) und ökonomische (Steuern und Abgaben, Subventionen sowie handelbare Lizenzen) Instrumente sowie das Haftungsrecht.[2] Zunehmend gewinnen auch so genannte „freiwillige" Selbstverpflichtungen an Bedeutung, die streng genommen kein eigenständiges Instrument der Umweltpolitik sind. Die Umweltpolitik sieht diese Selbstregulierung

[2] In der ökonomischen Literatur werden darüber hinaus weitere wirtschaftspolitische Instrumente wie die staatliche oder kollektive Bereitstellung oder Verhandlungslösungen (Coase-Theorem) diskutiert, diese haben jedoch in der nationalen Umweltpolitik keine wesentliche Bedeutung (vgl. Übersicht in *Fritsch/Wein/Ewers*, 2003, 155).

jedoch ausdrücklich vor, gleichzeitig droht sie bei Verfehlung häufig mit schärferen Maßnahmen. Insofern ist bei vielen Selbstverpflichtungen der Industrie eine staatliche Initiative vorhanden. Aber auch „weiche" Instrumente wie Umweltkennzeichnungen (z.B. die Produktkennzeichnung durch Umweltzeichen) oder Informations- und Aufklärungskampagnen können – vor allem, wenn Unternehmen für den Endverbraucher produzieren – den Druck erhöhen und Anpassungsmaßnahmen induzieren.

Hinsichtlich der dynamischen Anreizwirkung, also der Fähigkeit eines Instrumentes, Anreize für umweltinnovatives Verhalten zu schaffen (Endres, 2000), werden in der traditionellen Instrumentendiskussion ökonomische Instrumente gegenüber ordnungsrechtlichen Eingriffen positiver beurteilt. Wird den Unternehmen beispielsweise die Nutzung eines bestimmten Standes der Technik vorgeschrieben, so sind sie zwar bemüht die Auflage möglichst kostengünstig umzusetzen, haben aber aus neoklassischer Sicht keinen Anreiz Techniken zu entwickeln und einzuführen, die eine über das in der Auflage festgelegte Maß hinausgehende Reduzierung von Emissionen erlauben. Durch marktbasierende Instrumente erhalten die Unternehmen dagegen einen ständigen Anreiz Emissionen zu senken. Denn: Jede Emissionseinheit, die aufgrund verbesserter Umwelttechnik vermieden werden kann, erspart den Unternehmen die Zahlung von Steuern oder Abgaben bzw. den Kauf von Lizenzen (vgl. zur umfassenden Betrachtung der umweltpolitischen Instrumente z. B. Fritsch/Wein/Ewers, 2003, Ewers/Hassel, 2000). Modelltheoretische Untersuchungen zur vergleichenden Wirkung von umweltpolitischen Instrumenten – u.a. Downing/White (1986), Milliman/Prince (1989; 1992), Jung u.a. (1996) – bestätigen, dass von marktbasierenden Instrumenten generell ein höherer Anreiz für einen umwelttechnologischen Wandel als von einer Auflagenpolitik ausgeht.

Die modelltheoretischen Schlussfolgerungen der Umweltökonomie basieren auf den sehr restriktiven Annahmen der Wohlfahrtsökonomie: So setzen viele Modelle u.a. einen wohlwollenden Regulator, der vollständige Markttransparenz besitzt und über alle Informationen verfügt, eine unendlich schnelle Anpassung an neue Rahmenbedingungen und keine oder sehr niedrige Transaktionskosten voraus. In der Regel wird lediglich die Wirkung einer Maßnahme zur Verminderung eines spezifischen Schadstoffes untersucht, d.h. weder die konkrete Ausgestaltung des jeweiligen Instrumentes noch mögliche Wechselwirkungen mit vorhandenen Regulierungen werden ausreichend berücksichtigt. Auch fehlen Differenzierungen hinsichtlich der Art der Umweltbelastung, der Technologie, wie etwa verfügbare „end of pipe" – und/oder integrierte Vermeidungstechnologien, oder der bestehenden Struktur der Emittenten (vgl. Hohmeyer/Koschel, 1995). Die modelltheoretische Analyse wird der Komplexität der Umweltprobleme und ihrer Lösungsmöglichkeiten häufig nicht gerecht.

Eine weitere Schwäche der umweltökonomischen Studien hinsichtlich der Analyse der dynamischen Effizienz von umweltpolitischen Instrumenten wird in der fehlenden Berücksichtigung von angebots- und nachfrageseitigen Faktoren auf das Innovationsverhalten und vice versa gesehen. Denn Innovationen bei Anbietern von Umwelttechnologien werden nicht direkt durch umweltpolitische Maßnahmen veranlasst. Ihr Nutzen sind nicht die verringerten Kosten der Umweltverschmutzung, sondern ein erhöhter Umsatz (vgl. Jänicke, 2000).

Politikwissenschaftler – und hier vor allem die Vertreter der Policy-Analyse – kritisieren bei dem Ansatz der Umweltökonomie neben der isolierten Betrachtung einzelner Instrumente die mit der „ex ante"- und „top down"-Analyse verbundene, eingeschränkte Perspektive aus der Sicht des staatlichen Maßnahmenträgers. Sie empfehlen einen analytischen Ansatz, der die „bottom up"-Perspektive einschließt oder ihr Priorität gibt, so dass die Evaluation methodisch offen für jede Art möglicher Einflussfaktoren wird (vgl. Jänicke, 1997).

3. Die umweltbezogene Policy-Analyse

Auf der empirischen Evaluationsforschung beruhende Untersuchungen der umweltbezogenen Policy-Forschung zeigen, dass erfolgreiche Umweltpolitik im Sinne einer Innovationsförderung nicht allein durch gezieltes staatliches Handeln generiert wird. Sie betrachtet somit nicht nur einzelne Instrumente, sondern befasst sich ebenso mit dem die Willensbildung prägenden Politikstil, der Akteurskonstellation sowie der Instrumentierung als Ganzes.[3]

So zeigen Untersuchungen von Entscheidungsprozessen, die hinter der Durchsetzung von umweltpolitischen Maßnahmen stehen, Vorteile von ordnungsrechtlichen Instrumenten aus Sicht der verschiedenen Akteure. Politiker können Erfolge eindeutig und schnell nachweisen, Unternehmen schätzen die hohe Planungssicherheit und Anbietern von entsprechenden Umwelttechnologien eröffnet sich die Möglichkeit eines staatlich garantierten Nachfragevolumens. Gleichzeitig werden Steuerlösungen im politischen Prozess häufig „verwässert". Dies führt zu allgemein niedrigeren Steuersätzen und zu einer vergleichsweise geringen Innovationswirkung von Umweltsteuern (vgl. hierzu u.a. Gawel/Schneider, 1996; Rennings, 2000).

Hinsichtlich der Innovationswirkung kann auch der Politikstil eine größere Bedeutung annehmen als die Maßnahme selbst. So können Auflagen, Ge- oder Verbote manche ihrer in der Literatur thematisierten Schwächen überwinden, wenn sie nur angekündigt werden und in ihrem Schatten verhandelt und somit ein komplizierter Entscheidungsprozess umgangen werden kann. Dieses pro-

---

[3] Vgl. *Jänicke* (1997) sowie weitere Arbeiten zu diesem Aspekt u.a. von Conrad (1996), *Coenen/Klein-Vielhauer/Meyer* (1996).

spektive, regulative Instrument hat sich bereits in vielen Ländern unter den Bezeichnungen „administrative guidance" oder „negotiated rulemaking" eingebürgert. Erfolgt die Zielbildung im Konsens der wichtigsten Akteure, ist die Implementierung der Maßnahmen erheblich erleichtert (vgl. Jänicke, 1997).

Im Rahmen der Policy-Analyse wurde auch die Instrumentenfrage evaluiert: So zeigen Jänicke und Weidner (1995) in einer international vergleichenden Untersuchung an zahlreichen Beispielen, dass in der Regel ein Policy-Mix vorliegt und eine Innovationswirkung nicht durch eine einzelne Maßnahme erzielt wird. Die geringe Bedeutung einzelner Maßnahmen bestätigt auch eine Studie von Jacob u.a. (1998) zu 182 Gefahrstoffen, deren Produktion und Verbrauch in Deutschland eingeschränkt oder substituiert wurde. Nur in wenigen Fällen kann die umweltinnovative Forschung und Entwicklung sowie die Substitution dieser Stoffe auf direkte staatliche Maßnahmen zurückgeführt werden. Auch sind staatliche Maßnahmen häufig nicht der einzige Bestimmungsgrund für umweltpolitisch bedeutsame Innovationen. Dies bestätigen die Ergebnisse einer Managerbefragung in Deutschland und Norwegen zu den Determinanten für ‚Umweltbetroffenheit' von Unternehmen: Neben den jeweils erstgenannten staatlichen Institutionen haben Umweltverbände, Medien und Kunden – jeweils in unterschiedlicher Reihenfolge – einen entscheidenden Einfluss auf das umweltinnovative Verhalten von Unternehmen (vgl. Brinkmann/Kirchgeorg, 1995, 386). Die ausdifferenzierte Akteursstruktur zeigt, wie wenig realitätsnah das traditionelle, mechanistische Bild staatlicher Steuerung ist. Von Bedeutung sind sowohl Konstellationen der politischen Akteure als auch enge Kooperationen der Unternehmen entlang der Wertschöpfungskette und mit externen Forschungseinrichtungen (Jänicke u.a., 2000).

Ausgehend von den Erkenntnissen der empirischen Evaluationsforschung betont die Policy-Analyse, dass eine erfolgreiche, innovationsfördernde Umweltpolitik den gesamten Prozess der Willens- und Zielbildung und die institutionellen Rahmenbedingungen berücksichtigen muss. Die Erkenntnisse der umweltbezogenen Policy-Analyse bleiben jedoch auf den Bereich des staatlichen Handelns begrenzt. Eine explizite Analyse des Umweltinnovationsprozesses und die Einbeziehung seiner Bestimmungsgründe ist bisher nicht erfolgt. Vertreter der Policy-Analyse fordern deshalb eine Kombination von Policy-Analyse und Innovationsforschung (so z. B. Jänicke, 1997, 4).

4. Die Porter-Hypothese

In der neueren, umweltbezogenen Innovationsforschung hat die so genannte „Porter-Hypothese" große Beachtung gefunden. Porter (1991) wendet sich gegen die in der traditionellen Innovationsforschung vorherrschende statische Betrachtungsweise, in der Produktionstechnologien und Produkte sowie die Wünsche der Verbraucher unveränderlich sind. In dieser statischen Welt führen

Umweltschutzmaßnahmen unvermeidlich zu höheren Kosten und damit zu einem „trade-off" zwischen Umweltzielen und industrieller Wettbewerbsfähigkeit. Porter geht dagegen von einer dynamischen Wettbewerbsfähigkeit aus, die auf der Innovationsfähigkeit von Unternehmen basiert. Er knüpft an das evolutorische Innovationsverständnis an: Die dynamische Wirklichkeit ist charakterisiert durch sich verändernde technologische Möglichkeiten in Verbindung mit unvollständigen Informationen, einer gewissen Trägheit von Organisationen sowie Kontroll- und Steuerungsproblemen. Unternehmen sehen sich somit einer Vielzahl von Möglichkeiten für technologische Verbesserungen gegenüber, haben jedoch nur eine begrenzte Aufmerksamkeit. In dieser dynamischen Welt – so die Porter-Hypothese – können strenge, richtig gestaltete Umweltschutzmaßnahmen Innovationen entfachen, die die Umwelt entlasten und gleichzeitig die Gesamtkosten eines Produktes verringern oder seine Qualität verbessern. Ökologische Schäden basieren überwiegend auf ökonomischen Ineffizienzen, so dass so genannte „win win"-Lösungen häufig sind.[4] Das Problem von gesetzlichen Umweltanforderungen sei demnach nicht ihre Strenge, sondern die Art und Weise, wie sie festgeschrieben, und die mangelnde Wirtschaftlichkeit, mit der sie verwaltet werden.

Die Porter-Hypothese ist nicht ohne Widerspruch geblieben. Gegner – wie Palmer u.a. (1995), Walley/Whitehead (1994), Oates u.a. (1994) und Rothwell (1992) – bestreiten die theoretische Möglichkeit von „innovation offsets" nicht, in der Praxis seien diese jedoch selten und gering. Unternehmen treffen unter Berücksichtigung der verfügbaren Informationen die bestmöglichen Entscheidungen. So sei es unwahrscheinlich, dass zusätzliche Beschränkungen, wie sie durch umweltpolitische Eingriffe entstehen, zu einem höheren Nutzen führen können. Auch wenn Umweltvorschriften Innovationen befördern, so können sie doch die Wettbewerbsfähigkeit der betroffenen Industrie schädigen, weil möglicherweise produktivere Investitionen verdrängt werden.

Die Porter-Hypothese wurde in modelltheoretischen und empirischen Untersuchungen vielfach überprüft. Nahezu alle Untersuchungen bestätigen die Hypothese, dass Umweltanforderungen den umweltbezogenen Innovationsprozess in den betroffenen Industriebereichen anregen bzw. dass eine Zunahme der Strenge der Umweltanforderung auch zu mehr umweltrelevanter Forschung und Entwicklung führt (vgl. u.a. Oates u.a., 1994; Schmalensee, 1994; Landjouw/Mody, 1996; Jaffe/Palmer, 1996). Einige weisen jedoch zugleich darauf hin, dass hohe Investitionen für Umweltschutzmaßnahmen auch verringerte

[4] Vgl. zu verschiedenen Interpretation der Porter-Hypothese u.a. *Oates* u.a. (1994) und *Schmalensee* (1994). Neben der dargestellten, so genannten „strengen" Version werden weitere zwei diskutiert. Die so genannte „enge": Hier unterstreicht Porter, dass Umweltregulierungen, um Innovationen anzuregen, auf das Ergebnis und nicht auf den Prozess gerichtet sein sollten. Die so genannte „weiche" Version besagt lediglich, dass Umweltregulierungen bestimmte Innovationen anregen.

Ausgaben für produktivitätssteigernde Investitionen bedeuten können (vgl. u.a. Gray/Shadbegian, 1998; Ulph, 1997). Jaffe u.a. (2002, 5f.) fassen die Diskussion zur Porter-Hypothese wie folgt zusammen: „(R)esults seem to be industry and methodology dependent. ... Overall, the evidence on induced innovation and the win-win hypothesis seems to be a case of a ‚partially full glass' that analysts see as mostly full or mostly empty, depending on their perspective."

5. Kritik an den vorgestellten Ansätzen

Umweltökonomische Betrachtung, umweltbezogene Policy-Forschung und auch die Porter-Hypothese bleiben auf die Analyse und Bewertung des umweltpolitischen Instrumentariums bzw. des staatlichen Handelns beschränkt und konkretisieren dieses in unterschiedlicher Art und Weise. Mögliche innovationsbestimmende Eigenschaften des zu lösenden Umweltproblems und der umwelttechnologischen Lösungsmöglichkeiten bleiben in diesen Forschungsansätzen weitgehend unberücksichtigt. Dagegen betont die evolutorische Innovationsforschung, dass innovatives Verhalten wesentlich durch sektor- und technologie-spezifische Faktoren bestimmt wird; dies scheint auch für umwelttechnologische – vor allem prozessintegrierte – Innovationen plausibel. Ebenso liegt es nahe, dass die Verfolgung umweltpolitischer Strategien – etwa die Minimierung umweltschädlicher Emissionen oder die Maximierung einer Recycling- und Verwertungsquote – die Entwicklung und den Einsatz spezifischer Umwelttechnologien bedingt.

III. Untersuchungsansatz und Charakterisierung des Untersuchungsgegenstandes

1. Erkenntnisziel der Untersuchung, Methodik und empirisches Vorgehen

a) Konkretisierung des Erkenntnisziels

Ausgangspunkt der empirischen Untersuchung ist die Überlegung, dass umwelttechnologische Innovationen – ebenso wie „normale" Innovationen – einem Bündel von Einflussfaktoren unterliegen und dass das umweltpolitische Instrumentarium nur *ein* zusätzlicher Bestimmungsgrund ist. Dabei konzentriert sich die vorliegende Analyse auf umweltproblem-spezifische Einflussfaktoren und ihren Einfluss auf die Wirkung von Umweltpolitik. Die empirische Untersuchung erfolgt im konkreten Kontext einer reifen Industriebranche, der europäischen PVC-Industrie; betrachtet wird folglich der intersektorale Umweltinnovationsprozess.

Der Untersuchung wird der „bottom up"-Ansatz zugrunde gelegt: Ausgehend von der Wirkung – den umwelttechnologischen Innovationen und ihrer umweltentlastenden Wirkung – werden die Ursachen – die Bestimmungsgründe für das umweltinnovative Verhalten – erforscht. Die Charakterisierung von Innovationen im Systemansatz betont die vielfältigen Einflussfaktoren des Innovationsprozesses und die Komplexität der Beziehungen zwischen den Akteuren. Somit werden die Erkenntnisse der umweltbezogenen Policy-Analyse aufgegriffen, die u.a. die Berücksichtigung der Akteurskonstellation als wesentlichen Faktor für eine erfolgreiche, innovationsfördernde Umweltpolitik nennt.

Die Kategorisierung des zu lösenden Umweltproblems erfolgt nach drei, aus der umweltpolitischen Praxis abgeleiteten Umweltstrategien:

(a) *„Pollution Prevention"*: Ziel ist die Minimierung von Emissionen in Wasser und Luft aus den betroffenen Produktionsbereichen,

(b) *„Eco-Efficiency"*: Ziel ist die Maximierung der Ressourceneffizienz im Produktionsprozess d.h. Minimierung des Material- und Energieeinsatzes und

(c) *„Recovery and Reuse"*: Ziel ist die Maximierung der Rückgewinnung und Wiederverwendung von Endprodukten.

Die umwelttechnologischen Innovationen werden auf der Basis ihrer dominierenden, umweltentlastenden Wirkung den Umweltstrategien zugeordnet.

Die Systematisierung der Bestimmungsgründe für unweltinnovatives Verhalten knüpft an den Erkenntnissen der evolutorischen Innovationsforschung an, die technologie-spezifische Faktoren als Bestimmungsgründe für den intersektoralen Innovationsprozess hervorhebt (vgl. Dosi, 1988). Die – nachfolgend genannte – Differenzierung der Bestimmungsgründe für umwelttechnologische Innovationsentscheidungen scheint zunächst plausibel; bleibt jedoch offen für weitere, speziell umwelt- und umwelttechnologisch relevante Faktoren:

- *technologische Chancen*, d.h. Art der Wissensbasis für Innovationen (neues wissenschaftliches Know-how oder spezielles prozesstechnisches Erfahrungswissens) sowie Quellen des Wissens und Art der innovativen Forschung (beteiligte Akteure, Vernetzung der Akteure, ...);
- *Aneignungsmöglichkeiten und -mechanismen*, d.h. technologische Führerschaft/Vorlaufzeit, Einfluss auf die Erfahrungskurve / professionelle Fähigkeiten, Geheimhaltung, Patentierung, ... sowie Marktposition (z.B. bessere Verkaufs- und Serviceleistungen, Reputation, ...);
- *wirtschaftliche Anreizmechanismen*, d.h. Höhe und Veränderungen der Nachfrage (u.a. Marktgröße und -wachstum, Einkommenselastizität verschiedener Produkte, ...), Höhe und Veränderung der relativen Faktorpreise (u.a. Arbeits-, Kapital- und Energiekosten, ...), Marktstruktur und Wettbewerbsfähigkeit;

sowie ergänzende

- *umweltbezogene Einflussfaktoren*, d.h. Umweltgesetzgebung, öffentlicher und politischer Druck und Umweltreputation (z.B. Einfluss von Umweltorganisationen, ...).

Die hier entwickelte Erweiterung der umweltbezogenen Policy-Analyse um Erkenntnisse der evolutorischen Innovationsforschung folgt der von Jänicke (1997) vorgeschlagenen, oben bereits erwähnten Kombination dieser Forschungsansätze.

Vor diesem Hintergrund lautet die der Untersuchung zugrunde liegende Arbeitshypothese:

> „Es bestehen signifikante Unterschiede in der Bedeutung und Wirkung von umweltbezogenen Bestimmungsgründen des Innovationsverhaltens in Abhängigkeit von dem zu lösenden Umweltproblem bzw. der verfolgten Umweltstrategie."

b) Methodik und empirisches Vorgehen

Im Vordergrund der Untersuchung stand die qualitative Erforschung des Untersuchungsgegenstandes mit Hilfe empirischer Methoden. Es erfolgte zunächst eine umfangreiche Recherche von Literatur und zugänglichen fach- und unternehmens-/branchenbezogenen Materialien. Sie ermöglichte eine detaillierte Analyse der Charakteristika der Produktionsstufen bezüglich Produktionstechnologie und Produkten, technologischem Entwicklungsstand, spezifischen Gesundheits- und Umweltwirkungen sowie wirtschaftlichen Aspekten wie Entwicklung der Marktnachfrage, Höhe und Veränderung der Faktorpreise, Marktstruktur und Wettbewerbsfähigkeit der Branche. Die Erkenntnisse bildeten die Grundlage für den explorativen Teil des Forschungsprozesses und flossen zugleich in die Auswertung ein.

Für die Erhebung der Daten und Informationen zum umwelttechnologischen Innovationsprozess wurde ein qualitatives, teil-standardisiertes Befragungsverfahren – *das Leitfadengespräch* – gewählt (vgl. Hron, 1994). Der Expertenbefragung lag ein Gesprächsleitfaden zugrunde, der in Abhängigkeit von dem befragten Unternehmen bzw. der befragten Organisation variiert und an die jeweilige Gesprächssituation angepasst wurde. Die Fragen zum umwelttechnologischen Innovationsprozesses konzentrierten sich auf Folgendes:

1. Welches waren/sind die wichtigsten umwelttechnologischen Innovationen und wie können diese charakterisiert werden?
2. Welche Umweltwirkungen waren/sind mit den umwelttechnologischen Innovationen verbunden?
3. Was waren/sind die Quellen für das innovative, umwelttechnologische Wissen? Welche Akteure waren/sind an der Entwicklung der technischen Neuerung beteiligt und wie wirken/arbeiten diese zusammen?
4. Wodurch wurden/werden die Entwicklung und Einführung der umwelttechnologischen Innovationen motiviert?

Hinsichtlich der Umweltwirkungen von einzelnen umwelttechnologischen Innovationen wurden die Ausführungen der Befragten häufig durch firmen- und/oder technologie-spezifische Unterlagen ergänzt.

Die gewonnenen Daten und Informationen wurden mit Hilfe der *qualitativen Inhaltsanalyse* ausgewertet. Ein wesentliches Kennzeichen der qualitativen Inhaltsanalyse ist die Verwendung von Kategorien, die in der Regel aus theoretischen Modellen abgeleitet sind. Ziel ist die systematische, d.h. regel- und theoriegeleitete Analyse des erhobenen Datenmaterials (vgl. Mayring, 1985). Das Konzeptionalisieren orientierte sich in erster Linie an den definierten Umweltstrategien und den aus der evolutorischen Innovationsforschung abgeleiteten Bestimmungsgründen für innovatives Verhalten.

Die empirische Untersuchung beschränkte sich nicht nur auf die europäischen PVC-Industrie. Es wurden vor- und nachgelagerte PVC-Produktions- und -Verarbeitungsstufen sowie weitere, sich im Laufe der Untersuchung als bedeutsam zeigende Akteure und Einflussfaktoren in die Analyse einbezogen. Wechselwirkungen zwischen den verschiedenen Akteuren im Innovationsprozess – vor allem mögliche Kooperationen der Unternehmen entlang der Wertschöpfungskette – und des jeweiligen institutionellen Rahmens wurden somit weitgehend berücksichtigt. Das umweltinnovative Verhalten wurde bis etwa 1980 zurückverfolgt.

2. Der Untersuchungsgegenstand: die europäische PVC-Industrie

a) Charakterisierung der europäischen PVC-Industrie

PVC – *P*oly*v*inyl*c*hlorid – zählt zu den ältesten Kunststoffen in der heutigen Anwendung. Im Jahre 1835 stellte Regnault als Erster Vinylchlorid-Monomer her. Baumann entdeckte dann 1872 erstmals die Polymerisation. Die erste großtechnische PVC-Produktionsanlage lief 1938 in Schkopau/Deutschland an. Die wirtschaftliche Entwicklung von PVC ist eng mit der Entdeckung von geeigneten Thermostabilisatoren verbunden, da PVC selbst nur eine geringe thermische Stabilität hat und bei hohen Temperaturen Chlorwasserstoff abspaltet. Weitere Zusatzstoffe – so genannte Additive mit zum Teil sehr spezifischen Funktionen – haben zu der großen Vielfalt von PVC-Produkten und der heutigen Bedeutung von PVC geführt. Sie bestimmen die mechanischen, physikalischen und chemischen Eigenschaften des PVC. PVC-Produkte werden in den unterschiedlichsten Bereichen eingesetzt; die Zahl ihrer Anwendungen ist heute größer als bei allen anderen Massenkunststoffen. Heute werden weltweit mehr als 26 Millionen Tonnen PVC pro Jahr hergestellt (APME, 2000).

Bis Mitte der 1970er Jahre verzeichnete PVC ein rapides Wachstum von jährlich durchschnittlich 15 Prozent. Das Wachstum verringerte sich erst, als

PVC einige Anwendungsbereiche bis an die praktischen Grenzen durchdrungen hatte. Gleichzeitig wurden erstmals von PVC ausgehende Gesundheits- und Umweltbelastungen bekannt. Wissenschaftliche Untersuchungen belegten, dass der Kontakt mit Vinylchlorid-Monomer (VCM) eine Form von Leberkrebs hervorrufen kann. Die PVC-Industrie wurde in den frühen 1980er Jahren mit diesem Sachverhalt öffentlich konfrontiert. Einige Jahre später war die PVC-Industrie Gegenstand weiterer Umweltkampagnen, die die Bildung von Dioxinen und anderen chlorierten Kohlenwasserstoffen bei unkontrollierten Bränden, u.a. von PVC-Produkten im Fall eines Wohnungsbrandes, oder bei der Verbrennung von PVC-haltigem Abfall betrafen. Ebenso kritisch wurden schließlich bestimmte Zusatzstoffe, vor allem Weichmacher und schwermetallhaltige Stabilisatoren, diskutiert. Viele Verbraucher kauften infolge dieser öffentlichen Kampagnen keine PVC-Produkte mehr. Die Diskussion über PVC und dessen Gesundheits- und Umweltbelastungen wurde zunächst, aufgrund mangelnder Kenntnisse und fehlender Untersuchungen, wenig differenziert und sehr emotional geführt (Tukker u.a., 1995). In den vergangenen Jahren haben eine Fülle von wissenschaftlichen Studien zu den gesundheitlichen und umweltrelevanten Aspekten von PVC und seinen Anwendungen zur Versachlichung und einer wissenschaftlich differenzierteren Diskussion geführt.[5]

Von den nationalen Regierungen sowie auf europäischer Ebene wurden Bestimmungen vor allem zur Emissionsminderung von Dioxinen und anderen chlorhaltigen Substanzen, kritischen Zusatzstoffen und der Behandlung von PVC-haltigem Abfall erlassen. Ebenso hat die europäische PVC-Industrie freiwillige Erklärungen abgegeben, die zunächst auf die Verringerung kritischer Emissionen bei der PVC-Produktion zielten und heute auch Zusagen bezüglich der Verringerung kritischer Zusatzstoffe und einer geeigneten Abfallbehandlung und -verwertung einiger PVC-Produkte einschließen.

Mit der Verringerung des Wachstums begann sich die westeuropäische PVC-Industrie auf ihre Wettbewerbsfähigkeit zu konzentrieren. Damit erhöhten sich auch die Anforderungen an die Produktionsprozesse. Economies of scale und die Entwicklung von großen Märkten wurden die wesentlichen Leistungskriterien der Branche. Die Produktionskapazitäten einzelner Unternehmen haben stetig zugenommen: Hatten die größten Produktionsstandorte 1980 noch eine Jahreskapazität von etwa 300 000 Tonnen PVC, so liegt diese heute bei über 1 000 000 Tonnen. Infolge dieser Entwicklung verringerte sich die Zahl der PVC-Hersteller in Westeuropa erheblich: Sie beträgt heute etwa ein Drittel der Zahl von vor zwanzig Jahren (1980: 31, 1999: 11) (Rolph, 1999).

---

[5] Einen guten Überblick zu den Umweltwirkungen von PVC geben u.a. EU-KOM (2000), UBA (1999), Enquete Kommission (1994).

Die Produktionstechnologie passte sich den neuen Erfordernissen schrittweise an. Mit der Erweiterung der technologischen Fähigkeiten wurden auch die Eigenschaften der PVC-Harze weiter differenziert und verbessert. Gleichzeitig wurden neue Qualitäten nachgefragt: Verarbeiter von PVC stellten immer spezifischere Anforderungen an die Eigenschaften des PVC-Harzes. Heute hat sich eine reife, hoch spezialisierte und leistungsfähige PVC-Produktionstechnologie entwickelt, die anwendungsbezogene PVC-Harzvariationen hervorbringt. Die Produktion ist auf eine begrenzte Anzahl von Produkten/Produktvariationen begrenzt, die in großen Mengen hergestellt werden. Der Wettbewerb der Produkte erfolgt vornehmlich auf der Basis von Preisen; die Gewinnspanne pro Einheit ist typischerweise gering (Rolph, 1999).

b) Phasen der PVC-Lebenszyklus und ihre Umweltrelevanz

Die folgende Tabelle 1 stellt die verschiedenen Phasen des Lebenszyklus von PVC und seinen Produkten mit den von ihnen ausgehenden kritischen Gesundheits- und Umweltbelastungen dar.

Dabei sind die Ursachen für schädliche Wirkungen häufig nicht in der jeweiligen Phase selbst zu finden. So können Zusatzstoffe, die in der PVC-Verarbeitung zugeführt werden, sowohl in der Gebrauchsphase zu Emissionsbelastungen als auch bei der Abfallbehandlung und -verwertung zu Problemen führen. Auch sind die Umweltwirkungen von Produkt zu Produkt sehr unterschiedlich: Während bei kurzlebigen Weich-PVC-Produkten, wie Folien oder Beschichtungen, Emissionen von kritischen Weichmachern im Vordergrund stehen und diese Produkte in der Regel mit dem kommunalen Abfall auf eine Deponie entsorgt werden, enthalten langlebige Hart-PVC-Produkte, wie Rohre oder Fensterprofile, keine Weichmacher und fallen häufig in großen Fraktionen an, so dass sie vergleichsweise leicht sortenrein erfasst und einem hochwertigen Recycling zugeführt werden können.

c) Definition des Untersuchungsfeldes und der Interviewstichprobe

Die Gesundheits- und Umweltwirkungen und folglich das umweltinnovative Verhalten hängen entscheidend vom PVC-Produkt ab. Die empirische Untersuchung konzentrierte sich infolgedessen auf ein Produkt. Ausgewählt wurden dabei „PVC-Fensterprofile". Aufgrund ihrer Langlebigkeit und der in der Regel in großen und vergleichsweise reinen Fraktionen anfallenden Alt-Profile sind sie in besonderer Weise für ein Recycling geeignet. Recyclinginitiativen haben sich vereinzelt gebildet. PVC-Fensterprofile gehören wie Rohre, Bodenbeschichtungen und Dachbahnen zu den langlebigen PVC-Produkten des Bausektors, die etwa 60 Prozent des PVC-Verbrauchs in Westeuropa ausmachen (ECVM/EuPC/ESPA/ECPI, 2001). Der Anwendungsbereich der PVC-Fensterprofile

Tabelle 1

Gesundheits- und Umweltbelastungen in den Phasen des PVC-Lebenszyklus

Phasen des PVC-Lebenszyklus	*Gesundheits- und Umweltbelastung*
Cracken von Naphtha	Emissionen von flüchtigen organischen Verbindungen und Asbest (früher) / künstlichen Fasern (heute) aus dem Hochofen, hoher Energieverbrauch
Chlor-Alkali-Elektrolyse:	
▪ Amalgamverfahren	▪ Quecksilber-Emissionen, hoher Energieverbrauch
▪ Diaphragmaverfahren	▪ Asbest-Emissionen, hoher Energieverbrauch
▪ Membranverfahren	▪ ohne kritische Emissionen, geringer Energieverbrauch
EDC/VCM-Herstellung: ▪ Direkt- und Oxychlorierung ▪ EDC-Pyrolyse	Emissionen von EDC, VCM und weiteren chlorierten Kohlenwasserstoffen (auch Dioxin), HCl, Ethylen in Luft sowie EDC, Kupfer, Dioxin in Wasser
Polymerisation von VCM	VCM-Emissionen in Luft und Wasser sowie VCM-Rückstände im PVC-Harz
PVC-Verarbeitung (Compounding und Ausformung)	Emissionen von VCM und Zusatzstoffen (Weichmacher, Stabilisatoren), im Fall von Überhitzung auch kritische Abbauprodukte der Stoffe.
Gebrauchsphase/ PVC-Anwendungen: ▪ Weich-/Hart-PVC-Produkte ▪ lang-/kurzlebige Produkte	Weichmacheremissionen bei Weich-PVC, Dioxinbildung bei unkontrolliertem Brand, Lebensdauer der Produkte wichtiges Kriterium für Wege der Abfallbehandlung
Abfallbehandlung und -verwertung:	
▪ Deponierung	▪ Emissionen von Weichmachern und Stabilisatoren, Dioxine im Brandfall
▪ Verbrennung	▪ Chloreintrag und Salzsäurebildung im Rauchgas, das neutralisiert werden muss, Dioxinbildung
▪ Recycling (chemisch /werkstofflich)	▪ Ressourceneinsparung: insbesondere werkstoffliches Recycling vorteilhaft, Gefahr des erneuten Eintrags von Zusatzstoffen in die Umwelt; beim chemischen Recycling vor allem Chlor-Rückgewinnung, z.T. Dioxinbildung möglich

ist durch moderate Anfänge in den 1960er und 1970er Jahren in Deutschland gekennzeichnet, die in den frühen 1980 Jahren die Plattform für die Einführung von PVC-Fenstern in vielen europäischen Ländern und für ein rapides Wachstum in den vergangenen zwei Dekaden bereiteten. Wenige große Fensterprofilhersteller mit Betrieben in mehreren europäischen Ländern dominieren die Branche. In diesen Betrieben kommt eine hoch leistungsfähige Prozesstechnologie zum Einsatz, die auf die Produktion weniger ausgereifter Fensterprofilsysteme spezialisiert ist (Rigby/Arnold, 1999).

Tabelle 2

Die Interviewstichprobe

Akteure	*Anzahl der Interviews / Erfassungsgrad*
▪ Cracken von Naphtha	Interviews in 2 Unternehmen mit Anlagen in 5 europäischen Ländern, direkte oder indirekte Integration in das PVC-Geschäft
▪ Chlor-Alkali-Elektrolyse	Interviews in 6 Unternehmen mit Anlagen in 8 europäischen Ländern, direkte oder indirekte Integration in das PVC-Geschäft
▪ EDC/VCM- und PVC-Herstellung	Jeweils 7 Interviews in Unternehmen mit Anlagen in 8 europäischen Ländern und ca. 70 % der europäischen Produktionskapazität, teilweise integriert in PVC-Verarbeitung
▪ PVC-Verarbeitung (Compounding und Ausformung)	Interviews in 4 Unternehmen mit Produktionsanlagen in den fünf wichtigsten europ. Ländern, teils Integration von Compounding und Verarbeitung
▪ Technologieentwickler / -zulieferer	Interviews in 7 Unternehmen mit globalen Märkten
▪ Hersteller von Zusatzstoffen	Interviews in 4 Unternehmen mit globalen Märkten
▪ Unternehmensverbände	Interviews in 4 national und europaweit tätigen Organisationen
▪ PVC-Recycling	Interviews mit 2 Experten
▪ Beratungs- und Forschungsinstitute	Interviews mit 3, zum Teil global agierenden Organisationen
▪ Gesetzgeberische Institutionen	2 Interviews (europäisch und deutsch)
▪ Umweltorganisationen	1 Interview mit einem europaweit tätigen Verband

Da die Ursachen von Gesundheits- und Umweltbelastungen vielfach nicht in der Phase des PVC-Lebenszyklus zu finden sind, in der sie auftreten, können Bestimmungsgründe für umweltinnovatives Verhalten auch außerhalb des betrachteten Prozessschrittes liegen. Ferner sind Innovationsprozesse in reifen Industriebranchen durch ein hohes Maß an Wechselwirkungen gekennzeichnet: Quellen für Veränderungen von Produkten und Produktionsverfahren liegen auch außerhalb der produzierenden Unternehmen. Ebenso sind Anpassungsmaßnahmen häufig in vor- oder nachgelagerten Produktionsstufen notwendig (Abernathy/Utterback, 1975). Die empirische Untersuchung bezieht vor- und nachgelagerte Prozessschritte der PVC-Produktion sowie Wechselwirkungen u.a. mit Zulieferern von Zusatzstoffen und technischen Ausrüstungen ein.

Die Auswahl der Interviewpartner stellte sicher, dass die europäische PVC- und PVC-Fensterprofilindustrie entlang der Prozesskette sowie ihre Zulieferer und die Unternehmensverbände ebenso einbezogen wurden wie gesetzgebende Institutionen, Forschungseinrichtungen und eine Umweltorganisation.

IV. Ergebnisse der Untersuchung

1. Allgemeines

In der Expertenbefragung wurden mehr als 72 verschiedene umweltrelevante Innovationen mit ihren Charakteristika und Bestimmungsgründen identifiziert. Sie umfassen sowohl kleinere, inkrementale Innovationen von vergleichsweise geringer ökonomischer und/oder ökologischer Bedeutung als auch größere, eher radikale Innovationen mit weitreichenden, auch pfadverändernden Wirkungen. Radikale, pfadbildende Innovationen sind dabei aufgrund der sektor- und produktspezifischen Ausrichtung der Untersuchung definitionsgemäß unterrepräsentiert. Die umweltrelevanten Innovationen wurden von den Interviewpartnern teilweise zusammengefasst erläutert, da ihre Entwicklungen sich gegenseitig bedingen und ihre Charakteristika und Bestimmungsgründe identisch sind. Vor diesem Hintergrund entfallen etwa 12 Innovationen auf die Produktionsstufe des Steam-crackens von Naphtha, 13 in den Bereich der Chlor-Alkali-Elektrolyse, 17 auf die EDC/VCM-Herstellung, 11 auf die Polymerisation zu PVC und weitere 19 in den Bereich der Verarbeitung zu Fensterprofilen. Innovationen, die das Recycling betreffen, sind den Produktionsstufen zugeordnet, von denen das umweltinnovative Verhalten ausgeht.

Die Zuordnung der identifizierten Umweltinnovationen zu den definierten Umweltstrategien ergibt 37 Innovationen der „Pollution Prevention"-Strategie, 46 Innovationen im Bereich der „Eco-Efficiency" und 2 Innovationen, die der „Recovery und Reuse"-Strategie zugeordnet wurden. Eine eindeutige Zuordnung – auf der Basis ihrer dominierenden, umweltentlastenden Wirkung – ist nicht in allen Fällen möglich: So führen Innovationen zur Erhöhung der Produktausbeute zugleich beispielsweise zu einer Emissionsminderung von chlorierten Nebenprodukten. Entsprechende Innovationen wurden in die „Pollution Prevention"- und die „Eco-Efficiency"-Strategie einbezogen.

Die Auswertung der Expertenaussagen zeigt, wie vermutet, hinsichtlich der Bedeutung und Wirkung umweltbezogener Bestimmungsgründe im Umweltinnovationsprozess signifikante Unterschiede in Anhängigkeit von den definierten Umweltstrategien. Im Folgenden werden die Bedeutung der umweltbezogenen Bestimmungsgründe sowie die Art der identifizierten Umweltinnovationen und ihre technologischen Chancen in den Umweltstrategie-bezogen definierten Innovationssystemen aufgezeigt.[6]

2. „Pollution Prevention“: Wechselspiel von freiwilligen Vereinbarungen und umweltrechtlichen Anforderungen

Umweltbezogene Bestimmungsgründe sind für den emissionsmindernden Innovationsprozess ausschlaggebend; die Experten nennen vor allem ordnungsrechtliche Anforderungen als Motiv. Dabei hat sich das umweltinnovative Verhalten von vorwiegend re-aktiv zur Erfüllung der umweltrechtlichen Auflagen zu zunehmend pro-aktiv in Erwartung von Maßnahmen gewandelt. In stark umweltbelastenden Produktions- und Verarbeitungsstufen ist – insbesondere in der jüngeren Zeit – vielfach ein Wechselspiel zwischen freiwilligen Unternehmens- oder Industrievereinbarungen und rechtlichen Anforderungen als Drohmechanismus für emissionsmindernde Innovationen bestimmend.

Beispiel:

Einige Experten erläutern im Zusammenhang mit ihrem umweltinnovativen Verhalten zur Minderung von Quecksilberemissionen beim Amalgamverfahren der Chlor-Alkali-Elektrolyse, dass dieses anfangs insbesondere durch strenge arbeits- und umweltrechtliche Anforderungen bestimmt worden sei; heute sei dagegen aufgrund des hohen öffentlichen und politischen Druckes ein zunehmend pro-aktives Handeln im Vorfeld von behördlichen Auflagen von Bedeutung. Ein Interviewpartner konkretisiert, dass die Umweltgesetzgebung heute keine direkte Rolle mehr bei der Minderung der Quecksilberemissionen spiele. Ein anderer verdeutlicht, dass die Minimierung der Quecksilberemissionen heute erklärte Unternehmenspolitik sei und dies Anreiz für entsprechende Innovationen darstelle.

Pro-aktives Innovationsverhalten zielt besonders darauf, schärfere und häufig weniger flexible Umweltanforderungen zu verzögern oder zu vermeiden. Aber auch die Verbesserung des Umweltimages von PVC und PVC-Produkten ist relevant. Hieraus leiten sich auch *wirtschaftliche Anreize* für dieses Verhalten ab, das vor allem im wirtschaftlichen Nutzen durch die Verzögerung oder Vermeidung von strengeren Umweltanforderungen, aber auch in der Verbesserung der Wettbewerbsposition durch ein positives Umweltimage zu sehen ist.

Beispiel:

Der hohe öffentliche und politische Druck zur Verringerung der Quecksilberemissionen aus dem Amalgamverfahren der Chlor-Alkali-Elektrolyse und insbesondere die OSPARCOM-Empfehlung zur Stilllegung entsprechender Anlagen oder Umstellung auf das Membranverfahren bis 2010 habe erhebliche Anstrengungen der Chlor-Alkali-Industrie zur Verringerung der Quecksilberemissionen hervorgerufen. Ziel sei es – so einige Experten – den Gesetzgeber davon zu überzeugen, dass das Amalgamverfahren bei Einhaltung eines definierten BAT-Standards mit niedrigen Quecksil-

[6] Weitere Beispiele finden sich in *Hanhoff* (2003).

beremissionen als eine nachhaltige Technologie zu bewerten sei. Der europäische Verband hat zugesagt, die Quecksilberemissionen weiter zu senken und bis Dezember 2007 einen Emissionswert von weniger als einem Gramm Quecksilber pro Tonne Chlorkapazität einzuhalten, für Neuanlagen nur noch das Membranverfahren einzusetzen und bis zum Jahr 2020 bestehende Amalgamanlagen schrittweise zu ersetzen. Diese Maßnahmen zielten auf die Verhinderung gesetzlicher Auflagen, die eine Stilllegung der nach dem Amalgamverfahren arbeitenden Elektrolysezellen vor dem wirtschaftlichen Ende der Anlagen zur Folge hätten. Ein Experte erläutert, dass eine Umstellung auf das Membranverfahren bis 2010 umfangreiche Investitionen verlange und dazu führen würde, dass etwa 20 Prozent der Produktionsanlagen in Europa aufgrund ihrer geringen Wirtschaftlichkeit geschlossen werden müssten.

Die europäischen Industrieverbände nehmen hier eine wesentliche Rolle ein: Sie beraten und verhandeln die Abgabe von freiwilligen Industrievereinbarungen. Ferner unterstützen sie Forschungs- und Entwicklungsarbeiten zur Erfüllung der im Rahmen von freiwilligen Industrievereinbarungen zugesagten Umweltleistungen und/oder initiieren oder fördern Forschungskooperationen zwischen Unternehmen der Industriebranche.

Im Untersuchungszeitraum wurden sowohl additive als auch zunehmend prozessintegrierte, emissionsmindernde Lösungen hervorgebracht. Produktinnovationen treten im emissionsmindernden Innovationsprozess nur wenige auf; sie zeichnen sich durch eine hohe Wechselwirkung mit prozesstechnologischen Innovationen aus. Organisatorische Innovationen haben kaum eine Bedeutung. Die Einführung prozessintegrierter Umwelttechniken ist häufig mit einer geringeren Dimensionierung und/oder einem vollständigen Ersatz von additiven Minderungstechnologien verbunden. Ebenso wurden zahlreiche additive Minderungstechnologien zu prozessintegrierten Lösungen weiterentwickelt. Dies bewirkt sowohl eine Minderung der Emissionen aus dem Produktionsprozess als auch eine Erhöhung der Ressourceneffizienz.

Beispiel:

Die Reduzierung des Austrages von kupferhaltigem Katalysatorabrieb beim Flüssigbett-Verfahren der Oxychlorierung erfolgte zunächst durch nachgeschaltete Filtration und/oder Fällung des Kupfers im Abwasser. In den 90er Jahren wurde der Einbau eines Zyklons im Reaktor entwickelt, der eine Rückhaltung und weitere Verwendung des Katalysators ermöglichte und die nachgeschaltete Reinigung erübrigte. Während der Einsatz der nachgeschalteten Reinigungstechnik ausschließlich aus Umweltschutzgründen erfolgt sei, werde der Zyklon heute auch aus wirtschaftlichen Gründen eingesetzt.

Die Expertenbefragung verdeutlicht, dass Forschungs- und Entwicklungsanstrengungen zur Verbesserung der Ressourceneffizienz häufig durch eine Verringerung der Aufbereitungs- und Entsorgungskosten von kritischen Emissionen zur Realisierung einer angestrebten und/oder gesetzlich geforderten Umweltleistung motiviert sind. Im Ergebnis werden die rechtlich geforderten oder angestrebten Umweltleistungen häufig übererfüllt. Umweltrechtliche Anforderungen führen somit langfristig – aufgrund wirtschaftlicher Anreize – zu einem umweltinnovativen Verhalten, das über die reine Erfüllung der Umweltauflagen hinausgeht.

Die umwelttechnologischen Chancen der emissionsmindernden Innovationen werden entscheidend durch die prozesstechnologischen Charakteristika der untersuchten Produktions- und Verarbeitungsstufen bestimmt. Die Expertenaussagen verdeutlichen eine enge Verknüpfung des emissionsmindernden mit dem „normalen" Innovationsprozess: So ist die innovative Wissensbasis vorwiegend durch prozessgebundenes Erfahrungswissen gekennzeichnet; wissenschaftlich neue Erkenntnisse können jedoch eine wesentliche Voraussetzung für umwelttechnologische Entwicklungen sein.

Weitreichende, pfadverändernde Innovationen haben nur eine vergleichsweise geringe Bedeutung; sie zeichnen sich durch einen hohen umweltbezogenen Handlungsdruck und/oder einer öffentlichen Forschungsförderung aus.

Beispiel:

Ein Beispiel für eine solche weitreichende, pfadverändernde und neue wissenschaftliche Erkenntnisse integrierende, prozesstechnische Innovation ist das vorwiegend in Japan entwickelte Membranverfahren. Ausschlaggebend war die Ende der 60er Jahre bekannt gewordene, so genannte Minamata-Tragik. In der Umgebung der Stadt Minamata traten zunehmend Patienten mit nervösen Symptomen auf, deren Ursache auf die Freisetzung von kritischen Quecksilberverbindungen zurückgeführt wurde. In der Folge legte die japanische Regierung ein umfassendes Forschungsprogramm zur Substitution von Quecksilber auf, das u.a. zur Entwicklung der Membrantechnologie führte.

Bei den am Umweltinnovationsprozess beteiligten Akteuren und Akteurskonstellationen sowie den Aneignungsmechanismen für umweltinnovatives Wissen besteht eine große Übereinstimmung mit den im „normalen" prozesstechnischen Innovationsprozess relevanten: Es dominieren Produkthersteller/-verarbeiter („in-house"-Entwicklungen), Zulieferer von Prozesstechnologien und/oder Zusatzstoffen sowie deren Kooperationen. Anbieter von Spezial-/Umwelttechnologie haben eine vergleichsweise geringe Bedeutung als Kooperationspartner im Umweltinnovationsprozess. Wissenschaftliche Einrichtungen sind nur selten am Innovationsprozess beteiligt. In Bereichen mit kritischen Emissionsbelastungen und hohen emissionsmindernden Anforderungen zeigt sich eine intensive Lobbyarbeit der Industrieverbände, die auch ein hohes umweltinnovatives Engagement umfasst.

3. „Eco-Efficiency": Wirtschaftliche Motive bestimmen den Innovationsprozess

Ressourceneffizienzsteigernde Innovationen werden ausschließlich durch *wirtschaftliche Anreizmechanismen*, vor allem Höhe und Veränderung der Faktorkosten, determiniert. Umweltbezogene Bestimmungsgründe motivieren diesen Innovationsprozess nur insofern, dass sie diese Faktorkosten – etwa über die Kosten der Abfall- und/oder Abwasserbehandlung und -entsorgung oder eine erwartete Energie-/CO_2-Steuer – beeinflussen. Gleichzeitig werden bedeutsame Verbesserungen der Ressourceneffizienz durch die „normalen" Innovationsaktivitäten der Unternehmen – vornehmlich mit dem Ziel der Erhöhung der Kapazitätsauslastung – hervorgerufen.

Beispiel:

Als Motiv für die Entwicklung des Simultanen-Heißwasser/VCM-Chargings beim diskontinuierlichen S-Polymerisationsprozess nennen die Experten die Erhöhung der Raum-Zeit-Ausbeute des Reaktors. Die gleichzeitige Zuführung von VCM und Heißwasser in den Reaktor führe neben einer erheblichen Verkürzung der Vorbereitungszeit auch zu beachtlichen Energieeinsparungen. Aufgrund der exothermischen Reaktion von VCM und Wasser werde am Ende der parallelen Beschickung die erforderliche Reaktionstemperatur bereits ohne zusätzliche Wärmezufuhr erreicht. Außerdem sei eine geringere Rührerleistung erforderlich.

Ressourceneffizienz steigernde Innovationen erfolgen als inkrementale, pfadabhängige und überwiegend integrierte Neuerungen. Nur in wenigen Fällen zeigen sie „radikalere", pfadverändernde Ausprägungen mit einem hohen Anteil an neu generierten Wissen und weitreichenden technologischen und/oder strukturellen Veränderungen. Produktinnovationen können zu einer Erhöhung der Ressourceneffizienz führen und eine hohe ressourcenschonende Wirkung entfalten. Organisatorische Innovationen sind im Einzelfall von Bedeutung.

Beispiel:

Mehrere Experten weisen auf die aktuellen Forschungs- und Entwicklungsarbeiten zum Ethan-zu-VCM-Prozess hin. Sie seien motiviert durch das Ziel den teuren Rohstoff Ethylen durch das preiswertere Ethan auszutauschen und die Kapitalkosten gegenüber der herkömmlichen EDC/VCM-Technologie zu reduzieren. Die VCM-Herstellung wird auf eine völlig neue chemische Basis gestellt. Erwartet werde auch eine deutliche Verminderung der Umweltbelastungen, vor allem, weil alle chlorierten Nebenprodukte innerhalb des Prozesses recycelt werden könnten. Der Ethan-zu-VCM-Prozess ist ebenso mit strukturellen und organisatorischen Innovationen verknüpft: Aufgrund der lokal begrenzten Verfügbarkeit von Ethan und Chlor sei die Einführung dieses Verfahrens auf wenige, bestimmte Regionen begrenzt und führe somit zu einer weiteren Polarisierung der VCM- und PVC-Herstellung.

Ressourceneffizienz steigernde Innovationen sind ebenso wie emissionsmindernde Innovationen in der Regel integriert in den „normalen" Innovationsprozess; sie werden vor allem durch die Prozesstechnologie bestimmt. Prozesstechnisch gebundenes Erfahrungswissen bildet die wesentliche Grundlage; wissenschaftliche Erkenntnisse können jedoch Teil der Wissensbasis sein. Die involvierten Akteure sind weitgehend identisch mit denen im „normalen" Innovationsprozess der jeweiligen Produktionsstufen. Relevant sind Produkthersteller/ -verarbeiter („in house"-Entwicklungen), Zulieferer von Prozesstechnologie und/oder Zusatzstoffen und vor allem deren Kooperationen. Auch im Ressourceneffizienz steigernden Innovationsprozess kann Anbietern von Spezial-/ Umwelttechnologie als Kooperationspartner eine wesentliche Rolle zufallen.

Wissenschaftliche Einrichtungen haben kaum eine Bedeutung. Die relevanten Aneignungsmechanismen für umweltinnovatives Wissen werden durch produktionsstufen- bzw. prozesstechnologiespezifische Faktoren bestimmt.

4. „Recovery and Reuse": Umweltimage als dominantes Innovationsmotiv

Innovationen des chemischen und werkstofflichen Recyclings werden – so die Experten – durch *umweltbezogene Bestimmungsgründe* motiviert; hier ist vor allem ein pro-aktives Innovationsverhalten mit dem Ziel der Imageverbesserung von PVC und seinen Produkten von Bedeutung. Dabei basiert die starke innovative Wirkung des Umweltimages auf dem kontinuierlich hohen, öffentlichen und politischen Druck durch die öffentlichkeitswirksame und beharrliche Arbeit der Umweltorganisationen. Aber auch die Prädisponierung zukünftiger umweltrechtlicher Regelungen ist relevant. Beides hat ebenfalls starke *wirtschaftliche Bedeutung*. Beim werkstofflichen Recycling bestehen weitere wirtschaftliche Anreize in der Bedienung eines ökologischen Marktes – also der Nachfrage nach umweltverträglichen Produkten – und in dem Aufbau und der Stabilisierung von Kundenbeziehungen durch die Einbindung der Entsorgung von PVC-Alt-Fenstern bzw. -Verarbeitungsresten als spezielle Serviceleistung.

Prozesstechnische Innovationen zur Rückgewinnung und Wiederverwendung von Endprodukten erfolgen (definitionsgemäß) als additive Umwelttechnologien. Die technologischen Chancen für Innovationen der „Recovery and Reuse"-Strategie werden nur sekundär – über eine mögliche Rückwirkung auf die Produktgestaltung – durch prozesstechnologische Charakteristika der PVC-Produktions- und -Verarbeitungsverfahren beeinflusst. Die identifizierten Umweltinnovationen bauen ausschließlich auf technologischem Erfahrungswissen auf, hier wird jedoch auf das Know-how verwandter Technologien und Industriezweige zurückgegriffen. Wissenschaftlich neue Erkenntnisse haben auch hier keine direkte Bedeutung für den Innovationsprozess. Die prozesstechnologischen Innovationen des chemischen und werkstofflichen Recyclings zeichnen sich dennoch durch einen hohen Anteil an neu generiertem Wissen aus. Prozesstechnologische Innovationen zum Wiedereinsatz des recycelten Materials im verarbeitenden Produktionsprozess treten nicht auf. Organisatorische Innovationen sind in Verbindung mit der Einführung von Recyclingtechnologien/-systemen von wesentlicher Bedeutung; sie schaffen u.a. neue Infrastrukturen des Abfallmanagements. Innovationen der „Recovery and Reuse"-Strategie zeichnen sich durch eine hohe pfadverändernde Wirkung aus.

Akteure im Innovationsprozess sind Kooperationen zwischen Anbietern der Spezial-/Umwelttechnologien und Produktherstellern/-verarbeitern, wobei die Forschungs- und Entwicklungsarbeiten vorwiegend bei den Anbietern der Spezial-/Umwelttechnologie erfolgen. Die Produkthersteller/-verarbeiter sind jene Unternehmen (meist vertreten durch den Industrieverband oder Unternehmenskooperationen), die das recycelte Material wieder im Produktionsprozess einsetzen. Diese Unternehmen und/oder ihre Industrieverbände sind auch hinsichtlich der erforderlichen organisatorischen Innovationen, d.h. dem Aufbau der erforderlichen Infrastruktur zur Einführung der Recyclingsysteme, involviert. Die „Auslagerung" der Forschungs- und Entwicklungsarbeiten zu Spezial-/Umwelttechnologie anbietenden Unternehmen korrespondiert mit den für diese Umweltstrategie identifizierten additiven Umwelttechnologien. Diese sind dadurch gekennzeichnet, dass sie den eigentlichen Produktionsprozess nicht verändern und somit weitgehend unabhängig von diesem entwickelt werden können.

Beispiel:

Ein Experte erläutert, dass die Forschungs- und Entwicklungsarbeiten zur Technologie der vollautomatischen Aufbereitung der zurück geführten PVC-Fenster, d.h. zum Schreddern, zur Metallseparierung, zur weiteren stofflichen Trennung und zur Veredelung vor allem der Granulierung des zurückgewonnenen PVC-Compounds, durch die Hersteller von PVC-Fensterprofilen/-systemen initiiert und in Kooperationsleistung mit speziellen Anlagenherstellern erfolgt seien. Dabei habe man vielfach auf Erfahrungen in anderen Industriebereichen zurückgreifen können. So seien Technologien zur Farberkennung und -trennung von Mischungen nach weißem und nichtweißem Material bereits in der Lebensmittelindustrie eingeführt gewesen.

Wichtige Akteure im Innovationsprozess zum chemischen und werkstofflichen Recycling sind die betroffenen Industrieverbände. Ihre innovativen Aktivitäten, auch finanziell, konzentrieren sich auf die Forschungsförderung und -koordinierung. Ökonomische Risiken bei der Entwicklung und Einführung neuer Recyclingtechnologien/-systeme und der Etablierung neuer Strukturen des Abfallmanagements werden vorwiegend vom Industrieverband getragen. Das Engagement der Industrieverbände führt auch dazu, dass Aneignungsmechanismen für umweltinnovatives Wissen einzelner Umwelt-Innovateure nicht oder nur begrenzt zum Tragen kommen. Dies ermöglicht eine schnellere Verbreitung neuer Innovationen. Ebenso fördern die Verbände durch ihre Öffentlichkeitsarbeit die Akzeptanz des Recyclings und die Verbreitung der Recyclingtechnologien.

V. Zusammenfassung und Diskussion der Ergebnisse

Die Analyse der umweltstrategie-bezogen definierten Innovationssysteme begründet im Wesentlichen drei Kernaussagen:

- *Die dynamische Effizienz von ordnungsrechtlichen Anforderungen ist größer, als ihnen in der Umweltökonomie zugesprochen wird.*

Ein Wechselspiel zwischen umweltrechtlichen Anforderungen als Droh- und Kontrollmechanismus und freiwilligen Unternehmens- und/oder Industrievereinbarungen führen insbesondere in Bereichen mit hohen Gesundheits- und

Umweltbelastungen zu zahlreichen umwelttechnologischen Innovationen. Dabei haben sich durch umweltrechtliche Anforderungen angestoßene, emissionsmindernde additive Umweltinnovationen vielfach unter wirtschaftlichen Gesichtspunkten zu ressourceneffizienten, integrierten Lösungen weiterentwickelt. Im Ergebnis werden die rechtlich auferlegten oder im Rahmen von freiwilligen Vereinbarungen angestrebten Umweltleistungen durch den Einsatz der prozessintegrierten Lösungen häufig übererfüllt. Die empirische Untersuchung verdeutlicht, dass die in der umweltökonomischen Instrumentendiskussion beschriebene begrenzte dynamische Anreizwirkung von ordnungsrechtlichen Eingriffen insbesondere längerfristig nicht gegeben ist.

Die Ergebnisse unterstützen hingegen den als Porter-Hypothese bekannt gewordenen Zusammenhang, dass strenge, richtig gestaltete Umweltanforderungen als Motor für die Suche und die Aufdeckung von Innovationspotenzialen für ressourcen- und kosteneffiziente Prozesstechnologien fungieren, so dass so genannte „win-win"-Lösungen realisiert werden können.

- *Die Reife der untersuchten Industriebranche determiniert wesentliche Einflussfaktoren im Umweltinnovationsprozess.*

Der Umweltinnovationsprozess der untersuchten PVC-Produktions- und Verarbeitungsstufen wird entscheidend durch die Reife der Industriebranchen bestimmt. Sie kann sowohl eine fördernde als auch hemmende Wirkung auf das umweltinnovative Verhalten ausüben: Emissionsmindernde und Ressourceneffizienz steigernde Innovationen sind weitgehend integriert in den „normalen" prozesstechnischen Innovationsprozess einer reifen Industriebranche; ihre Charakteristika und umwelttechnologischen Chancen werden durch die prozesstechnologischen Eigenschaften in den Produktions- und Verarbeitungsstufen bestimmt. Die mit der Reife der Industriebranchen einhergehenden „Trägheiten" beschränken diese weitgehend auf inkrementale, pfadabhängige Lösungen.

Das der evolutorischen Innovationsforschung zugrunde liegende Konzept der pfadabhängigen Entwicklung zeigt sich somit auch im umwelttechnologischen Innovationsprozess der untersuchten reifen Industriebranchen. Demnach wird eine einmal eingeschlagene Innovationsrichtung durch eine Vielzahl von technischen, ökonomischen und institutionellen Rahmenbedingungen stabilisiert. Entwicklungen entlang so genannter technologischer Trajektorien sind mit geringeren Unsicherheiten und ökonomischen Risiken verbunden; folglich haben pfadverändernde Neuerungen, die mit einem hohen Anteil an neu generiertem Wissen verbunden sind, nur eine geringe Chance zur Durchsetzung.

Innovationen in nachgeschalteten, sekundären Recyclingtechnologien entwickeln sich dagegen weitgehend unabhängig von prozesstechnologischen Eigenschaften. Die für reife Industriebranchen typischen, verfestigten institutionellen Rahmenbedingungen – wie ein hoher Organisationsgrad der Unternehmen im Industrieverband – können hier eine entscheidende innovationsfördernde Rolle einnehmen und dazu beitragen, dass pfadverändernde Innovationen – wie die Entwicklung und Einführung von Recyclingtechnologien und -systemen – eine Durchsetzungschance haben.

Eine innovationsfördernde Umweltpolitik muss die spezifischen prozesstechnologischen Eigenschaften und Akteurskonstellationen sowie die institutionellen Rahmenbedingungen der betreffenden Sektoren berücksichtigen und an Einzelhemmnissen ansetzen. Aufgrund der Informationsasymmetrien zwischen Steuerungssubjekt und -objekt hat vor allem ein Wechselspiel zwischen umweltrechtlichen Anforderungen als Droh- und Kontrollmechanismen und freiwilligen Unternehmens- und/oder Industrievereinbarungen eine weitreichende innovationsfördernde Wirkung.

- *Dem Umweltimage kommt eine zunehmend größere, innovationsfördernde Bedeutung im Umweltinnovationsprozess zu.*

Dabei resultiert die starke innovative Wirkung des Umweltimages für die PVC-herstellende und PVC-verarbeitende Industrie aus dem kontinuierlich hohen, öffentlichen und auch politischen Druck der vergangenen Jahre und Jahrzehnte – insbesondere vermittelt durch Umweltorganisationen sowie durch umfangreiche politische Diskussionen. Das Umweltimage ist – vor allem in verbrauchernahen Bereichen – ein wesentlicher Wettbewerbsfaktor gegenüber konkurrierenden Produkten geworden. Gleichzeitig wird jedoch deutlich, dass die Ressourceneffizienz des Produktionsprozesses und der Produkte keine entsprechende „Lobby" hat und für das Umweltimage somit nicht von Bedeutung ist. Vor diesem Hintergrund kommt der Förderung so genannter weicher Instrumente – wie einer verbrauchernahen Umweltinformation – eine besondere Rolle in einer innovationsfördernden Umweltpolitik zu.

Literatur

Abernathy, William J./*Utterback* James M. (1975), A Dynamic of Process and Product Innovation, in: Omega, 6, 639-656.

APME (Association of Plastic Manufactures in Europe) (2000), Plastics in Europe: Consumption data by plastic type, APME-Internetpräsentation unter www.apme.org/europe/htm/02.htm.

Berkhout, Frans/*Almemark*, Mats/*Lindfors*, Lars/*Holm-Müller*, Karin/*Hanhoff-Stemping*, Ingrid/*Smith*, Adrain/*Stripple*, Hakan (2000), Sustainability, Competitiveness and Technical Change (SCOTCH), Final Report to the European Commission, Fourth Framework Programme: Environment and Climate, ENV4-CT96-0342, Brüssel.

Brinkmann, Johannes/*Kirchgeorg,* Manfred (1995), Umweltorientiertes Unternehmensverhalten. Deutsche und Norwegische Daten im Vergleich, in: Zeitschrift für Umweltpolitik und Umweltrecht, 3, 377-390.

Coenen, Reinhard/*Klein-Vielhauer*, Sigrid/*Meyer*, Rolf (1996), Integrierte Umwelttechnik – Chancen erkennen und nutzen, Studien des Büros für Technikfolgenabschätzung des deutschen Bundestages, Bd. 1, Berlin.

Conrad, Jobst (1996), Successful Environmental Management in European Companies, Freie Universität Berlin, FFU-Report 96-03, Berlin.

Dosi, Giovanni (1988), Sources, Procedures, and Microeconomic Effects of Innovation, in: Journal of Economic Literature, XXVI, 1120-1171.

Downing, Paul B./*White*, Lawrence J. (1986), Innovation in Pollution Control, in: Journal of Environmental Economics and Management, 13, 18-29.

Endres, Alfred (2000), Umweltökonomie, 2. Auflage, Stuttgart: Kohlhammer Verlag.

Enquete Kommission „Schutz des Menschen und der Umwelt" des Deutschen Bundestages (Hrsg.) (1994), Industriegesellschaft gestalten – Perspektiven für einen nachhaltigen Umgang mit Stoff- und Materialströmen, Bonn: Economica Verlag.

EU-KOM (Kommission der Europäischen Gemeinschaften) (2000), Grünbuch zur Umweltproblematik von PVC, KOM (2000) 469 endg., Brüssel.

European Council of Vinyl Manufacturers (ECVM)/European Plastics Converters (EuPC)/European Stabilisers Producers Association (ESPA)/European Council for Plasticisers and Intermediates (ECPI) (2001), Freiwillige Selbstverpflichtung zum nachhaltigen Wirtschaften der PVC-Branche, Fortschrittsbericht 2001, Brüssel.

Ewers, Hans-Jürgen/*Hassel*, Christoph (2000), Agrarumweltpolitik nach dem Subsidiaritätsprinzip. Ziele, Ordnungsrahmen und instrumentelle Alternativen, Schriften zur Agrarforschung und Agrarpolitik, Band 2, Berlin: Analytica.

Fritsch, Michael/Wein, Thomas/*Ewers*, Hans-Jürgen (2003), Marktversagen und Wirtschaftspolitik. Mikroökonomische Grundlagen staatlichen Handelns, 4. verbesserte Auflage, München: Vahlen Verlag

Gawel, Erik/*Schneider*, Friedrich (1996), Umsetzungsprobleme ökologisch orientierter Steuerpolitik: Eine polit-ökonomische Analyse, Instituts für Volkswirtschaftslehre der Johannes Kepler Universität, Arbeitspapier Nr. 9621, Linz.

Gray, Wayne B./*Shadbegian*, Ronald J. (1998), Environmental Regulation, Investment Timing, and Technology Choice, in: Journal of Industrial Economics, 46, 235-256.

Hanhoff, Ingrid (2003), Charakteristika und Bestimmungsgründe im Umweltinnovationsprozess – Analyse am Beispiel der europäischen PVC-Industrie (forthcoming).

Hohmeyer, Olav/*Koschel*, Henrike (1995), Umweltpolitische Instrumente zur Förderung des Einsatzes integrierter Umwelttechnik, Schlussbericht einer Studie des Zentrums für Europäische Wirtschaftsforschung (ZEW) für das Büro für Technikfolgenabschätzung beim Deutschen Bundestag (TAB), Mannheim.

Hron, Aemilian (1994), Interview, in: Huber, Günther L. / Heinz Mandl (Hrsg.): Verbale Daten – Eine Einführung in die Grundlagen und Methoden der Erhebung und Auswertung, 2. Auflage, Weinheim: Beltz Verlag, 11-42.

Jacob, Klaus/*Jänicke*, Martin (1998), Ökologische Innovationen in der chemischen Industrie: Umweltentlastung ohne Staat? – Eine Untersuchung und Kommentierung zu 182 Gefahrstoffen, in: Zeitschrift für Umweltrecht und Umweltpolitik, 4, 519-547.

Jaffe, Adam B./*Newell*, Richard G./*Stavins*, Robert N. (2002), Environmental Policy and Technological Change, Discussionpaper, Fondazione Eni Enrico Mattei, Download unter www.feem.it/web/_activ.html.

Jaffe, Adam B./*Palmer*, Karin (1996), Environmental Regulation and Innovation: A Panel Data Study, National Bureau of Economic Research Inc., Working Paper No. 5545, Cambridge.

Jänicke, Martin (1997), Umweltinnovationen aus der Sicht der Policy-Analyse: Vom instrumentellen zum strategischen Ansatz der Umweltpolitik, Freie Universität Berlin, FFU-Diskussionspapier Nr. 97-03, Berlin.

– (2000), Ökologische Modernisierung als Innovation und Diffusion in Politik und Technik: Möglichkeiten und Grenzen eines Konzeptes, Freie Universität Berlin, FFU-Report 00-01, Berlin.

Jänicke, Martin/*Blazejczak*, Jürgen/*Edler*, Dieter/*Hemmelskamp*, Jens (2000), Environmental Policy and Innovation: an International Comparison of Policy Frameworks and Innovation Effects, in: *Hemmelskamp*, Jens/*Rennings*, Klaus/*Leone*, F (Hrsg.), Innovation-oriented Environmental Regulation. Theoretical Approaches and Empirical Analysis, ZEW Economic Studies, Heidelberg: Physica-Verlag, 125-152.

Jänicke, Martin/*Weidner*, Helmut (1995), Successful Environmental Policy. A Critical Evaluation of 24 Cases, Berlin: edition sigma.

Jung, Chulho/*Krutilla*, Kerry/*Boyd*, Roy (1996), Incentives for Advanced Pollution Abatement Technology at the Industry Level: An Evaluation of Policy Alternatives, in: Journal of Environmental Economics and Management, 30, 95-111.

Lanjouw, Jean Olson/*Mody*, Ashoka (1996), Innovation and the international diffusion of environmentally responsive technology, in: Research Policy, 25, 549-571.

Mayring, Philipp (1985), Qualitative Inhaltsforschung, in: Jüttemann, Gerd (Hrsg.): Qualitative Forschung in der Psychologie, Weinheim/Basel: Verlag Beltz, 187-211.

Milliman, Scott R./*Prince*, Raymond (1989), Firm Incentives to Promote Technological Change in Pollution Control, in: Journal of Environmental Economics and Management, 17, 247-265.

Milliman, Scott R./*Prince*, Raymond (1992), Firm Incentives to Promote Technological Change in Pollution Control - Reply, in: Journal of Environmental Economics and Management, 22, 292-296.

Oates, Wallace E./*Palmer* Karen/*Portney*, Paul R. (1994), Environmental Regulation and International Competitiveness: Thinking about the Porter Hypothesis, Discussion Paper 94-02, Resources of the Futures, Washington.

Palmer, Karen/*Oates*, E./*Portney*, Paul R. (1995), Tightening Environmental Standards: The Benefit-Cost or the No-Cost Paradigm?, in: Journal of Economic Perspectives, 9, 119-132.

Porter, Michael E. (1991), America's Green Strategy, in: Scientific American, 4, 168.

Rennings, Klaus (2000), Redefining innovation - eco-innovation research and the contribution from ecological economics, in: Ecological Economics, 32, 319-332.

Rigby, Michael/*Arnold* Godfrey H. (1999), The PVC-U window market in Europe - An analysis of some key issues affecting company performance, Vortrag auf der internationalen Konferenz "PVC '99 – From Strength to Strength" am 20.-22. April 1999, Brighton.

Rolph, David (1999): PVC in Europe - Yesterday, Today and Tomorrow, Vortrag auf der internationalen Konferenz "PVC '99 – From Strength to Strength" am 20.-22. April 1999, Brighton.

Rothwell, Roy (1992), Industrial innovation and government environmental regulation: Some lessons from the past, in: Technovation, 12 (7), 447-458.

Schmalensee, Richard (1994), The Costs of Environmental Protection, in: American Council for Capital Formation (ACCF) – Center for Policy Research (Hrsg.): Balancing Economic Growth and Environmental Goals, Washington DC, 55-75.

Tukker, Arnold/*de Groot*, J.L.B. / *van de Hofstadt*, Peter (1995), PVC in Europe: Environmental Concerns, Measures and Market, National measures and their implication for the Internal Market, Studie im Auftrag der Europäischen Kommission, TNO Policy Research and TNO Plastics and Rubber Research Institute (KRI), Apeldoorn.

UBA (Umweltbundesamt, Hrsg.) (1999), Handlungsfelder und Kriterien für eine vorsorgende nachhaltige Stoffpolitik am Beispiel PVC, Beiträge zur Nachhaltigen Entwicklung 1, Berlin.

Ulph, David (1997), Environmental Policy and Technological Innovation, in: Carraro, Carlo / Siniscalco, Domenico (Hrsg.): New Directions in the Economic Theory of the Environment, Cambridge: Cambridge University Press.

Walley, Noah/*Whitehead*, Bradley (1994), It's not easy being green, in: Harvard Business Review, 5-6, 46-52.

Verbessert nachhaltiges Wirtschaften den Shareholder Value? Eine empirische Analyse europäischer Aktiengesellschaften

Von *Andreas Ziegler*, *Klaus Rennings* und *Michael Schröder*, Mannheim*

I. Vorbemerkungen

Ist nachhaltige Entwicklung (sustainable development) eine Aufgabe des politischen Ordnungsrahmens oder ethisch motivierter unternehmerischer Initiative? Mit dieser Frage beschäftigte sich Hans-Jürgen Ewers (1992) bereits zu Beginn der 90'er Jahre. Wer die ordnungspolitische Grundüberzeugung von Hans-Jürgen Ewers kennt, den wundert es kaum, dass er sich entschieden der These von Karl Homann (vgl. Homann/Pies, 1991) anschloss, der systematische Ort der Moral in der Marktwirtschaft sei der Ordnungsrahmen. Im Rahmen dieser marktwirtschaftlichen Ordnung, so die These, sei es die Aufgabe von Unternehmen, Gewinne zu machen. Umweltschutz ist dagegen durch einen für alle verbindlichen gesetzlichen Rahmen zu regeln.

Diese Position von Hans-Jürgen Ewers findet sich auch in den Grundlagenreflexionen des „Umweltgutachtens 1994 – für eine dauerhaft-umweltgerechte Entwicklung" wieder, in das er sich als Mitglied des Rates von Sachverständigen für Umweltfragen mit großem Engagement einbrachte. Dort ist zu lesen: „Soweit Marktversagen – sei es wegen unvollständig definierter Verfügungsrechte oder aus anderen Gründen – ein Hindernis für eine dauerhaft-umweltgerechte Entwicklung darstellt, muss die Beseitigung oder Kompensation dieses Marktversagens durch geeignete Maßnahmen als staatliche Pflichtaufgabe angesehen werden" (Umweltrat, 1994, Tz. 124). In langen Grundsatzdiskussionen im Umweltrat erkannte er aber auch die Grenzen dieses Ansatzes, nur eine Textziffer weiter werden sie wie folgt ausgedrückt: „In einer sich schnell entwickelnden und wandelnden Wirtschaft ist die Unvollständigkeit des Ordnungsrahmens die Regel und nicht die Ausnahme. Dies bedeutet in Einzelfällen eine

---

* Diese Studie ist Teil des Forschungsprojektes Umwelt- und Nachhaltigkeitstransparenz für Finanzmärkte und wurde aus Mitteln des Bundesministeriums für Bildung und Forschung (BMBF) gefördert. Koordinator des Gesamtprojektes ist das Institut für Ökologie und Unternehmensführung an der European Business School e.V.

zusätzliche Verpflichtung der Marktakteure zu einem über das Gesetz hinausgehenden umweltmoralischen Verhalten“ (Umweltrat, 1994, Tz. 125).

Soweit der Umweltrat 1994 zu ethischen Grundlagen unternehmerischen Handels. Heute bestimmen keineswegs nur ethische Motive die Diskussion um ökologisch und sozial verantwortliches Handeln von Unternehmen. Zunehmend wird die sowohl für das Management als auch für Investoren und Anleger interessante Frage nach dem Zusammenhang zwischen der Umwelt- bzw. Sozialperformance und dem ökonomischen Erfolg von Unternehmen gestellt. Aus ordnungspolitischer Sicht ist diese Frage ebenfalls interessant. Denn wenn sozial und ökologisch verantwortliche Unternehmen finanziell vom Markt honoriert werden, lässt dies darauf schließen dass ein schonender Umgang mit dem Produktionsfaktor Umwelt zumindest teilweise über den Markt geregelt werden kann: Durch rationale Konsumentscheidungen, in die Umweltpräferenzen einfließen, und durch rationale Produktionsentscheidungen, die win-win-Potenziale des Umweltschutzes (Einsparung von Kosten für Energie, Ressourcen, Abfall etc.) ausschöpfen.

Die Frage nach den Auswirkungen verschiedener Variablen der ökologischen und sozialen Nachhaltigkeit auf die ökonomische (bzw. finanzielle) Performance wird in diesem Papier in einer empirischen Analyse untersucht.

II. Gang der Untersuchung

Als Maß für die ökonomische (bzw. finanzielle) Performance wird dabei der Shareholder Value betrachtet, da sich dieses Konzept als zentrales Ziel in vielen Unternehmen etabliert hat und auch z.B. die Unternehmensstrategie beeinflusst. Bei an der Börse notierten Aktiengesellschaften kann der Shareholder Value als Gesamtrendite von Aktien berechnet werden. Konkret wird der Shareholder Value hier mit Hilfe der durchschnittlichen monatlichen Aktienrendite von (europäischen) Unternehmen im Beobachtungszeitraum zwischen 1996 bis 2001 operationalisiert.

Die Umwelt- und Sozialperformance wird zum einen mit einer Bewertung der Branche gemessen, in der das Unternehmen wirtschaftet. Diese Beurteilung bezieht sich auf das Ausmaß der von einer Branche verursachten Umwelt- und Sozialrisiken. Zu berücksichtigen ist dabei im Hinblick auf den unternehmerischen Gestaltungsspielraum zu dieser Form der Nachhaltigkeit, dass ein Unternehmen auf branchenspezifische ökologische und soziale Risiken prinzipiell nur wenig Einfluss nehmen kann. Allerdings haben insbesondere größere Unternehmen im Rahmen einer Umstrukturierung natürlich die Möglichkeit, in nachhaltigere Branchen einzusteigen und weniger nachhaltige Unternehmensteile zu veräußern.

Zum anderen wird die Umwelt- und Sozialperformance auch mit Kennzahlen der unternehmerischen Aktivitäten zur Begrenzung branchenspezifischer ökologischer und sozialer Risiken im Vergleich zu den anderen Unternehmen der Branche abgebildet. Mit solchen Verhaltensweisen kann ein Unternehmen eine Vielzahl von Zielen verfolgen, z.B. die Erfüllung bestehender Auflagen oder die Antizipation erwarteter Gesetze. Im Rahmen umweltfreundlichen Wirtschaftens können zusätzlich durch den effizienten Umgang mit natürlichen Ressourcen z.B. Kosten für Energie, Entsorgung und Materialien gesenkt werden. Nachhaltige Aktivitäten können zudem strategisch motiviert sein, z.B. mit dem Ziel höherer Marktanteile durch Imagegewinne. Untersucht wird damit in diesem Papier auch, ob ökologisches und soziales Verhalten von Unternehmen vor allem Kosten und damit langfristig eher Wettbewerbsnachteile nach sich zieht oder ob nachhaltige Aktivitäten einen positiven Einfluss auf den Shareholder Value besitzen. Hinsichtlich der Umweltperformance wird z.B. die Ansicht vertreten, dass die Form des Umgangs mit natürlichen Ressourcen einen Indikator für die Qualität des Managements darstellt und somit langfristig Auswirkungen auf die Wettbewerbsposition sowie den Unternehmenserfolg besitzen kann (vgl. Porter/ van der Linde, 1995).

Für die Untersuchung des Einflusses von Variablen der ökologischen und sozialen Nachhaltigkeit auf den Shareholder Value werden in die empirische Analyse dieses Papiers neuere finanzökonomische Erkenntnisse einbezogen. So hat sich gezeigt, dass der geschätzte Parameter aus dem Capital Asset Pricing Model (CAPM) als einzige finanzielle Variable nicht ausreicht, um Variationen in der durchschnittlichen Aktienrendite zu erklären. Vielmehr wurde ein Einfluss der Marktkapitalisierung sowie des Quotienten aus Buch- und Marktwert nachgewiesen (vgl. Fama/French, 1992). Eine geringere Marktkapitalisierung sowie ein höherer Quotient aus Buch- und Marktwert gehen danach mit einer höheren durchschnittlichen Aktienrendite einher. Dementsprechend haben Fama/French (1993) zur Erklärung der erwarteten Aktienrendite ein Multifaktormodell entwickelt, das die Marktkapitalisierung und den Quotienten aus Buch- und Marktwert für die Konstruktion zweier weiterer Faktoren berücksichtigt. Bei ökonometrischen Untersuchungen zum Einfluss der Umwelt- und Sozialperformance auf Aktienrenditen, die ausschließlich auf dem CAPM beruhen (wie z.B. bei Muoghalu et al., 1990, Hamilton, 1995, Konar/Cohen, 1997, Khanna et al., 1998, Yamashita et al., 1999, Butz/Plattner, 1999), besteht dagegen die Gefahr, dass die Parameter der Nachhaltigkeit durch das Fehlen wesentlicher Erklärungsfaktoren verzerrt geschätzt werden.

Daran anknüpfend werden in diesem Papier zwei jeweils zweistufige ökonometrische Ansätze betrachtet. Im ersten Ansatz wird auf der ersten Stufe für jede untersuchte europäische Aktiengesellschaft zunächst das CAPM geschätzt. Auf der zweiten Stufe wird dann die durchschnittliche monatliche Aktienrendite auf Variablen der Umwelt- und Sozialperformance regressiert. Als Kontrollvariablen gehen die jeweils auf der ersten Stufe geschätzten Parameter ein. Darüber hinaus werden als kontrollierende erklärende Variablen insbesondere die Marktkapitalisierung sowie der Quotient aus Buch- und Marktwert einbezogen. Im zweiten Ansatz wird auf der ersten Stufe für jedes Unternehmen ein Multifaktormodell (entsprechend Fama/French, 1993, 1996, Davis et al., 2000, Berkowitz, 2000) geschätzt. D.h. bei diesem Ansatz wird schon auf der ersten Stufe die Marktkapitalisierung und der Quotient aus Buch- und Marktwert berücksichtigt. Auf der zweiten Stufe wird wiederum die durchschnittliche monatliche Aktienrendite auf Variablen der Nachhaltigkeit regressiert. Als Kontrollvariablen werden hier insbesondere die im Multifaktormodell geschätzten drei Parameter einbezogen.

Im nächsten Abschnitt werden die hier verwendeten Methoden gegenüber der bisherigen Literatur zur Untersuchung des Zusammenhangs zwischen Nachhaltigkeit und ökonomischer Performance abgegrenzt. Die verwendeten Daten für die empirische Analyse werden im vierten Abschnitt beschrieben. Im fünften Abschnitt werden die ökonometrischen Ansätze präzisiert und die wichtigsten Ergebnisse dargelegt. Im sechsten Abschnitt werden Schlussfolgerungen gezogen.

III. Zusammenhang zwischen Nachhaltigkeit und ökonomischer Performance

Methodisch lassen sich bisherige Arbeiten zum Zusammenhang zwischen der ökologischen bzw. sozialen Nachhaltigkeit und ökonomischer Performance in drei Gruppen einteilen: Fonds-Analysen, Event-Studien mit kurzen Beobachtungszeiträumen sowie ökonometrische Untersuchungen mit längeren Beobachtungszeiträumen. Bei Fonds-Analysen zur Nachhaltigkeit werden Unternehmen nach ihrer Umwelt- bzw. Sozialperformance in verschiedene Gruppen eingeteilt. Dabei können sowohl bereits aufgelegte Fonds (vgl. White, 1995, Statman, 2000, Kreander et al., 2000) als auch Portfolios betrachtet werden, die synthetisch zusammengestellt sind (vgl. Cohen et al., 1997, Yamashita et al., 1999). Die Analyse besteht in der Gegenüberstellung der ökonomischen Performance von Portfolios mit ökologisch bzw. sozial besonders nachhaltigen Unternehmen und der ökonomischen Performance von Portfolios mit Unternehmen mit geringerer Umwelt- und Sozialverträglichkeit.

Zu beachten ist dabei, dass der ökonomische Erfolg bei tatsächlich existierenden Fonds wesentlich von den Fähigkeiten des Fonds-Management abhängt, die bei dieser Betrachtung nicht von den Effekten der Nachhaltigkeit isoliert werden können. Der wesentliche Nachteil dieser Konzeption besteht jedoch darin, dass lediglich die durchschnittliche ökonomische Performance von zusammengefassten Gruppen von Unternehmen miteinander verglichen wird (vgl.

auch Wagner, 2001). Somit werden aber auch verschiedene Variablen miteinander verbunden. Falls sich z.B. Unterschiede in der Rendite zwischen Umweltfonds und herkömmlichen Fonds nachweisen lassen, kann noch nicht auf einen Zusammenhang zwischen ökologischer und ökonomischer Performance geschlossen werden, da die Ergebnisse durch andere Variablen (wie die Marktkapitalisierung) überdeckt sein können. Somit kann aber die spezifische Form des Effektes von Variablen der Umwelt- bzw. Sozialperformance auf die ökonomische Performance, der sich über den Effekt anderer erklärender Variablen (wie z.B. die Marktkapitalisierung) hinweg ergibt, nicht ermittelt werden. Eine solche Analyse ist ausschließlich mit ökonometrischen Methoden möglich, die neben den interessierenden Variablen der ökologischen und sozialen Nachhaltigkeit auch andere (kontrollierende) Faktoren zur Erklärung der ökonomischen (bzw. finanziellen) Performance einbeziehen.

Ökonometrische Ansätze können im Rahmen von Event-Studien eingesetzt werden (vgl. z.B. Muoghalu et al., 1990, Hamilton,1995, Klassen/McLaughlin, 1996, Konar/Cohen, 1997, Blacconiere/Northcut, 1997, Khanna et al., 1998, eine Verknüpfung von Event-Studien mit Fonds-Analysen liegt aber z.B. in Yamashita et al., 1999, vor). Event-Studien zum Zusammenhang zwischen Nachhaltigkeit und ökonomischer Performance betrachten die kurzfristige Reaktion von Aktienkursen im Anschluss an eine Veröffentlichung neuer unternehmensspezifischer Informationen zur Umweltperformance (entsprechende Analysen zur Sozialperformance liegen nach unserer Kenntnis bisher nicht vor). Meist werden dabei die Wirkungen negativer Ereignisse untersucht (wie z.B. die Bekanntgabe der Menge von Schadstoff-Emissionen), nur selten dagegen die Effekte positiver Nachrichten wie z.B. die Veröffentlichung positiver Umweltratings in Zeitschriften, (vgl. z.B. Klassen/McLaughlin, 1996, Yamashita et al., 1999).

In der Regel werden Event-Studien auf der Grundlage des CAPM durchgeführt. Mit der Entwicklung von Multifaktormodellen in den letzten Jahren sollten diese neueren finanz-ökonomischen Methoden jedoch auch in zukünftigen Event-Studien einbezogen werden (vgl. dazu Fama/French, 1993). Allerdings scheint die ökologische bzw. soziale Nachhaltigkeit von Unternehmen mit der ausschließlichen Betrachtung von außerordentlichen unternehmensspezifischen Vorfällen nicht gemessen werden zu können. Insbesondere werden bei Event-Studien lediglich kurzfristige Auswirkungen untersucht, so dass Überreaktionen des Aktienmarktes denkbar sind, die im Zeitablauf verschwinden können. Letztlich ist der Zusammenhang zwischen der Umwelt- bzw. Sozial-performance und der ökonomischen Performance von Unternehmen eher von langfristiger Natur.

Deshalb wird bei der ökonometrischen Analyse in dieser Studie eine längerfristige Betrachtungsweise gewählt, die aufgrund der Beschränkungen von Event-Studien und Fonds-Analysen in den letzten Jahren zunehmende Beachtung findet (vgl. z.B. Hart/Ahuja, 1996, Butz/Plattner, 1999, Yamashita et al.,

1999, Konar/Cohen, 2001, King/Lenox, 2001, Thomas, 2001). Wichtig ist dabei, dass neben den interessierenden Variablen der Umwelt- bzw. Sozialperformance auch andere relevante Variablen zur Erklärung der ökonomischen Performance einbezogen werden. Ansonsten besteht die Gefahr, dass die Parameter der Nachhaltigkeit verzerrt geschätzt werden. Da sich die bisher vorliegende Literatur in der Einbeziehung von einzelnen Variablen unterscheidet, ist ein Vergleich der Ergebnisse kaum möglich, zumal die Arbeiten auch bei den betrachteten Zeiträumen und bei den betrachteten Regionen differieren. Ganz wesentlich unterscheiden sich die ökonometrischen Untersuchungen aber bei der Abbildung der Umwelt- bzw. Sozialperformance sowie bei der Abbildung der ökonomischen (bzw. finanziellen) Performance. Bemerkenswert ist, dass diese Differenzen auch bei Event-Studien bzw. bei Fonds-Analysen zum Zusammenhang zwischen Nachhaltigkeit und ökonomischer Performance vorliegen.

In diesem Papier wird der Shareholder Value als Maß der ökonomischen Performance von Unternehmen zugrunde gelegt. Dieses Performance-Konzept hat sich mittlerweile als zentrales Ziel in vielen Unternehmen etabliert und beeinflusst sowohl die Unternehmensstrategie als auch konkrete Entscheidungen (vgl. Rappaport, 1986). Bei an der Börse notierten Aktiengesellschaften kann der Shareholder Value als Gesamtrendite von Aktien berechnet werden, wobei sowohl Kursveränderungen als auch Ausschüttungen (wie z.B. Dividendenzahlungen, Bezugsrechte usw.) berücksichtigt werden (vgl. z.B. Kürsten, 2000). Konkret wird der Shareholder Value mit der durchschnittlichen monatlichen Aktienrendite (über den untersuchten Zeitraum von 1996 bis 2001) operationalisiert. Insofern unterscheidet sich der hier betrachtete aktienbasierte Ansatz gegenüber anderen ökonometrischen Untersuchungen, in denen Maße wie Tobins Q, Umsatzrendite, Gesamtkapitalrendite oder Eigenkapitalrendite zur Darstellung der ökonomischen Performance verwendet werden (vgl. Hart/Ahuja, 1996, King/Lenox, 2001, Konar/Cohen, 2001). Gegenüber anderen aktienbasierten ökonometrischen Ansätzen mit längerfristiger Betrachtungsweise (vgl. Butz/Plattner, 1999, Thomas, 2001) bzw. ökonometrischen Ansätzen im Rahmen von Event-Studien (vgl. Muoghalu et al., 1990, Hamilton, 1995, Klassen/McLaughlin, 1996, Konar/Cohen, 1997, Khanna et al., 1998) werden neuere finanzökonomische Erkenntnisse einbezogen.

Die Nachhaltigkeit wird in diesem Papier sowohl mit einer Bewertung des Ausmaßes der ökologischen bzw. sozialen Risiken der Branche, in der das Unternehmen tätig ist, als auch mit Kennzahlen der unternehmerischen Aktivitäten zur Begrenzung dieser branchenspezifischen Umwelt- und Sozialrisiken im Vergleich zu den anderen Unternehmen der Branche abgebildet. Im Gegensatz dazu werden zur Abbildung der Umweltperformance von Unternehmen in weiten Teilen der Literatur unabhängig von der eingesetzten Methodik weniger umfassende eindimensionale Konzepte verwendet. Diese Ansätze können sich auf temporär (in der Presse ausgewiesenes) umweltfreundliches Verhalten (vgl. z.B. Klassen/McLaughlin, 1996, Yamashita et al., 1999) bzw. temporär umweltschädliches illegales Verhalten von Unternehmen beziehen, das sich in entsprechenden Konsequenzen wie Prozessen oder Strafen niederschlägt (vgl. z.B. Muoghalu et al., 1990).

Neben solchen negativen Konsequenzen werden oft auch die im Toxic Release Inventory (TRI) ausgewiesenen Mengen chemischer Emissionen betrachtet (vgl. z.B. Cohen et al., 1997, Konar/Cohen, 2001). Häufig werden diese Daten alleine zur Messung der ökologischen Nachhaltigkeit von Unternehmen herangezogen (vgl. z.B. Hamilton, 1995, Hart/Ahuja, 1996, Konar/Cohen, 1997, Khanna et al., 1998, King/Lenox, 2001). Allerdings scheint die Umweltperformance ausschließlich mit toxischen Emissionen nur teilweise abgebildet werden zu können, zumal sich Analysen auf Basis der Daten des TRI lediglich auf solche Unternehmen (in den USA) beziehen, die auch tatsächlich bestimmte ausgewählte Schadstoffe emittiert haben. Es fehlen aber z.B. Aspekte der Energieeffizienz oder des Umweltmanagements. Durch diese Beschränkungen sind allgemeine Aussagen zur Umweltperformance nicht möglich.

Insbesondere werden bei der Abbildung der ökologischen Nachhaltigkeit (z.B. mit der Menge der emittierten Schadstoffe) meist zwei unabhängige Bestandteile miteinander vermischt, nämlich unternehmerische ökologische Aktivitäten im Vergleich zu den anderen Unternehmen der Branche, in der das Unternehmen wirtschaftet, und branchenspezifische Einflüsse. Zur Analyse des Zusammenhangs zwischen Umweltperformance und ökonomischer Performance wäre aber für weiter gehende Schlussfolgerungen eine getrennte Betrachtung dieser beiden Aspekte nötig. Nur selten werden ein Bestandteil einzeln untersucht (so z.B. Cohen et al., 1997, die unternehmerisches ökologisches Handeln im Vergleich zu den anderen Unternehmen der Branche analysieren) oder gar (wie in der vorliegenden Studie) sowohl die Zugehörigkeit eines Unternehmens zu bestimmten umweltfreundlichen bzw. umweltschädlichen Industrien als auch unternehmerische ökologische Aktivitäten im Vergleich zu den anderen Unternehmen der Branche in die Untersuchung einbezogen (so z.B. auch King/ Lenox, 2001, in ihrer ökonometrischen Analyse). Unbefriedigend ist in der Literatur schließlich, dass die Sozialperformance als wichtiger Bestandteil der Nachhaltigkeit kaum untersucht wird. Die Sozialperformance von Unternehmen hat bisher lediglich bei der Analyse ethisch motivierter Fonds eine gewisse Beachtung gefunden (vgl. z.B. Statman, 2000, Kreander et al., 2000). Dagegen wird diese Form der Nachhaltigkeit bei ökonometrischen Ansätzen grundsätzlich ausgeblendet (eine Ausnahme bildet die Untersuchung von Butz und Plattner, 1999).

IV. Verwendete Daten

Die für die vorliegende Studie verwendeten Daten zur ökologischen und sozialen Nachhaltigkeit von Unternehmen stammen von der Bank Sarasin & Cie in Basel. Dieses Finanzinstitut hat insgesamt ca. 300 an der Börse notierte europäische Aktiengesellschaften nach Umwelt- und Sozialkriterien bewertet (Stand: September 2001). Die Gesamtheit der betrachteten Unternehmen deckt in Bezug auf die Marktkapitalisierung ca. 80% des Aktienindexes MSCI Europe ab. Dabei handelt es sich einerseits um große Unternehmen (teilweise ungeachtet ihrer Umwelt- und Sozialperformance), die für ihre Branche bedeutend und daher auch als Vergleichsmaßstab für die Nachhaltigkeitsratings wichtig sind. Andererseits werden aber auch Unternehmen mit geringerer Marktkapitalisierung betrachtet, die sich durch besonders positive Leistungen bzw. Produkte in Bezug auf die Nachhaltigkeit auszeichnen. Insgesamt sind dennoch größere Unternehmen gegenüber ihrem tatsächlichen Anteil an der Gesamtheit aller europäischen an der Börse notierten Aktiengesellschaften überrepräsentiert. Dieser Aspekt ist jedoch für die empirische Analyse von untergeordneter Bedeutung, da die Marktkapitalisierung zur Erklärung der durchschnittlichen monatlichen Aktienrendite in die ökonometrischen Ansätze einbezogen wird. Darüber hinaus dürfte die finanzielle Performance aller betrachteten Titel aufgrund der Auswahl der untersuchten Unternehmen über dem Durchschnitt der finanziellen Performance aller europäischen an der Börse notierten Aktiengesellschaften liegen. Dieser Aspekt sollte bei der Interpretation der Resultate berücksichtigt werden.

Alle ca. 300 europäischen Unternehmen werden nach einem von Sarasin & Cie entwickelten Verfahren im Hinblick auf ihre Umwelt- bzw. Sozialkriterien bewertet. Diese Kriterien lehnen sich an internationale Standards zur Nachhaltigkeitsberichterstattung an, wie sie z.B. von der Global Reporting Initiative (2000) entwickelt worden sind. Die Beurteilung bezieht sich zum einen auf die ökologische bzw. soziale Nachhaltigkeit der Branche, in der das Unternehmen tätig ist. Das entsprechende fünfstufige Rating ist eine Beurteilung des Ausmaßes der von einer Branche verursachten Umwelt- bzw. Sozialrisiken. Beiträge zu den Umweltrisiken sind der Ressourcenverbrauch, Emissionen sowie der Zentralisierungsgrad. Beiträge zu den Sozialrisiken sind neben dem Zentralisierungsgrad die Belastung der sozialen Stabilität sowie die Beeinträchtigung individueller Werte und Rechte.

Neben der Bewertung der ökologischen bzw. sozialen Nachhaltigkeit der entsprechenden Branche werden die Unternehmen auch (ebenfalls auf einer fünfstufigen Skala) danach beurteilt, welche Aktivitäten sie im Vergleich zu den anderen Unternehmen derselben Branche zur Begrenzung branchenspezifischer Umwelt- bzw. Sozialrisiken unternehmen. Hinsichtlich der Umweltleistungen wird nach dem Lebenszyklusansatz vorgegangen, d.h. beurteilt werden die Aktivitäten des Unternehmens, die die Umweltauswirkungen seiner gesamten

Wertschöpfungskette (Vorproduktion, Produktion, Produkte & Dienstleistungen) vermindern. Hinsichtlich der Sozialleistungen wird nach dem Stakeholder-Ansatz vorgegangen, d.h. beurteilt werden die Aktivitäten des Unternehmens, die die Beziehungen mit seinen verschiedenen Anspruchsgruppen (Öffentlichkeit, Lieferanten, Kapitalgeber, Mitarbeiter, Kunden, Konkurrenten) verbessern (zu Einzelheiten vgl. Ziegler et al., 2002).

Zu beachten ist, dass nicht alle ca. 300 ursprünglich bewerteten europäischen Unternehmen in die empirische Analyse einbezogen werden können. Untersucht werden lediglich die Aktiengesellschaften, die im gesamten Zeitraum von Januar 1996 bis August 2001 an der Börse notiert waren und zwischenzeitlich nicht fusioniert haben bzw. übernommen wurden. Insbesondere müssen für die Unternehmen aber auch sämtliche relevante finanzielle Daten in der verwendeten Datenbank Thomson Financial Datastream vorliegen. Neben einer durchlaufenden Reihe der Total Return Indizes (die sowohl Aktienkurse als auch Ausschüttungen enthalten) zur Berechnung von Aktienrenditen müssen über den gesamten Beobachtungszeitraum Daten zur Marktkapitalisierung sowie zum Quotienten aus Buch- und Marktwert existieren. Insgesamt können damit 214 Unternehmen der ursprünglich ca. 300 beurteilten europäischen Aktiengesellschaften in die Untersuchung einbezogen werden.

Die Wahl der untersuchten Periode von Januar 1996 bis August 2001 resultiert aus der Forderung nach einer möglichst hohen Anzahl an Unternehmen, für die alle relevante Daten vorliegen. Diese Anzahl könnte durch eine Verkürzung des Beobachtungszeitraumes zwar erhöht werden. Allerdings sollte die betrachtete Zeitspanne für die Schätzung des CAPM und des Multifaktormodells nicht zu kurz sein, so dass eine Zeitspanne zwischen fünf und sechs Jahren einen Kompromiss zwischen diesen beiden Anforderungen darstellt. Zu betonen ist, dass der untersuchte Zeitraum sowohl den starken (weltweiten) Anstieg der Aktienkurse Ende der neunziger Jahre als auch den rapiden Verfall der Aktienkurse (vor allem in der Technologiebranche) in den Jahren 2000 und 2001 überdeckt. Das gewählte Ende (d.h. August 2001) des Beobachtungszeitraums datiert den Beginn dieser Studie. Dieses Datum wurde im weiteren Verlauf der Untersuchungen bewusst beibehalten, um nicht spezielle Einflüsse des Anschlages in New York im September 2001 bei der Erklärung der durchschnittlichen monatlichen Aktienrendite einzubeziehen.

Die in den ökonometrischen Ansätzen als Kontrollvariablen berücksichtigten Marktkapitalisierungen und Quotienten aus Buch- und Marktwert der Unternehmen zum Anfang des Beobachtungszeitraumes, d.h. Januar 1996, werden unabhängig vom Sitz des Unternehmens ausschließlich in Schweizer Franken (SFR) ermittelt (entsprechend Datastream). Zu beachten ist, dass bei einigen Aktiengesellschaften mehr als eine Aktienart (wie z.B. Stamm- und Vorzugsaktien) vorliegt. Die Bestimmung von Marktkapitalisierungen und Quotienten aus Buch- und Marktwert, insbesondere aber die Ermittlung der Renditen orientiert sich für diese Unternehmen jeweils auf die Aktienart mit der höchsten Anzahl an Aktien im Jahre 2001.

Jedoch wird bei diesem Vorgehen häufig eine bedeutende Aktienart vernachlässigt, so dass dadurch z.B. der Marktwert eines Unternehmens nur unvollständig abgebildet wird. Aus diesem Grund wurden auch Analysen mit den (insgesamt 175) Unternehmen unter den 214 Aktiengesellschaften durchgeführt, die nur eine relevante Aktienart besitzen. Konkret blieben dabei die Unternehmen unberücksichtigt, bei denen (im Jahre 2001) bei mindestens zwei Aktienarten jeweils der Anteil an der gesamten Anzahl aller Aktien des Unternehmens über 10% beträgt. Bei den ökonometrischen Untersuchungen haben sich aber im Vergleich zur Analyse mit den erläuterten 214 Unternehmen für die interessierenden Variablen der Nachhaltigkeit (wie auch für die finanziellen Variablen) keine systematisch unterschiedlichen Ergebnisse gezeigt.

Als weitere Kontrollvariablen werden in den ökonometrischen Ansätzen für jedes Unternehmen durchweg Dummies für alle Staaten sowie teilweise Dummies für einzelne Branchen betrachtet. Damit soll der potentielle Einfluss regionaler sowie sektoraler Besonderheiten zur Erklärung der durchschnittlichen monatlichen Aktienrendite berücksichtigt werden. Die untersuchten 214 Unternehmen stammen aus folgenden Staaten: Großbritannien, Schweiz, BRD, Niederlande, Frankreich, Schweden, Italien, Österreich, Spanien, Dänemark, Finnland, Norwegen, Belgien. Die betrachteten branchenspezifischen Dummy-Variablen beziehen sich auf die Technologie-, Bank-, Versicherungs- bzw. Baubranche.

Für die ökonometrische Analyse werden zur Ermittlung der Aktienrenditen die bereits erwähnten Total Return Indizes gemäß Datastream verwendet, für jeden Monat jeweils wiederum berechnet in SFR. Die Schätzung des CAPM und des Multifaktormodells erfordert zudem die Einbeziehung der Aktienrenditen eines Marktportfolios und des Zinses einer risikolosen Anlage. Anlehnend an die ausschließliche Betrachtung europäischer Unternehmen erfolgt die Berechnung der Aktienrenditen eines Marktportfolios mit Hilfe des FTSE Eurotop 300 Indexes (der die 300 größten Aktiengesellschaften Europas umfasst). Aufgrund der Verwendung von SFR als einheitliche Währung und aufgrund der monatlichen Betrachtung der Aktienrenditen wird der in Datastream ausgewiesene Zins einer Einmonats-Anlage in der Schweiz als entsprechender Zins einer risikolosen Anlage betrachtet.

V. Ökonometrische Analyse

Der Ausgangspunkt des ersten betrachteten ökonometrischen Verfahrens ist das CAPM, das für alle 214 untersuchten europäischen Aktiengesellschaften geschätzt wird. Das heißt, die Rendite der einzelnen Aktien über den risikolosen

Zins hinaus (excess return) wird hier ausschließlich durch die Aktienrendite des Marktportfolios über den risikolosen Zins hinaus erklärt. Als Ergebnis erhält man auf dieser ersten Stufe für jede Aktiengesellschaft den (nach der KQ-Methode, d.h. nach der Methode der kleinsten Quadrate) entsprechend geschätzten Parameter. Diese Schätzwerte werden dann zur Erklärung der durchschnittlichen monatlichen Rendite der Aktien zwischen Januar 1996 und August 2001 in das Regressionsmodell der zweiten Stufe einbezogen.

Allerdings hat sich in der Arbeit von Fama und French (1992) gezeigt, dass diese finanzielle Variable nicht ausreicht, um die Variation der durchschnittlichen Aktienrendite zu erklären. Stattdessen wird dort die Bedeutung der Marktkapitalisierung und des Quotienten aus Buch- und Marktwert herausgearbeitet. Dementsprechend werden diese Faktoren als zusätzliche kontrollierende erklärende finanzielle Variablen betrachtet. Zu beachten ist dabei, dass zur Vermeidung von Endogenitätsproblemen hinsichtlich dieser beiden Variablen lediglich die Werte zu Beginn des Beobachtungszeitraumes berücksichtigt werden, nicht aber z.B. die Durchschnitte zwischen 1996 und 2001. Darüber hinaus werden staatliche und branchenspezifische Dummy-Variablen berücksichtigt. Als interessierende erklärende Faktoren gehen für die Unternehmen aber insbesondere verschiedene Variablen der ökologischen und sozialen Nachhaltigkeit in das Regressionsmodell der zweiten Stufe ein.

Nun wird in Fama/French (1993) eine Erweiterung des CAPM vorgeschlagen. Neben der Aktienrendite eines Marktportfolios über den risikolosen Zins hinaus werden zwei weitere Faktoren zur Erklärung des excess returns einbezogen. In vielen Arbeiten (vgl. auch Fama/French, 1996, Davis et al., 2000, Berkowitz, 2000) hat sich gezeigt, dass dieses Multifaktormodell einen höheren Erklärungsgehalt aufweist als das CAPM. Dementsprechend wird in der vorliegenden Studie auch dieser Ansatz auf der ersten Stufe für alle 214 betrachteten europäischen Aktiengesellschaften geschätzt. Gegenüber dem CAPM werden damit zur Erklärung des excess return zwei zusätzliche Variablen einbezogen. Diese beiden Faktoren ergeben sich aus der Differenz der Renditen von Aktiengesellschaften mit einer geringen Marktkapitalisierung und einer hohen Marktkapitalisierung sowie aus der Differenz der Renditen von Aktiengesellschaften mit einem geringen Quotienten aus Buch- und Marktwert und einem hohen Quotienten aus Buch- und Markwert (zu Einzelheiten vgl. Ziegler et al., 2002). Als Ergebnis erhält man bei diesem zweiten ökonometrischen Ansatz für jedes Unternehmen die (nach der KQ-Methode) geschätzten entsprechenden drei Parameter.

Ähnlich wie im ersten ökonometrischen Ansatz werden auch jetzt (in diesem Fall für jedes Unternehmen drei) Schätzwerte aus der ersten Stufe als kontrollierende Variablen zur Erklärung der durchschnittlichen monatlichen Aktienrendite zwischen Januar 1996 und August 2001 einbezogen. Darüber hinaus werden wieder staatliche und branchenspezifische Dummy-Variablen berücksichtigt. Da die Marktkapitalisierung und der Quotient aus Buch- und Marktwert bereits bei der Ableitung der beiden Faktoren berücksichtigt sind, werden diese nicht mehr als Kontrollvariablen betrachtet. Als wesentliche erklärende Faktoren werden aber erneut für die Unternehmen die einzelnen Variablen der Nachhaltigkeit in das Regressionsmodell der zweiten Stufe einbezogen.

In der Analyse mit beiden ökonometrischen Ansätzen (vgl. dazu ausführlich Ziegler et al., 2002) hat sich gezeigt, dass eine hohe ökologische Nachhaltigkeit (d.h. ein geringes Ausmaß an Umweltrisiken) der Branche, in der eine Aktiengesellschaft tätig ist, einen signifikant positiven Effekt auf die durchschnittliche monatliche Aktienrendite besitzt. Entsprechend diesen Ergebnissen werden also Anlagen in Unternehmen sauberer Branchen mit höherer Umweltperformance (bei ansonsten ähnlichen unternehmensspezifischen Eigenschaften z.B. hinsichtlich finanzieller Variablen) auch finanziell belohnt. Besonders stark ist dieser Effekt bei Aktiengesellschaften mit den beiden besten Beurteilungen der ökologischen Nachhaltigkeit der Branche im Vergleich zu den Aktiengesellschaften mit den drei schlechtesten Bewertungen. Dagegen besitzt eine hohe soziale Nachhaltigkeit der Branche, in der ein Unternehmen wirtschaftet, einen negativen Einfluss auf die durchschnittliche monatliche Aktienrendite. Damit muss man bei Anlagen in Unternehmen von Branchen mit höherer Sozialperformance (bei ansonsten ähnlichen unternehmensspezifischen Eigenschaften) mit finanziellen Einbußen rechnen. Dieser Effekt ist allerdings im Vergleich zu vorherigem statistisch weniger gut abgesichert.

In diesem Zusammenhang ist zu beachten, dass zu den Branchen mit einer sehr hohen Bewertung der Umweltperformance auch solche Branchen gehören, denen im Allgemeinen nur bedingt eine hohe Nachhaltigkeit zugeschrieben wird. Dies gilt insbesondere für die Bank- und Versicherungsbranche und schlägt sich bei diesen beiden Sektoren auch in der zweitniedrigsten Beurteilung der Sozialperformance nieder. In weiteren Untersuchungen wurden deshalb auch Variablen der zusammengefassten Nachhaltigkeit der Branche zur Erklärung der durchschnittlichen monatlichen Aktienrendite herangezogen. Durch die offensichtliche Konkurrenz der positiven Effekte einer hohen Umweltperformance und der negativen Effekte einer hohen Sozialperformance der Branche, in der ein Unternehmen tätig ist, kann für solche Variablen aber oft kein signifikanter Einfluss abgeleitet werden. Bei einzelnen Variablen branchenspezifischer Nachhaltigkeit kann teilweise jedoch ein signifikant positiver Einfluss einer hohen Nachhaltigkeit auf die durchschnittliche monatliche Aktienrendite nachgewiesen werden. Für Anleger ergibt sich daraus, dass auch aus finanzieller Sicht nichts gegen die Investition in Aktiengesellschaften aus insgesamt sehr nachhaltigen Branchen (bei ansonsten ähnlichen unternehmensspezifischen Eigenschaften) spricht.

Für die Variablen der unternehmerischen ökologischen bzw. sozialen Aktivitäten eines Unternehmens im Vergleich zu den anderen Unternehmen der Branche kann zwar durchweg kein signifikant positiver Effekt auf die durchschnittliche monatliche Aktienrendite nachgewiesen werden. Allerdings ergibt sich für diese Variablen auch ausnahmslos kein signifikant negativer Einfluss. Damit führt nach den vorliegenden Resultaten derartiges nachhaltiges unternehmerisches Handeln zumindest nicht zu Wettbewerbsnachteilen. Für das Management einer Aktiengesellschaft spricht also bei der Betrachtung der durchschnittlichen monatlichen Aktienrendite nichts gegen eine Verstärkung solcher ökologischer und sozialer Aktivitäten, die in der Regel ohnehin nicht vorrangig aus finanziellen Gründen durchgeführt werden, sondern durch andere unternehmensspezifische sowie gesellschaftliche Ziele motiviert sind. Ebenso ergibt sich für Anleger daraus, dass Investitionen in Unternehmen mit höheren ökologischen und/oder sozialen Aktivitäten im Vergleich zu den anderen Unternehmen der Branche (bei ansonsten ähnlichen unternehmensspezifischen Eigenschaften) keinen finanziellen Verlust nach sich ziehen.

VI. Schlussfolgerungen

Von Interesse dürften diese Ergebnisse vor dem Hintergrund der aktuellen Diskussion um die Offenlegungspflichten von ökologischen, sozialen und ethischen Anlagekriterien bei der Altersvorsorge sein. In Großbritannien ist im Jahr 2000 erstmals eine Regelung in Kraft getreten, die betrieblichen Pensionsfonds vorschreibt, ein sogenanntes Statement of Investment Principles zu formulieren. In Deutschland wurde eine vergleichbare Regelung mit der sogenannten Riester-Rente eingeführt. Private oder betriebliche Anlagen für die Altersvorsorge müssen ihre Anlagepolitik einschließlich ökologischer, sozialer und ethischer Aspekte offen legen, falls sie das Zertifikat für die Riester-Rente erhalten wollen.

Darüber hinaus haben weltweit fast alle Regierungen und internationale Organisationen (und auch z.B. Unternehmensverbände) Erklärungen unterzeichnet, in denen sie sich den Prinzipien einer nachhaltigen Entwicklung verpflichten. Es wäre daher auch entsprechend den Ergebnissen der vorliegenden Studie zu überlegen, ob für die von diesen Regierungen und internationalen Organisationen (sowie allen ihnen zuzuordnenden Institutionen und Unternehmen) verwalteten Anlagen nicht ein erweitertes Statement of Investment Principles eingeführt werden sollte in dem Sinne, dass bei Investitionen nachhaltige Anlagen generell (bei ansonsten ähnlichen unternehmensspezifischen Eigenschaften) bevorzugt werden, insbesondere wenn diese keine schlechtere finanzielle Performance aufweisen als konventionelle Anlagen.

Zu beachten ist, dass sich die Schlussfolgerungen auf Analysen der durchschnittlichen monatlichen Aktienrendite europäischer an der Börse notierter Aktiengesellschaften für den Zeitraum zwischen 1996 und 2001 beziehen. Die betrachtete Region sowie die betrachtete Periode können zusätzlich zur unterschiedlichen Abbildung der Umwelt- bzw. Sozialperformance sowie der ökonomischen Performance die Ergebnisse des Effektes der Nachhaltigkeit auf die ökonomische Performance stark beeinflussen (nicht zuletzt deshalb untersucht z.B. Thomas, 2001, verschiedene Zeiträume). Da bisher aber wenige Untersuchungen für Europa existieren (und erst recht nicht für die betrachtete Periode bei der hier vorgenommenen Messung der Nachhaltigkeit und der ökonomischen Performance sowie bei der verwendeten ökonometrischen Methodik), ist ein Vergleich der Ergebnisse der vorliegenden Studie mit den Resultaten anderer (US-amerikanisch dominierter) Untersuchungen kaum möglich.

Zu beachten ist darüber hinaus eine wesentliche Annahme der Untersuchungen in diesem Papier. Die ökonometrischen Modelle gehen implizit davon aus, dass die Variablen der (zwischen 1996 und 2001 durchschnittlichen) Nachhaltigkeit ausschließlich einen Einfluss auf die durchschnittliche monatliche Aktienrendite besitzen. Für den Fall, dass tatsächlich ein umgekehrter Effekt vorliegt, ergeben sich dagegen im Rahmen der verwendeten Modelle Probleme. Gerade im Hinblick auf die Frage der Kausalität des Zusammenhangs zwischen der Umweltperformance und der ökonomischen Performance werden in der Literatur häufig zeitlich verzögerte erklärende Variablen einbezogen, d.h. untersucht wird der Einfluss der ökologischen Nachhaltigkeit auf die ökonomische Performance ein Jahr oder mehrere Jahre später (vgl. z.B. Hart/Ahuja, 1996, King/Lenox, 2001, Konar/Cohen, 2001). Alle diese Studien basieren auf den Daten des TRI. Trotz der Problematik der Subjektivität der hier verwendeten Bewertungen scheint die Umweltperformance damit besser abgebildet zu werden als durch toxischen Emissionen auf Basis des TRI. Beim Vorliegen (bisher nicht zur Verfügung stehender) jährlich genau zuzuordnender Beurteilungen sollten jedoch in Zukunft auch Untersuchungen mit zeitlich verzögerten erklärenden Variablen durchgeführt werden.

Dabei würde es sich dann anbieten, derartige Ansätze mit Panel-Modellen zu verknüpfen (zur Anwendung von Panel-Modellen vgl. z.B. King/Lenox, 2001). Im Rahmen derartiger Analysen können potentielle intertemporale Einflüsse auf die abhängige Variable, d.h. im vorliegenden Zusammenhang auf die Aktienrendite, modelliert werden. Bleiben derartige intertemporale Zusammenhänge fälschlicherweise unberücksichtigt, kann dies zu verzerrten Schätzungen der Parameter (und damit auch der Parameter der Nachhaltigkeit) führen. Die Voraussetzung für die Anwendung von Panel-Modellen sind aber wie erläutert (bisher nicht vorhandene) intertemporal genau zuzuordnende Maße der Umwelt- und Sozialperformance. Zu erwähnen ist schließlich, dass die Frage der Kausalität des Zusammenhangs zwischen der ökologischen bzw. sozialen Nachhaltigkeit und der ökonomischen Performance mit Hilfe von Mehrgleichungsmodellen ökonometrisch untersucht werden kann. Auch die Betrachtung derartiger Methoden wäre in der Zukunft interessant.

Literatur

Berkowitz, M. K. (2000), Common Risk Factors in Explaining Canadian Equity Returns, Discussion Paper, University of Toronto.

Blacconiere, W. G./*Northcut*, W.D. (1997), Environmental Information and Market Reactions to Environmental Legislation, Journal of Accounting, Auditing and Finance 12 (2), 149-178.

Butz, C./*Plattner*, A. (1999), Nachhaltige Aktienanlagen: Eine Analyse der Rendite in Abhängigkeit von Umwelt- und Sozialkriterien, Sarasin Studie, Basel.

Cohen, M. A./*Fenn*, S.A./*Konar*, S. (1997), Environmental and Financial Performance: Are They Related? Discussion Paper, Vanderbilt University.

Davis, J. L./*Fama*, E.F./*French,* K.R. (2000), Characteristics, Covariances, and Average Returns: 1929 to 1997, The Journal of Finance LV (1), 389-406.

Ewers, H.-J. (1992), Sustainable Development – Aufgabe des politischen Ordnungsrahmens oder ethisch motivierter unternehmerischer Initiative?, in: Sustainable Development als Leitbild der umweltbewußten Unternehmensführung, Dokumentation zu einer Vortragsveranstaltung der Wissenschaftlichen Gesellschaft für Marketing und Unternehmensführung e.V., Westfälische Wilhelms-Universität Münster, 13 –21.

Fama, E. F./*French,* K. R. (1996), Multifactor Explanations of Asset Pricing Anomalies, The Journal of Finance LI (1) 55-84.

– (1993), Common Risk Factors in the Returns on Stocks and Bonds, Journal of Financial Economics 33, 3-56.

– (1992), The Cross-Section of Expected Stock Returns, The Journal of Finance XLVII (2), 427-465.

Global Reporting Initiative (2000), Sustainability Reporting Guidelines on Economic, Environmental, and Social Performance, Boston.

Hamilton, J. T. (1995), Pollution as News: Media and Stock Market Reactions to the Toxics Release Inventory Data, Journal of Environmental Economics and Management 28, 98-113.

Hart, S. L./*Ahuja*, G. (1996), Does it Pay to be Green? An Empirical Examination of the Relationship Between Emission Reduction and Firm Performance, Business Strategy and the Environment 5, 30-37.

Homann, K./*Pies*, I. (1991), Wirtschaftsethik und Gefangenendilemma, in: WiST, Jg. 20, Heft 12, 608-614.

Khanna, M./*Rose,* W./*Quimio*, H./*Bojilova,* D. (1998), Toxics Release Information: A Policy Tool for Environmental Protection, Journal of Environmental Economics and Management 36, 243-266.

King, A./*Lenox*, M. (2001), Does it Really Pay to be Green?, The Journal of Industrial Ecology 5 (1), 105-116.

Klassen, R.D./*McLaughlin*, C. P. (1996), The Impact of Environmental Management on Firm Performance, Management Science 42 (8), 1199-1214.

Konar, S./*Cohen*, M. A. (2001), Does the Market Value Environmental Performance, The Review of Economics and Statistics 83 (2), 281-289.

– (1997), Information as Regulation: The Effect of Community Right to Know Laws on Toxic Emissions, Journal of Environmental Economics and Management 32, 109-124.

Kreander, N./*Gray*, R. H./*Power*, D. M./*Sinclair*, C. D. (2000), Evaluating the Performance of Ethical and Non-Ethical Funds: A Matched Pair Analysis, Discussion Paper, University of Dundee.

Kürsten, W. (2000), Shareholder Value – Grundelemente und Schieflagen einer politökonomischen Diskussion aus finanztheoretischer Sicht, Zeitschrift für Betriebswirtschaft 70 (3), 359-381.

Muoghalu, M. I./*Robison*, H.D./*Glascock*, J. L. (1990), Hazardous Waste Lawsuits, Stockholder Returns, and Deterrence, Southern Economic Journal 7 (2), 357-370.

Porter, M./*van der Linde*, C. (1995), Green and Competitive: Ending the Stalemate, Harvard Business Review Sept-Oct, 120-134.

Rappaport, A. (1986), Creating Shareholder Value, The Free Press, New York.

Statman, M. (2000), Socially Responsible Mutual Funds, Financial Analysts Journal 56 (3), 30-39.

Thomas, A. (2001), Corporate Environmental Policy and Abnormal Stock Price Returns: An Empirical Investigation, Business Strategy and the Environment 10, 125-134.

Umweltrat – Rat von Sachverständigen für Umweltfragen (1994), Umweltgutachten 1994 – für eine dauerhaft-umweltgerechte Entwicklung. Stuttgart.

Wagner, M. (2001), A Review of Empirical Studies Concerning the Relationship between Environmental and Economic Performance, Center for Sustainability Management, University of Lueneburg.

White, M. A. (1995), The Performance of Environmental Mutual Funds in the United States and Germany: Is there Economic Hope for Green Investors?, Research in Corporate Social Performance and Policy, Suppl. 1, 323-344.

Yamashita, M./*Sen*, S./*Roberts*, M. C. (1999), The Rewards for Environmental Conscientousness in the U.S. Capital Markets, Journal of Financial and Strategic Decisions 12 (1), 73-82.

Ziegler, A./*Rennings*, K./*Schröder*, M. (2002), Der Einfluss ökologischer und sozialer Nachhaltigkeit auf den Sharholder Value europäischer Aktiengesellschaften, Discussion Paper No. 02-32, Zentrum für Europäische Wirtschaftsforschung (ZEW), Mannheim.

Environmental Assessment Indicators for Urban Green Spaces – A Comparative Study on Dutch Cities

Von *Caroline A. Rodenburg*, *Eveline S. van Leeuwen* and *Peter Nijkamp*, Amsterdam

I. Introduction

The modern world is in a continuous process of rapid urbanisation. This holds for all countries with industrial regions taking the lead. The United Nations forecasts that by the year 2025, more than 60% of the world's population will be living in urban areas, compared to 29% in 1950 (Sukopp, 1998). Such developments lead to a call for sustainable development. Since the World Commission on Environment and Development launched 'Our Common Future', sustainability has become an important political issue (World Commission on Environment and Development, 1987). The aim of this policy document is by nature rather general and global. For proper implementation of the policy recommendations, they must be translated into concrete action plans at a decentralised level, such as local communities. At the European level, the Sustainable Cities and Towns Project helped formulate a set of guidelines for sustainable local development based on comprehensive urban ecological research. A large number of cities adopted the principles when they convened in Aalborg, Denmark, in 1994 (European Commission, 1996).

The present paper is part of the URGE project – URGE is the acronym for URban Green Environment – which is funded under Key Action 4 'The City of Tomorrow and Cultural Heritage' of the Programme 'Energy, Environment and Sustainable Development' of the 5th Framework Programme of the European Union. The URGE project is related to the aforementioned policy issues about proper implementation of guidelines for sustainable development. The aim of the URGE project is to improve the provision of cities with green spaces, both qualitatively and quantitatively, thus enhancing the quality of life of the urban population and contributing to the sustainable development of European cities. One major objective is to increase the available knowledge of the complex interactions between nature, economy and social systems in urban environments, considering this as a premise to the development of modern strategies for the design and management of urban landscapes.

Within the URGE project team, urban green spaces are considered as an important contribution to the sustainable development of cities. The research group recognises the potential of green spaces to improve the quality of urban life, but is also aware that this potential is hard to realise, as current management practices are often far from optimal. Therefore, the project includes the elaboration and testing of an interdisciplinary catalogue of methods and measures, based on experience from various European cities. This catalogue comprises criteria to evaluate ecological, economic, sociological and planning issues. The participating cities will each select two green spaces that will be used as case studies, by means of which to test the applicability of the criteria. The comparison of the results of these analyses will enable the research team to evaluate the relevant green spaces, according to their contribution to the quality of life in urban areas. This will allow conclusions to be drawn about the effectiveness of national and regional policies and their implementation. The knowledge gained will be used to improve existing green spaces and to optimise urban green policies in Europe (URGE, 2001).

This paper addresses also the question why people are interested in urban green spaces from an economic point of view. It is therefore that economic indicators have been developed, to give us proper information to discover the order of magnitude of demand for and supply of the multi-faceted functions of various urban green spaces, resulting in the economic value of urban green space. The economic value of nature can be defined as the total amount of welfare that nature generates for society. These are not just financial measures. One can distinguish economic values and financial values. Financial values indicate how much one must pay for a good in the market (market prices). Economic values, on the other hand, also take into account externalities (both positive and negative) that do not involve money transfers (see also Ewers, 1989a and Ewers, 1989b). The economic criteria and indicators represent both economic and financial values of urban green and are represented by four distinct economic dimensions of urban green, as will be shown later in this paper.

Since the specific European case studies are not defined yet, general data for several cities in The Netherlands (and not for specific green space yet) have been used for a first evaluation of the economic criteria. This will be done with help of the spider model. Spider models can be used to visualise the relative strengths and weaknesses of the selected cities (and later on case studies) for various chosen factors. The advantage of this visualisation is that it is easy to show the relative score of the various city types concerning urban green. With help of this evaluation tool we want to show relations between the size or the character of the city and the availability of urban green. Also socio-economic aspects are taken into account. This will improve available knowledge of the complex interactions between nature, economy and social systems in urban environments. Future analysis will try to provide more detailed information about the complex relation between social aspects of urban green and the economic importance that can be attributed to it.

This paper is organised as follows. The next section describes the definitions that will be used in this paper. Section 3 deals with economic dimensions, criteria and indicators. In Section 4, the spider model will be introduced as a meaningful analytical and operational tool, whereas in Section 5 this spider model will be applied on 24 Dutch cities, illustrating the presence and importance of urban green in different city types. The policy relevance and conclusions are offered in Section 6.

II. Definitions of Terminology Used

The urban environment is complexly structured and richly textured in its interweaving of a mixture of natural, built-form, economic, social and cultural dimensions (Haughton and Hunter, 1994). Therefore, the overall urban environment can be said to consist of natural, built and social components. The natural environment includes air, water, land, climate, flora and fauna, whereas the built environment contains the fabric of buildings, infrastructure and urban open spaces. The social environment embraces less tangible aspects of urban areas, such as aesthetic and amenity quality, architectural styles, heritage, and the values, behaviour, norms and culture of the resident community (OECD, 1990). This seems to be closely related to the classification used in the URGE project: ecological, economic, social and planning. To become 'green', Haughton/Hunter (1994) argue that cities should not just clean themselves up, they need to become life enhancing and regenerative to secure reciprocity between the urban way of life and the natural web that surrounds it. Key ingredients in creating a green city are the need to look at the city in its bioregional context, and to bring about fundamental changes in the ways in which people treat nature, and treat each other.

A clear definition of urban green space is essential for the creation of relevant economic indicators. Since this paper is related to the URGE project, the definition of urban green space that is used in this paper is almost similar to the one that is used within the URGE project. The aim of the URGE project is to improve the future management of green spaces in cities and urban regions by providing methods and procedural guidelines for the inclusion of ecological, social and economic factors in the process of urban planning and maintenance. The definition used in the URGE project has been formulated by ecologists, economists, social scientists and planners, and they agreed on the following definition:

By urban green spaces we understand public and private open spaces in urban areas, primarily covered by vegetation, which are directly (e.g. active or passive recreation) or indirectly (e.g. positive influence on the urban environment) available for the users.

Green areas can be privately owned or an entrance fee can even be charged for access to them (such as is the case for botanical gardens etc.), as long as they are available for public use. Since the URGE project is mainly focussed on the residents of a city, tourist use is not relevant for URGE. The colour (i.e. urban blue, urban brown, etc.) is also essentially irrelevant. The importance of urban green lies in public access. Cemeteries and allotments are excluded. These could, however, be considered if they are mainly used as parks or recreation areas. Trees in streets and other small green features are generally excluded (they are not green "space"), but may be regarded on a city scale as part of the green structure (URGE, 2001).

As mentioned above, the definition of urban green space used in this paper is almost similar to the URGE definition. The most important difference is that this paper also refers to natural areas and forests within the boundaries of the municipality when using the term 'urban green space'. Reason for this is the availability of interesting data on this category of urban green space with which the analysis by means of economic indicators may be enriched. When we focus on the availability of urban green, we also include recreation areas, both for daily recreational activities and for extended stays. We think that these functions and activities all contribute to urban sustainability and the quality of life in the city.

III. Economic Dimensions, Criteria and Indicators

Improving the environment by means of economic instruments has been increasingly recognised in recent years. Also Agenda 21 – from the 1992 Rio Earth Summit – summarises many of the benefits of economic policy approaches. There is a particular value to looking at economic instruments in an urban context, since many of the environmental problems of cities relate to what economists would refer to as a concentration of negative externalities, that is, non-costed environmental impacts (Haughton/Hunter, 1994). The use of economic instruments to improve the urban environment is rapidly evolving.

Economic criteria and indicators can be a very helpful tool for evaluating urban green spaces. First of all, criteria that determine functions of urban green spaces should be formulated. Secondly, indicators should be developed in order to measure and quantify the criteria. Indicators are pieces of information designed to communicate complex messages in a simplified, (quasi-) quantitative manner so that progress in the field of decision-making can be measured

(Rothmans, 1997). The indicators can be measured with the help of necessary quantitative input. This necessary input consists of data that must be collected by, for example, statistical analysis, or quantitative and qualitative surveys. Indicators are bits of information that highlight what is happening in the large system; they are small windows that provide a glimpse of the 'big picture' (Kuik/Gilbert, 1999).

Indicators have three functions: (1) simplification (to simplify information about complex phenomena), (2) (quasi-) quantification (to quantify information so its significance is more readily apparent) and (3) communication (to improve communication of the information to the user) (van Delft, 1997, Rothmans, 1997). The additive 'quasi' indicates that, in principle, indicators could also be qualitative. Qualitative indicators may be preferable to quantitative indicators where the underlying quantitative information is not available, or the subject of interest is not inherently quantifiable (Gallopin, 1996).

Indicators are a compromise between scientific accuracy and the demand for concise information. The basic challenge for indicator development is: 'to reduce a large quantity of data down to its simplest form, retaining essential meaning for the questions that are being asked of the data' (Kuik and Gilbert, 1999). Good indicators present information in a clear and usable form at the right time to those who need it (Boyd, 1997). Different users of environmental indicators have different needs. Thus the appropriate set of indicators depends on its particular use. Therefore it is important to determine the users of this project. The users in the short term are the project partners of URGE. In the long run, the users will be urban authorities and municipalities. To generate discussion among these people having different backgrounds and viewpoints, and to help create a shared vision of what the community should be, indicators can be a useful tool (Sarmento et al., 2000).

A logical starting point in the development of economic indicators for urban green is the development of a functional economic taxonomy of urban green spaces. This forms the basis for determining the economic value of urban green spaces. Which functions are most relevant for a given urban green space depends on the ecological characteristics, the cultural and socio-economic setting, and the management objectives of the area in question (de Groot, 1994).

The determined functions have been classified into four economic dimensions of urban green spaces. These are successively the socio-economic dimension, the environmental dimension, the merit dimension and the financial dimension. The classified dimensions and the accompanying functions are shown in Figure 1.

The socio-economic dimension contains the functions that have an impact on welfare and quality of urban life aspects, for example, the employment function or the education function. The environmental dimension refers to scarcity elements that are linked to the physical surroundings and the environment, for example, the regulation function. The merit dimension shows the virtue of urban green to the residents.

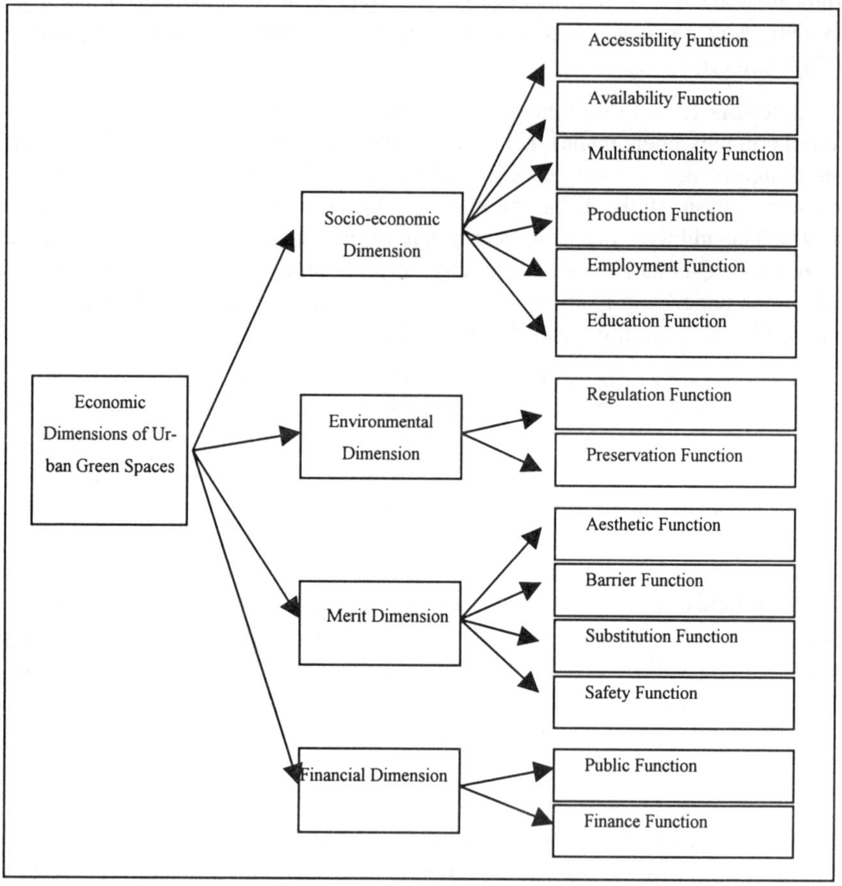

Figure 1: Four economic dimensions of urban green spaces with their matching functions

It concerns external effects that are useful to the visitors, for example, the barrier function when the vegetation works as a windbreak or noise barrier. The financial dimension is related to the way of financing urban green and the importance of urban green to the local authorities (Rodenburg et al., 2002).

IV. Use of the Spider Model

The economic dimensions on urban green space serve as either signposts for policy-making or as quantified tools for comparative analysis. As an analytical tool for our analysis, we will employ here the so-called spider model (see Rienstra, 1998). Spider models can be used to visualise the relative strengths and weaknesses of the selected case studies for various chosen factors. Each factor is represented by an axis starting from the interior towards the outer boundary of the spider, in which the lowest scores are to be found in the centre of the spider. The score of each factor is based on quantitative data, standardised on a ten-point scale. It should be stressed that there is no weighing between the factors. A straightforward numerical comparison of scores related to different factors is not allowed. A score of 7 on one factor does not necessarily mean that it is a better score than a score of 6 on another factor. The envelope composed of all scores per factor forms a connecting line resulting in a surface representing the integral representation of these factors per city type. In general, one might state that the larger the surface, the better the city type in question scores. The advantage of this visualisation by means of the spider model is that it is easy to show the relative score of the various city types concerning urban green.

The starting point of this analysis is that the larger the area of usable public urban green space available to the household, the better it is for health, privacy, recreation and development. In addition, the lower the density of residential use the better (OECD, 1978). For the economic assessment of the Dutch cities data from the Statistics Netherlands was used. For twenty-four different municipalities[1] several variables concerning demographics and land use were used for the analysis (see van Leeuwen et al., 2002).

Most of the cities are selected on the basis of the number of inhabitants with a minimum of 100.000 inhabitants. A few municipalities count fewer people within their borders; however, because of their importance for the province or region they are included in the analysis. Middelburg, for example, counts only 44,920 inhabitants but it is the most important city of the province of Zeeland. The twenty-four cities can be divided into four groups (see van Leeuwen et al., 2002): Big cities (4), New cities (4), Intermediate cities (8) and Peripheral cities (8) (see Table 1).

The *big cities* are relatively old cities, which form the Randstad, the highly urbanised region in the western part of The Netherlands. They have the highest population and housing density. A high percentage of ethnic minorities live in these cities and the average discretionary income per household is relatively low. This goes often together with a high unemployment rate. The *new cities* are situated near the big cities and are built or expanded because of the pressure on, for example, the housing market in the big city. Also the people who do not prefer to live within a big city but who want to live nearby because of their work

[1] Statistics Netherlands provides data about municipalities. This implies that in some cases not only the cities are taken into account but also the smaller villages that are administratively related.

live in new cities. There are quite some differences between the big and the new cities. The population of the new cities is relatively young, many children under 15 and less people above 60 years old. The unemployment rate is very low in the new cities and the average discretionary income is relatively high. The housing density and the population density are much lower compared to the big cities. The *intermediate cities* show intermediate scores on the different variables, although the housing density as well as the population density are relatively high. The *peripheral cities* are often smaller cities situated in peripheral areas with an important regional function. They are the biggest city or sometimes even the only city within their region. Because of their situation in the peripheral areas the housing and population density is low. These cities often have a small percentage of ethnic minorities and a larger number of elderly.

Table 1

Four Groups of Cities

Big Cities	*New Cities*	*Intermediate Cities*	*Peripheral Cities*
Amsterdam	Almere	Breda	Deventer
Rotterdam	Alpen aan de Rijn	Ede	Den Helder
The Hague	Zaanstad	Eindhoven	Emmen
Utrecht	Zoetermeer	s'-Hertogenbosch	Middelburg
		Leiden	Roermond
		Nijmegen	Enschede
		Tilburg	Groningen
		Zwolle	Maastricht

Source: van Leeuwen et al., 2002

V. Application of the Spider Model

The above discussed spider model will be applied to the data that are collected for the 24 Dutch cities. We have tried to get complete information on all four economic dimensions of urban green (socio-economic, environmental, merit, and financial). Unfortunately, we faced a lack of data, especially concerning the merit and the financial dimension. Therefore, the analysis so far will mainly be based on data representing the socio-economic and environmental dimension.

Figure 2a presents the socio-economic data for the four city groups, weighted for the size of the population (number of inhabitants).

Not surprisingly, in this figure, the big cities have, on average, the highest scores on the socio-economic dimension, except for the share of inhabitants over 60 years old, the share of inhabitants younger than fifteen years old, and the average discretionary income per household and per inhabitant. Since the new cities count many young families, they have the highest score on the share of inhabitants younger than 15 years old. These cities also represent the highest discretionary income per household and per inhabitant, due to the fact that in many families in new cities both adults have a job. This could be the explanation for the low score on registered unemployment. The peripheral cities, on the other hand, have the highest score on the share of inhabitants over 60 years old, since they attract many retired people.

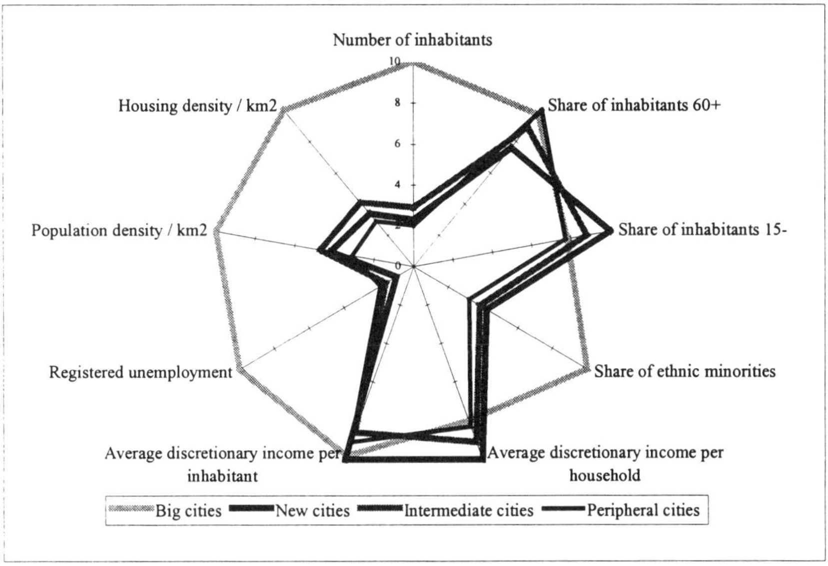

Figure 2a: General representation of the four city groups on the basis of socio-economic indicators

Next to the presentation of the four city groups, it is interesting to have a look at the scores of the different cities within a city group. An example is given in Figure 2b. It shows the scores of the peripheral cities on the socio-economic indicators. Except for some extreme values for Maastricht and Groningen (being the largest peripheral cities (capitals of their province), which explains the high scores on population and housing density), the average shape of the lines corresponds with the shape that represents the peripheral cities in Figure 2a.

Apart from the general socio-economic information as shown in Figure 2a and b, the spider models are an interesting tool to show other differences between the four city groups as well. The further analysis will be focussed on the availability and distribution of urban green in those city groups, representing the environmental economic dimension.

Figure 3a shows the different kinds of land use that can be found within the city groups as a percentage of the total area of the city groups. This spider model shows much more variety than the spider model in Figure 2a. Here, the big cities do not represent the highest scores on almost all factors. Factors on which they do have a high score are the total area of the city as well as the total built up area. The total area of the other three city groups is smaller, but not much different from each other. However, concerning the share of the total built up area there is much more variety. The new cities have the smallest share of built up area, but represent the highest share of housing within the built up area. This is not surprising, since these cities are mainly developed as an expansion of big cities because of the pressure on, for example, the housing market in the big city.

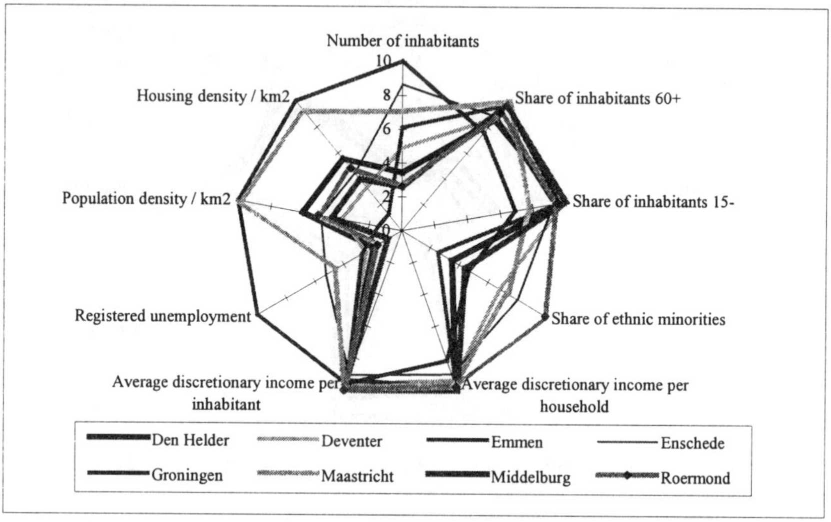

Figure 2b: General representation of the peripheral cities on the basis of socio-economic indicators

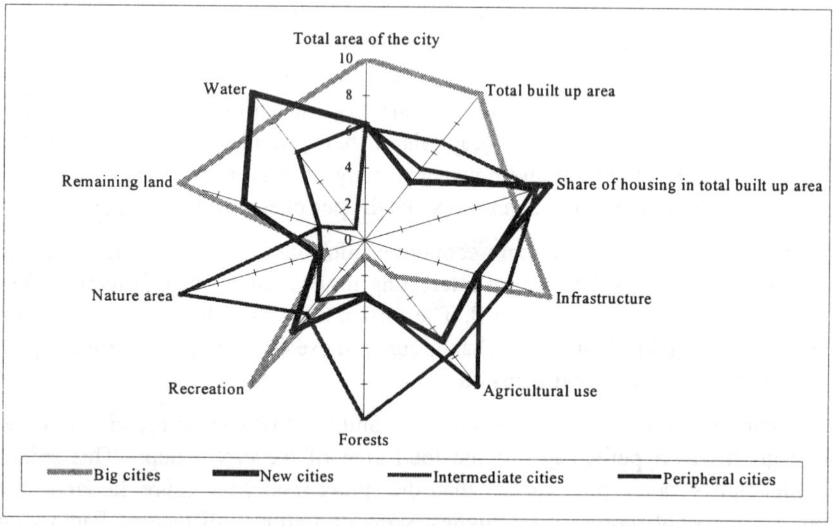

Figure 3a: General land use within the four city groups

Furthermore, it becomes clear that, also not surprisingly, the peripheral cities often have quite some agricultural activities within the municipality, whereas the intermediate cities have many nature and forest areas compared to other city groups. It is striking that the new cities have a large water surface compared to the other city groups. There seems to be a tendency that if cities have many forest and nature areas, they almost have no water and vice versa (intermediate vs. new cities). There are two possible explanations for this tendency: (1) it is easier to provide new to built cities with water than with forests (new trees take ages to develop into a real forest), and (2) the new cities are mainly to be found in the western part of the country which is the wet part. Furthermore, a combination of forests and water areas within a city does not go without saying, since forests prefer dryer areas and are therefore mainly to be found in the dry areas of The Netherlands.

Figure 3b shows the scores of the big cities on general land use within the cities. Especially Amsterdam and Rotterdam seem to be responsible for the scores on the left side of the spider, whereas Den Haag and Utrecht seem to be responsible for the scores on the right side of the spider. All four cities have a high score on recreation, which is directly reflected in the integrated spider in Figure 3a.

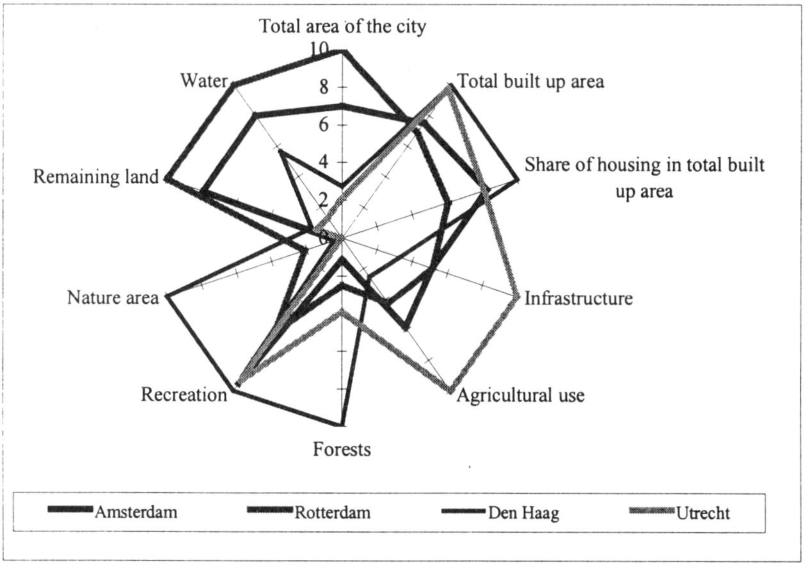

Figure 3b: General land use within the big cities

The general land use can even be split up further into specific types of green land use within the four city groups. Figure 4a shows the different types of urban green areas within the four city groups in hectares per inhabitant. The total area for recreation purposes as well as the total nature area has been split up into sub-groups. This figure is very illustrative, since it immediately shows that the big cities have a very low share of different types of urban green per inhabitant. The new cities have much park area per inhabitant as well as the best opportunities for day recreation, whereas the intermediate cities have the best opportunities for longer stay recreation. It is striking that the peripheral cities, with their relative high share of inhabitants over 60 years old, have a relatively higher share of sporting fields per inhabitant than the new cities, with their relatively high share of inhabitants younger than 15 years old.

A comparison between Figure 4a and Figure 4b shows that the high scores of Almere on total nature area, forest, and longer stay recreation are not represented in Figure 4a. This individual share does not seem to be enough to outweigh other city groups on these factors. The emphasis is in this spider model (Figure 4b) on the right hand side: parks, sporting fields and day recreation. These are also the factors on which the new cities have a high score in the spider model representing the four city groups (Figure 4a).

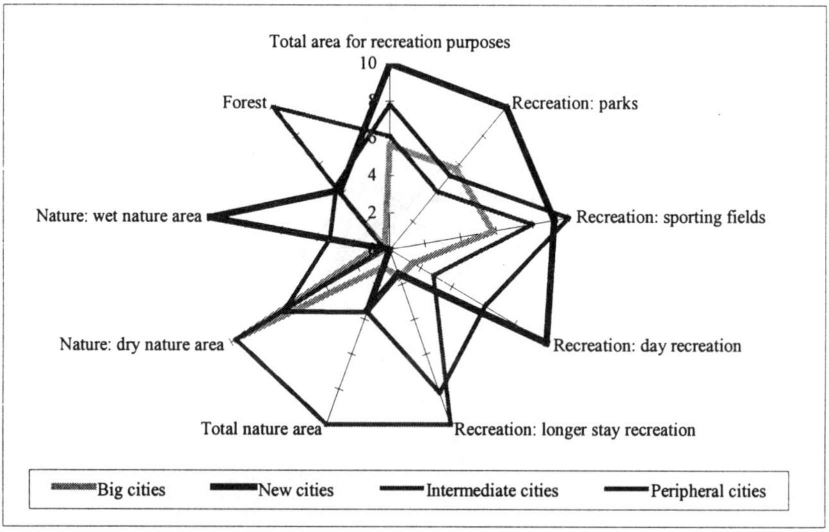

Figure 4a: Green land use within the four city groups

The available data on the environmental dimension of urban green (Figure 3a and 4a) could be divided into two categories: human-made areas and natural areas. Analysing the data from this point of view results in the conclusion that especially the big cities have a high score on the human-made factor as a percentage of the total area of a city (Figure 3a). The natural areas (nature, forest, and agriculture) are mainly represented by the other city groups. However, if we have a look at the area of human-made urban green per inhabitant (Figure 4a), the big cities have a very low score. The explaining variable for these two different scores could be the very high population density in big cities.

After having analysed the socio-economic and the environmental economic dimension separately, it is interesting to see what the spider models will show when we combine those two economic dimensions of urban green.

First of all, we had a look at the combination of socio-economic indicators and the general land use indicators of the environmental dimension. Figure 5 shows that a high population density and a high housing density often go together with a very low share of agricultural land use and nature and forests, but also with an abundance of recreation areas. On the other hand, there seems to be a clear relation between a lower population and housing density and the presence of agricultural land.

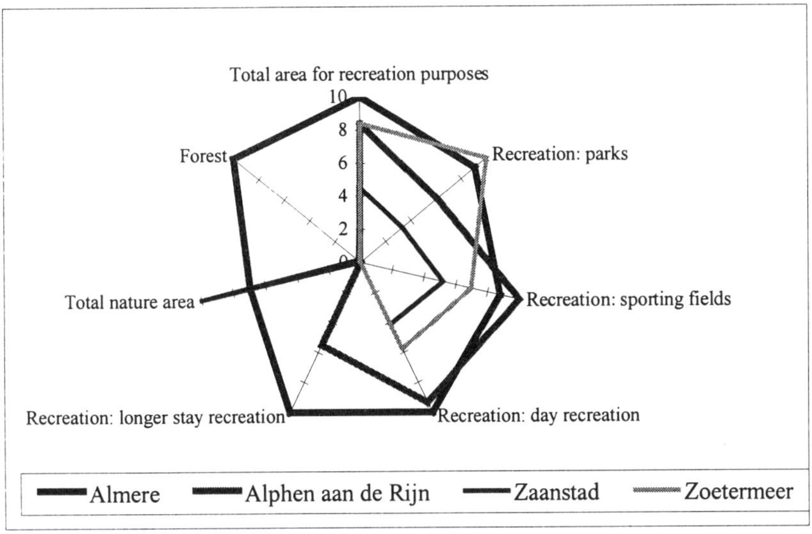

Figure 4b: Green land use within the new cities

If we make another combined analysis of socio-economic and environmental economic indicators on a lower, more detailed level, showing the kind of urban green land use per inhabitant within the different city groups (Figure 6), we see that there is quite some similarity in patterns. Many cities have common visualisations, except for one or two indicators, which, however, are no real explanatory factors. This spider model nicely illustrates that a very high housing and population density goes together with a very low availability of natural areas and forests per inhabitant.

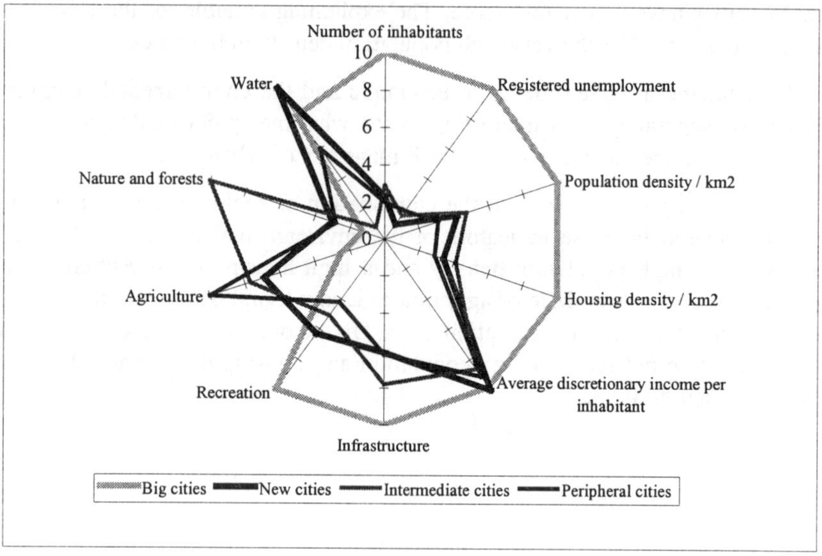

Figure 5: Socio-economic dimension versus environmental dimension (general land use)

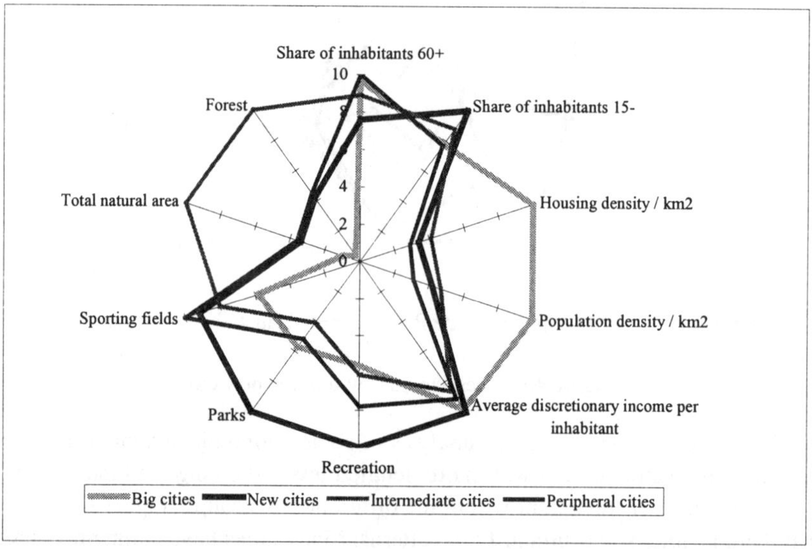

Figure 6: Socio-economic dimension versus environmental dimension (green land use)

In the next section, the policy relevance and the general conclusions that can be drawn from these spider models will be described.

VI. Policy Relevance and Conclusions

Cities can be recognised as the centre of economic growth, human civilisation and places were cultural and commercial ideas are born. But cities are also places which put a heavy burden on the environment and which can have an unhealthy climate for the population. Therefore a concern has emerged for the concept of sustainable cities: cities which aim to meet the needs of the current population in an efficient and responsible manner without reducing the opportunities for the next generations. The use of urban green is a new, but important topic of social science research work. With help of economic dimensions we tried to evaluate cities and their urban green spaces. In this paper we focussed especially on the socio-economic and the environmental dimension of urban green areas.

The analysis by means of the spider models showed interesting results. A final conclusion of the economic assessment on the twenty-four Dutch cities is that, when focussing on the availability of green areas in and directly around the cities, the big cities show the lowest scores on the availability of urban green within the municipality. They accommodate less green spaces, especially less natural green spaces, not only as a percentage of the total land use, but also concerning the availability per inhabitant. However, since big cities have a high population and housing density the availability of urban green spaces might even be more important than in other city types. Therefore, more attention should be paid to the analysis of urban green spaces in (big) cities with high population and housing densities. Such an analysis should not only focus on the availability of urban green spaces, but also on the importance of urban green spaces for the inhabitants of cities.

Regarding the research limitations of an application of the economic dimensions on planning processes, the first problem that we have faced in applying this framework to Dutch cities is to collect relevant data. The difficulties in collecting data stem from both a lack of data, and the classification categories or different measures that the cities used, creating difficulties in comparison. Another problem related to data collection is the administrative structure of the cities. The existence of several urban administrations within the city requires collecting data from different sources, which is a very difficult task. These difficulties decrease with the willingness of the urban administrations to participate in these kinds of projects.

The next steps of the URGE project will include the combination and integration of the various criteria and indicators belonging to the various dimensions of the different perspectives used in the project (ecological, economic, social and planning). Some of them will overlap, others won't, but it will be necessary to deploy them unambiguously. These integrated criteria will be used in a case-study approach to European cities to create the necessary information. In this experimental stage they may face various difficulties, even contradictions, which may then lead to the necessity to improve the criteria and indicators used so far. However, this experience will provide an opportunity to develop a common language among the different disciplines in green planning and management.

References

Boyd, D. (1997), Why a Course on Indicators for Sustainable Development?, in: IIUE, 1998, Advanced Study Course on Indicators for Sustainable Urban Development, Nivo, Delft, 21-36.

Delft, Y. van (1997), An Introduction to Indicators and Monitoring, in: IIUE, 1998, Advanced Study Course on Indicators for Sustainable Urban Development, Nivo, Delft.

European Commission (1996), European Sustainable Cities, Office for Official Publications of the European Communities, Luxembourg.

Ewers, H-J. (1986a), Kosten der Umweltverschmutzung; Probleme ihrer Erfassung, Quantifizierung und Bewertung, in: Umweltbundesambt (ed.): Kosten der Umweltverschmutzung. Tagungsband zum Symposium im Bundesministerium des Innern am 12. und 13. September 1985, Berlin, 9-19.

– (1986b), Zur Monetarisierung von Waldschäden in der Bundesrepublik Deutschland, in: Umweltbundesamt (ed.): Kosten der Umweltverschmutzung. Tagungsband zum Symposium im Bundesministerium des Innern am 12. und 13. September 1985, Berlin, 121 - 144.

Gallopin, G.C. (1996), Environmental and Sustainability Indicators and the Concept of Situational Indicators, A systems approach, Environmental Modeling and Assessment, Vol. 1, 101-117.

Groot, R.S. de (1994), Environmental Functions and the Economic value of Natural Ecosystems, in: *Jansson*, A.M., M. *Hammer*, C. *Folke* and R. *Costanza*, 1994, Investing in Natural Capital – The Ecological Economics Approach to Sustainability, Washington: Island Press.

Haughton, G.,/*Hunter*, C. (1994), Sustainable Cities, Regional Policy and Development Series 7, Regional Studies Association, Cromwell Press Ltd, Melksham, Wiltshire.

Kuik, O.J.,/*Gilbert*, A.J. (1999), Indicators of sustainable development, in: Van den Bergh, J.C.J.M., 1999, Handbook of Environmental and Resource Economics, Edward Elgar, Cheltenham.

Leeuwen, E. van/*Rodenburg*, C./*Nijkamp*, P. (2002), Urban Green and Integrative Urban Sustainability; Concepts and their Relevance in Dutch Cities, Paper presented at the conference 'Building Sustainable cities', organised by the International Bequest Network, Venice, April 18th – 19th, 2002.

OECD (1978), Urban Environmental Indicators, OECD, Paris.

– (1990), Environmental Policies for Cities in the 1990s, OECD, Paris.

Rienstra, S.A. (1998), Options and barriers for sustainable transport policies, PhD Thesis, Vrije Universiteit, Amsterdam.

Rodenburg, C.A./*Baycan-Levent*, T./*Leeuwen*, E.S. van/*Nijkamp*, P. (2002), Urban Economic Indicators for Green Development in Cities, in: Greener management International, Forthcoming.

Rothmans, J. (1997), Indicators for Sustainable Development, in: *Rothmans*, J. and B. *de Vries*, 1997, Perspectives on Global Change – The TARGETS Approach, Cambridge: University Press, 89-104.

Sarmento, R./*Zorzal*, F.M.B./*Serafim*, A.J./*Allmenroedr*, L.B. (2000), Urban Environmental Quality Indicators, in: *Brebbia*, C.A./*Ferrante*, A./*Rodriguez*, M./*Terra*, B. The Sustainable City - Urban Regeneration and Sustainability, Southampton: WIT Press

Sukopp, H. (1998), Urban Ecology - Scientific and Practical Aspects, in: *Breuste*, J./ *Feldmann*, H./*Uhlmann,* O. (Eds.), Urban Ecology, Berlin, Heidelberg: Springer-Verlag

URGE (2001), www.urge-project.org.

World Commission on Environment and Development (1987), Our Common Future, Oxford, New York: Oxford University Press.

Kritische Bestandsaufnahme der deutschen Klimaschutzpolitik

Von *Paul Klemmer*, Bochum

I. Einleitung

Hans Jürgen Ewers bearbeitete in der Zeit seines leider viel zu kurzen wissenschaftlichen Wirkens viele Forschungsfelder. Die Analyse der Umweltpolitik bzw. die Umweltforschung zählte sicherlich zu seinen wichtigsten Forschungsschwerpunkten. Hier vermittelte er viele Anregungen. Seine Arbeiten waren vor allem praxisnah und empirisch fundiert. Seine politische Botschaft war durch eine hohe Sensibilität für Umweltaspekte geprägt, aber er blieb Ökonom durch und durch. Stets interessierten ihn Kosten- und Nutzenaspekte sowie die Frage nach einer konsistenten konzeptionellen Ausgestaltung der Umweltpolitik. Was das letztere betrifft, wollte er vor allem die Marktwirtschaft für die Bewältigung vieler Umweltprobleme nutzbar machen. Das führte unter anderem dazu, dass er die Umweltpolitik Deutschlands unter ordnungspolitischem Blickwinkel kritisch begleitete. Dies galt insbesondere für die Klimaschutzpolitik, d.h. für jene Politik, die über verschiedene Maßnahmen (z.B. zur Reduktion des Eintrags sog. Treibhausgase in die Erdatmosphäre oder zur Bindung von CO_2 in Biomasse) die mittlere Oberflächentemperatur der Erde in einem für die Menschen sowie die Tier- und Pflanzenwelt tolerablen Schwankungsbereich halten möchte[1]. Aus vielen Gesprächen mit ihm weiß ich, wie er zur deutschen Klimaschutzpolitik stand. Insofern ist der nachfolgende Beitrag, der die deutsche Klimaschutzpolitik einer kritischen Würdigung unter umweltökonomischen Aspekten unterzieht, auch der Versuch, in seinem Sinne zu argumentieren.

---

[1] Im Grunde geht es um die Verhinderung eines als unerwünscht definierten Treibhauseffektes.

Eine kritische Bestandsaufnahme der deutschen Klimaschutzpolitik unter umweltökonomischen Aspekten verlangt, dass

- zunächst ein kurzes Wort zu ihrer Entstehungsgeschichte gesagt wird – nur so versteht man gewisse Politikpräferenzen (etwa die spezifische Interpretation des Vorsorgeprinzips in Deutschland),
- dann eine umweltökonomische Skizzierung der Problemstellung unter globalen Perspektiven geboten wird, um zu prüfen, inwieweit Deutschlands Politikstrategie als problemadäquat und effizient bezeichnet werden kann, um schließlich
- auf ausgewählte ökonomische Implikationen (etwa die Wachstums- und Struktureffekte) der praktizierten Klimaschutzpolitik einzugehen; die ökonomischen Nebenwirkungen sind es nämlich, die in Verbindung mit einem global schwer durchsetzbaren kooperativen Verhalten wichtiger Akteure die besonderen Schwierigkeiten einer globalen und nationalen Klimaschutzpolitik ausmachen.

Der zweite Teilschritt ist wichtig, weil immer wieder beobachtet wird, dass viele Kommentatoren die Größenordnung der Aufgabenstellung sowie die zu ihrer Bewältigung benötigten Zeitbedarfe unterschätzen. Immer wieder ist auch zu betonen, dass es sich bei der Klimaschutzpolitik um ein vorsorgliches Handeln auf der Basis unsicherer Informationen über langfristige Entwicklungen sowie die Klimazusammenhänge handelt. Ein solches Handeln sollte möglichst viele Optionen offen halten und auch ökonomieverträglich sein. Insbesondere sollte der Grundsatz der Verhältnismäßigkeit gewahrt werden (Schröder et al., 2001). Es ist zu zeigen, dass die deutsche Klimaschutzpolitik gegen wichtige ökonomische Prinzipien verstößt, die eben angesprochene Optionsvielfalt über Gebühr einschränkt und ordnungspolitische Defizite aufweist.

II. Zur Problemstellung

1. Zur Entwicklung der deutschen Klimaschutzpolitik

Um die deutsche Klimaschutzpolitik besser verstehen zu können, ist es sinnvoll, einen kurzen Blick auf die Entwicklung der deutschen Umweltpolitik zu werfen. Diese ist seit ihrem Beginn zum Anfang der siebziger Jahre durch folgende Trends, die nicht unabhängig voneinander gesehen werden dürfen, gekennzeichnet:

- Vom Schutz des Menschen zum Schutz der Umwelt.
- Von einer reaktiven zu einer vorsorgenden Umweltpolitik.
- Von der medialen zur umfassenden Betrachtung.

- Von der technisch-naturwissenschaftlichen hin zur stärker ökonomischen Sichtweise.
- Von der Betonung des Ordnungsrechts hin zum komplementären Einsatz ökonomischer Instrumente.
- Von der nationalen hin zur stärker internationalen Orientierung.
- Von der Gegenwartsorientierung hin zur Nachhaltigkeitsorientierung.

Der erste Trend führte zu einer zunehmenden Betonung des Umwelt- und Naturschutzes, und zwar teilweise losgelöst von einer ökonomischen Begründung desselben, der zweite lässt eine beachtliche Neigung der deutschen Umweltpolitik zur Ausschöpfung technisch möglicher Handlungsspielräume erkennen. Letzteres ist wichtig, denn das bedeutet, dass das Argument der wirtschaftlichen Vertretbarkeit bzw. Angemessenheit in Deutschland gerne zurückgestellt wird und die Neigung beobachtet werden kann, zugunsten der Umwelt vorsorglich das technisch Mögliche zu realisieren. Im Vergleich zum amerikanischen Modell (Schwarze, 2000), das primär danach fragt, welche Maßnahmen ökonomisch angemessen erscheinen, bewirkte dies auch eine zögerliche Berücksichtigung ökonomischer Aspekte bis hin zum lange eher zurückhaltenden Einsatz ökonomischer Instrumente. Die hohe Präferenz für das Ordnungsrecht begünstigte hierbei eine starke nationale Ausrichtung und eine vergleichsweise geringe Behandlung von Themen globaler Umweltpolitik. Letzteres änderte sich erst mit dem Vordringen des Nachhaltigkeitspostulats, welches eine umfassendere und globale Orientierung der Umweltpolitik verlangte. Gemäß der heute dominierenden Auffassung verlangt eine Nachhaltigkeitspolitik zwar eine möglichst gleichrangige Verfolgung ökologischer, sozialer und ökonomischer Belange, es ist aber unübersehbar, dass sich die deutsche Nachhaltigkeitspolitik bis heute durch eine (einseitig) starke Betonung der ökologischen Dimension sowie des (internationalen sowie intergenerationellen) Gerechtigkeitspostulats auszeichnet. Dies führte dazu, dass man primär ökologische Leitplanken definierte und sich verpflichtet sieht, diese aus einem nicht unproblematischen Gerechtigkeitsverständnis heraus möglichst im „eigenen Hause“ zu realisieren. Diese hochmoralische Ausrichtung erklärt teilweise die beachtliche Neigung zur „freiwilligen“ Übernahme von „Reduktionslasten“ bzw. zur Vernachlässigung ökonomisch interessanter Aspekte. Dies wirkte sich, wie gleich gezeigt werden soll, auch auf die deutsche Klimaschutzpolitik aus.

2. Begründung der Klimaschutzpolitik

Die deutsche Klimaschutzpolitik versteht sich heute als Bestandteil einer globalen Nachhaltigkeitspolitik. Sie möchte künftigen Generationen durch einen schonenden Ressourcenverbrauch einen materiellen Handlungsspielraum erhalten und sie vor allem vor den nachteiligen Folgen eines heutigen Energieeinsatzes bzw. -verbrauchs bewahren. Unsere gegenwärtigen Kenntnisse von den Ursachen und Implikationen des beobachteten bzw. mehrheitlich erwarteten Klimawandels legen es hierbei nahe, von einem vom Menschen verursachten (unerwünschten) Treibhausgaseffekt mit beachtlichen langfristigen Negativwirkungen auszugehen. Gerne spricht man in diesem Zusammenhang darum auch von einem sich erhärtenden Wissen, welches vorsorgliches Handeln nahe legt. Angesichts der Tatsache, dass der Hypothesenvorrat der Klimaforscher über die Ursachen und Wirkungen des beobachteten bzw. erwarteten Klimawandels immer noch mit offenen Fragen verbunden ist und unsere Vorstellungen von der statischen und dynamischen Reichweite der Vorräte an fossilen Energieträgern laufend nach oben korrigiert werden müssen bzw. unsere Kenntnisse von den künftigen Handlungsmöglichkeiten auf einem schwankenden Fundament aufbauen, geht es letztlich um ein auf die Zukunft ausgerichtetes Handeln auf der Basis unsicherer Informationen. Diese unsicheren Informationen betreffen einmal die Modelle und Hypothesen der Klimaforschung, sie beziehen sich aber auch, was noch wichtiger ist, auf unser Wissen von den Präferenzen und Handlungsmöglichkeiten künftiger Generationen.

Angesichts der gewaltigen Wissensexplosion, die wir gegenwärtig beobachten und die wahrscheinlich noch weiter zunehmen wird, ist die Formulierung einer detaillierten Langfriststrategie mit großen Problemen verbunden. Diese Wissensexplosion ist nämlich einmal eine Chance, andererseits aber auch ein Problem. Sie verbindet sich einerseits mit der Hoffnung nach baldiger Realisierung einer höheren Wirtschaftlichkeit beim Einsatz erneuerbarer und emissionsarmer Energieträger, kann andererseits aber auch dazu führen, dass frühe Festlegungen auf bestimmte Energieträger (etwa Windenergie) sich recht schnell als falsch erweisen. Die Wissensexplosion macht es vor allem immer schwieriger, die Implikationen bestimmter Strategien und Maßnahmenbündel, d.h. des politischen Handelns, im voraus befriedigend zu durchleuchten. Einfache Optimierungsmodelle müssen zwangsläufig versagen. Selbst die Szenariotechnik hilft bei einer Klimaschutzpolitk, die für einen Zeitraum von 50 bis 100 Jahre konzipiert werden muss, nur bedingt weiter. Kein Mensch vermag über die Präferenzen künftiger Generationen, insbesondere aber nicht über deren technische Möglichkeiten befriedigend Auskunft zu geben.

Das ist kein Aufruf zum Nichthandeln. Aber es ergibt sich die Schlussfolgerung, dass eine Strategie gesucht werden muss, die möglichst viele Optionen offen hält und eine rasche Anpassung an neue Erkenntnisse (etwa im Bereich der Klimaforschung als auch bezüglich neuer technischer Möglichkeiten) zulässt. Ein einseitiger Kurs, der z.B. nur darauf setzt, den Anteil der regenerativen Energieträger an der Stromerzeugung mit „Gewalt“ im „eigenen Haus“ zu erhöhen, kann bei einer solchen Ausgangslage durchaus zu einer riskanten Strategie werden und fundamentalistische Züge annehmen. Er kann sich vor allem als zu teuer erweisen. Es ist besser, mittelfristig zunächst auf eine Steigerung der (globalen) Effizienz der Energieerzeugung und -nutzung bei Beibehaltung einer pluralen Energieträgerstruktur zu setzen, diese Strategie der Energieeffizienzsteigerung allmählich mit einer Strategie einer Energieträgersubstitution zu verknüpfen und – falls alle Maßnahmen nicht ausreichen – auch über Suffizienzstrategien nachzudenken.

Genau an dieser Stelle erheben sich darum bereits erste Bedenken gegen die deutsche Klimaschutzpolitik. Sie strebt, wie noch dargelegt wird, einen beschleunigten Ausstieg aus der Kernenergie an und möchte gegen die Markttendenzen über eine steigende Subventionierung den Anteil der regenerativen Energieträger an der Energieerzeugung erhöhen. Damit reduziert sie bewusst die Optionsvielfalt, was sich eines Tages bitter rächen könnte, und wird teuer. Es ist eine Politik, die hochmoralisch daherkommt, viel kostet und – wenn sie sich vor allem auf das „eigen Haus“ konzentriert – unter globalen Aspekten wenig bewirkt. Dies soll nachfolgend näher belegt werden.

3. Zur Größenordnung und Struktur der Aufgabenstellung

a) Globale Größenordnung

Viele sind sich der Größenordnung der zu bewältigenden Aufgabe nicht recht bewusst. Um diese Größenordnung zu verdeutlichen, kann man die Erdatmosphäre mit einer „Deponie“ vergleichen[2]. Die relativ lange Verweildauer der meisten Treibhausgase in der Erdatmosphäre bewirkt hierbei, dass das Deponievolumen – definiert über kritische Immissionswerte – schon beachtlich aufgefüllt ist. Geht man beim CO_2 z.B. von einem von manchen Klimaforschern noch akzeptierten kritischen Konzentrationswert von 740 ppmv (parts per million (volume)) aus, ist die Deponie halb voll, wobei es primär die entwickelten Industrienationen waren, die sie bislang für Emissionseinträge nutzten. Bezieht man sich auf eine mindestens einzuhaltende kritische Obergrenze von 550 ppmv, die vielfach als Zielwert einer anspruchsvollen Klimaschutzpolitik angesehen wird (WBGU, 1997), ist die Deponie schon zu zwei Dritteln ausgelastet, bei einem kritischen Wert von 450 ppmv ist sie praktisch schon voll.

Bei Fortdauer der gegenwärtig beobachtbaren Steigerungsrate der jährlichen Konzentrationswerte ist die Deponie Erdatmosphäre beim zweitgenannten Zielwert bereits in 27 Jahren voll, beim erstgenannten hätte man bis zur Vollauslastung noch rd. 50 Jahre Zeit. Akzeptiert man diese Annahmen, besteht somit Handlungsbedarf im Sinne der Verhinderung einer Vollauslastung dieser Deponie. Wegen der teilweise langen Verweildauer der Treibhausgase in der

---

[2] In der Literatur spricht man auch gerne von „Senke“, der Deponiebegriff verdeutlicht das Anliegen m.E. aber besser.

Erdatmosphäre kann das Überschreiten einer Vollauslastung nicht über eine Stabilisierung der Emissionen auf heutigem Niveau, sondern wegen der Kumulationseffekte nur über eine sukzessive Reduktion der jährlichen Emissionen auf ein Niveau von rd. 10 Prozent des gegenwärtigen Emissionsvolumens verhindert werden.

Grob gerechnet hätten – falls die IPCC-Rechnungen[3] zutreffen und eine Konzentrationsobergrenze von 550 ppmv als Zielwert gewählt wird – die globalen CO_2-Emissionen, bezogen auf 1990, bis zum Jahr 2000 um 10 Prozent zurückgefahren werden müssen. Bezogen auf 1990 müßten es bis 2010 rd. 20 Prozent und bis 2020 etwa 30 Prozent weniger Emissionen sein. Da aufgrund defizitärer Klimaschutzpolitik in 2000 global jedoch bereits ein CO_2-Emissionsvolumen von über 24 Mrd. t pro Jahr erreicht wurde, hat sich – jetzt bezogen auf 2000 – die heute notwendig erscheinende Reduktionsaufgabe samt ihrer zeitlichen Abfolge beachtlich verschärft. Um im tolerablen Temperaturfenster zu bleiben, müssten nun – bezogen auf das Emissionsvolumen in 2000 – bis 2010 etwa 24 vH und bis 2020 etwa 33 vH der gegenwärtigen globalen Emissionen zurückgefahren werden. Das wäre unter der utopischen Voraussetzung, dass ab sofort kein weiterer Emissionsanstieg mehr erfolgt, rein rechnerisch bis 2010 ein globales Reduktionsziel von fast 6 Mrd. t CO_2. Diese Zahl, nicht die 1997 in Japan verhandelte Reduktionsmenge von knapp 800 Mio. Tonnen CO_2, hätte eigentlich im Kyoto-Protokoll stehen müssen. Das wird vielfach übersehen, muss aber bei der Bewertung der Klimaschutzpolitik berücksichtigt werden.

Die zu bewältigende Aufgabe wird aber mit Sicherheit noch größer ausfallen. Bei Fortschreibung des gegenwärtig erkennbaren Trends der Weltenergieversorgung, insbesondere aber auch angesichts des zu erwartenden weiteren Anstiegs der Weltbevölkerung sowie einer zumeist unterstellten jahresdurchschnittlichen Wachstumsrate der Weltwirtschaft von 3 Prozent, werden laut IEA-Prognosen die jährlichen energiebedingten CO_2-Emissionen bis 2010 mit größter Wahrscheinlichkeit auf ca. 31 Mrd. t CO_2 anwachsen (IEA, 1998; RWE, 2001). Falls klimaschutzpolitisch nichts oder nicht viel geschieht, was zu befürchten ist, kann der Handlungsbedarf bis 2010 somit auf ein notwendiges Reduktionsvolumen von bis zu ca. 14 Mrd. t CO_2 anwachsen und damit in zehn Jahren fast doppelt so hoch sein wie heute. Das ist eine Aufgabe, die auch Ewers als ökonomisch kaum mehr realisierbar angesehen hätte. Hier liegt darum der Knackpunkt künftiger Klimaschutzpolitik. Gemessen an dieser Größenordnung muss man darum die gegenwärtige Klimaschutzpolitik bewerten. Dies führt zwangsläufig auch zur Kostenfrage.

[3] Beim IPCC (International Panel on Climate Change handelt es sich um jene Vereinigung von Wissenschaftlern, die in umfassenden Berichten über den Stand der wissenschaftlichen Diskussion der Klimaforschung bzw. der Klimafolgenforschung berichten.

b) Kostenaspekte

Um eine Reduktion der Treibhausgasemissionen zu erreichen, sind nämlich

- eine Dekarbonisierung der Energieerzeugung über einen Wandel in der Energieträgerstruktur (weg von den kohlenstoffhaltigen zu den weniger kohlenstoffhaltigen Energieträgern),
- eine gravierende Steigerung der Energieeffizienz (Effizienzrevolution) sowie
- auch ein Wandel im Energiekonsum (Energiesparen) notwendig.

Dies ist leichter gesagt als getan. Alle hierfür erforderlichen Maßnahmen sind nämlich mit Kosten sowie mit beachtlichen zeitlichen Restriktionen verbunden. Beide Aspekte müssen bei der Ableitung bzw. Festlegung der zu erfüllenden Reduktionsziele berücksichtigt werden. Die Beantwortung der Frage, welchen Zielwert (definiert über CO_2-Konzentrationswerte in der Erdatmosphäre) man im Rahmen einer globalen Klimaschutzpolitik anstreben soll, basiert darum stets auf einer bewussten oder intuitiven Abwägung der Vor- und Nachteile alternativer Zielvorgaben. Im Grunde werden die Kosten des Handelns mit den Kosten des Nichthandelns verglichen, um dann zu einem durchzusetzenden maximalen Konzentrationswert der einzelnen Treibhausgase bzw. daraus abzuleitenden Reduktionsgrößen zu kommen..

Die Kosten des Nichthandelns (unterlassener Klimaschutz) können z.B. Ertragseinbußen im landwirtschaftlichen Bereich aufgrund von zunehmender Trockenheit oder steigender Bodenerosion oder eine Zunahme von Gebäudeschäden wegen des Risikos durch Unwetter, Überschwemmungen und dergleichen beinhalten. Hinzu kommen der Verlust von Lebensräumen aufgrund eines Anstiegs des Meeresspiegels, ein damit verbundener Ertragsverlust bzw. eine notwendige Umsiedlung von Menschen. Es handelt sich zunächst um die Ableitung von Mengeneffekten auf der Basis von keineswegs sicheren Eintrittswahrscheinlichkeiten. Hinzu treten regional begrenzte Wohlfahrtssteigerungen im Falle der Verschiebung von Vegetationszonen nach Norden, die „Vorteile" des Nichthandelns darstellen.

Zur genaueren ökonomischen Erfassung der Vor- und Nachteile bestimmter Treibhausgaskonzentrationswerte bräuchte man vor allem Informationen über die künftigen Preise von Nahrungsmitteln, die Einkommensentwicklung, die Grundstückspreise usw. Hinzu treten Werturteile. Wenn es z.B. ein Existenzrecht von Staaten gibt, darf man den Verlust von Lebensraum auf den Malediven nicht mit dem Gewinn von Lebensraum in Sibirien verrechnen. Da es außerdem stets ein Vergleich von Gegenwartswerten sein muss, gilt es, einen Diskontsatz für das notwendige Abdiskontieren künftiger Erträge (Kosten) festzulegen. Das beinhaltet eine Bewertung der Interessen gegenwärtiger und künftiger Generationen. Hier stößt die Ökonomie vielfach an Grenzen.

Probleme bereitet auch die Schätzung der Kosten eines aktiven Klimaschutzes. Um Dekarbonisierungsprozesse beschleunigt und gegen Markttendenzen durchzusetzen, muss man regenerative Energieträger subventionieren. Die in Deutschland betriebene Dekarbonisierungspolitik verlangt z.B. bereits Subventionen in einer Größenordnung von bis zu 7 Mrd. Euro pro Jahr. Werden sie über Auflagen (Abnahmezwang teuren Stroms aus „alternativer" Energieerzeugung) finanziert, kommt es zu Preissteigerungen. Machen die europäischen Nachbarstaaten eine derartige Politik nicht mit, entsteht ein europäisches Energiepreisgefälle zu Lasten Deutschlands und im Gefolge hiervon kann es zu Struktureffekten kommen. Schnell ist man von Seiten der Befürworter einer solchen Vorgehensweise dabei, die mit der Subventionierung verbundenen Arbeitsplatzschaffungseffekte als „Erfolg" hinzustellen. Man übersieht hierbei aber, dass es ein subventionsabhängiger Erfolg ist und bedingt durch die selektive Begünstigung an anderer Stelle die Beschäftigung abgebaut werden muss. Ähnliches gilt für den Ausbau der Kraft-Wärme-Kopplung oder den Ausbau der Wärmedämmung im Bereich der privaten Haushalte.

Um die CO_2-Emissionen im Niedertemperaturbereich „herauszupressen", wären z.B. nach RWI-Berechnungen in Deutschland Investitionen von über 250 Mrd. Euro erforderlich. Ihre Realisierung würde hohe Mietsteigerungen und in ihrem Gefolge Verteilungseffekte auslösen. All dies belegt die allgemein anerkannte Tatsache, dass Klimaschutz nicht zum Nulltarif zu haben ist. Preissteigerungen bei wichtigen Energieerzeugungsverfahren sind einfach nicht zu vermeiden. Das bindet reale Kaufkraft und kann Wachstumsstörungen auslösen. Handelt es sich um ein handelspolitisch bedeutsames Land – etwa die USA – kann eine solche Wachstumsstörung auf die gesamte Welt ausstrahlen und vor allem die Entwicklungschancen ärmerer Länder tangieren. Die Bestimmung all dieser Effekte und ihre Bewertung gleicht einer methodischen Herkulesaufgabe.

Die Kostenschätzungen bzw. die Analysen der ökonomischen Implikationen einer Klimaschutzpolitik sind – methodisch gesehen – ein Schwachpunkt des IPPC-Berichts (Klemmer, 2002). Dies liegt an der Materie und ist u.a. auch darauf zurückzuführen, dass überzeugende Machbarkeitsanalysen in den meisten Staaten (auch in Deutschland) fehlen und eine wissenschaftlich befriedigende Analyse der Implikationen bestimmter Maßnahmen für den internationalen Handel bzw. das Wirtschaftswachstum der Industrienationen bzw. Entwicklungsländer bis jetzt nicht existiert. Sicher ist nur, dass die Kosten einer Klimaschutzpolitik entscheidend von der angestrebten CO_2-Konzentrationsobergrenze in der Erdatmosphäre und den sektoralen und räumlichen Ansatzpunkten der Reduktionspolitik abhängen. Der IPCC-Bericht geht z.B. bei der Verwirklichung von maximalen Konzentrationswerten für CO_2 in der Erdatmosphäre von 750 ppmv in Richtung auf 550 ppmv von einem noch moderaten, bei der Durchsetzung von Werten von 550 ppmv in Richtung auf 450 ppmv hingegen jedoch schon von einem drastischen Anstieg der Kosten aus. Dahinter steht die klassische umweltökonomische Gesetzmäßigkeit, gemäß der eine Emissionsreduktion in der Regel mit überproportional steigenden Kosten verbunden ist. Dies deutet bereits darauf hin, dass bei Betonung ökonomischer Aspekte möglicherweise auf besonders anspruchsvolle Ziele verzichtet bzw. Effizienzüberlegungen eine hohe Bedeutung zugemessen werden muss.

In Bereichen mit überalterter Kapitalstruktur und überdurchschnittlichen Emissionskoeffizienten je Produkteinheit können Reduktionsmaßnahmen im Einzelfall auch mit Gewinnen verbunden sein, mehrheitlich werden sie aber Geld kosten. Die Kostenschätzungen des IPPC-Berichts streuen stark und liegen zwischen 0,2 und 2 Prozent des Bruttoinlandprodukts. Das wären für Deutschland zwischen 4 und 40 Mrd. Euro. Angesichts dieser Kostenschätzungen erscheint bereits heute ein Zielwert von 550 ppmv – zumindest auf der Basis unseres gegenwärtigen Wissens – nicht mehr unbedingt erstrebenswert. Insofern sollte man sich schon auf einen Zielwert von 740 ppmv einstellen, was aber einem Abstrich am von vielen Klimaforschern formulierten Anliegen des globalen Klimaschutzes gleichkommt.

Aus diesen Überlegungen ergibt sich aber auf alle Fälle die Schlussfolgerung, dass vor allem dort reduziert werden sollte, wo schnell und kosteneffizient große Erfolge erzielt werden können. Die Malediven müssen z.B. an schnellen, nicht an gerechten Lösungen interessiert sein. Solche Erfolge erzielt man in Nationen bzw. Bereichen, in denen

- der spezifische Energieverbrauch im Vergleich zu technisch möglichen Verbrauchswerten extrem hoch ist, was in Deutschland nicht der Fall ist,
- die Altersstruktur des Realkapitals einen hohen Reinvestitionsbedarf erkennen lässt, was eher für Mittel- und Osteuropa zutrifft,
- hohe wirtschaftliche Wachstumsraten eine beachtliche Investitionstätigkeit mit der Chance der Implementierung neuester Techniken erwarten lassen, was zumeist in den Entwicklungsländern unterstellt werden kann, und
- aufgrund hoher Bevölkerungs-, Beschäftigten- oder Produktionszahlen (etwa in China und Indien) beachtliche Emissionsmengeneffekte erwartet werden können.

Die gegenwärtig vorherrschende und auch in Deutschland verbreitete Neigung, vor allem die Industrienationen zu Reduktionsmaßnahmen zu verpflichten, mag darum zwar gewissen Gerechtigkeitsvorstellungen folgen, ist aber gemessen an diesen Kriterien nicht schnell und kosteneffizient.

Das relativiert vor allem den Einsatzort Deutschland. Hier liegt ein Kraftwerkspark vor, in dem zwar auch ältere (abgeschriebene) Anlagen vorhanden sind, die aber im Vergleich zu vielen Anlagen Mittel- und Osteuropas immer noch eine hohe Energieeffizienz aufweisen. Bedenkt man, dass die Kosten der Stromproduktion bei neuen Kraftwerken zu etwa 40 Prozent aus Brennstoff-

und zu 40 Prozent aus Kapitalkosten (der Rest sind sonstige Kosten inkl. Arbeitskosten) bestehen, versteht man auch, dass die Wirtschaft ein großes Interesse daran haben muß, bei langer Lebenszeit des Realkapitals abgeschriebene Anlagen möglichst lange Zeit zu nutzen, da dort die Kapitalkosten gegen Null gehen. Eher werden, falls genügend Kapazitäten zur Stromproduktion vorhanden sind, sogar junge Anlagen stillgelegt. Insgesamt führt dies dazu, dass in vielen Industrienationen größere Anpassungsreaktionen erst bei hohem Reinvestitionsbedarf – das ist etwa in 10 bis 20 Jahren der Fall – zu erwarten sind. Insofern müssen – daran besteht kein Zweifel – auch die Entwicklungs- und Schwellenländer in eine globale Reduktionspolitik[4] einbezogen werden. Dort sind die oben genannten Voraussetzungen nämlich weitgehend erfüllt (zur VR China, Oberheitmann, 2002). Hierbei mag eine finanzielle Unterstützung durch die entwickelten Industrienationen erforderlich werden, per eingesetztem Euro ergibt sich aber dort ein im Vergleich zur Europa Mehrfaches an CO_2-Reduktion. Dies war immer ein bevorzugtes Argument von Ewers

Die Erfahrungen in Deutschland zeigen außerdem, dass schnelle und große Emissionsreduktionen in der Regel nur dann gelingen, wenn es zu unterdurchschnittlichen Wachstumsraten und/oder großen (sektoralen und regionalen) Strukturänderungen kommt. So basieren z.B. beim CO_2 rd. zwei Drittel des deutschen Reduktionserfolges der Jahre 1991 bis 2000 auf einem unterdurchschnittlichen Wachstumspfad (nur 1,4 Prozent gegenüber 3,5 Prozent in den USA) und einem teilweise beachtlichen Struktureffekt, der vor allem die ostdeutschen Bundesländer traf. Beides war jedoch mit einer hohen Freisetzung von Arbeitskräften verbunden. Ganz realistisch muss man darum sagen, dass bei einer gegenwärtig angestrebten gesamtwirtschaftlichen Wachstumsrate von über 2,5 Prozent, was beschäftigungspolitisch wünschenswert wäre, auch Deutschland seine Kyoto- bzw. EU-Zusage bis 2008/12 nicht realisieren kann. Auf alle Fälle kann man das 1995 formulierte Ziel, bis 2005 25 Prozent der CO_2-Emissionen von 1990 abzubauen, inzwischen bereits als utopisch bezeichnen[5].

Emissionsreduktionen über eine Energieträgersubstitution sowie eine Steigerung der Energieeffizienz sind ein langwieriger und teurer Weg. Dies erklärt, warum vor allem die sog. Umbrellastaaten (etwa USA, Kanada, Japan, Norwegen, Australien und Rußland) bei den letzten Klimakonferenzen bremsten bzw. – wie im Falle der USA – aus dem Kyoto-Protokoll ausgestiegen sind. Die Bewertung dieses Ausstiegs ist mit Werturteilen verbunden. Sicherlich spielten

---

[4] Das bedeutet nicht, dass auch sie bereits ihre Emissionen reduzieren müssen, sondern beinhaltet nur die Deckelung ihres Emissionswachstums.

[5] Vgl. etwa *Ziesing*, (2003,6), der hierzu ausführt: „Aus heutiger Sicht erscheint es als aussichtslos, das Ziel, die CO2-Emissionen bis zum Jahre 2005 gegenüber 1990 um 25 % zu senken, noch verwirklichen zu können“.

nationale Interessen hierbei eine wichtige Rolle, teilweise war es aber auch eine sehr realistische Einschätzung der Wirkungszusammenhänge.

Letzteres ist hervorzuheben, da man sich des Eindrucks nicht erwehren kann, dass in der aktuellen Diskussion die zeitlichen Restriktionen zumeist unterschätzt werden. Volkswirtschaften mit hoher Kapitalintensität und Langlebigkeit ihrer Anlagen, einer damit verbundenen Sektoralprägung bzw. mittelfristigen Bestimmtheit ihrer Energie- und CO_2-Intensität lassen sich kurz- oder mittelfristig ohne gravierende Entwertung ihres Kapitalbestandes nur sehr schwer auf einen klimafreundlichen Kurs bringen. Ganz pauschal kann man darum sagen, dass sich in den meisten OECD-Staaten eine größere Anpassungsflexibilität erst nach 2020 einstellen wird. Schnelle Reduktionserfolge sind dort, es sei denn, man nähme einen Wachstumseinbruch in Kauf, nur schwer realisierbar. Klimaschutzvereinbarungen müssen darum zwangsläufig die Entwicklungs- und Schwellenländer mit einbeziehen[6]. Solche Schlussfolgerungen werden in der deutschen Klimaschutzpolitik aber selten geäußert. Man fühlt sich an einen Ausspruch erinnert, der Alexis de Tocqueville zugeschrieben wird, gemäß dem den Deutschen eine Begeisterung für fundamentale Ziele ohne Berücksichtigung der praktischen Folgen ihrer Realisierung unterstellt werden kann.

Auf der Basis der eben skizzierten Größenordnung der zu bewältigenden Aufgabe, der wahrscheinlichen Kostenaspekte sowie der ökonomischen bzw. zeitlichen Restriktionen versteht man, warum die meisten Ökonomen – so auch Ewers – den Klimaschutz als eine gewaltige Herausforderung ansehen, von der wir noch nicht wissen, ob wir sie bewältigen können. Vieles hängt davon ab, wie die ökologischen bzw. ökonomischen Belange gewichtet werden. Die USA tendiert dahin, das ökonomische Anliegen hoch und das ökologische Ziel gering zu gewichten, bei den Deutschen ist es umgekehrt. Bei allem Respekt vor der deutschen Gewichtung muss aber betont werden, dass sie ökonomisch riskant werden kann.

Insofern steht auf alle Fälle fest, dass ein weiterer Anstieg der globalen Durchschnittstemperatur mit größter Wahrscheinlichkeit nicht mehr vermieden werden kann und die Klimaschutzpolitik von morgen auch eine Politik der Milderung der Folgekosten eines nicht mehr voll aufzuhaltenden Treibhauseffektes sein wird. Plakativ zusammengefasst verlangt die künftige globale Klimaschutzpolitik darum nicht nur die Reduktion der Treibhausgasemissionen, sondern erfordert bereits auch den Bau von Dämmen. Das ist kein Plädoyer für

[6] Es verbleibt als einziges Argument, dass man – um moderne Kraftwerke zu verkaufen – sie auch praktisch betreiben sollte bzw. verhindern muss, auf veraltetem technischen Niveau zu verharren. Dies verlangt Anpassungsreaktionen der Kraftwerksbauer bzw. der Industrie. Diese stellen sich aber von alleine ein und müssen nicht subventioniert oder ordnungsrechtlich durchgesetzt werden.

End-of-Pipe-Technologien, sondern ergibt sich aus der Tatsache, dass – wie gleich gezeigt werden soll – die notwendigen Treibhausgasreduktionen auf der Basis der bisherigen internationalen Beschlüsse nicht mehr zu schaffen sind.

c) Eine Bewertung des Kyoto-Protokolls

Gemessen an der in Abschnitt II.3.a) genannten Reduktionsaufgabe von 14 Mrd. t CO_2 kann man die Reduktionsfestlegungen des Kyoto-Protokolls, die nur knapp 0,8 Mrd. t CO_2-Äquivalent ausmachten, eigentlich vergessen. Die in Kyoto ausgehandelte Reduktionsrate der Annex-I-Staaten von mindestens 5 Prozent (bezogen auf 1990) hätte – immer wieder bei Gültigkeit der Hypothesen des IPCC – niemals ausgereicht, um einen negativen Klimaeffekte auch nur annähernd zu verhindern[7]. So brutal es klingt: Vom Ergebnis her gesehen hilft die Annahme des Kyoto-Protokolls dem Klima zunächst kaum etwas. Sie würde den Klimaanstieg lediglich um ein Zehntel Grad Celsius vermindern. Mit anderen Worten: Das Ergebnis der Klimakonferenz von Marrakesch in 2001, das hinter jenem von Kyoto noch zurückbleibt, ist vom Klimaschutzeffekt her gesehen, letztlich wirkungslos. Es verbleibt als „Erfolg" dieser Konferenz lediglich die politische Signalwirkung, dass man handeln will – notfalls auch ohne die USA.

Die Nichteinbeziehung der USA ist aber längerfristig kein befriedigender Zustand. Eine globale Langfriststrategie zur Reduktion der Treibhausgase muss aus verschiedenen Gründen versuchen, auch die USA in ein Reduktionsabkommen einzubeziehen. Diese sind immer noch für ein knappes Viertel aller globalen CO_2-Emissionen verantwortlich. Noch wichtiger ist aber, dass es ohne die USA kaum möglich sein wird, wirksame Sanktionsmechanismen im Falle der Nichterfüllung der Ziele durchzusetzen. Um die USA in das Boot zu bekommen, wird man darum auf deren Wünsche eingehen müssen. Diese gehen in Richtung einer Einbeziehung der Nicht-Annex-I-Staaten der KRK bzw. der Nicht-Annex-B-Staaten des Kyoto-Protokolls[8] sowie eines Einsatzes von Instrumenten, bei denen Reduktionsbemühungen auch außerhalb der eigenen Grenzen honoriert werden.

Man muss den USA Recht geben: Ohne Einbeziehung der Nicht-Annex-I-Staaten in einen Verpflichtungskatalog kann langfristig kein erfolgreicher glo-

---

[7] Die im Annex I der Klimarahmenkonvention (KRK) genannten Staaten, das sind die OECD-Mitglieder sowie die Transformationsstaaten Osteuropas, haben sich grundsätzlich zu Festlegungen bezüglich von Mengenzielen (Reduktionslasten) verpflichtet. Diese Länder sind weitgehend mit den Annex-B-Ländern des Kyoto-Protokolls identisch.

[8] Das sind somit Staaten, die bislang keiner Verringerungsverpflichtung unterliegen.

baler Klimaschutz betrieben werden. Analysiert man z.B., wo in den nächsten Jahren der stärkste Zuwachs des Energieverbrauchs eintreten wird, stößt man auf Länder wie die Volksrepublik China, Indien, Indonesien, Brasilien oder Mexiko. Auf sie wird bald die Hälfte der Menschheit entfallen. Das Verhalten dieser Länder wird darum ganz entscheidend das künftige Energieverbrauchsgeschehen und damit auch die künftige Entwicklung der CO_2-Emissionen prägen (Oberheitmann, 2002). Der Anteil Deutschlands an den globalen CO_2–Emissionen wird hingegen in Kürze die 4-Prozent-Marke unterschreiten. So pervers es klingt: Vom Volumen her gesehen werden wir immer bedeutungsloser. Das ist keine Aufforderung zum Nichthandeln und kein Anlass zur Resignation, sondern soll nur deutlich machen, wie wichtig es ist, zu einem international kooperativen Handeln zu kommen. Gelingt die Einbeziehung der Nicht-Annex-I-Staaten nicht, kann man den globalen Klimaschutz letztlich vergessen. Bei der Artikulation dieser Forderung nach Einbindung der Nicht-Annex-I-Staaten hält sich Deutschland überraschenderweise bedeckt. Damit ist man auch bei der Frage, welche Position Deutschland bei den internationalen Verhandlungen einnahm[9].

III. Das zu bewältigende Verhandlungsproblem

Die entscheidenden Fragen bei internationalen Konferenzen lauten immer:

- Wie erreicht man bei autonomem bzw. souveränen Staaten einen internationalen Konsens bzw. ein kooperatives Verhalten?
- Wie gewährleistet man die Einhaltung von internationalen Vereinbarungen (compliance-Problem)?

Was die erste Frage betrifft, so bezieht sich beim Klimaschutz der Konsens auf eine Einigung über die Reduktionspflichten einzelner Staaten. Für einen erfolgreichen globalen Klimaschutz muss hierbei gewährleistet sein, dass zumindest die künftigen Hauptemittenten mitmachen. Nur so kommt es zu einem für die Gesamtheit überzeugenden Kooperationsgewinn für künftige Generationen. Wird diese Bedingung nicht erfüllt, entstehen gravierende Freifahrergewinne und ist die Stabilität eines Abkommens gefährdet. Es muss somit dafür Sorge getragen werden, dass sich das „Mitmachen" aus der Perspektive der einzelnen Staaten „rechnet". Dies kann über Zugeständnisse bei den Quoten oder Einzelverpflichtungen, die selektive Gewährung von Ausgleichsmaßnahmen (etwa Finanz- und Technologietransfers), das Zugestehen von zeitlich gestaffelten Reduktionszu- oder -abschlägen (eine Art Bonus- und Malussystem) oder

[9] Zwar tritt die EU bei internationalen Verhandlungen im Bereich des Klimaschutzes als Einheit, ein so wichtiges Land wie Deutschland kann aber Verhandlungspositionen mitprägen.

über das Anstreben von sogenannten Paketlösungen geschehen. Letzteres impliziert, dass man verschiedene Politikbereiche (etwa Klimaschutz- und Entwicklungspolitik) miteinander verknüpft und die (temporären) „Nachteile“ in einem Politikfeld durch (temporäre) „Vorteile“ in anderen kompensiert. Stets gehören auch vertrauensbildende Maßnahmen (regelmäßiges Treffen, steter Informationsaustausch) dazu. Immer wieder zeigt sich nämlich, dass kontinuierlich stattfindende Verhandlungsrunden durchaus zu marginalen Konzessionen und damit auch zu einer Ausweitung des Kooperationsgewinns führen. Stets sollte man auch in Erinnerung rufen, dass sich ein kooperatives Verhalten einzelner Staaten im internationalen Verhandlungsbereich langfristig für diese lohnen kann, weil es so etwas wie ein internationales Langfristgedächtnis gibt, das das Klima auf allen Politikfeldern prägt und eine Atmosphäre des Entgegenkommens bewirkt.

Man sollte auch den Druck der öffentlichen Meinung nicht als zu gering einschätzen. Es gibt so etwas wie internationale Reputation und „Führungsqualität“, die gewonnen, aber auch verspielt werden kann. Dies kann bewirken, dass man im Grunde gut beraten ist, ein Mindestmaß an Kooperationsbereitschaft zu dokumentieren. Langfristig werden auch die USA gut beraten sein, dies zu tun.

Bewertet man mit Blick auf die eben gebotene Argumentation das Verhalten Deutschlands im Rahmen der internationalen Klimaschutzpolitik, so kommt man zu einer ambivalenten Einschätzung. Nationales Vorreitertum, wie es Deutschland praktiziert, kann zwar ehrenvoll und möglicherweise langfristig von (aber ungewissen und kaum prognostizierbaren) First-Mover-Gewinnen begleitet sein, muss aber keineswegs die beste Strategie darstellen. Die Hoffnung, dass gutes Beispiel Schule macht und zur Nachahmung animiert, ist keineswegs zwingend. Folgt man etwa den Schlussfolgerungen der ökonomischen Spieltheorie, so sollte man seinen Verhandlungspartnern nie vollständigen Einblick in seine (Reduktions-)Möglichkeiten geben, sonst wird man kalkulierbar. Vor allem sollte man sich nicht vorzeitig zu Zugeständnissen bereit erklären. Da Deutschland sich frühzeitig und „ohne Zwang“ auf sehr ehrgeizige Reduktionsziele festlegte und sich mehrfach öffentlich zu ihrer Verwirklichung verpflichtete, besitzt es letztlich kein Drohpotential mehr. Man kann nur noch an das Gewissen der anderen appellieren, da man freiwillig alle Waffen aus der Hand gegeben hat. Extrem gesprochen ist man im Grunde verhandlungsstrategisch bedeutungslos geworden. Die Amerikaner befinden sich hingegen, wie z.B. die 6. Vertragsstaatenkonferenz der Klimakonvention (COP-6) in Den Haag vom November 2000 zeigte, in einer komfortablen Situation. Sie werden umworben und können zum eigenen Vorteil Zugeständnisse erzwingen. Auch innerhalb der EU hat Deutschland nicht konditionierte Zusagen gegeben. Es hat sich ohne großen Druck bereit erklärt, über drei Viertel der europäischen Reduktionslast zu tragen. Das kann u.U. kontraproduktiv sein, da es andere Länder zur Nachlässigkeit verleitet.

So steht schon heute fest, dass die mit Blick auf die Ökosteuer vielzitierten ökologischen Musterländer Dänemark und die Niederlande mit größter Wahrscheinlichkeit ihre EU-Hausaufgaben nicht erfüllen werden. Falls Deutschland in einem ähnlichen Ausmaß wie diese beiden Länder hinter seiner Verpflichtung zurückbleibt, kann die EU ihrer Kyoto- bzw. Marrakesch-Zusage nicht nachkommen. Darum gilt als letztes: Wenn man in Erwartung eines langfristigen Reputationsgewinns oder aus „Vorbildsgründen“ eine Verpflichtung eingeht, sollte man sie auch einhalten können. Hier mehren sich bezüglich Deutschland berechtigte Zweifel. Sollte sich nämlich, was viele sich zwecks Bekämpfung der Arbeitslosigkeit wünschen, in den nächsten Jahren eine durchschnittliche Wachstumsrate wie in den achtziger Jahren einstellen, wird Deutschland mit größter Wahrscheinlichkeit seine Zielgrößen (2005 und 2008 bis 2012) verfehlen. Das kann zu einem Reputationsverlust führen.

Wie steht es mit der zweiten der oben gestellten beiden Fragen? Was soll mit Staaten geschehen, die ihren Verpflichtungen nicht nachkommen? Wie bei allen internationalen Verträgen gilt auch hier, dass Sanktionen glaubhaft und berechenbar sein sollen und in der Regel unmittelbar erfolgen sollten, will man die Stabilität und Effizienz von Verträgen nicht in Frage stellen. Umgekehrt gilt, dass harte Sanktionen die Beitrittswilligkeit noch nicht eingebundener Staaten absenken.

Wie zu erwarten war, kam bei den Klimaschutzkonferenzen die Forderung nach Einrichtung eines Fonds auf den Tisch, in den im Falle nichtzeitgerechter Erfüllung von Reduktionszusagen Säumige „Geldbußen“ einzahlen sollen. Dieser Vorschlag stieß auf große Zurückhaltung. Das hat teilweise mit dem großen Misstrauen zu tun, mit dem man Fonds auf der nationalen, insbesondere aber auf der internationalen Ebene begegnet. Recht schnell bauen sich hier neue Bürokratien auf und wird das Geld zur Alimentierung ineffizienter Strukturen verwendet oder sogar zweckentfremdet. Die Frage stellt sich auch, ob Strafen bei unterschiedlicher internationaler Zahlungsfähigkeit überall die gleiche Sanktionswirkung entfalten. Offen bleibt außerdem zumeist die Beantwortung der Frage, was zu tun ist, wenn mächtige Staaten nicht zahlen.

Die USA brachten in Den Haag den Vorschlag ein, nicht eingehaltene Verpflichtungen auf die nächste Verpflichtungsperiode zu übertragen, wobei der überfällige Reduktionsbetrag jeweils um die Hälfte erhöht werden sollte. Hier besteht das Problem, dass zum einen über die nächste Verpflichtungsperiode noch keine klaren Vorstellungen bestehen und sich zum anderen bei Verwirklichung dieses Konzepts Reduktionsschulden auftun, die die Verpflichtungsstruktur der nächsten Periode negativ beeinflussen können. Was ist, wenn es zu kumulierten Altschulden kommt, d.h. sich ein Verschuldungsproblem auf dem Gebiet der Reduktionspflichten aufbaut? Wird dann nicht eines Tages auch auf diesem Gebiet eine Schuldenerlassdiskussion beginnen, die Säumige begünstigt? Sanktionen sollten, so lautet ein alter Erfahrungssatz der Compliance-

Diskussion, damit sie glaubhaft sind, unmittelbar erfolgen. Dies wäre hier nicht mehr gewährleistet.

Eher sollte man darum prüfen, inwieweit Handelssanktionen eingesetzt werden können, da diese sich häufig als sehr wirkungsvoll erweisen. Dieses Thema muss man jedoch sehr vorsichtig angehen, da die Gefahr besteht, dass sich unter der Flagge des Klimaschutzes ein neuer Protektionismus entfaltet. Sanktionen dürfen darum nicht einseitig von großen Nationen verhängt werden. Es muss vielmehr nach Verfahren gesucht werden, die den Interessen möglichst vieler Nationen gerecht werden und zu Regeln gelangen, die zeitaufwändige Einzelfalldiskussionen überflüssig machen.

Soll man den Staaten bei der Verwirklichung ihrer Selbstverpflichtungen freie Hand geben und ihnen die Wahl der Instrumente selbst überlassen? Zumeist wird diese Frage mit Blick auf die Souveränität der Staaten mit ja beantwortet. Aber auch hier sollte man vorsichtig sein. So verlangen bestimmte Instrumente – etwa der vieldiskutierte Handel mit Emissionsrechten – „freie" Emissionsmengen. Ist eine nationale Regierung aber darauf ausgerichtet, etwa mit Umweltabgaben oder mittels eines verschärften Ordnungsrechts, jeglichen Rest an CO_2 aus der „Reduktionszitrone" zu pressen, besteht kein Spielraum mehr für eine Handelslösung. Das zeigt, dass auch bei der Instrumentenfrage internationale Aspekte eine wichtige Rolle spielen.

Verfolgt man die spärlichen deutschen Stellungnahmen zu diesem Themenkomplex, so ist noch keine eindeutige deutsche Position erkennbar. Dies hat teilweise mit dem Tatbestand zu tun, dass die EU bei den Klimaschutzkonferenzen als Einheit auftritt, belegt aber auch ein Diskussionsdefizit der deutschen Klimaschutzpolitik, die immer noch zu stark nationalausgerichtet ist.

IV. Zur deutschen Klimaschutzpolitik – Versuch einer zusammenfassenden Bewertung

Fasst man die bisherigen Positionen zusammen und ergänzt sie um weitere Festlegungen, ist die deutsche Klimaschutzpolitik, teilweise auch geprägt durch Beschlüsse der früheren Bundesregierung, durch folgende Tatbestände gekennzeichnet:

- *Verpflichtung zur Übernahme einer internationalen Vorreiterrolle.* Dies geschah vor allem durch die Verkündigung sehr ehrgeiziger Selbstverpflichtungen bei der Reduktion von CO2-Emissionen. Erinnert sei an die bereits von Helmut Kohl gegebene Zusage, bezogen auf 1990 bis 2005 die CO2-Emission bis 2005 um 25 Prozent zurückzufahren, oder die Kyoto-Zusage, bis 2008/12 eine CO2-Reduktion um 21 Prozent vorzunehmen. Neuerdings wird sogar seitens der Politik das Ziel einer vierzigprozentigen Senkung der CO2-Emissionen im eigenen Land ins Auge gefasst. Immer wieder wird hierbei betont, das inzwischen größer gewordene Deutschland dürfe sich seiner globalen Verantwortung nicht entziehen. Mit anderen Worten: Es wird moralisch argumentiert.

- Verpflichtung zur Übernahme der Hauptlast der EU-Reduktionszusagen von Kyoto und Marrakesch. Unter Berücksichtigung der Ergebnisse von Marrakesch kann man heute sagen, dass die Verwirklichung der EU-Zusagen weitgehend von Deutschland abhängig ist. Scheitert Deutschland, dann wird auch die EU-Selbstverpflichtung hinfällig. Deutschland hat eine beachtliche Verantwortung übernommen[10]. Man kann für die EU nur hoffen, dass es sich nicht übernommen hat, denn eine solide Machbarkeitsanalyse liegt nicht vor.
- *Präferierung einer nationalen Alleingangsstrategie.* Deutschland zählt zu jenen Ländern, die sich lange Zeit entschieden für eine Erfüllung der übernommenen Reduktionsaufgaben im „eigenen Haus“ einsetzten. Dies liegt vor allem in der Tradition der deutschen Umweltpolitik (vgl. Abschnitt II.1.) begründet und ist auch weniger Ausdruck einer parteipolitischen Ausrichtung. Die neuere Bereitschaft, an einem auf enge Bereiche beschränkten Handel mit Emissionsrechten innerhalb der EU mitzuwirken, ist eher die Folge eines Drucks der EU-Kommission als einer Präferenz für marktwirtschaftliche Instrumente.
- *Hohe Neigung für interventionistische Maßnahmen und eine Reduktion der Optionsvielfalt.* Erreicht werden sollen die Reduktionsziele nämlich über eine Strategie staatlich induzierter Energieträgersubstitution sowie eine Ausreizung aller bereichsbezogenen Möglichkeiten zur Steigerung der Energieproduktivität bzw. zur Senkung der Emissionsintensität. Dies ist vor allem die Position der jetzigen Regierungskoalition bzw. ihres Umweltministers Trittin. Die Energieträgersubstitution soll über eine gegen die Marktpreisentwicklung gerichtete Erhöhung des Anteils erneuerbarer Energien (Sonnenenergie, Wasserkraft, Windenergie, Biomasse, Geothermie) an der Energieerzeugung erreicht werden, die Senkung des spezifischen Energieverbrauchs bzw. der spezifischen Emissionen vor allem über technische Maßnahmen (wie etwa die Kraft-Wärme-Kopplung). Dies kommt, wie bereits betont wurde, der Reduktion der Optionsvielfalt gleich. Die hinter dieser Strategie stehenden Instrumente sind vor allem ein verschärftes Ordnungsrecht im Niedertemperaturbereich, eine Verteuerung der Energiepreise über Abgaben (etwa Ökosteuer), die Garantie von Stromeinspeistarifen, Subventionen vielfältigster Art und marktregulierende Eingriffe. Über den Ausstieg aus der Kernenergie als Instrument des Klimaschutzes will man vor allem eine billige Stromerzeugung im Grundlastbereich eliminieren, um auf

---

[10] Zur Frage, was Deutschland bewogen hat, die Hauptlast der EU-Reduktionszusagen zu schultern, liegen keine für Außenstehende nachprüfbaren Angeben vor. Immer wieder hört man, dass dies ohne Zwang geschehen sei.

dem Weg einer hierdurch induzierten Verteuerung der Energiepreise die Energieträgersubstitution bzw. das Energiesparen voranzutreiben.

Die von den Europäern, insbesondere den Deutschen, verfochtene Forderung, die Mehrheit der zugesagten Emissionsreduktion im eigenen Hause durchzuführen, basiert auf drei Argumenten:

- Das erste betont das Verursacherprinzip in Verbindung mit Gerechtigkeitsüberlegungen. Danach haben, was zutrifft, bislang vor allem die Industrienationen die „Deponie" Erdatmosphäre in Anspruch genommen und bereits rd. zur Hälfte gefüllt. Sie tragen somit, so die übliche Argumentation, die Hauptverantwortung für das Treibhausproblem und sollten darum auch primär dafür bezahlen und den Hauptteil der Reduktionslast übernehmen. Dahinter steht eine Art Buß- und Selbstgeißelungsgesinnung.
- Nach Ansicht vieler verfügen die entwickelten Industrienationen über das notwendige Know how und vor allem Geld. Sie seien darum in besonderer Weise in der Lage (und verpflichtet), nach technischen Auswegen Ausschau zu halten.
- Außerdem würden sich durch solche Aktivitäten als „Belohnung" First Mover-Vorteile einstellen und Klimaschutz sich damit langfristig rechnen.

Das erste Argument ist eher ein moralisches Argument. Dabei wird auch häufig übersehen, dass das Verursacherprinzip als marktwirtschaftliches Prinzip für eine Kostenzurechnung nur für Neuemissionen gelten kann. Die Lösung von Altlastenproblemen – die Nutzung der Erdatmosphäre für die Deponierung von Treibhausgasen schuf ein Altlastenproblem – erfordert hingegen die Berücksichtigung anderer Prinzipien. Theoretisch könnte man das Haftungsprinzip zur Geltung bringen. Dies würde aber eine anlagenbezogene Schadenszurechnung bzw. überhaupt eine einigermaßen zutreffende Schadensschätzung (auch künftiger Schäden) voraussetzen. Und nochmals: Eine dann notwendig werdende rasche Umstellung kapitalintensiver Anlagen kann teuer werden, könnte mit „Wachstumsstörungen" verbunden sein, die bei ausgeprägter internationaler Handelsverflechtung auch andere Länder treffen, und Gelder binden würde, die beim Einsatz im Kraftwerksneubau in den Nicht-Annex-I-Staaten hohe Emissionsminderungseffekte erzielen würden. Insofern basiert die erste Begründung eher auf einem in Europa verbreiteten schlechten Gewissen. Das zweite Argument könnte stimmen, verliert aber angesichts der hohen Diffusionsgeschwindigkeit von Wissen immer mehr an Bedeutung. Wichtiger ist darum die These, eine strikte Klimaschutzpolitik induziere technischen Fortschritt und sei darum eine Chance für die Etablierung neuer Märkte bzw. schaffe First-Mover-Vorteile. Dabei wird unterstellt, ein strikter Klimaschutz bzw. eine Verteuerung des Energieeinsatzes treibe die Unternehmen mit der Preis- und Kostenpeitsche auf die Suche nach immer neuen technischen Möglichkeiten, die sich langfristig gewinnbringend vermarkten lassen. Dies ist, was die Grundaussage betrifft, sicherlich richtig, aber auch sehr spekulativ und darum im Rahmen der Ausgestaltung einer Politikkonzeption kaum kalkulierbar einzubringen. Hier werden Rechnungen durch Hoffnungen ersetzt, und es wird auch übersehen, dass sich neues Wissen heute weltweit schnell verbreitet.

Versucht man, die deutsche Klimaschutzpolitik einer kritischen Bewertung zu unterziehen, so kommt man darum zu folgenden Problemen:

- *Defizitäre Absicherung der teilweise ohne Verhandlungszwang gegebenen deutschen Selbstverpflichtungen im internationalen Bereich.* Rückblickend kann man sagen, dass die deutschen Zusagen ohne überzeugende Machbarkeitsanalysen gegeben wurden. Das hat zur Konsequenz, dass die Realisierung der Berliner Selbstverpflichtung von 1995 (Reduktion der CO_2-Emissionen um 25 Prozent bis 2005) sich inzwischen als utopisch erweist. Käme es in den nächsten Jahren, was man unter dem Aspekt der Haushaltskonsolidierung bzw. der Bekämpfung der Arbeitslosigkeit eigentlich wünschen müßte, zu gesamtwirtschaftlichen Wachstumsraten von über 2,5 Prozent, wäre auch die Einhaltung der Kyoto-bzw. Marrakesch-Zusage oder der EU-internen Lastenübernahme gefährdet.
- *Entscheidung für einen teuren Weg.* So kommt man bereits heute bei den verabschiedenen Maßnahmen zur Durchsetzung erneuerbarer Energien zu Summen von bis zu 5 Mrd. Euro Subventionen pro Jahr. Ihre Finanzierung verlangt höhere Steuern bzw. auflagendeterminierte Kostensteigerungen (Abnahmezwang zu hohen Preisen) und bewirkt Preissteigerungen. Ähnliches gilt für den Ausbau der Kraft-Wärme-Kopplung oder den Ausbau der Wärmedämmung im Bereich der privaten Haushalte.
- *Ordnungspolitische Problematik.* Die Umsetzung des Klimaschutzes in Deutschland beruht auf einem Instrumentenmix. In Fortsetzung der traditionellen Umweltpolitik gibt es immer noch eine hohe Präferenz für das Ordnungsrecht. Hinzu treten ökonomische Instrumente (Subventionen, Einspeisevergütungen zu garantierten Preisen, Energiesteuern sowie demnächst ein Handel mit Emissionszertifikaten in einem räumlich und sektoral engen Marktsegment). Wäre dies eine Internalisierung externer Effekte, könnte man von einer Verbesserung der Lenkungsfunktion der Marktpreise sprechen. Die Realität ist aber durch vielfältige Ausnahmen und Einschränkungen gekennzeichnet, die an dieser Stelle nicht im Detail geschildert werden können. Sie führen aber dazu, dass Preis- bis hin zu Wettbewerbsverzerrungen auftreten können und teilweise von einer schleichenden Erosion der Marktallokation gesprochen werden kann. Es wird immer schwieriger, die Wachstums-, Struktur- und Verteilungseffekte dieses komplexen Instrumenteneinsatzes abzuschätzen.

Literatur

IEA – International Energy-Agency (Hrsg.) (1998), World Energy Outlook, Paris.

IPCC – Intergovernmental Panel on Climate Change (1996), Climate Change 1995. Second Assessment Report (3 Bände), Cambridge University Press.

– (1998), The Regional Impacts of Climate Change. An Assessment of Vulnerability, Workshop Report, Cambridge University Press, 427-437.

– (2001), Third Assessment Report, Summary for Policy Makers, WG I, WG II, WG III, Cambridge University Press.

Klemmer, P. (1999a), Zur ökologischen Steuerreform – eine kritische Zwischenbilanz, in: Öffentliche Finanzen zwischen Wachstum und Verteilung, hrsg. K.-D. Henke, Baden-Baden 131-148.

– (1999b), Handel und Umwelt – Ein Milleniumsproblem, Zeitschrift für Angewandte Umweltforschung, 12. Jg., 449-455.

– (1999c), Zur ökologischen Steuerreform – eine kritische Zwischenbilanz, in: Öffentliche Finanzen zwischen Wachstum und Verteilung, in: Henke, K.-D., Baden-Baden (Hrsg.), 131-148.

– (1999d), Umweltmanagementregeln – Utopien einer Nachhaltigkeitspolitik, in: Ökonomie und Ökologie, Festschrift für Joachim Klaus zum 65. Geburtstag, in: Maußner, A./Binder, K.G. (Hrsg.), Berlin, 433-453.

– (1999e), Nachhaltigkeitspolitik – eine ordnungspolitische Würdigung, Ökonomisierung der Umweltpolitik, Beiträge zur volkswirtschaftlichen Umweltökonomie, Angewandte Umweltforschung, Bd. 15, Junkernheinrich, M. (Hrsg.), Berlin, 99-106.

– (2002), Globale Energiepolitik – eine Herkulesaufgabe, in: Nachhaltigkeit und globaler Wandel. Guter Rat ist teuer, in: Hempel, G./Schulz-Baldes, M. (Hrsg.), Frankfurt a.M. u.a.O., 141-151

Klemmer, P. /*Becker-Soest*, D./*Wink,* R. (1998), Leitstrahlen, Leitbilder, Leitplanken – Ein Orientierungsfaden für die drei großen „L" der Nachhaltigkeitspolitik, in: Zukunftsfähigkeit und Neoliberalismus – Zur Vereinbarkeit von Umweltschutz und Wettbewerbswirtschaft, in: Renner, A./ Hinterberger, F. (Hrsg.) Baden-Baden, 45-71.

Oberheitmann, A. (2002), Energieverbrauch und CO_2-Emissionen in der VR China – Determinanten, Entwicklung und Politikoptionen, RWI-Mitteilungen, 53. Jg., 377-396.

RWE (2001), Chancen und Risiken der zukünftigen Weltenergieversorgung 2000, Essen.

Schröder, M. et al. (2001), Klimavorhersage und Klimavorsorge, Berlin, Heidelberg u.a.O.

Schwarze, R. (2000), Internationale Klimapolitik, Marburg.

WBGU – Wissenschaftlicher Beirat der Bundesregierung Globale Umweltveränderungen (1997), Ziele für den Klimaschutz 1997. Stellungnahme zur dritten Vertragsstaatenkonferenz der Klimarahmenkonvention in Kyoto, Bremerhaven (September) 1997 (Englische Fassung: Targets for Climate Protection, 1997. A Study for the Third Conference of the Parties to the Framework Convention on Climate Change in Kyoto, Bremerhaven.

– (2000), World in Transition – Strategies for Managing Global Environmental Risks, German Advisory Council on Global Change (WBGU), Annual Report 1998, Berlin u.a.O.

– (2001), New Structures for Global Environmental Policy, World in Transition 2, German Advisory Council on Global Change (WBGU), London and Sterling.

World Energy Council/IIASA (1998), Global Energy Perspectives, Report, Washington.

Ziesing, H.-J. (2003), Nur schwacher Rückgang der CO2-Emissionen im Jahre 2002, DIW-Wochenbericht, 8/03, Berlin.

Umweltinnovationen im Unternehmen in der Grauzone zwischen Ordnungsrecht und Selbstregulierung

Von *Eckard Rehbinder*, Frankfurt am Main

I. Einleitung

Bei aller Anerkennung eines im internationalen Vergleich fortschrittlichen Umweltschutzniveaus bleibt Deutschland aufgrund seiner wirtschaftlichen Leistungsfähigkeit, seines Wohlstands, des Freizeitverhaltens seiner Bürger, seines engen Raums und seiner Bevölkerungszahl ein hochbelastetes Land. Sollen die Aufgaben der Zukunft, die sich am Leitbild einer nachhaltigen (dauerhaft umweltgerechten) Entwicklung (SRU, 1994 Tz. 1-15; UBA, 2002) ausrichten müssen, auch nur näherungsweise bewältigt werden, so erscheinen in mittelfristiger Sicht einschneidende Minderungen von Umweltbelastungen und Energie- und Ressourcenverbrauch notwendig. Diese Aufgaben können – abgesehen von der sicherlich erforderlichen, aber bislang politisch nicht durchsetzbaren Akzentverlagerung des regulatorischen Instrumentariums vom Ordnungsrecht hin zu mehr ökonomischen Anreizen – nur gelingen, wenn der Umweltschutz künftig mehr als bisher als gemeinsame Aufgabe von Staat, Wirtschaft und Konsumenten begriffen wird. Grundlegende Voraussetzung hierfür sind umweltbezogene Innovationen im Bereich der Produktion, Produktgestaltung, Abfallwirtschaft und des Energieeinsatzes, aber auch Veränderungen im Konsum-, Mobilitäts- und Freizeitverhalten (zum Begriff der Innovation OECD, 1992; OECD, 1996; Hemmelskamp, 1997, 484-487). Die dynamische Effizienz (Innovationsoffenheit) umweltpolitischer Instrumente, die seit jeher als Kriterium für die Bewertung solcher Instrumente anerkannt ist, gewinnt damit eine besondere Bedeutung.

II. Hemmnisse für Umweltinnovationen im Unternehmen

Eine Schlüsselrolle für Umweltinnovationen im Unternehmen kommt dem produktionsintegrierten Umweltschutz zu. Allgemein gesehen versteht man darunter – im Gegensatz zu den sogenannten end-of-the-pipe-technologies (nachgeschaltete Technologien) – Umweltschutztechnologien, die Umweltbelastungen bereits an der Quelle vermeiden oder vermindern (Hemmelskamp, 1997, 493-496). Dazu gehören etwa die Schadstoffvermeidung oder -verringerung im Produktionsprozeß durch technische Veränderungen, Prozeßführung oder Substitution von umweltbelastenden Prozeßschritten oder Einsatzstoffen, die Kreislaufführung, neue Synthesewege, die Erhöhung des Wirkungsgrades von Verbrennungsprozessen und die Einsparung von Rohstoffen, Hilfsstoffen, Wasser oder Energie im Produktionsprozeß. Auch die Verwertung von Abfällen außerhalb des Prozesses – sei es in der Anlage oder in Anlagen Dritter – kann man in einem weiteren Sinne noch zu den produktionsintegrierten Umweltschutztechnologien rechnen, mag sie auch im Regelfall in der Bilanz mit höheren Zusatzbelastungen (Transport, ggf. höherer Energieeinsatz) verbunden sein als die vorgenannten Technologien.

Neben dem Produktionsbereich können sich Umweltentlastungen insbesondere auch im Produktbereich durch Entwicklung und Einführung umweltfreundlicher Produkte ergeben. Dabei geht es um Entwicklung und Einführung schadstoffarmer, langlebiger oder verwertungsfreundlicher Produkte im Konsum- und Investitionsbereich, aber auch um die Nutzung bestehender Produkte für umweltfreundliche Anwendungen oder die Verbesserung ihrer Ressourceneffizienz (Hemmelskamp, 1997, 486 f., 492 f.). Die Abgrenzung zwischen Produktion und Produkt ist fließend, da neue Investitionsgüter durch den Nutzer vielfach Prozeßinnovationen voraussetzen oder zu solchen führen.

Der Einführung umweltpolitisch erwünschter Umweltschutztechnologien und Produkte steht eine Reihe von Hemmnissen entgegen, die auf betrieblicher und Marktebene liegen, aber ihren Grund auch in den Rahmenbedingungen für Innovationen haben können (Hemmelskamp, 1997, 498-506; Feseker/Müller, 2000, 114-123).

Integrierte Umweltschutztechnologien und umweltfreundliche Produkte können wirtschaftlich vorteilhaft sein, weil sie mit Ersparnissen an Material und Energie verbunden sind und daher geringere Betriebs- oder Produktionskosten anfallen. Bei Produkten kommen ggf. Absatzsteigerungen durch Pioniergewinne oder Marktdurchsetzung hinzu. Neben diesen geldlich eindeutig bewertbaren Vorteilen können mit der systematischen Einführung integrierter Umweltschutztechnologien oder umweltfreundlicher Produkte auch wirtschaftliche Vorteile anderer Art wie die Verbesserung des Unternehmensimage, die Verbesserung der Wettbewerbsfähigkeit und die Sicherung des langfristigen Überlebens des Unternehmens verbunden sein, die sich aber einer genauen monetären Bewertung entziehen. Integrierte Umweltschutztechnologien oder umweltfreundliche Produkte sind aber nicht notwendig wirtschaftlich vorteilhaft (Schmitt, 1991, 185-192; Faber et al., 1995, 177; Steinle et al., 1998, 73 f.). Insbesondere können Einsparungen bei den Betriebskosten in kurz- und mittelfristiger Perspektive durch erhöhte Aufwendungen für Investitionen und den Erwerb der Technologie (Lizenzgebühren oder Forschungs- und Entwicklungskosten) ausgeglichen werden. Bei umweltfreundlichen Produkten können die Produktionskosten auch höher sein. Angesichts des primären Interesses der Unternehmen an schneller Amortisation ist dies ein gewichtiger Faktor. Hinzu können kommen hohe Planungs- und Koordinierungskosten für die Umstellung auf die betreffende Umweltschutztechnologie oder das betreffende Produkt und auch Anwendungs- oder Marktrisiken, falls sich die Technologie oder das Produkt als Fehlschlag erweisen sollte (Problem der sunk costs). Kundenwünsche können der Einführung integrierter Umweltschutztechnologien entgegenstehen, soweit diese die Produktqualität beeinflussen. Bei Produkten sind sie oft der ausschlaggebende Faktor für Fehlschläge. Für die Bewertung aus Sicht der Unternehmen ist auch der Zeithorizont der unternehmerischen Planung, der auch durch die Abhängigkeit des Unternehmens vom Markt bestimmt wird, von entscheidender Bedeutung. Ein Unternehmen, das sich der Zielsetzung der Mehrung des „shareholder value" verschreibt, mag Schwierigkeiten haben, die eher langfristigen wirtschaftlichen Vorteile integrierter Umweltschutztechnologien oder systematischer Nutzung der Chancen umweltfreundlicher Produkte zu rechtfertigen (vgl. aber Business Council for Sustainable Development, 1997).

Ein ökonomisches Hemmnis für die Einführung integrierter Umweltschutztechnologien oder umweltfreundlicher Produkte liegt in den Eigenheiten des technischen Innovationsprozesses. Technische Innovationen folgen bestimmten Gesetzlichkeiten, die von den verschiedenen Innovationstheorien (insbesondere der neoklassischen und der evolutionären Innovationstheorie) beschrieben werden (Dierkes/Canzler, 1998; Erdmann, 1993; Esser et al., 1998; Hemmelskamp, 1997, 496-506). Durch die Bindung an technische Leitbilder und Paradigmen („soziale Schließung") ergeben sich Grenzen für technische Innovationen (Einführung und Diffusion neuer Technologien), die zwar nicht unüberwindbar sind, jedoch Hemmnisse für deren Einsatz im Unternehmen oder Einführung auf dem Markt darstellen können. Man denke an die Chlorchemie oder den Otto-Motor. Eine völlige Abkehr von bestimmten Techniklinien durch einen innovatorischen Sprung ist eher unwahrscheinlich. Für die Einführung vorhandener neuer Technologien oder Produktlinien sind dagegen ökonomische Bestimmungsgründe von besonderer, für die Fortentwicklung vorhandener Technologien oder Produktlinien immerhin von erheblicher Bedeutung.

Darüber hinaus ergeben sich Grenzen für technische Innovationen aufgrund unternehmensinterner Innovations-(Investitions-)zyklen, die den Zeitbedarf für die Entwicklung und Einführung integrierter Umweltschutztechnologien oder umweltfreundlicher Produkte beeinflussen. Im Zweifel wird ein Unternehmen solche Technologien oder Produkte nur im Zuge ohnehin notwendiger Reinvestitionen oder Bereinigungen der Produktpalette einführen (von

Hauff/Solbach, 1999, 67 f.). Dadurch werden ggf. auch die betriebsinternen Forschungs- und Entwicklungsaktivitäten gesteuert. Soweit ein umweltbelastendes Unternehmen auf den Erwerb integrierter Umweltschutztechnologien oder Produktpatente von dritten Unternehmen angewiesen ist, hängt deren Einführung auch von den Kooperationsbeziehungen mit den Lizenzgebern ab (Feseker/Müller, 2000, 114-119; Hemmelskamp, 1997, 499). Ferner können Informationsprobleme hinsichtlich Optionen, fehlendes Problembewußtsein, aber auch die negativen oder jedenfalls zurückhaltende Einstellung der Mitarbeiter gegenüber dem betrieblichen Umweltschutz die Einführung integrierter Umweltschutztechnologien oder umweltfreundlicher Produkte beeinflussen. Von besonderer Bedeutung sind Organisationsbarrieren zwischen den verschiedenen Geschäftsbereichen, insbesondere Forschung und Entwicklung, Produktion und Vermarktung und unterschiedliche Einstellungen der Geschäftsbereiche zur Problematik des betrieblichen Umweltschutzes, die den innerbetrieblichen Transfer von Problemlösungen erschweren (Kreikebaum, 1991, 45-50).

Schließlich können sich die Unternehmensziele auf die Einführung integrierter Umweltschutztechnologien oder umweltfreundlicher Produkte auswirken. Auf den potentiellen Konflikt zwischen kurzfristigen Renditeerwartungen und langfristiger, die Notwendigkeit der Erhaltung der Umwelt als Grundvoraussetzung für das Wirtschaften auf dem Markt betonender Unternehmenspolitik ist bereits hingewiesen worden. Die Einstellung der Geschäftsleitung und der Mitarbeiter zum staatlichen und betrieblichen Umweltschutz – Sichtweise als bloße Restriktion oder auch als Chance für den Unternehmenserfolg, für neue Produkte und ein verbessertes Unternehmensimage – und die Akzeptanz kurzfristiger Gewinneinschränkungen aufgrund der Einführung integrierter Umweltschutztechnologien oder umweltfreundlicher Produkte werden sich auf deren betrieblichen Erfolg auswirken (Goldberg, 1991).

III. Organisatorische Intervention als Steuerungsmodell

1. Grundlagen

Das traditionelle Steuerungsmodell der Durchsetzung der Gemeinwohlverantwortung von Unternehmen für den Umweltschutz ist das der Außensteuerung. Durch Ordnungsrecht (administrative Regulierung und strafrechtliche Sanktionen), Lenkungsabgaben, Haftungsrecht und künftig wohl auch übertragbare Emissionsrechte versucht der Staat seine politischen Vorstellungen für den Schutz und die Gestaltung der Umwelt gegenüber den Unternehmen durchzusetzen. In zunehmendem Maße finden sich jedoch auch Ansätze für eine staatliche Innensteuerung durch organisatorische Einwirkung auf das Unternehmen, welche eine eigenverantwortliche Erfüllung von Anforderungen des Gemeinwohls im Unternehmen fördern sollen (Rehbinder, 1989, 311-336;

2001a, 8-19; Spindler, 2001, 15-159, 328-353). Hervorzuheben ist in unserem Zusammenhang insbesondere die Zuweisung von Pflichtaufgaben des Umweltschutzes an Funktionsträger im Unternehmen. Dabei geht es überwiegend um Verpflichtungen der Unternehmen zur Bestellung von verantwortlichen Personen oder Betriebsbeauftragten, die spezifische Umweltinteressen im Unternehmen wahrzunehmen haben. Daneben finden sich Verpflichtungen zu einer bestimmten Gestaltung der Unternehmensorganisation, wie z.B. die Verpflichtung, innerhalb der Geschäftsleitung die Zuständigkeit für die Erfüllung bestimmter staatlicher Aufgaben genau abzugrenzen, allgemeine Maßnahmen der Betriebsorganisation zur Erfüllung solcher Aufgaben zu treffen oder als Teil der „Corporate Governance" über die Einhaltung u.a. des Umweltrechts zu berichten. Schließlich fördert der Staat durch Vorgabe von Rahmenregelungen, aber auch durch teilweise Entlassung aus der staatlichen Überwachung die freiwillige Teilnahme von Unternehmen an Systemen umweltorientierter Unternehmensorganisation (Umweltmanagementsysteme).

Organisatorische Interventionen dieser Art stehen zwischen Ordnungsrecht und reiner Selbstregulierung. Sie schaffen institutionelle Arrangements und damit einen Ordnungsrahmen dafür, daß im Unternehmen Anforderungen des Umweltschutzes und der Nachhaltigkeit freiwillig berücksichtigt werden. Statt der Planung bestimmter Ergebnisse werden lediglich die Entscheidungsstrukturen und -abläufe im Unternehmen – dies allerdings verbindlich – mit dem Ziel normiert, daß das Unternehmen von sich aus einen aktiven Beitrag zur Verbesserung des Umweltschutzes leistet. Das Recht bescheidet sich mit der Rolle, Umweltinnovationen indirekt, durch das organisatorische Arrangement, zu initiieren, enthält sich aber inhaltlicher Einflußnahme.

Die Innovationswirkungen der „konventionellen" umweltpolitischen Instrumente – vom Ordnungsrecht über Abgaben bis zum Haftungsrecht – sind theoretisch, aber auch empirisch in erheblichem Umfang untersucht worden (vgl. Klemmer, 1999). Das gleiche gilt – mit Einschränkung – für Selbstverpflichtungen (Kühn/Osório-Peters, 1999; Brockmann/Osório-Peters, 1999). Für staatliche Einwirkungen auf die Betriebsorganisation fehlt es – abgesehen vom Umweltaudit – an vergleichbaren Untersuchungen (vgl. aber Cleff/Rennings, 1999, 375-381; Antes, 1999). Dieser Problematik ist der vorliegende Beitrag gewidmet.

2. Hierarchieebene und Art der Einwirkungen

Einwirkungen auf die Unternehmensorganisation zur Förderung eigenverantwortlicher Wahrung von Belangen des Umweltschutzes können auf allen Hierarchieebenen des Unternehmens ansetzen. Bisher hat sich das Umweltrecht auf Hierarchieebenen unterhalb der Unternehmensleitung und in diesem

Rahmen auf das Stabmanagement konzentriert; vereinzelt, insbesondere im Strahlenschutz- und Gentechnikrecht, finden sich jedoch auch Funktionsträger des betrieblichen Umweltschutzes, die dem Linienmanagement angehören. Die entsprechenden Funktionsträger tragen allerdings weder rechtliche Letztverantwortung für den Umweltschutz im Unternehmen, noch können sie ausreichend auf strategische Entscheidungen hinsichtlich des unternehmerischen Umweltschutzkonzepts und der zukunftsbezogenen Orientierung einer umweltbezogenen Unternehmensführung einwirken. Diese Erkenntnis hat in jüngster Zeit zu Überlegungen geführt, organisatorische Einwirkungen auf das Unternehmen zur Förderung des betrieblichen Umweltschutzes auch auf die Leitungsebene zu erstrecken. § 52a Abs. 1 BImSchG und § 53 Abs. 2 KrW-/AbfG sind Ausdruck dieses neuen Ansatzes. Umgekehrt sind Einwirkungen zur Förderung eigenverantwortlicher Wahrnehmung von Umweltaufgaben durch die Belegschaft bisher nur in geringem Umfang anzutreffen (Kothe, 1999, 642-644).

Organisatorische Einwirkungen auf das Unternehmen können einmal die Organisationsstruktur im Unternehmen – in der Sprache der klassischen betriebswirtschaftlichen Organisationslehre: die Aufbauorganisation (Laux/ Liermann, 1997, 183 f.) – betreffen, indem sie einen bestimmten Funktionsträger mit der Vertretung der Belange des Umweltschutzes im Unternehmen betrauen und dessen Kompetenzen und Entscheidungsbefugnisse sowie die Kommunikationswege regeln. Mittelbar kann hierdurch auf die Entscheidungen der Unternehmensleitung in Richtung auf Verbesserung des Umweltschutzes Einfluß genommen werden. Organisatorische Interventionen können aber auch direkt auf die umwelterheblichen Entscheidungsprozesse im Unternehmen – in der Sprache der Organisationslehre: die Ablauforganisation – einwirken; sie können bestimmte Verfahrensweisen bei solchen Entscheidungen vorschreiben, deren Beachtung eine angemessene Berücksichtigung der Belange des Umweltschutzes gewährleisten soll. Hierher gehören insbesondere Vorschriften über die umweltbezogene Auditierung von Unternehmen. Man muß sich allerdings darüber im klaren sein, daß Aufbau und Ablauf, Struktur und Prozeß eng aufeinander bezogen und bereits analytisch kaum trennbar sind (Schreyögg, 1999, 119-123).

3. Gesetzesabhängiger vs. freiwilliger Umweltschutz

Mit organisatorischen Interventionen in das Unternehmen können unterschiedliche Ziele verfolgt werden, nämlich einmal die Verhütung von Gesetzesverstößen, zum anderen die Förderung einer umweltorientierten Unternehmenspolitik im Vorfeld der gesetzlichen Anforderungen. Die ältere Form ist die gesetzesabhängige organisatorische Intervention, die auf Verhütung von Gesetzesverstößen und die Reduzierung des Risikos von Störfällen abzielt, also ganz im Zeichen des Ordnungsrechts steht. Derartige Einwirkungen dienen dazu, durch Selbstkontrolle des Unternehmens eine freiwillige Befolgung der gesetzlichen und behördlichen Anforderungen zu fördern und die behördliche Überwachung zu entlasten (Feldhaus, 1991, 933; Kloepfer, 1998, 346-348). Anforderungen mit dieser Zielsetzung verlängern das herkömmliche Ordnungsrecht in gewissem Sinne in das Innere des Unternehmens hinein.

Dagegen zielen organisatorische Einwirkungen zur Förderung einer umweltorientierten Unternehmenspolitik darauf ab, durch Bereitstellung eines institutionellen Rahmens eine angemessene Berücksichtigung der Belange des Umweltschutzes, insbesondere umweltfreundliche Innovationen in bezug auf Verfahren und Produkte und umweltgerechte Standortentscheidungen, zu fördern. Es soll der Umweltschutz in der Aufbau- und Ablauforganisation gestärkt, andererseits der Freiheitsraum des Unternehmens nicht unangemessen eingeschränkt werden. Davon erhofft man sich einen freiwilligen Beitrag des Unternehmens zum Umweltschutz, der unabhängig von gesetzlichen Regelungen oder behördlichen Anordnungen zur Vorsorge und zu einer dauerhaft umweltgerechten Entwicklung beiträgt. Es geht um eine umweltorientierte Unternehmenspolitik, die die unternehmerische Antwort auf die Herausforderungen des Umweltschutzes nicht nur als unerwünschten Kostenfaktor, sondern auch als Chance für Kosteneinsparungen und als Marktchance begreift (Wagner, 1990, 1; Meffert/Kirchgeorg, 1998), wobei unterschiedliche unternehmerische Gewichtungen im Spannungsfeld zwischen Wettbewerbsposition auf dem Markt und Umweltschutz in Kauf genommen werden.

Als Instrument organisatorischer Interventionen zur Förderung proaktiven betrieblichen Umweltschutzes kommen nach geltendem Recht einmal die Institution des Betriebsbeauftragten, zum anderen das Umweltaudit in Betracht. De lege ferenda ist auch an die von den Entwürfen zum Umweltgesetzbuch vorgeschlagene Ausweitung der Funktion des Umweltverantwortlichen in der Geschäftsleitung (Umweltschutzdirektor) in Richtung auf proaktiven Umweltschutz sowie an Ökobilanzen zu denken.

IV. Einzelinstrumente organisatorischer Intervention

1. Betriebsbeauftragte

Das Bundes-Immissionsschutzgesetz, das Wasserhaushaltsgesetz und das Kreislaufwirtschafts- und Abfallgesetz verpflichten die Unternehmen unter bestimmten Voraussetzungen zur Bestellung eines oder mehrerer Betriebsbeauftragter. Nach dem Gesetz hat der Betriebsbeauftragte neben der im Vordergrund stehenden Überwachungsfunktion auch eine Innovationsfunktion. Er hat auf die Entwicklung und Einführung umweltfreundlicher Produkte und Verfahren hinzuwirken und bei deren Entwicklung und Einführung mitzuwirken, insbesondere durch Begutachtung von Produkten und Verfahren unter dem Gesichtspunkt der Umweltfreundlichkeit. Vor Entscheidungen über die Einführung von Verfahren und Erzeugnissen sowie vor Investitionsentscheidungen ist rechtzeitig eine Stellungnahme des Betriebsbeauftragten einzuholen. Auch die Informationsfunktion des Betriebsbeauftragten – Aufklärung der Betriebsangehörigen über die Umwelteinwirkungen des Betriebs und über Maßnahmen zu ihrer Verhinderung – ist u.a. auf Innovationen ausgerichtet; im übrigen umfaßt die Verpflichtung zur Hinwirkung auf Umweltinnovationen selbstverständlich auch die Werbung in der gesamten Belegschaft. Das Gesetz vertraut darauf, daß der Betriebsbeauftragte sozusagen als „Umweltgewissen" des Unternehmens den proaktiven Umweltschutz fördert.

Die Frage ist allerdings, wie realistisch diese Erwartungen sind. Die Institution des Betriebsbeauftragten könnte geeignet sein, zwei Arten von Hemmnissen für die Einführung integrierter Umweltschutztechnologien oder umweltfreundlicher Produkte zu überwinden: einmal allen Betriebsangehörigen ausreichende Informationen über technische Optionen zu verschaffen und die Akzeptanz des betrieblichen Umweltschutzes zu verbessern, zum anderen Organisationsbarrieren und Transferprobleme zwischen verschiedenen Geschäftsbereichen der Unternehmen, insbesondere Forschung und Entwicklung, Produktion und Vermarktung zu überwinden. Hierzu gibt es einige empirische Untersuchungen, die freilich nicht zu einem eindeutigen Ergebnis gelangen (vgl. Antes, 1996, 239-246; Lübbe-Wolf, 1996, 153). In einer Studie wird festgestellt, daß sich die Innovationsfunktion tatsächlich in den Vordergrund geschoben hat (BP, 1986). Allerdings ist die Aussagekraft dieser Untersuchung mangels eines differenzierten empirischen Untersuchungsrahmens eher zurückhaltend zu bewerten. Andere Untersuchungen dürften belegen, daß die reale Einflußnahme des Betriebsbeauftragten auf den betrieblichen Innovationsprozeß im Vergleich zu seiner Überwachungsfunktion gering ist (Föste, 1994; Theißen, 1990).

Der Grund hierfür könnte zum einen in der falschen Zusammenfassung unvereinbarer Unternehmensfunktionen, nämlich Selbstüberwachung und Innovation, in einem Funktionsträger liegen. In der Organisationspraxis sind diese Funktionen nicht nur getrennt, sondern weisen auch ganz unterschiedliche Strukturen und Einstellungen auf. Die betriebswirtschaftliche Organisationslehre sieht die organisatorische Trennung zwischen Produktion/Vermarktung und Innovation zwar als wichtig an, um der Komplexität und Dynamik der Unternehmensumwelt und der damit verbundenen Entscheidungsunsicherheit gerecht zu werden; zugleich ergibt sich daraus aber das organisatorische Dilemma, daß die unterschiedliche Ausrichtung verschiedener Abteilungen („Bereichskulturen") zu Konflikten innerhalb des Unternehmens führen kann. Selbst wenn man davon ausgeht, daß der Betriebsbeauftragte weniger auf die Ideengenerierung als auf die Ideendurchsetzung (Kreikebaum 1991, 48) einwirken kann, hat er hier keine eindeutige Position: Obwohl er stärker am Umweltschutz orientiert ist und der Innovation näher steht, kann er aufgrund der Verankerung in der Produktion (genauer: der Überwachung) nicht ohne weiteres zum Ideenpromoter oder auch nur zum Prozeßpromoter werden, der die Barrieren zwischen den verschiedenen Abteilungen abbaut (Kreikebaum, 1991, 50; 1992, 108-112; Schmitt, 1991, 200-210). Unter diesem Gesichtspunkt wäre wohl eine Funktionstrennung, wie sie – zum Teil entgegen der Rechtsauffassung der zuständigen Behörden – in Konzernen praktiziert wird, die bessere Lösung (Rehbinder, 1989, 359 f.).

Zum anderen könnte die mangelhafte Innovationswirksamkeit des Betriebsbeauftragten mit unbewältigten Rollenkonflikten zusammenhängen. Allerdings ergeben sich aus den empirischen Untersuchungen keine eindeutigen Aussagen zur Frage, wie der Betriebsbeauftragte den in seiner Rolle institutionalisierten Konflikt zwischen wirtschaftlichem Interesse und Umweltbelangen bewältigt. Es wird von einem hohen Durchsetzungsvermögen des Betriebsbeauftragten berichtet. Jedoch fällt auf, daß die Zahlen über das Durchsetzungsvermögen und den realen Einfluß des Betriebsbeauftragten stark divergieren. Für eine skeptische Betrachtungsweise sprechen auch Bekundungen einzelner Betriebsbeauftragter über die Problematik der Abhängigkeit besonders in kleineren Betrieben. Der Schwerpunkt der Tätigkeit des Betriebsbeauftragten dürfte eher in einer routinemäßigen Abwicklung von betrieblichen Umweltproblemen bestehen. Bei wichtigen Entscheidungen geht jedenfalls die Verhandlungs- und Entscheidungskompetenz auf das Linienmanagement sowie die Betriebs- und Geschäftsleitung über.

Insgesamt läßt sich aus den empirischen Untersuchungen feststellen, daß die Institution des Betriebsbeauftragten von der Wirtschaft zwar allgemein akzeptiert wird. Fraglich erscheint jedoch, ob dies auch zu einer umweltorientierten Verhaltensänderung der Unternehmen geführt hat. Dies ist hinsichtlich der Einhaltung der gesetzlichen Vorschriften mit gewissen Vorbehalten zu bejahen. Die Überwachungsfunktion wird von den Unternehmen akzeptiert, die Repräsentationsfunktion – als „Marketing“ des betrieblichen Umweltschutzes gegenüber Behörden und Öffentlichkeit und in neuerer Zeit auch als Element des Umweltaudit – ist den gesetzlich vorgeschriebenen Aufgaben hinzugefügt worden, weil beide im betrieblichen Eigeninteresse liegen. Skepsis ist jedoch hinsichtlich der Innovationsfunktion des Betriebsbeauftragten angebracht. Man wird kaum sagen können, daß der Betriebsbeauftragte umfassend, d.h. insbesondere auch im Hinblick auf den proaktiven Umweltschutz, zum „Umweltgewissen“ der Unternehmen geworden ist und maßgeblich an strategischen Entscheidungen im Bereich umweltfreundlicher Verfahrens- und Produktentwicklung mitwirkt (Rehbinder, 1989, 350).

Eine Relativierung der Wirksamkeit der institutionalisierten Vertretung von Umweltinnovationen im Unternehmen durch den Betriebsbeauftragten liegt auch in der Komplexität, Ausdifferenzierung und Flexibilisierung der Organisation der Unternehmen (Rehbinder, 1989, 359; Spindler, 2001, 436 f.). Verallgemeinerbare Konzepte optimaler Unternehmensorganisation gibt es nicht. Das Modell des Betriebsbeauftragten beruht aber weitgehend auf der herkömmlichen Stab-Linien-Organisation. Es berücksichtigt nicht die in der Unternehmensrealität vielfältigen abweichenden Organisationsformen von einer modifizierten Stab-Linien-Organisation über aufgabenspezifisch differenzierte, stärker marktförmig gesteuerte Organisationsformen bis hin zu Organisationsformen, in denen eine Überlagerung funktionaler und aufgabenspezifischer Unternehmensorganisation durch Matrix-, Produktmanagement- oder gar zeitlich befristete Projektgruppenorganisation stattfindet. In Unternehmen der Hochtechnologie und Informationstechnologie sowie im Rahmen von Subsystemen der Forschung und Entwicklung in bürokratisch organisierten Unternehmen gibt es selbst Organisationsformen, bei denen die industrielle Bürokratie ganz oder teilweise durch informale Organisation, Gruppeninteraktion und langfristige Anreize ersetzt wird. Bei alledem ist zu beachten, daß die Unternehmensorganisation auch einem ständigen Wandel im Zeitablauf unterliegt, der durch die Veränderungen der Märkte, neue Erkenntnisse der Organisationslehre, aber auch neue „Organisationsmoden" bedingt ist. Selbst wenn man konzediert, daß die gesetzlichen Regelungen eine erhebliche Spannweite besitzen und das Gesetz nur eine Rahmenregelung darstellt, die dem Unternehmer weitgehend organisatorische Gestaltungsfreiheit einräumt, läßt sich nicht verkennen, daß der Betriebsbeauftragte einer stabilen, bürokratischen Unternehmensorganisation zugeordnet ist. Die Institutionalisierung des Betriebsbeauftragten beruht auf der Prämisse hierarchischer, nicht marktförmiger Steuerungsmechanismen im Unternehmen. Bei Flexibilisierung der Organisationsstruktur und insbesondere informaler Organisation kann die organisatorische Intervention zur Förderung von Umweltinnovationen weitgehend leerlaufen, wenn das Modell nicht den veränderten organisatorischen Bedingungen angepaßt wird.

2. Umweltschutzdirektor

Für die Zukunft ist die Frage zu stellen, ob die Institutionalisierung eines Umweltschutzdirektors in der Geschäftsleitung entsprechend den Vorschlägen des Entwurfs zum Umweltgesetzbuch (BMU 1998) Umweltinnovationen im Unternehmen zu fördern vermag. Im Gegensatz zur geltenden Regelung der §§ 52 a BImSchG, 53 Abs. 2 KrW-/AbfG soll danach die Verantwortung des Umweltschutzdirektors nicht auf den gesetzesabhängigen Umweltschutz beschränkt sein; dieser soll vielmehr durch Bündelung der Umweltschutzverantwortung in der Geschäftsleitung auch an der Entwicklung und Einführung umweltschonender Verfahren mitwirken und damit auf freiwilligen Umweltschutz im Unternehmen hinwirken. Obwohl im Gesetzesvorschlag nicht ausdrücklich ausgesprochen, umfaßt diese Mitwirkungspflicht auch die Werbung für Umweltinnovationen in der gesamten Belegschaft. Man kann davon ausgehen, daß mit der herausgehobenen Position in der Geschäftsleitung der Umweltschutzdirektor als Ideenpromotor oder jedenfalls als Prozeßpromotor agieren kann, der den Informationsfluß zwischen den verschiedenen Abteilungen und ihren Mitarbeitern fördert und zur Durchsetzung von Innovationen beiträgt. Ob eine derartige Institutionalisierung von Umweltschutzverantwortung in Form eines bestimmten Funktionsträgers sinnvoll ist, ob also die genannten Vorteile die zu erwartenden oder möglichen Nachteile – insbesondere mögliche Überforderung aufgrund Komplexität, Reduzierung eigenverantwortlichen Handelns anderer Unternehmensangehörigen für den betrieblichen Umweltschutz und Beeinträchtigung der Organisationsflexibilität der Unternehmen – überwiegen, kann man freilich unterschiedlich beurteilen (Rehbinder, 1990, 225-228; 1994, 46-52; Blecher 1994; Breunung/Nocke 1994; Bartsch 1997, 110-112; Antes, 1999, 278-283).

Skepsis wird durch empirische Untersuchungen zur Effektivität des Arbeitsdirektors nach den gesetzlichen Regelungen über die Unternehmensmitbestimmung nahegelegt. Der Arbeitsdirektor ist wie der Umweltschutzdirektor kein Repräsentant bestimmter diffuser Interessen mit eigener Klientel, sondern ein bloßer Funktionsträger. Das Gesetz vertraut damit im wesentlichen auf die Kraft von Intra-Rollen-Konflikten: Der Arbeitsdirektor ist dem Unternehmensinteresse an Gewinnerzielung verpflichtet, zugleich für die Belange der Arbeitnehmer in die Pflicht genommen, auch wenn sie dem Interesse an Gewinnerzielung konträr sind. Man hat eine derartige Institutionalisierung eines Intra-Rollen-Konflikts fast einen „Geniestreich moderner Sozialordnung" genannt, um stark divergierende soziale Interessen zu harmonisieren (Lutter, 1982, 576). Dahinter steht die Vorstellung, daß die doppelte Loyalität gegenüber beiden Interessen den Rollenträger dazu zwinge, nach vernünftigen Lösungen im Sinne eines insgesamt erträglichen Ausgleichs zu suchen. Die beim Arbeitsdirektor zu beobachtenden informellen Gespräche zur Vorabklärung von sensiblen Fragen des Personal- und Sozialwesens und die frühe Einbringung von Problemen der Arbeitnehmer in den betrieblichen Entscheidungsprozeß sind sicherlich auf das Erfolgskonto der Institutionalisierung der Vertretung von Arbeitnehmerinteressen in der Geschäftsleitung zu verbuchen. In empirischen Untersuchungen wird aber auch festgestellt, daß die Wirkungsmöglichkeiten des Arbeitsdirektors stark vom Verhalten der Unternehmensleitung abhängig sind, wenngleich ihm die Möglichkeit einer eigenen Rollendefinition bleibt (Bamberg et al., 1987, 209-213; Spie, 1985, 224, 232, 239; Wagner, 1994, 214f., 221, 228, 240-266, 287-291; Wagner/Rinninsland, 1990).

Es ist offensichtlich, daß die aus der Mitbestimmung gewonnenen empirischen Erfahrungen nur beschränkt auf die Institutionalisierung des Umweltschutzes in der Geschäftsleitung übertragbar sind. Zwar würden die formale

Macht des Umweltschutzdirektors in der Geschäftsleitung, seine Geschäftsführungsbefugnis und sein Einwirkungsrecht auf die übrigen Ressorts grundsätzlich der des Arbeitsdirektors entsprechen. Aber realer Einfluß im Unternehmen hängt nicht nur von den Entscheidungs- und Mitwirkungsrechten, sondern auch von einer Reihe anderer Faktoren ab. Hier ist insbesondere die Kontrolle „kritischer Ressourcen" im Unternehmen von Bedeutung. Insofern unterscheidet sich die Mitbestimmung grundlegend vom betrieblichen Umweltschutz. Während der Arbeitsdirektor durchaus auf die Unterstützung der Arbeitnehmerschaft rechnen kann, wenn und soweit er deren Interessen vertritt (Bamberg et al., 1987, 209-213), wird der Umweltschutzdirektor in der Unternehmensorganisation hinsichtlich der Vertretung von Umweltinnovationen über keine Machtbasis verfügen. Die von ihm vertretenen Interessen sind freischwebend ohne eigene Klientel. Es wird daher allein von der Einstellung des Unternehmens zum Umweltschutz insgesamt sowie ggf. von der eigenen Rollendefinition des Umweltschutzdirektors abhängen, wie schlagkräftig und überzeugend dieser im Unternehmen im Konflikt mit wirtschaftlichen und sozialen Belangen auf Umweltinnovationen hinwirken kann. Gesetzliche Konfliktlösungsregeln im Sinne einer Harmonisierung dieser Dimensionen der Nachhaltigkeit und der Entwicklung und Nutzung von „Schnittmengen", die von manchen gefordert werden (Antes, 1999, 277 f., 282), erscheinen kaum erfolgversprechend, da hiermit, wie die Erfahrungen mit dem Umweltaudit zeigen, nur Selbstverständliches ausgesagt wird, so jedenfalls die Dominanz der kurzfristigen ökonomischen Zielsetzung des Unternehmens nicht relativiert werden kann.

Auch beim Umweltschutzdirektor ergeben sich durch die Zusammenfassung recht unterschiedlicher Funktionen im Bereich des betrieblichen Umweltschutzes erhebliche Spannungen. Betrieblicher Umweltschutz bezieht sich auf die Produktion und Verfahrenstechnik, aber auch auf die Investitionen (Umweltschutzinvestitionen und Investitionen mit potentiellen Umweltauswirkungen) und die Forschung und Entwicklung einschließlich der Produktinnovation. Es handelt sich um eine typische Querschnittsaufgabe, die in die gesamte Betriebstätigkeit hineinwirkt. Angesichts der Komplexität und Querschnittsfunktion des betrieblichen Umweltschutzes erscheint es von vornherein ausgeschlossen, dem Umweltschutzdirektor eine Ressortzuständigkeit für den gesamten oder auch nur überwiegende Teile des betrieblichen Umweltschutzes zuzuweisen. Es liegt nahe, ihm ein eigenes Ressort zu geben, das schwerpunktmäßig den gesetzesabhängigen betrieblichen Umweltschutz umfaßt. Im übrigen wird er aber nur über eine Vorbereitungs-, Beratungs- und Koordinierungskompetenz verfügen können, weil der Umweltschutz nur ein Annex oder gar eine Restriktion eines Sachgebiets darstellt, für das ein anderes Mitglied der Geschäftsleitung oder auch nur ein Sparten- oder Werksleiter zuständig ist. Dies bedingt insbesondere, daß der Umweltschutzdirektor kaum Linienverantwortung für Umweltinnovationen im Bereich der Verfahrenstechnik und Produktentwicklung haben wird.

Aus der Distanz des Umweltschutzdirektors zu den Entscheidungsorten, in denen Umweltauswirkungen „produziert“ und Umweltinnovationen generiert werden, sowie der Divergenz zwischen den jeweils herrschenden Einstellungen in den verschiedenen Abteilungen können sich Effektivitätseinbußen ergeben (Antes, 1999, 279). Ein unüberbrückbarer Gegensatz zwischen Zentralisierung und Koordination im Sinne eines „Spagats“ (Antes, 1999, 280) besteht jedoch m.E. nicht. Gleichzeitig verhindert die Beschränkung auf Koordinationsfunktionen im Bereich der umweltfreundlichen Unternehmensführung eine Schwächung des betrieblichen Umweltschutzes durch Verantwortungsverlagerung. Theoretisch ist dies dadurch möglich, daß die Vertreter der übrigen Ressorts geneigt sein könnten „abzudanken“, weil die Verantwortung – abgesehen von Fällen der Gesamtverantwortung im Vorstand für grundlegende Entscheidungen – nunmehr beim Umweltschutzdirektor liegt. Jedoch müßte man zum Beleg dieser Befürchtung die These aufstellen, daß eine bloße Koordinationsfunktion des Umweltschutzdirektors einer systematischen Entziehung von Verantwortung gleichsteht. Dies ist aber schwerlich zu belegen. Es mag sein, daß das Modell einer Bündelung der Umweltschutzverantwortung in einem Mitglied der Geschäftsleitung für den gesetzesabhängigen Umweltschutz besser paßt als für den freiwilligen, proaktiven Umweltschutz, der im Lichte der Leitidee der nachhaltigen Entwicklung im Vordergrund stehen sollte. Die Relativierung der Bündelungsfunktion im Bereich der umweltfreundlichen Unternehmensführung durch Einräumung bloßer Koordinationskompetenzen stellt jedoch einen Kompromiß dar, der die Vorteile der Zentralisierung und der dadurch bedingten Bündelung der Verantwortung wahrnimmt, die Nachteile einer Verantwortungsverlagerung jedoch weitgehend vermeidet.

Auch beim Umweltschutzdirektor ergeben sich Effektivitätsprobleme aufgrund der Komplexität, Ausdifferenzierung und Flexibilisierung der Organisationsstruktur der Unternehmen.

Im Hinblick auf die Bedeutung betrieblicher Umweltinnovationen kann man wohl kaum ernstliche Zweifel daran haben, daß es sinnvoll ist, den Umweltschutz im Unternehmen auf der obersten Leitungsebene zu verankern. Die Organisationsvielfalt der Unternehmen hat jedoch Auswirkungen auf die „Tiefe“ der Entscheidungsbefugnisse, d.h. die Maßgeblichkeit des Umweltschutzdirektors, sowie die Effektivitätsgrenzen der ihm eingeräumten Koordinations- und Beratungskompetenzen. Zwischen Gesamtverantwortung der Geschäftsleitung für die wirklich grundlegenden Entscheidungen und weitgehend delegierter Verantwortung für das operative Geschäft kann die Luft für den Umweltschutzdirektor dünn werden. Andererseits ist eine bloße Koordinationskompetenz mit vielfältigen Organisationstypen verträglich, abgesehen vielleicht von einer völlig informalen Organisation, wie sie sich zum Teil in modernen Unternehmen der Informationstechnologie findet.

3. Umweltaudit

Einen anderen, komplexeren und zugleich weniger eingriffsintensiven Ansatz zur Durchsetzung integrierter Umweltschutztechnologien und umweltfreundlicher Produkte im Unternehmen bietet das Umweltaudit nach der EG-Umweltaudit-Verordnung (Boos, 2000). Es ist aufgrund des von der Verordnung zugrunde gelegten Freiwilligkeitsmodells von vornherein auf Akzeptanz der Unternehmen angewiesen. Gegenwärtig ist die Zahl der auditierten Standorte selbst in Deutschland, wo das Umweltaudit auf das größte Interesse der Wirtschaft stößt, vergleichsweise gering, und das Umweltaudit droht in der Konkurrenz zu dem anspruchsloseren Auditierungssystem nach ISO 14001 ins Hintertreffen zu geraten. Das Auditsystem ist – neben der Erfüllung der gesetzlichen und behördlichen Anforderungen als Mindeststandard – primär als Instrument der freiwilligen umweltorientierten Unternehmensführung gedacht. Es erfaßt die ganze Unternehmensorganisation: die Zielsetzung, die Programmebene und konkrete Maßnahmen des betrieblichen Umweltschutzes, die Aufbau- und die Ablauforganisation des Unternehmens. Durch die Pflicht zur Aufstellung von Umweltzielen und Grundsätzen, das Erfordernis eines Umweltprogramms mit entsprechenden Maßnahmen, die Pflicht zur Einrichtung eines Umweltmanagement-Systems, die vorgeschriebene interne Umwelt(betriebs)prüfung und die Überprüfung durch einen Umweltgutachter sollen eine freiwillige kontinuierliche Verbesserung der vom Unternehmen („Organisation“) ausgehenden schädlichen Umwelteinwirkungen oder Umweltrisiken erreicht werden. Die Verpflichtung zur Aufstellung von Umweltzielen und Umweltgrundsätzen und zu einem Umweltprogramm mit konkreten Maßnahmen erweitert potentiell die Perspektive des Unternehmens in Richtung auf Langfristigkeit. In diesem Rahmen kann die Einführung integrierter Umwelttechnologien und umweltfreundlicher Produkte eine strategische Option für die Unternehmen sein (Griem, 2000a, 356 f.). Auch können die Werthaltungen im Unternehmen beeinflußt, d.h. das Interesse am Umweltschutz gestärkt, Informationsressourcen freigelegt und innovatorische Personalpolitik begünstigt werden. Schließlich ist es denkbar, daß die Einrichtung eines Umweltmanagement-Systems dazu genutzt wird oder sich dahin auswirkt, Organisationsbarrieren im Unternehmen, die die Entwicklung und Einführung integrierter Umweltschutztechnologien und umweltfreundlicher Produkte behindern, abzubauen.

Allerdings kann es sich hierbei nur um mittelbare Anreize handeln. Zwar ist das Umweltaudit nicht bloßes Instrument (so Steger, 2000, 473), da das Unternehmen eigene Umweltziele setzen muß. Jedoch legt die Verordnung mit der Forderung nach kontinuierlicher Verbesserung der Umweltleistung einen Maßstab fest, der im Bereich der Verfahren auch mit nachgeschalteten Umwelttechnologien erfüllbar ist. Unmittelbare Anreize für integrierte Umwelttechnologien ergeben sich nur insoweit, als neben der Reduzierung der unmittelbaren Umweltbelastungen die Einsparung von Rohstoffen, Energie und Wasser Gegenstand der Überprüfung ist. Dementsprechend werden die Einsparung von Energie und Wasser, die Verringerung betrieblicher Abfälle und die Umstellung auf umweltfreundlichere Einsatzstoffe von den Unternehmen regelmäßig als Umweltziele benannt. Jedoch ist die Bindung an das wirtschaftliche Eigeninteresse und die Abhängigkeit von betrieblichen Investitionszyklen nicht aufgehoben. Eine empirische Überprüfung der Umweltprogramme und Umwelterklärungen auditierter Unternehmen in Hessen (ERM Lahmeyer et al., 1998) zeigt, daß der Einsatz integrierter Umweltschutztechnologien nicht als besonderes betriebliches Umweltziel angesehen wird. Auch andere Untersuchungen bestätigen, daß kurzfristig realisierbare und kostengünstige Steigerungen der Ressourceneffizienz und der Abfallverwertung sowie die konventionelle Reduzierung von Emissionen im Vordergrund stehen, während integrierter Umweltschutz und allgemein zukunftsbezogener, proaktiver betrieblicher Umweltschutz schwach ausgeprägt sind (Dyllick/Hamschmidt, 1999, 514, 519, 522, 531-532; Heinelt/Malik, 1999, 558; Steger, 2000, 473). Man mag dies neben den Marktzwängen und der Abhängigkeit von betrieblichen Investitionszyklen auch auf die Kontrollorientierung des Umweltaudit zurückführen, deren Eigenlogik ökologischem Lernen im Unternehmen entgegenzustehen scheint (Dyllik/Hamschmidt, 1999, 534 f.). Insgesamt wird man daher den Beitrag des Umweltaudit zur Einführung integrierter Umweltschutztechnologien relativieren müssen (Hemmelskamp/Neuser 1994; Hemmelskamp et al., 1994; Neale, 1997, 14).

Beim Umweltaudit stand überdies bisher wegen des Standortbezugs die Produktion im Vordergrund, während die Entwicklung umweltfreundlicher Produkte vom System eher vernachlässigt wird. Dies ergibt sich auch aus den empirischen Befunden, nach denen dieser Aspekt umweltbezogener Unternehmensführung weit hinten rangiert (Dyllick/Hamschmidt, 1999, 517, 522, 532; Heinelt/Malek, 1999, 551; Steger, 2000, 473). Durch die Novellierung der EG-Umweltaudit-Verordnung im Jahre 2001 ist allerdings – unter dem Gesichtspunkt „indirekter Umweltaspekte" der Organisation – die Produktpolitik der Unternehmen akzentuiert worden. Man wird abwarten müssen, welche Auswirkungen dies auf das reale Verhalten der Unternehmen haben wird.

Schließlich steht auch das Umweltaudit, soweit es die Etablierung von ansatzweise normierten Umweltmanagementsystemen voraussetzt, vor dem Problem der Inkongruenz zur Komplexität, Ausdifferenzierung und Flexibilisierung der Organisation der Unternehmen (Steger, 2000, 486). Der Befürchtung, es könne unternehmensinternen Wandel behindern, läßt sich zwar entgegenhalten, daß es sich um recht weitmaschige Vorgaben handelt. Indessen dürfte die Verknüpfung von gesetzesabhängigem („compliance") und proaktivem Umweltschutz eher Bürokratisierung als ökologisches Lernen im Unternehmen begünstigen.

4. Ökobilanzen

Es läßt sich auch die Frage stellen, ob betriebliche Ökobilanzen, die nach dem Muster der wirtschaftlichen Bilanz die gesamten Umweltbelastungen und die Inanspruchnahme von Energie und Ressourcen durch das Unternehmen bilanzieren (Ahbe et al., 1990; Rubik/Baumgartner, 1991; Rubik/Teichert, 1997; Sundmacher, 2002), nicht eine bessere Methode darstellen, um den betrieblichen Umweltschutz zu optimieren und Umweltinnovationen zu generieren. Unternehmensbezogene Ökobilanzen haben manche Vorteile. Wegen der gesamthaften Perspektive ermöglichen sie eine bessere Bewertung von Technologien und Produkten, sie gehen nicht von einer vorgefaßten Präferenz für bestimmte Umweltschutztechnologien und Produkte mit bestimmten Umwelteigenschaften aus, und sie enthalten sich jeglicher direkten Einwirkung auf die Organisationsfreiheit des Unternehmens. Es gibt aber auch eine Reihe von Problemen. Es gibt viele offene methodische Fragen. Angesichts der Verengung der jüngeren Diskussion über Ökobilanzen müßte der Horizont der Ökobilanzen erst noch erweitert werden. Bei der rechtlichen Institutionalisierung stellen sich komplexe Folgeprobleme (Rehbinder, 2001b; Rehbinder/Schmihing, 2001; Corino, 1995). Eine unmittelbar anwendbare Alternative bieten Ökobilanzen nicht.

V. Schlußbetrachtung

Im Vergleich zum klassischen Ordnungsrecht scheinen rechtliche Einwirkungen auf die betriebliche Umweltschutzorganisation den Vorteil zu haben, daß sie besser auf die komplexe Entscheidungssituation und die Informationsprobleme bei der Generierung und Diffusion betrieblicher Umweltinnovationen abgestimmt sind. Sie verschaffen dem langfristigen Umweltschutz mehr Gewicht in der strategischen Umweltplanung, präferieren jedoch nicht bestimmte Maßnahmen, machen keine bestimmten Zeitvorgaben und gestatten den Unternehmen, auf ihre Kostensituation und sonstige strukturelle und situative Faktoren Rücksicht zu nehmen. Den Unternehmen verbleiben ausreichende Spielräume, und eine „Anmaßung von Wissen" (Hajek) mit der damit verbundenen Überforderung der Umweltschutzbehörden wird vermieden (Kreikebaum, 1991, 47; Kloepfer, 1993, 334). Allerdings sind von vornherein drei Begrenzungen zu beachten:

Einmal wirken institutionelle Rahmensetzungen in der Regel unspezifisch. Sie können Hemmnisse für die Entwicklung und Einführung integrierter Umweltschutztechnologien und umweltfreundlicher Produkte aufgrund fehlenden wirtschaftlichen Eigeninteresses, der Eigengesetzlichkeiten des Innovationsprozesses oder innerbetrieblicher Faktoren überwinden oder jedenfalls reduzieren und positive Dispositionen im Unternehmen fördern. Sie bieten jedoch keine Gewähr dafür, daß integrierte Umweltschutztechnologien anstelle nachgeschalteter Technologien und umweltfreundliche anstelle umweltbelastender Produkte entwickelt und eingeführt werden, auch wenn die technischen Lösungen bereits vorhanden sind.

Zum anderen gibt es allgemeine Grenzen für die innovationsbezogene Steuerungsfähigkeit aller Instrumente der Umweltpolitik und mithin auch organisatorischer Einwirkungen. Dies gilt zumal für den volkswirtschaftlichen Innovationsprozeß, aber auch für den Innovationsprozeß auf der Ebene des Unternehmens. Die Vorstellung, daß bei einer Veränderung der institutionellen Rahmenbedingungen im Unternehmen die Umweltinnovationen sozusagen vom Himmel fallen, ist offensichtlich falsch. Diese Mängel muß man jedoch mit den Mängeln ordnungsrechtlicher Lösungen (Griem, 2000b, 219-222) und einer reinen Laissez-faire-Politik in Beziehung setzen.

Drittens besteht eine deutliche Schwäche organisatorischer Intervention zur Förderung von Umweltinnovationen in ihrer Konzentration auf Funktionsträger im Management des Unternehmens und auf formale Organisation. Damit wird die bedeutsame kommunikative Dimension von Umweltinnovationen, insbesondere die Einbringung der ganzen Belegschaft, vernachlässigt (Kothe, 1999, 649 f.; Antes, 1999, 282 f.), mag auch der Funktionsträger gehalten sein, auf die Mitarbeiter einzuwirken. Die Bedeutung von Kommunikation und ökologischen Lernprozessen bei der umweltfreundlichen Unternehmensführung ist in neueren Studien besonders hervorgehoben worden (Brentel 2000, 24-35, 43-49; Müller, 2002; Pfriem/Schwarzer, 1996). Indessen ist das Recht hier überfordert. Eine Ausweitung der betrieblichen Mitbestimmung (Kothe, 1999, 651-653) ist keine Antwort; sie würde das Funktionsträgermodell nur auf eine weitere Institution ausdehnen. Letztlich wird man wohl darauf vertrauen müssen, daß die Unternehmen ihre umweltrelevanten Kommunikationsbeziehungen und Lernprozesse ohne staatliche Vorgaben eigenverantwortlich organisieren. Die Institutionalisierung von Funktionsträgern für umweltfreundliche Unternehmensführung und von Umweltmanagementsystemen setzt aber einen Rahmen für Lernprozesse, welche von allein in den Unternehmen wohl nicht angestoßen werden (Müller, 2002, 8-17, 20).

Literatur

Ahbe, Stephan/*Braunschweig*, Arthur/*Müller-Wenk*, Ruedi (1990), Methodik für Ökobilanzen auf der Basis ökologischer Optimierung, Bern: Bundesanstalt für Umweltschutz.

Antes, Ralf (1999), Die Aufbauorganisation des Umweltschutzes im Entwurf des Umweltgesetzbuches – Ein Beitrag zur nachhaltigen Unternehmung?, in: *Seidel*, *Eberhard* (Hrsg.), Betriebliches Umweltmanagement im 21. Jahrhundert. Aspekte, Aufgaben, Perspektiven, Berlin, Heidelberg: Springer, 269-285.

– (1996), Präventiver Umweltschutz und seine Organisation im Unternehmen, Wiesbaden: Gabler.

Bamberg, Ulrich/*Bürger*, Michael/*Mahnkopf*, Birgit/*Martens*, Helmut/*Tiemann*, Jörg (1987), Aber ob die Karten voll ausgereizt sind. 10 Jahre Mitbestimmungsgesetz 1976 in der Bilanz, Köln: Bund-Verlag.

Bartsch, Torsten (1997), Umweltschutz und Unternehmensorganisation, Düsseldorf: Werner-Verlag.

Blecher, Michael (1994), Environmental Officers: Management in an Ecological Quality Organisation, in: *Teubner*, Gunther/*Farmer*, Lindsay/*Murphy*, Declan (Hrsg.), Environmental Law and Ecological Responsibility, Chichester, New York, Brisbane, Toronto, Singapore: Wiley, 237-265.

Bohne, Eberhard (Hrsg.) (1998), Erfahrungen mit dem Umweltauditgesetz, Baden-Baden: Nomos.

Boos, Thorsten (2000), Betriebliches Umweltmanagement als neues Instrument der Risikosteuerung?, Baden-Baden: Nomos.

BP (1986), BP Umweltschutz-Enquete, Deutsche BP: Hamburg.

Brentel, Helmut (2000), Umweltschutz in lernenden Organisationen, Wuppertal Papers Nr. 109.

Breunung, Leonie/*Nocke*, Joachim (1994), Environmental Officers: A Viable concept for Ecological Management?, in: *Teubner*, Gunther/*Farmer*, Lindsay/*Murphy*, Declan (Hrsg.), Environmental Law and Ecological Responsibility, Chichester, New York, Brisbane, Toronto, Singapore: Wiley, 267-295.

Brockmann, Carl-Ludwig/*Osório-Peters*, Suhita (1999), Innovationswirkungen freiwilliger Selbstverpflichtungen im Umweltschutz – spieltheoretische Anmerkungen und Fallstudien zum Klimaschutz in Deutschland und in den Niederlanden, in: *Klemmer, Paul* (Hrsg.) (1999), Innovative Wirkungen umweltpolitischer Instrumente, Analytica: Berlin, 345-360.

Cleff, Thomas/*Rennings*, Klaus (1999), Besonderheiten und Determinanten von Umweltinnovationen – Empirische Evidenz aus dem Mannheimer Innovationspanel und einer telefonischen Zusatzbefragung, in: *Klemmer, Paul* (Hrsg.) (1999), Innovative Wirkungen umweltpolitischer Instrumente, Analytica: Berlin, 361-382.

Corino, Carsten (1995), Ökobilanzen, Düsseldorf: Werner-Verlag.

Dierkes, Meinolf/*Canzler*, Weert (1998), Innovationsforschung als Gegenstand der Technikgeneseforschung, in: *Hoffmann-Riem,* Wolfgang/*Schneider,* Jens Peter (Hrsg.), Rechtswissenschaftliche Innovationsforschung, Baden-Baden: Nomos, 63-84.

Dyllick, Thomas/*Hamschmidt*, Jost (1999), Wirkungen von Umweltmanagementsystemen. Eine Bestandsaufnahme empirischer Studien, in: Zeitschrift für Umweltpolitik und Umweltrecht 22, 507-540.

Erdmann, Georg (1993), Elemente einer evolutorischen Innovationstheorie, Tübingen: Mohr Siebeck.

ERM Lahmeyer/*Heuvels*, Klaus/*Rehbinder*, Eckard/*Institut für Ökologische Wirtschaftsforschung* (1998), Fachwissenschaftliche Bewertung des EMAS-Systems (Öko-Audit) in Hessen, Endbericht August 1998.

Esser, Joseph/*Fleischmann*, Gerd/*Heimer*, Thomas (Hrsg.) (1998), Soziale Schließung im Prozeß der Technologieentwicklung. Leitbild, Paradigma, Standard, Frankfurt/Main, New York: Campus Verlag.

Faber, Malte/*Jöst*, Frank/*Müller-Fürstenberger,* Georg (1995), Umweltschutz und Effizienz in der chemischen Industrie – eine empirische Untersuchung mit Fallstudien, in: Zeitschrift für angewandte Umweltforschung 8, 168-179.

Feldhaus, Gerhard (1991), Umweltschutzsichernde Unternehmensorganisation, in: Neue Zeitschrift für Verwaltungsrecht 10, 927-935.

Feseker, Klaus/*Müller*, Wilfried/*Winter*, Gerd (Hrsg.), Produktionsintegrierter Umweltschutz und Eigenverantwortung der Unternehmen, Frankfurt/Main: Peter Lang, 95-126.

Föste, Wolfgang (1994), Umweltschutzbeauftragte und präventiver Umweltschutz in der Industrie, München, Mering: Rainer Hamp-Verlag.

Goldberg, Walter (1991), Entwicklungsschwellen bei Umweltinnovationen, in: *Kreikebaum,* Hartmut (Hrsg.), Integrierter Umweltschutz, Wiesbaden: Gabler, 17-32.

Griem, Niels (2000a), Produktionsintegrierter Umweltschutz, Berlin: Duncker & Humblot.

– (2000b), Produktionsintegrierter Umweltschutz. Staatliche Einflußnahme auf die Verringerung des Stoff- oder Energieverbrauchs im Produktionsverfahren – dargestellt am Beispiel des Rechts der immissionsschutzrechtlich genehmigungsbedürftigen Anlagen, in: *Haasis*, Hans-Dietrich/*Müller*, Wilfried/*Winter*, Gerd (Hrsg.), Produktionsintegrierter Umweltschutz und Eigenverantwortung der Unternehmen, Frankfurt am Main: Peter Lang, 177-229.

Heinelt, Hubert/*Malek*, Tanja (1999), Öko-Audits in deutschen Betrieben, in: Zeitschrift für Umweltpolitik und Umweltrecht 22, 541-566.

Hemmelskamp, Jens (1997), Umweltpolitik und Innovation – Grundlegende Begriffe und Zusammenhänge, in: Zeitschrift für Umweltpolitik und Umweltrecht 20, 481-511.

Hemmelskamp, Jens /*Licht*, Georg (1996), The Impact of Environmental Regulation on Innovation in German and Dutch Companies. Paper UNESCO International Congress on Environment Climate, Rom, März 1996.

Hemmelskamp, Jens /*Neuser*, Ulrich (1994), Die EG-Umwelt-Audit-Verordnung – Anreize zu Innovationen oder zu potemkinschen Dialogen?, in: DIW-Vierteljahreshefte, 4, 386-403.

Hemmelskamp, Jens /*Neuser*, Ulrich/*Zehnle*, J. (1994), Audit gut, alles gut? – eine kritische Analyse der EG-Umwelt-Audit-Verordnung, in: ZEW-Wirtschaftsanalysen, 2, 199-226.

Jänicke, Martin (1996), Erfolgsbedingungen von Umweltpolitik, in: *Jänicke*, Martin (Hrsg.), Umweltpolitik der Industrieländer, Berlin: Sigma, 9-28.

Klemmer, Paul (Hrsg.) (1999), Innovative Wirkungen umweltpolitischer Instrumente, Analytica: Berlin.

Kloepfer, Michael (1998), Umweltrecht, 2. Aufl., München: C. H. Beck.

– (1993), Unternehmen und Umweltschutz, in: *Coing*, Helmut et al. (Hrsg.), Staat und Unternehmen aus der Sicht des Rechts, Tübingen: Mohr-Siebeck, 329-348.

Kothe, Wolfhard (1999), Arbeitsrechtliche Anmerkungen zum Entwurf eines Umweltgesetzbuches (UGB), in: *Klebe*, Wolfgang et al. (Hrsg.), Festschrift für Wolfgang Däubler, Frankfurt am Main: Bund-Verlag, 639-653.

Kreikebaum, Hartmut (1991), Innovationsmanagement bei aktivem Umweltschutz, in: *Kreikebaum*, Hartmut (Hrsg.), Integrierter Umweltschutz, Wiesbaden: Gabler, 45-56.

– (1992), Umweltgerechte Produktion, Wiesbaden: Deutscher Fachschriften-Verlag.

Kühn, Isabel/ *Osório-Peters*, Suhita (1999), Innovationswirkungen freiwilliger Selbstverpflichtungen im Umweltschutz – Fallstudien FCKW-Ausstieg in Deutschland und in den USA, in: *Klemmer*, Paul (Hrsg.) (1999), Innovative Wirkungen umweltpolitischer Instrumente, Analytica: Berlin, 329-344.

Laux, Helmut/*Liermann*, Felix (1997), Grundlagen der Organisation, 4. Aufl., Berlin: Springer Verlag.

Lübbe-Wolf, Gertrude (1996), Modernisierung des Umweltordnungsrechts, Vollziehbarkeit, Deregulierung, Effizienz, Bonn: Economica.

Lutter, Marcus (1982), Rolle und Recht. Überlegungen zur Einwirkung von Rollenkonflikten auf die Rechtsordnung, in: *Horn*, Norbert (Hrsg.), Festschrift für Helmut Coing, Band I, München: C.H. Beck, 565-577.

Meffert, Heriberg/*Kirchgeorg*, Manfred (1998), Marktorientiertes Umweltmanagement, 3. Aufl. Stuttgart: Oldenbourg.

Müller, Martin (2002), Mit reflexivem Recht zu lernendem Umweltmanagement. Am Beispiel der Normung von Umweltmanagementsystemen, in: Zeitschrift für Umweltpolitik und Umweltrecht 25, 1-26.

Neale, Andrew (1997), Organising Environmental Self-regulation: Liberal Governmentality and the Pursuit of Ecological Modernisation in Europe, in: Environmental Politics 6, 1-24.

OECD (1992), Technology and the Economy – The Key Relationships, Paris.

– (1996), Draft of Revised Chapter IV of the Oslo Manual Basic Definitions, Paris.

Pfriem, Reinhard/*Schwarzer*, Christoph (1996), Ökologiebezogenes organisationales Lernen, in: UmweltWirtschaftsForum 4, 10-16.

Rat von Sachverständigen für Umweltfragen (SRU) (1994), Umweltgutachten 1994, Stuttgart: Metzler-Poeschel.

Rehbinder, Eckard (1989), Andere Organe der Unternehmensverfassung, in: Zeitschrift für Unternehmens- und Gesellschaftsrecht 18, 305-368.

– (1990), Ein Umweltschutzdirektor in der Geschäftsführung der Großunternehmen, in: *Baur*, Jürgen et al., Festschrift Steindorff, Berlin, New York: De Gruyter, 215-228.

– (1994), Umweltschutz und technische Sicherheit als Aufgabe der Unternehmensleitung, in: Umweltschutz und technische Sicherheit im Unternehmen, Heidelberg: R. v. Deckers Verlag, 29-68.

– (2001a), Umweltsichernde Unternehmensorganisation, in: Zeitschrift für das gesamte Handelsrecht und Wirtschaftsrecht 165, 1-29.

– (2001b), Legalisation of Eco-balances in Germany, in: The International Journal of Life Cycle Assessment 6, 177-179.

Rehbinder, Eckard/*Schmihing*, Christoph (2001), Ökobilanzen als Instrumente des Umweltrechts, Berlin: E. Schmidt-Verlag.

Rubik, Frieder/*Baumgartner*, Thomas (1992), Evaluation of Eco-balances, Luxemburg, EC Commission.

Rubik, Frieder/*Teichert*, Volker (1997), Ökologische Produktpolitik, Stuttgart: Oldenbourg.

Schmitt, Rolf (1991), Umweltgerechte Innovationen in der chemischen Industrie, Ludwigsburg, Berlin: Verlag Wissenschaft & Praxis.

Schreyögg, Georg (1999), Organisation, Grundlagen moderner Organisationsgestaltung, 3. Aufl., Wiesbaden: Gabler.

Spie, Ulrich (1985), Der Personalmanager im Vorstand, Stuttgart: Schäfer-Verlag.

Spie, Ulrich/*Piesker*, Herbert (1983), Der Geschäftsbereich des Arbeitsdirektors, Heidelberg: Verlag Recht und Wirtschaft.

Spiecker, Carola /*Haasis*, Hans-Dietrich (2000), Produktionsintegrierter Umweltschutz – Inner- und überbetriebliche Optimierung aus Unternehmens- und Bankensicht, in: *Haasis*, Hans-Dietrich/ *Müller*, Wilfried/ *Winter*, Gerd (Hrsg.), Produktionsintegrierter Umweltschutz und Eigenverantwortung der Unternehmen, Frankfurt am Main: Peter Lang, 29-53.

Spindler, Gerald (2001), Unternehmensorganisationspflichten. Zivilrechtliche und öffentlich-rechtliche Regelungskonzepte, Köln, Berlin: Carl Heymanns.

Steger, Ulrich (1991): Integrierter Umweltschutz als Gegenstand eines Umweltmanagement, in: *Kreikebaum*, Hartmut (Hrsg.), Integrierter Umweltschutz, Wiesbaden: Gabler, 33-44.

– (2000), Umweltmanagementsysteme – Erfolge und Perspektiven, in: Zeitschrift für Umweltpolitik und Umweltrecht 23, 467-506.

Steinle, Claus/*Thiem*, Henning/*Böttcher*, Kai (1998), Umweltschutz als Erfolgsfaktor – Mythos oder Realität?, in: Zeitschrift für Umweltpolitik und Umweltrecht, 21, 61-78.

Strebel, Heinz (1991), Integrierter Umweltschutz – Merkmale, Voraussetzungen, Chancen, in: *Kreikebaum*, Hartmut (Hrsg.), Integrierter Umweltschutz, Wiesbaden: Gabler, 3-16.

Sundmacher, Torsten (2002), Das Umweltinformationsinstrument Ökobilanz (LCA), Frankfurt am Main, Berlin: Peter Lang.

Theißen, Antje (1990), Betriebliche Umweltschutzbeauftragte, Determinanten ihres Wirkungsgrades, Wiesbaden: Deutscher Universitätsverlag.

UBA (2002), Umweltbundesamt (Hrsg.), Nachhaltige Entwicklung in Deutschland, Berlin: E. Schmidt.

von Hauff, Michael/*Solbach*, Daniel (1999), Perspektiven integrierter Umweltschutztechnologie in der Bundesrepublik Deutschland, in: Zeitschrift für Umweltpolitik und Umweltrecht 22, 67-85.

Wagner, Dieter (1994), Personalfunktion in der Unternehmensleitung, Wiesbaden: Gabler.

Wagner, Dieter/*Rinninsland*, Gudrun (1990), Der Arbeitsdirektor im Geltungsbereich des Mitbestimmungsgesetzes 1976, Abschlußbericht, Band II, Hamburg: Universität der Bundeswehr.

Wagner, Gerd Rainer (1990), Unternehmung und ökologische Umwelt – Konflikt oder Konsens?, in: *Wagner*, Gerd Rainer (Hrsg.) (1990), Unternehmung und ökologische Umwelt, München: Verlag Franz Vahlen, 1-28.

World Business Council for Sustainable Development (o.J. [1997]), Environmental Performance and Shareholder Value, Conches-Geneva.

Zimmermann, Klaus (1990), Umweltpolitik und integrative Technologien, in: *Zimmermann*, Klaus/*Hartje*, Volkmar J./*Ryll*, Andreas (Hrsg.) (1990), Ökologische Modernisierung der Produktion, Berlin: Edition Sigma, 199-249.

Teil E

Organisation der Hochschulen

Staatliche Subventionen für private Hochschulen – ein ordnungspolitischer Sündenfall?

Von *Tim Stuchtey*, Berlin

I. Einleitung

Auf der Plenumssitzung der Hochschulrektorenkonferenz (HRK) am 5. November 2002 in Bonn wurde zum wiederholten Mal von den anwesenden Rektoren und Präsidenten staatlicher Universitäten und Fachhochschulen die finanzielle Unterstützung privater Neugründungen von Hochschulen mit finanziellen Mitteln des Staates zum Teil heftig kritisiert. Immer wieder wurde bei dieser und anderer Gelegenheit bemängelt, es handele sich bei diesen privaten Hochschulen um eine Mogelpackung. Wo „privat" darauf stehe müsse auch „privat" drin sein und entsprechend müssten sich solche Konkurrenten gefälligst vollständig aus privaten Mitteln finanzieren.

Was auf den ersten Blick plausibel erscheint, ist bei näherer Betrachtung aus ökonomischer Sicht nicht ganz so eindeutig. Deshalb soll in folgendem Beitrag die Frage aus ordnungstheoretischer Sicht analysiert werden, um die Standfestigkeit der obigen Aussage zu testen. Hierbei werden Regeln für die Finanzierung staatlicher und privater Hochschulen generiert, deren politische Implikationen für die weitere Debatte hilfreich sein können.

Hans-Jürgen Ewers hatte sich bereits zu seiner Antrittsvorlesung anlässlich seiner Rückberufung an die Technische Universität Berlin mit den ordnungspolitischen Problemen der staatlichen Hochschulorganisation und -finanzierung beschäftigt (Ewers, 1996). Damals haben jedoch selbst einige Kollegen teilweise erstaunt, manche gar befremdet auf seine Analyse regiert. Das Instrumentarium des Ökonomen auf die heilige Institution Universität anzuwenden, war für viele undenkbar. Der spätere Abdruck seiner Argumente in der Diskussionspapierreihe des Fachbereichs Wirtschaft und Management fand eine für dieses Medium große Nachfrage und wird noch heute gerne zitiert. Bereits ein Jahr später machte sich Ewers daran, Theorie in die Praxis umzusetzen.

II. Die Bereitstellung von Forschung und Lehre

Um ökonomisch klären zu können, ob Universitäten privat oder staatlich zu finanzieren sind oder ob zumindest eine staatliche Subventionierung berechtigt ist, muss man sich zunächst darüber klar werden, ob und was eine Universität überhaupt produziert. In der hochschulpolitischen Debatte wird häufig argumentiert, Universitäten seien keine Unternehmen, daher verbiete es sich auch, deren Steuerung und Finanzierung mit ökonomischen Instrumenten zu optimieren. Dabei dient die Institution Hochschule der Erreichung zahlreicher Ziele, die sich in den Hochschulgesetzen wieder finden und aus denen man sehr wohl schließen kann, dass die Institution einem oder mehreren Zwecken (anders ausgedrückt „der Produktion von Gütern oder Dienstleistungen") dient, die dort produziert werden. Akzeptiert man eine solche Sichtweise auf Hochschulen, stellt sich die Frage, ob es sich hierbei um öffentliche oder private Güter handelt.

Lässt man die zahlreichen politisch motivierten Ziele von Universitäten beiseite, die sich heute in Hochschulgesetzen finden, so sind dies im wesentlichen Forschung, Lehre, die Ausbildung des wissenschaftlichen Nachwuchses und eventuell noch wissenschaftliche Weiterbildung. Ökonomisch ausgedrückt handelt es sich bei Universitäten also um Mehrproduktunternehmen. Im Folgenden soll allerdings der Fokus einzig auf Forschung und Lehre gelegt werden, die Finanzierung der Weiterbildung lässt sich aus den Ergebnissen dann recht einfach folgern, während die Ausbildung des wissenschaftlichen Nachwuchses eine gewisse Zwischenposition einnimmt.

1. Forschung und Lehre als Kuppelprodukte

Der Humboldtschen Universitätsidee folgend, werden in Deutschland Universitäten als Institutionen angesehen, in denen Lehre und Forschung in einer Einheit vollzogen werden. Durch die gemeinsame Arbeit mit dem wissenschaftlichen Lehrer werden die Lernenden selbst zu Gelehrten ihrer Disziplin. Diese Vorstellung von einem Universitätsbetrieb mag zwar bei den großen Fächern an den heutigen Massenuniversitäten eher naiv klingen, doch sind es gerade die neu gegründeten Hochschulen, die von sich behaupten, das Humboldtsche Bildungsideal wieder beleben zu wollen.

Der untrennbare Prozess von Forschung und Lehre bedeutet, dass das eine Gut automatisch mit dem anderen hergestellt wird, mit der Folge, dass auch eine eindeutige Zuordnung der Kosten der Produktion unmöglich ist (Tietzel/Müller, 1998, 248). Wenn die Produktion tatsächlich vollständig zusammen geschieht, so handelt es sich ökonomisch ausgedrückt um eine Kuppelproduktion. Dies soll im Folgenden für die Produktion von Forschung und Lehre an Universitäten anhand der Abbildung 1 erläutert werden.

Da für die Kuppelprodukte Forschung und Lehre Märkte mit unterschiedlichen Nachfragefunktionen bestehen, kann die wohlfahrtsoptimale Ausbringungsmenge nicht nach der bei Einproduktunternehmen geltenden Preis = Grenzkosten-Regel ermittelt werden. In Abbildung 1 sind jeweils der Markt für Forschungsoutput und Hochschulbildung dargestellt. Die Grenzkosten der Forschung steigen durchgehend an, weil zusätzliche Erkenntnisse immer schwieriger und damit teurer zu erlangen sind. Die Nachfrage nach Universitätsforschung ist preiselastisch, weil für die Gesellschaft der zusätzliche Nutzen mit steigender Forschung abnimmt. Die Grenzkosten der Lehre sind unter der Annahme einer vollständigen Kuppelproduktion der Güter Forschung und Hochschulbildung gleich denen der Forschung. Die Nachfrage nach Hochschulbildung ergibt sich aus der Zahlungsbereitschaft der Individuen mit einer Hochschulzugangsberechtigung. Ließe sich nun jedes Gut unabhängig voneinander herstellen, so läge das Wohlfahrtsoptimum jeweils im Schnittpunkt von Grenzkosten und Nachfrage. Es würde X_F an Forschungsoutput und X_L an Hochschulbildung produziert.

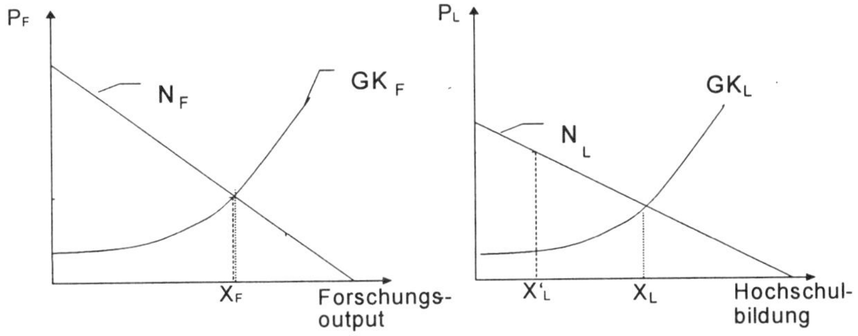

Quelle: Stuchtey, (2001, 49).

Abbildung 1: Kuppelproduktion von Forschung und Lehre

Da es sich bei Forschung und Lehre aber um Kuppelprodukte handeln soll, korrespondiere der Output X_F mit einer ohne zusätzliche Kosten anfallenden Menge an Hochschulbildung in Höhe von X'_L. Da der allein mit der Forschung einhergehende Output an Lehrleistung kaum ausreichen wird, um die Nachfrage nach akademischer Lehrleistung zu befriedigen, ist X'_L kleiner als X_L*. Umgekehrt fällt bei der Menge X_L automatisch und ohne jegliche zusätzliche Kosten eine bestimmte Menge an Forschungsergebnissen an (die nicht eingezeichnet ist).

Die Kosten der Produktion von Forschung und Lehre sind, wie oben bereits erwähnt, wegen der gekoppelten Produktion nicht eindeutig den jeweiligen Produkten zuzuordnen. Dadurch ist es unmöglich, die Nachfrager bzw. Nutzer von Forschung und Lehre verursachungsgerecht mit den Kosten ihrer Nachfrage bzw. ihres Nutzens zu belasten. Dies ist dann kein Problem, wenn die Gruppe der Nachfrager nach universitärer Forschung deckungsgleich mit der Gruppe der Nachfrager nach universitärer Lehre ist, die dann die Kosten des Universitätsbetriebs zu tragen hätte. Dies ist aber nicht der Fall, wie sich leicht zeigen lässt. Die Gruppe der Studierenden als Hauptnutzer universitärer Lehre sind sicher nicht die einzigen, denen die Ergebnisse universitärer Forschung nützlich sind, so dass weitere Überlegungen zur Finanzierung von Universitäten notwendig sind.

Betrachtet man im Sinne Wilhelm von Humboldts Forschung und Lehre als eine Einheit, dann sind Universitäten Mehrproduktunternehmen mit Kuppelproduktion. Dies gilt zumindest dann, wenn man unterstellt, dass Forschung und Lehre als separate Güter nachgefragt werden, im Produktionsprozess das eine aber nicht ohne das andere herzustellen ist. In der Realität zeigt sich aber, dass es Institutionen gibt, die sich auf die Produktion des einen oder des anderen Gutes sehr erfolgreich spezialisiert haben. So dürfte die Bildungs- oder Ausbildungsleistung von Max-Planck-Instituten als eher gering einzuschätzen sein, wenn man der Einfachheit halber die Einbindung der dortigen Forscher in die Lehre an benachbarten Universitäten ausklammert. Auf der anderen Seite kann man den Beitrag der Fachhochschulen zur Grundlagenforschung ebenfalls als überschaubar ansetzen, wenngleich hier neben der sehr viel zeitintensiveren Lehre durchaus auch angewandte Forschung stattfindet.

Dies zeigt, dass es zumindest kein festes Outputverhältnis zwischen Forschung und Lehre geben kann, wie es in Abbildung 1 unterstellt wurde. Daher sollen im Folgenden die Bereitstellung von Forschung und Lehre getrennt untersucht werden, ohne dass damit die ideelle Einheit der beiden an Universitäten fallengelassen werden soll. Mit der „Bereitstellungsentscheidung" für Forschung und Lehre soll geklärt werden, wer darüber entscheiden soll, wie viel von einem Gut in welcher Qualität hergestellt werden soll und wer die damit verbundenen Kosten tragen muss. Daran anschließen gilt es, über die Herstellung von Forschung und Lehre zu entscheiden, also wer die tatsächliche „Produktion" vornimmt.

2. Die Bereitstellung universitärer Forschung

Das wissenschaftliche Personal einer Universität wendet einen bedeutenden Teil seiner Arbeitszeit für die Forschung auf. Die dabei erlangten Erkenntnisse werden öffentlich publiziert und fließen im Idealfall in die Forschungsarbeit anderer Wissenschaftler sowie in die Lehre ein. Die Forschung gehört zu den Dienstaufgaben eines Universitätsprofessors, die zu einem wesentlichen Teil bereits mit der Grundausstattung des Lehrstuhls finanziert ist. Darüber hinaus werden abgegrenzte Projekte der angewandten und der Grundlagenforschung von außeruniversitären Institutionen finanziert (sog. Drittmittelprojekte).

Es ist unbestritten, dass es sich bei der Grundlagenforschung um ein öffentliches Gut handelt, das vom Staat zu finanzieren ist. Schließlich liegt es in der Natur der Grundlagenforschung, dass ihre Ergebnisse selbst noch keinen unmittelbaren Nutzen in Form verbesserter oder zusätzlicher marktfähiger Produkte oder Dienstleistungen darstellen (Nelson, 1959, 302 ff; Ewers, 1996, 5f.; Sachverständigenrat, 1998, 411).[1] Ein öffentliches Gut ist allgemein dadurch charakterisiert, dass zum einen seine Nutzung keiner Rivalität unterliegt, das heißt, dass der Nutzen den die Nachfrager eines solchen Gutes erlangen durch einen zusätzlichen Nutzer unverändert bleibt. Zum anderen ergibt sich die Notwendigkeit einer staatlichen Bereitstellung dieses Gutes dadurch, dass Nachfrager nicht mit verhältnismäßigem Aufwand und Mitteln von der Nutzung ausgeschlossen werden können (Grossekettler, 1991).

Eine effiziente Verwendung von neuem Grundlagenwissen verlangt, dass es einem möglichst großen Kreis von Wissenschaftlern zur Verfügung gestellt wird, damit sie neue Erkenntnisse in ihre eigene Arbeit einfließen lassen können. Bei Verwendung der Ergebnisse der Grundlagenforschung besteht zwischen den Nachfragern keine Rivalität, das heißt, der Bestand an Wissen, der für die übrigen Nachfrager zur Verfügung steht, wird durch die gemeinsame Nutzung nicht verringert (Nelson, 1959, 306; Klodt, 1995, 5 ff.). Ein Ausschluss von der Nutzung der Ergebnisse der Grundlagenforschung wäre daher ineffizient. Ein Ausschluss einzelner Forschergruppen hieße, mögliche weiterführende Erkenntnisse oder eine marktnahe Verwendung von neu erlangtem Wissen zum Schaden des Wirtschaftswachstums zu unterbinden.

Auch eine Beteiligung an den Kosten der Erlangung neuen Wissens, das wiederum als Input in weiterführende Forschung einfließt, erscheint nur mit unverhältnismäßig hohen Kosten umsetzbar zu sein. Das neue Wissen aus der Grundlagenforschung findet Eingang in unterschiedlichen, nicht vorhersehbaren Bereichen anwendungsorientierter Forschung und Entwicklung, in der marktfähige Verfahren und Produkte entwickelt werden. Welche Erkenntnisse der Grundlagenforschung letztlich den Anstoß oder die konkrete Lösung für ein Entwicklungsproblem gegeben haben, ist im Nachhinein kaum mehr wahrheitsgemäß festzustellen. Damit ist die Aufteilung der Forschungskosten zwischen den Nutzern neuen Wissens unmöglich. Erst die Ergebnisse der anwendungsorientierten Forschung können dann durch die Zuordnung von Schutzrechten auf das geistige Eigentum vor dem Zugriff bzw. der Kopierung durch Konkurrenten geschützt werden. Erst dieser Schutz ermöglicht es, dass aus Produkten und Verfahren marktfähige Güter werden, bei denen Nicht-Zahler von der Nutzung ausgeschlossen werden können (Oppenländer, 1988, 86 f.).

---

[1] Für eine weitergehende ökonomische Beschreibung der Forschungstätigkeit an Universitäten vgl. Monopolkommission (2000, 26 f.).

Universitäre Forschung stellt somit ein öffentliches Gut dar, dessen Nutzung keiner Rivalität unterliegt und bei der ein Ausschluss von Nicht-Zahlern an den Forschungskosten nicht sinnvoll erscheint. Sie sollte daher entsprechend der gängigen Praxis vom Staat finanziert werden und die Ergebnisse dieser Forschung müssen anderen Wissenschaftlern und der Öffentlichkeit frei zugänglich gemacht werden.

3. Die Bereitstellung universitärer Lehre

Auch für die akademische Lehre an Hochschulen hängt die Bereitstellung von der Rivalität des Gutes Hochschulbildung und der Möglichkeit Nicht-Zahler von der Nutzung auszuschließen ab. Um die Fragen hiernach beantworten zu können, bedarf es zunächst einer kurzen Gutsbeschreibung des Gutes Hochschulbildung.

Entsprechend der Humankapitaltheorie fragen junge Menschen akademische Lehre im Anschluss an ihre schulische Ausbildung zur weiteren Qualifizierung nach.[2] Im Rahmen der akademischen Ausbildung junger Menschen an Hochschulen kommt es zu einem Bildungsprozess, der die Produktivität der Absolventen im folgenden Arbeitsleben in der Regel erheblich steigert. Die gestiegene Produktivität führt dazu, dass das Einkommen von Akademikern im Durchschnitt deutlich über dem Einkommen von Menschen mit geringerem Bildungsabschluss liegt.

Daneben benötigen Unternehmen akademisches Wissen ihrer Mitarbeiter als Input in der Produktion ihrer Güter und Dienstleistungen. Da akademisches Wissen aber untrennbar mit dem Träger dieses Wissens, also dem Akademiker, verbunden ist, kann die Nachfrage nach Hochschullehre der Unternehmen nur eine indirekte Nachfragebeziehungen über die Hochschulabsolventen sein, so dass eine getrennte Analyse sich erübrigt.

Damit sind Studierende also die Hauptnachfrager nach dem Gut Hochschulbildung. Der Nutzen, den sie aus einer akademischen Ausbildung erzielen besteht zum einen aus dem höheren Einkommenspotenzial, aber auch aus anderen Nutzen wie ein gestiegenes soziales Prestige etc. Daneben haben natürlich auch noch weitere Personen einen Nutzen aus dem Studium eines anderen (z.B. Eltern oder Kollegen), wie sich aber zeigen lässt, handelt es sich hierbei nicht um so genannte positive externe Effekte, sondern um marktvermittelte Austauschbeziehungen, die keiner gesonderten Kompensation bedürfen (van Lith, 1985, 18ff; Monopolkommission, 2000, 47; Stuchtey, 2001, 114 ff).

---

[2] Für eine vertiefende Analyse des Gutes Hochschulbildung und seiner Nachfrager vgl. Stuchtey (2001, 53 ff.).

Tabelle 1

Relatives Erwerbseinkommen aus Beschäftigung von 25-65-Jährigen, nach Bildungsstand und Geschlecht im Jahre 1997

	Primäre & niedrige sekundäre Ausbildung	Obere sekundäre Ausbildung	Nicht-universitäre tertiäre Ausbildung	Universitätsausbildung
Männer	88	100	106	156
Frauen	87	100	111	156
M & F	81	100	108	163

Quelle: OECD, (2000, 328).

Fragt man nun nach der Rivalität des Gutes Hochschulbildung, so geht es darum, in wie weit ein weiterer Studierender in einem Studiengang den Nutzen seiner Kommilitonen oder die Kosten des Studiengangs beeinflusst. Doch ist diese Frage nicht so einfach zu beantworten, da ein weiterer Studierender in einer Vorlesung weder die anderen Zuhörer stört, noch zusätzliche Kosten verursacht. Dies gilt allerdings nur dann, wenn die Vorlesung nicht bereits überfüllt ist. Ganz anders sieht es bei Seminaren oder anderen Formen von Kleingruppenveranstaltungen aus, bei denen die Anzahl der Teilnehmer Nutzen und Kosten sehr wohl beeinträchtigen. So kann ein einmal vergebenes Seminarthema von einem anderen Studierenden nicht mehr gewählt werden, so dass hier vollständige Rivalität herrscht. Die Rivalität einer Lehrveranstaltung ist somit abhängig von der Art der Wissensvermittlung.

Die Möglichkeiten, Nicht-Zahler von einer Hochschulveranstaltung auszuschließen, stellt technisch und von den Kosten her kein Problem dar. Bei der Anmeldung zu einer mit der Veranstaltung verbundenen Prüfung kann ein Zahlungsnachweis verlangt werden, ebenso bei der Vergabe von Referatsthemen oder Praktikumsplätzen. Damit fällt es also nicht schwer, der Gruppe der Nutzer von Hochschulbildung auch die damit verbundenen Kosten aufzubürden. Dies gilt zumindest dann, wenn die Studierenden die Möglichkeit haben, die mit ihrem Studium verbundenen Kosten als eine Investition in ihr weiteres Leben vorzufinanzieren, sei es durch eine persönliche Verschuldung oder ein Stipendium. Andernfalls wäre die gesamtwirtschaftliche Investition in akademische Bildung suboptimal gering. Ist dieses Kapitalmarktproblem gelöst, ist aus ordungspolitischer Sicht die Finanzierung von Hochschulbildung durch die Studierenden vorzunehmen. Bei Hochschulbildung handelt es sich somit um ein Klubgut.

4. Die Finanzierung von Universitäten

Die vorangegangenen Überlegungen legen eine staatliche Finanzierung der Forschung und eine private Finanzierung der Lehre nahe. Damit ergib sich in der Realität aber das Problem, dass an Universitäten, an denen sowohl Forschung wie auch Hochschulbildung produziert wird, die Kosten der Institution verursachungsgerecht zwischen beiden Gütern aufzuteilen sind. Dies erscheint jedoch unmöglich, da, wie oben bereits gezeigt, die Produktion von Hochschulbildung an Universitäten zumindest teilweise gekoppelt mit der Forschung geschieht.

Da die Kosten nicht verursachungsgerecht zwischen den beiden Gütern aufgeteilt werden können, Grundlagenforschung aber ein Öffentliches Gut, Hochschulbildung hingegen ein so genanntes Klubgut ist, sollte die Finanzierung von Universitäten aus ökonomischer Sicht teils durch öffentliche Mittel und teils über die Studierenden erfolgen. Letzteres beinhaltet natürlich auch das Recht der Studierenden zur freien Wahl des Studienorts und umgekehrt das Recht der Hochschule, sich ihre Studierenden selbst auszuwählen. Mit einer planwirtschaftlichen Zuteilung der Studierenden auf die einzelnen Hochschulen wäre ein solches System unvereinbar.

Entscheidet sich eine Gesellschaft aber, die Kosten des Studiums nicht den Studierenden aufzubürden, sondern die Gesamtkosten einer Hochschule gemeinschaftlich zu tragen, so ist es zumindest ratsam, entsprechend finanzwissenschaftlicher Leitsätze nicht das Objekt Hochschule sondern das Subjekt Studierender zu fördern. Andernfalls ergeben sich ineffiziente Anreizsysteme, die in der realen Welt staatlicher Hochschulen für eine Vielzahl der zu beobachtenden Probleme verantwortlich sind. Bildungsgutscheine und Studienkonten sind hierfür Modelle, mit deren Hilfe trotz staatlicher Studienfinanzierung die effizienzsteigernde Wirkung von Markt und Wettbewerb nicht vollends ausgeschlossen wird.

III. Die Herstellung von Forschung und Lehre

Bei der vorangegangenen Analyse ging es wohlgemerkt darum, wer für die Finanzierung der Güter Forschung und Lehre verantwortlich sein sollte. Wer für ein Gut bezahlt, entscheidet auch direkt darüber mit, welche Menge und welche Qualität bereitgestellt wird. Damit ist aber noch nicht geklärt, wer diese Güter herstellen soll. Nur weil der Staat ein Gut finanziert, so muss dies nicht bedeuten, dass er auch die Produktion selbst durchführen muss. Schließlich werden z.B. Straßen in Deutschland aus staatlichen Mitteln finanziert, dieser beauftragt aber private Bauunternehmen mit der Herstellung der vom Staat nachgefragten Straßen.

Welche institutionelle Form ist aber nun besser geeignet, Forschung und Hochschulbildung herzustellen? In der deutschen Tradition wurde hier in der Regel einer staatlichen Herstellung der Vorzug gegeben, obgleich bereits Humboldt bei der Gründung der Berliner Universität mit einer Art Stiftungsuniversität eine unabhängigere Form im Sinne hatte.

„Erziehung und Unterricht, die in stürmischen wie in ruhigen Zeiten gleich notwendig sind, werden unabhängig von dem Wechsel, den Zahlungen des Staates so leicht durch die politische Lage und zufällige Umstände erfahren. (...) Es würde daher am zweckmäßigsten sein, wenn die Universität und die mit ihr verbundenen Institute ihr jährliches Einkommen durch Verleihung von Domänen-Gütern erhielten.“[3]

Ein Blick über die Grenzen zeigt, dass eine Vielzahl von Trägerschaften für Universitäten möglich und erfolgreich sind. Von jeher spielte die kirchliche Trägerschaft eine große Rolle, daneben aber auch andere Formen gemeinnütziger Trägerschaft wie Stiftungen oder Vereine. Viele der großen Forschungsuniversitäten in den USA haben eine private Trägerschaft und können damit mindestens genauso erfolgreich in Forschung und Lehre sein, wie ihre staatlichen Konkurrenten. Gleichwohl werden sie nicht ausschließlich staatlich finanziert. Sollten sie auch nicht, wie in Kapitel II. gezeigt wurde. Umgekehrt werden staatliche Universitäten nicht ausschließlich aus staatlichen Landes- oder Bundesmitteln finanziert. Auch sie erhalten für ihre Leistungen in der Ausbildung junger Menschen von oder über Studierende sowie für angewandte Forschung und Entwicklung von Unternehmen oder Stiftungen Mittel zur Finanzierung ihres Tuns. Im Jahrhunderte langen Wettbewerb verschiedener Universitätstypen hat sich keine bestimmte institutionelle Form durchsetzen können und so bestehen auch weiterhin nebeneinander verschiedene Typen von Universitäten. Die Frage, ob eine private Herstellung von Forschung und Lehre bei gleicher Qualität des Outputs günstiger als eine staatliche erfolgen kann, ist eindeutig nicht zu beantworten. Der Systemwettbewerb von mehreren Jahrhunderten hat hier kein klares Ergebnis erbracht.

IV. Staatliche Subventionen für private Universitäten

Die Forschungsleistungen privater Universitäten sind für die Gesellschaft ebenso wertvoll, wie die staatlicher Hochschulen. Auch sie sind nicht in der Lage, potenzielle Gewinne aus ihren Forschungsergebnissen sinnvoll zu internalisieren. Ihre Leistungen in der Grundlagenforschung sollten somit vom Staat finanziert werden. Und tatsächlich verfährt man in der Projektforschung auch so. In den USA werden die Forschungsprojekte der mit staatlichen Mittel ausgestatteten National Science Foundation, des National Institutes of Health oder anderer Forschungsförderinstitutionen kompetitiv zwischen den Universitäten unterschiedlicher Trägerschaft vergeben. In Deutschland ist dies nicht anders, auch private Universitäten können Anträge bei der Deutschen Forschungs-

---

[3] Wilhelm von Humboldt in seinem „Antrag auf Errichtung der Universität Berlin“, am 24. Juli 1809.

gemeinschaft (DFG) stellen und werden gegebenenfalls gefördert. So hat erst kürzlich die neu gegründete private International University Bremen (IUB) den Zuschlag für die Förderung eines Teilprojekts im Rahmen eines Sonderforschungsbereichs erhalten. Dieser Tatbestand ist es aber (noch) nicht, was die Vertreter staatlicher Hochschulen erregt.

Projektungebundene Mittel des Staates für private Hochschulen erregen den Widerspruch der selbst unterfinanzierten staatlichen Konkurrenten. So hat die IUB vom Land Bremen eine Einlage in ihren Kapitalstock in Höhe von 230 Millionen DM erhalten. Gleichzeitig wurde die IUB in das Hochschulbauförderprogramm aufgenommen, was ihr eine 50prozentige Kofinanzierung des Bundes beim Ausbau des neuen Campuses eröffnet. In Berlin hat die European School of Management and Technologie (ESMT) das Staatsratsgebäude am Rande des Schloßplatzes in zentralster Lage der Hauptstadt überlassen bekommen, was einer geldwerten Leistungen in Höhe von ca. 24 Millionen Euro entspricht. Diese Art der Zusatzfinanzierung privater Hochschulen aus öffentlichen Mitteln ist der Anlass für die heftige Kritik von HRK und anderen.

Der Staat fördert in diesen Beispielen nicht grundlagenorientierte Forschungsprojekte, sondern beteiligt sich an den Gemeinkosten dieser Institutionen. So unsystematisch diese Förderung auch im Einzelfall ist, so ist sie dennoch gerechtfertigt. Schließlich fallen in der Forschung wie auch in der Lehre nicht nur variable Kosten an, die es mit einem weiteren Forschungsprojekt abzudecken gilt, sondern eben auch Gemeinkosten für damit notwendige Räume etc. In den USA werden diese Kosten durch entsprechende Gemeinkostenzuschläge (sog. Overheads) bei der projektbezogenen Forschungsfinanzierung abgedeckt. In Deutschland ist dies bei den großen Forschungsförderorganisationen des Bundes, wie der DFG, nicht der Fall. Hier wird explizit von den Hochschulen erwartet, dass sie einen finanziellen Beitrag durch das Aufbringen der Gemeinkosten eines Projekts leisten. Eine Erwartung, die von privaten Universitäten kaum zu erfüllen sein wird, da es fast unmöglich ist, altruistische Spender zu finden, die bereit sind, Gemeinkosten für Forschungsprojekte zu finanzieren, auf deren Auswahl sie keinerlei Einfluss haben.

Die am Beispiel der IUB und der ESMT dargestellte Art der Zusatzfinanzierung privater Hochschulen aus öffentlichen Mitteln wird von der HRK heftig kritisiert. Sie fordert, dass private Hochschulen prinzipiell privat finanziert werden und staatliche Zuschüsse nur dann gewährt werden, wenn private Hochschulen Studienangebote unterbreiten, die an staatlichen Hochschulen nicht angeboten werden. Alternativ müsse der staatliche Zuschuss zu einem Kostenvorteil für den Steuern zahlenden Bürger führen, d.h. qualitativ mindestens gleichwertige Absolventen einen geringeren Kostenbeitrag pro Kopf erfordern als an Hochschulen staatlicher Trägerschaft (HRK, 1998; HRK, 2002). Während das erste Argument wohl eher der Versuch ist, den akademischen

Bildungsmarkt vor privater Konkurrenz abzuschotten, spricht aus dem zweiten Argument eher die Überlegung, dass die Herstellung von Hochschulbildung eigentlich eine staatliche Aufgabe sei oder dass das gleiche Studium der Gesellschaft an einer staatlichen Hochschule mehr wert sein müsse als an einer privaten. Wie wenig überzeugend dies ist, zeigt sich, wenn man in Deutschland endlich dazu überginge, nicht mehr Studienplätze auf dem Wege der Objektförderung zu finanzieren, sondern Studierende staatlich über Bildungsgutscheine zu unterstützen.

Tabelle 2

Rangfolge deutscher Universitäten nach Stipendiatenanteil

Hochschule	Studierende im WS 2001/2002	Anzahl der Grund-stipendiaten	Anteil in %
1. Bucerius Law School, Hamburg	210	26	12,38%
2. International University Bremen	131	7	5,34%
3. WHU Koblenz	432	16	3,70%
4. Uni Witten/Herdecke	1.128	38	3,37%
5. Handelshochschule Leipzig	232	3	1,29%
6. Uni Heidelberg	21.086	268	1,27%
7. Uni Freiburg	18.834	192	1,02%
8. Europ. Wirtschaftshochschule Berlin	143	1	0,70%
9. Med.Uni Lübeck	2.277	16	0,70%
10. Uni Passau	7.291	49	0,67%

Quelle: Studienstiftung des Deutschen Volkes, zitiert nach Die Welt vom 4.1.03, 3.

Die pro-Kopf-Subventionen durch Bildungsgutscheine dienen der akademischen Ausbildung junger Menschen, die die Gesellschaft finanzieren möchte. Daran besteht das gesellschaftliche Interesse und nicht an der Finanzierung einer bestimmten Institution, über deren Höhe in Landesparlamenten willkürlich entschieden wird. Daher müssten solche Gutscheine selbstverständlich von den Studierenden sowohl an staatlichen wie auch an privaten Hochschulen einzulösen sein. Private Hochschulen kämen dann für ihre Ausbildungsleistung in den Genuss einer gleich hohen Subvention wie ihre staatlichen Konkurrenten. Die Hochschulen würden unter gleichen Finanzierungsbedingungen um die Gunst der Studierenden im Wettbewerb stehen. Eine Ahnung von dem Ergebnis eines solchen Wettbewerbsmodells kann bereits heute erhalten, wenn man sich anschaut, welche deutschen Hochschulen sich die Stipendiaten der Studienstiftung des deutschen Volkes aussuchen.

Die obige Tabelle überzeichnet das Bild allerdings, weil private Hochschulen gegenüber den staatlichen einen vom Staat künstlich geschaffenen

Konkurrenzvorteil haben. Während die Hochschulen in staatlicher Trägerschaft in ihrer Steuerung und strategischen Ausrichtung in ein enges rechtliches Korsett eingebunden sind (Zulassungs-, Kapazitäts-, Dienst- und Haushaltsrecht sowie das Verbot von Studienentgelten), haben die privaten Konkurrenten einen erheblich größeren Freiheitsgrad. Die Forderung der HRK, den staatlichen Hochschulen vergleichbare rechtliche Rahmenbedingungen zu gewähren, ist daher ebenso bedeutend für einen funktionierenden Wettbewerb zwischen den Hochschulen, wie die hier argumentierte Abschaffung der Diskriminierung privater Hochschulen bei der Finanzierung (HRK, 1998).

V. Fazit

Die Ausführungen haben gezeigt, dass die Kritik der HRK und zahlreicher Hochschulpolitiker gegen die staatliche Unterstützung privater Hochschulen überzogen ist und dass es aus ordnungspolitischer Sicht gute Gründe gibt, die privaten Hochschulen in Deutschland staatlich zu subventionieren. Grundlagenforschung ist ein öffentliches Gut, das staatlich bereitzustellen, aber nicht notwendigerweise vom Staat herzustellen ist. Konsequent finanziert der Bund in verschiedenen Programmen der Forschungsförderung daher auch Projekte, die von privaten Unternehmen beantragt und durchgeführt werden. Entsprechend muss eine Förderung daher auch für private Universitäten möglich sein und deren Forschungsprojekte aus staatlichen Mitteln finanziert werden können. Dies umfasst auch die mit einer entsprechenden Forschung verbundenen Gemeinkosten. Bleibt es jedoch dabei, dass die DFG und andere keine Overheads finanzieren, sollten Mittel zur anteiligen Deckung der Gemeinkosten auf anderem Wege den privaten Universitäten zufließen. Ob jedoch die beispielhaft aufgeführten Finanzierungswege – Einlage in das Stiftungsvermögen oder Überlassung von Immobilien – hierzu geeignet sind, mag man wohl bezweifeln.

Auch bei der Ausbildung deutscher Studierender sollte der Staat nicht mit zweierlei Maß messen. Entweder man entscheidet sich dazu, die Hochschulbildung als eine staatlich zu finanzierende Aufgabe anzusehen, oder man folgt der angeführten Argumentation und beschränkt sich darauf, die Refinanzierung von Studienentgelten staatlich sicherzustellen. In jedem Fall sollte ein Studierender an einer staatlich anerkannten privaten Hochschule dem Staat nicht weniger wert sein als an einer landeseigenen. Umgekehrt heißt das aber auch, dass staatliche Hochschulen mehr Freiheit bei den rechtlichen Rahmenbedingungen der Hochschulsteuerung benötigen.

Folgt man der dargelegten Sichtweise, dann verstärkt sich der Wettbewerb zwischen den deutschen Hochschulen zu Gunsten eines ausdifferenzierten Hochschulsystems mit verbesserten Chancen, dass einige Institutionen auch im internationalen Wettbewerb wieder in der obersten Liga mitspielen können. Die Finanzierung der staatlichen Hochschulen wird weniger staatlich und die der privaten Hochschulen nicht vollständig privat ausfallen.

Literatur

Ewers, Hans-Jürgen (1996), Das Elend der Hochschulen – Eine ökonomische Analyse der Organisation und Finanzierung deutscher Universitäten, Diskussionspapier 1996/13, herausgegeben von der Wirtschaftswissenschaftlichen Dokumentation der Technischen Universität Berlin.

Grossekettler, Heinz (1991), Die Versorgung mit Kollektivgütern als ordnungspolitisches Problem, in: ORDO, Band 42, 69 – 89.

Hochschulrektorenkonferenz (1998), Überlegungen zur Zusatzfinanzierung privater Hochschulen aus öffentlichen Mitteln, Entschließung des 185. Plenums vom 6. Juli 1998.

Hochschulrektorenkonferenz (2002), Staatliche Subventionen für private Hochschulen, Entschließung des 198. Plenums vom 5. November 2002

Humboldt, Wilhelm von (1809), Antrag auf Errichtung der Universität Berlin, vom 24. Juli 1809.

Klodt, Henning (1995), Grundlagen der Forschungs- und Technologiepolitik, München: Vahlen.

Lith, Ulrich van (1985) Der Markt als Ordnungsprinzip des Bildungsbereichs, München: Oldenbourg.

Monopolkommission (2000), Wettbewerb als Leitbild für die Hochschulpolitik, Sondergutachten vom 30. Juni 2000, in: http://www.monopolkommission.de/sg_30/text_s 30.doc.

Nelson, Richard R. (1959), The Simple Economics of Basic Research, in: Journal of Political Economy, Vol. 20, 297 – 306.

OECD (2000), Bildung auf einen Blick – OECD Indikatoren 2000, Paris 2000.

Oppenländer, Karl Heinrich (1988), Wachstumstheorie und Wachstumspolitik, München: Vahlen.

Sachverständigenrat zur Begutachtung der gesamtwirtschaftlichen Entwicklung (1998), Vor Weitreichenden Entscheidungen – Jahresgutachten 1998/99, Wiesbaden 1998.

Stuchtey, Tim (2001), Die Finanzierung von Hochschulbildung – Eine finanzwissenschaftliche Analyse und ihre ordnungspolitischen Konsequenzen, Europäische Schriften zu Staat und Wirtschaft, Band 6, Baden-Baden: Nomos-Verl.-Ges.

Tietzel, Manfred; Christian *Müller* (1998), Zur Lage der deutschen Hochschulen – Eine ökonomische Analyse, List Forum für Wirtschafts- und Finanzpolitik, Jg. 24, Heft 3, 241 - 260.

Innovative Leitungsmodelle für Hochschulen

Von *Detlef Müller-Böling*, Gütersloh

I. Einleitung

„Die Struktur der Hochschule ist organisierte Verantwortungslosigkeit". Tatkräftig und erfolgreich hat sich Hans-Jürgen Ewers bemüht diesen, von ihm selbst häufig so formulierten, Befund zu beseitigen – sowohl in seiner Hochschule als auch hinsichtlich des Gesamtsystems. Im Gedenken an Hans-Jürgen Ewers diskutiert der nachfolgende Beitrag, wie Selbstständigkeit und Verantwortung in den Hochschulen gestaltet werden können.

Die Anforderungen, die die wissenschaftliche Community, die Studierenden und nicht zuletzt die Gesellschaft als maßgebliche „Stakeholder" an die Hochschulen in Deutschland ebenso wie im internationalen Umfeld stellen, werden zunehmend komplexer und diversifizierter. Auch für die Hochschullandschaft gilt, dass sie von einer Marktdynamik geprägt ist, die Innovationen begünstigt, aber auch erfordert.

Die veränderten Umweltbedingungen, in denen Hochschulen heute ihre Kernaufgaben erfüllen, lassen sich – was weite Teile des Hochschullebens anbelangt – mit den Stichworten Selbstständigkeit, Eigenverantwortung und Deregulierung beschreiben. Zieht man Clarks triangiuläres Modell (Clark, 1983, 143) zur Beschreibung von Governance-Modellen im internationalen Vergleich heran, das zwischen idealtypisch gedachten marktorientierten, staatsorientierten und an der Korporation Hochschule ausgerichteten Steuerungsmodellen unterscheidet, so stellt man fest, dass in der Reformdiskussion in Deutschland ein deutlicher Trend von der staatlichen Steuerung von Hochschulen zur Steuerung durch die Korporation und den „Markt" – hier verstanden als Wettbewerb um Studierende, Wissenschaftler und Forschungsgelder – zu verzeichnen ist: Oberstes Ziel jeder Hochschulreform sollte es sein, leistungsstarke, bewegliche, dem Neuen zugewandte Hochschulen möglich zu machen, die durch Forschung und Lehre wesentliche Beiträge zur Generierung und Verbreitung wissenschaftlichen Wissens erbringen können. Ohne weitreichende Autonomie, so die inzwischen weithin geteilte Auffassung, kann das aber nicht funktionieren. Eine solche Hochschule muss sich daher durch ein hohes Maß an Eigenständigkeit bei der Wahrnehmung ihrer Aufgaben in der Forschung und in der Lehre auszeichnen, der Wissenschaftlichkeit verpflichtet sein und nach wissenschaftlicher Exzellenz streben, Wirtschaftlichkeit nicht als Fremdwort begreifen, zur Profilbildung in der Lage sein und auf dieser Grundlage den Wettbewerb auch im internationalen Umfeld nicht scheuen (vgl. Müller-Böling, 2000).

Diese Eigenständigkeit erfordert zum einen entsprechende gesetzliche Rahmenbedingungen wie etwa die Finanz- und Personalautonomie, stellt aber gleichzeitig bestimmte Anforderungen an die Führungs- und Organisationsstruktur der Hochschulen: die Hochschulen brauchen mehr Beweglichkeit und Flexibilität, um auf die sich rapide verändernden Umweltanforderungen reagieren und – ein häufig in der Diskussion um die Zukunft der Hochschulen vernachlässigter Aspekt – diese mitgestalten zu können.

II. Anforderungen

Handlungsfähigkeit der Hochschulen ist in hohem Maße von der Möglichkeit abhängig, dass sich Hochschulen so organisieren können, wie es ihrer jeweiligen Größe, ihrer Tradition, ihrem Profil, ihrem Selbstverständnis und ihrer strategischen Ausrichtung entspricht. Erforderlich ist beispielsweise, dass (vgl. Wissenschaftlicher Beirat zur Begleitung des Modellvorhabens für eine Erprobung der Globalen Steuerung von Hochschulhaushalten im Land Niedersachsen, 1999)

- eine klare Trennung von Leitung und Aufsicht erfolgt: die Aufgaben von Rektorat/Präsidium, Senat und Hochschulrat müssen klar definiert sein.
- für alle Leitungsorgane das Prinzip der doppelten Legitimation gilt: Das Rektorat/Präsidium ist einerseits dem Senat als Vertretung der Körperschaft, andererseits dem Hochschulrat verantwortlich und wird von diesen beiden Ebenen bestimmt; für die Dekanate gilt Ähnliches in Bezug auf die Fachbereichsräte einerseits und das Präsidium andererseits.
- die Hochschulen interne Gestaltungsfreiheit besitzen.
- weite Spielräume für die Gestaltung der Mitwirkung der Hochschulangehörigen vorgesehen sind, die es zulassen, Verantwortung, Kompetenz und Betroffenheit jeweils angemessen in Ausgleich zu bringen.
- ein Beitrag zur Professionalisierung der Hochschulsteuerung geleistet wird, indem auch Externe ins Rektorat/Präsidium berufen werden können.
- Zielvereinbarungen als Instrument zur Verknüpfung von Leistung und (staatlicher) Finanzierung genutzt werden.

Bei der Umsetzung dieser Richtlinien kann es jedoch nicht darum gehen, vermeintliche „Ideallösungen“ auf alle Hochschulen in gleicher Weise anzuwenden. Es gibt keinen „standardisierten Entwurf für *die* Universität. Zuviel ist von der Beziehung zum jeweiligen gesellschaftlichen Umfeld und vom individuellen Werdegang einer Institution abhängig, es gibt aber einen Test, dem man jede Universität unterziehen kann: Fördern ihre Kultur, ihre Organisation und ihr Arbeitsklima die professionellen Leistungen in Forschung und Lehre, oder tun sie das nicht?“ (Noorda, 1998, 40).

Diesen Test im Hinblick auf die Wirkungen müssen Organisations- und Leitungsstrukturen an Hochschulen immer wieder neu bestehen. Das bedeutet aber auch gegebenenfalls Anpassungsnotwendigkeiten an neue Bedingungen. Dabei sind die Veränderungen in der Art und Weise, wie in einer wissenschaftsbasierten Gesellschaft neues (wissenschaftliches) Wissen generiert und weitergegeben wird (vgl. dazu M. Gibbons et al 1994) von maßgeblicher Bedeutung. Insbesondere

- die wachsende Bedeutung interdisziplinärer und problemorientierter Forschung gegenüber fachorientierten Forschungsaufgaben,
- die zunehmende Verwischung der Grenzen von grundlagen- und anwendungsorientierter Forschung in zukunftsträchtigen Forschungsfeldern und nicht zuletzt
- die Diversifizierung von Stätten, Akteuren und Kontexten der (auch anwendungsnahen) Wissensgenerierung in einem „verteilten Wissenssystem“, das gleichzeitig immer stärker zu internationaler Zusammenarbeit und internationalem Wettbewerb in Forschung und Nachwuchsqualifizierung führt, sind Herausforderungen, an denen die Organisations- und Leitungsstrukturen auszurichten sind.

Derartige Entwicklungen – teils wissenschaftsimmanent, teils aus neuen Konstellationen der Wissensproduktion und -nutzung in „knowledge based economies“ generiert – können nicht ohne Rückwirkungen auf hochschulinterne Organisationsformen bleiben. Allenthalben fordern Hochschulexperten und Politiker daher, die Hochschulen mögen sich den Anforderungen neu entstehender Wissenswelten und interdisziplinäre Fragestellungen in Forschung und Lehre stellen und diese aktiv vorantreiben: „For universities, the ideal solution would be to organise institutions around problems and new issues, not disciplines“ (Gazzaniga 2002, 14). Gefragt sind organisatorische Lösungen, die die institutionelle Steuerungs- und Handlungsfähigkeit von Hochschulen in einem von hoher Dynamik geprägten Umfeld nachdrücklich unterstützen: „The pressures for change arise not only from the changing modes of knowledge production, but also from all the agencies that have a stake in knowledge production, most particularly from governments. Everywhere they exert pressures for innovation and change on the universities.“ (Gibbons et al. 1994, 152).

Nicht wenige Hochschulen in Europa sind in den vergangenen Jahren mit neuen strategischen Positions- und Richtungsbestimmungen und mit einer daran ausgerichteten Neuordnung ihrer internen Strukturen und Organisationsformen in Erscheinung getreten. So präsentiert Burton Clark fünf Universitäten (B. Clark 1994)[1], die z.T. aus Situationen wettbewerblicher „Bedrängnis" heraus unkonventionelle Entwicklungswege eingeschlagen haben und dabei auch in wissenschaftlicher Hinsicht überzeugende Ergebnisse erzielt haben. Diese innovativen oder – in Clark's Terminologie – „entrepreneurial universities" und ihr verändertes institutionelles Gepräge zeichnen sich durch eine verbesserte Steuerungsfähigkeit (*strengthened steering core*), eine erweiterte, entwicklungsfähige institutionelle Peripherie (*expanded developmental periphery*), eine diversifizierte, erweiterte Finanzierungsbasis (*diversified funding base*), ein aktives, leistungsfähiges akademisches „Kerngebiet" (*stimulated academic heartland*) sowie durch eine gesamtinstitutionelle, integrierend wirkende „unternehmerische" Kultur (*integrated entrepreneurial culture*) aus. Sporn arbeitet auf der Basis von Fallstudien aus den USA und Europa für sechs Universitäten[2] spezifische situationsbezogene Herausforderungen heraus und beschreibt ihre Anpassungsstrategien (vgl. Sporn 1999).

Im Folgenden sollen Gestaltungsoptionen einiger Strukturmerkmale solcher „unternehmerischer" Governance-Modelle – die keineswegs mit der Unterordnung unter erwerbswirtschaftliche Interessen gleichgesetzt werden dürfen – skizziert werden. Es handelt sich hierbei um Handlungsoptionen, die auf idealtypischen Überlegungen beruhen und voraussetzen, dass die gesetzlichen Rahmenbedingungen für eine weitreichende Organisationsautonomie gegeben sind, was in Deutschland zur Zeit nur sehr bedingt der Fall ist.

III. Gestaltungsoptionen

1. Leitungsstrukturen

Ein wesentliches, von Clark genanntes Merkmal einer innovativen – oder „unternehmerischen" bzw. „entrepreneurial" – Universität ist das einer verbesserten Steuerungsfähigkeit (*strengthened steering core*):

„(...) ambitious universities, and universities concerned about their marginality, and even their survivability, cannot depend on old habits of weak steering. They need to become quicker, more flexible, and especially more focused in reactions to expand-

---

[1] Es handelt sich um die Universitäten Warwick (England), Twente (Niederlande), Strathclyde (Schottland), Chalmers (Schweden) und Joensuu (Finnland).

[2] Einbezogen sind die New York University, die University of Michigan, die University of California at Berkeley, die Università Commerciale Luigi Bocconi, die Universität St. Gallen und die Wirtschaftsuniversität Wien.

ing and changing demands. (...) A strengthened steering core becomes a necessity. (...) [T]hat core can take quite different shapes. But it must embrace central managerial groups and academic departments.“ (Clark, 1998, 5)

Handlungs- und Steuerungsfähigkeit ergibt sich somit aus einer engen Verbindung von zentralen Managementfunktionen und -verantwortlichkeiten *und* dezentralen akademischen Entscheidungen bzw. Arbeiten. Sie ist das Ergebnis einer besonderen – inhaltlichen, strukturellen und personellen – „Aufrüstung“ derjenigen Instanzen, die Entscheidungen vorbereiten, durchsetzen und verantworten müssen; sie ist aber zugleich gebunden an ein fruchtbares Zusammenwirken zwischen zentralen und dezentralen Einheiten, einer Balance von disziplinären Fachinteressen, institutionellen Prioritäten sowie externer Umweltanforderungen; diese Balance muss stets neu wieder hergestellt werden, wofür eine „kluge“ Arbeits- und Aufgabenteilung zwischen den verschiedenen Entscheidungsinstanzen und – arenen innerhalb der Hochschule von entscheidender Bedeutung ist.

Anders formuliert: institutionelle Handlungs- und Steuerungsfähigkeit resultiert aus der Realisierung einer dezentralen Organisation und Verantwortung unter dem Dach einer zentralen Konzeption, d.h. bei einer koordinierten Absprache zwischen zentralem Management einerseits und dezentralen Organisationseinheiten und deren Leitung andererseits (vgl. dazu Müller-Böling, 1997, 603-614). Entgegen einem gängigen Missverständnis bedeutet dies also keineswegs Zentralismus oder einzentralistisches Management, das partizipatorische Elemente ausschlösse. Es ist auch mit den einseitig orientierten Begriffen des „starken“ Dekans oder Rektors nicht annähernd treffend beschrieben, weil hier lediglich der Hierarchieaspekt im Vordergrund steht. Vielmehr geht es um die ausgewogene Ausgestaltung von individueller Autonomie des einzelnen Wissenschaftlers einerseits und korporativer Autonomie der Fakultät oder der Universität insgesamt.

Auf *zentraler* Ebene kann die Leitung im Sinne einer Präsidial- oder einer Rektoratsverfassung ausgestaltet werden, beide wiederum mit der Option einer Konzentration der Leitungsverantwortung auf die Person des Rektors bzw. Präsidenten oder aber in Form eines kollegialen Leitungsgremiums mit ressortierter Verantwortung. Generell – und ungeachtet der konkreten Ausgestaltung von Leitungsfunktionen – muss gewährleistet sein, dass das institutionelle Gesamtinteresse als Gestaltungsrahmen spürbar und wirkungsvoll zum Ausdruck kommen kann.

Der zentralen Leitung kann zum einen hochschulintern der Senat als Organ mit Kontroll- sowie Mitwirkungs- und Beratungsrechten gegenüberstehen; zum anderen kann ein Kuratorium bzw. Hochschulrat als weiteres Kontroll- bzw. Beratungs- oder Mitwirkungsorgan gegenüber der Hochschulleitung fungieren. Ein Kuratorium/Hochschulrat mit diesen Funktionen ist insbesondere auch mit

Blick auf eine doppelte Legitimation für die Hochschulleitung erforderlich (s.u.).

Für die – auch von Clark angemahnte – enge Koordination von zentraler und dezentraler Leitungsebene sind verschiedene Optionen denkbar:

- Zusammen mit dem Rektorat/Präsidium können die Dekane der Fachbereiche/Fakultäten als Kollegium eine „Erweiterte Hochschulleitung" bilden, das zu bestimmten Angelegenheiten gemeinsam mit dem Rektorat/Präsidium im engeren Sinne Entscheidungen herbeiführt.
- Die Dekane der Fachbereiche/Fakultäten übernehmen in Personalunion die Funktionen von Prorektoren/Vize-Präsidenten und werden dadurch zugleich Mitglieder der zentralen Hochschulleitung.
- In Hochschulen ohne Fakultätsgliederung (oder mit nur einer Fakultät) übernimmt der Präsident/Rektor die Funktionen des Dekans in Personalunion mit der Möglichkeit, bestimmte Aufgaben/Ressorts an die übrigen Mitglieder des Rektorats/Präsidiums zu delegieren.

Auch auf *dezentraler* Ebene besteht die Option, Leitungsfunktionen personenzentriert oder kollegial auszugestalten. In jedem Fall muss gewährleistet sein, dass das Interesse der dezentralen Einheit(en) zum Ausdruck kommen kann, dieses jedoch das institutionelle Gesamtinteresse (die institutionelle Strategie) eingebunden ist, wozu besondere Formen des Zusammenwirkens erforderlich sind (s.u.).

Die konkrete Ausgestaltung von Leitungsfunktionen auf dezentraler Ebene hängt zu einem gewissen Maße davon ab, wie bzw. in welchem Umfang matrixförmige und/bzw. zentrenorientierte Organisationsformen anstelle traditioneller, disziplinenorientierter Organisationseinheiten (Fachbereiche) realisiert werden. Generell ist es aber denkbar, die dezentrale (Fachbereichs-)Leitung mit folgenden Aufgaben zu betrauen:

- Strategische Entwicklungsplanung im Rahmen der institutionellen Gesamtstrategie,
- Vorbereitung, Aushandlung und Abschluss von Zielvereinbarungen mit der Hochschulleitung,
- Vergabe laufender Haushalts- und Personalmittel,
- Entwicklung und Anwendung von Instrumenten der Qualitätssicherung,
- Sicherstellung des Lehrangebots.

Auch die Ausgestaltung der Mitwirkungs- und Kontrollrechte hängt stark von der konkreten Organisationsform auf dezentraler Ebene ab. Als wesentlich erscheint jedoch, dass die dazu einzurichtenden Gremien und Organe

- bei der Wahl bzw. Bestellung der dezentralen Leitung(en) mitwirken,

- die Möglichkeit der Aufsicht über die dezentrale Leitung besitzen, etwa in Form eines Beschwerderechts,
- an akademischen Angelegenheiten – Berufungen, Verleihung von Graden, Definition von Lehr- und Forschungsprogrammen bzw. -schwerpunkten – maßgeblich beteiligt sind,
- in die Klärung organisatorischer Gestaltungsfragen auf dezentraler Ebene einbezogen sind.

Um das Zusammenwirken zwischen zentraler und dezentraler Ebene bestmöglich zu koordinieren, erscheinen zwei bereits erwähnte Instrumente – die *doppelte Legitimation* von Personen mit Leitungsverantwortung und der Abschluss von *Zielvereinbarungen* – als erforderlich. Die doppelte Legitimation eröffnet Leitungsverantwortlichen eine gewisse Unabhängigkeit auch gegenüber der Einheit, auf die sich ihre Leitungsverantwortung bezieht. Gerade mit Blick auf die Notwendigkeit, gesamtinstitutionelle Strategielinien zu definieren und umzusetzen, erfüllt das Prinzip der doppelten Legitimation eine wichtige Funktion. Denn sie kann letztlich auch dazu beitragen, dass ein institutionelles Gesamtinteresse entsteht und die von Clark angesprochene integrierend wirkende „unternehmerische“ Kultur (*integrated entrepreneurial culture*) Gestalt annimmt. Mit Blick auf die Wahl und Bestellung der Hochschulleitung ist selbstverständlich die Mitwirkung der Hochschulmitglieder erforderlich; eine doppelte Legitimation im Rahmen einer erweiterten Hochschulautonomie ergibt sich aber erst, wenn ein Kuratorium – bzw. Hochschulrat – an der Wahl/Bestellung beteiligt ist. Folgende Optionen sind u.a. denkbar:

- Wahl durch den Senat, Vetorecht des Hochschulrats.
- Wahl durch den Senat auf Vorschlag des Hochschulrats.
- Wahl durch den Hochschulrat auf Vorschlag des Senats.
- Wahl durch den Hochschulrat nach Anhörung des Senats.
- Wahl durch den Hochschulrat auf Vorschlag der Dekane.

Für eine doppelte Legitimation für Leitungsverantwortliche auf dezentraler Ebene sind u.a. folgende Optionen denkbar:

- Wahl des Dekans durch den Fachbereich mit Vetorecht der Hochschulleitung.
- Wahl des Dekans durch den Fachbereich auf Vorschlag der Hochschulleitung.
- Bestellung des Dekans durch die Hochschulleitung nach Anhörung des Fachbereichs.
- Bestellung des Dekans durch die Hochschulleitung auf Vorschlag des Fachbereichs.

Unter organisationswissenschaftlichen Gesichtspunkten sind Zielvereinbarungen ein mögliches Instrumentarium der Koordination.[3] Weitgehend gleichberechtigte Partner verständigen sich auf Ziele, deren Erfüllung zu einem späteren Zeitpunkt überprüft wird. Generell beschreiben sie die von Hochschulen bzw. dezentralen Einheiten zu erbringenden Leistungen und enthalten Aussagen darüber, welche Ressourcen dazu erforderlich sind bzw. zur Verfügung gestellt werden. Auf diese Weise werden Leistungen und Prozesse auf erwünschte Ziele, definierte Prioritäten und Postprioritäten sowie auf bestimmte Zeiträume bezogen und dadurch auch bewertbar gemacht.

Zielvereinbarungen können für unterschiedliche Zwecke – insbesondere im Rahmen strategischer Planungs- und Steuerungsprozesse – eingesetzt werden:

- Sie können die Ziele zwischen der ganzen Hochschule einerseits und einzelnen Fakultäten andererseits bestimmen und koordinieren.
- Über Zielvereinbarungen sind Verständigungen darüber möglich, welchen Beitrag einzelne Fakultäten zur Gesamtzielsetzung der Hochschule leisten.
- Zielvereinbarungen können Aussagen darüber enthalten, welche Unterstützung von Seiten der Hochschulleitung den Fakultäten bei der Verfolgung ihrer Ziele zukommt.
- Zielvereinbarungen sind *Planungsinstrument* (z.B. über die Festlegung von Zeitplänen und Meilensteine der Entwicklung), *Anreizinstrument* (z.B. über die Vereinbarung finanzieller Belohnungen und Sanktionen für die Zielerreichung), *Kommunikationsinstrument* (z.B. über die Herstellung hochschulinterner Transparenz) und *Informationsinstrument* (z.B. über die Festlegung quanitfizierbarer Messgrößen zur Bestimmung der Zielerreichung).

Zielvereinbarungen begründen somit eine Kontraktpartnerschaft zwischen zentraler Hochschulleitung und dezentralen Organisationseinheiten. Daher darf es keine einseitigen Ziel*vorgaben* geben. Denn nur dann wirken sie als Koordinationsinstrument, das auf dezentraler Aufgabenwahrnehmung und Verantwortung innerhalb eines allgemein akzeptierten und damit verbindlichen strategischen Gesamtrahmen setzt.

2. Organisationsmodelle

Hochschulinterne Organisationsmodelle sind im Konzept der „entrepreneurial university" von Clark in zweifacher Hinsicht von Bedeutung: zum einen mit Bezug auf die Aktivierung und Stimulierung des akademischen „Kerngebiets"

[3] Weitere sind z.B., persönliche Weisung, schriftliche Regelungen, interne Märkte, Standardisierung von Rollen, Organisationskultur und Selbstabstimmung (vgl. dazu hochschulspezifisch *Müller-Böling* 1997, allgemein *Kieser/Kubicek* 1992).

(stimulated academic heartland), das klassische Organisationseinheiten für Forschung und Lehre wie Fachbereiche oder Fakultäten ebenso umfasst wie flexible Organisationseinheiten mit projektförmigem, interdisziplinärem Zuschnitt; hier, in diesem „Kerngebiet," entscheidet sich letztlich der Erfolg oder Misserfolg jeglicher institutioneller Strategie[4]. Zum anderen sind interne Organisationsstrukturen aber auch von Belang für das Entstehen einer breiteren institutionellen Peripherie (expanded developmental periphery), die gegenüber externen Partnern, Interessenten und „Abnehmern" offen und anschlussfähig ist, an der interne (Forschungs-)Ressourcen für transdisziplinäre Forschungs- und Entwicklungsaktivitäten in Zentren gebündelt werden und die auch hochschulintern den Austausch von Wissen und die Kooperation von Wissenschaftlern, Forschern und Studierenden über Fachgrenzen hinweg fördert.[5]

Die Organisation von Forschung und Lehre ist somit ein spezieller „Produktions- und Erfolgsfaktor" für jede einzelne Hochschule. In dieser Hinsicht besteht offensichtlich noch erheblicher Handlungsbedarf:

> „Das Potential der deutschen Universitäten kann (...) nur dann für Innovation und ertragreiche Arbeiten in der international wettbewerbsfähigen Forschung erschlossen werden, wenn sie gleichzeitig auch ihre starke disziplinäre Orientierung lockern. Die Entscheidungsorgane der Hochschulen (Hochschulleitungen und Senate) sollten dafür Sorge tragen, an Stelle der noch immer dominanten Institutsgliederung (...) bewegliche und leistungsfähige Organisationsformen für die temporäre Zusammenarbeit verschiedener Disziplinen und Gruppen in problemorientierten Forschungsfeldern zu entwickeln. Für die dringend erforderliche Schwerpunktbildung und Profilierung der einzelnen Universitäten sind in ausgewählten Gebieten größere Einheiten im Sinne matrixförmig angelegter Forscherverbünde oder Zentren auf Zeit aufzubauen." (Forschungsförderung 1999, 19)

Generell geht es also um eine „aufgabengerechte Organisation" der Hochschule (Brinckmann 1998, 129) jenseits disziplinärer Grenzen und traditioneller (Fachbereichs-)Gliederungen, die ihre unterschiedlichen Leistungen und Poten-

---

[4] „Whether [the departments and institutes] accept or oppose a significant transformation is critical. It is here (...) that promoted changes and innovative steps are most likely to fail. (...) For changes to take hold, one department and faculty after the other needs itself to become an entrepreneurial unit, reaching more strongly to the outside with new programs and relationships and promotion third-stream income. They need to accept that individuals as well as collegial groups will have stronger authority in a managerial line that stretches from central officials to heads of departments and research centers." (*Clark* 1994, 7).

[5] „Enterprising universities exhibit a growth of units that, more readily than traditional academic departments, reach across old university boundaries to link up with outside organizations and groups. (...) Outward-reaching research centers express nondisciplinary definitions of problems. They bring into the university the project orientation of outsiders who are attempting to solve serious practical problems (...). They have a certain flexibility in that they are relatively easy to initiate and to disband. Constructed to cross old boundaries, the centers mediate between departments and the outside world." (*Clark* 1994, 6).

ziale in Forschung, Lehre, wissenschaftlicher Weiterbildung und im Wissenschaftstransfer adäquat befördert.

Dabei gilt es zuoberst, die unterschiedlichen Merkmale und Anforderungen der beiden zentralen Aufgabenschwerpunkte Forschung und Lehre angemessen zu berücksichtigen. So verlangt die Lehre relativ stabile und formalisierte Strukturen und Organisationsformen, die die periodische Wiederholung von Tätigkeiten ermöglichen und mit denen sich arbeitsteilige, kooperative Prozesse der Programmgestaltung und -durchführung organisieren lassen. Dagegen erfordert Forschung in komplexen Verbundstrukturen moderne, problemorientierte Organisationsformen, die flexibles, projektbezogenes Arbeiten von z.T. erheblicher zeitlicher Varianz und in unterschiedlichen Formen der (insbesondere institutionenübergreifenden) Kooperation fördern, die inhaltliche sowie ressourcenbezogene Schwerpunktbildungen ermöglichen und transdisziplinäres Arbeiten unterstützen.

So gesehen liegt ein organisatorischer Dualismus von Forschung und Lehre nahe, für den folgende Merkmale bzw. Anforderungen identifiziert werden können:

- der Programmorientierung in der Lehre müssen Möglichkeiten zur Fokussierung und Schwerpunktbildung in der Forschung gegenüberstehen;
- der organisatorische Dualismus von (Schwerpunkt-)Forschung und Lehre sollte was die Mittelallokationen anbelangt hochschulintern zu einem bestimmten Grade nachfrageorientiert – d.h. als „interner Markt“ – ausgestaltet werden;
- Individuelle Leistungsbeiträge zu Forschungs- und Lehrprogrammen müssen flexibel gestaltbar, Mehrfachmitgliedschaften in unterschiedlichen organisatorischen Gliederungen sowie Mehrfachbeiträge dazu generell möglich sein;
- die Leitung von (Lehr-)Programmen und (Forschungs-)Schwerpunkten erfordert klare Regelungen von Zuständigkeiten und Verantwortlichkeiten; geeignete Steuerungs- und Koordinationsinstrumente (etwa in Verbindung mit Verfahren der internen Mittelallokation oder Zielvereinbarungen) und ein Set von Anreizen und Sanktionen – zumindest in Form eines Budgets – sind erforderlich;
- Evaluation und Qualitätssicherung sind als kontinuierliche Aufgaben aufzufassen und bei der jeweiligen Leitungsverantwortung anzusiedeln

Generell sollte die Organisationsform der Hochschule transdisziplinäre Betrachtungsweisen und Arbeitsformen in der Forschung wie in der Lehre nicht nur ermöglichen, sondern sollte sogar optimale Bedingungen dafür schaffen, dass neues Wissen auch und gerade an den Grenzbereichen zwischen Fächern und Disziplinen generiert (Forschung) und weitergegeben (Lehre, Transfer) werden kann. „Organisatorische Maßnahmen über die [jeweils] eigenen, eng gesteckten Fakultätsgrenzen hinweg" reichen hierzu nicht aus, „zumal sie immer von einer fachlichen Organisation der Wissenschaftsentwicklung ausgehen, nicht von einer offenen Entwicklung, die fachliche und disziplinäre Grenzen, die im wesentlichen historisch entstandene Grenzen sind, hinter sich lassen" (Strukturkommission Konstanz 1998, 51).

IV. Schlussbemerkung

Die vorliegenden Gestaltungsoptionen und Vorschläge zeigen, dass die Steuerung von Hochschulen nicht nur auf einen „Wissenschaftsmarkt" dynamisch reagieren können soll, um im internationalen Wettbewerb um die besten Köpfe bestehen zu können und die optimale Aufgabenwahrnehmung zu gewährleisten, sondern darüber hinaus auch ein beträchtliches Innovationspotenzial birgt. Die Entwicklung neuer, kreativer Governance-Modelle kann darüber hinaus, wenn sie als Teil einer ganzheitlichen Reform des gesamten Hochschulsystems verstanden und mit anderen Maßnahmen verknüpft wird, wichtige Impulse zur Weiterentwicklung des Hochschulwesens in Deutschland liefern.

Bei der Umsetzung der hier vorgestellten Überlegungen muss sich jede einzelne Hochschule zunächst darüber klar werden, wo ihre speziellen Ziele, ihre Stärken und Schwächen liegen und auf welche Aufgabenfelder sie besonders Gewicht legen will. Denn auch in der Frage der angemessenen Binnenstruktur gilt der Grundsatz „structure follows strategy": was für die eine Hochschule ein geradezu ideales Organisationsgerüst darstellen mag, ist für eine andere womöglich völlig unangemessen und kontraindiziert.

Die Voraussetzungen dafür, dass Marktdynamik und Innovationen sich in neuen Governance-Modellen deutscher Hochschulen entfalten können, muss der Gesetzgeber in vielen deutschen Bundesländern allerdings noch schaffen. Hier sind Mut und Entscheidungsfreude gefragt.

Literaturverzeichnis

Brinckmann, Hans (1998), Die neue Freiheit der Universität. Operative Autonomie für Lehre und Forschung an Hochschule, Berlin: edition sigma.

Clark, Burton R. (1983), The Higher Education System. Academic Organizations in Cross-National Perspective, Berkeley CA: University of California Press.

– (1998), Creating Entrepreneurial Universities. Organizational Pathways of Transformation, New York: Elsevier Science.

Forschungsförderung in Deutschland (1999), Bericht der internationalen Kommission zur Systemevaluation der Deutschen Forschungsgemeinschaft und der Max-Planck-Gesellschaft, Hannover.

Gazzaniga, Michael (2002), Ditch the departments, put the people together, in: Times Higher Education Supplement 12. Juli 2002.

Gibbons, Michael/*Limoges*, Camille/*Nowotny*, Helga/*Schwatzmann*, Simon/*Scott*, Peter/ *Trow*, Martin (1994), The New Production of Knowledge. The Dynamics of Science and Research in Contemporary Societies, London: Sage.

Müller-Böling, Detlef (1997), Zur Organisationsstruktur von Universitäten, in: Die Betriebswirtschaft 57, 603-614.

– (2000), Die entfesselte Hochschule, Gütersloh: Verlag Bertelsmann-Stiftung.

Müller-Böling, Detlef/*Fedrowitz*, Jutta (Hrsg.) (1998), Leitungsstrukturen für autonome Hochschulen. Verantwortung – Rechenschaft – Entscheidungsfähigkeit, Gütersloh: Verlag Bertelsmann-Stiftung.

Noorda, Sijbolt (1998), Die unvermeidliche Normalität der Universität, in: Müller-Böling, Detlef / Fedrowitz, Jutta (1998), Leitungsstrukturen für autonome Hochschulen. Verantwortung – Rechenschaft – Entscheidungsfähigkeit, Gütersloh: Verlag Bertelsmann-Stiftung, 37-45.

Sporn, Barbara (1999), Adaptive University Structures, London: Jessica Kingsley Publishers.

Strukturkommission Universität Konstanz (1998), Modell Konstanz. Empfehlungen zur strukturellen Weiterentwicklung der Universität, Konstanz.

Wissenschaftlicher Beirat zur Begleitung des Modellvorhabens für eine Erprobung der Globalen Steuerung von Hochschulhaushalten im Land Niedersachsen (Hrsg.) (1999), Acht Empfehlungen zu Willensbildungs- und Entscheidungsstrukturen, Gütersloh: CHE.

Biografische Angaben zu Hans-Jürgen Ewers

Geboren am 19. Mai 1942 als zweites von vier Kindern des Textilkaufmanns Wolfgang Ewers und seiner Ehefrau Marie-Joseph (geb. Aatz) in Münster.

1948 – 52	Grundschule in Borghorst bei Münster.
1952 – 61	Gymnasium Arnoldinum (altsprachlich) in Burgsteinfurt, Abschluss mit dem Abitur. Während der Oberstufe Nebentätigkeit als Volontär bei den „Westfälischen Nachrichten" in Burgsteinfurt.
1961– 67	Studium der Mathematik, Physik, Soziologie und Volkswirtschaftslehre an der Universität Münster. Abschluss als Diplom-Volkswirt.
1967	Mehrmonatige Tätigkeit als Redakteur bei der „Allgemeinen Zeitung" in Coesfeld.
1967 – 70	Wissenschaftlicher Assistent bei Hellmuth Stefan Seidenfus am Lehrstuhl für Wirtschaftspolitik / Institut für Verkehrswissenschaft der Fakultät für Wirtschaftswissenschaften an der Universität Münster.
1968	Heirat mit Edda Schneevoigt.
1970	Promotion zum Dr. rer. pol. an der Fakultät für Wirtschaftswissenschaften der Universität Münster. Dissertation „Wettbewerbspolitische Ansätze in der deutschen Verkehrspolitik seit den Verkehrsänderungsgesetzen" Gutachter: Hellmuth Stefan Seidenfus und Andreas Predöhl.
1970 – 77	Wissenschaftlicher Assistent und Koordinator des DFG- Sonderforschungsbereiches 26 „Raumordnung und Raumwirtschaft" an der Universität Münster.
1971	Geburt des Sohnes Enno.
1973	Geburt des Sohnes Eyko.
1977	Habilitation an der Fakultät für Wirtschaftswissenschaften der Universität Münster. Habilitationsschrift „Freiheit und Wettbewerb". Gutachter: Hellmuth Stefan Seidenfus und Erik Boettcher.
1977 – 80	Senior Research Fellow am Internationalen Institut für Management und Verwaltung des Wissenschaftszentrums Berlin. 1979/80 auch kommissarischer Direktor des Instituts.

1978	Ruf auf eine Professur für Allgemeine Volkswirtschaftslehre am Fachbereich Wirtschaftswissenschaften der Freien Universität Berlin (abgelehnt).
1979	Ruf auf einen Lehrstuhl für Volkswirtschaftslehre an der Fakultät für Wirtschaftswissenschaften der Technischen Universität Berlin.
1980 – 90	Ordentlicher Professor für Volkswirtschaftslehre (Lehrstuhl für Volkswirtschaftslehre, insbesondere Ordnungs- und Strukturpolitik) an der Technischen Universität Berlin.
1984 – 93	Gesellschafter des Instituts für Stadtforschung und Strukturpolitik Berlin.
1989	Ruf auf einen Lehrstuhl für Volkswirtschaftslehre an der Technischen Universität Karlsruhe verbunden mit der Leitung des Fraunhofer Instituts für Systemtechnik und Innovationsforschung (ISI), Karlsruhe (abgelehnt).
1989	Ruf auf den Lehrstuhl für Wirtschaftspolitik / Institut für Verkehrswissenschaft (Nachfolge Hellmuth Stefan Seidenfus) der Fakultät für Wirtschaftswissenschaften an der Universität Münster
1990	Gründung der GIB (Gesellschaft für Innovationsforschung und Beratung), Berlin; Gesellschafter des Instituts.
1990 – 95	Ordentlicher Professor für Volkswirtschaftslehre (Lehrstuhl für Wirtschaftspolitik) und Direktor des Instituts für Verkehrswissenschaft an der Fakultät für Wirtschaftswissenschaften der Universität Münster.
1995	Ruf auf den Lehrstuhl für Volkswirtschaftslehre, insbesondere Wirtschafts- und Infrastrukturpolitik, am Fachbereich Wirtschaft und Management der Technischen Universität Berlin.
1995–2002	Ordentlicher Professor für Volkswirtschaftslehre (Lehrstuhl für Volkswirtschaftslehre, insbesondere Wirtschafts- und Infrastrukturpolitik) am Fachbereich Wirtschaft und Management der Technischen Universität Berlin.

1. April 1997 – 18. Januar 2002 Präsident der Technischen Universität Berlin.

Gestorben am 24. April 2002 in Berlin.

Wesentliche fachbezogene Mitgliedschaften:

- Ausschuss „Regionaltheorie und -politik“ des Vereins für Socialpolitik (seit 1980), 1989 – 1992 Vorsitzender des Ausschusses.
- Ausschuss „Industrieökonomik“ des Vereins für Socialpolitik (seit 1987).

- Unabhängige Expertenkommission zum Abbau martkwidriger Regulierungen (Deregulierungskommission) der Bundesregierung (1988-1991).
- Wissenschaftlicher Beirat beim Bundesminister für Verkehr (seit 1990).
- Rat von Sachverständigen für Umweltfragen (1992-2000).
- Wissenschaftlicher Beirat des Deutschen Instituts für Wirtschaftsforschung (DIW) Berlin (seit 1994).
- Wissenschaftlicher Beirat des Wissenschaftszentrum Berlin für Sozialforschung (1990-1997).
- Wissenschaftlicher Beirat des Deutschen Zentrums für Luft- und Raumfahrt (DLR) (seit 2000).
- Aufsichtsrat WISTA-MANAGEMENT GMBH (Wissenschafts- und Wirtschaftsstandort Berlin-Adlershof) (seit 2000).
- Kuratorium BMW-Institut für Mobilitätsforschung (Vorsitzender) (seit 1999).
- Kurator im Wissenschaftszentrum Berlin, Institut für Management und Technologie und der Technologiestiftung Berlin.

Publikationen von Hans-Jürgen Ewers

I. Monografien

Wettbewerbspolitische Ansätze in der deutschen Verkehrspolitik seit den Verkehrsänderungsgesetzen – Eine kritische Analyse, Göttingen 1971: Vandenhook & Ruprecht (Beiträge aus dem Institut für Verkehrswissenschaft an der Universität Münster, Heft 63) (Dissertation).

Innovationsorientierte Regionalpolitik, Bonn 1980: Schriftenreihe des Bundesministers für Raumordnung, Bauwesen und Städtebau Nr. 06.041 (zusammen mit Josef Kleine, Herbert Krist und Reinhardt Wettmann).

Die monetären Nutzen gewässergüteverbessernder Maßnahmen, Berlin 1982: Berichte des Umweltbundesamtes, Band 3/82 (zusammen mit Werner Schulz).

Die Kosten und Nutzen kommunaler Abwasserbeseitigungsmaßnahmen, Berlin 1983: Berichte des Umweltbundesamtes, Bd. 10/83 (zusammen mit K. Jacobitz und Reinhardt Wettmann).

Bildungs- und qualifikationsorientierte Strategien der Regionalförderung unter besonderer Berücksichtigung kleiner und mittlerer Unternehmen, Bonn 1984: Schriftenreihe des Bundesministers für Raumordnung, Bauwesen und Städtebau, Nr. 06.053 (zusammen mit Michael Fritsch und Josef Kleine).

Telematik und Raumentwicklung – Mögliche Auswirkungen neuer Telekommunikationstechniken auf die Raumstruktur und Schlußfolgerungen für die raumbezogene Politik, Bonn 1985: Kleine Schriften der Gesellschaft für Regionale Strukturentwicklung (zusammen mit Michael Fritsch).

Zur monetären Bewertung von Umweltschäden – Methodische Untersuchung am Beispiel der Waldschäden, Berlin 1986: Berichte des Umweltbundesamtes, Bd. 4/86, Berlin 1986 (zusammen mit H.-D. Brabänder, H.-M. Brechtel, M. Both, E. Hayessen, Andreas Jahn, B. Möhring, M. Moog, W. Nohl und U. Richter).

Wirkungsanalyse zum „Sonderprogramm Anwendung der Mikroelektronik", Faar bei München 1986: Forschungsbericht im Auftrag des Bundesministeriums für Forschung und Technologie (zusammen mit Eva Apraku u.a.).

Wirkungen des Einsatzes computergestützter Techniken in Industriebetrieben, Berlin/New York 1990: Walter de Gruyter (zusammen mit Carsten Becker und Michael Fritsch).

Verbesserung der wirtschaftspolitischen Kooperation in den Regionen Schleswig-Holsteins, Gutachten des Instituts für Stadtforschung und Strukturpolitik im Auftrag der Staatskanzlei des Landes Schleswig-Holstein, Berlin 1990: mimeo (zusammen mit H. Wollmann und D. Weißert).

Produktinnovation in der Sensorik. Technologie, Management, staatliche Förderung, Berlin 1991: VDI/VDE Technologiezentrum Informationstechnik (zusammen mit U. Brasche, R. Eschenbach, H. Drüke und Karin Holm-Müller).

Dem Verkehrsinfarkt vorbeugen. Zu einer auch ökologisch erträglicheren Alternative der Verkehrspolitik unter veränderten Rahmenbedingungen, Göttingen: Vandenhoek & Ruprecht (Vorträge und Studien aus dem Institut für Verkehrswissenschaft der Universität Münster, Heft 26).

Marktöffnung und Wettbewerb, Berichte der Deregulierungskommission 1990 und 1991, Stuttgart 1991: Kohlhammer (zusammen mit Jürgen Basedow, Jürgen B. Donges, H. Greiffenberger, H. Markmann, K.-H. Schumacher, W. Sies, O. Sievert, W. Wimmer).

Marketingstrategien für den schienengebundenen Güterfernverkehr, Göttingen 1992: Vandenhoek & Ruprecht (Beiträge aus dem Institut für Verkehrswissenschaft, Heft 126, zusammen mit Klaus Backhaus, J. Büschken und M. Fonger).

Münster auf dem Weg ins nächste Jahrtausend. Wirtschaftliche Situation und Entwicklung Münsters bis zum Jahr 2010, Münster 1992: Stadtsparkasse Münster (zusammen mit Andreas Brenck und R. Hamm).

Marktversagen und Wirtschaftspolitik, Mikroökonomische Grundlagen staatlichen Handelns, München: Vahlen (Vahlens Handbücher der Wirtschafts- und Sozialwissenschaften), 1. Auflage, 305 S., 1993; 2., aktualisierte und ergänzte Auflage, 330 S., 1996; 3., völlig überarbeitete und erweiterte Auflage, 403 S., 1999; 4., verbesserte Auflage, 415 S., 2001; 5., überarbeitete und ergänzte Auflage, 421 S., 2003 (zusammen mit Michael Fritsch und Thomas Wein).

Der Einfluß von EG-Mandat und Tour-de-Rôle auf die deutsche Binnenschiffahrt, Göttingen 1994: Vandenhoek & Ruprecht (Vorträge und Studien aus dem Institut für Verkehrswissenschaft an der Universität Münster, Heft 28, zusammen mit F. v. Stackelberg).

Privatisierung der Bundesautobahnen, Göttingen 1995: Vandenhoek & Ruprecht (Beiträge aus dem Institut für Verkehrswissenschaft an der Universität Münster, Heft 134, zusammen mit H. Rodi).

Regionale Strukturpolitik unter den veränderten Rahmenbedingungen der 90er Jahre, Berlin 1996: Duncker & Humblot (DIW Sonderheft 157, zusammen mit

Martin Gornig, B. Seidel, Dieter Vesper, Ch. Weise, Carl-Friedrich Eckhardt und Rainer Magnan).

Optimierung des Verbrauchs knapper Deponiekapazitäten, Studie im Auftrag des Bundesministeriums für Wirtschaft (Projektleitung), Berlin/Münster 1996: mimeo (zusammen mit Carl-Friedrid Eckhardt, Sven Rutkowsky, Henning Tegner, Andreas Brenck, Detlev Grewing, Andrea Lohmann und Djure Meinen).

Entwicklungschancen der privaten Realisierung von Verkehrsinfrastruktur in Deutschland. Eine ökonomische Analyse des Fernstraßenfinanzierungsgesetzes, Endbericht des Forschungsvorhabens, Berlin u.a. 2000: mimeo (zusammen mit Henning Tegner).

Externe Nutzen des Verkehrs – herbeigeredet oder totgeschwiegen? in: Studeninitiative Wirtschaft und Umwelt e.V. (Hrsg.): Umwelt & Verkehr – Verkehrswende oder Verkehrtwende?, Münster 1998, 9-25 (zusammen mit Bettina Mankel).

II. Beiträge in Sammelwerken

Planung im Güterkraftverkehr, in: Hellmuth Stefan Seidenfus (Hrsg.): Planung im Verkehrssektor, Göttingen 1969: Vandenhoek & Ruprecht (Beiträge aus dem Institut für Verkehrswissenschaft an der Universität Münster, Heft 54), 75 - 128.

Marketing-Mix im Güterverkehr – Möglichkeiten und Grenzen, in: Hellmuth Stefan Seidenfus (Hrsg.), Marketing im Güterverkehr, Göttingen 1972: Vandenhoek & Ruprecht (Beiträge aus dem Institut für Verkehrswissenschaft an der Universität Münster, Heft 69), 152 - 193 (zusammen mit B. Clasen).

Systemorientierte Integration von Transportabläufen im Güterverkehr, in: Hellmuth Stefan Seidenfus (Hrsg.), Systemorientierte Verkehrspolitik, Göttingen 1973: Vandenhoek & Ruprecht (Beiträge aus dem Institut für Verkehrswissenschaft an der Universität Münster, Heft 72), 33 - 57.

Probleme der Innovation im Verkehrsbereich, in: Deutsche Gesellschaft für Betriebswirtschaft (Hrsg.), Innovation, Anwendungsgebiete, Perspektiven, Randprobleme, Berlin 1973, 162 - 181.

Freier versus administrierter Wettbewerb – dargestellt am Beispiel der Verkehrspolitik in der Bundesrepublik Deutschland, Universita degli Studi di Trieste, XIV Corso Internazionale di Studi Superiori Riguardante L'organizzazione dei Transporte Nell'Integrazione Economica Europea, Raccolta delle Lezioni, Trieste 1974, 411 - 446.

Industrielle Aktivitäten und regionale Förderungspolitik – Zum Problem eines regionalen Industriewirkungs-Katalogs, in: Hellmuth Stefan Seidenfus (Hrsg.),

Raumordnung, Industrieansiedlung und Verkehr, Göttingen 1974: Vandenhoeck & Ruprecht (Beiträge aus dem Institut für Verkehrswissenschaft an der Universität Münster, Heft 76), 59 - 112 (zusammen mit F. Wilke).

Art. „Wettbewerbspolitik", in: Wirtschafts- und Gesellschaftspolitik im freiheitlich-sozialen Rechtsstaat, Handbücher der Politischen Akademie Eichholz, Bd. 4, Bonn 1974, 375 - 422.

Art. „Wachstums- und Strukturpolitik", in: Wirtschafts- und Gesellschaftspolitik im freiheitlich-sozialen Rechtsstaat, Handbücher der Politischen Akademie Eichholz, Bd. 4, Bonn 1974, 423 - 439.

Art. „Regionale Strukturpolitik", in: Wirtschafts- und Gesellschaftspolitik im freiheitlich-sozialen Rechtsstaat, Handbücher der Politischen Akademie Eichholz, Bd. 4, Bonn 1974, 481 - 536.

Bündelung oder Substitution als Leitlinie der Infrastrukturpolitik, in: Rainer Thoss, H. Weyl, Hans-Jürgen Ewers und Bruno Dietrichs, Gesellschaftliche Indikatoren als Orientierungshilfe für die Regionalpolitik, Münster 1974: Materialien zum Siedlungs- und Wohnungswesen und zur Raumplanung, Bd. 10, 35 - 69.

Wettbewerbspolitik und die Aufgabe der Gerichte, in: Forschungsinstitut für Wirtschaftsverfassung und Wettbewerb (Hrsg.), Wettbewerbsordnung im Spannungsfeld von Wirtschafts- und Rechtswissenschaft (Festschrift für Günther Hartmann), Köln 1976, 303 - 335 (zusammen mit Hellmuth Stefan Seidenfus).

Ziele und Instrumente der Strukturpolitik im Rahmen der marktwirtschaftlichen Ordnung, in: Konrad-Adenauer-Stiftung (Hrsg.), Materialien zu Problemen der Strukturpolitik, Bonn 1977, 9 - 16.

Optimale Infrastruktur-Bedarfsdeckung durch Politikrationalisierung, in: Deutsche Verkehrswissenschaftliche Gesellschaft (Hrsg.), Verkehrsinfrastrukturpolitik in der Industriegesellschaft von Morgen – Rationalisierung der Infrastrukturpolitik, Köln 1981.

Beschäftigungswirkungen regionaler Wirtschaftspolitik, in: Dietrich Garlichs, Friederike Maier und Klaus Semlinger (Hrsg.), Regionalisierte Arbeitsmarkt- und Beschäftigungspolitik, Arbeitsberichte des Wissenschaftszentrums Berlin, Frankfurt a.M. 1983: Campus, 38 - 65 (zusammen mit Michael Fritsch).

Räumliche Innovationsdisparitäten und räumliche Diffusion neuer Technologien, in: E.A. Brugger, E.A. (Hrsg.), Regionale Innovationsprozesse und Innovationspolitik, Diessenhofen 1984, 97 - 118.

Zukunftsträchtige industrielle Arbeitsplätze – Prioritäten aus Berliner Sicht, in: Deutsches Institut für Wirtschaftsforschung (Hrsg.), DIW-Symposion – Strategien für mehr Arbeitsplätze für Berlin, Berlin 1984, 60 - 73.

Kleine und mittlere Unternehmen als Ansatzpunkt einer beschäftigungsorientierten Strukturpolitik, in: Hans-Jürgen Ewers und H. Schuster (Hrsg.), Probleme der Ordnungs- und Strukturpolitik, Festschrift für Hellmuth Stefan Seidenfus, Göttingen 1984: Vandenhoek & Ruprecht, 88 - 111.

Monetäre Bewertung wasserwirtschaftlicher Maßnahmen – Güteverbesserung im Tegeler See, in: Deutscher Verband für Wasserwirtschaft und Kulturbau (Hrsg.), Projektbewertung in der wasserwirtschaftlichen Praxis, DVWK-Schriften, Bd. 66, Hamburg und Berlin 1984, 31 - 56.

Probleme monetärer Nutzenbewertung, in: Planung im Gewässerschutz unter besonderer Berücksichtigung von Flußgebietsmodellen, Institut für Siedlungswasserwirtschaft Universität Karlsruhe (1984), 101 - 117.

Berlin: Auf dem Wege zur Industriemetropole der Zukunft?, in: Karl Schwarz (Hrsg.), Die Zukunft der Metropolen. Paris, London, New York, Berlin, Bd. 1 Aufsätze, Berlin 1984, 397 - 406.

Decline of Industrial Employment in Berlin – Causes and Consequences, in: Hans-Jürgen Ewers, John Goddard und H. Matzerath (Eds.), The Future of the Metropolis: Economic Aspects, Berlin, New York 1986, 297 - 310 (zusammen mit Rolf Stein).

Die Bedeutung der lokalen Ebene für Innovationsstrategien im industriellen Sektor, in: Hans E. Maier, H. Wollmann (Hrsg.), Lokale Beschäftigungspolitik. Stadtforschung aktuell, Band 10, Basel-Boston-Stuttgart 1986, 127 - 147; ebenfalls abgedruckt in: Niedersächsisches Institut für Wirtschaftsforschung (Hrsg.), Lokale Entwicklungsstrategien – Neue Perspektiven für die regionale Wirtschaftspolitik, NIW-Workshop 1985, Hannover, 1 - 22.

Diskussionsbeitrag zur Arbeitsgruppe 4 „Wandel der sozioökonomischen Rahmenbedingungen, Standortqualitäten und Prioritäten", in: Entwicklungsprobleme großer Zentren: Referate und Diskussionsberichte anlässlich der Wissenschaftlichen Plenarsitzung 1985 in Berlin, Veröffentlichungen der Akademie für Raumforschung und Landesplanung, Forschungs- und Sitzungsberichte, Bd. 161, Hannover 1985, 58 - 60.

Zur Dezentralisierung der Industriepolitik, in: Michael Fritsch und Christopher Hull (Hrsg.), Arbeitsplatzdynamik und Regionalentwicklung, Berlin 1986: edition sigma (Schriften des Wissenschaftszentrums), 339 - 351.

Kosten der Umweltverschmutzung – Probleme ihrer Erfassung, Quantifizierung und Bewertung, in: Kosten der Umweltverschmutzung, Tagungsband zum Symposium im Bundesministerium des Innern am 12. und 13. September 1985, Berichte 7/86 des Umweltbundesamts, Berlin 1986, 9 - 20.

Zur Monetarisierung der Waldschäden in der Bundesrepublik Deutschland, in: Kosten der Umweltverschmutzung, Tagungsband zum Symposium im Bundesministerium des Innern am 12. und 13. September 1985, Berichte 7/86 des Umweltbundesamts, Berlin 1986, 121 - 144.

Spatial Dimensions of Technological Development and Employment Effects, in: Peter Nijkamp (Ed.), Technological Change, Employment and Spatial Dynamics, Berlin 1986, 157 - 176.

Strukturwandel und Wirtschaftsförderung in alten Industriestädten, in: Institut für Landes- und Stadtentwicklungsforschung (Hrsg.), Neue Arbeitsformen in alten Siedlungsstrukturen, Schriftenreihe Landes- und Stadtentwicklungsforschung des Landes Nordrhein-Westfalen, Reihe Stadtentwicklung – Städtebau, Band 2.051, Dortmund 1986, 28 - 45.

Zentrale oder dezentrale Arbeitsstätten? F. Schuster (Hrsg.), Neue Informations- und Kommunikationstechnologien in der Anwendung, Forschungsbericht 56 der Konrad-Adenauer-Stiftung, St. Augustin 1986, 335 - 340.

Die räumliche Diffusion der Telematik – Schlußfolgerungen aus Untersuchungen zur Verbreitung anderer Technologien, in: Beat Hotz-Hart und Willy A. Schmid. (Hrsg.), Neue Informationstechnologien und Regionalentwicklung, Zürich 1987, 51 - 64 (zusammen mit Michael Fritsch).

Die räumliche Verbreitung von computergestützten Techniken in der Bundesrepublik Deutschland, in: Edwin v. Böventer (Hrsg.), Regionale Beschäftigung und Technologieentwicklung, Schriften des Vereins für Socialpolitik, N.F., Bd. 189, Berlin 1989: Duncker&Humblot, 81 – 114 (zusammen mit Michael Fritsch)

Checkliste Fertigungstechnik, in: G. Winter (Hrsg.), Das umweltbewußte Unternehmen, Handbuch der Betriebsökologie mit 22 Checklisten für Führungskräfte, München 1982, 156 - 161 (zusammen mit Christof Maas).

Technologietransfer Forschung – Industrie aus der Sicht der Wirtschaftswissenschaften; in: P. Kayser (Hrsg.), Technologietransfer Forschung-Industrie, Berlin 1987: Erich Schmidt Verlag, 17 - 22.

Altlastensanierung und Entsorgungswirtschaft – ökologischer und ökonomischer Handlungsbedarf, in: ENTSORGA (Hrsg.), Altlastensanierung und Entsorgungswirtschaft, ENTSORGA-Schriften 4, Frankfurt 1988, 24 - 30.

Der Einfluß programmgesteuerter Informations-, Kommunikations- und Steuerungstechniken auf die Raumstruktur, in: DVWG (Hrsg.), Telekommunikation und physischer Verkehr, Schriftenreihe der Deutschen Verkehrswissenschaftlichen Gesellschaft, Reihe B, Nr. 104, Bergisch-Gladbach 1988, 18 - 34.

Korreferat zum Thema „Flexibilität/Flexibilisierung“, in: Sonderforschungsbereich 333 „Entwicklungsperspektiven von Arbeit“ (Hrsg.), Technik und Flexibilisierung – Brennpunkte der Entwicklung gesellschaftlicher Arbeit, München 1988, 115 - 122.

Möglichkeiten der Früherkennung von umweltbelastenden Technologien – denkbare politische Strategien, in: Akademie für Raumforschung und Landesplanung (Hrsg.), Produktionsprozesse und Umweltverträglichkeit, Hannover 1988, 75 - 86.

Neue Informations- und Kommunikationstechniken: Chancen für die Umwelt durch weniger Verkehr?, in: Deutsche Verkehrswissenschaftliche Gesellschaft – DVWG (Hrsg.), Umweltökonomie und Verkehrsplanung, DVWG-Schriftenreihe B 108, Bergisch-Gladbach 1988, 104 - 115 (zusammen mit W. Schreckenberg).

Institutional Requirements for a Common Market in Transport Services, in: Horst Siebert (Ed.), The Completion of the Internal Market, Kiel 1989, S.150-164.

Der Kontext entscheidet – Wirkungen des Einsatzes computergestützter Techniken in Industriebetrieben, in: Ronald Schettkat und Michael Wagner (Hrsg.), Technologischer Wandel und Beschäftigung, Berlin-New York 1989: de Gruyter, S.27-70 (zusammen mit Carsten Becker und Michael Fritsch). Englischsprachige Fassung: The Effects of the use of Computer-Aided Technology in Industrial Enterprises: It's the Context that Counts, in: Ronald Schettkat and Michael Wagner (Eds.), Technological Change and Employment, Berlin/New York 1990: de Gruyter, 25 - 63.

The Nature of Employment Effects of New Technologies, in: Matzner, Egon, Wagner, Michael (Hrsg.), The Employment Impact of New Technology – The Case of West Germany, Aldershot u.a. 1990, 23 - 41. (zusammen mit Carsten Becker und Michael Fritsch).

Regional Economic Development and Innovation-Oriented Measures: Summary and Perspectives, in: Hans-Jürgen Ewers and Jürgen Allesch (Eds.), Innovation and Regional Development. Strategies, Instruments and Policy Coordination, Berlin-New York 1990: de Gruyter, 337-344.

Marktversagen und Politikversagen als Legitimation staatlicher Forschungs- und Technologiepolitik, in: H. Krupp (Hrsg.), Technologiepolitik angesichts der Umweltkatastrophe, Heidelberg 1990, 147 - 160.

Basic problems in valuating environmental damages: The case of forest damage. In: O. Hohmeyer und R. L. Ottinger (Eds.): External Environmental Costs of Electric Power, Berlin-Heidelberg-New York 1991, 103 - 114.

The Role of Research and Technology Policy in Developed Free Market Economies, in: König, W. u.a. (Hrsg.), Technological Development, Society and State, Western and Chinese Civilizations in Comparison, Singapur 1991, 226 - 235.

Straßenbenutzungsgebühren als Lenkungs- und Finanzierungsinstrument, in: Mobilität und Verkehr – Reichen die heutigen Konzepte aus? VDI-Gesellschaft Fahrzeugtechnik (Hrsg.), VDI-Berichte 915, Düsseldorf 1991, 73 - 82.

Technik- und problemadäquate Steuerungs- und Anreizstrukturen, in: Horst Albach, D. Schade und Hans-Werner Sinn, H. (Hrsg.), Technikfolgenforschung und Technikfolgenabschätzung, Tagung des Bundesministers für Forschung und Technologie, 22. bis 24. Oktober, Berlin u.a. 1991, 345 - 362.

Debatten om avregeling i tyska förbundsrepubliken, in: G. Normann (Hrsg.), Nydaning av den offentliga sektorn – Lärdomar fran utlandet, Stockholm 1991, 142 - 156.

Abschätzung der monetären Schäden durch einen sogenannten Super-GAU, Prognos-Schriftenreihe Identifizierung und Internalisierung externer Kosten der Energieversorgung, Studie im Auftrag des Bundesministeriums für Wirtschaft, Basel 1992 (zusammen mit Klaus Rennings).

Innovationsorientierte Regionalpolitik. Zwischenfazit eines Forschungsprogramms, in: Herwig Birg und Hans-Joachim Schalk (Hrsg.), Regionale und sektorale Strukturpolitik, Rainer Thoss zum 60. Geburtstag, Münster 1992, S. 309-342 (zusammen mit Andreas Brenck).

Räumliche Wirkungen des Strukturwandels, in: Peter Ring (Hrsg.), Industriestandort Berlin, Wissenschaftliche Analyse, Unternehmerische Bewertung, Politische Initiativen, Industriepolitische Konferenz der Senatsverwaltung für Wirtschaft und Technologie, Berlin 1992, 51 - 60.

Der Weg der Vernunft in der Verkehrspolitik. Ökologische Verkehrspolitik und das Spannungsfeld Stadt/Land, in: Frankfurter Institut (Hrsg.), Verkehrspolitik kontrovers, Bad Homburg 1992, 83 - 104.

Deregulation in the Electricity Sector, in: E. Hope, St. Ström, St. (Hrsg.), Energy Markets and Environmental Issues: A European Perspective, Oslo 1992, 65 - 74.

Forderungen zur Verkehrsplanung, in: Senatsverwaltung für Wirtschaft und Technologie Berlin (Hrsg.), Auf dem Weg zur Wirtschaftsmetropole Berlin, Empfehlungen der Strukturpolitischen Expertenkommission, Berlin 1992, 168 - 177.

Von den Grenzen der Tarifautonomie und der staatlichen Regulierung des Arbeitsmarktes. Bemerkungen zu den Vorschlägen der Dergulierungskommission und der Kritik an diesen Vorschlägen, in: E. Kantzenbach, O.G. Mayer (Hrsg.), Beschäftigungsentwicklung und Arbeitsmarktpolitik, Berlin 1992: Duncker & Humblot, 131 - 142.

Regional and Local Distribution Systems for Natural Gas, in: E.J. Mestmäcker (Hrsg.) Natural Gas in the Internal Market, London und Baden-Baden 1993, 243 - 263 (zusammen mit F. v. Stackelberg).

Der Begründungszusammenhang einer staatlichen Förderung junger Technologieunternehmen, in: Marianne Kulicke u.a., Chancen und Risiken junger Technologieunternehmen, Technik, Wirtschaft und Politik 4 (Schriftenreihe des

Fraunhofer-Instituts für Systemtechnik und Innovationsforschung - ISI), Heidelberg 1993: Physica, 233 - 241 (zusammen mit Thomas Wein).

Economics of nuclear risks – a German study, in: O. Hohmeyer, R.L. Ottinger (Eds.) Social Costs of Energy-Present Status and Future Trends, Berlin, Heidelberg, New York 1994, 150 - 166 (zusammen mit Klaus Rennings).

Wettbewerbskontrolle, in: Verkehrswelt im Umbruch – Von staatlicher Verkehrslenkung zu interventionsfreien Güterverkehrsmärkten, Schriftenreihe der Deutschen Verkehrswissenschaftlichen Gesellschaft e.V., Reihe B: Seminar, B 173, Bergisch Gladbach 1994, 89 - 94.

Privatisierung und Deregulierung bei den Eisenbahnen – Das Beispiel der Deutschen Bundesbahn und der Deutschen Reichsbahn, in: Jahrbuch für Neue Politische Ökonomie, 13. Bd. (1994), 178 - 208.

Ökonomie des Strahlenschutzes, in: Martin Junkernheinrich u.a. (Hrsg.), Handbuch zur Umweltökonomie, Handbücher zur angewandten Umweltforschung, Bd. 2, Berlin 1995, 183 - 187 (zusammen mit Klaus Rennings)

Wettbewerbskontrolle: Zugangsbedingungen bei den europäischen Schienennetzen, in: Europäische Verkehrspolitik nach Maastricht: Kooperation, Koordination, Wettbewerb, Schriftenreihe der Deutschen Verkehrswissenschaftlichen Gesellschaft e.V., Reihe B: Seminar, B 183, Bergisch Gladbach 1994, 160 - 165.

The Locational Impact of Declining Costs of Transportation and Communication, in: Herbert Giersch (Hrsg.) Urban Agglomeration and Economic Growth, Berlin, Heidelberg, New York 1995, 183 - 195.

Wettbewerbliche Defizite bei der Privatisierung von Monopolunternehmen, in: Umbruch der Wettbewerbsordnung in Europa – Referate des XXVIII. FIW-Symposions, FIW-Schriftenreihe, Heft 165, Köln 1995, 113 - 126.

Technologiepolitik zwischen Föderalismus und europäischer Integration, in: M. Steiner (Hrsg.), Regionale Innovation – Durch Technologiepolitik zu neuen Strukturen, 19 - 25.

Dauerhaft-umweltgerechte Mobilität, in: Zentrum für Umweltforschung der Westfälischen Wilhelms-Universität, Umwelt und Verkehr, Vorträge und Studium Heft 6, Münster 1995, 217 - 225

Financing of Trans-European Networks, in: H. Brdulak (Ed.), Common Europe Opportunities and Risks for Transport, Warschau 1996, 128 - 138.

Handlungsfelder und Ordnungsrahmen einer Politik der dauerhaft-umweltgerechten Entwicklung, in: L. Gerken (Hrsg.), Ordnungspolitische Grundfragen einer Politik der Nachhaltigkeit, Baden-Baden 1996, 11 - 31 (zusammen mit Christoph Hassel).

Dauerhaft umweltgerechtes Wirtschaften: Entwurf für die künftige Ordnung von Wirtschaft und Gesellschaft, in: K. Morath (Hrsg.), Welt im Wandel, Bad Homburg 1996, 59 - 89 (zusammen mit Christoph Hassel).

Finanzierung transeuropäischer Netze, Münster 1996 (zusammen mit Henning Tegner).

Quantitative Ansätze einer rationalen umweltpolitischen Zielbestimmung, in: Horst Siebert (Hrsg.), Elemente einer rationalen Umweltpolitik, Expertisen zur umweltpolitischen Neuorientierung, Tübingen 1996: Mohr.

Das Elend der Hochschulen - Eine ökonomische Analyse der Organisation und Finanzierung deutscher Universitäten, in: Humanismus und Technik, Jahrbuch 1996, hrsg. von der Gesellschaft von Freunden der Technischen Universität Berlin, 40. Bd., Berlin 1997, 14 Seiten.

What Type of Strategic Planning?, in: CEMT: Which Changes for Transport in the Next Century?, 14th International Symposium on Theory and Practise in Transport Economics, Innsbruck, 21. - 23. October 1997 (zusammen mit Henning Tegner). Deutsche Version (Online): Strategische Verkehrsplanung in Europa.

Chancen marktwirtschaftlicher Instrumente in der Umwelt- und Verkehrspolitik, Umwelt und Verkehr, München 1997.

Verkehrspolitik, in: Paul Klemmer (Hrsg.): Handbuch Europäische Wirtschaftspolitik, München 1998 (zusammen mit Friedrich von Stackelberg).

Externe Nutzen des Verkehrs – herbeigeredet oder totgeschwiegen? – In: Studenteninitiative Wirtschaft & Umwelt e.V. (Hrsg.): Umwelt & Verkehr - Verkehrswende oder Verkehrtwende? – Münster 1998, 9 - 25 (zusammen mit Bettina Mankel).

Sustainable Land Use: Instrumental Prerequisites for its Realisation and Economic Restraints thereon as Demonstrated by German Environmental Policy, in: E. Barron, and I. E. Nielsen (Eds.): Agriculture and Sustainable Land Use in Europe, Dordrecht 1998: Kluwer, 117 - 145 (zusammen mit Hubert Wiggering).

Strategien der Akteure im Kombinierten Ladungsverkehr, in: K.-H. Hartwig (Hg.): Kombinierter Verkehr, Göttingen 1998, 7 - 34 (zusammen mit Michael Holzhey).

Die deutsche Abfallpolitik – Ein gordischer Knoten?, in: Martin Junkernheinrich (Hrsg.): Ökonomisierung der Umweltpolitik, Beiträge zur volkswirtschaftlichen Umweltökonomie, Berlin 1999, 213 - 233 (Angewandte Umweltforschung, Bd. 15).

Wie lassen sich Klimaschutzziele erreichen, in: Klaus-Dirk Henke (Hrsg.): Öffentliche Finanzen zwischen Wachstum und Verteilung, Europäische Schriften zu Staat und Wirtschaft, Baden-Baden 1999, 165 - 173.

Nachhaltige Entwicklung aus der Perspektive des Rates von Sachverständigen für Umweltfragen, in: Karl-Hermann Hübler und Johann Kaether (Hrsg.): Nachhaltige Raum- und Regionalentwicklung – wo bleibt sie? Berlin 1999, 33 - 39.

Zur Zukunft des europäischen Schienenverkehrs, in: Nymphenburger Gespräche: Mobilität und Verkehrswirtschaft im 21. Jahrhundert, München, 1999, 4 - 15.

Rahmenbedingungen umweltverträglicher Mobilität in Städten und Regionen: Anforderungen an die Umweltpolitik, in: Hubertus Baumeister und Gertrude Penn-Bressel (Hrsg.): Umweltgerechte Mobilität in Städten und Regionen, Schriftenreihe des Vereins für Umweltrecht, Berlin 2000: Rhombos.

Innere Hochschulreform: Das Beispiel der Technischen Universität Berlin, in: K. Morath, K. (Hrsg.), Rohstoff Bildung, Bad Homburg 2000, 77 - 83.

III. Beiträge in Zeitschriften

Absage an Preiskontrolleure?, in: Wirtschaftsdienst 1975, 254 - 257.

Innovationsorientierte Regionalpolitik – Überlegungen zu einem regionalstrukturellen Politik- und Forschungsprogramm. Informationen zur Raumentwicklung 7/1978, 467 - 484 (zusammen mit Reinhart Wettmann).

Funktionale Disparitäten der regionalen Wirtschaftsstruktur als regionalpolitisches Problem. Politische Vierteljahresschrift 10/1979, 254 - 275 (zusammen mit Reinhart Wettmann).

Innovation Oriented Regional Policy. Regional Studies 14 (1980), 161 - 179 (zusammen mit Reinhart Wettmann).

Innovationsrückstände und regionale Innovationspolitik im ländlichen Raum. Informationen zur Raumentwicklung 7/8 (1980), 391 - 398 (zusammen mit Reinhart Wettmann).

Lehren aus dem Waldsterben, in: Allgemeine Forst Zeitschrift 20/1984, 506 - 509.

Eine neue Gründerzeit in der deutschen Industrie?, in: Bauwelt 36 / Stadtwelt 91, 77. Jg. (1986), 1385 - 1389.

Zu den Gründen staatlicher Forschungs- und Technologiepolitik, in: Erik Boettcher, Karl-ernst Schenk und Phillip Herder-Dorneich (Hrsg.), Jahrbuch für Neue Politische Ökonomie, Bd. 6, Tübingen 1987, 108 - 135 (zusammen mit Michael Fritsch).

Telekommunikation und physischer Verkehr, in: Der Nahverkehr, Zeitschrift für Verkehr in Stadt und Region, 3/87, 5. Jahrgang, 6 - 7.

Grundsätze für eine Deregulierungspolitik, in: Wirtschaftsdienst 1990/VI, S.320-328 (zusammen mit Thomas Wein).

Warum die Regulierung im Verkehrswesen obsolet ist, in: Wirtschaftsdienst 1990/X, 500 - 506.

Ökologie und Wirtschaftsforschung, Stellungnahme zu den Fragen des Ausschusses für Wirtschaft des Deutschen Bundestages, in: Zeitschrift für angewandte Umweltforschung, Sonderheft 2/1991, 140 - 148.

Die volkswirtschaftlichen Kosten eines Super-GAU's in Biblis, in: Zeitschrift für Umweltpolitik & Umweltrecht, Heft 4/91, 379 - 396 (zusammen mit K. Rennings).

Die Kosten möglicher Schäden durch einen sogenannten „Super-GAU" – monetäre Bewertung und umweltpolitische Implikationen, in: Zeitschrift für angewandte Umweltforschung, Sonderheft 3/1992, 155 - 167 (zusammen mit Klaus Rennings).

Die Kabotage – Das Sorgenkind des Europäischen Binnenmarktes, in: Politische Studien, Sonderheft 7/1992, 72 - 74.

Aufbau der Verkehrsinfrastruktur in den neuen Bundesländern, in: Aus Politik und Zeitgeschichte, Beilage zur Wochenzeitung Das Parlament, B 5/93, 29.1.1993, 23 - 33.

Freiheitsrechte auf dem Arbeitsmarkt, in: Volkswirtschaftliche Korrespondenz der Adolf-Weber-Stiftung, Nr. 8/1993.

Der Fall Transrapid, in: Wirtschaftsdienst, 74. Jg. (1994), 385 - 389.

Die Zukunftsperspektiven der Seeschiffahrt über Duisburg, in Binnenschiffahrt, Zeitschrift für Binnenschiffahrt und Wasserstraßen, 49. Jg. (1994), Nr. 19, 19 - 22.

Electronic Road Pricing als Instrument der Verkehrslenkung, in: Der Nahverkehr, 14. Jg. (1996) Nr. 4, 6 - 9.

Privatisierung der Bundesautobahnen, in: trend, II Quartal (1996) Nr. 67, 44-49.

Quantitative Ansätze einer rationalen umweltpolitischen Zielbestimmung, in: Zeitschrift für Umweltpolitik und Umweltrecht, 19. Jg. (1996), 413 - 439.

Umweltbezogene Erweiterung des Finanzausgleichs, in: Zeitschrift für Gesetzgebung, 12. Jg., 2/97, 135 - 147 (zusammen mit Eckard Rehbinder und Hubert Wiggering).

Fehlentwicklungen in der Abfallwirtschaft, in: Zeitschrift für öffentliche und gemeinwirtschaftliche Unternehmen, Band 22, H. 4/1999, 439 - 450 (zusammen mit Matthias Schatz).

Wettbewerb im ÖPNV: Gefordert, gefürchtet und verteufelt, in: Herbert Baum und Rainer Willeke (Hrsg.): Zeitschrift für Verkehrswissenschaft, 71. Jg., 2000, Heft 2 (zusammen mit Gottfried Ilgmann).

Stichwort 13: Ökologische Steuerreform, in: GAIA, 1/2000, 58 - 64 (zusammen mit Angelika Kreß u.a.).

Liberalisierung der Wasserversorgung – soll das letzte Versorgungsmonopol in Deutschland fallen?, in: ifo Schnelldienst, 14/2001, 54. Jg., 30.-31. KW, 3 - 15 (zusammen mit Bettina Mankel).

Schlanker Staat, in: Themenheft: Chancen für Alle, Initiative Neue Soziale Marktwirtschaft: Moderner Staat - Schlanker Staat, 4/2001, 15.

Eine Bahn für den Wettbewerb, in: Nahverkehrspraxis, 10/2001, 1 - 4.

IV. Sonstige Beiträge

Freiheit und Wettbewerb – Zur Konzeption einer freiheitlichen Wirtschaftspolitik, Habilitationsschrift, Münster 1976

Institutionelle Formen der Innovationsförderung in der Bundesrepublik Deutschland. IIM/dp 79 - 100, Wissenschaftszentrum Berlin 1979 (zusammen mit H. Krist).

Regionale Entwicklungsunterschiede des sektoralen Strukturwandels in der Bundesrepublik Deutschland. Arbeitspapier Nr. 19, SFB 26 Raumordnung und Raumwirtschaft Universität Münster, Münster 1979 (zusammen mit J. Müller, N. Sparding und H.St. Seidenfus).

Ökonomische Aspekte der Einführung neuer Technologien. Wissenschaftsmagazin der TU Berlin, 1/1982, 23 - 25 (zusammen mit Jürgen Kromphardt).

Environmental Regulation and Technological Innovation – The Case of the Metal-Plating Industry in the Federal Republic of Germany. IIM/IP dp 82 - 32, Wissenschaftszentrum Berlin 1982 (zusammen mit Ch. Maas).

The Interregional Diffusion of New Processes in the German Mechanical Engineering Industry. IIM/IP dp 83 - 2, Wissenschaftszentrum Berlin 1983 (zusammen mit J. Kleine).

Wirkungen umweltpolitischer Maßnahmen auf das Innovationsverhalten von Galvanik-Betrieben – Ergebnisse explorativer Fallstudien, IIUG/dp 83 - 12, Wissenschaftszentrum Berlin 1983 (zusammen mit Ch. Maas).

Zur Bedeutung kleiner und mittlerer Unternehmen für eine beschäftigungsorientierte Strukturpolitik, Diskussionspapier 93 der Wirtschaftswissenschaftlichen Dokumentation der Technischen Universität Berlin, Berlin 1985 (zusammen mit Michael Fritsch).

Unterschiede zwischen frühen und späten Übernehmern von Informations-, Kommunikations- und Steuerungstechniken im Verarbeitenden Gewerbe der Bundesrepublik Deutschland. Diskussionspapier Nr. 119 der wirtschaftswissenschaftlichen Dokumentation der TU Berlin, zusammen mit Michael Fritsch).

Eine deutsche Netzgesellschaft, in: Frankfurter Allgemeine Zeitung Nr. 110, 12. Mai 1990, 15.

Vignette, Maut und Emissionsabgabe, in: Frankfurter Allgemeine Zeitung, 16. Februar 1991, 13.

Freiheit und Effizienz – Variationen zu einem alten Thema, Diskussionspapier Nr. 1 des Instituts für Verkehrswissenschaft, Münster 1991.

Die monetären Schäden eines Super-GAU's in Biblis, Diskussionspapier Nr. 2 des Instituts für Verkehrswissenschaft, Münster 1991 (zusammen mit Klaus Rennings).

Sünden der Vergangenheit, in: Innovatio 2/92, 12-15.

Semesterticket: Der falsche Weg, in: Deutsche Universitätszeitung, Nr. 12, 19. Juni 1992, 14

Verkehrspolitik, in: Akademie für Raumforschung und Landesplanung (Hrsg), Perspektiven der Raumentwicklung in Europa, Niederländisch-Deutsches Kolloquium, Hannover 1992, 58-62.

Der Begründungszusammenhang zur Förderung der jungen Technologieunternehmen, Diskussionspapier 173 der Wirtschaftswissenschaftlichen Dokumentation der Technischen Universität Berlin, Berlin 1993 (zusammen mit Thomas Wein).

Stellungnahme zum Fragenkatalog der Fachzeitschrift Logistik Heute zum Thema Güterverkehrszentren, in: Logistik Heute Nr. 4/1994, 20.

Recht und Innovation im Technikfeld Abfall, in: Rechtliche Rahmenbedingungen für Forschung und Innovation, Workshop des BMBF am 11. und 12. 9. 1995 in Köln, Dokumentation des VDI Technologiezentrums, Düsseldorf 1996, 27-31.

O Programa de um Imposto Ecologico e os seus Efeitos Sobre o Sistema Tributario da Alemanha, in: José Carrera Fernandez, Ulrich Gmünder (Orgs.): Uso Eficiente de Recursos Naturais e uma Politica Tributaria Ecologica, Goethe-Institut, Salvador-Bahia, Brasilien, 1998, 137-162.

Wettbewerb im ÖPNV: Gefordert, gefürchtet und verteufelt, Internationales Verkehrswesen, 1+2/2000, 52. Jg., 17-22.

V. Herausgeberschaften

Probleme der Ordnungs- und Strukturpolitik, Festschrift für H.St. Seidenfus, Göttingen 1984: Vanenboeck & Rubrecht (zusammen mit H. Schuster).

The Future of the Metropolis - Economic Aspects, Berlin 1986: de Gruyter (zusammen mit J. Goddard und H. Matzerath).

Innovation and Regional Development. Strategies, Instruments and Policy Coordination, Berlin-New York 1990: de Gruyter (zusammen mit Jürgen Allesch).

Beiträge aus dem Institut für Verkehrswissenschaft an der Universität Münster (fortlaufend seit 1991 bis einschl. Heft 144/1997).

Vorträge und Studien aus dem Institut für Verkehrswissenschaft an der Universität Münster (fortlaufend seit 1990 bis 31/1997).

Umwelt und Verkehr, Vorträge und Studien, Heft 6, Zentrum für Umweltforschung der Westfälischen Wilhelms-Universität, Münster 1995 (zusammen mit W. Barz, B. Brinkmann).

VI. Gutachten und veröffentlichte Stellungnahmen als Mitglied des Rates von Sachverständigen für Umweltfragen bis einschließlich Januar 2000

Stellungnahme zum Entwurf des Rückstands- und Abfallwirtschaftsgesetzes (RAWG), April 1993, erschienen in: Zeitschrift für Angewandte Umweltforschung, Jg. 6 (1993), H. 2 sowie im Umweltgutachten 1994, Anhang A.

Stellungnahme zum Verordnungsentwurf nach § 40 Abs. 2 Bundes-Immissionsschutz-Gesetz (BImSchG), Mai 1993, erschienen in: Umwelt Nr. 10/1993, hrsg. vom Bundesministerium für Umwelt, Naturschutz und Reaktorsicherheit, Bonn sowie im Umweltgutachten 1994, Anhang A.

Stellungnahme zum Entwurf des Gesetzes zum Schutz vor schädlichen Bodenveränderungen und zur Sanierung von Altlasten (Bundes-Bodenschutz-Gesetz-BBodSchG), November 1993, erschienen im Umweltgutachten 1994, Anhang A.

Umweltgutachten 1994, Stuttgart 1994, zugleich Bundestags-Drucksache 12/6995.

Altlasten II: Sondergutachten, Stuttgart 1995, zugleich Bundestags-Drucksache 13/380.

Sommersmog: Drastische Reduktion der Vorläufersubstanzen des Ozons notwendig, Stellungnahme, erschienen in: Zeitschrift für angewandte Umweltforschung, Jg. 8 (1995), H. 2.

Umweltgutachten 1996: Zur Durchsetzung einer dauerhaft-umweltgerechten Entwicklung, Stuttgart 1996, zugleich Bundestags-Drucksache 13/4108.

Konzepte einer dauerhaft-umweltgerechten Nutzung ländlicher Räume, Sondergutachten, Stuttgart 1996, zugleich Bundestags-Drucksache 13/4109.

Umweltgutachten 1998: Umweltschutz: Erreichtes sichern – neue Wege gehen.– Stuttgart:Metzler-Poeschel. 388 S.

Flächendeckend wirksamer Grundwasserschutz: Ein Schritt zur dauerhaft umweltgerechten Entwicklung. Stuttgart 1998: Metzler - Poeschel. 207 S.

Stellungnahme zum „Entwurf eines Gesetzes zum Einstieg in die ökologische Steuerreform", unveröffentlichte Skizze, Berlin 1999.

Handlungsbedarfe zur Umsetzung des Nachhaltigkeitskonzepts, in: Wilfried Erbguth u.a. (Hrsg.): Zeitschrift für Angewandte Umweltforschung (ZAU), Jg. 13 (2000), Heft 1/2 Trier.

VII. Stellungnahmen als Mitglied des Wissenschaftlichen Beirats beim Bundesminister für Verkehr

„Marktwirtschaftliche Instrumente zur Reduktion von Luftschadstoffemissionen des Verkehrs" und die dazugehörige Stellungnahme „Wirkungsanalysen im Hinblick auf CO 2-Emissionen im Verkehr" vom 31.7.1991, in: Zeitschrift für Verkehrswissenschaft, 63 (1992), 2, 114 - 134.

„Magnetbahn" Transrapid vom 4.6.1992: Anmerkungen zum Betreiber- und Finanzierungskonzept der Magnetbahn Transrapid, in: Internationales Verkehrswesen, 46 (1994), 3, 128 - 135.

„Bahnstrukturreform und Vekehrsfinanzierung" vom Juli 1993, in: Internationales Verkehrswesen, 45 (1993), 11, 622 - 633.

„Finanzierungskonzept zum Transrapid" vom 26.1.1994 (nicht veröffentlicht).

„Städtischer Wirtschaftsverkehr" vom 14.3.1994.

„Bundesverkehrswegeplanung: Methodische Weiterentwicklung und Privatisierungsperspektiven" vom 8.12.1995 in: Zeitschrift für Verkehrswissenschaft, 67 (1996), 2, 99 - 121.

„Neue Wege zur Finanzierung und Nutzungsoptimierung für die Straßeninfrastruktur" vom Dezember 1996, in: Zeitschrift für Verkehrswissenschaft, 68 (1997), 2, 73 - 93.

Probleme der Regionalisierung des ÖPNV und Ansatzpunkte für ihre Lösung, in: Zeitschrift für Verkehrswissenschaft, 69 (1998), 4, 213 - 223.

Über die Autoren

Klaus *Backhaus*, Prof. Dr., ist Direktor des Betriebswirtschaftlichen Instituts für Anlagen und Systemtechnologien an der Westfälischen Wilhelms-Universität Münster und Honorarprofessor für Technologie-Management an der TU Berlin. Gemeinsam mit Hans-Jürgen Ewers hat er an der Universität Münster im Rahmen von verkehrswissenschaftlichen Forschungsprojekten und Gutachten kollegial zusammengearbeitet.

Jürgen *Basedow*, Prof. Dr. Dr. h.c., LL.M. (Harvard), ist Direktor des Max-Planck-Instituts für ausländisches und internationales Privatrecht, Hamburg, und lehrt an der Universität Hamburg. Er war und ist Mitglied zahlreicher hochrangiger Gremien der Politikberatung wie der Deregulierungskommission der Bundesregierung, dem Wissenschaftlichen Beirat beim Bundesministerium für Verkehr, der Versicherungsrechtskommission des Bundesministeriums der Justiz sowie der Monopolkommission. Jürgen Basedow hat mit Hans-Jürgen Ewers in der Deregulierungskommission und im Wissenschaftlichen Beirat des Bundesministeriums für Verkehr zusammengearbeitet.

Carsten *Becker*, Prof. Dr., ist Direktor des Brandenburgischen Instituts für Existenzgründung und Mittelstandsförderung an der Fachhochschule und an der Universität Potsdam, Inhaber der Klaus-Krone-Stiftungsprofessur für innovative Dienstleistungen und technologische Existenzgründungen an der Fachhochschule Potsdam sowie geschäftsführender GIB (Gesellschafter der Gesellschaft für Innovationsforschung und Beratung mbH) Berlin. Er war von 1985 bis 1990 Wissenschaftlicher Mitarbeiter von Hans-Jürgen Ewers an der Technischen Universität Berlin und hat unter seiner Betreuung promoviert. 1990 hat er zusammen mit Hans-Jürgen Ewers die GIB gegründet und über zwölf Jahre eng mit ihm in verschiedenen wissenschaftlichen Projekten und bei der Anfertigung von Gutachten zusammengearbeitet.

Jenny *van Doorn*, Drs. (Diplom-Kauffrau), ist Wissenschaftliche Mitarbeiterin am Betriebswirtschaftlichen Institut für Anlagen und Systemtechnologien an der Westfälischen Wilhelms-Universität Münster.

Manfred *Erhardt*, Prof. Dr. iur. Dr. h.c., ist Generalsekretär des Stifterverbandes für die Deutsche Wissenschaft und Honorarprofessor für Öffentliches Recht an der Universität Tübingen. Von 1991 bis 1996 war er Senator für Wissenschaft und Forschung des Landes Berlin und hat in dieser Zeit Hans-Jürgen Ewers in die Hochschulstrukturkommission Berlin und an die Technische Universität Berlin berufen.

Michael *Fritsch*, Prof. Dr. rer. oec., ist Professor für Volkswirtschaftslehre mit Schwerpunkt Wirtschaftspolitik an der Technischen Universität Bergakademie Freiberg, Geschäftsführer der Forschungsstelle Innovationsökonomik an der TU Freiberg sowie Forschungsprofessor am Deutschen Institut für Wirtschaftsforschung (DIW) Berlin. Er hat von 1980-1990 als Wissenschaftlicher Assistent bzw. Mitarbeiter an der Technischen Universität Berlin eng mit Hans-Jürgen Ewers zusammengearbeitet und unter seiner Betreuung promoviert und habilitiert. Michael Fritsch hat gemeinsam mit Hans-Jürgen Ewers diverse Aufsätze und mehrere Bücher verfasst, unter anderem das Lehrbuch „Marktversagen und Wirtschaftspolitik" (gemeinsam mit Thomas Wein).

Martin *Gornig*, Dr. rer. oec. Dipl.-Vw. Dipl.-Ing., ist wissenschaftlicher Mitarbeiter am DIW Berlin und Lehrbeauftragter am Institut für Stadt- und Regionalplanung der Technischen Universität Berlin. Hans-Jürgen Ewers prägte als Betreuer der Diplomarbeit und als Doktorvater wesentlich seinen Ausbildungsweg an der TU Berlin. Auch auf sein späteres Forschungsprofil nahm Hans-Jürgen Ewers im Rahmen gemeinsamer Forschungsprojekte sowie als zuständiges Beiratsmitglied am DIW Berlin immer wieder fruchtbaren Einfluss.

Hariolf *Grupp*, Prof. Dr., ist Direktor des Instituts für Wirtschaftspolitik und Wirtschaftsforschung (IWW) an der Universität Karlsruhe (TH) und stellvertretender Leiter des Fraunhofer-Instituts für Systemtechnik und Innovationsforschung (ISI), Karlsruhe. Er hat unter der Betreuung von Hans-Jürgen Ewers 1997 an der Technischen Universität Berlin in Volkswirtschaftslehre habilitiert und war bis 2000 dort Privatdozent.

Ingrid *Hanhoff*, Dr. rer. oec. Dipl.-Volksw. Dipl.-Ing., ist Mitarbeiterin im Fachgebiet „Wirtschafts- und sozialwissenschaftliche Umweltfragen" des Umweltbundesamtes (UBA) in Berlin. Sie hat unter der Betreuung von Hans-Jürgen Ewers 1996 ihre Diplomarbeit im Rahmen ihres Studiums der Volkswirtschaftslehre an der Technischen Universität Berlin geschrieben.

Karin *Holm-Müller*, Prof. Dr. rer. oec., ist Professorin für Ressourcen- und Umweltökonomik an der Rheinischen Friedrich-Wilhelms-Universität Bonn. Sie war Studentin bei Hans-Jürgen Ewers, der auch ihre Diplomarbeit betreute. Später arbeitete sie am Institut für Stadtforschung und Strukturplang (IfS) mit ihm zusammen. Von 1997-2000 vertrat sie Hans-Jürgen Ewers während dessen erster Amtszeit als Präsident der TU Berlin auf seinem Lehrstuhl für Wirtschafts- und Infrastrukturpolitik.

Paul *Klemmer*, Prof. Dr., ehemals Inhaber des Lehrstuhls für Wirtschaftslehre, insbesondere Wirtschaftspolitik, an der Ruhr-Universität Bochum. 1980 bis 1987 Mitglied des Rates von Sachverständigen für Umweltfragen der Bundesregierung. Von 1989 bis 2002 Präsident des Rheinisch-Westfälischen Instituts für Wirtschaftsforschung (RWI, Essen). 1990 bis 2002 Mitglied des Beirates „Umweltökonomische Gesamtrechnung" beim Statistischen Bundesamt. Seit

Dezember 2002 Präsident des Deutschen Verbands für Wohnungswesen, Städtebau und Raumordnung in Berlin. Paul Klemmer hatte während dieser Tätigkeiten vielfältige Arbeitskontakte zu Hans-Jürgen Ewers, insbesondere zu den Themen Verkehrspolitik, Klimaschutz sowie Schätzung der Kosten und Nutzen des Umweltschutzes.

Günter *Knieps*, Prof. Dr. rer. pol. Dipl.-Volksw. Dipl.-Math., ist Ordinarius für Wirtschaftspolitik und Direktor des Instituts für Verkehrswissenschaft und Regionalpolitik an der Universität Freiburg. Forschungsschwerpunkte: Netzökonomie, Wettbewerbstheorie und -politik, Industrieökonomie, (De-)Regulierung in Europa, Verkehrswissenschaft.

Eveline *van Leeuwen*, Ir. (Diplom-Ingenieurin), ist wissenschaftliche Mitarbeiterin am Institut für Regionalökonomie der Freien Universität Amsterdam.

Detlef *Müller-Böling*, Prof. Dr., leitet seit 1994 das CHE Centrum für Hochschulentwicklung in Gütersloh und ist beurlaubter Professor für empirische Wirtschafts- und Sozialforschung an der Universität Dortmund, deren Rektor er von 1990 bis 1994 war. Der Wettbewerbsgedanke als zentrales Steuerungsinstrument des Hochschulsystems verbanden den Präsidenten der TU Berlin Hans-Jürgen Ewers und den Leiter des CHE in der hochschulpolitischen Debatte eng miteinander.

Christopher A. *Nash*, Professor Ph.D., lehrt Verkehrsökonomik am Institut für Verkehrswissenschaft der University of Leeds. Er hat Hans-Jürgen Ewers auf Fachkonferenzen und durch seine Gremientätigkeit kennen gelernt. Obwohl Nash bei weitem nicht immer mit den Ansichten von Hans-Jürgen Ewers übereinstimmte, fand er sie doch stets originell und einer intensiven Auseinandersetzung wert.

Peter *Nijkamp*, Prof. Dr., hat einen Lehrstuhl für Stadt- und Regionalökonomie sowie für Ökonomische Geografie an der Freien Universität Amsterdam inne. Derzeit ist er auch Präsident der Niederländischen Organisation für Wissenschaftliche Forschung: Nijkamp hat einige Aufsätze gemeinsam mit Hans-Jürgen Ewers verfasst. Er sah in Hans-Jürgen Ewers einen kritischen, innovativen Geist, insbesondere einen originellen Wissenschaftler mit einem klaren Gespür für die Balance von Theorie und Anwendung.

Eckard *Rehbinder*, Prof. Dr., ist Professor für Wirtschaftsrecht, Umweltrecht und Rechtsvergleichung an der J. W. Goethe-Universität Frankfurt/Main und Direktor der dortigen Forschungsstelle für Umweltrecht. Er hat von 1994 bis 2000 im Rat von Sachverständigen für Umweltfragen mit Hans-Jürgen Ewers zusammengearbeitet.

Klaus *Rennings*, Dr., ist Stellvertretender Leiter des Forschungsbereichs „Umwelt- und Ressourcenökonomie, Umweltmanagement“ am Zentrum für Europäische Wirtschaftsforschung (ZEW) in Mannheim. Er war von 1990 bis

1994 Mitarbeiter am Lehrstuhl von Hans-Jürgen Ewers an der Universität Münster und promovierte dort zum Thema „Indikatoren für eine dauerhaft-umweltgerechte Entwicklung“. Zwischen 1992 und 1994 war er zudem Assistent von Hans-Jürgen Ewers beim Rat von Sachverständigen für Umweltfragen. Schwerpunkte der gemeinsamen Arbeiten waren vor allem die Quantifizierung externer Kosten, Indikatoren für nachhaltige Entwicklung sowie der Aufbau des Schwerpunktstudiums „Umweltökonomie und Umweltmanagement“ an der Universität Münster.

Caroline *Rodenburg*, Drs. (Diplom-Kauffrau), ist wissenschaftliche Mitarbeiterin am Institut für Regionalökonomie der Freien Universität Amsterdam. Sie arbeitet derzeit an einer Dissertation über multifunktionelle Raumnutzung.

Werner *Rothengatter*, Prof. Dr., ist Geschäftsführender Direktor des Instituts für Wirtschaftspolitik und Wirtschaftsforschung der Universität Karlsruhe (TH). Er hat mit Hans-Jürgen Ewers im Wissenschaftlichen Beirat des Bundesministers für Verkehr, Bau- und Wohnungswesen zusammengearbeitet. Vor allem die Stellungnahme des Beirats zum Weißbuch der EU-Kommission „Faire Preise für die Infrastrukturnutzung“ wurde in enger Kooperation mit Hans-Jürgen Ewers verfasst.

Werner F. *Schulz*, Prof. Dr., hat einen Lehrstuhl für Umweltmanagement am Institut für Betriebswirtschaftslehre an der Universität Hohenheim und ist Direktor des Deutschen Kompetenzzentrums für Nachhaltiges Wirtschaften an der Privaten Universität Witten/Herdecke GmbH. Er hat von 1979 bis 1989 in verschiedenen Funktionen an der Technischen Universität Berlin und im Umweltbundesamt eng mit Hans-Jürgen Ewers zusammengearbeitet und unter seiner Betreuung diplomiert und promoviert.

Michael *Schröder*, Dr., ist Leiter des Forschungsbereichs „Internationale Finanzmärkte, Finanzmanagement und Makroökonomie“ am Zentrum für Europäische Wirtschaftsforschung (ZEW) in Mannheim.

Tim *Stuchtey*, Dr. rer. oec., ist Leiter der Stabsgruppe für Strategische Entwicklung und Planung an der Humboldt-Universität zu Berlin und Wissenschaftspolitischer Sprecher der Berliner FDP. Von 1995 bis 2000 war er Wissenschaftlicher Mitarbeiter von Hans-Jürgen Ewers und sein persönlicher Referent zu Beginn von dessen erster Amtsperiode als Präsident der Technischen Universität Berlin. Hans-Jürgen Ewers war Erstgutachter im Promotionsverfahren von Tim Stuchtey sowie ein steter Ideengeber für dessen wissenschaftliche und politische Arbeit.

Karin *Wagner*, Prof. Dr., ist Professorin für Betriebswirtschaftslehre mit dem Schwerpunkt Produktion und Logistik an der Fachhochschule für Technik und Wirtschaft Berlin. Sie hat Hans-Jürgen Ewers 1978 im Wissenschaftszentrum Berlin kennen gelernt, wo sie beide beschäftigt waren. Im Jahr 1982 ist sie ihm an seinen Lehrstuhl an der Technischen Universität Berlin als wissenschaftliche

Mitarbeiterin gefolgt und hat dort bis 1991 gearbeitet. Mit seiner Unterstützung hat sie insbesondere die wissenschaftliche Kooperation mit dem National Institute of Economic and Social Research (NIESR), London, ausgebaut und eine Vielzahl internationaler Studien veröffentlicht.

Thomas *Wein*, PD Dr. rer.oec., ist Hochschuldozent am Institut für Volkswirtschaftslehre der Universität Lüneburg. Er war Ende der 80er Jahre an der Technischen Universität Berlin wissenschaftlicher Mitarbeiter von Hans-Jürgen Ewers und hat mit ihm in verschiedenen Gutachten sowie bei der Abfassung des Lehrbuches „Marktversagen und Wirtschaftspolitik“ (mit Michael Fritsch) zusammengearbeitet. Hans-Jürgen Ewers war Gutachter im Promotions- sowie im Habilitationsverfahren von Thomas Wein.

Andreas *Ziegler*, Dr., ist Mitarbeiter des Forschungsbereichs „Umwelt- und Ressourcenökonomie, Umweltmanagement“ am Zentrum für Europäische Wirtschaftsforschung (ZEW) in Mannheim.

Sachregister